RECIPIENTS OF THE DISTINGUISHED CONDUCT MEDAL

1914-1920

R. W. WALKER

COVER ILLUSTRATION:
ACTING-BOMBARDIER H. A. CREASEY ASSISTING TO UNLOAD A BURNING AMMUNITION
WAGON UNDER VERY HEAVY SHELL FIRE. FOR HIS GREAT BRAVERY ON THIS
OCCASION HE WAS AWARDED THE D.C.M.

The Naval & Military Press Ltd

Published by
The Naval & Military Press Ltd
Unit 10, Ridgewood Industrial Park,
Uckfield, East Sussex,
TN22 5QE England
Tel: +44 (0) 1825 749494
Fax: +44 (0) 1825 765701
www.naval-military-press.com
www.military-genealogy.com

© The Naval & Military Press Ltd 2010

The Naval & Military Press ...

...offer specialist books for the serious student of conflict. The range of titles stocked covers the whole spectrum of military history with titles on uniforms, battles, official histories, specialist works containing Medal Rolls and Casualties Lists, and numismatic titles for medal collectors and researchers.

The innovative approach they have to military bookselling and their commitment to publishing have made them Britain's leading independent military bookseller.

In reprinting in facsimile from the original, any imperfections are inevitably reproduced and the quality may fall short of modern type and cartographic standards.

SECTION 1

ROYAL FLYING CORPS
and
ROYAL AIR FORCE

Section 1.

ROYAL FLYING CORPS

Number	Rank	Name		Date
3464	Sjt	Ankers, B	F	11.12.16
36427	Cpl	Baldwin, W N		3. 9.18
333	A/SM	Baughan, R A		13. 2.17
1336	Sjt	Baxter, D R	F	13. 2.17
2763	2 Cl. AM	Beet, H D		3. 6.15
448	Cpl	Bennett, T	F	9.10.15
24107	Flt Sjt	Blake, G G L	Balloon	18. 6.17
445	Flt Sjt	Campbell, H		*12.12.17
22025	Sjt	Campbell, R O	F	16. 8.17
77690	1 Cl. AM	Cant, A W	F	26. 1.18
1370	Sjt	Carr, R H (later 2 Lt.Spec.Res.)	F	30. 6.15
241	A/SM	Carter, L E		13. 2.17
10537	1 Cl. AM	Church, M H		28. 3.18
2105	Sjt	Clinch, S J	F	6. 2.18
8202	2 Cl. AM	Cooper, R C		26. 7.17
78171	Sjt	Cowell, J	F	18. 7.17
1675	Fl. Sjt	Dadley, H G		21. 6.16
2550	2 Cl. AM	Dalziel, A		30. 3.16
2152	2 Cl. AM	Dewhurst, H		3. 6.15
672	Cpl	Dobbie, W		30. 6.15
2761	2 Cl. AM	Dollittle, J H		3. 6.15
3022	1 Cl. AM	Donald, T H	F	22. 1.16
21479	1 Cl. AM	Egan, S W	F	1. 5.18
891	A/SM	Eldridge, F		13. 2.17
65935	2 Cl. AM	Emsden, L H	F	18. 6.17
54267	Sjt	Falcy, C R L	F	16. 8.17
605	SM	Felstead, G. No 14 Sqdn		27. 7.16
211	Fl Sjt (A/SM)	Fidler, C A C. 'X' Aircraft Park.		31. 5.16
11559	Cpl	French, C J		17. 4.18
723	Fl Sjt	Gamon, H A		13. 2.17
1753	Fl Sjt	Gibson, G A F		4. 3.18
Z185	Fl Sjt	Grant, D		26. 5.17
136	Fl Sjt	Green, H. No.21 Res.Sqdn.		27. 7.16
1660	Fl Sjt	Greenfield, G		9. 7.17
4534	Cpl (A/Sjt)	Gregg, W W		30. 3.16
354	Cpl	Griggs, S C		3. 6.15
4965	1 Cl. AM	Hall, S		4. 3.18
1232	Fl Sjt	Hargreaves, J. 11 Sqdn.	F	16.11.15
671	1 Cl. AM	Harper, W		30. 6.15
2085	1 Cl. AM	Hartley, F	F	11. 3.16
255	Fl Sjt	Hayward, W C		30. 6.15
718	Fl Sjt	Hellyer, F J. 17 Sqdn.		27. 7.16
49181	Sjt	Hervey-Bathurst, A R	F	17. 4.18
53352	2 Cl. AM	Holdershaw, J H (Attd RGA)		16. 8.17
2015	Sjt	Hopper, F	F	28. 3.18
Z179	Sjt	Horne, A J		3. 3.17
15	Fl Sjt	Hughes, T		30. 6.15
1082	Cpl	Jameson, H		30. 6.15
6391 †	Cpl (A/Sjt)	Johnson, F	F	26. 4.17
54	A/SM	Jones, J C		13. 2.17
279	Fl Sjt (A/SM)	King, C E		9. 7.17
1908	Cpl	Langridge, E		9. 7.17
7756	1 Cl. AM	Leyland, A		28. 3.18
10464	1 Cl. AM (A/Cpl)	Lowe, H P		30. 3.16
3516	Sjt	Mackie, G J	F	11. 5.17
4917	2 Cl. AM	Mackrell, F S		11. 3.16
1739	A/SM	Marley, C		13. 2.17
Z150	Cpl	Marucchi, S F		3. 3.17
20624	Cpl	Mather, M	F	1. 5.18
Z151	Cpl	Mathieson, A H		18. 2.18
1776	Fl Sjt (A/SM)	McKenna, H		21. 6.16
2988	Fl Sjt	Meynell, E. H.Q. 5 Wing		27. 7.16
1396	Sjt	Mottershead, T	F	14.11.16
147	Sjt	Mountford, T J		9. 7.17
1836	1 Cl. AM	Newns, L S		30. 6.15
2341	Cpl	Nott. C H. 15 Sqdn.	F	15. 3.16
836	Cpl	Paynter, R E P		30. 6.15
Z181	SM	Pearson, J E		26. 5.17
254	SM	Porter, E		21. 6.16
2008	2 Cl. AM	Prance, J E		3. 6.15
7420	1 Cl. AM	Reynolds, C M		25. 8.17
35972	Sjt	Ridgway, J F	F	11. 5.17
1689	Cpl	Roberts, E P		11. 3.16
6729	1 Cl. AM	Rogers, E		9. 7.17
1031	Cpl	Rogers, J N	F	5. 8.15
1376	Sjt	Scholefield, E R C (Later 2 Lt)	F	30. 6.15
235	Sjt	Scott, A		11. 3.16
212	Fl Sjt (A/SM)	Sladden, R J. 17 Sqdn.		31. 5.16
23921	Sjt	Smith, H G	F	26. 3.17
3116	Sjt	Smith, W E	F	26. 1.18
22	Fl Sjt (A/SM)	Stafford, W G. 14 Sqdn.		31. 5.16
769	Sjt	Stephenson, T F		4. 3.18
1692	1 Cl. AM	Sutcliffe, T H	F	5. 8.15
4400	Sjt	Taylor, R C	F	26. 1.18
Z8	Cpl	Thomson, C J		3. 3.17
306	Fl Sjt	Tindale, T G		30. 6.15
Z31	Fl Sjt	Turnbull, T		3. 3.17
2707	Cpl	Van Schaick, L. (Recruits Depot)	F	27. 7.16
94311	2 Cl. AM	Walker, W	F	6. 2.18
5800	Cpl	Waller, J H. 25 Sqdn.	F	27. 7.16
198	SM	Whilton, F. 17 Sqdn.		27. 7.16
3038	Sjt	Wright, F V		11. 3.16

† BAR with R.A.F.

33 Air Awards (marked **F**)
1 Balloon
1 No Citation (marked *)
57 Ground & General Awards.

Total 92 D.C.M.'s

ROYAL AIR FORCE

Number	Rank	Name		Date
2565	Cpl	Beales, W	F	26. 6.18
67051	Cpl (A/Sjt)	Deighton, E A	F	3.10.18
1429	Sjt	Elton, E J, M.M.	F	26. 6.18
6391 †	Sjt	Johnson, F, D.C.M. **Bar.**	F	3. 9.18
47616	Cpl	Ovenden, P A		3. 9.18
1504	Sjt	Spargo, P	F	3. 9.18

† D.C.M. with R.F.C.

F Flying awards.

5 D.C.M.'s; 1 Bar.

4

SECTION 2

CAVALRY AND YEOMANRY

1st Life Guards	7
2nd Life Guards	7
Life Guards	7
Royal Horse Guards	7
Cavalry	7
1st (King's) Dragoon Guards	7
2nd Dragoon Guards (Queen's Bays)	7
3rd (Prince of Wales's) Dragoon Guards	8
4th (Royal Irish) Dragoon Guards	8
5th (Princess Charlotte of Wales's) Dragoon Guards	8
6th Dragoon Guards (Carabiniers)	8
7th (Princess Royal's) Dragoon Guards	8
Dragoon Guards	8
1st (Royal) Dragoons	9
2nd Dragoons (Royal Scot's Greys)	9
3rd (Kings Own) Hussars	9
4th (Queens Own) Hussars	9
5th (Royal Irish) Lancers	9
6th (Inniskilling) Dragoons	9
7th (Queens Own) Hussars	10
8th (Kings Royal Irish) Hussars	10
9th (Queens Royal) Lancers	10
10th (Prince of Wales's Own Royal) Hussars	10
11th (Prince Albert's Own) Hussars	10
12th (Prince of Wales's Royal) Lancers	10
13th Hussars	11
14th (Kings) Hussars	11
15th (The Kings) Hussars	11
16th (The Queens) Lancers	11
17th (Duke of Cambridge's Own) Lancers	11
18th (Queen Mary's Own) Hussars	12
19th (Queen Alexandra's Own Royal) Hussars	12
20th Hussars	12
21st (Empress of India's) Lancers	12
Hussars (units not ascertained)	12
Lancers (units not ascertained)	12
Dragoons (units not ascertained)	12
Yeomanry	13

Section 2.

CAVALRY

7

1ST LIFE GUARDS

2048	Cpl of H	Attenborough, G	5. 8.15	2798	Cpl of H	Fleming, J	17.12.14
3043	Cpl of H	Baillie, J	17.12.14	2653	Tpr	Lewis, R	17.12.14
2399	A/Cpl	Beach, E	17.12.14	2569	Cpl of H	Rose, A	16. 1.15

6 D.C.M.'s

2ND LIFE GUARDS

2414	Cpl of H	Anstice, H J	17.12.14	2613	L/Cpl	Tingey, H	17.12.14
1984	Reg Cpl Maj	Howard, F	16. 1.15	2549	L/Cpl	Watt, N	17.12.14
13128	Cpl of H	Moulson, C E	17.12.14	2528	Cpl of H	Wilkins, A H	3. 6.15

6 D.C.M.'s

LIFE GUARDS (Unit not ascertained)

2643	Cpl of H	Macintosh, P A	21.10.18

1 D.C.M.

ROYAL HORSE GUARDS

2279	L Cpl	Dickie, J M	30. 3.16	1125	Cpl of H	Warren, A	17.12.14
1462	Cpl	Harper, W G G	5. 8.15				

3 D.C.M.'s

CAVALRY

717	Cpl of H	Bishop, H T Household Cavalry	6. 2.18	617	Pte	Macdonald, C E V. S.R.	17. 4.18
401	L Cpl	Davis, M M	28. 3.18	9360	Sjt	Raywood, E 10 Res. Cav. Regt. (Form 4H)	3. 6.15
2808	Tpr	Langley, C F Household Cavalry	6. 2.18	2575	Sq. Cpl. Mjr. (A/R Cpl. Mjr)	Wright, C Household Bn.	6. 2.18

6 D.C.M.'s

1st (KING'S) DRAGOON GUARDS

D548	Cpl (L/Sjt)	Browning, A †	15. 1.20	6211	Pte	Payne, B W (Attd 1st L.G.)	16. 1.15
1257	L/Cpl	Carpenter, W F	5. 8.15	D539	L Cpl	Shepperd, P ‡	15. 1.20
5565	Cpl	Harper, A	16. 1.15				

† 16/5/19 Dakka (India)
‡ 16/5/19 Loe Dakka (India)

5 D.C.M.'s

2nd DRAGOON GUARDS (QUEENS' BAYS)

D19711	RQMS	Bird, J *	21.10.18	D8199	Sjt	Ford, A *	30.10.18
D9440	Cpl	Bodman, W *	30.10.18	4328	A/SSM	Fraser, J A (Later 2Lt 7DG)	16. 1.15
4139	Sjt	Chelmsford, R J	11. 3.16	2721	Pte	Goodchild, J	3. 6.15
4986	A/Cpl	Clarke, J J	5. 8.15	5487	Cpl (A/Sjt)	Jackson, T G	21. 6.16
6348	SSM	Coss, A F	3. 6.15	4854	RSM	Smith, G F W *	17. 4.18
4418	Pte	Ellicock, F W	23.10.14	D4199	Sjt	Spain, A L *	30.10.18
D6581	Sjt	Fishwick, J. M.M. *	3. 9.18	2346	L Cpl	Ward, R	11. 3.16

14 D.C.M.'s

3rd (PRINCE OF WALES'S) DRAGOON GUARDS

6314	L Cpl	Baker, T		11. 3.16	5169	Pte	Jones, F (Form 6 DG)	11. 3.16
13038	Pte	Boast, F	*	18. 6.17	4333	Pte	Kerr, D	5. 8.15
5444	Pte	Comer, E A	*	17. 4.18	6494	Pte	King, J *	18. 6.17
4030	SSM	Cordwell, C E		16. 1.15	4546	L/Cpl	Lister, W	16. 1.15
5359	A/Cpl	Corley, W		5. 8.15	2450	Pte	Norris, T	5. 8.15
5805	L Cpl	Flecknoe, J H		11. 3.16	2115	Pte	Redmond, R	15. 3.16
D20306	Sjt	Hackey, C		11. 3.20	7409	L/Cpl	Stewart, G P	5. 8.15
13272	Pte (L/Cpl)	Harris, A G A	*	18. 6.17	D19899	SSM	Woolgar, W *	3. 9.18

16 D.C.M.'s

4th (ROYAL IRISH) DRAGOON GUARDS

3446	A/Sjt	Baldwin, G	11. 3.16	8159	Cpl	Smith, H V	11. 3.16
4747	Pte	Barry, J	11. 3.16	4766	Sjt	Steel, H (Attd. Arm. Car Bty)	21. 6.16
7175	A/Cpl	Green, H S	11. 3.16	5219	Sjt	Tilney, A J	21. 6.16
D1091	SSM	Rowlatt, H	3. 9.19	D4140	Sjt(A/SQMS)	Townsend, H A	11. 3.20
4922	Sjt	Sessions, A	16. 1.15	5179	Sjt	Woodland, W G	16. 1.15

10 D.C.M.'s

5th (PRINCESS CHARLOTTE OF WALES'S) DRAGOON GUARDS

D635	SSM	Aldridge, S	*	30.10.18	D13862	Cpl	Mason, E *	26. 6.18
D7135	Pte	Barnes, A C	*	30.10.18	7880	A/Cpl	Miles, J R	11. 3.16
D12202	Pte	Bisset, D	*	1. 5.18	3805	Cpl	Peach, J	23.10.14
428	Pte	Burvill, F	*	1. 5.18	D19643	Sjt	Pope, G E *	3. 9.18
663	SSM	Coole, R C		11. 3.20	D20515	Pte	Short, R W *	30.10.18
4721	SSM	Croft, H		3. 6.15	9502	Pte	Smith, H R *	30.10.18
3158	Shoeing Smith	Grimes, J T		3. 6.15	8497	Cpl	Thiselton, F A *	1. 5.18
3572	Sjt	Langford, F		23.10.14	3575	A/Sjt	Wareham, H	11. 3.16
5470	Pte	Lusty, A E E		16. 1.15	D20214	Sjt/Tpr	Wobschall, W	11. 3.20

18 D.C.M.'s

6th DRAGOON GUARDS (CARABINIERS)

4359	Sjt	Armstrong, J W	3. 6.15	3282	Pte	Meston, J	17.12.14
5291	Pte	Cline, J R	16. 1.15	5262	Farr/Sjt	Paterson, J	3. 6.15
4091	Sjt	Howlett, F	3. 6.15	2772	Pte	Wellings, H W	16. 1.15
4910	Sjt	Lord, A J H	11. 3.16	3999	SSM	Wright, W	17.12.14
1771	Pte	McManus, J	3. 6.15				

9 D.C.M.'s

7th (PRINCESS ROYAL'S) DRAGOON GUARDS

D14166	Sjt	Broster, C R. M.M. *	26. 6.18	D20447	SSM	Farrant, R	3. 9.19
3839	Pte	Coles, G *	13. 2.17	D20493	Farr/S/Sjt	Keating, L	11. 3.20
4889	Pte	Cook, C	1. 4.15	D20523	Sjt (A(SQMS)	Kehoe, F	11. 3.20
5025	L/Cpl	Cox, F R (Att 34 D.S. Coy RE)		D9387	Pte	Onions, A *	26. 6.18
		M	22. 1.16	D20462	SSM	Pearce, W *	30.10.18
2587	Pte	Crackett, J	1. 4.15	6666	Sjt	Snelling, R	1. 4.15

11 D.C.M.'s

DRAGOON GUARDS (Units not ascertained) [see introduction]

3408	SM	Allison, A	13. 2.17	4953	SSM	Percival, E	25.11.16
D20040	SSM (A/RSM)	Barrett, L F, M.M.	3. 9.18	19237	Sjt	Russell, G	18. 2.18
7758	Cpl of H	Briton, W H E	17. 4.18	361	Pte	Slater, G	17. 4.18
17	Cpl	Girdwood, W (Attd S & M)	*12.12.17	5454	L Cpl (A/QMS)	Wanless, R	9. 7.17
D20537	Sjt	Harris, F W	3. 9.18				

9 D.C.M.'s

Section 2.

1st (ROYAL) DRAGOONS

D13871	Pte	Cockburn, T O B *	3. 9.18	4274	Sjt	Mortimer, J	5. 8.15
7995	Cpl	Dickinson, E	16. 1.15	D20674	RSM	Oxford, S J	14. 4.20
9593	Pte	Duff, F	16.11.15	D20646	Sjt	Seaton, W J	11. 3.20
752	Pte	McCann, F	21. 6.16	3422	Pte	Shaw, W C	16. 1.15
5241	Sjt	McLellan, P H	16. 1.15	D8311	Pte	Smart, W J *	3. 9.18
3384	Pte	Moir, D	16. 1.15	D20656	SSM	Wischhusen, B J	11. 3.20

12 D.C.M.'s

2nd DRAGOONS (ROYAL SCOT'S GREYS)

20858 (Form 5817) SSM		Andrews, G C *	28. 3.18	D12368	L Cpl	Handley, J S *	3. 9.18
2760	L Cpl	Burtt, W E	11. 3.16	8824	Pte	Macredy, H	16. 1.15
6204	Sjt	Currie, J	15. 3.16	7855	L Cpl	McGuiness, J	11. 3.16
D7522	Pte	Dent, P *	3. 9.18	D12852	Sjt	McHardy, W. M.M. *	3. 9.18
8730	Pte	Dewar, R J	15. 3.16	D2452	SSM	Mitchell, G	11. 3.20
6063	Sjt	Dykes, W *	26. 7.17	2977	Pte	Mutter, J	16. 1.15
1296	Sjt	Erskine, J	11. 3.16	3826	SSM (A/SM)	Reeves, W J (Attd PS 2nd Co. of Land Y)	21. 6.16

14 D.C.M.'s

3rd (KINGS OWN) HUSSARS

3407	L Cpl	Bennett, C	3. 6.15	3452	QMS	Gilbert, C J	3. 6.15
4013	SSM	Burns, A	3. 6.15	4811	Bandsman	Hodson, A R	16. 1.15
3835	Pte	Bush, E	3. 6.15	2161	Pte	Pickstone, E	16. 1.15
1650	Cpl	Edwards, J	3. 6.15	4415	RSM	Smith, H	11. 3.16
9102	A/Cpl	Enticott, J	16. 1.15	H1966	Sjt	Wistow, W R J *	3. 9.18
4284	Bandsman	Frere, T	16. 1.15				

11 D.C.M.'s

4th (QUEENS OWN) HUSSARS

8390	L Cpl	Bowstead, J	11.11.14	5390	L Cpl	Pickles, P	3. 6.15
H1983	SSM	Brown, J *	3. 9.18	6678	Pte	Shaw, H	15. 3.16
4726	SSM	Hawgood, C B	3. 6.15	11352	A/Sjt	Siddons, J	11. 3.16
4923	Sjt	Holmes, F G *	17. 4.18	8556	A/Sjt	Siddons, W	16. 1.15
7028	Pte	Ingle, G	11. 3.16	8556	Sjt	Siddons, W. D.C.M. Bar	15. 3.16
4772	L Cpl	Mires, L C	21. 6.16	6434	Sjt	Smith, F	15. 3.16
5748	Cpl	Page, A A	16. 1.15	6535	L Cpl	Stanford, W	11.11.14

13 D.C.M.'s; 1 Bar.

5th (ROYAL IRISH) LANCERS

1914	Cpl	Baker, D G	16. 1.15	L/8739	SSM	Hollington, F	3. 9.19
1341	Sjt	Barratt, E	11. 3.16	1776	Sjt	Jenner, E C	6. 9.15
L12730	Sjt	Baudains, C	11. 3.20	862	L Cpl	Kennard, A	21. 6.16
2423	L Sjt	Blizzard, E R	11. 3.16	2104	Sjt	Knibb, E E	11. 3.16
7086	A/Sq.QMS	Clenshaw, W	3. 6.15	3161	Sjt	Martin, W *	25. 8.17
752	Sjt	Cobb, A J	16. 1.15	2071	Sjt	Mayson, M *	21.10.18
L12533	T/RSM	Coldridge, W D *	21.10.18	L/12644	SSM	Miskimmin, J *	3. 9.18
7335	L Cpl	Colgrave, J	16. 1.15	L/2542	Sjt	Murphy, P J	11. 3.20
5752	Sjt	Graham, C	6.11.14	1784	L Cpl	Musgrave, G E	11. 3.16
4266	Pte	Hall, W A	11. 3.16	3568	L Cpl	Smart, A H	16. 1.15

20 D.C.M.'s

6th (INNISKILLING) DRAGOONS

D6679	Cpl	Chamberlain, A	11. 3.20	D21095	RSM	Johnson, G *	21.10.18
D21024	RQMS	Chapman, R P	3. 9.19	D21094	Farr/QMS	Landgraff, C	11. 3.20
D21010	Sjt	Haste, A *	30.10.18	D20976	Sjt	Ogden, C W *	26. 6.18
D21010	Sjt	Haste, A. D.C.M. Bar	10. 1.20				

6 D.C.M.'s ; 1 Bar.

7th (QUEENS OWN) HUSSARS

6209	Cpl	Emery, W	M	25. 2.20	45613	RSM	Welch, E	M	25. 2.20
4498	SSM	Reeves, W (PS. N Som.Yeo.)		1. 4.15					

3 D.C.M.'s

8th (KINGS ROYAL IRISH) HUSSARS

2706	Pte	Murphy, J S		21. 6.16	H/3636	Sjt	Sexton, W C	*	28. 3.18
6608	Pte	Nevia, R J (Attd. R.H.Gds)	26.11.14	H/45427	SSM	Simpson, J T	*	3. 9.18
H/45423	RSM	Pitchforth, R P		11. 3.20	H/45515	Sjt	Walkington, F	*	3. 9.18

6 D.C.M.'s

9th (QUEENS ROYAL) LANCERS

3813	SSM	Ambrose, C C	*	9. 7.17	5011	Cpl	Reardon, W. M.M.	*	30.10.18
63	Sjt	Chitty, J W		5. 8.15	4347	SSM	Rowland, C	*	13. 2.17
4894	Sjt	Coombes, G		15. 3.16	1109	L/Cpl	Saunders, C E		11. 3.16
4997	Sjt	Davids, G		16.11.14	4967	L/Cpl	Seton, A E		16. 1.15
8327	Pte	Fisher, G		11. 3.16	12844 (Form 4967)	Sjt	Seton, A E. D.C.M.	* Bar	3. 9.18
L/4151	Sjt	Hickey, T		11. 3.20	L/1351	Farr/Sjt	Spencer, W E		3. 9.19
L/3955	Sig. Cpl	Langley, W D		3. 9.19	4659	SQ.QMS	Spencer, W T		11. 3.16
98	Sjt	Ralph, H		3. 6.15	5061	Sjt	Turner, A W		6.11.14

15 D.C.M.'s ; 1 Bar.

10th (PRINCE OF WALES'S OWN ROYAL) HUSSARS

959	Pte	Blakemore, H		30. 3.16	11558	Pte	Green, H W	*	18. 6.17
959	Pte	Blakemore, H. D.C.M.	* Bar	21.10.18	31377	Pte	Hall, J R	*	3. 9.18
H/963	Pte	Cavanagh, C P		3. 9.19	5380	L/Cpl	Hearn, G H		3. 6.15
12159	Pte	Dunn, J P	*	18. 6.17	3646	Pte	Savage, R		16. 1.15
128	Pte	Futcher, A		3. 6.15					

8 D.C.M.'s ; 1 Bar.

11th (PRINCE ALBERT'S OWN) HUSSARS

4607	Pte	Barton, G		21. 6.16	13536	L/Cpl	Simpson, J G	*	3. 9.18
46041	Farr/S/Sjt	Cahill, J		3. 9.19	6769	Pte	Smethurst, H		11. 3.16
10033	A/SSM	Frane, T		16. 1.15	46044	SSM	Steane, H C	*	3. 9.18
615	RQMS	Green, W	*	13. 2.17	5538	RSM	Upton, T G	*	17. 4.18
9273	A/L Cpl	Howells, J P		11. 3.16	6726	Pte	Watts, A S		5. 8.15
5658	Cpl	Moyse, R C		11. 3.16					

11 D.C.M.'s

12th (PRINCE OF WALES'S ROYAL) LANCERS

L/13003	L/Cpl	Allen, V O		10. 1.20	3698	Pte	Pacey, A		11. 3.16
969	Cpl	Branch, A		3. 6.15	5956	L/Cpl	Ryan, P		15. 3.16
409	Sjt	Edwards, B P		16. 1.15	1740	Pte	Simkins, G L		17.12.14
4066	SSM	Hannington, W J (Attd. N'umb. Huss)		5. 8.15	L/10320	Cpl	Singer, W A		2.12.19
					5787	Sjt	Spender, J T	*	19. 8.16
L/3317	Sjt	Lawrence, L M		10. 1.20	4656	A/Sjt/Trumpeter	Stone, A		17.12.14
L/12878	RSM	Morgan, A (Attd. RWF) E		3. 9.19	5221	Sjt	Stone, W H		11. 3.16

13 D.C.M.'s

Section 2.   13th HUSSARS   11

4600	L/Cpl	Bowie, G W	*	29. 8.17	2901	L/Cpl	Stevens, J	*	29. 8.17
1150	SSM	Brearley, J	*	29. 8.17	4859	Pte	Strawbridge, S G	*	21.10.18
4504	Sh. Smith	Couch, J F	*	29. 8.17	5869	Sjt	Tassie, W D	*	26. 5.17
9285	Pte	Jones, A	*	18. 6.17	4428	Sjt	Tetheridge, W H	*	1. 5.18
6240 †	SQMS	McBride, F A		13. 7.20	6915	Cpl	Vinall, A	M	25. 2.20
423	Cpl	Rayner, G	M	25. 2.20	9192	L/Cpl	Watkins, A W	*	29. 8.17
6166	Pte	Roberts, J L	*	29. 8.17					

† Sulia Aniyah 20/5/19

13 D.C.M.'s

14th (KINGS) HUSSARS

4741	L/Cpl	Aston, J N	*	4. 3.18	H/2862	Cpl	Limbert, J	*	25.11.16
5855	L/Cpl	Friskey, D	*	25.11.16	H/1300	Pte	Rogers, P	*	25.11.16
H/47485	Sjt	Hallard, A	M	10. 1.20	5880	Cpl	Rutter, T	*	*12.12.17
4407	Sjt	Hancock, A H		15. 4.16	4406	Sjt-Farr	Woodroffe, H		15. 4.16
5182	Sjt	Hull, B D	*	29. 8.17	5662	L/Cpl	Wright, G (Attd. R.H.Gds)		21. 6.16
4415	Cpl	Humphreys, R	*	4. 3.18	3749	SSM	Wright, J		15. 4.16

12 D.C.M.'s

15th (THE KINGS) HUSSARS

728	L/Cpl	Aspinall, F		17.12.14	4506	Tmptr	Hopgood, G R		1. 4.15
3586	Sjt	Blishen, W		17.12.14	4111	Sjt	Johnson, H H		11. 3.16
H/46297	(Form 3586) SSM	Blishen, W. D.C.M. * Bar		28. 3.18	578	SSM	Jordison, H	*	17. 4.18
4654	A/Sjt	Borough, F C		5. 8.15	H/46306	Sjt	Lee, A J. M.M. (Attd.R.E)		11. 3.20
4516	Sjt	Clark, E J		16. 1.15	5772	L/Sjt	Mackay, W		16. 1.15
9148	Pte	Dable, W	*	30.10.18	1038	Pte	Neville, F		16. 1.15
4259	L/Sjt	Dalby, S		11. 3.16	1678	Sjt	Oliver, J E	*	28. 3.18
7311	Cpl	Darley, W		23.10.14	4633	Sjt	Papworth, H J		17.12.14
7341	Sjt	Durnford, B		5. 8.15	2700	Cpl	Potter, F		17.12.14
3158	L/Sjt	Earl, A J		23.10.14	9440	Pte	Price, W J		23.10.14
1020	Sjt	Everest, E E		5. 8.15	8290	Cpl	Rawlins, A		1. 4.15
1015	L/Cpl	Fossey, C H. M.M.	*	3. 9.18	H/14606	Cpl	Reynolds, H B		2.12.19
H/7494	Sjt	Francis, J W. M.M.		2.12.19	8078	Cpl	Shepherd, G F		17.12.14
4472	Sjt (SSM)	Godden, F		3. 6.15	18616	L/Cpl	Thomas, A R		11. 3.16
H/46377	SSM	Hannam, F A		11. 3.20	3801	Sjt/Tmptr	Wheal, S		11. 3.16
1017	Pte	Harford, C		16. 1.15					

30 D.C.M.'s ; 1 Bar.

16th (THE QUEENS) LANCERS

866	L/Cpl	Boyton, B		10.11.14	3831	L/Cpl	House, E		1. 4.15
5487	Sjt	Brown, D H	*	16. 8.17	L/973	Sjt	Howes, C S	*	3. 9.18
1869	L/Sjt	Carr, R		3. 6.15	4621	Pte	Larkin, R G		3. 6.15
3225	L/Cpl	Chapman, H H		10.11.14	302	Sjt	Lawrence, E		3. 6.15
1909	RQMS	Croker, S A		11. 3.16	2538	L/Sjt	Page, F J		1. 4.15
5043	Farr/S/Sjt	Glasgow, F		10.11.14	7061	Pte	Waldron, R S		3. 6.15
L/13111	SSM	Groombridge, W H	*	1. 5.18					

13 D.C.M.'s

17th (DUKE OF CAMBRIDGE'S OWN) LANCERS

| L/3230 | Sjt | Jeffery, A | * | 26. 6.18 | L/3742 | Pte | Sheehan, J E (Attd. 29 Lrs I.A.) | | 25. 2.20 |
| 1806 | Sjt | Roshier, S W (Attd. 3 Lac Bty) | | 21. 6.16 | 6330 | Cpl | Wilson, F (Attd. 2 Life Gds) | | 5. 8.15 |

4 D.C.M.'s

18th (QUEEN MARY'S OWN) HUSSARS

Section 2.

7984	Cpl	Blake, J J	11. 3.16	H/1683	L/Cpl	Fosten, E	3. 9.19
28677	Pte	Carlin, S	5. 8.15	4906	SQMS	Howlett, H	3. 6.15
3513 †	SSM	Collier, A. D.C.M. (Attd. Oxf. Yeo)		4398	A/Sjt	Mason, W H	3. 6.15
		Bar	11. 3.16	4733	Tmptr	Moylan, J	11. 3.16
H/47174	RSM	Darch, L *	21.10.18	3503	SQMS	Shakespeare, W (PS N.Som.Yeo)	16.1.15
12844	Pte	Dibb, M L	3. 6.15	4655	Sjt	Steel, C H	11. 3.16

† SSM A. Collier, D.C.M. L/G 1901.

10 D.C.M.'s; 1 Bar.

19th (QUEEN ALEXANDRA'S OWN ROYAL) HUSSARS

8088	L/Cpl	Allen, R J	5. 8.15	4976	SSM	Nicholson, F G (Attd. S.Notts Huss)	
1498	Pte	Archer, W G	11. 3.16				21. 6.16
2283	Sjt	Brummell, H A	10. 1.20	9763	Pte	Parnaby, R	17.12.14
5820	Sjt	Brunton, D	17.12.14	4850	Sjt	Sims, W J	11. 3.16
H/46673 (5820)	SSM	Brunton, D. D.C.M. * Bar	3. 9.18	6111	Sjt	Vigars, E H	11. 3.16
21146 †	Pte	Burke, F H	30. 3.16	5754	Sjt	Watts, H N	10. 1.20
5936	Pte	Jerome, W A	17.12.14	46522	Sjt	White, T A	11. 3.20

† Bar with M.G.C.

12 D.C.M.'s; 1 Bar.

20th HUSSARS

9829	Pte	Bennett, J B A	17.12.14	4991	Sjt	Nash, H E	17.12.14
485	SSM	Churchill, E J	3. 9.19	8697	Sjt	Simes, R	3. 6.15
9448	SSM	Curran, J	11. 3.20	5874	Cpl	Tester, G	15. 3.16
4671	Cpl	Edwards, A C (Attd. R.H.Gds)	17.12.14	20268	L/Cpl	Tierney, A	15. 3.16
1397	A/Cpl	Killick, A E	11. 3.16	4892	Sjt	Withers, G	11. 3.16

10 D.C.M.'s

21st (EMPRESS OF INDIA'S) LANCERS

861	L/Cpl	Ballard, R A	15. 3.16	3764	Saddler S/Sjt	Simpson, W A	15. 3.16
4815	RSM	Ryder, E N	15. 3.16				

3 D.C.M.'s

HUSSARS (Units not ascertained)

47249	SSM	Adams, H	3. 9.18	586	Sjt	Jones, E H	*12.12.17
H/45714	T/RSM	Batchelor, A C	1. 5.18	14732	Pte	Partridge, W	30.10.18
3981	Sjt	Brooks, A L	15.11.18	5665	Sjt	Phillips, G R	21.10.18
H/45424	SSM	Cook, G B	21.10.18	4/367	Sjt	Veal, J F	14.11.16
8179	Sjt	Gandy, J	3. 9.18	H/45447	SSM	Walker, G A	3. 9.18
5176	Sjt	Harvey, H	21.10.18	5722	A/CSM	Wheeler, W E	20.10.16
H/45711	RSM	Huxley, W J C	3. 9.18	H/45712	SSM (T/RSM)	White, W G	1. 5.18
3200	T/RSM	Jackson, J	18. 2.18				

15 D.C.M.'s

LANCERS (Units not ascertained)

L/6125	Pte	Kerrison, A	28. 3.18	GS11160	S.S.F.	Milne, J (Attd. Res.Rgt.Cav.)	3. 3.17
1657	L/Cpl	Lane, C	9. 7.17	4833	Cpl	Mould, W G	17. 4.18

4 D.C.M.'s

DRAGOONS (Units not ascertained)

D20999	SSM	Allsopp, F	26. 6.18	5680	SSM	Leaton, W	25. 8.17
6277	Sjt	Auton, G	25. 8.17	5175	Sjt	Nicholson, C T	25. 8.17
4034	SSM	Furness, J F	28. 3.18	D20965	Cpl	Steel, R C	30.10.18
D14171	L/Cpl	Gooder, E	30.10.18	1563	L/Cpl	Stewart, W J (Attd. R.E.)	29. 8.17
D4191	Sjt	Gough, H	30.10.18				

9 D.C.M.'s

YEOMANRY

Number	Rank	Name	Unit	Date
753	Cpl (A/Sjt)	Abbott, A E	Essex	30. 3.16
285169	Pte	A'Bear, T N	Oxf.Huss *	25. 8.17
330079	Sjt	Akers, T H	1/1 Gloucs E	25. 2.20
139	Sjt	Andrews, N E	Dorset	21. 6.16
118	SSM	Archibald, J	1/3 Sco.Horse	21. 6.16
2560	Pte	Archibald, W A	1/1 QORGY	27. 7.16
30145	Pte	Ashby, E	1/1 Bedford	11. 3.20
1119	Pte	Ashley, H D	Dorset	21. 6.16
1749	Sjt	Bailey, L	1/1 Notts	31. 5.16
205915	Pte (A/LCpl)	Bamford, R E	Bucks *	18. 2.18
1535	L/Cpl	Barclay, A	Ayr	21. 6.16
205523	Pte(A/LCpl)	Barkway, C J	Bucks *	18. 2.18
1137	LCpl/A/Sjt	Beale, J	Bucks	21. 6.16
2491	Sjt	Bird, F W	1st Co.of Lond. G	11. 3.16
70261	Sjt	Bishop, P		28. 3.18
723	Sjt	Blackburn, E H	K.E.Horse	3. 9.18
1761	Sjt	Blyde, W A	Berks G	11. 3.16
381	T/RSM	Bond, E E	1st K.E.Horse	3. 9.19
55769	Pte	Bond, S J		1. 5.18
70059	L Cpl	Boswell, F W		26. 1.18
624	L Cpl	Bradley, C	Dorset	21. 6.16
H/270443	Sjt	Brewis, W. M.M.	1/1 North'd Huss.	3. 9.19
235050	Sjt	Bromhead, J H	Gloucs	21.10.18
606	Sjt	Brooke, J W	2 K.E.Horse	11. 3.16
80075	Sjt	Brown, J	Essex *	18. 6.17
846	Pte	Brown, W	1/1 Dorset Yeo E L/G Vol.II	4. 4.16
260	SSM	Bunker, F	Herts	21. 6.16
230171	Sjt	Burnell, R L	Dorset *	1. 5.18
235257	L Cpl	Castle, W E G. M.M.	1/1 Gloucs. E	25. 2.20
2390	Sjt	Catley, G	Gloucs	14.11.16
966	L Cpl	Chapman, C J	Bucks	21. 6.16
80647	S/Smith	Chapman, C P	Essex *	30.10.18
389	L Sjt	Chard, A I	1/1 N.Som	5. 8.15
1416	Cpl	Chasney, H	1/1 Berks	21. 6.16
5407	Sjt	Clow, D J	2 Sco.Horse	21. 6.16
1939	Sjt	Collier, W B	City of Lond.	14.11.16
826	L Cpl	Collins, C	Dorset	21. 6.16
2071	Pte	Constable, E A		22. 9.16
1370	L Cpl	Cook, L G	Essex	15. 3.16
13/5356	Pte (A/Sjt)	Coombe, R (Later R.High)		26. 4.17
995	SSM	Coulbeck, J B	1/1 Northants	11. 3.16
5350	Pte	Coulter, W	2 Sco.Horse	21. 6.16
230043	Sjt	Cox, W	Dorset *	28. 3.18
309	Sjt	Cross, W C	1/1 N.Som	11. 3.16
1552	Pte	Crouch, E C	K.E.Horse	22. 9.16
40031	SSM	Currie, D H		4. 3.18
H/230089	L Cpl(A/Cpl)	Cutler, P	Dorset *	30.10.18
30060	Sjt(A/SSM)	Davies, E	Bedford *	3. 9.18
1480	Sjt	Dawson, W E	Norf	21. 6.16
145043	Sjt †	Day, C	Northants I	25. 2.20
2860	Cpl	Denman, H D	1 Co.of Lond. G	11. 3.16
275247	Sjt	Denman, J A	Notts E	3. 9.19
1402	Pte	Dennett, H	Dorset *	22. 9.16
H/270232	S/QMS	Dickinson, J E	1/1 Northd Hrs	3. 9.19
50057	SSM	Duffield, T H		18. 2.18
275200	SSM	East, T	Sher. Rangers *	1. 5.18
H/285004	SSM	Elliott, G H	Oxf Huss	11. 3.20
775	Cpl (A/Sjt)	Ewbank, R R	K.E.Horse	3. 9.18
775	Sjt	Ewbank, R R. D.C.M.	K.E.Horse. Bar	2.12.19
1384	Pte	Finch, W E	K.E.Horse	11. 5.17
783	Sjt	Finlay, P	Dorset G	11. 3.16
235124	Pte	Forrest, E G	1/1 Gloucs E	25. 2.20
230169	Pte	Fowler, F	Dorset *	28. 3.18
584	Sjt	Frodsham, H R S	1 KEH	10. 1.20
235246	Farr/QMS	Gabb, T H	Gloucs E	3. 9.19
1930	Sjt(A/SSM)	Garrett, C F	Gloucs	14.11.16
40010	SSM	Garrish, O		28. 3.18
213	Sjt	Gibbs, W M	Dorset	21. 6.16
325159	Cpl	Gilbert, A	Worcs *	26. 1.18
841	Sjt	Gladwish, E L	KEH	3. 9.18
300081	Cpl	Grant, G W		18. 2.18
641	Cpl	Guppy, H J J	Dorset *	22. 9.16
869	L Cpl	Guy, R E	Dorset	21. 6.16
70001	SM	Haines, H H		28. 3.18
145642	Pte ‡	Hamer, E	Northants I	25. 2.20
H/230031	Sjt	Hammond, P W	1/1 Dorset E	3. 9.19
235011	Sjt	Handy, J		1. 5.18
931	Sjt	Harding, F	N.Som	21. 6.16
2017	Cpl	Hart, H	1/1 Berks	21. 6.16
75079	SSM (A/RSM)	Heath, H	Derby *	18. 2.18
325078 (form 1995)	L Cpl	Hemming, G F	Worcs *	26. 4.17
888	Pte	Henderson, A	1/1 Lanark	27. 7.16
189	Cpl	Henderson, W W	1/1 N.Som	11. 3.16
275206	Sjt	Hethershaw, W F	Notts E	3. 9.19
2410	Cpl	Higgins, R P	Bucks	21. 6.16
110408 (form 3378)	Sjt (A/SQMS)	Hindle, T B		26. 4.17
205007	Sjt (A/SSM)	Hoskings, H	Bucks *	28. 3.18
205670	Sjt	Houghton, A	Bucks *	28. 3.18
174	Sjt	Howard, W C	Essex	5. 8.15
30627	Pte	Ingram, C		15.11.18
24	Sjt	Irwin, H	North'd Huss	1. 4.15
115036	RQMS	Irwin, S C		1. 5.18
74	SQMS	James, W R	Dorset	21. 6.16
H/270090	Tpr (A/LCpl)	Johnson, C H A.	Northd H.	21.10.18
300305	Pte	Johnson, R C		1. 5.18
4300	A/BSM	Kennedy, F	1/2 Lovat's Scouts	21. 6.16
333	Cpl	King, W H	R.N.Devon	21. 6.16
1881	Pte	Kirk, H E	Berks G	11. 3.16
260182	Pte (A/Cpl)	Kirkby, G	1 Co.of Lond. Yeo.*	18. 2.18
275884	L Cpl	Law, C(A G	Notts E	25. 2.20
1221	Sjt	Leake, L	1 K E Horse	11. 3.20
991	Tmptr	Legg, L D	Dorset *	22. 9.16
717	Sjt	Little, L G	Bucks *	22. 9.16
187	SSM	Littleworth, A	Dorset	21. 6.16
2571	Sjt	Lockwood, W F	1st City of Lond.	31. 5.16
757	Pte	Ludgate, R	S Irish Horse	30. 6.15
H/230452	L Cpl (A/Cpl)	Lye, C	1/1 Dorset E	3. 9.19
126658	Pte	MacGregor, J	Lovat's Scouts	26. 6.18
75041	Sjt	Mansfield, C H	Derby *	18. 2.18
205348	Cpl(A/Sjt)	Marks, V B	Bucks *	28. 3.18
1536	Trpr	Martin, A L	3 Co. of London	21. 6.16
310223	SSM	Mason, H T	Warwicks *	1. 5.18
1508	Sjt	May, E B	3 Co. of London	21. 6.16
1186	Pte	May, P F W	2 KEH (Attd CM Bde)	11. 3.16
2083	Pte	McDougall, L	1 Lovat's Scouts	21. 6.16
350	Cpl	McGeoch, M	1/3 Sco.Horse	21. 6.16
105301	SSM	McKay, G A	Herts *	29. 8.17
80047	SSM	McKellar, W W	Essex *	18. 6.17
2217	Pte	McLellan, A	1 Lovat's Scouts	21. 6.16
653	SSM	McWatt, N	2 Sco.Horse	21. 6.16
110221	Sjt	Meredith, J S	1/1 D.O.L.Y. P	11. 3.20
H/300062	Sjt	Millward, J T	1/1 Staff E	3. 9.19
2176	Cpl	Mitchell, G	Leics	15. 3.16
2212	Sjt	Molineaux, W		26. 4.17
989	Pte	Moore, E S D	Notts	14.11.16
889	Pte	Morgan, V	KEH	13. 2.17
1047	Sjt	Morris, D	2 KEH	6. 9.15
1047	SSM	Morris, D, D.C.M.	KEH Bar	18. 7.17
2516	Pte	Muller, P	Oxf.Huss.	15. 3.16
310	L Cpl	Murray, L D	KEH	28. 3.18
872	Pte	Myall, A W	Dorset *	22. 9.16
70424	Sjt	Napper, J S		28. 3.18
H/270032	SSM	Nicholson, E	North'd H *	3. 9.18
131	SSM	Ogilvie, A	1 Fife & Forfar	21. 6.16
260061	Sjt	Overed, F	1/1 Co.of Lond.E	25. 2.20
165167 (form 674)	Sjt	Pacey, J		18. 6.17
45021	SSM	Packer, O C	Surrey	21.10.18
45288	Sjt	Page, A	Surrey *	18. 2.18
280187	Sjt	Parker, H	S.Notts Huss *	1. 5.18
14001	Cpl	Parkinson, F		1. 5.18
H/270016	SSM	Peacock, F W	North'd H *	3. 9.18
1104	Pte	Perkins, S K	Berks G	11. 3.16
45139	Cpl	Pickard, S H	Surrey	26. 1.18
193	Sjt	Pike, W H	Dorset G	11. 3.16
3727	Pte	Pittendreigh, J	1 Sco. Horse	21. 6.16
648	Cpl	Potts, S S	Bucks G	11. 3.16
260204	Sjt	Randall, P S J	1/1 Co.of Lond.*	4. 3.18
220	SM	Reid, H D	KEH	13. 2.17
80160	Pte	Riggs, C V	Essex	21.10.18
325853	Pte	Roberts, H	Worcs *	26. 1.18
2029	Pte	Roger, W	1/1 Fife & Forfar G	22. 1.16
230096	Sjt	Rossiter, H G	Dorset *	28. 3.18
70621	Cpl	Seabrook, W J		26. 1.18
260079	Sjt	Selfe, R	1/1 Co.of Lond.*	4. 3.18
1125	L/Cpl	Sharp, B C	KEH	22. 9.16
50146	Pte	Sherwood, F W		16. 8.17
50243	Pte (A/LCpl)	Smales, F		16. 8.17
235253 (form 2280)	SSM	Smart, T G	Gloucs *	26. 4.17
325574	Pte	Smith, F S	Worcs *	26. 1.18
2007	Pte	Smith, R W	1 City of Lond.	31. 5.16
80020	Sjt	Sprake, A	Essex	21.10.18

YEOMANRY

125192	L Cpl	Stevenson, A	Lovat's Scouts (later RAF)		26. 6.18
990	SSM	Swain, J P	Leics		5. 8.15
105395	Sjt	Sygrave, E J H	Herts *		28. 3.18
50255	Pte (A/Cpl)	Tesseyman, C V S			28. 3.18
45097	Sjt	Thomas, D S			18. 2.18
175135	Pte	Thomas, H	1/1 Yorks Dns		2.12.19
1860	Cpl	Thomas, L	1/1 Berks		21. 6.16
1738	Pte	Thompson, E	1/1 Lincs		15. 3.16
300115	Pte (LCpl)	Timmins, E S			28. 3.18
205014	Sjt	Timms, F H	Bucks *		28. 3.18
275292	SSM	Tomkins, J J	Sher.Rang.*		30.10.18
260206	Cpl(A/Sjt)	Treleaven, C J	1/1 Lond.	P	11. 3.20
1437	Cpl	Valentine, J G	1/1 Fife & Forfar	G	22. 1.16

64	Sjt	Vincent, T	KEH		21.10.18
325025 (form 1761)	Sjt	Walker, W T	Worcs *		26. 4.17
971	SSM	Warren, J C	Oxf.Huss.		3. 6.15
165463	A/Sjt	Watts, M	N.Som.		21.10.18
275	Sjt	Webber, J	1/1 Welsh Horse		21. 6.16
205200	Cpl(A/Sjt)	Whiting, J G B	Bucks *		28. 3.18
230232	Cpl	Whittle, F L	Dorset *		28. 3.18
483	L Cpl	Wilson, J	Lanark		21. 6.16
307	A/Sjt	Wilson, W	Lanark		21. 6.16
276933	Pte	Wise, E	1/1 Notts	E	3. 9.19
321534	Cpl	Wiseman, H J	1/1 Gloucs	E	25. 2.20
325105 (form 2048)	Cpl	Wood, H	Worcs *		16. 8.17
115003	Sjt	Younghusband, A E B	Lond.		21.10.18

† Italy 29.10.19

‡ Sacile (Italy) 30/11/18

* Unit not stated on citation ∴ obtained from Regimental Histories.

185 D.C.M.'s ; 2 Bars.

SECTION 3

ARTILLERY

Royal Horse Artillery	17
Royal Field Artillery	18
Royal Garrison Artillery	30
Hong Kong and Singapore Bn. R.G.A.	35
Honourable Artillery Company T.F.	35

ARTILLERY

ROYAL HORSE ARTILLERY

No.	Rank	Name	Unit		Date
63222	Gnr	Allen, A W	'M' Bty		15. 3.16
110931	L/Bmbr	Allen, G W	'H' Bty 7 Bde		11. 3.20
35237	Cpl	Allpress, J C	'B' Bty	G	6. 9.15
68715	Bmbr(Sig)	Amos, C L	B. 15 Bde		2.12.19
602027	Sig Cpl	Armour, H	18 Bde	E	3. 9.19
53954	Bmbr	Arney, R C	'F' Bty		17.12.14
139966	Dvr	Barnes, F J			15.11.18
42065	Bmbr	Baxter, P E	'N' Bty		1. 4.15
34488	Cpl	Best, A	HQ 4 Bde		11. 3.16
70499	Dvr	Biddulph, A			11. 3.16
38786	Cpl	Boatman, H P	'H' Bty		3. 6.15
57384	BSM	Bond, J	400 Bty 14 Bde		5.12.18
51959	Sjt	Breakwell, W A W			29. 8.17
618047	Sjt	Brewster, R			18. 2.18
64224	Sjt	Bridges, H G			17. 4.18
53208	Cpl	Brooker, A			17. 4.18
10929	BSM	Browne, L H			1. 5.18
49122	Sjt	Butler, F L	N5 Army Bde		3. 9.19
9905	Sjt	Campbell, J S	'V' Bty		11. 3.16
47904	Gnr	Carry, C B	'J' Bty		23.10.14
56846	Bmbr	Chard, F P			21.10.18
37731	BSM	Child, E B	A 16 Bde		3. 9.19
133	Farr/QMS	Chinery, W A			17. 4.18
624857	Sjt	Clark, J			21.10.18
63376	Gnr	Clarke, H J	'Y' Bty	G	16.11.15
11991	BSM	Cleland, J			18. 7.17
84075	BSM	Commetti, T A			18. 2.18
48551	SM	Cook, L, M.M.	'H' Bty 7 Bde		11. 3.20
63094	Gnr (A/Bmbr)	Creighton, W H A			20.10.16
52103	Sjt	Cunningham, A R	'Y' Bty 7 Bde		3. 9.19
68728	Gnr	Dadd, R C			26. 1.18
37753	Cpl	Daniels, T	14 Bde		30. 6.15
22157	BSM	Day, E			17. 4.18
39198	Sjt	Digby, T			29. 8.17
35910	St/Sjt	Dunning, J C. (U.L.Ind.Army)			3. 3.17
25378	BSM	Edmonds, C W (Attd A/242 Bde) (RFA)			3. 9.19
36625	Dvr	Egerton, T F14 Bde (Attd Gds Div)			10.1.20
620209	BSM	Evans, E			1. 5.18
27518	Bmbr	Evans, J P	'N' Bty		1. 4.15
22828	Gnr	Evans, T			17. 4.18
35580	Farr/Sjt	Falgate, P J			6. 2.18
37712	BSM	Farlie, F			17. 4.18
610002	BSM	Farrow, J			18. 2.18
68403	Sjt	Fordham, W J (Attd Anti-Aircraft Section)			21. 6.16
53150	Sjt	Freeman, H	'P' Bty		3. 6.15
69670	A/Bmbr	Golding, E	'E' Bty		11. 3.16
35103	Gnr	Green, J	'K' Bty 7 Bde		3. 9.19
49201	Cpl	Hall, S	'B' Bty 15 Bde		11. 3.20
38777	Sjt	Hall, T	'K' Bty		10. 1.20
51657	Cpl	Haynes, E W			9. 7.17
68420	A/Bmbr	Hicks, W A	'C' Bty		11. 3.16
618001	Sjt (A/BSM)	Hitchcock, W G		E	25. 2.20
34263	Gnr	Humphrey, T	'O' Bty		30. 6.15
45919	Gnr	Ideson, F			21.10.18
14496	BSM	Jacklin, W B	'F' Bty		11. 3.16
140173	Sig	Jackson, F A	L15 Bde		2.12.19
622413	Sjt	James, M			21.10.18
51349	Sjt	Jones, F	'T' Bty 14 Bde		3. 9.19
30320	BSM	Jones, J H			28. 3.18
65810	Sjt	Judd, H	L15 Bde		3. 9.19
33432	BSM	Kemp, T	'E' Bty		3. 9.19
33432	BSM	Kemp, T. D.C.M.	'E' Bty	Bar	2.12.19
63000	Sjt	Kendall, A			3. 9.18
33797	Dvr	King, J H			18. 6.17
612002	BSM	Machin, E			11. 5.17
47861	BQMS	Maddox, H A			21.10.18
55579	Cpl	Marshall, F	'U' Bty 16 Bde		11. 3.20
88053	Gnr	Marshall, G W G (Attd Anti-Aircraft)			21. 6.16
58230	Sjt	Martin, E T, M.M.	'N' Bty 5 Bde		10. 1.20
43708	Gnr	Matthews, T C			17.4.18
620163	Sjt	May, S			18. 2.18
620163	Sjt	May, S. D.C.M.		Bar	26. 6.18
47886	Cpl	McCaskill, K	'Z' Bty		5. 8.15
618008	BQMS	Meaney, E W T		E	25. 2.20
11329	BSM	Meathrel, H			17. 4.18
64203	Sjt	Musgrove, W	'L' Bty 15 Bde		11. 3.20
42921	A/Bmbr	Newman, E A			11. 3.16
15547	BQMS	Noakes, F	'K' Bty		16. 1.15
61501	Gnr (A/Bmbr)	Page, W E	5 Bde		21. 6.16
56831	Cpl	Parker, S A			21.10.18
99953	BSM	Parkin, W			21.10.18
43535	BQMS	Pearcy, F	'Y' Bty		10. 1.20
60098	BSM	Perryman, E			21.10.18
59343	Sjt	Philpot, W J			18. 7.17
14322	BQMS	Pitt, C	3 Bde Amm Col		3. 9.19
66522	Bmbr	Porter, F H	HQ 1 Cav Div		11. 3.16
22002	BQMS	Purser, H F B			3. 9.18
57684	Gnr	Ralph, H C	(Attd 4 Bde)		3. 9.19
11120	Gnr	Redfern, E J			21.10.18
47888	Gnr	Rhind, W	'F' Bty		11. 3.16
620287	Dvr	Roberts, I			11. 5.17
46811	BSM	Salmon, E G	'W' Bty	M	25. 2.20
608061	Sjt	Schofield, A		E	25. 2.20
49692	Cpl	Shrubsole, P A			13. 2.17
51859	Bmbr	Simpson, J	'C' Bty 6 Cav Bde		11. 3.20
45670	Cpl (A/Sjt)	Singleton, H			17. 4.18
966	BSM	Smith, G G, M.M.	'I' Bty 7 Bde		3. 9.19
29520	Sjt	Spain, G T	'F' Bty		17.12.14
610006	Fitt/S/Sjt	Spiers, T			1. 5.18
55566	Sjt	Starkie, F R	'D' Bty 3 Bde		11. 3.20
13521	BSM	Steeden, F			3. 9.18
36943	Bmbr	Stroud, A E	HQ 15 Bde	G	16.11.15
43032	BSM	Swan, A	'K' Bty (Attd RFA)		1.3.20
612018	Sjt	Symonds, M			30.10.18
63111	A/Bmbr	Taylor, F	'Y' Bty		21. 6.16
3	BQMS	Thomson, W J			20.10.16
55531	Dvr	Tiller, A J	'A' Bty 16 Bde		11. 3.20
8358	Sjt	Trowbridge, E	(Attd Anti-Aircraft)		21. 6.16
2270	Sjt	Trudgill, E	'E' Bty		11. 3.16
87786	Cpl	Tyler, A	'C' Bty 5 Bde		11. 3.20
12185	Sjt	Walker, J W			9. 7.17
17810	Gnr	Walker, L			21.10.18
30533	Sjt	Wells, F J	'S' Bty	M	3. 6.15
610005	BQMS	Wells, W L			11. 5.17
70485	Bmbr	Whelbourn, G			21.10.18
65317	Dvr	White, T J			21.10.18
74696	Sjt	Wicks, P J			17. 4.18
2973	BSM	Wingate, H E			21.10.18

116 D.C.M.'s; 2 Bars.

ROYAL FIELD ARTILLERY

Number	Rank	Name	Unit	Date
860	Sjt	Abbott, H C	1 Bde	11. 3.16
L/41819	Sjt	Abraham, M		6. 2.18
37564	Cpl	Accleton, F W		20.10.16
81576	Sjt	Adams, G		18. 6.17
34552	Dvr	Adams, R	6A Res Bde	3. 6.15
19099	Gnr	Adcock, W	HQ 94 Bde	15. 3.16
65150	Dvr (A/Bdr)	Addington, H F		17. 4.18
70746	Gnr	Addisson, G	45 Bty	30. 6.15
49106	Bmbr	Adie, A A	47 Bty	17.12.14
63522	Sjt	Adlard, H, M.M.	51 Bty 39 Bde	11. 3.20
48303	Bmbr	Agar, H		13. 2.17
67143	Sjt	Agnew, A		3. 9.18
67143	Sjt	Agnew, A. D.C.M. D/112 Bde **Bar**		2.12.19
715119	Sjt	Aikens, A		3. 9.18
20716	Gnr	Ainsworth, G		25.11.16
55137	Sjt	Airey, J W J, M.M.		3.10.18
58872	Sjt	Alexander, G	41 Bty	3. 9.19
960	A/Bmbr	Allan, A	C Bty 68 Bde	21. 6.16
983	Sjt	Allanson, J		13. 2.17
60741	BSM	Allen, F		9. 7.17
830452	A/Cpl	Allen, G		6. 2.18
105042	Bmbr	Allison, J H	6 Bty	11. 3.20
143399	Cpl	Allison, W	D 92 Bde	11. 3.20
L/26491	Cpl	Allsopp, W		11.12.16
41878	Cpl	Anderson, W	84 Bty	1. 4.15
44196	Cpl	Andrew, H		6. 2.18
72316	Sjt	Andrews, G W	C23 Bde	11. 3.20
72351	Cpl (A/Sjt)	Annalls, W H		14.11.16
154169	Fitter	**Ansell**, W		3. 9.18
107815	Gnr	Anthony, C H G		17. 4.18
134151	Sjt	Apps, J		30.10.18
925224	Farr/Sjt	Apps, W M, M.M. D282 A Bde		2.12.19
34447	A/Bmbr	Archbold, J	97 Bty G	16.11.15
74008	Gnr	Armitage, A	37 Bty	11. 3.16
971	Cpl	Armitage, G A	6 Bty	11. 3.16
12835	BSM	Armitage, J	458 Bty	5. 8.15
22189	Gnr	Armitt, G	D Bty 71 Bde	29.11.15
37697	Cpl	Arnold, C	113 Bty	5. 8.15
L/31850	Cpl (A/Sjt)	Arnold, E W	B186 Bde	11. 3.20
63893	Dvr (A/Bmbr)	Arnold, F		9. 7.17
840329	Sjt	Arnold, W		26. 1.18
24430	Sjt	Ashwell, J	5C Res Bde	11. 3.16
22309	Sjt	Askew, W	2 Bty 13 Bde	30. 3.16
570	Cpl	Askin, T S	1/3 Bty	21. 6.16
L/18212	Sjt	Aspinall, J S	B58 Bde	11. 3.20
L/18065	Sjt	Astles, F W	B170 Bde	11. 3.20
45251	Sjt	Atkin, H	64 Bde	21. 6.16
21164	Gnr	Atkinson, A J	'A' Bty 78 Bde	15. 3.16
94734	Sjt	Atkinson, C T	116 Bty 26 Bde	3. 9.19
50121	Sjt	Attridge, J W		21.10.18
56177	Bmbr	Audley, J F	HQ 28 Bde	11. 3.16
57983	Dvr	Austin, W	41 Bde	23.10.14
62627	Sjt	Aven, T J		3. 9.18
68232	BSM	Avis, J H		26. 7.17
950245	Bmbr	Aylward, W P		3. 9.18
29632	Sjt	Ayres, G	82 Bty M	3. 6.15
39162	Cpl	Bailey, G		17. 4.18
93225	Cpl	Bailey, T L	B 177 Bde	3. 9.19
68758	Sjt	Baker, F J		17. 4.18
108482	Dvr	Baker, J		26. 1.18
29975	Cpl	Baker, T, M.M.		28. 3.18
45137	Sjt	Baldwin, L J	D 330 Bde	3. 9.19
884	Bmbr	Balfour, A		25.11.16
78018	Gnr	Ball, A H		3. 9.18
66866	Sjt	Bamford, W	53 Bty	3. 9.18
1420	BSM	Band, J	2 Bty	11. 3.16
90767	T/RSM	Banner, J		21.10.18
114999	Cpl	Barber, F	49 Bty	11. 3.20
49954	Gnr	Barclay, A		13. 2.17
37147	Sjt	Barker, A S	32 Bde Amm Col	1. 4.15
891271	Sjt	Barker, G A		18. 2.18
25082	Bmbr	Barker, H		18. 7.17
17962	Sjt	Barker, S J		14.11.16
17801	BSM	Barlow, J H		17. 4.18
9980	A/Bmbr	Barnaby, G R T	73 Bde	15. 4.16
41034	BSM	Barnes, A J, M.M. 134 Bty 32 Bde		25. 2.20
95180	Gnr	Barnes, C E		21.10.18
37141	BSM	Barnes, J		17. 4.18
50653	Sjt	Barnett, H H, M.M.		4. 3.18
1890	Sjt	Barr, G		6. 2.18
588	Sjt	Barr, M, M.M.	C106 Bde	3. 9.19
47860	Sjt	Barraclough, A J	107 Bde	29.11.15
951662	Sjt	Barrett, A		25. 8.17
53117	Sig (Bmdr)	Barrett, H C	A/95 Bde	3. 9.19
39017	A/Bmdr	Barry, P	28 Bde	3. 6.15
52945	Bmbr	Barry, W	HQ 81 Bde	15. 3.16
25847	Bmbr	Bartlett, E	21 TMB	21. 6.16
686	Cpl	Bartlett, R W H		25.11.16
63877	BSM	Barton, L		15.11.18
60804	Sjt	Basher, E G H		3. 9.18
84865	Gnr	Bate, S		17. 4.18
935245	Sjt	Bates, J C		4. 3.18
8909	A/Bmbr	Batt, F (Attd 109 Hvy Bty RGA)		21. 6.16
36720	Cpl	Batt, G W	93 Bty	3. 6.15
686818	BSM	Baudains, W T		3. 9.18
1886	Bmbr	Baylis, A H		17. 4.18
43258	BSM	Bealey, H		21.10.18
35007	Cpl	Beasley, H G	84 Bty	3. 9.18
70540	Drvr	Beattie, V		26. 9.16
L/25548	Sjt	Beaumont, F		21.10.18
70793	Gnr	Beckham, R	HQ 28 Bde	11. 3.16
676809	Sjt	Beddows, A	B285 Bde	3. 9.19
940215	BSM	Bedlow, F C	135 Bty 32 Bde	10. 1.20
70933	Gnr	Bedward, H		1. 5.18
70099	Gnr	Beech, S	48 Bty	5. 8.15
22917	Smith S/S	Behague, H		14.11.16
45445	BSM	Bell, E W		3.10.18
45416	Cpl/Fitter	Bell, J T		30.10.18
72516	Sjt	Bell, M		26. 9.16
50040	Bmbr	Bell, T		26. 1.18
70367	Cpl	Bell, W		20.10.16
801265	Sjt	Bell, W		1. 5.18
42766	Sjt	Bellamy, S G		21.10.18
68672	Gnr	Bennett, E	15 Bde	30. 6.15
51093	Sjt	Bennett, F		18. 6.17
34498	Bmbr	Bennett, G	130 Bty	11. 3.16
34593	BSM	Bennett, H		19. 8.16
34593	BSM	Bennett, H. D.C.M.	**Bar**	6. 2.18
49354	Sjt	Bennett, J W		21.10.18
700025	Sjt	Bentley, H, M.M. 210 Bde		3. 9.19
44793	Sjt	Bentley, T M, M.M.		30.10.18
815217	Sjt	Beresford, F J	A/155 Bde	11. 3.20
26747	Sjt	Berry, B		12. 3.17
54200	A/Cpl	Berry, S R	122 Bty	3. 6.15
L3305	Sjt	Berry, T		25.11.16
L19286	Sjt	Berry, W		21.10.18
24280	BSM	Berryman, E J		28. 3.18
70266	A/Bmbr	Beswick, A	73 Bty	30. 6.15
52491	Cpl	Bevens, F G	95 Bty	5. 8.15
265336	Gnr	Biglands, J B95 Bde (Attd Gds Div)		10.1.20
676452	Sjt	Billinge, A		3. 9.18
47141	Gnr	Binley, H G	33 Bde	3. 6.15
2782	BSM	Bird, D	10 Bty G	16.11.15
60304	Cpl	Bird, R J	12 Bty	1. 4.15
201597	Fitt/Cpl	Birkin, R, M.M.		3. 9.18
48366	Sjt	Birnie, J. M.M. 30 Bty 39 Bde		10. 1.20
36839	Sjt	Birtles, N. M.M. B 78 Bde		10. 1.20
71752	Cpl	Bishop, E	54 Bty	30. 6.15
82304	Cpl	Blackhurst, W (Attd X 24 TMB)		3. 9.19
226153	Dvr	Blake, C A	3C Res Bde	11. 3.20
955358	Sjt	Blanche, C R	(Attd B93 Bde)	11. 3.20
13726	Cpl	Bleazard, E	15 Bty	11. 3.16
935001	BSM	Bliss, A E		21.10.18
7466	BSM	Bliss, C A		21.10.18
47478	Farr/Sjt	Bliss, H		13. 2.17
73786	Gnr	Blockley, T E		14.11.16
58110	Sjt	Blore, T A	(Attd Y34 TMB)	16. 1.19
46128	BSM	Blowers, A J		17. 4.18
129235	Bmbr	Blythe, H		17. 4.18
68953	A Cpl	Board, H	(Attd TMB)	26. 1.17
70102	Cpl (A/Sjt)	Boardman, B		3. 9.18
32962	Gnr	Boatwright, E	27 Bty	23.10.14
161353	Bmbr	Bode, A	49 Bty	3. 9.19
19881	Sjt (A/BSM)	Bodimead, W S	230 Bde	3. 9.19
783	Gnr	Booth, F V	3 Bty 1 W Rid Bde	15.3.16
52474	Gnr	Booth, H	12 Bty	1. 4.15
24223	Sjt	Borkin, F		17. 9.17
26408	Sjt	Bosley, C	D 83 Bde	10. 1.20
756227	Farr/Sjt	Bosomworth, R		3.10.18
288 (later 467)	Sjt	Bostock, G. 1/2 N.Mid.Bde Amm Col		11. 3.16
32757	BSM	Boughen, J T		17. 4.18
18593	BSM	Boulter, A		21.10.18
806509	Sjt	Bowcock, F		17. 4.18
785528	BSM	Bowden, G F MC A/312 Bde		25. 2.20
52686	Gnr (A/Bmbr)	Bower, J		29. 8.17
687197	BQMS	Bowerbank, H E C 285 Bde		11. 3.20
810557	Sjt	Bowring, B		28. 3.18
47955	Gnr	Boyes, E		3. 9.18
89942	Sjt	Boyle, M		1. 5.18
72792	Sig Bmbr	Brack, J	66 Bty 53 Bde P	11. 3.20

ROYAL FIELD ARTILLERY

Number	Rank	Name	Unit	Date
5680	Sjt	Bracken, A		21.10.18
L/31859	Gnr	Bradbeer, C H		21.10.18
96385	Bmbr	Bradley, J	'C' Bty 53 Bde	21. 6.16
L/9483	Gnr	Bradley, R	50 Bty 34 Bde	3. 9.19
267	Cpl	Bradshaw, J	5 Bty 1 E. Lancs Bde G	6. 9.15
85393	Sjt	Branch, PC		30.10.18
87153	BSM	Branch, R	18 Bde Amm Col	3. 9.19
755439	Cpl	Bratton, CE	251 Bde	25. 2.20
960044	Sjt	Brazier, J		21.10.18
L/37717	Sjt	Breeden, JC		21.10.18
61112	BSM	Brettell, CW, M.M.	C236 Bde	2.12.19
32074	BSM	Brice, FL		25. 8.17
45719	Sjt	Bridge, HC		21.10.18
711787	Sjt	Bridge, TGL	C298 Bde	11. 3.20
85185	Bmbr	Bridson, W		3. 9.18
40901	BSM	Brierley, WT		21.10.18
70415	Sjt	Briggs, AG		21.10.18
17237	Bmbr	Brindle, H		13. 2.17
47579	BQMS (A/BSM)	Brister, AW	C157 Bde	11. 3.20
4564	Gnr (L/Bmbr)	Britton, E		21.10.18
47404	Sjt (A/BSM)	Broadbent, WH	(Attd 282 Bde)	11. 3.20
L/29301	Gnr	Brook, E		21.10.18
59032	Sjt	Brooker, EH	B Bty 17 Bde	11. 3.20
33067	Sjt	Brooks, FS		18. 6.17
7944	BSM (A/SM)	Broom, E		13. 2.17
34041	BSM	Broomfield, FA		17. 4.18
63660	Cpl	Broughton, S		22. 9.16
20993	Sjt	Brown, A		17. 4.18
72617	Gnr	Brown, C	123 Bty	11. 3.16
21177	L/Bmbr	Brown, D		21.10.18
64754	Dvr	Brown, FS	80 Bty	17.12.14
66293	Gnr	Brown, JH	52 Bty	11. 3.16
96838	BSM	Brown, M		29. 8.17
776813	BSM	Brown, M	C 245 Bde	11. 3.20
37096	Sjt	Brown, R	104 Bty 22 Bde I	25. 2.20
116370	A/Bmbr	Brown, SW		26. 1.18
56559	A/Sjt	Brown, TG		26. 1.18
57806	Sjt	Brown, TJ	37 Bty	17.12.14
10971	Dvr	Brown, W	'A' Bty 78 Bde	30. 3.16
42332	Sjt	Brown, W	110 Bty	30. 6.15
31109	Sjt	Brown, WJ	C 110 Bde	10. 1.20
45893	Cpl	Bruckshaw, H	73 Bty	3. 6.15
67977	Bmbr	Bryan, H		17. 4.17
165951	Sjt	Bryan, PC	45 Bde Sig Sub Sec*	12.12.19
106218	BSM	Bryant, EGC		9. 7.17
58741	Sjt	Bubb, AT		6. 2.18
50231	BSM	Buckenham, AH, M.M.	74 Bde	11. 3.20
84102	A/Bmbr	Buckingham, F	'C' Bty 125 Bde	21. 6.16
69952	Gnr	Buckingham, HC	37 Bty	1. 4.15
L/46996	Bmbr	Buckle, FW		30.10.18
45479	Bmbr	Buckley, H		21.12.16
61368	Sjt	Bull, A		3. 9.18
58356	Sjt	Bull, AE		21.12.16
895255	Cpl	Bullock, C		3.10.18
3322	Sjt	Bullock, JH		9. 7.17
50643	Sjt	Bunker, T	42 Bty	15. 9.15
246308	A/Sjt	Bunnett, C, M.M.		3. 9.18
32220	Sjt	Burchmore, WE	(Late 49 Res Bty)	11. 3.16
123596	Dvr (A/Bmbr)	Burford, JP		6. 2.18
10286	Dvr	Burge, LG	B 78 Bde	11. 3.20
7689	Gnr	Burgess, A		28. 3.18
12409	Sjt	Burgess, FG		14.11.16
15519	Gnr (A/Bmbr)	Burgess, GF	(Attd TMB)	16. 8.17
39904	A/Sjt	Burgess, T	116 Bty	30. 6.15
660292	Dvr	Burke, M	1/3 Bde (Attd 262 Bde) E	3. 9.19
49980	Cpl	Burnett, A		17. 4.18
64807	A/Bmbr (Later 2 Lt)	Burns, ERV	47 Bty	11. 3.16
635773	Gnr	Burns, J	256 Bde	3. 9.19
48663	Sjt	Burr, HJ	D52 Bde	3. 9.19
78687	Sjt	Burrows, W		17. 4.18
781506	Cpl	Burton, E		6. 2.18
1786	Cpl (A/Sjt)	Burton, JG		22. 9.16
32	Sjt	Burton, JT		3. 9.18
20415	T/RSM	Burton, T	HQ 48 Bde	11. 3.20
210	BSM	Bush, AW	1/6 Co of Lond Bty	21. 6.16
705195	Sjt	Butcher, A	C211 Bde	11. 3.20
63002	BSM	Butcher, GW		6. 2.18
925996	Sjt	Butler, HE		3. 9.18
20686	Gnr	Butterfield, H		13. 2.17
44122	BSM	Butterworth, CA		28. 3.18
781080	Sjt	Byard, SG		6. 2.18
88563	T/RSM	Byart, C	(Attd HQ 282 Bde)	11. 3.20
32091	BSM	Byrne, WJ	'C' Bty 174 Bde	16. 5.16
32091	BSM	Byrne, WJ, D.C.M.	Bar	25. 8.17
57757	Sjt	Cain, H		25. 8.17
31106	Bmbr	Caine, J	81 Bty	1. 4.15
57029	Cpl	Callender, R	65 Bty	11. 3.16
L/2330	Sjt	Callister, RJ		3. 9.18
66193	BSM	Callow, H	A/113 Bde	11. 3.20
70072	Gnr	Cameron, DS	112 Bty	15. 3.16
68740	Bmbr	Camm, AC		20.10.16
71578	Cpl	Camp, A, M.M.		21.10.18
645183	Cpl	Campbell, D		9. 7.17
2233	Sjt	Campbell, D	120 Bty 27 Bde	5.12.18
88950	Fitt/S Sjt	Campbell, R		3. 9.18
9677	Farr/Sjt	Canham, WW		17. 4.18
20402	Farr/Sjt	Canning, J	*	12.12.17
73378	Gnr	Cantwell, JJ		13. 2.17
46612	Sjt	Cardy, LJ		3. 9.18
25582	BSM	Carlyle, J		17. 4.18
37888	Cpl	Carney, J		21.10.18
34096	Farr/S Sjt	Carroll, LWC	A/87 Bde	11. 3.20
47714	BSM	Carswell, JWP		3. 9.18
77636	Gnr	Cartwright, G	(Attd MTMB)	26. 1.17
29056	Gnr	Casey, H		26. 1.18
61370	Cpl	Cassell, S	21 Bty	30. 6.15
676434	Sjt	Castle, AE, M.M.		3. 9.18
58546	Bmbr	Castle, H	13 Bty	3. 6.15
67464	Sjt	Cattanach, D	425 Bty 44 Bde	3. 9.19
35014	Sjt	Cauvain, E	130 Bty 40 Bde	10. 1.20
7523	Sjt	Caven, P	A/52 Bde	10. 1.20
L/389	Sjt	Cawshaw, E, M.M.		3. 9.18
635876	Gnr	Chalmers, D		6. 2.18
54399	Bmbr	Chalmers, GH	25 Bty	1. 4.15
926320	Sjt	Chamberlain, F	D290 Bde	10. 1.20
35375	BSM	Chambers, LS	(Attd 5 Res Bde)	11. 3.20
54431	Gnr	Chandler, A	19 Bty	1. 4.15
23582	Cpl	Chaney, JF	'C' Bty 95 Bde	15. 3.16
17902	Sjt	Chaplin, A	(Attd B296 Bde)	11. 3.20
965743	Sig	Chaplin, CL	A 303 Bde P	11. 3.20
15424	BSM (A/RSM)	Chappell, G		17. 4.18
15657	Cpl	Charley, A	42 Bde	30. 6.15
15657	Cpl	Charley, A, D.C.M.	HQ 42 Bde Bar	11. 3.16
L/13705	Gnr	Charnock, J		25. 8.17
50665	Sjt (A/BQMS)	Chatten, S	135 Bty 32 Bde	11. 3.20
92193	Sjt	Chetwynd, H		1. 5.18
37493	Gnr	Chew, AE	308 TMB	16. 5.16
75777	Cpl	Child, R		20.10.16
17018	Gnr	Childs, E	12 Bty 35 Bde	11. 3.16
115623	Gnr	Chivers, RV		3. 9.18
L/6022	Cpl	Chivers, SA		6. 2.18
630119	Sjt	Chrytsall, W		17. 4.18
W147	Dvr	Church, WH		17. 9.17
85873	Sjt	Churchyard, JT	D 152 Bde	5.12.18
18409	Sjt	Clare, J	C 107 Bde	11. 3.20
54164	Cpl	Clark, G		26. 1.17
L/30085	Sjt	Clarke, C	D 231 Bde	11. 3.20
21879	BQMS	Clarke, F		9. 7.17
44408	A/Sjt	Clarke, GH		18. 7.17
33587	Bmbr	Clarke, HH	59 Bty	3. 6.15
32780	Sjt	Clarke, J	23 Bty	17.12.14
27415	Whr/Cpl	Clarke, W		9. 7.17
37319	Bmbr	Clarke, WH	*	12.12.17
2249	Sjt	Clarke, WT	1/2 Bde	11. 3.16
94403	Sjt	Clavey, TE		9. 7.17
50325	Sjt	Claxton, CF	2 Sect. 6 Div Amm Col	11. 3.16
168578	Sjt	Clayton, J		6. 2.18
159293	Gnr	Cleasby, WE		18. 6.17
84492	Dvr	Clements, J	D 15 Bde	11. 3.20
776389	Sjt	Clements, LDJ, M.M.	D310 Bde	25. 2.20
L/28759	Sjt	Cloke, CS		28. 3.18
47565	BSM	Cobden, AJ		3. 9.18
77007	Gnr	Cockayne, T	61 TMB	15. 4.16
26603	BQMS	Cockshott, E	A/315 Bde	11. 3.20
57728	Sjt	Codling, JR		1. 5.18
7583	BSM	Coe, W		6. 2.18
53912	L Bmbr	Coffey, HRH	A/117 Bde	11. 3.20
14590	BQMS	Coldwell, R		21.10.18
39434	Dvr	Collard, JN		9. 7.17
22785	BSM	Collett, A		13. 2.17
70083	Sjt	Collinge, JH		26. 6.18
8121	Cpl	Collins, CD	3 Bty	11. 3.16
34528	Sjt	Collis, WS	63 Bty M	22. 1.16
217496	Dvr	Colville, GM	C 79 Bde	11. 3.20
630036	Sjt	Conn, J		3. 9.18
69290	Gnr (L/Bmbr)	Connell, M	A 14 Bde	5.12.18
82589	Dvr	Connelly, J	6 Depot	5. 8.15
7502	Sjt	Connelly, T		3. 9.18
685161	Gnr	Connolly, WP		26. 1.18

ROYAL FIELD ARTILLERY — Section 3.

Number	Rank	Name	Unit	Date
21196	A/Cpl	Connon, JP		26. 7.17
1	Cpl	Connor, R	1/2 N Mid Bde	29.11.15
16136	Bmbr	Connor, TH	122 Bty	11. 3.16
960008	BSM	Conway, HF		17. 4.18
10289	A/Cpl	Cook, A	'A' Bty 59 Bde G	11. 3.16
55146	BSM	Cook, A		21.10.18
43325	Bmbr	Cook, CW	368 Bty G	16.11.15
955780	Sig	Cook, F	A/301 Bde P	11. 3.20
L/5069	Sjt (A/BSM)	Cook, HC	A/173 Bde	3. 9.19
50662	Cpl	Cook, VG	16 Bty	17.12.14
50662	BSM	Cook, VG, D.C.M.	Bar	3. 9.18
21156	Farr/S Sjt	Cook, W	70 Bty	17.12.14
68653	Gnr	Cooke, C	36 Bde	30. 6.15
66134	Cpl	Coombe, WT	A/107 Bde	11. 3.20
71755	Bmbr	Coombes, B	27 Bde	30. 6.15
239	Gnr	Coombes, R	1/4 Smid Bde	11. 3.16
43910	Sjt	Coombs, EL	'C' Bty 75 Bde	27. 7.16
125833	Cpl	Coombs, T		3.10.18
3554	BSM (A/RSM)	Coombs, W		26. 4.17
116491	Cpl	Cooper, A		3. 9.18
70185	Bmbr	Cooper, EG	32 Bde	30. 6.15
L/34987	Sjt	Cooper, FC		28. 3.18
11702	Wheel/Sjt	Cooper, H	133 Bty 26 Bde	11. 3.16
799	Cpl	Cooper, H	7 Bty	11. 3.16
66295	Fitter	Cooper, T		21.10.18
246304	Sjt	Cooper, W	D 15 Bde	5.12.18
30386	Sjt	Cooper, WT		25.11.16
930074	Cpl (A/Sjt)	Copus, AJ		26. 6.18
48719	Sjt	Cork, PG	A/74 Bde	3. 9.19
73778	Gnr	Corless, WT		4. 3.18
26370	Sjt	Cornall, RH	51 Bty	30. 6.15
70236	Cpl	Cornell, W		17. 4.18
43427	Sjt	Cosnett, JJ	105 Byt 22 Bde I	3. 9.19
1191	BSM	Cotton, AE	(PS IOW Rid Bty)	11. 3.16
6412	Gnr	Coulter, S	HQ 38 Bde	11. 3.16
14946	Sjt	Court, TH	11 Bty	5. 8.15
83916	Dvr	Coveney, G	20 Div Amm Col	31. 5.16
4782	Gnr	Cowan, ECW		21.10.18
69293	Cpl	Cowham, F	71 Bty	5. 8.15
4796	BQMS	Cowley, AJ		17. 4.18
19460	Bmbr	Cowley, TJ		22. 9.16
2565	Sjt	Cowman, TH		3. 9.18
99493	SM	Cox, A	122 Bty	17.12.14
72339	Sjt	Cox, FW	D 72 Bde	11. 3.20
53499	BSM	Cox, G	C 86 Bde	11. 3.20
10014	BQMS	Cox, H		29. 8.17
43627	Cpl	Cox, J		21.10.18
36273	Gnr (A/Bmbr)	Coyles, W		28. 3.18
23825	Sjt	Crabtree, A	*	10. 6.20
15074	Farr/S Sjt	Crabtree, L		17. 4.18
88981	Sjt	Craddock, G	B 47 Bde	3. 9.19
36102	Bmbr	Craft, EJ		29. 8.17
89950	Sjt (A/BQMS)	Craik, N, M.M.	A 50 Bde	11. 3.20
53298	A/Bmbr	Creasey, HA	98 Bty	5. 8.15
195073	Dvr	Creed, TW		3.10.18
64679	Sjt	Creer, AG, M.M.	110 Bty	16. 1.19
67812	Sjt	Crellin, RC	C 47 Bde	11. 3.20
68787	Cpl	Cressy, H	127 Bde	11. 3.16
125389	Dvr	Crickton, JDJ	D 15 Bde	11. 3.20
6468	Cpl	Crisp, J		26. 9.16
66032	Sjt (A/BSM)	Crocker, CB		21.10.18
30627	Sjt	Crofts, W	'B' Bty 62 Bde	29.11.15
37911	Bmbr	Crompton, JW	71 Bty	16. 1.19
62318	Sjt	Crone, EW		3. 9.18
126183	Cpl	Crooks, R	68 Bty 14 Bde	2.12.19
203495	Bmbr	Cross, JA, M.M.	D 83 Bde	2.12.19
149099	Bmbr	Cross, W		3. 9.18
69113	A/Bmbr	Crossan, PJ	5 C Res Bde	11. 3.16
107051	Gnr	Crossland, G	D 83 Bde	3. 9.19
32809	Gnr	Crossley, T		29. 8.17
715205	Sjt	Crossman, R	D 210 Bde	16. 1.19
44395	Sjt	Crouch, AR	A/178 Bde	11. 3.20
62836	A/Cpl	Crow, JEG		13. 2.17
45298	Bmbr	Crowhurst, WJ	45 Bde	3. 6.15
94805	Cpl	Crowlie, CH		17. 4.18
L/8975	Sjt	Crowther, RH	C 64 Bde	11. 3.20
630411	BSM	Cruickshank, D		28. 3.18
27321	Sjt	Crump, T		28. 3.18
906045	BSM	Cruttenden, HJ		15.11.18
52331	Cpl	Cubitt, FJ	3 Bty	30. 6.15
966354	Sjt (A/BSM)	Cuff, WF	(Attd RGA) P	11. 3.20
56826	Cpl (A/Sjt)	Cullen, AG	(Attd Y42 MTMB)	11. 3.20
26198	Sjt	Cullen, RJ	B 152 Bde	3. 9.19
28297	Bmbr	Culley, W	70 Bty	17.12.14
35426	A/BSM	Cumming, J		9. 7.17
1235	A/Bmbr	Cummins, GT		14.11.16
73573	Sjt	Cundy, A		21.10.18
646338	Cpl	Cunningham, J		15.11.18
11628	Sjt	Cunnington, W		17. 4.18
47644	Dvr	Currie, A		17. 9.17
645179	Cpl	Currie, R		3. 9.18
31919	BSM	Curtis, A	12 Bde *	30. 1.20
98012	Sjt	Cusden, W	C 92 Bde	11. 3.20
635319	Sjt	Cuthill, R		17. 4.18
1852	Sjt	Cutting, A	D 88 Bde	3. 9.19
11069	BSM	Dagg, WG		17. 4.18
L/43046	Dvr	Dagley, AE	C 177 Bde	11. 3.20
53804	Bmbr	Dale, PH		29. 8.17
24970	BSM	Dallimore, TL		20.10.16
776382	A/Bmbr	Dalton, P		6. 2.18
5786	Farr/QM Sjt	Daly, AC		14.11.16
36605	Bmbr	Daly, T	5 Div Amm Col (Attd TMB)	2.12.19
27526	Sjt	Dance, LG	'C' Bty 51 Bde	21. 6.16
67355	A/Bmbr	Daniels, WH		29. 8.17
1344	A/Bmbr	Dare, JF	1/1 S Mid Bde	11. 3.16
37668	BQMS	Darling, F		6. 2.18
62389	Gnr	Davidson, J	71 Bty	16. 1.15
64302	Gnr	Davies, T	65 Bty	11. 3.16
681481	Dvr	Davies, W		21.10.18
25623	Bmbr	Davis, G	69 TMB	30. 3.16
876238	Sjt	Davis, JT	372 Bty 8 Bde P	11. 3.20
283071	Gnr	Davis, SH	429 Bde M	16. 1.19
14501	Fitter	Davis, TH	5 Bty 45 Bde	3. 9.19
27573	Cpl	Davis, W	Attd Y 7 TMB I	11. 3.20
135360	Gnr	Davis, W	I	21.10.18
L/3109	BQMS	Davison, S		13. 2.17
840725	BSM	Davoile, H		21.10.18
43358	Sjt	Dawe, L		17. 4.18
700039	Sjt	Dawes, M		17. 4.18
695	Gnr	Dawson, H	1/1 E Lancs Bde G	15. 9.15
218651	Gnr	Day, FT	(Late R Fus)	2.12.19
54956	Bmbr	Day, JW		25.11.16
46797	Cpl	Deag WF	60 Bty	17.12.14
85724	Cpl	Deakin, SJ		18. 7.17
37659	Dvr	Deakins, W	81 Bty 5 Bde	24. 6.16
59078	Sjt	Dean, J	32 Bde	11. 3.16
3708	Gnr	Deane, J	(Attd MTMB)	26. 1.17
L/34205	Sjt	Dearden, P	A/181 Bde	3. 9.19
44867	Sjt	Debenham, FC		17. 4.18
31989	A/Bmbr	Deede, H	122 Bty	11. 3.16
42504	Sjt	Deering, UAV	(Attd C286 Bde)	11. 3.20
6283	Sjt	Defer, CE		28. 3.18
336	BSM	Denchfield, SJ		13. 2.17
849	Bmbr	Dennison, EM	4 Bty 2 W Rid Bde	15. 3.16
155838	Gnr	Denton, P	(Attd HQ 34 Bde)	3. 9.19
16694	Sjt	Devo, W		25. 8.17
1026	Sjt	Dewsbery, F	3 Bty 1/3 S Mid Bde	15. 4.16
54412	Dvr	Dickerson, W	6 Bty	17.12.14
160530	Cpl	Dickson, D		30.10.18
725838	BSM	Dickson, WJ		3. 9.18
660058	Sjt	Dickson, T		1. 5.18
63498	Sjt	Dight, P	130 Bty	3. 9.19
35409	Sjt	Dinsdale, J	D/168 Bde	10. 1.20
1688	Cpl/Fitter	Dixon, W		17. 4.18
47147	Sjt	Dixon, WC		25. 8.17
91557	Sjt	Dobson, JH		4. 3.18
74973	Sjt	Doggett, AEV	D 58 Bde	25. 2.20
785383	Sjt	Dolphin, T		21.10.18
19270	Bmbr	Donaldson, R		21.10.18
31206	Gnr	Donnan, RW	'B' Bty 102 Bde I	3. 9.19
16654	Gnr	Donneghan, J	27 Bty	23.10.14
L/10081	Sjt	Dooley, H		3. 9.18
44725	A/Cpl	Doran, WB	33 Bty	30. 6.15
23795	Sjt	Dowling, W	'A' Bty 112 Bde	15. 3.16
68505	Bmbr	Downing, E	1B Res Bde (form 46 Bty)	30. 6.15
54977	Sjt	Downing, WT, M.M.	(Attd 282 Bde)	11. 3.20
46836	Cpl	Downs, SG	13 Bty 17 Bde	21. 6.16
69387	A/Bmbr	Dowsett, WB		18. 7.17
20041	Sjt	Doyle, D	A 78 Bde	11. 3.20
41013	Gnr	Drake, CJK		3. 9.18
770907	Sjt	Drew, E	North'brn Bde (Attd 63 Div Amm Col)	3. 9.19
57648	A/Sjt	Drew, T	23 Bty	30. 6.15
879	Gnr	Driver, A	11 Bty	11. 3.16
W/3350	Sjt	Dronfield, F, M.M.	505 Bty 65 Bde	11. 3.20
640	BSM	Dryden, C	60 Bty	17.12.14
78293	Bmbr	Dubois, OC	460 Bty G	16.11.15
31225	Bmbr	Duck, GR	5 Bty	11. 3.16

ROYAL FIELD ARTILLERY

Number	Rank	Name	Unit	Date
825940	Cpl	Duckham, H	S Mid Bde (Attd TMB)	3. 9.19
50949	Sjt	Duffield, T		26. 1.18
128555	A/Bmbr	Duffin, C		21.10.18
57872	Sjt	Duke, L	122 Bty 52 Bde	11. 3.20
86928	Gnr	Duke, TK	'D' Bty 62 Bde	11. 3.16
51306	Bmbr	Duley, JF	364 Bty	30. 6.15
756056	Shoe/S/Cpl	Dumville, GE	B 251 Bde	3. 9.19
630305	Whr/Sjt	Duncan, J		3. 9.18
45576	BSM	Dunger, G		21.10.18
31841	Bmbr	Dunkeld, JRC		29. 8.17
113711	Dvr	Dunkley, ST	C 87 Bde	11. 3.20
755438	Sjt	Dunling, D	251 Bde	25. 2.20
750049	BQMS	Dunn, J	D 250 Bde	3. 9.19
15948	BSM	Dunn, PH		1. 5.18
700027	Sjt	Dunnachie, SC	D 290 Bde	3. 9.19
751204	BSM	Dunnington, W		3. 9.18
L/12089	Sjt	Dunstan, E	3/32 Div Amm Col	11. 3.20
18404	BSM	Dutton, CW	B 180 Bde	3. 9.19
41556	BSM	Dyer, CE		30.10.18
L/37794	Sjt	Eady, HH	16 Div Amm Col	11. 3.20
L/41708	Gnr	Eaglestone, HE	D 83 Bde	10. 1.20
18464	BSM	Earll, R		25. 8.17
17575	BQMS	Eastes, HG		21.10.18
22290	A/Bmbr	Edgar, C		22. 9.16
50345	Sjt	Edgar, D, M.M.		30.10.18
L/9802	Sjt (A/BSM)	Edge, GS	C 149 Bde	11. 3.20
681770	Bmbr	Edge, T		28. 3.18
62074	Dvr	Edmonds, C		9. 7.17
34502	Sjt †	Edmunds, J, M.M.	55 Bty	21. 1.20
27594	Sjt	Edwards, A		3. 9.18
93304	Gnr	Edwards, C		1. 5.18
93304	Gnr	Edwards, C, D.C.M.	8 Bty M Bar	27. 6.19
53465	Sjt	Edwards, P		9. 7.17
17278	Wh/QMS	Edwards, R	6 Bty	17.12.14
441	Bmbr	Edwards, S	8th How Bde	16.11.15
14581	Cpl	Edwards, W		9. 7.17
76818	Sjt	Ellicott, SA		25. 8.17
41603	BSM	Elliott, A		17. 4.18
1221	Bmbr	Elliott, T	2nd Bty	11. 3.16
46446	Bmbr	Ellis, AE	106 Bde	29.11.15
16457	BSM	Ellis, C		21.10.18
63428	Sjt	Ellis, H	D/110 Bde	3. 9.19
51070	SM	Embleton, JW		9. 7.17
130040	Gnr	Emerton, T		21.10.18
910	BSM	Emmett, WR		26. 1.18
L/19137	Sjt	Empson, CW		20.10.16
29380	Cpl	Esau, WJ	HQ 3 Bde	11. 3.16
800062	Cpl (A/BQMS)	Essex, RGS	(Attd B 295 Bde)	11. 3.20
27933	Farr/Sjt	Etheridge, W	119 Bty 27 Bde	25. 2.20
58643	Sjt	Eustace, A	16 Bty 41 Bde	3. 9.19
10995	Cpl	Evans, A, M.M.		15.11.18
70812	Sjt	Evans, C		21.10.18
L/2155	Sjt	Evans, G, M.M.	B 148 Bde	3. 9.19
5739	Dvr	Evans, H		29. 8.17
32651	BSM	Evans, HW		26. 1.18
32651	BSM	Evans, HW, D.C.M.	Bar	1. 5.18
74426	Cpl	Evans, JH	110 Bty (Attd 2 Fld Surv Coy) 16. 5.16	
H/5118	Cpl	Evans, LP, M.M.		3. 9.18
W/824	Sjt	Evans, RA		3. 3.17
57381	Sjt	Evans, T		21.10.18
4148	Gnr	Evans, TJ	'C' Bty 52 Bde	11. 3.16
725626	Gnr	Evans, WC	240 Bde I	11. 3.20
60004	Sjt	Evans, WG	A 47 Bde	11. 3.20
680625	BSM	Ewan, W		17. 9.17
11298	A/Bmbr	Eyre, H		17. 4.18
89391	Dvr (A/Cpl)	Fairbairn, W	A/50 Bde	3. 9.19
64641	A/Bmbr	Farnfield, AW	37 Bty 8 Bde	21. 6.16
28961	Sjt	Farrands, FH		16. 8.17
37683	Sjt	Farringdon, WC	'A' Bty 80 Bde	30. 3.16
L/19400	Sjt	Faulding, W	B 161 Bde	11. 3.20
34695	BSM	Faulkner, EP		3. 9.18
825676	Dvr	Faulkner, SH		21.10.18
9280	BSM	Fautley, HR, M.M.		15.11.18
931422	Bmbr	Fayerbrother, HEW		6. 2.18
135496	Gnr	Feasey, T	D 76 Bde	10. 1.20
51610	Gnr	Fellowes, T		15.11.18
79379	A/Bmbr	Fewings, HS	17 Div Amm Col	11. 3.20
40653	Sjt	Finch, FG		26. 1.18
64791	Bmbr	Finn, J	15 Bty	11. 3.16
3373	RSM	Firth, SE	*	10. 6.20
84473	Gnr	Fisher, AE		18. 2.18
51706	T/RSM	Fisher, AS		21.10.18
38448	Gnr (A/Bmbr)	Fisher, E		4. 3.18
6960	Bmbr	Fisher, EJ		14.11.16
66765	Cpl	Fisher, F		17. 4.18
57031	Sjt	Fisher, GP	34 Bty	11. 3.16
746	Sjt-Fitter	Fisher, HM		13. 2.17
44615	Sjt	Fisher, WW	113 Bty 25 Bde	11. 3.20
29976	Gnr	Fishwick, JG	'B' Bty 90 Bde	30. 3.16
184407	Gnr (L/Bmbr)	Fitter, FC		3. 9.18
62587	Gnr (A/Bmbr)	Fitzgerald, T		25. 8.17
1207	Bmbr	Fitzpatrick, JD	5 Bty 1st E Lancs Bde G	16.11.15
88909	Fitter/S/S	Flatters, WG		13. 2.17
37527	BSM	Fleet, JW		3. 9.18
20545	Sjt ‡	Fletcher, CA	420 Bty 6 Bde	3.10.19
66066	Gnr	Fletcher, JW		1. 5.18
820100	Sjt	Fletcher, W		21.10.18
9839	BQMS	Floyd, T	52 Bty	11. 3.16
9839	BSM	Floyd, T, D.C.M.	Bar	26. 1.18
71534	Tmptr	Follett, JC	24 Bty	1. 4.15
26371	Cpl	Foote, A	120 Bty 27 Bde	10. 1.20
940240	Cpl	Ford, SC		6. 2.18
36004	Sjt (A/BSM)	Fordy, JW		3.10.18
54075	Bmbr	Forman, H	94 Bty	11. 3.16
57000	Sjt	Forrest, A. M.M.	68 Bty 14 Bde	2.12.19
64875	Cpl	Forster, F		18. 7.17
55028	A/Bmbr	Foster, J	(Attd Lahore Div Staff)	11. 3.16
755005	BSM	Foster, JA		17. 4.18
2542	Bmbr	Fowler, WJ		21.10.18
96866	Dvr (L/Bmbr)	Fowlis, AR	(Attd TMB)	16. 1.19
L/26563	Bmbr	Fox, J		28. 3.18
54744	Dvr	Foye, T	22 Bde Amm Col	30. 6.15
69141	Bmbr	Francey, J	71 Bry 36 Bde	21. 6.16
27610	Sjt	Franklin, T	B 51 Bde	2.12.19
L/6778	Gnr	Fraser, J		6. 2.18
58430	Gnr (A/Bmbr)	Fraser, JB	37 Bty	11. 3.16
64432	Sjt	Freeman, CA		3.10.18
55439	BSM	Freeman, JS		14.11.16
22335	BSM	Freeman, WA		3. 9.18
58414	Bmbr	Freeman, WK	73 Bty 5 Bde	24. 6.16
64504	Bmbr	French, WH	128 Bty	17.12.14
51694	A/Bmbr	Frost, E	97 Bty G	16.11.15
25288	Dvr	Frost, M		21.10.18
2742	BQMS	Froud, AG		6. 2.18
28646	BSM	Fuller, J		21.10.18
66791	Gnr	Fyfield, E	84 Bty	1. 4.15
21585	Sjt	Gadsby, WH	B 47 Bde	11. 3.20
56920	Bmbr	Gallivan, JP	41 Bty	1. 4.15
14896	Cpl	Galvin, AW	'C' Bty 73 Bde	11. 3.16
559	Sjt	Garbut, G		13. 2.17
85672	Gnr	Gardener, F	'B' Bty 65 Bde	29.11.15
40312	Bmbr	Gardiner, HC	107 Bde	29.11.15
103338	Cpl	Gardner, J		6. 2.18
52278	Sjt	Gardner, SJ		3. 9.18
50975	Cpl	Gardner, TC		3.10.18
1202	BQMS	Gastall, WH	1/5 Bty 1/1 E Lancs Bde G	15. 9.15
71219	Dvr	Gates, WJ	80 Bty	1. 4.15
1908	Gnr	Gelder, SM		22. 9.16
67398	Gnr	George, FH	17 Bty	17.12.14
46962	Bmbr	Gibbons, W		26. 1.18
3564	BQMS	Gibbons, WH	25 Bty	1. 4.15
21254	Sjt	Gibbs, H	23 Bty	30. 6.15
35523	Sjt	Gibson, AF	C 94 Bde	11. 3.20
W 2203	Sjt	Gibson, H		3. 9.18
711533	BSM	Gilbert, F	C 331 Bde	3. 9.19
68690	Gnr	Gilbert, H	20 Bty M	16. 1.19
805185	Dvr	Gilbert, J	A 231 Bde	2.12.19
42532	Sjt	Gilbert, WW	127 Bde	11. 3.16
19993	Cpl	Gilbertson, J	B 56 Bde	11. 3.20
2880	BQMS	Gillard, WH	56 Bty	30. 6.15
L/16901	Cpl	Gittins, A		6. 2.18
17859	BSM	Goddard, HB	2/67 Div Amm Col E	3. 9.19
1092	Dvr	Godfrey, J	1/2 S Mid Bde	11. 3.16
31841	Bmbr	Gogan, P		29. 8.16
34355	Cpl	Gold, H	131 Bty	9.10.15
140561	Gnr	Goldsborough, A		4. 3.18
L/14110	Bmbr	Gooch, A	C/162 Bde	11. 3.20
84243	Sjt	Gooch, C	17 Div Amm Col	11. 3.20
926310	Sjt	Good, SH		21.10.18
926310	Sjt	Good, SH, D.C.M.	Bar	3. 9.18
72276	Sjt	Goodall, J	C 82 Bde	11. 3.20
3817	BSM	Goodheart, FW		3. 9.18
58146	A/BSM	Goodhew, E		13. 2.17
47329	BSM	Goodings, HHW	B 79 Bde	3. 9.19
806068	BSM	Goodwin, JW	B 296 Bde	11. 3.20

ROYAL FIELD ARTILLERY

Number	Rank	Name	Unit	Date
960442	Sjt	Goodyear, FW		15.11.18
55976	BSM	Gordon, M		21.10.18
805113	Sjt	Goucher, R	A/231 Bde	11. 3.20
60701	L/Bmbr	Gould, FC		28. 3.18
826597	Cpl	Gourlay, JB	298 Bde	3. 9.19
92799	Sjt	Grace, TA		4. 3.18
68007	Cpl	Grady, WE		21.10.18
35709	Cpl	Graham, H	36 Bty	5. 8.15
L/17550	Sjt	Graham, SA		16. 8.17
10693	Cpl	Grainger, CE	'A' Bty 78 Bde	15. 3.16
63013	Gnr	Grant, G		6. 2.18
8882	BSM	Grant, H	6 Bty 40 Bde	21. 6.16
45072	Dvr	Graves, JA		21.10.18
57008	Cpl	Gray, J		16. 8.17
9277	Dvr (A/Bmbr)	Gray, J	'B' Bty 72 Bde	11. 3.16
690013	Sjt	Gray, P		21.10.18
610259	BSM	Gray, PE		17. 4.18
35450	Cpl	Green, GH		17. 4.18
58907	Sjt	Green, JW	'D' Bty 79 Bde	30. 3.16
840309	Sjt	Green, TW		21.10.18
50857	Sjt	Greenaway, W	421 Bty	21. 1.20
1143	BSM	Greenlow, S	41 Bty	17.12.14
3496	Dvr	Gregory, R		15.11.18
630250	Gnr	Greig, CJ		30.10.18
W/952	BQMS	Grenfell, R		6. 2.18
L/8131	Gnr	Gretton, H	B 152 Bde	11. 3.20
73821	Sjt	Griffin, RH		6. 2.18
700013	Sjt (A/BSM)	Griffith, RAB		17. 4.18
810723	Bmbr	Griffiths, E		21.10.18
740852	Gnr	Griffiths, FK		3. 9.18
16045	A/CSM	Grimes, E	4 Div	30. 6.15
46240	Sjt	Grinyer, J		26. 1.18
687480	Dvr	Gristwood, H	A/160 Bde	11. 3.20
68031	A/Bmbr	Groves, C		21.10.18
630944	Bmbr	Grubb, A		3. 9.18
52210	Cpl	Guest, J		19. 8.16
W/1434	Gnr	Gummery, JH	(Attd Y38 TMB)	11. 3.20
3368	Gnr	Gurr, A	118 How Bty	5. 8.15
37089	Sjt	Gwyer, HF		21.10.18
49395	Cpl	Hager, JE	11 Bty	30. 6.15
56922	Cpl	Haggart, J		3. 9.18
L/44633	Dvr	Haines, AB	A/56 Bde	3. 9.19
42259	Bmbr	Hales, WG		30.10.18
21082	Sadd/SS	Hall, A		17. 4.18
16211	Bmbr	Hall, A	15 Bty	17.12.14
12073	BSM	Hall, CW	97 Bty G	6. 9.15
89450	BSM	Hall, FW		28. 3.18
18027	Sjt	Hall, HJ		6. 2.18
32769	Gnr	Hall, JG	14 Bty E	25. 2.20
72527	A/Bmbr	Hall, RC		20.10.16
3845	Gnr	Hall, WG	'C' Bty 64 Bde	11. 3.16
645992	Cpl	Halley, J	Attd Y51 TMB	11. 3.20
L/28403	Cpl	Hallows, EH	HQ	13. 2.17
92058	Cpl	Hallows, R	67 Bde E	3. 9.19
38101	Sjt	Hambley, P	26 Bty	21. 6.16
L/41296	Dvr	Hams, A		3. 9.18
24884	BSM	Hand, F		26. 7.17
11029	Bmbr	Handyside, JR	'D' Bty 71 Bde	29.11.15
L/19347	Sjt	Hankinson, G		13. 2.17
84198	BSM	Hanks, AC	9 Bty	17.12.14
74200	Cpl	Hanks, CC	122 Bty 52 Bde	3. 9.19
12833	SM	Hanney, JE		9. 7.17
13681	BSM	Hanson, GW		4. 3.18
630312	Sjt	Hardie, JM		30.10.18
3026	Gnr (A/Bmbr)	Harding, C		17. 4.18
L/34282	Gnr	Hardman, J		3. 9.18
4509	Cpl	Hardman, T		21.10.18
63316	Gnr	Hardwick, RW		17. 9.17
1952 (later 805228)	BSM	Hardy, C		26. 4.17
940003	BSM	Harling, WJ	460 Bty (Attd RHA)	2.12.19
1143	Cpl	Harris, GA	19 Bty 7 Bde	5. 8.15
299	BSM	Harris, S		10. 1.17
18937	Farr/Sjt	Harrison, T	115 Bty	17.12.14
107547	Gnr	Harrison, W		1. 5.18
43334	Gnr	Harrison, WJ	27 Bty	23.10.14
26550	Sjt	Hart, F		28. 3.18
771562	BSM	Hart, J		17. 4.18
L/35383	Sjt	Hartley, BW		26. 7.17
664	Sjt	Hartley, C	3rd W.Rid.Bty	11. 3.16
L/20623	Sjt	Harvey, HG		3. 9.18
25033	Gnr	Harwood, W		25. 8.17
19908	BSM	Harwood, WW		25. 8.17
30685	BQMS	Hastie, JD	93 Bty 18 Bde	16. 5.16
67012	Bmbr	Hatt, SA		26. 1.18
L/17667	Sjt	Havard, W	D/170 Bde	3. 9.19
67201	Sjt	Hawkes, W		21.10.18
830405	Bmbr	Hawkeswood, B	'C' Bty 241 Bde I	3. 9.19
1250	Dvr	Hawkins, A	1/3 N. Mid Bde	11. 3.16
51052	BSM	Hawkins, LW, M.M.		15.11.18
46350	Cpl	Hayes, JJ	75 Bde	11. 3.20
11809	Cpl	Hayes, T	'B' Bty 47 Bde	11. 3.16
78894	Cpl	Hayhoe, EJ		17. 9.17
15179	BSM	Hayhow, C		20.10.16
70622	Bmbr	Hayne, WG	60 Bty	5. 8.15
61245	Sjt	Haynes, C		25. 8.17
42669	Sjt	Haynes, T	5 Div Amm Col	3. 9.19
55715	A/BSM	Hayward, AE	D 64 Bde	11. 3.20
70571	Sjt	Hayward, J		16. 8.17
10140	Sjt	Heath, E	29 Bde Amm Col	21. 6.16
10140	BSM	Heath, E, D.C.M.	127 Bty 29 Bde Bar	2.12.19
66	BSM	Heath, R		14.11.16
51308	BSM	Heaton, A, M.M.		30.10.18
27913	Sjt	Hedley, J		21.10.18
59914	Sjt	Hefford, L		9. 7.17
41803	Cpl	Heke, A		28. 3.18
46853	Bmbr	Helm, FW		6. 2.18
43277	Cpl	Hembrough, J		1. 5.18
127360	Gnr	Hemingway, E		9. 7.17
27936	Gnr	Hennesey, CH	HQ 28 Bde	11. 3.16
13903	Sjt	Hennessey, J	C 75 Bde	3. 9.19
50866	Cpl	Henry, RB		28. 3.18
201489	Dvr	Henthorn, H		17. 4.18
885109	Sjt	Herring, WA		18. 2.18
218790	Gnr	Herrington, A	33 Bty 33 Bde	11. 3.20
L/20374	Cpl	Hersant, R	D 156 Bde	2.12.19
65390	A/Bmbr	Hewes, EG		26. 1.18
650258	Cpl (A/Sjt)	Hewit, A		21.10.18
30999	Sjt	Hewson, E		15.11.17
L/26684	Cpl	Hicks, AE	(Attd Y 14 TMB)	11. 3.20
43136	Gnr	Higginson, H	70 Bty	11. 3.16
207948	L/Bmbr	Hilkin, JC		15.11.18
44648	BSM	Hill, AJ	25 Bde	21. 6.16
66897	Gnr	Hill, JR		17. 9.17
L/44290	Sjt	Hill, RW	92 Bty 17 Bde	2.12.19
725155	Bmbr	Hill, W		3. 9.18
47245	A/Bmbr	Hill, W		13. 2.17
60363	BSM	Hillman, PJ	(Attd RHA)	11. 3.20
60328	Sjt	Hilton, AH	97 Bty G	6. 9.15
L/29360	Fitt/Cpl	Hinchcliffe, J		3. 9.18
22021	Dvr	Hindle, R		19. 8.16
48251	Sjt	Hines, H	68 Bty 14 Bde	11. 3.20
44935	Sjt	Hines, HW	47 Bty	17.12.14
L/38423	Sjt	Hird, J		21.10.18
680437	A/Bmbr	Hirst, FA		26. 1.18
16553	Sjt	Hoar, WG	65 Bty	30. 6.15
53783	Sjt	Hoather, A	S	11. 3.20
62670	Dvr	Hobbs, AG		17. 4.18
50012	Gnr	Hobbs, FL	7 Bty	3. 6.15
31942	Bmbr	Hobbs, HR	14 Bty 4 Bde	30. 3.16
19598	Sjt	Hodder, J		6. 2.18
41478	Sjt	Hoddinott, JH	D 88 Bde	11. 3.20
22084	Dvr	Hodgkiss, J	4 A Res Bde	11. 3.16
33318	Sjt	Holder, CH	43 Bty	11. 3.16
48272	Bmbr	Holiday, HJ		14.11.16
1517	A/Bmbr	Holland, AH	7 Bty	11. 3.16
42001	A/BSM	Hollidge, E		17. 4.18
87188	Cpl	Hollingdale, AE		21.10.18
72916	Dvr	Hollingsworth, AE	A/71 Bde	11. 3.20
L/13512	Dvr	Holloway, W	HQ 165 Bde	11. 3.20
201640	Sjt	Holmes, H		21.10.18
L/19580	Sjt	Holmes, H		17. 9.17
90254	Cpl (A/Sjt)	Holmes, J	B 51 Bde	2.12.19
43029	Bmbr	Holmes, TH	106 Bty	17.12.14
64895	Bmbr	Holton, F	121 Bty	17.12.14
28067	BSM (A/RSM)	Hone, EGJ	HQ 119 Bde	11. 3.20
33981	Cpl	Honess, W	48 Bty	16. 1.15
79100	A/SM	Hood, JT	(Attd HQ 6 Bde)	21. 6.16
107883	Dvr	Hooper, G	21 Div Amm Col	11. 3.20
8551	Dvr	Hooper, GE	C 63 Bde	3. 9.19
2527	Sjt	Hooper, JPF		30.10.18
34089	Sjt	Hooper, JW		18. 2.18
840150	BSM	Hopewell, G		26. 1.18
40574	BQMS	Hopkins, ED		21.10.18
67045	A/Bmbr	Hopwood, G	33 Bty	5. 8.15
5930	Bmbr	Horton, CH	67 Bde P	11. 3.20
74672	Gnr (A/Bmbr)	Houchin, FR		4. 3.18
41108	Sjt	House, DJ	D 58 Bde	11. 3.20
50651	Bmbr	How, WS	93 Bty	1. 4.15
58693	Sjt	Howard, W		28. 3.18
705082	Sjt	Howarth, M		21.10.18

ROYAL FIELD ARTILLERY

Number	Rank	Name	Unit	Date
28256	BSM	Howell, G		17. 4.18
W/3285	Gnr	Howells, W	B 122 Bde	16. 1.19
33896	BSM	Howes, F		25.11.16
33896	BSM	Howes, F, D.C.M.	**Bar**	3. 9.18
6998	BSM	Howes, TW	39 Bde	21. 6.16
L/7253	Dvr	Howitt, FT		17. 4.18
46674	Bmbr	Hoy, J		3. 9.18
93814	Sjt	Huckle, JH	D 64 Bde	3. 9.19
781677	BSM	Hudson, W	C 246 Bde	3. 9.19
781677	BSM	Hudson, W, D.C.M. C246 Bde **Bar**		25. 2.20
696670	BQMS	Hughes, HF	D 276 Bde	11. 3.20
24538	BQMS	Hughes, J	80 Bty	11. 3.16
112174	Cpl	Hughes, JO	C 83 Bde	10. 1.20
52006	Bmbr	Hughes, P		20.10.16
35175	Sjt	Humber, GH	A 38 Bde	3. 9.19
805059	Sjt	Humphreys, J		17. 4.18
54871	Sjt (A/BSM)	Humphreys, P, M.M. C122 Bde		11. 3.20
890505	BSM	Humphries, J 1/2 Bty (Attd 270 Bde) E		3. 9.19
37124	BSM	Hunter, CF		22. 9.16
262	Sjt	Hunter, JA		22. 9.16
52693	Sjt	Hunter, R	128 Bty 29 Bde	3. 9.19
707063	BSM	Hunter, TG		28. 3.18
56236	Sjt	Hurst, J	B 104 Bde	3. 9.19
45309	Sjt	Hutchinson, W		14.11.16
39688	A/Sjt	I'Anson, AE		26. 7.17
67735	Sjt	Iball, FS		4. 3.18
L/13633	Sjt	Illidge, J		3. 9.18
32255	Sjt	Ironside, RS	120 Bty	11.11.14
32115	Sjt	Irvine, D		25.11.16
42149	Cpl	Irwin, J		3. 9.18
27921	Sjt	Iseton, T		3. 9.18
64732	Sjt	Ison, CA, M.M.		3. 9.18
42025	BQMS	Jackman, JR	37 Div Amm Col	3. 9.19
43031	Sjt	Jackson, CH		19. 8.16
56651	Gnr	Jackson, F	45 Bty	17.12.14
112801	Dvr	Jackson, GW	C 161 Bde	2.12.19
680862	Gnr	Jackson, J		21.10.18
27930	Sjt	Jackson, P		26. 9.16
780087	BQMS	Jackson, RA	A/246 Bde	11. 3.20
680994	Sjt	Jackson, T	286 Bde	3. 9.19
L/10829	Gnr	Jackson, WJA		3. 9.18
1247	BQMS	Jaggard, CH	19 Lond Bty	30. 3.16
65251	Dvr	Jallands, EH	5 Res Bde	5. 8.15
59092	Sjt	James, EL	32 Bde	11. 3.16
29568	Bmbr	James, H	32 Bty	30. 6.15
122935	Sjt	James, KM	D 76 Bde	11. 3.20
52340	BSM	Jarman, C	'D' Bty 103 Bde I	3. 9.19
1360	Gnr	Jarvis, B	1/1 N. Mid Bde	11. 3.16
52612	Sjt	Jarvis, EE		16. 8.17
24663	Gnr	Jarvis, G	33 Bde	3. 6.15
49867	Sjt	Jeffery, GW	D 51 Bde	3. 9.19
50342	Sjt	Jeffery, T	D 112 Bde	3. 9.19
786499	Cpl	Jeffrey, W		28. 3.18
32616	Sjt	Jenkins, G		25. 8.17
25224	Sjt	Jenkins, PJ	27 Bty	23.10.14
785321	Sjt	Jenkinson, FS, M.M.		3. 9.18
68208	Gnr	Jennings, HA		21.10.18
251	Cpl	Jesson, RW	1/4 S. Mid Bde	11. 3.16
51184	Sig Cpl	Johnson, A	64 Bty 5 Bde	3. 9.19
39243	A/Cpl	Johnson, A	16 Bty	11. 3.16
770051	BSM	Johnson, E		3.10.18
85899	Sjt	Johnson, FS	74 Bde	11. 3.20
86196	Sjt	Johnson, HC		21.10.18
89040	SM	Johnson, J		29. 8.17
2050	Gnr	Johnson, J		21.10.18
740066	BQMS	Johnson, JH		26. 1.18
59063	Sjt	Johnson, JT		6. 2.18
L/7655	Sjt	Johnson, JT		1. 5.18
32312	BSM (A/RSM)	Jolly, LA	HQ 175 Bde	11. 3.20
41179	Bmbr	Jones, A		9. 7.17
34559	Sjt	Jones, AT	'C' Bty 96 Bde	15. 3.16
38373	Cpl	Jones, CT	28 Bty	1. 4.15
13444	Sjt	Jones, E, M.M.		3. 9.18
48652	Sjt	Jones, E		29. 8.17
29657	Sjt	Jones, GI		28. 3.18
W/305	Sjt	Jones, IW, M.M.		28. 3.18
1392	Cpl	Jones, JG	1/19 Lanc Bty 3 Bde	21. 6.16
750018	BSM	Jones, JH		3.10.18
W/1963	Sjt	Jones, T	C/122 Bde	11. 3.20
63550	Sjt	Jordan, F		9. 7.17
42680	Cpl	Jordan, H	119 Bty	1. 4.15
66466	Dvr	Jordan, RHE	'B' Bty 94 Bde	11. 3.16
1199	Dvr	Joslin, TB	12 Bty	1. 4.15
26262	Cpl	Jowett, M		17. 9.17
836487	Bmbr	Kay, WH		17. 4.17
34216	Sjt	Kebby, N	65 Bty 28 Bde	3. 9.19
46188	Sjt	Keddie, J		19. 8.16
60928	Sjt	Keeley, AE	105 Bde	29.11.15
22320	Cpl	Keen, AJ		13. 2.17
785485	Cpl	Keightley, JB		3. 9.18
25436	Cpl	Kells, J	2 Bty	1. 4.15
15514	BSM	Kelly, F	B 186 Bde	2.12.19
96248	Sjt	Kelly, M	'A' Bty 47 Bde	11. 3.16
760476	BSM	Kelly, T		3. 9.18
55981	Sjt	Kelsey, WT, M.M.		3. 9.18
39675	Sjt	Kemp, F, M.M.	A/107 Bde	11. 3.20
53343	Gnr	Kemp, FE	53 Bty	11. 3.16
27701	Gnr	Kemp, TH	45 Bty	17.12.14
64708	Cpl	Kempster, WH	135 Bty	5. 8.15
58893	BSM	Kempton, J		28. 3.18
51102	BSM	Kendal, CB		13. 2.17
19978	BSM	Kendall, CA		17. 4.18
45886	Cpl	Kendall, PH	129 Bty	21. 6.16
7905	Gnr	Kenna, P		22. 9.16
52086	Sjt	Kent, E		21.10.18
12073	Cpl	Kenwright, ED		28. 3.18
62963	Sjt	Keogan, FM	C 110 Bde	3. 9.19
59922	Gnr	Kershaw, R	80 Bty	5. 8.15
L/29491	Sjt	King, AE		3. 9.18
49504	BSM	King, AH		3. 9.18
44595	Sjt	King, F		26. 9.16
55037	Bmbr	King, G	126 Bty	17.12.14
55409	Dvr	King, HJ	6 Bty	17.12.14
13329	Sjt	King, J		26. 7.17
36532	A/Bmbr	King, JD	27 Bde	30. 6.15
L/8653	Gnr	King, W		26. 9.16
58651	Gnr	King, WF		3. 6.15
88555	Fitt/S/Sjt	Kingham, C	(Attd HQ 47 Bde)	11. 3.20
49135	BSM	Kirby, BV		17. 9.17
L/29599	Gnr	Kirby, EA, M.M.		26. 6.18
800200	Dvr	Kirby, H		17. 4.18
697047	Gnr	Kirby, T	C 276 Bde	3. 9.19
55119	Gnr	Kirk, EE	76 Bty M	5. 8.15
751495	BSM	Kirkup, RP		30.10.18
7732	Wheeler	Kirkwood, R	65 Bty	11. 3.16
72228	Dvr	Kitchen, H	A/46 Bde	3. 9.19
L/32095	Bmbr	Kitchener, WD		21.10.18
50923	A/Sjt	Kite, HF		18. 6.17
141142	Gnr	Knaggs, C		29. 8.17
38628	BSM (A/RSM)	Knight, FAJ		17. 4.18
85960	Bmbr	Knight, LF	37 Bty 27 Bde	10. 1.20
L/14220	Sjt	Knightley, P		4. 3.18
22589	BQMS	Knights, JC		3. 9.18
94394	Gnr	Lailey, C	106 Bty	1. 4.15
4204	Cpl	Lain, A		14.11.16
635698	Bmbr	Laing, J		6. 2.18
L/5074	Sjt	Lamb, HT	D 153 Bde	3. 9.19
68468	A/Sjt	Lamb, J		3. 9.18
15910	BSM	Lamb, J	119 Bty 27 Bde	21. 6.16
41217	Bmbr	Lamb, WE	48 Bty	16. 1.15
73735	Gnr	Lambert, J	83 Bty	3. 6.15
L/43453	Sjt	Lambert, WH	C 187 Bde	10. 1.20
52287	Bmbr	Laming, AD du T	70 Bty	17.12.14
715234	Ftr/Sjt	Lancaster, T		17. 4.18
1157	BSM	Landsberger, EC		17. 9.17
55713	A/Bmbr	Lane, F	97 Bty G	16.11.15
847	Gnr	Lane, HM	8 Lond Bde	16.11.15
700386	Bmbr	Lane, P		21.10.18
L/17299	Gnr	Lane, W	B 149 Bde	11. 3.20
74418	Sjt	Lang, J	108 Bty	17.12.14
24000	BSM	Langton, JG		21.10.18
2	St/Sjt/Wheeler	Lardner, F	1/3 N. Mid Bde	11. 3.16
59580	BSM	Larrett, J	15 Bty 36 Bde	11. 3.20
33355	Bmbr	Lauder, TW	94 Bty	11. 3.16
56980	BSM	Laverick, T	(Attd A/307 Bde)	3. 9.19
42154	Sig	Lawler, CT	D 71 Bde	11. 3.20
55243	A/Bmbr	Lawrence, HF	42 Bde	17.12.14
40682	Bmbr	Lawrence, R	HQ 2 Bde	15. 9.15
47572	Sjt	Lawrence, SD		21.10.18
5772	Cpl	Lawrence, SE		13. 2.17
850065	BSM	Lawrence, WA	215 Bde M	16. 1.19
935002	BSM	Lawrence, WA		26. 1.18
L/5680	Sjt	Lawson, J		26. 9.16
3498	Sjt	Lay, G		6. 2.18
L/26643	Gnr	Laycock, J		17. 9.17
676565	Sjt	Leah, TN		21.10.18
54262	A/Sjt	Leahey, EW	93 Bde Amm Col	30. 3.16
87285	Gnr	Leaper, CF	'C' Bty 64 Bde	11. 3.16
1325	Dvr	Leatham, H		20.10.16
60989	Sjt	Leaversuch, BW TMB		17. 4.17

ROYAL FIELD ARTILLERY

Number	Rank	Name	Unit	Date
1411	BSM	Lee, E		6. 2.18
1039	Cpl	Lee, H	4 (W. Rid) Bty	11. 3.16
31241	Gnr	Lee, JE		3. 9.18
42451	Cpl ⊕	Lee, TE	443 Bty	21. 1.20
820098	Bmbr	Leech, D		28. 3.18
33553	BSM	Leeder, WF		21.10.18
L/7818	Sjt	Lees, A	A/152 Bde	11. 3.20
69362	Dvr	Leggate, HWJ		28. 3.18
885407	Sig	Leggott, CH	C 272 Bde P	11. 3.20
59924	A/Bmbr	Leicester, EE	11 Bty	30. 6.15
1947	Gnr	Leighton, T		22. 9.16
25427	Cpl	Leighton, W	B91 Bde	11. 3.20
31948	Sjt	LeMaistre, EJ	23 Bty	11. 3.16
7840	Bmbr	Lemon, WJ	31 Bty 37 Bde	11. 3.16
44270	Farr/Sjt	Lemon, WJ		29. 8.17
32963	Sjt	Leonard, A, M.M. 119 Bty 27 Bde		3. 9.19
630345	Fitt/S/Sjt	Leslie, J	255 Bde	11. 3.20
45380	BSM	Leslie, WRH	(Attd 93 Bty 280 Bde)	
				11. 3.20
25909	Sjt	Lester, A		15.11.18
10332	Bmbr	Lett, H	'A' Bty 78 Bde	30. 3.16
54513	Sjt	Lewis, CH		13. 2.17
W/2774	Sjt	Lewis, E	C 122 Bde	3. 9.19
59029	Sjt	Lewis, GW	(Attd X 59 TMB)	3. 9.19
1583	Gnr (A/Bmbr)	Lewis, HE		9. 7.17
91489	Bmbr	Lewis, WR		17. 9.17
39817	Dvr	Light, EW	44 Bde	17.12.14
60397	Sjt	Lillyman, GW		26. 1.18
31082	Sjt	Lincoln, AP		17. 4.18
120896	Sjt	Lindfield, JHC	A/112 Bde	3. 9.19
731082	Sig (A/L/Bmbr)	Lindsay, AD 390 Bty 37 Bde E		3. 9.19
1100	Cpl	Lingard, SW	1/1 S. Mid Bde	11. 3.16
110751	Bmbr	Linton, S		9. 7.17
45743	Sjt	Littlechild, WE	(Attd Y36 TMB)	11. 3.20
89128	T/Cpl	Llewellyn, DE	'A' Bty 48 Bde	16.11.15
77643	Gnr	Lock, AJ	1 Bde	30. 6.15
70146	A/Bmbr	Logan, T		14.11.16
64477	BSM	Long, SA	C 114 Bde S	3. 9.19
146	Sjt	Long, W	5 (W. Rid) Bty	11. 3.16
926318	Sjt	Longman, AE		4. 3.18
241649	Gnr	Louth, AE	A/83 Bde	10. 1.20
62717	Sjt	Love, JF		17. 4.18
13623	BSM	Low, G		26. 1.18
99733	Sjt	Lowe, H	C 59 Bde	3. 9.19
810242	Sjt	Lowe, P		3. 9.18
761201	Cpl	Lowther, GN, M.M.		28. 3.18
69424	A/Bmbr	Lucking, WW		26. 9.16
65673	Sjt	Lucy, EC		30.10.18
599909	Bmbr	Luke, FC	37 Bty	30. 6.15
L/16805	A/Bmbr	Lynsky, T		26. 9.16
24470	Bmbr	Mabbutt, WG		17. 4.18
35199	BSM	MacFarlane, WE		3. 9.18
80963	Sjt	Macgregor, DA		28. 3.18
35088	Sjt	Macklin, K		3. 9.18
48262	Sjt	Mackrill, SW		17. 9.17
93195	Sjt	Madden, R	C 78 Bde	11. 3.20
77441	Sig	Maguire, V	28 Bty 9 Bde	3. 9.19
20095	BSM	Maites, P	5 Res Bde S	11. 3.20
16053	A/Bmbr	Makins, WH	'D' Bty 73 Bde	11. 3.16
60505	Gnr	Malcolm, J	11 Bde HQ	5. 8.15
1529	BSM	Males, H	5 Bty 1/3 N. Mid Bde	21. 6.16
37902	Sjt	Mallinson, S		21.10.18
68214	Gnr	Mann, A		18. 6.17
73017	Gnr	Mantle, JW		28. 3.18
685414	BSM	Marcroft, J		4. 3.18
785759	BSM	Markham, GW		15.11.18
110568	Gnr	Marriott, A	C 91 Bde	3. 9.19
9911	Sjt	Marriott, GW		17. 4.18
15717	BSM	Marriott, W		21.10.18
930252	BSM	Marriott, W		21.10.18
46654	A/Bmbr	Marsh, AE	94 Bty	21. 6.16
14523	Dvr (A/Bmbr)	Marsh, LFC		26. 1.18
1155	Sjt	Marshall, AE		20.10.16
52363	QMS	Marshall, D		17. 4.18
52363	BSM	Marshall, D D.C.M. M.M. D 156 Bde		
			Bar	25. 2.20
34685	BSM	Marshall, HJ	5C Res Bde	11. 3.20
212	BSM (A/RSM)	Marshall, JEW	HQ 91 Bde	11. 3.20
631561	Sjt	Marshall, P		3. 9.18
59458	Sjt	Marshall, WJ		26. 1.17
31755	Gnr	Martin, A	D 180 Bde	11. 3.20
38487	Cpl	Martin, A	20 Bty	15. 4.16
58650	Cpl (A/Sjt)	Martin, EA		3. 9.18
40450	Bmbr (Later Cpl)	Martin, EW	'D' Bty 82 Bde *	30. 1.20
57115	Bmbr	Martin, FJ	29 Bde	30. 6.15
L/13481	Cpl	Martin, G		21.10.18
52947	Sjt	Martin, J		17. 4.18
49092	Cpl	Martin, LE		3. 9.18
49092	Cpl	Martin, LE, D.C.M. D51 Bde Bar		2.12.19
54194	Bmbr	Martin, W	(Attd TMB)	10. 1.17
45472	Sjt □	Martin, W	421 Bty	21. 1.20
800100	Sjt	Mason, AS	A 230 Bde	11. 3.20
19	A/BSM	Mason, J		26. 9.16
42478	Dvr	Mason, RE	4th Res Bde	30. 6.15
3757	Bmbr	Mason, WC		26. 1.18
78806	Sjt	Massey, A	'B' Bty 81 Bde	30. 3.16
3643	Sjt	Massey, B		17. 9.17
52265	Sjt	Masters, B	104 Bty	5. 8.15
690375	Sjt	Mather, HH		21.10.18
18791	A/Sjt	Mathers, F		13. 2.17
60227	Farr Sjt	Matheson, W		3. 9.18
239	Bmbr	Matthew, G		13. 2.17
38346	Sjt	Matthews, EA	A 79 Bde	10. 1.20
685028	BQMS	Matthews, S		25. 8.17
33291	Gnr	Mawhinney, JR	'C' Bty 52 Bde	11. 3.16
786389	Sjt	Maycock, SW	D 113 Bde	3. 9.19
88120	Fitt/S/Sjt	Maynard, R		17. 4.18
57958	Bmbr	Mayo, HF	365 Bty	30. 6.15
630337	Sjt	McAdam, N		3. 9.18
144293	Cpl	McAdam, RS	55 Div Amm Col	11. 3.20
715081	Sjt	McAleavey, P		17. 4.18
676594	Farr/Sjt	McAllister, F	A/74 Bde	5.12.18
27011	Bmbr	McAllister, J	D 190 Bde	11. 3.20
64424	Dvr	McAlpine, D		1. 5.18
866015	Sjt	McArthur, C		3.10.18
121347	Cpl (A/Sjt)	McCann, E	38 Div Amm Col	11. 3.20
4032	A/BSM	McCartney, J	119 Bty	1. 4.15
630616	Gnr	McCaskill, A		3. 9.18
33374	A/Cpl	McCorkindale, P 458 Bty 118 Bde		11. 3.16
956139	Cpl (A/Sjt)	McCubbin, K	460 Bty (Attd RHA)	
				2.12.19
60531	BSM	McCurrach, W		26. 6.18
91335	Gnr	McDonald, J	D 177 Bde	11. 3.20
18392	BSM	McDonough, C	A 86 Bde	3. 9.18
690342	Cpl	McEvoy, W 3/4 Bde (Attd 5 M TMB)		
			E	3. 9.19
6891	Gnr	McEwan, S		20.10.16
31059	Sjt	McEwen, G	27 Bty	23.10.14
27917	BSM (A/RSM)	McGhie, G	HQ 162 Bde	11. 3.20
2488	Sjt	McGill, J		22. 9.16
L/6572	A/Bmbr	McGinnis, E		17. 4.18
30845	Sjt	McGowan, P	34 Bty	30. 6.15
45829	Sjt	McGrath, E	389 Bty P	11. 3.20
60492	Cpl	McIntosh, A		29. 8.17
636194	A/Sjt	McIntosh, AS		3. 9.18
265259	Sjt	McIntyre, S		17. 4.18
L/6746	Sjt	McKean, J		20.10.16
715410	Sjt	McKeating, D		3.10.18
55168	Sjt	McLellan, J	51 Bty 39 Bde	11. 3.16
55168	Sjt	McLellan, J, D.C.M. 51 Bty 39 Bde		
			Bar	27. 7.16
93603	Sjt	McLeod, D	B 58 Bde	3. 9.19
4426	Sjt	McLeod, W	C 157 Bde	3. 9.19
36576	Cpl	McLindon, W	21 Div Amm Col	11. 3.20
63141	Sjt	McMillan, H		26. 1.18
L/5579	BQMS	McNally, TG	B 155 Bde	11. 3.20
68180	Gnr	McNamara, JM		14.11.16
6762	Sjt	McNary, E		17. 4.18
39918	Bmbr (A/Cpl)	McNaughton, A, M.M. D 15 Bde		16. 1.19
36765	BSM	McNee, J	1 A Res Bde	11. 3.20
89747	Bmbr	McNicol, J		9. 7.17
20853	Sjt	McOmie, VJ	105 Bty	30. 6.15
755690	Whlr.	McWilliam, J	A 251 Bde	3. 9.19
98891	A/Bmbr	Measures, AJ	'A' Bty 52 Bde	11. 3.16
800440	Cpl	Mee, P	C 230 Bde	2.12.19
57352	Sjt	Mehaffey, R	A 186 Bde	11. 3.20
2484	Cpl	Menah, JP		3. 9.18
59141	Bmbr	Milburn, E	24 TMB	16. 5.16
19890	Cpl	Mildenhall, JW	36 Bde	30. 6.15
24969	Sjt	Miles, F		20.10.16
89179	A/Bmbr	Miles, F	'A' Bty 48 Bde	21. 6.16
33300	Cpl	Miles, H	5 C Res Bde	11. 3.16
35099	BSM	Miles, J	B 124 Bde	11. 3.16
25365	BQMS	Miles, JC, M.M.		3. 9.18
758	Cpl	Miles, RW	8 Lond Bde	11. 3.16
60462	Gnr	Miller, F	28 Bde Amm Col	11. 3.16
715018	BSM	Miller, JP	210 Bde	3. 9.19
33226	Sjt	Millington, G	40 Bty	30. 6.15
49486	BSM	Mills, A	11 Bty (Attd 315 Bde)	3. 9.19

ROYAL FIELD ARTILLERY

Section 3.

Number	Rank	Name	Unit		Date
16258	Cpl	Mills, RS		S	11. 3.20
3080	Sjt	Mills, S	2 Bty		3. 6.15
24308	Sjt	Mills, W	A 175 Bde		3. 9.19
44864	Gnr	Mills, WH		*	12.12.17
805935	Sjt	Millward, F			21.10.18
755334	Gnr (L/Bmbr)	Milner, CA	A 251 Bde		10. 1.20
43815	A/Sjt	Milner, WJG	'A' Bty 70 Bde		24. 6.16
57073	Gnr	Mison, EC	34 Bty		3. 6.15
30988	BQMS	Mitchell, G	32 Bde		30. 6.15
51161	BSM	Mitchell, J	16 Bde		11. 3.20
109023	Gnr	Mitchell, W	83 Bty (Attd HQ)		3. 9.19
52976	Sjt	Moffat, JO			28. 3.18
836764	Sjt	Moffat, W			17. 9.17
L2066	Sjt	Moister, F	C 165 Bde		11. 3.20
15259	Gnr	Moloney, H			6. 2.18
L406	Gnr	Monk, R			20.10.16
44715	L/Bmbr	Montagu, B	A 86 Bde		10. 1.20
775056	Sjt	Moody, J			21.10.18
248260	Gnr	Moore, F	C 160 Bde		11. 3.20
861	Gnr	Moore, GG	1/3 N. Mid Bde		11. 3.16
885104	Gnr (A/Bmbr)	Moore, GN			1. 5.18
38076	Sjt	Moore, T	C 74 Bde		5.12.18
528	Dvr	Moorhouse, A	HQ		20.10.16
35015	Bmbr	Moorhouse, CJ, M.M.			28. 3.18
W3089	Gnr	Morgan, A			3. 9.18
20841	BQMS	Morgan, A	76 Bty	M	22. 1.16
28282	BQMS	Morgan, H	119 Bty		11.11.14
25706	BSM	Morgan, W	80 Bty		11.11.14
47497	BSM	Morley, E			3. 9.18
50819	Dvr	Morris, H			1. 5.18
675381	Fitt/S/Sjt	Morris, JA			3.10.18
5334	Gnr	Morrisey, J			30.10.18
12706	BQMS	Morrison, J			13. 2.17
50340	Gnr	Morrison, RL			14.11.16
1059	Gnr	Mortimer, JM	2 (W. Rid) Bty		11. 3.16
740116	BQMS	Moseley, AG			26. 1.18
25166	Sjt (A/SM)	Moss, AG			13. 2.17
L/19153	Sjt	Moulden, HA	D 159 Bde		3. 9.19
72152	Cpl	Moyniham, AS	37 Bty		11. 3.16
635732	Bmbr	Muckersie, R			21.10.18
41209	Gnr	Mulcahy, J	2a Res Bde		3. 6.15
950309	Sjt	Mumford, WJ			3. 9.18
10535	Sjt	Munday, AA			28. 3.18
831483	Cpl	Munday, D			9. 7.17
55231	Bmbr	Munro, C	63 Bty	M	22. 1.16
60522	Bmbr	Murphy, J	70 Bty		17.12.14
13814	Sjt	Murphy, J			13. 2.17
100393	Sjt	Murray, TB			26. 1.18
98203	Sjt	Murrell, SA			26. 1.18
L/38953	Gnr (A/Bmbr)	Murton, A			4. 3.18
43756	Cpl	Nabbs, AE			21.10.18
73568	Gnr	Nagle, TD			14.11.16
21531	Sjt	Naylor, F	B 95 Bde		11. 3.20
45985	Sjt	Neal, A			26. 1.18
705676	Fitter	Neill, R	A 285 Bde		11. 3.20
15947	Sjt	Nelson, CJA	D 160 Bde		11. 3.20
1842	A/Bmbr	Nelson, GO	HQ 1st (W. Rid) Bde		15. 3.16
28439	BSM	Nelson, WR			25.11.16
8402	Sjt	Newens, H			30.10.18
2495	A/Bmbr	Newland, AE	'A' Bty 61 Bde		31. 5.16
45763	Sjt	Newman, AH			26. 7.17
61654	Sjt	Newman, EG			17. 4.18
45689	Sjt	Newman, GA			6. 2.18
10502	BSM	Newman, H			21.10.18
2064	Gnr	Newman, P	1/2 S. Mid Bde		11. 3.16
56744	BSM	Newman, W			6. 2.18
30199	Sadd/Cpl	Newton, G	15 Bty		17.12.14
L/15140	Cpl	Niblett, TW, M.M.	B 162 Bde		25. 2.20
43139	Bmbr	Nicholson, J			29. 8.17
27983	Bmbr	Niven, J	29 Bty		11. 3.16
810573	Bmbr	Noble, F	D 190 Bde		25. 2.20
50645	Sjt	Norris, HC	B 46 Bde		11. 3.20
1399	Gnr	North, AW	16 Bty 6 Lond Bde		5. 8.15
87281	Cpl	Norton, AF			3. 9.18
25534	Bmbr	Nurton, L	'B' Bty 90 Bde		30. 3.16
710160	Fitt/S/Sjt	Nuttall, J	211 Bde		11. 3.20
9658	Cpl	Oakhill, HW	'A' Bty 71 Bde		11. 3.16
64362	Gnr	O'Connell, F	104 Bty		5. 8.15
72683	Gnr	O'Donnell, P			22. 9.16
16726	BSM	O'Driscoll, TJ			21.10.18
1152	Gnr	Ogden, H	Amm Col 1/1 E Lancs Bde	G	15. 9.15
L/5942	Dvr	Ogley, H	A 155 Bde		11. 3.20
79654	Gnr	O'Grady, T			20.10.16
25855	Sig Cpl (A/Sjt)	Old, R	406 Bty 172 Bde	E	3. 9.19
6919	A/Bmbr	Oldershaw, AG	4a Res Bde		5. 8.15
805731	Sjt	Oldfield, E	A 296 Bde		11. 3.20
97164	Cpl	Oldham, E			28. 3.18
33354	Sjt	Oliver, E			3. 9.18
L/22258	Sjt	Oliver, HF	A 26 Bde		11. 3.20
931485	Sjt	Ongley, JE			6. 2.18
58970	Cpl	O'Reilly, F	129 Bty		11. 3.16
786581	Bmbr	Orme, J			3. 9.18
L/304	Cpl	Ormerod, H	C 157 Bde		3. 9.19
L/3620	Gnr (L/Bmbr)	Orton, J	C 148 Bde		3. 9.19
31423	BQMS	Osborne, PC	19 Bty	M	16. 1.19
48673	Gnr	Ousbey, E	11 Bde Staff		3. 6.15
11755	Gnr	Oxtoby, RH			13. 2.17
10258	Bmbr	Packham, WH	'C' Bty 78 Bde		30. 3.16
59042	Sjt	Page, E, M.M.			21.10.18
71593	BQMS	Page, HA	14 Div Amm Col		3. 9.19
95460	Gnr	Page, S	'D' Bty 62 Bde		11. 3.16
56784	Sjt	Painter, A	C 88 Bde		11. 3.20
630844	BSM	Palmer, C	255 Bde		3. 9.19
876649	Gnr	Palmer, J	A 95 Bde		3. 9.19
67553	Bmbr	Palmer, JW	105 Bty 22 Bde		21. 6.16
67152	Cpl	Palmer, LA			26. 7.17
831516	L/Bmbr	Pandfield, S	241 Bde	I	11. 3.20
36717	Sjt	Paramor, W	97 Bty	G	6. 9.15
5955	BSM	Parker, A			17. 4.18
720444	Sjt	Parker, JH	66 Div Amm Col		3. 9.19
80413	Gnr	Parker, T			18. 7.17
875478	Bmbr	Parker, W			1. 5.18
687291	BSM (A/RSM)	Parker, W	2 Sec 53 Div Amm Col	E	3. 9.19
59906	Gnr (A/Bmbr)	Parkhouse, WJ			20.10.16
21739	Dvr	Parkin, LT			21.10.18
72379	Cpl (A/Sjt)	Parkin, WJ			3. 9.18
800845	Sjt	Parkinson, G	B 295 Bde		3. 9.19
680426	Sjt	Parkinson, J			3.10.18
16489	Gnr	Parkinson, JA			29. 8.17
58248	BSM	Parrott, HJ			21.10.18
8984	Sjt (A/BQMS)	Parsons, FC			13. 2.17
685170	BSM	Partridge, JJL	B 235 Bde		11. 3.20
61675	Gnr	Passingham, FW	87 Bty		11. 3.16
71376	A/Bmbr	Pateman, G	123 Bty 28 Bde		21. 6.16
46819	A/Cpl	Pateman, W			20.10.16
L/6643	Sjt	Paterson, HC	C 159 Bde		10. 1.20
87002	Gnr	Paton, JW	'B' Bty 62 Bde		11. 3.16
65464	Gnr	Patterson, A	105 Bty		1. 4.15
78393	A/Bmbr	Pavey, RG	(Attd TMB)		13. 2.17
164083	Cpl	Payne, EG			
725176	Farr/Sjt	Payne, WH	'C' Bty 266 Bde	P	11. 3.20
57121	Sjt	Pearce, EM	'B' Bty 94 Bde		21. 6.16
170872	Dvr (A/Bmbr)	Pearce, H			4. 3.18
36711	Gnr	Pearson, W	C 189 Bde		3. 9.19
139927	Dvr	Pegram, WJ	34 Bde HQ		11. 3.20
32649	Bmbr	Pemberton, HK	47 Bty		11. 3.16
53489	Bmbr	Pemberton, J	7 Div		5. 8.15
33190	Sjt	Penfold, FW	B 298 Bde		11. 3.20
31649	Bmbr	Pengelly, A	112 Bty		15. 9.15
31649	Sjt	Pengelley, A, D.C.M.		Bar	3. 9.18
13705	BSM	Perigo, WJ	'B' Bty 71 Bde		21. 6.16
33429	Sjt	Perkins, E			21.10.18
W374	Sjt	Perkins, J, M.M.	B 122 Bde		3. 9.19
825096	Sjt	Perkins, WG			17. 4.18
L/31269	Gnr	Perry, CJ			21.10.18
966329	Dvr	Perry, HC			18. 2.18
43404	BSM	Perry, WE			13. 2.17
L/27996	Gnr	Perry, WS			17. 9.17
116573	Sig	Pestell, D	B 92 Bde		3. 9.19
56526	Bmbr	Petty, AW	80 Bty		5. 8.15
70654	Sjt	Phillips, E			26. 7.17
88012	Fitt/S/Sjt	Phillipson, GA	1/1 Bty (Attd 271 Bde)	E	3. 9.19
7429	Sh/Smith/Cpl	Philpot, WJ			3. 9.18
59343	Sjt	Philpot, WJ, D.C.M.		Bar	4. 3.18
55178	Sjt	Philpott, HE			3. 9.18
L30208	BQMS	Pidwell, OJL	D 190 Bde		3. 9.19
94874	Bmbr	Pigot, N	'B' Bty 68 Bde		21. 6.16
L/6435	A/Cpl	Pillans, FT			6. 2.18
74935	Sjt	Pink, A	C 50 Bde		11. 3.20
182491	Gnr	Pink, BJ	A 88 Bde		11. 3.20
71737	A/Bmbr	Pinkney, J, M.M.	A 112 Bde		3. 9.19
1017	L/Bmbr	Pitman, W	D 47 Bde		11. 3.20
9720	Bmbr	Pittick, EJF	25 Bde		3. 6.15
60216	Sjt	Playle, E			13. 2.17
60216	Sjt	Playle, E, D.C.M.		Bar	25. 8.17
515	Sjt	Plummer, FH	1st Bty		11. 3.16
695163	BSM	Pocock, W	54 Div Amm Col	P	11. 3.20

ROYAL FIELD ARTILLERY — Section 3

Number	Rank	Name	Unit	Date
L19851	Sjt	Pointon, GH	D 155 Bde	3. 9.19
8680	Dvr	Polaine, WJ		29. 8.17
25931	BSM (A/RSM)	Polk, AL		18. 2.18
42580	Cpl	Pollard, F, M.M.	6 Bty	5.12.18
735008	BSM	Pollard, HG	'A' Bty 265 Bde E	3. 9.19
47993	Gnr	Pond, GL	115 Bty	16. 1.15
99088	Bmbr (A/Cpl)	Ponting, S		1. 5.18
825225	Sjt	Pook, WJR		21.10.18
50417	A/Sjt	Pool, A		26. 1.18
85519	Bmbr	Poole, AV	A/62 Bde	3. 9.19
57705	Bmbr	Pope, AD	21 Bty	15. 3.16
36703	A/BSM	Pope, TH	120 Bty 27 Bde	11. 3.20
70378	Sjt	Porteous, AG		26. 1.18
31122	BSM	Porter, G		26. 9.16
33548	BSM	Pounden, MT		19. 8.16
75031	Gnr	Powe, FG	41 Bde	23.10.14
125834	Sjt	Powell, H	D 315 Bde	11. 3.20
5403	BSM	Powell, J		22. 9.16
168582	Sjt	Powell, R	D 245 Bde	11. 3.20
37328	Sjt	Pratley, EA	HQ 43 Bde	11. 3.16
64614	Bmbr	Pratt, HW	117 Bty	16. 1.15
48845	Dvr	Pratten, JR	9 Bde M	16. 1.19
42761	Cpl	Prebble, EHJ	(Attd Y 17 TMB)	11. 3.20
30211	Cpl	Prentice, F	(Attd X 12 M TMB)	3. 9.19
46427	Sjt	Presland, H	(Attd Y 37 TMB)	2.12.19
29252	Dvr	Price, F	6 Bty	17.12.14
855291	Gnr	Price, JT		1. 5.18
21	BSM	Price, WJ	5 Lond Bde	11. 3.16
825274	Gnr	Priddy, AJ	240 Bde I	11. 3.20
66216	A/Bmbr	Priestly, A	104 Bty	3. 6.15
45402	Bmbr	Prince, HP		9. 7.17
L/14017	Sjt	Prince, JE	(Attd TMB)	11. 5.17
1291	Bmbr	Prior, ST	C 235 Bty 5 Bde	27. 7.16
59843	Sjt	Pritchard, W	A 15 Bde	3. 9.19
66136	Gnr	Puddefoot, W	A 106 Bde	3. 9.19
60352	Sjt	Pull, WG	65 Bty	11. 3.16
786077	BQMS	Pullan, PE		21.10.18
12443	Sjt	Punter, WH	119 Bty 27 Bde	10. 1.20
27407	BSM (A/RSM)	Pye, WJ		17. 4.18
73873	Bmbr	Quinn, E	83 Bty	11. 3.16
915772	Bmbr	Quinnell, P	(Attd 5 M TMB) E	3. 9.19
L7992	Sjt	Radford, AE		21.10.18
760352	Sjt	Rae, GA	I	21.10.18
86012	Cpl	Raeburn, TH		26. 6.18
11985	BSM	Rainbow, W		3. 9.18
85913	Cpl	Rainford, T		13. 2.17
955160	Gnr	Raishbrook, H		3.10.18
64818	Sjt	Ralph, J		15.11.18
42124	BQMS	Ramsay, D		13. 2.17
14873	Cpl	Randall, H		17. 9.17
740429	Sjt (A/RSM)	Randall, SWS		28. 3.18
25692	Sjt	Rands, J		17. 4.18
805419	BQMS	Ratcliffe, C		17. 4.18
630066	Bmbr	Rattray, D		3. 9.18
1172	Cpl	Ratty, W	1/3 S. Mid Bde	11. 3.16
27187	A/BSM	Rawlinson, W	75 Bde	3. 9.19
8997	Sjt	Raymond, HB		13. 2.17
50718	Bmbr	Rayner, W		13. 2.17
45759	Sjt	Rayner, WF	B 112 Bde	10. 1.20
1357	Sjt	Raynor, G	5 Bty 2 W. Rid Bde	15. 3.16
781787	BQMS	Raynor, G, D.C.M.	C 246 Bde Bar	25. 2.20
56075	Cpl	Read, G	35 Bde HQ	5. 8.15
132390	Gnr (L/Bmbr)	Reddick, G	'A' Bty 103 Bde I	3. 9.19
51240	BSM	Redding, WL		21.10.18
43790	Gnr	Reece, JE	33 Bty	30. 6.15
46592	BQMS	Reed, AH		17. 4.18
49477	Cpl	Reed, CH	86 Bty	5. 8.15
63992	Gnr	Reed, W		13. 2.17
26358	Sjt	Rees, E	49 Bty	11. 3.16
67680	Sjt	Reeve, LER	27 Bty 32 Bde	3. 9.19
L/29507	Cpl	Reeves, SG	(Attd TMB)	13. 2.17
16912	Sjt	Reid, J	A/77 Army Bde	3. 9.19
5795	Farr/Sjt	Reilly, C	45 Bty	17.12.14
52021	A/Bmbr	Reilly, MT	76 Bty M	22. 1.16
776174	Cpl	Renwick, R	D 245 W.Rid Bde	11. 3.20
90279	Dvr	Revell, A	70 Bde	11. 3.16
810079	S/Smith	Reynolds, VA	A 232 Bde	2.12.19
778	Bmbr	Rhodes, R	11 W. Rid Bty 4 Bde	15. 3.16
771	Bmbr	Richards, HEM	19 Bty 7 Bde	5. 8.15
795382	Sjt	Richardson, E		17. 9.17
795382	Sjt	Richardson, E, D.C.M. M.M. Bar		3. 9.18
54603	Dvr	Richardson, T		26. 1.18
35318	Bmbr	Richardson, T	37 Bty	1. 4.15
35318	Sjt	Richardson, T, D.C.M.	37 Bty Bar	11. 3.16
57768	Cpl	Richardson, TW	16 Bty	17.12.14
655373	Sjt	Richmond, A		18. 2.18
49888	Sjt	Richmond, J		29. 8.17
85310	BQMS	Riddle, EER		22. 9.16
776674	Sjt	Rider, H		17. 4.18
805238	Sjt	Ridge, ML	B 231 Bde	11. 3.20
42234	A/BSM	Ridgers, A	'B' Bty 150 Bde	21. 6.16
204100	Gnr	Rigg, GD		21.10.18
56839	Gnr	Riley, T		3. 9.18
58583	BSM	Rimmer, A		17. 4.18
43037	Cpl	Riordan, W	112 Bty	15. 9.15
90578	Cpl (A/Sjt)	Ripley, RW	19 Bty 9 Bde	2.12.19
63269	Gnr	Risk, J	7 Bty	3. 6.15
22239	Sjt	Ritchie, W	D 211 Bde	10. 1.20
39994	Gnr	Roach, HE	107 Bty	21. 6.16
635664	Sjt	Robb, G	256 Bde	11. 3.20
15262	Sjt	Robertson, BHC		25. 8.17
89990	Sjt	Robertson, WE		17. 4.18
83314	Gnr	Robinson, F	'B' Bty 59 Bde	21. 6.16
880142	A/Bmbr	Robinson, HG		1. 5.18
13318	Cpl/Saddler	Robson, JT		22. 9.16
47277	Farr/S.Sjt	Robson, W	37 Bty 27 Bde	3. 9.19
47277	Farr/S.Sjt	Robson, W, D.C.M.	27 Bde Bar	10. 1.20
20591	Sjt	Roe, TS	21 Bty	11. 3.16
681658	Gnr	Rogers, AW		3. 9.18
17823	Cpl	Rogers, S		17. 4.18
47353	Gnr (A/Bmbr)	Rogers, S		13. 2.17
69057	Dvr	Rolfe, O		21.10.18
22951	Bmbr	Roots, ER		* 12.12.17
785538	Sjt	Roper, F	312 Bde	3. 9.19
47377	Sjt	Rose, E		19. 8.16
16864	Sjt	Rose, EW		3. 9.18
24889	Sjt	Roskell, J		9. 7.17
660487	Sjt	Ross, J	1/3 Bde (Attd 262 Bde) E	3. 9.19
72294	Sjt	Ross, M	A/87 Bde	3. 9.19
23442	Bmbr	Ross, W	'D' Bty 107 Bde	21. 6.16
L/18478	Bmbr	Round, JH		21.10.18
62257	Fitt/Cpl ☆	Rowan, A	443 Bty	21. 1.20
16585	BSM	Rowe, JF		3. 9.18
L/19872	Sjt	Rowe, S	D 161 Bde	3. 9.19
740461	Gnr	Roxburgh, A		26. 1.18
685464	Sjt	Royden, J		3. 9.18
91038	Gnr/S/Smith	Roydhouse, T		3.10.18
L/4876	L/Bmbr	Rudling, PC	B 153 Bde	11. 3.20
124606	Gnr	Ruecroft, JH	D 76 Bde	11. 3.20
890636	Sig/Cpl	Runchman, A	270 Bde P	11. 3.20
93250	Gnr (L/Bmbr)	Runciman, WM		3. 9.18
48267	Sjt	Runnacles, AJ	46 Bty 39 Bde	3. 9.19
L/10276	Bmbr	Rushworth, J		26. 9.16
32760	Sjt	Russell, AJ, M.M.	129 Bty	3. 9.19
L/21215	Gnr	Russell, CR	C 77 Bde	3. 9.19
51597	Bmbr	Russell, GWA		13. 2.17
67878	Gnr	Russon, T	30 Bde	11. 3.16
805582	Dvr (L/Bmbr)	Ryder, J, M.M.	C 231 Bde	2.12.19
L/11056	Gnr	Ryding, P	'D' Bty 151 Bde	21. 6.16
48265	BSM	Sage, A	C 94 Bde	3. 9.19
825068	Sjt	Sainsbury, WS	D 156 Bde	25. 2.20
650	Gnr	Sambrooks, J	4 Durham Bty	11. 3.16
45928	Bmbr	Samuels, JEW	9 Bty	5. 8.15
38051	Dvr	Sandercombe, JC		15.11.18
11973	Bmbr	Sanders, H	HQ 48 Bde	11. 3.16
43293	Gnr	Sanders, RG		17. 4.17
963	Sjt	Sanderson, J		3. 2.17
9204	Sjt	Sanderson, TH	'C' Bty 71 Bde	15. 4.16
13924	Sh/Sm/Cpl	Sanderson, W	80 Bty	11.11.14
60342	Gnr	Sansum, W	97 Bty G	16.11.15
111865	Gnr	Sapier, D		3. 9.18
76029	Dvr	Sargent, JH		30.10.18
46093	Sjt	Sargood, W	117 Bty 26 Bde	10. 1.20
676817	Cpl	Savin, JW		17. 4.18
594	A/BSM	Sayer, A		13. 2.17
68735	Sjt	Sayer, JF	115 Bty 25 Bde	11. 3.16
46082	Sjt	Sayers, RH		9. 7.17
64917	Cpl	Scales, J	30 Bde	30. 6.15
700832	Fitter	Schofield, H		21.10.18
69356	Bmbr	Schone, W St J	129 Bty	16. 5.16
18839	BQMS	Schulen, F		13. 2.17
9807	Gnr	Scott, JW	459 Bty	15. 9.15
34774	Sjt	Scrivens, WF		30.10.18
64761	A/Bmbr	Sculpher, W	37 Bty	1. 4.15
45657	Sjt	Seabury, WE M.M.	B46 Bde	11. 3.20
59188	Gnr	Seaman, AJ	2 Sect 2 Div Amm Col	5. 8.15
40422	Dvr (L/Bmbr)	Searle, A, M.M.	6 Bty	5.12.18

ROYAL FIELD ARTILLERY

Number	Rank	Name	Unit	Date
7634	BSM	Searle, WA		13. 2.17
687296	BSM	Seed, R		26. 1.18
63582	Sjt	Seller, H		21.10.18
63582	Sjt (A/BSM)	Seller, H, D.C.M.	Bar	30.10.18
52705	BSM	Seville, J		3. 9.18
33729	Sjt	Seville, SH	53 Bty	15. 9.15
L 40465	Cpl	Shadgett, JH	29 Div Amm Col	10. 1.20
L 26350	Bmbr	Shain, GH	A 173 Bde	2.12.19
L 34585	Gnr	Shannon, M	(Attd C232 Bde)	10. 1.20
5399	BSM	Sharp, A		26. 1.18
655481	Cpl Sh/Sm	Sharpe, J		17. 4.18
28615	Sadd/Cpl	Shave, AH	117 Bty	16. 1.15
67575	Sjt	Shaw, A		25. 8.17
780967	Sjt (A/BQMS)	Shaw, C		21.10.18
61622	Fitter	Shearer, JA		17. 4.18
30804	Gnr	Sheffield, G	105 Bty	5. 8.15
21310	A/Bmbr	Shelley, A	'B' Bty 59 Bde	21. 6.16
711010	Sjt	Shepherd, E		21.10.18
60984	Sjt	Shepherd, R		4. 3.18
8735	Cpl	Sherman, FA		26. 1.18
L/5239	Sjt (A/BQMS)	Sherman, SJ	B 153 Bde	11. 3.20
96551	BSM	Sherringham, AG		3.10.18
64021	Sjt	Sherwood, RC		26. 1.18
961717	BSM	Shields, J	(Attd 302 Bde) E	3. 9.19
89828	Dvr	Shimmin, D	'D' Bty 97 Bde	11. 3.16
775094	Cpl	Shires, W		21.10.18
630316	BSM	Shirreffs, WT		3. 9.18
630316	BSM	Shirreffs, WT, D.C.M.	Bar	21.10.18
38112	Sjt	Shollar, A	88 Bty 14 Bde	2.12.19
750039	Fitt/S/Sjt	Shotton, JR	103 Bde I	11. 3.20
3804	Sjt	Shrimpton, ED		3.10.18
29151	Sjt	Shufflebottom, E	80 Bty	11.11.14
82452	Cpl	Shufflebotham, PT, M.M.		30.10.18
48823	BSM	Simmonds, EH		17. 9.17
771893	Gnr	Simpkin, H		30.10.18
30018	Sjt	Simpson, A		21.10.18
107039	Bmbr	Simpson, GH	75 Bde	11. 3.20
L/14223	Cpl	Simpson, PW		3.10.18
110827	Bmbr	Sivers, WH	(Attd MTMB)	11. 3.20
46785	Bmbr	Skinner, HH	81 Bty	3. 6.15
14336	Gnr (A/Bmbr)	Skinner, TG		21.10.18
20996	Cpl	Skipsey, R	B 79 Bde	11. 3.20
841155	Gnr	Skull, ET	C 311 Bde	3. 9.19
73672	L/Bmbr	Slater, RT		3. 9.18
87463	Sjt	Slatter, W		3. 9.18
30861	BSM	Sloan, GS	53 Bty 2 Bde	3. 9.19
L/10587	BSM	Small, M		25. 8.17
68323	Sjt	Smith, A, M.M.		3. 9.18
686145	Sjt	Smith, A		6. 2.18
27418	BSM	Smith, AJ		19. 8.16
63623	Sjt	Smith, AS		17. 4.18
A/1213	Gnr	Smith, C	7 W.Rid Bty 3 Bde	15. 3.16
21959	A/Bmbr	Smith, G		28. 3.18
48306	Gnr	Smith, G		18. 6.17
32025	Dvr	Smith, G	61 Bty	15. 9.15
34920	Cpl	Smith, GW		6. 2.18
14475	Cpl/Sh/Smith	Smith, H		26. 9.16
800221	Whlr	Smith, H	A/230 Bde	3. 9.19
776900	Sjt	Smith, H	C 245 Bde	3. 9.19
775224	Sjt	Smith, H, M.M.		26. 6.18
52494	A/Cpl	Smith, H	81 Bty 5 Bde	11. 3.16
33723	Gnr	Smith, H	A/70 Bde	3. 9.19
L 6354	Sjt	Smith, HA		13. 2.17
60756	Cpl (A Sjt)	Smith, HS	19 Bty 9 Bde	2.12.19
74620	Sjt	Smith, J	'A' Bty 66 Bde	21. 6.16
22894	Sjt	Smith, J		4. 3.18
3829	BSM	Smith, J	43 Bty	30. 6.15
40522	Sjt	Smith, JH	57 Bty	16. 1.15
806771	Dvr	Smith, JW	B 296 Bde	3. 9.19
52713	Farr/Sjt	Smith, R	D 59 Bde	11. 3.20
17618	BSM	Smith, RB	86 Bty 32 Bde	3. 9.19
60619	Sjt	Smith, T	121 Bty 27 Bde	11. 3.20
650660	Gnr	Sorton, C	C 272 Bde (Attd N. Arab Army) P	11. 3.20
71406	Bmbr	Sowerby, F		21.10.18
L 40063	Gnr	Sparrow, GH	B 180 Bde	11. 3.20
835636	Sjt	Sparrow, WA, M.M.		26. 6.18
850068	Whlr/S/Sjt	Sparshatt, F	215 Bde M	16. 1.19
700712	Dvr	Spedding, W	B 291 Bde	22.12.19
L/20202	Cpl	Speer, W		3.10.18
55663	Bmbr	Spence, A	25 Bty	30. 6.15
72331	A/Bmbr	Spencer, J	29 Bty	1. 4.15
687335	Sjt	Spiby, W		3.10.18
745024	Sjt	Spray, AC	92 Bty 17 Bde	2.12.19
18340	BSM	Sproston, S	4/41 Div Amm Col	11. 3.20
39270	BSM	Sprott, A		17. 4.18
89536	Sjt	Spurrier, W	(Attd TMB)	10. 1.20
13571	BSM	Squelch, H	114 Batty 25 Bde	11. 3.16
54650	Farr/Sjt	Stacey, H, M.M.	153 Bde	2.12.19
30603	BSM	Stacey, JS	116 Bty 26 Bde	11. 3.16
70281	Sjt	Standing, H		28. 3.18
30040	Sjt	Stanfield, W	373 Bty E	25. 2.20
875113	Sjt	Stangroom, F		1. 5.18
85702	Dvr	Stanley, E	21 Div Amm Col	11. 3.20
52668	Gnr	Stanley, GW	63 Bty M	5. 8.15
25895	Dvr	Stanley, W		28. 3.18
636163	Bmbr	Stark, A		3. 9.18
14568	A/Sjt	Starling, FS	'D' Bty 93 Bde	15. 4.16
68600	Sjt	Steadman, L, M.M.	B 110 Bde	10. 1.20
98964	BSM	Stear, F		18. 7.17
44540	BQMS	Stedman, J		1. 5.18
925409	Sjt	Steele, EE, M.M.		3. 9.18
58482	Sjt	Stenning, T	65 Bty	11. 3.16
630095	A/Sjt	Stephen, J		6. 2.18
82457	Sjt	Stevens, WH	D 173 Bde	3. 9.19
23019	BSM	Stewart, A	A 82 Bde	3. 9.19
22614	Sjt	Stewart, G		26. 1.17
51021	Sjt	Stewart, L		17. 4.18
46460	Bmbr	Stigger, JW		13. 2.17
770918	Bmbr (A/Sjt)	Stockdale, W		21.10.18
810047	Sjt (A/BSM)	Stokes, FW, M.M.	D 232 Bde	11. 3.20
36360	Sjt	Stokoe, SC		6. 2.18
27308	BSM	Stonard, F		26. 1.18
94695	Gnr	Stone, CG	73 Bty	16.11.15
97587	Sjt	Stone, E		29. 8.17
40529	Sjt	Stone, L	110 Bty 24 Bde	3. 9.19
18395	Gnr	Stopford, F		13. 2.17
40	Bmbr	Stowell, E		22. 9.16
635443	Cpl	Strachan, R, M.M.	256 Bde	3. 9.19
67174	Dvr	Stratford, A	117 Bty	16. 1.15
L/21189	Cpl	Stratton, JAW		9. 7.17
781795	Gnr	Stuart, NH		4. 3.18
47131	Sjt	Stubbley, H		3. 9.18
38565	Sjt	Sturt, PW		6. 2.18
841143	Sjt	Sumner, CC		21.10.18
428	Sjt	Sunderland, WE	16 Bty 1/1 E.Lancs Bde G	15. 9.15
34571	Bmbr	Surr, CW	'A' Bty 52 Bde	11. 3.16
45661	Cpl	Sutton, AH	42 Bde	17.12.14
3740	Gnr	Sutton, WE	'D' Bty 69 Bde G	11. 3.16
33651	Dvr	Swaffield, J	'D' Bty 52 Bde	11. 3.16
31575	BQMS	Swain, GH	A 76 Bde	11. 3.20
3172	BSM	Swain, J		13. 2.17
58006	Sjt	Swansbury, WS	113 Bde	11. 3.20
3114	Sjt	Sweetapple, F		3. 9.18
85069	Gnr	Sweeting, A	'A' Bty 70 Bde	21. 6.16
14232	Sig	Swinford, GW	(Attd D 286 Bde)	11. 3.20
60922	Gnr	Sylvester, A	*	12.12.17
174339	Gnr	Symes, JF		3. 9.18
50612	A/Bmbr	Tagg, JJ	59 Bty	11. 3.16
23827	Sjt	Tallowin, WG	A/110 Bde	3. 9.19
805642	L/Bmbr	Tams, TH	B 231 Bde	3. 9.19
55423	Bmbr	Tanswell, FW	127 Bde	11. 3.16
49533	Sjt	Taplin, TR	A/161 Bde	10. 1.20
59508	BSM	Tate, JE		21.10.18
286	Cpl	Taylor, C	1/5 Bty 1/1 E. Lancs Bde G	15. 9.15
65195	Bmbr	Taylor, CA	28 Bty 9 Bde	11. 3.16
7448	Sjt (A/BQMS)	Taylor, GM	B 83 Bde	11. 3.20
66774	Bmbr (A/Cpl)	Taylor, GW		6. 2.18
56987	Cpl	Taylor, FW	31 Bty	1. 4.15
52376	Sjt	Taylor, J		3. 9.18
66136	Gnr	Taylor, R	104 Bty	30. 6.15
L89	Sjt	Taylor, R		21.10.18
14312	BSM	Taylor, WG		26. 5.17
760652	Sjt	Temple, GA	2/3 Bde	11. 3.20
35269	Fitt/Sjt	Templeton, WA	HQ 53 Bde E	25. 2.20
616	Gnr	Tennant, N	11 W. Rid Bty 4 Bde	15. 3.16
35818	Sjt	Tenwick, J	B 117 Bde	3. 9.19
751409	Gnr	Thackeray, WH, M.M.	223 Bde	5.12.18
42740	Gnr	Theaker, H		29. 8.17
41526	Cpl	Theobald, W	130 Bty	17.12.14
57727	Gnr	Thew, J	20 Bty	3. 6.15
25382	Sjt	Thies, WH		4. 3.18
25382	Sjt	Thies, WH, D.C.M.	(Attd 232 Bde) Bar	2.12.19
33970	Gnr	Thomas, GE	6 Depot	5. 8.15
50711	Cpl	Thomas, J		9. 7.17
85312	A/RSM	Thompson, A		13. 2.17
41214	Farr/Sjt	Thompson, A	B 91 Bde	3. 9.19
82776	Gnr	Thompson, F	A 46 Bde	11. 3.20

ROYAL FIELD ARTILLERY

28692	Gnr	Thompson, H	A 75 Bde	11. 3.20
27678	Sjt	Thompson, HA	64 Bty	3. 6.15
60775	Sjt	Thompson, HB	HQ 18 Bde	11. 3.20
26176	Dvr	Thompson, J		21.10.18
681795	Cpl (A/Sjt)	Thornley, EJ		28. 3.18
79900	Cpl	Thorogood, GR	(Attd TMB)	11. 3.20
16627	BQMS (A/RSM)	Thorpe, AC		17. 4.18
63189	Sjt	Thorpe, J	D 110 Bde	11. 3.20
68571	Gnr	Thoumire, AEA	28 Bde	1. 4.15
37455	BSM	▪ Tilbury, AH	420 Bty 6 Bde (N. Russia)	3.10.19
855053	BQMS	Till, L		3. 9.18
74125	Cpl	Tilley, AE	29 Div	11. 3.16
L/34897	Sjt	Tilley, FL		18. 2.18
51266	Farr/QMS	Timmons, P		21.10.18
765514	Sjt	Timson, J, M.M.	C 233 Bde	16. 1.19
64096	Bmdr	Tinsley, HJ	C 71 Bde	3. 9.19
88	BQMS	Titford, AJ		14.11.16
71671	Bmdr	Todhunter, W		3. 9.18
93988	Sig	Tolson, J	A 174 Bde	11. 3.20
756127	BSM	Tomlin, WG		18. 6.17
805733	Bmdr	Tomlinson, A	A 296 Bde	11. 3.20
62551	Dvr	Tomlinson, F	4 Bde M	16. 1.19
43378	Sjt	Toop, TW		26. 9.16
51628	BSM	Torr, A	A 62 Bde	11. 3.20
201163	Sjt (A/BQMS)	Torry, W	35 Bde I	11. 3.20
62173	Gnr	Towler, GH		29. 8.17
53299	BSM	Towner, JR		3. 9.18
73836	A/Bmdr	Toye, LA	24 Bty	15. 3.16
56595	Sjt	Tracey, J		3. 9.18
99804	Sjt	Tranter, M	C 95 Bde	11. 3.20
50099	BQMS	Tranter, PW		17. 4.18
794	Sjt	Treen, WC	1/3 S.Mid Bde	11. 3.16
30686	Cpl	Trice, B	6 Amm Col M	9.10.15
33904	Sjt	Troth, M		9. 7.17
45820	Gnr	Tuppen, W	33 Bde	5. 8.15
7550	Bmbr	Turnbull, P		14.11.16
33918	Cpl	Turner, AE	(Attd TMB)	2.12.19
23301	BSM	Turner, C		21.10.18
92187	Cpl	Turner, EG	'B' Bty 69 Bde G	11. 3.16
53320	Cpl	Turner, FH	25 Bty	1. 4.15
409711	BSM	Turner, V	B 211 Bde	11. 3.20
880457	A/Bmdr	Turner, WS		1. 5.18
3757	T/S.M.	Turrell, C	3 Res Bde	11. 3.20
12565	Cpl	Turton, E		26. 9.16
735032	Sjt	Tushingham, A		18. 2.18
46216	Sjt	Tutt, JA		26. 9.16
785007	BSM	Twilley, JW	C 150 Bde	3. 9.19
79012	BSM	Tyler, E		4. 3.18
14804	Sjt	Underwood, A	C 47 Bde	3. 9.19
1497	Gnr	Upchurch, LC	1/1 Sussex Bty	15. 4.16
L/2541	Sjt	Usher, J	B 148 Bde	11. 3.20
55462	Gnr	Vamplew, H	121 Bty 27 Bde	11. 3.20
27149	Cpl	Vanner, EJ		29. 8.17
114080	Whlr/Cpl	Vanner, GH	B 162 Bde	3. 9.19
60414	Sjt	Varcoe, T	20 Bty	15. 4.16
854	Gnr	Varley, S	5 Bty 1 E. Lancs Bde G	16.11.15
4857	BSM	Vass, CF	(Attd 3 S. Mid Bde)	11. 3.16
9178	Bmbr	Veitch, J	'C' Bty 71 Bde	29.11.15
50075	Cpl	Venables, T		30.10.18
59574	Cpl	Venters, B	364 Bty	30. 6.15
L/18727	Sjt	Vernon, GT		3. 9.18
L/18727	Sjt	Vernon, GT, D.C.M.	Bar	21.10.18
710559	Gnr	Vickers, AA		21.10.18
42003	Sjt	Vincent, J		9. 7.17
10534	Sjt	Voisey, W	B 187 Bde	3. 9.19
35962	Sjt	Vyle, WR		3. 9.18
13455	Gnr (A/Bmbr)	Wagner, MJ		17. 4.18
52373	Bmbr	Wake, H	41 Bty	17.12.14
51789	BSM	Wakelin, A	D 15 Bde	3. 9.19
53798	Gnr	Wakelin, EG	82 Bty M	22. 1.16
24066	Fitter	Wakeling, JH	5 C Res Bde	11. 3.16
97517	Gnr	Wakeman, W		12. 3.17
19187	BSM	Walby, G	47 Bty	17.12.14
72163	Tmptr	Waldron, SFG	37 Bty	17.12.14
32940	Bmbr	Walker, B		13. 2.17
84007	A/Bmbr	Walker, FC	49 Bde	11. 3.16
39881	Cpl	Walker, J	80 Bty	11. 3.16
1327	Gnr	Walker, JL	1/3 S.Mid Bde	21. 6.16
160820	Bmbr	Walker, N	504 Bty 65 Bde	3. 9.19
71018	A/Bmbr	Walker, TR	81 Bty 5 Bde	24. 6.16
12047	Bmbr	Wall, J	120 Bty 27 Bde	2.12.19
771561	A/BSM	Wallace, M, M.M.		30.10.18
1087	Sjt	Wallace, W		25.11.16
36137	Sjt	Waller, AC	8 Bde Amm Col	1. 4.15
L/32721	Sjt	Wallington, AE	C 170 Bde	3. 9.19
81995	Bmbr	Walmsley, S		1. 5.18
49872	Sjt	Walmsley, T		9. 7.17
L/34975	Gnr	Walsh, F	D 160 Bde	11. 3.20
700407	Fitter	Walsh, J		21.10.18
59182	BSM	Ward, FH	C 83 Bde	3. 9.19
116712	Gnr	Ward, HD	(Attd TMB)	26. 1.17
L/19481	Sjt	Ward, JS	C 168 Bde	3. 9.19
53481	Cpl	Ward, WH	25 Bde	21. 6.16
17056	Sjt	Wardell, WG	A 113 Bde	11. 3.20
780253	Gnr	Wardle, F	B 311 Bde	3. 9.19
73446	Sjt	Warner, CW	68 Bty 14 Bde	11. 3.20
14926	BSM	Warnes, J	D 286 Bde	3. 9.19
31652	Cpl	Warr, WCS	106 Bty	17.12.14
69929	Cpl (A/Sjt)	Warren, WE	22 Bde I	11. 3.20
635626	Sjt	Warrender, W		30.10.18
54625	Sjt	Waterson, RF, M.M.	C 286 Bde	2.12.19
71776	Gnr	Watling, AH		13. 2.17
60716	Cpl	Watson, A	72 Bty	30. 6.15
78543	Bmbr	Watson, CF, M.M.	59 Bty 18 Bde	10. 1.20
36739	Sjt	Watson, JJ	22 TMB	5. 8.15
90152	Bmbr (A/Cpl)	Watson, JW	(Attd X9 TMB)	2.12.19
L 18506	Gnr	Watterson, G	92 Bty 17 Bde	11. 3.20
81572	Cpl	Watts, F		28. 3.18
815137	Gnr	Watts, H	D 211 Bde	10. 1.20
34610	Farr/QMS	Watts, HJS	11 Bty	6.11.14
47678	Cpl	Waugh, W		9. 7.17
67599	Sjt	Weaver, EH		9. 7.17
630032	Bmbr	Webster, FW		3. 9.18
128135	Cpl	Webster, R	D 76 Bde	11. 3.20
37438	BSM	Weeks, W		16. 8.17
74	Sjt	Weights, WG		20.10.16
90232	Sjt	Wells, G	C 51 Bde	3. 9.19
27395	Sjt	Welsby, J	'D' Bty 79 Bde	30. 3.16
21710	Sjt	Welsh, TM		6. 2.18
L/4981	Cpl	Werner, APH	C 153 Bde	3. 9.19
57008	A/Cpl	Werrett, E	80 Bty	1. 4.15
29558	A/Cpl	Westney, PE		18. 7.17
72703	Gnr (A/Bmbr)	Weston, AG	65 Bty 28 Bde	3. 9.19
14290	BSM	Wharton, AE		6. 2.18
198555	Cpl	Whatley, FW	(Attd Gds TMB)	11. 3.20
61795	A/Bmbr	Wheeler, CF	82 Bty M	22. 1.16
52692	Sjt	Whell, RJ		3. 9.18
62225	Cpl	White, AE	50 Bty	11. 3.16
62225	Sjt	White, AE, D.C.M.	C 83 Bde Bar	10. 1.20
L33	Sjt	White, AJ	C 48 Bde	3. 9.19
91633	BSM	White, EE		26. 7.17
L/5197	Sjt	White, RJ	A/153 Bde	11. 3.20
1426	Dvr	● White, SS	HQ 2 W.Rid Bde	15. 3.16
53192	Dvr	White, T	A 290 Bde	11. 3.20
69425	Sjt	White, W		26. 9.16
L 1054	Gnr	White, WS	37 Bty 27 Bde	11. 3.20
30970	BSM	Whitehead, F		21.10.18
76264	Sjt	Whitehouse, AJ		15.11.18
66699	Gnr	Whitehouse, HE	27 Bty	23.10.14
96358	Sjt	Whiteley, H		21.10.18
549	Gnr	Whitfield, E	10 W.Rid Bty 4 Bde	15. 3.16
46567	Bmbr	Whiting, JGEP	8 Bde	30. 6.15
63553	BSM	Whitmill, CE	A 76 Bde	3. 9.19
21337	Sjt	Whitney, J, M.M.		3. 9.18
786137	Sjt	Whittaker, F		17. 4.18
L 27732	Cpl	Widdowson, A	75 Bde	17. 4.18
69815	Sjt	Wildig, LC		17. 4.18
46632	A/Cpl	Wilding, HJ	5C Res Bde	11. 3.16
69699	Sig Sjt	Wildman, AW	C 108 Bde	11. 3.20
22262	Sjt	Wiles, SC	(Attd RGA)	11. 3.20
2445	BSM	Wilford, F	*	12.12.17
24277	Sjt	Wilkin, FJ	10 Bty	11. 3.20
32670	Sjt	Wilkinson, F	58 Bty 35 Bde	21. 6.16
52012	Sjt	Wilkinson, J	25 Div Amm Col	11. 3.20
961386	Gnr	Wilkinson, J		26. 7.17
56065	Cpl	Wilkinson, VE	24 TMB	16. 5.16
1132	A/Sjt	Willett, W		25. 8.17
37655	Sjt	Williams, AJ, M.M.	52 Bty 15 Bde	2.12.19
1420	Sjt	Williams, EW	D 83 Bde	25. 2.20
49740	Cpl	Williams, F	115 Bty	17.12.14
835445	Sjt	Williams, F		3.10.18
7661	BSM	Williams, G	3A Res Bde	11. 3.20
47206	Bmbr	Williams, H	56 Bty	11. 3.16
62867	Cpl (A/Sjt)	Williams, RJ		13. 2.17
69231	Gnr	Williams, SW	27 Bty	23.10.14
13435	A/BQMS	Williams, W	119 Bty 27 Bde	11. 3.20
25479	Gnr (A/Bmbr)	Williams, WA		4. 3.18
34679	BQMS	Williamson, J		13. 2.17

ROYAL FIELD ARTILLERY

37748	Sjt	Williamson, JH			17. 9.17
238386	Gnr	Willis, J	D 211 Bde		10. 1.20
50417	A/Sjt	Wilsden, PW			6. 2.18
45027	Gnr	Wilson, AE	39 Bde		5. 8.15
44560	Sjt	Wilson, J			21.10.18
677104	Cpl	Wilson, J			26. 6.18
1103	Dvr	Wilson, J	5 Bty 1 Bde	G	16.11.15
40763	Sjt	Wilson, JJ	37 Bty 27 Bde		3. 9.19
950424	Sjt	Wilson, JH, M.M.			3. 9.18
6185	A/Bmbr	Wilson, P	'C' Bty 48 Bde		11. 3.16
39540	Cpl (A/Sjt)	Wilson, SJ, M.M.	15 Bde		16. 1.19
12326	BSM	Wilson, W			13. 2.17
925587	Bmbr ▲	Wilson, W	420 Bty 6 Bde		3.10.19
46816	Cpl	Winchcombe, WT	133 Bty		11. 3.16
8923	BSM	Winchester, W		M	25. 2.20
876677	L/Bmbr	Winder, ER	(Attd 21 Div Amm Col)		
					11. 3.20
805072	Cpl	Winfield, J	A 231 Bde		2.12.19
84960	Bmbr	Winn, A	462 Bty 179 Bde		3. 9.19
58740	Gnr	Wint, D			3. 9.18
925173	Cpl	Withers, H			17. 4.18
9662	RSM	Withers, HO			30.10.18
147054	Cpl	Witney, G	52 Bty 15 Bde		5.12.18
45237	Sjt	Wodhams, HV	75 Bty 263 Bde E		3. 9.19
20912	BSM	Wood, H			25. 8.17
775078	Cpl	Wood, H			17. 4.18
L/12188	A/Sjt	Wood, W	72 Bty 38 Bde		11. 3.20
725274	Sjt	Woodcock, DT	C 265 Bde	P	11. 3.20
L/33279	Dvr	Woodhall, BG	26 Bty 17 Bde		11. 3.20
28	BSM	Woodman, W	14 Lond Bty		21. 6.16
700374	BSM	Woodruff, E			17. 4.18
562	Cpl	Woods, E			22. 9.16
32966	BSM	Woods, JH			17. 4.18
680038	Bmbr	Woods, W			3.10.18
30624	BSM	Worth, A (Attd 109 Bty 281 Bde)			11. 3.20
750001	Fitt/QMS	Worth, JW			17. 4.18
78550	Gnr	Wray, H	366 Bty		30. 6.15
59786	Sjt	Wright, F			6. 2.18
30128	Farr/QMS	Wright, J			13. 2.17
44211	Gnr (L/Bmbr)	Wright, J	C 56 Bde		3. 9.19
47748	BSM	Wright, P			13. 2.17
58275	Gnr	Wright, S	5C Res Bde		11. 3.16
56610	Sjt	Wright, WJ			17. 4.18
24434	Sjt	Wyatt, F, M.M.			30.10.18
43182	Sjt	Wye, A	4 Div Amm Col		11. 3.20
51121	QMS	Yarroll, WH			9. 7.17
79837	Sjt	Yeates, FE			29. 8.17
63443	A/Bmbr	Young, CE	HQ 24 Bde		11. 3.16
63443	A/Cpl	Young, CE, D.C.M.		Bar	18. 7.17
681725	Cpl	Young, J	C 286 Bde		11. 3.20
91519	Sjt	Young, J			18. 2.18
9442	BQMS	Young, JG			3. 9.18
960275	Sjt (A/SM)	Young, JH			9. 7.17

1868 D.C.M.'s   28 Bars

● Bar with RE

† 10.8.19
‡ Meselga 3.5.19
○ Kodish 29 & 30.8.19
⊕ Onega 1.8.19
□ Alexandrova 14.7.19
☆ Onega 1.8.19
■ Medvyeja - Gora 7.6.19
▲ Nr. Fedotova 17.6.19 & 22.6.19

ROYAL GARRISON ARTILLERY

Number	Rank	Name	Unit	Date
54506	Cpl	Adams, C	230 Sge Bty	3. 9.19
30746	Sjt	Adams, HG		3. 9.18
149394	Sjt (A/BQMS)	Addison, J	270 Sge Bty	11. 3.20
9082	BSM	Ainge, RT		3. 9.18
285854	Fitter	Aldborough, WK	121 Hvy Bty	3. 9.19
346084	Gnr	Alexander, RG	108 Sge Bty	11. 3.20
300375	Gnr	Allan, J		21.10.18
12191	Cpl (A/Sjt)	Allen, A		17. 4.18
32293	BQMS	Allen, WJ		3. 9.18
165997	A/Fitter (S/Sjt)	Alleway, GL		4. 3.18
37193	Gnr	Ames, MJ		25.11.16
201002	Sjt	Amey, WS	(Attd A-A Bty)	11. 3.20
23728	Gnr	Anderson, J		21.10.18
36283	Sjt	Andrews, W	504 Sge Bty	11. 3.20
66656	Cpl	Andrews, WW		3. 9.18
29084	Sjt (T/SM)	Annear, AH		17. 4.18
77970	Bmbr (Sig)	Appleyard, E, M.M.	253 Sge Bty	11. 3.20
26747	Sjt	Arbon, JW, M.M.	4 Sge Bty	11. 3.20
291508	BSM	Armstrong, HV	128 Hvy Bty	11. 3.20
71982	Bmbr (A/Cpl)	Arthur, PG		21.10.18
22826	Sjt	Ash, CF		17. 4.18
18794	BSM	Ayers, T		21.10.18
31389	Cpl	Ayling, AW	28 TMB	15. 3.16
26792	Cpl	Ayling, HR	3 Sge Bty	11. 3.16
34861	Sjt	Back, C	16 Hvy Bty	11. 3.20
113923	Cpl (A/Sjt)	Baggott, SP	280 Sge Bty	3. 9.19
4636	Sjt	Bailey, DB	115 Hvy Bty	1. 4.15
33990	Bmbr (A/Cpl)	Bailey, FW	114 Bty	3. 6.15
187236	Sjt	Bailey, JW	(Attd A-A Bty)	3. 9.19
5392	BSM	Bailey, WJ		16. 8.17
102002	Sjt	Baker, B	213 Sge Bty	11. 3.20
295819	Sjt	Ballinger, P, M.M.		3. 9.18
9835	Sjt	Bancroft, CP	27 Sge Bty	2.12.19
16112	Fitt/S.Sjt	Bare, WM		21.10.18
45283	Sjt	Bareham, F	113 Sge Bty	3. 9.19
51037	Cpl	Barham, R		9. 7.17
67224	Gnr	Barlow, A		9. 7.17
12141	Sjt	Barlow, S		21.10.18
21821	BSM	Barnes, AD		3. 9.18
16547	BSM	Barnett, CW		3. 9.18
27172	BSM	Barrett, HJ	280 Sge Bty	11. 3.20
7433	BSM	Bathe, E	28 Sge Bty	3. 9.19
20086	Sjt (A/BSM)	Batson, DG		26. 1.18
78728	Sjt	Bayliss, WP	284 Sge Bty	11. 3.20
29140	Sjt	Beach, G	86 Sge Bty	11. 3.20
191448	Cpl	Beales, EA	(Attd A-A Bty)	3. 9.19
136610	Sjt	Beattie, J	20 Sge Bty	3. 9.19
173683	Cpl (A/Sjt)	Beatty, A	140 Sge Bty	11. 3.20
53448	Gnr	Beckley, WH	40 TMB	16. 5.16
15389	Sjt	Bell, W	P.S. 4 High Mtd Bde G	16.11.15
24390	Sjt	Bennell, ST	24 Hvy Bty	16. 5.16
24458	BSM	Bennett, NS		3. 9.18
142615	Bmbr	Bent, S	331 Sge Bty	3. 9.19
111348	Sjt	Beverley, L	140 Sge Bty	3. 9.19
46880	Sjt	Bigerstaff, D	333 Sge Bty	11. 3.20
98110	L/Bmbr	Bingham, B	14 Hvy Bty	11. 3.20
113735	Gnr	Biott, PT		3. 9.18
15836	A/Bmbr	Birch, J	10 Sge Bty	11. 3.16
337734	Cpl	Birks, AH	94 Sge Bty	2.12.19
28523	BSM	Bissett, J		9. 7.17
65356	Gnr	Blackwood, E		17. 4.18
276539	Sjt	Blake, AJ	156 Hvy Bty	16. 1.19
186930	Sjt	Blake, S	'R' A-A Bty	3. 9.19
340425	Fitt/S/Sjt	Blowers, WT		3. 9.18
21806	BSM	Blundell, J		17. 4.18
38093	A/Bmbr	Blyth, SA		17. 4.18
14577	BSM	Bond, AW	232 Sge Bty	3. 9.19
125236	Gnr	Boon, A		1. 5.18
109526	Sjt	Booth, AG	19 Hvy Bty I	11. 3.20
3273	Sjt	Botting, HW		9. 7.17
26951	Sjt	Boufler, A		21.10.18
132451	Sjt	Bound, F	276 Sge Bty	3. 9.19
28605	Sjt	Bowen, S		6. 2.18
297222	Sjt	Bowler, C	147 Hvy Bty	11. 3.20
293525	Bmbr	Bowling, F		21.10.18
191790	L/Bmbr	Box, H	'L' A-A Bty	3. 9.19
278158	Sjt	Boyle, CH		17. 4.18
310175	Sjt (A/BQMS)	Bracegirdle, J		17. 4.18
32912	BSM	Braddick, HA		21.10.18
18686	Sjt	Bradford, HV	23 Sge Bty	11. 3.16
24993	Sjt	Brading, HJ		26. 9.16
348085	Sjt	Braithwaite, CE	49 Sge Bty	3. 9.19
48048	Cpl	Brennan, C		4. 3.18
27706	Sjt	Brewster, WJ, M.M.	10 Sge Bty	11. 3.20
26588	BSM	Brice, W		3. 9.18
55789	Bmbr	Brick, P		9. 7.17
29486	Sjt	Bridges, WJ		21.10.19
16496	BSM	Bridle, HA	291 Sge Bty	3. 9.19
2370	BQMS	Bridle, W		26. 7.17
167656	Gnr	Briggs, H		21.10.18
71043	Sjt	Brissenden, EL	179 Sge Bty	3. 9.19
291927	Sjt (A/BSM)	Brockland, H, M.M.	132 Hvy Bty	10. 1.20
294477	Gnr	Brooks, F		3. 9.18
20110	Gnr	Broom, AE	122 Hvy Bty	30. 3.16
6000	BSM	Broomfield, CWS		26. 9.16
554	BSM	Brown, HG	90 Hvy Bty G	6. 9.15
36065	Cpl	Brown, WC	90 Hvy Bty I	11. 3.20
8726	BSM (A/RSM)	Brown, WE		9. 7.17
1036	BSM	Brown, WH		26. 9.16
280299	Sjt	Brumell, FE	19 Hvy Bty I	3. 9.19
276528	BQMS	Brundle, CE	21 Hvy Bty	11. 3.20
35365	Cpl	Brunton, W		17. 4.18
22203	Sjt	Bryson, FC		17. 4.18
352469	Sjt	Buckler, E	47 Sge Bty	11. 3.20
18119	Sjt (A/BSM)	Burgin, F		18. 6.17
362045	BQMS	Burke, J	14 Sge Bty	22.12.19
22458	Gnr	Burke, P		21.10.18
26815	Cpl	Burrows, H		17. 4.18
33101	A/BSM	Bushell, HF		3. 3.17
15783	Gnr	Butler, A	1 Sge Bty	30. 6.15
275338	Cpl (A/Sjt)	Butler, GF	135 Sge Bty	11. 3.20
28772	Bmbr	Butterfield, G	104 Hvy Bty M	22. 1.16
38462	Sjt	Button, J	12 Hvy Bty	5.12.18
42497	Sjt	Buxton, S		21.10.18
371147	Gnr	Caisley, P	155 Hvy Bty I	11. 3.20
23043	A/Bmbr	Callow, CW	110 Hvy Bty	11. 3.16
37806	Gnr	Capewell, F	10 Sge Bty	11. 3.16
71465	Fitt.S/Sjt	Capey, J	139 Hvy Bty	3. 9.19
75185	A/Sjt	Carmichael, WC		16. 8.17
284241	L/Bmbr	Carr, AA		21.10.18
28091	Sjt	Cavill, F	7 Mntn Bty	11. 3.16
62721	Cpl	Chadwick, JW	Attd VI HTMB	3. 9.19
80411	Bmbr	Chambers, WW	205 Sge Bty P	11. 3.20
39459	Sjt	Chappell, W, M.M.	351 Sge Bty	11. 3.20
28351	BSM	Chapple, FJ		3. 9.18
8714	QMS (A/SM)	Chaundy, CJ	HQ 1 Div Art	11. 3.16
34035	Sjt	Churchill, AJ		21.10.18
55606	Bmbr (A/Cpl)	Clarke, G		9. 7.17
132667	Cpl	Clarke, J		21.10.18
31749	Sjt	Clayton, W		17. 4.18
30730	Cpl	Clayton, WE		17. 4.18
33657	Cpl	Cleobury, B		18. 7.17
66739	Sjt	Clow, W		9. 7.17
27067	BSM	Clune, P		21.10.18
42226	Sjt	Cobby, RF		26. 1.18
118732	Sjt	Cockburn, JJ		6. 2.18
83547	Sjt	Cockfield, TW	5 Sge Bty	11. 3.20
46329	L/Bmbr	Cole, AW		3. 9.18
30491	Cpl	Coleman, B	7 Mountain Bty	11. 3.16
31471	Gnr	Coley, E		13. 2.17
264	A/Bmbr	Collier, SD	109 Hvy Bty	30. 6.15
6859	Gnr	Collins, CW	471 Sge Bty	11. 3.20
24066	Cpl	Collins, WG		22. 9.16
13535	BSM	Collinson, R	106 Sge Bty	11. 3.20
282298	Sjt	Combes, H		26. 1.18
31138	BSM	Cook, AH, M.M.		3. 9.18
93545	Sm/QMS	Cook, J	87 Sge Bty	3. 9.19
297613	Sjt	Cooke, FS	126 Hvy Bty	11. 3.20
1852	BSM	Cooper, AG		9. 7.17
99823	BSM	Cooper, JH		9. 7.17
284167	Gnr	Copper, G		16. 8.17
34240	Sjt	Copping, CE	122 Hvy Bty	30. 3.16
53193	Sjt (A/BQMS)	Cordingley, T		21.10.18
29042	Sjt	Cornick, JH	325 Sge Bty	11. 3.20
30253	Sjt	Cornish, AE		6. 2.18
352481	BSM	Corry, BA		3. 9.18
6196	Sjt	Cottam, E	351 Sge Bty	3. 9.19
13820	BSM	Cotton, T		13. 2.17
14232	Sjt	Cottrige, AJ		13. 2.17
173376	Sjt	Couch, L	21 Hvy Bty	3. 9.19
118520	Cpl (A/Sjt)	Couch, RH	119 A-A Sect P	11. 3.20
314811	Bmbr	Cousins, S		3. 9.18
290070	Sjt	Cowbourne, A		3.10.18
158647	A/Bmbr	Cowley, H		1. 5.18
41046	Sjt	Cowley, JEH		3. 9.18
13538	Cpl (A/Sjt)	Cowper, JW	1 Sge Bty	11. 3.16
311223	Sjt	Crabbe, J	1/1 Hvy Bty	11. 3.20

ROYAL GARRISON ARTILLERY

Number	Rank	Name	Unit	Date
72044	Cpl (A/Sjt)	Crabtree, S	268 Sge Bty	11. 3.20
191095	Sjt	Crankshaw, J	114 A-A Sec	3. 9.19
23632	Sjt	Crate, FW	1 Sge Bty	1. 4.15
29963	Cpl (A/Sjt)	Crickett, HB		3. 9.18
17657	A/Bmbr	Crook, AW		17. 4.18
38469	Sjt	Crosby, JW		17. 4.18
64290	Sjt	Crowston, E, M.M.	108 Sge Bty	3. 9.19
148039	Fitt/S/Sjt	Cunliffe, J		4. 3.18
42679	BSM	Cunnew, T		21.10.18
292305	Gnr	Currie, CH		3. 9.19
136858	BQMS	Currie, J		17. 4.18
32242	Sjt (A/CSM)	Curteis, EFC		4. 3.18
12106	BSM (A/RSM)	Cuthbert, HF		21.10.18
279108	BSM	Daft, H		17. 4.18
27570	Sjt	Dalton, AE		21.10.18
699	Sjt	Davidson, H	24 Hvy Bty	30. 6.15
34235	Cpl	Davis, WJ	71 Hvy Bty	11. 3.16
102005	Gnr	Dawson, FGC		17. 4.18
42676	Cpl	Dearmer, A	No 2 Depot	11. 3.16
107988	Sjt	Dearnley, A	122 Sge Bty	3. 9.19
15483	BSM	Debenham, FE	68 Sge Bty	11. 3.20
42159	Cpl(A/Sjt)	Dell, F		26. 9.16
138740	Cpl	Dewar, E	235 Sge Bty	3. 9.19
44378	Cpl	Dingwall, JA		21.10.18
24225	Sjt	Dobbs, J		30.10.18
1064	BQMS	Doble, W		13. 2.17
69270	Sjt	Dodd, E	121 Sge Bty	11. 3.20
20583	Gnr	Dodsworth, W		25. 8.17
19334	Sjt	Donovan, J		18. 6.17
21912	Cpl	Donovan, J	110 Hvy Bty	11. 3.16
33327	A/Bmbr	Dooley, F	123 Bty	15. 9.15
45028	Sjt	Doran, W	139 Hvy Bty	16. 1.19
45028	Sjt (A/BSM)	Doran, W, D.C.M. 139 Hvy Bty Bar		2.12.19
17721	Bmbr	Dougherty, G	32 Sge Sty	22. 1.16
30875	Cpl	Doughty, F		21.10.18
35740	Cpl	Douglas, A		21.10.18
5219	Sjt	Douthwaite, T	(Attd 41 Sge Bty)	7. 4.16
9000	BSM	Dowell,		26. 9.16
41250	Gnr	Downer, WE	10 Sge Bty	30. 3.16
290178	Sjt	Downs, HW		18. 2.18
30534	Sjt	Doyle, J	31 Hvy Bty	3. 6.15
84330	Sjt	Drake, W	150 Sge Bty	3. 9.19
311075	Sjt	Duffield, AW		17. 4.18
17338	Sjt	Dugan, P	HQ 14 Bde	11. 3.16
14163	BQMS	Dunn, BJJ		3. 9.18
313002	BSM	Eardley, S		17. 4.18
313002	BSM	Eardley, S, D.C.M.	1/1 Hvy Bty Bar	3. 9.19
8668	BSM	Eastley, FWH		17. 4.18
159250	Bmbr	Eaves, J	488 Sge Bty	11. 3.20
36140	Cpl	Edney, T	84 Sge Bty	21. 6.16
34054	Bmbr (A/Cpl)	Egan, FJ		21.10.18
10793	BSM	Elbourn, FT	9 Sge Bty	3. 9.19
35991	Cpl	Eldridge, H	123 Bty	15. 9.15
293180	Gnr (L/Bmbr)	Elliott, GA, M.M.	138 Hvy Bty	11. 3.20
30910	Sjt	Elliott, J		6. 2.18
64666	Gnr	Ellis, HW		18. 7.17
50186	Smith/Sjt	Elmes, HJ	21 Sge Bty	3. 9.19
41590	Sjt	Elms, WJ		3. 9.18
31151	Cpl	Emans, R		16. 8.17
171743	Gnr	Evans, D		3. 9.18
14268	BSM	Eves, AC	1/1 Kent Hvy Bty	3. 9.19
59862	Gnr	Fallas, J		28. 3.18
62089	Cpl	Faulkner, AW	(Attd TMB)	17. 4.17
82242	Sjt	Fearne, C	38 Sge Bty	11. 3.20
340020	Sjt	Felgate, GR		21.10.18
26034	A/BQMS	Fenn, WJ	123 Bty	21. 6.16
365607	Sjt	Ferguson, D		16. 8.17
39536	Gnr	Ferguson, WJ	9 Sge Bty	11. 3.16
55873	Gnr (L/Bmbr)	Field, A	260 Sge Bty	11. 3.20
37736	Smith/Gnr(A/FitterS/Sjt)	Fields, JWG		28. 3.18
358202	BSM	Finch, FC		11. 3.20
91434	Bmbr (A/Cpl)	Fisher, W	265 Sge Bty	3. 9.19
38088	Cpl	Flack, WA	27 TMB	22. 1.16
14499	BSM	Flaherty, WM	287 Sge Bty	3. 9.19
19460	Sjt	Fletcher, J		17. 4.18
77353	Sjt	Fletcher, WE	250 Sge Bty	11. 3.20
32861	Cpl	Fogden, ER	11 Sge Bty	11. 3.16
28225	Sjt	Forbes, R	7 Sge Bty	30. 3.16
24138	Sjt	Ford, H		22. 9.16
44871	Gnr	Forsyth, W	9 Sge Bty	11. 3.16
14752	BSM	Foster, CW		3. 9.18
26038	Cpl	Foulger, F	2 Sge Coy	1. 4.15
31880	Gnr	Fox, A	104 Hvy Bty	15. 4.16
276834	Sjt	Fraser, A		26. 6.18
99314	BSM	Freeman, WJ		6. 2.18
41022	Sjt	French, H	282 Sge Bty	11. 3.20
168799	BSM	French, TW	32 Sge Bty	11. 3.20
13988	Sjt	Frond, HG	2 Mntn Bty	11. 3.16
83857	Gnr	Frost, T		21.10.18
19829	BSM	Fursdon, FJ, M.M.	274 Sge Bty	3. 9.19
314592	Gnr	Gale, WL		4. 3.18
50632	Smith/Gnr(A/FitterCpl)	Galloway, A	69 Sge Bty	3. 9.19
2001	Sjt	Galvin, J		17. 4.18
77720	Sjt	Gamble, A		21.10.18
68421	Gnr	Gardner, F	299 Sge Bty	3. 9.19
28548	Cpl	Gardner, LC	38 TMB	11. 3.16
382285	Sjt	Garrett, AJ	219 Sge Bty	3. 9.19
16608	Cpl	Gaskell, M		21.10.18
347552	Sjt	Gebbie, J	249 Sge Bty	3. 9.19
292521	Gnr	Gee, EC		26. 1.18
8743	BSM	Gidman, S		6. 2.18
290120	BQMS	Gill, NF		3.10.18
20247	Sjt	Gill, PJ		18. 2.18
19985	Sjt	Gillan, A	(& WAAF)	3.10.18
382217	BSM	Gillett, E	(Attd 163 Sge Bty)	10. 1.20
8224	BQMS (A/BSM)	Glenn, T	31 Hvy Bty	3. 9.19
51485	Gnr	Glue, A	41 TMB	30. 3.16
15755	Sjt	Godfrey, AW		28. 3.18
24821	BSM	Golding, PF		17. 4.18
35362	A/Bmbr	Goodman, R	35 Hvy Bty	11. 3.16
19509	Sjt	Gordon, A	31 Hvy Bty	11. 3.16
12908	BSM	Gosney, G	5 Sge Bty	24. 6.16
291645	Dvr	Gowing, CS		17. 4.18
55851	Sjt	Graham, WM		17. 4.18
19484	BSM	Grainger, R		26. 1.18
14880	BSM	Grant, J		26. 6.18
374008	BSM †	Grayson, CF	'C' Mntn Bty	15. 7.19
275925	BSM	Green, G, M.M.	201 Sge Bty	11. 3.20
22489	Sjt	Green, T	3 Sge Bty	30. 3.16
18197	Sjt	Griffin, CC	5 Sge Bty	24. 6.16
292304	Sjt	Griffiths, J	133 Hvy Bty	11. 3.20
160071	Gnr	Griggs, FW		28. 3.18
28204	Sjt	Grimes, K	91 Hvy Bty E	3. 9.19
25509	Sjt	Grout, A	6 Sge Bty	16. 5.16
6688	Sjt (Later 2 Lt)	Grover, WH		21.10.18
29984	Sjt	Groves, HT		22. 9.16
107741	Gnr	Guise, GH	1/1 Hvy Bty	11. 3.20
57168	Bmbr	Guy, M		22. 9.16
39005	Sjt	Hagley, F	177 Sge Bty	11. 3.20
44454	Sjt	Hall, AE		17. 4.18
280877	BQMS	Hamer, F		3. 9.18
65238	Fitt/Cpl	Hampson, P		17. 4.18
120017	Bmbr	Hancock, HW		21.10.18
35604	Gnr (A/Bmbr)	Hancock, S		4. 3.18
28905	Sjt	Harding, WJ		16. 8.17
92694	Gnr (A/Bmdr)	Hardman, E		17. 4.18
26939	Bmbr	Hards, E		3. 9.18
44646	Gnr (L/Bmdr)	Hards, P		21.10.18
115187	Cpl/Sig	Harris, WE	287 Sge Bty	11. 3.20
56542	Cpl	Harris, WH		17. 4.18
22651	Bmbr	Harrison, JW	27 TMB	30. 3.16
374001	BSM	Harrop, CWG		21.10.18
69764	Gnr	Hartley, M		17. 4.18
44786	Sjt	Harvey, AGG, M.M.	323 Sge Bty	11. 3.20
27528	Sjt	Harvey, HS		9. 7.17
27528	Sjt (A/BSM)	Harvey, HS, D.C.M.	Bar	3.10.18
37819	Sjt	Harvey, RW	113 Hvy Bty	3. 9.19
36955	Sjt	Hastings, W	183 Sge Bty	11. 3.20
169337	Gnr Sig	Hatch, A	308 Sge Bty	11. 3.20
35189	Sjt	Hatch, J		13. 2.17
275074	BSM	Hawes, AJ	203 Sge Bty	3. 9.19
115441	Cpl/Sig(A/Sjt)	Hawes, FLN	346 Sge Bty	11. 3.20
10815	Sjt	Hawkes, C	90 Sge Bty	11. 3.20
148595	Fitt/S/Sjt	Hawks, EF	304 Sge Bty E	3. 9.19
72843	L/Bmbr	Hayes, RH	146 Sge Bty	3. 9.19
30603	BSM	Hayhoe, AC		9. 7.17
316001	BSM (A/RSM)	Heath, W		17. 4.18
5529	BSM	Heley, C		3. 9.18
128004	Sjt	Henderson, G	231 Sge Bty	11. 3.20
34213	Fitt/S Sjt	Henderson, JJ		3. 9.18
4487	Gnr	Hendy, EJ	33 Coy	11. 3.16
22429	BSM	Henly, AT		18. 7.17
11460	Cpl	Hewitt, JJ	*	12.12.17
64294	A/Bmbr	Heyworth, J		4. 3.18
164381	Gnr	Hicks, EA	456 Sge Bty	3. 9.19
26038	Cpl	Foulger, F	2 Sge Coy	1. 4.15
23191	Cpl	Hill, H	10 Sge Bty	30. 3.16
35069	Sjt	Hill, PL		3. 9.18

ROYAL GARRISON ARTILLERY — Section 3.

Number	Rank	Name	Unit	Date
36026	Sjt	Hilton, EJR	26 Hvy Bty	11. 3.20
32057	Cpl	Hine, J		13. 2.17
23959	BSM	Hines, HJ		21.10.18
29401	Sjt	Hogan, J	266 Sge Bty	11. 3.20
23070	Gnr (A/Bmbr)	Hogarth, H	122 Hvy Bty	30. 3.16
18961	L Cpl (A/Fitt Sjt)	Holben, HG	B69 Bty E	25. 2.20
15798	Sjt	Holliday, F		17. 4.18
274	Cpl	Holloway, EG	1/1 Warwicks Hvy Bty	11. 3.16
32975	Sjt	Holman, PH	108 Hvy Bty	21. 6.16
20718	Gnr (A/Bmbr)	Holmes, AW	112 Hvy Batt	11. 3.16
34451	A/Cpl	Hooper, AR	24 Hvy Bty	21. 6.16
314071	Cpl	Hopkins, W		9. 7.17
31158	BSM	Horlock, AW	286 Sge Bty	3. 9.19
371221	Sjt	Horn, A	(Attd 68 Sge Bty)	11. 3.20
58230	Bmbr	Horner, W		9. 7.17
77426	Bmbr (A/Sjt)	Horsley, E		3.10.18
41425	Bmbr	Horth, J		3. 9.18
292255	Sjt	Horton, H	192 Hvy Bty S	11. 3.20
31722	Cpl	Horton, T	12 Sge Bty	15. 9.15
28484	BSM	Hosier, WG		3. 9.18
290333	BSM	House, FJ	2/1 Hvy Bty	2.12.19
8896	Sjt	Howard, HC	141 Sge Bty	3. 9.19
282876	Sjt	Howes, S	409 Sge Bty	3. 9.19
290037	Cpl	Howlett, F		3.10.18
98399	Bmbr	Howse, JH	327 Sge Bty	2.12.19
5741	Sjt	Hughes, G	7 Mntn Bty	1. 4.15
358179	Sjt	Hughes, J		17. 4.18
55908	Sjt	Hughes, JG		21.10.18
4725	Gnr	Hughes, PL	121 Hvy Bty	11. 3.16
75477	Sjt	Hull, TL	324 Sge Bty	11. 3.20
276332	Gnr	Hully, J		21.10.18
86060	Sjt	Humm, J		26. 6.18
24762	Sjt	Humphreys, WG		3. 9.18
9209	BSM	Hunt, G		18. 7.17
32897	BSM	Hunt, J		17. 4.18
296828	L/Bmbr	Hunt, R	155 Hvy Bty I	3. 9.19
43034	Cpl	Hurley, W	93 TMB	11. 3.16
26517	BSM	Iliffe, JC		17. 4.18
211728	Bmbr (A/Cpl)	Ilott, F	112 Hvy Bty	11. 3.20
32530	BSM	Ingram, J		16. 8.17
22148	BSM (A/RSM)	Isden, J	198 Sge Bty	11. 3.20
132896	Sjt	Jackson, D	498 Sge Bty	11. 3.20
35308	Sjt	Jackson, T		21.10.18
3327	BSM	Jakeman, G		21.10.18
348109	Cpl	James, T	49 Sge Bty	11. 3.20
33885	Gnr	Jarvis, ET		21.10.18
176208	Gnr	Jeffels, JR	141 Sge Bty	11. 3.20
311048	A/Bmbr	Jefferson, F		25. 8.17
138130	Sjt	Jeffries, CE	119 A-A Sect E	3. 9.19
71778	Gnr	Jenkins, W	87 Sge Bty	3. 9.19
25389	Sjt	Jennings, GW		21.10.18
33053	BSM	Jennings, WH		4. 3.18
29977	Sjt	Johnson, EA		17. 4.18
24983	Sjt	Johnson, FJ		26. 1.18
88915	Sjt	Johnson, H	298 Sge Bty	11. 3.20
26224	Gnr	Johnson, M	10 Sge Bty	11. 3.16
310503	Sjt	Jones, J	117 Hvy Bty	3. 9.19
33092	Cpl	Jones, JH		17. 4.18
86996	Cpl	Jones, TJ	277 Sge Bty	11. 3.20
26425	Bmbr	Jordan, AH	35 Hvy Bty	30. 6.15
23958	Sjt	Kealey, AT	140 Hvy Bty	24. 6.16
191035	Sjt	Keith, D	'R' A-ABty	11. 3.20
24556	Sjt	Kelly, J		17. 4.18
27691	Bmbr	Kemp, WJ	2 Depot	11. 3.16
26922	Sjt	Kemsley, RC	122 Hvy Bty	30. 3.16
27604	Sjt	Kendall, A		17. 4.18
16404	BSM	Kendall, JTE		17. 9.17
13687	Sjt	Kennedy, E		22. 9.16
9541	BSM	Kennelly, J		17. 4.18
35605	Sjt	Kent, H		17. 4.18
16083	Sjt	King, K	2 Mntn Bty	11. 3.16
30443	Gnr	Kinsella, M	123 Bty	15. 9.15
2981	Sjt	Kirkcaldy, J	26 Hvy Bty	16. 1.15
27324	Cpl	Kitchener, VC		3. 9.18
46489	Sjt	Knapton, T		30.10.18
374413	Sjt	Knight, AEJ	163 Sge Bty	3. 9.19
51563	Smith/Sjt	Knight, GW		21.10.18
32290	Cpl	Knightsbridge, RE		26. 7.17
37557	Sjt	Knudtzon, R		26. 6.18
292354	Sjt	Lamb, T	133 Hvy Bty	3. 9.19
34701	Sjt	Langford, L	267 Sge Bty	11. 3.20
11781	Sjt	Lattimer, W		1. 5.18
33389	Gnr	Lawrence, AE	10 Sge Bty	11. 3.16
24741	BQMS	Leat, T	2 Mtn Bty S	11. 3.20
34492	Sjt	Lee, EJ	81 Sge Bty	3. 9.19
96429	Sjt	Lees, WC	352 Sge Bty	3. 9.19
28455	Sjt	Legg, RW	493 Sge Bty	3. 9.19
68703	Sjt	Lelliott, PL	119 Sge Bty	3. 9.19
17009	Cpl	Lennox, T	110 Hvy Bty	3. 9.19
168683	Fitt/Gnr	Lever, HF	325 Sge Bty	11. 3.20
53839	Cpl	Lewis, C		22. 9.16
39398	Cpl	Lewis, PV	121 Hvy Bty	25. 2.20
29327	Sjt	Lidster, J	6 Sge Bty	11. 3.20
5158	Sjt	Lilley, A	189 Sge Bty	3. 9.19
33583	Sjt	Liverton, WE	28 Sge Bty	11. 3.20
17070	SQMS	Locke, H (Attd 41 Ind. Wir Sig Sqd)		* 23.10.19
30416	A/Bmbr	Lockton, W	26 Hvy Bty	11. 3.16
165279	Bmbr	Loring, H		3. 9.18
45506	Gnr	Lovell, AS	10 Sge Bty	11. 3.16
722	Sjt	Lowe, WJ	2 Lond. Hvy Bty	11. 3.16
15771	BSM	Lowery, J		21.10.18
91239	Sjt	Lucas, HH	20 Sge Bty	11. 3.20
290919	Sjt	Lummis, AJ	126 Hvy Bty	11. 3.20
26107	BSM	Lunn, A 267 Sge Bty (Later SARB)		3. 9.19
128688	BSM	Lycett, GA		6. 2.18
281687	Fitt/S Sjt	MacDougall, A		18. 2.18
24242	Sjt	MacKay, T		21.10.18
322100	Cpl	MacLean, RA		26. 6.18
301422	Bmbr	MacLeod, J		1. 5.18
28518	BSM	Makey, FH		16. 8.17
42762	Sjt	Mallard, TFW	120 Hvy Bty	3. 9.19
323037	Cpl (A/Sjt)	Malloch, A	323 Sge Bty	3. 9.19
191173	Cpl	Maple, TD		21.10.18
32611	Cpl	Marah, J		13. 2.17
11634	Sjt	Markham, J		21.10.18
33608	Gnr	Martin, GW		13. 2.17
10777	BSM	Martin, H		25. 8.17
33976	Sjt	Martin, SJ		21.10.18
173622	Fitt/S/Sjt	Mason, E (Attd Derejat. Mntn. Bty)		3. 9.19 EA 22.12.19
128675	Sjt	Mason, JH		17. 4.18
4259	Sjt	Matheson, A 4th High Mntn Bde G		11. 3.16
307272	Sjt	Mathieson, HC		21.10.18
89590	L/Bmbr	Matthews, GD	56 Sge Bty	11. 3.20
115763	Gnr	Mawhood, HJ	106 Sge Bty	11. 3.20
283441	Gnr	May, G		3. 9.18
24473	BSM (A/SM)	May, W	380 Sge Bty P	11. 3.20
5756	BSM	Maynard, FA		30.10.18
16	Sjt	Maynard, TC		13. 2.17
118	Bmbr	McBain, W		11.12.16
186908	Cpl	McCarthy, W		21.10.18
21887	Sjt	McClure, T		17. 4.18
4488	BQMS	McCombie, JR	5 Mntn Bty	11. 3.16
42922	Sjt	McCormack, T	145 Sge Bty	3. 9.19
24595	Sjt	McCormick, F	1 TMB	15. 4.16
362521	Sjt	McCulloch, D (Attd 314 Sge Bty) P		11. 3.20
98757	Gnr	McCullock, P	152 Hvy Bty	11. 3.20
55715	Sjt	McHugh, M	179 Sge Bty	11. 3.20
278519	Sjt	McIlwaine, S		3. 9.18
28242	Gnr	McKay, G		17. 4.17
16186	Gnr	McKechnie, A	1st Sge Bty	1. 4.15
29807	Cpl	McKenzie, JA	61 TMB	30. 3.16
82385	Sjt	McKenzie, R		28. 3.18
28267	Sjt	McPhee, D	112 Hvy Bty	2.12.19
16194	BSM	Menzies, G		17. 4.18
92205	BSM (A/RSM)	Mercer, J		21.12.16
43179	Cpl	Meredith, ED	34 TMB	11. 3.16
36341	Sjt	Metcalf, J	280 Sge Bty	11. 3.20
71574	Sjt	Miles, SA		21.10.18
358013	BSM	Miles, WF		3.10.18
84387	A/RSM	Miller, W	113 Hvy Bty	21. 6.16
25053	Sjt	Mills, WC	59 Sge Bty	11. 3.16
68951	L/Bmbr	Milne, W		15.11.18
66003	Gnr/Sig	Mintern, CJA	142 Sge Bty	11. 3.20
80685	BSM	Mitchell, F		13. 2.17
291173	Sjt	Mogg, E	127 Hvy Bty	3. 9.19
35937	Sjt	Monaghan, W		30.10.18
30153	Sjt	Monday, CE	1 Sge Bty	11. 3.20
31183	Sjt	Montell, AJ		26. 7.17
41571	S/Sjt Fitter	Moore, J		19. 8.16
27523	Sjt	Moore, JG, M.M.	211 Sge Bty	2.12.19
33070	A/Bmbr	Moores, BT	113 Bty	15. 3.16
210848	Cpl	Morgan, DJ		21.10.18

ROYAL GARRISON ARTILLERY

Number	Rank	Name	Unit	Date
31156	Sjt	Morley, F		3. 9.18
112138	Sjt	Morris, EB	215 Sge Bty	11. 3.20
30074	L/Bmbr	Morris, F		3.10.18
20568	Gnr	Mortimer, P	7 Sge Bty	30. 3.16
76365	Cpl	Moses, C	391 Sge Bty I	11. 3.20
67540	Gnr	Munday, F		17. 4.18
1703	BSM	Munn, J		17. 4.18
32403	Gnr	Murphy, R	59 Sge Bty	11. 3.16
95731	Gnr (L/Bmbr)	Murray, W	211 Sge Bty	11. 3.20
352128	Sjt	Mursell, LJ		21.10.18
24774	Cpl	Mutimer, J	24 Hvy Bty	30. 6.15
1081	Cpl	Napier, FJ	36 A Bty	11. 3.20
4888	Bmbr	Nelson, JL	4 High Bde G	16.11.15
27217	Cpl	Newman, FW		26. 7.17
136357	Gnr	Newton, GE		3. 9.18
49494	A/Bmbr	Nicholson, AF	Trench Howitzer School	11. 3.16
115	Cpl	Nicholson, HW	109 Hvy Bty	11. 3.16
362252	Fitt/S Sjt	Nicholson, WH		3.10.18
34659	Cpl	Norton, FG	10 Sge Bty	11. 3.16
12171	BSM	O'Hara, J		6. 2.18
321455	Cpl	Olver, RF	46 Sge Bty	11. 3.20
26051	Bmbr	O'Shaughnessey, O	2 Mntn Bty	30. 6.15
50816	Gnr (A/Bmbr)	Oswald, TW		17. 9.17
23395	Gnr (A/Bmbr)	Paine, E	7 Mntn Bty	11. 3.16
58695	Sjt	Pallister, WS	130 Hvy Bty	11. 3.20
31819	Cpl	Palmer, TP		13. 2.17
14086	Sjt	Palmer, W	1 Sge Bty	11. 3.16
36854	Gnr	Palmer, WJ		26. 9.16
30034	Cpl	Pankhurst, H	112 Hvy Bty	11. 3.20
28164	Gnr	Pannell, F	*	12.12.17
3371	Sjt	Passmore, H	12 Hvy Bty	21. 6.16
29936	Sjt	Passmore, S	7 Mntn Bty	3. 6.15
173518	Sjt	Payne, H	170 Sge Bty	11. 3.20
153696	Fitt/Gnr	Payne, PA	124 Hvy Bty	11. 3.20
290455	Sjt	Payne, WT	38 Hvy Bty	11. 3.20
36352	Sjt	Peck, F		3. 9.18
48110	Gnr	Pelan, WJ		22. 9.16
45988	Gnr	Penney, EWG		30.10.18
142369	BSM	Pennicott, W		30.10.18
97744	Gnr	Pennington, J	244 Sge Bty	16. 1.19
201769	Sjt	Perrett, HV	(Attd 'U A-A-' Bty)	11. 3.20
334015	BQMS	Perry, CF		18. 7.17
26249	Sjt	Peters, J	122 Hvy Bty	16. 5.16
125172	Gnr	Pettican, JA	329 Sge Bty	11. 3.20
283382	Bmbr	Phillips, PW		17. 4.18
42757	Gnr	Pipe, D		9. 7.17
24084	BSM	Plowman, T		16. 8.17
44116	Sjt	Pontin, H	13 Sge Bty	11. 3.20
43972	Sjt	Poole, W		21.10.18
23177	Gnr	Porley, J	27 TMB	30. 3.16
191712	Sjt	Potter, AT	'C' A-A Bty	11. 3.20
55485	Bmbr	Pound, AJ		30.10.18
26757	Gnr	Powley, G	26 Hvy Bty	30. 6.15
43451	Gnr	Pratt, S	123 Bty	15. 9.15
12887	Sjt	Price, A		17. 4.18
35127	BQMS	Price, JH		21.10.18
25014	Sjt (Later 2Lt)	Prideaux, PM	3 Sge Bty	11. 3.16
15508	Gnr	Pridmore, A	112 Hvy Bty	11. 3.16
34209	Sjt	Prior, G	26 Hvy Bty	30. 6.15
19328	Sjt	Purdy, A	174 Sge Bty	11. 3.20
117767	Gnr	Pybus, J	142 Sge Bty 34 Bde	3. 9.19
12361	Sjt (A/BSM)	Quick, B		26. 7.17
13323	Gnr	Rafferty, J	112 Hvy Bty	11. 3.16
109779	Gnr	Rankin, AH		17. 4.18
25534	Sjt (A/SM)	Rankine, J		11. 5.17
22956	Sjt	Ratcliffe, R	121 Hvy Bty	11. 3.16
94675	Cpl	Rathbone, HL	248 Sge Bty	3. 9.19
5102	Bmbr (Cpl)	Rawlins, R	11 Hvy Bde	5. 8.15
31412	Sjt	Rayner, W	22 Hvy Bty	3. 9.19
26376	Gnr	Rayner, WJ	34 Trench How. Bty	15. 9.15
3105	Gnr	Reddan, P	31 Sge Bty	11. 3.20
18295	BQMS	Redfern, BS		9. 7.17
26199	Cpl	Reed, S	52 Coy (I U L) M	22. 1.16
290961	Sjt	Reeves, J		17. 4.18
60735	Sjt (A/BSM)	Rice, FJ, M.M.	434 Sge Bty	11. 3.20
11252	A/BSM	Richardson, WE		16. 8.17
7976	BSM	Richey, WL		6. 2.18
46048	Sjt	Riddle, TE		28. 3.18
40938	Sjt	Ridgeon, W, M.M.		26. 6.18
22445	A/Bmbr	Ridler, WH	91 Trench How. Bty	11. 3.16
62669	Gnr (A/L/Bmbr)	Riordan, WA	10 Hvy Bty P	11. 3.20
28151	Gnr	Roberts, AJ	1 Sge Bty	30. 6.15
50997	Gnr	Roberts, ET		13. 2.17
295687	Sjt	Roberts, FW		21.10.18
201661	Cpl	Robertson, GG	Attd 'R' A-A Bty	11. 3.20
19413	BSM	Robinson, RH		25. 8.17
2214	Cpl	Rodger, C	4 Mntn Bde G	6. 9.15
318607	Cpl	Rogers, EJ	1/1 Hvy Bty	11. 3.20
31265	BSM	Rogers, G		28. 3.18
109910	Gnr	Rolfe, E		21.10.18
7769	BSM	Rooke, TH		21.10.18
22806	A/Bmbr	Rooney, W	6 Bde Amm Col	22. 1.16
39879	Gnr	Rose, EW	33 Sge, Bty	21. 6.16
35313	A/Bmbr	Rosher, A		9. 7.17
122446	Cpl (Later Sjt)	Rowland, H		16. 8.17
39616	BSM	Rowley, G		15.11.18
292945	Sjt Sig	Rowswell, G	12 Hvy Bty	11. 3.20
95994	Gnr	Rundle, FH		17. 4.18
95509	Bmbr	Russell, RB		3. 9.18
365990	Sjt	Russell, WC		21.10.18
19535	BSM	Salisbury, J, M.M.	284 Sge Bty	5.12.18
57489	Gnr	Salkeld, JJ		17. 4.18
225209	Farr/S/Sjt	Salter, WA	35 Hvy Bty	14. 4.20
374301	Sjt	Salvage, G		21.10.18
91655	Gnr/Sig	Sanders, FG	240 Sge Bty I	11. 3.20
1481	Cpl (A/Sjt)	Sargent, JE	108 Hvy Bty	5. 8.15
5296	Sjt	Schoon, P		3. 9.18
19903	Cpl	Scothern, W	122 Hvy Bty	5. 8.15
5360	Bmbr (A/Cpl)	Scott, RJ	22 TMB	5. 8.15
40939	Cpl	Semple, W		21.10.18
31207	SSM	Sewell, G		18. 6.17
16325	Sjt ‡	Seymour, F	(443 Bty RFA)	21. 1.20
25936	Gnr	Seymour, J	24 Hvy Bty	30. 3.16
7616	Sjt	Sharman, A	*	12.12.17
30392	Smbr	Sharp, T		22. 9.16
220095	Cpl	Sharples, J, M.M.	V/IV Hvy TMB	11. 3.20
137968	Sjt	Shaw, D	192 Sge Bty	11. 3.20
54930	Sjt	Shaw, G	111 Sge Bty	11. 3.20
46342	Sjt	Sheldon, FJ		17. 4.18
291003	Sjt	Sheringham, RJ	126 Hvy Bty	3. 9.19
551	Gnr *	Shields, W, D.C.M.	12 Hvy Batt **Bar**	30. 3.16
29636	Sjt	Shillabeer, WH		25.11.16
116458	A/Sjr	Sim, G		4. 3.18
56799	A/Bmbr	Simmons, HC	123 Hvy Bty	5. 8.15
51664	Sjt	Simpson, A		15.11.18
75577	Sjt	Sims, J		30.10.18
138842	BQMS	Sinclair, R		17. 4.18
37111	Sjt	Single, E		9. 7.17
72199	Gnr	Singleton, JJR		17. 4.18
291392	Sjt	Skinner, W	128 Hvy Bty	3. 9.19
30727	Sjt (A/BSM)	Skipper, EH	258 Sge Bty	3. 9.19
297619	Bmbr	Slack, GA		3. 9.18
25590	Gnr	Sleven, EJ	(I.U.L.) M	5. 8.15
142368	Sjt (A/BSM)	Slough, W	12 Hvy Bty	3. 9.19
322725	Cpl	Smale, GE	366 Sge Bty	3. 9.19
61741	Bmbr	Smart, W		18. 6.17
38374	Gnr/Sig	Smith, AR	32 Sge Bty	11. 3.20
348055	BSM	Smith, B		3. 9.18
41381	Gnr	Smith, FA	12 Sge Bty	30. 3.16
59102	Sig/Sjt	Smith, GD	221 Sge Bty	3. 9.19
27141	Sjt	Smith, J		3. 9.18
308658	Sjt	Smith, JH		9. 7.17
55422	Bmbr	Smith, LE		17. 4.18
2831	BSM	Smith, TR		9. 7.17
2831	BSM	Smith, T, D.C.M.	**Bar**	3. 9.18
319033	Dvr	Smith, W	131 Hvy Bty	3. 9.19
138233	Gnr	Smith, WP		4. 3.18
26290	BSM	Smitheman, P		21.10.18
42646	Sjt	Sohl, J	145 Hvy Bty	11. 3.20
27379	BSM	Spratley, HF		17. 4.18
27379	BSM	Spratley, HF, D.C.M.	**Bar**	21.10.18
2813	BSM	Stare, EG		18. 2.18
53445	Bmbr (A/Cpl)	Stay, WE		17. 4.18
14430	BSM	Steele, CE		28. 3.18
16993	BSM	Steele, J	S	11. 3.20
63312	Sjt	Stevens, W		21.10.18
139375	Cpl	Stewart, C	499 Sge Bty	5.12.18
14913	Sjt	Stewart, J	337 Sge Bty	25. 2.20
14661	BSM	Stonock, GH		21.10.18
49055	Gnr	Street, CG	21Y TMB	21. 6.16
196048	Fitt/S Sjt	Stretton, K	70 Sge Bty	3. 9.19
32245	Fitt/Gnr (A/Fitt/S Sjt)	Strickland, P		30.10.18
111922	Cpl (A/Sjt)	Sturt, GT	196 Sge Bty	3. 9.19
63089	Gnr	Sullivan, J		18. 7.17
23281	Sjt	Sullivan, M		3. 9.18

ROYAL GARRISON ARTILLERY — Section 3.

Number	Rank	Name	Unit	Date
53653	Sjt	Summers, W	41 Sge Bty	2.12.19
981	A/Bmbr	Sweeny, E	123 Bty	15. 9.15
3	BSM (A/RSM)	Taber, PA		21.10.18
52773	L/Bmbr	Tams, E		21.10.18
5898	A/Bmbr	Taylor, AV	122 Bty	15. 9.15
293219	Sjt	Taylor, CR		17. 4.18
52937	Gnr	Taylor, J		21.10.18
33905	Bmbr	Taylor, PW	7 Mntn Bty	1. 4.15
154703	Gnr	Taylor, T		28. 3.18
34400	Sjt	Taylor, WB	113 Hvy Bty	11. 3.20
62949	L/Bmbr	Teagle, A	102 Sge Bty	3. 9.19
32176	Sjt	Thomas, A		9. 7.17
321302	Gnr	Thomas, SH		18. 2.18
117105	Cpl	Thomas, WH	277 Sge Bty	11. 3.20
132885	Cpl	Thompson, H		17. 4.18
176301	Gnr/Sig	Thompson, JW	299 Sge Bty	11. 3.20
84144	Sjt	Thompson, TM	199 Sge Bty	3. 9.19
38745	Sjt	Thorner, WG	122 Hvy Bty	11. 3.20
28399	Sjt	Thornton, E	(Attd GC Rgt)	6. 2.18
191499	Sjt	Thurley, AJ		3. 9.18
25163	Sjt	Timberlake, W	6 Sge Bty	11. 3.16
983	BQMS (A/BSM)	Timmin, J	231 Sge Bty	11. 3.20
4222	Sjt	Tobin, HE		13. 2.17
41325	Cpl	Tomes, L		13. 2.17
12573	Cpl	Tongue, B	217 Sge Bty	3. 9.19
1209	Bmbr	Towers, JJ	22 Trench How. Bty	6. 9.15
290756	BSM	Towler, JR		21.10.18
25150	Cpl	Townsend, D	2 Depot	30. 3.16
291038	Sjt	Treacher, PW		17. 4.18
65281	Sjt	Treadwell, WJ	289 Sge Bty I	3. 9.19
31014	Sjt	Trim, WH		17. 4.18
277148	BSM	Troman, OL		16. 8.17
19497	Sjt	Trott, G	108 Hvy Bty	5. 8.15
318529	Bmbr	Tuck, SWK	1/2 Hvy Bty	11. 3.20
139410	Sig/Gnr	Turner, A	332 Sge Bty	11. 3.20
34891	Gnr	Turner, W	6 Sge Bty	3. 6.15
39722	Gnr	Twomey, R		21.10.18
365952	Sjt	Tyrie, P		18. 6.17
43273	Cpl	Unsworth, H	115 Hvy Bty	11. 3.20
22630	Sjt	Ussell, HJ	111 Hvy Bty, 3 Bde	15. 4.16
34786	Sjt (A/BQMS)	Vellacott, A		3. 9.18
28278	BSM	Venables, W		21.10.18
1883	CSM	Ventham, E	2 Sge Bty	1. 4.15
54571	Gnr	Vercoe, F	7 Sge Bty	22. 1.16
54571	Gnr	Vercoe, F, D.C.M.	7 Sge Bty Bar	30. 3.16
36436	Sjt	Vinten, A	5 Sge Bty	30. 3.16
9379	BSM	Wade, G	71 Hvy Bty	11. 3.20
67482	Cpl	Wady, TP		16. 8.17
55486	Sjt	Waite, JS	131 Hvy Bty	11. 3.20
311134	Sjt	Walker, B	1/1 Hvy Bty	11. 3.20
31136	Cpl	Walsh, A	112 Hvy Bty	11. 3.16
22969	Sjt	Walsh, J		28. 3.18
317320	Gnr (A/Bmbr)	Walters, FT	227 Sge Bty	3. 9.19
54007	Bmbr	Walton, F		22. 9.16
20490	Smith/Gnr (A/Fitt/S/Sjt)	Walton, PH		6. 2.18
7494	BSM	Walton, SC		18. 7.17
7494	BSM	Walton, SC, D.C.M.	Bar	3. 9.18
318237	Sjt	Warren, HL	1/2 Hvy Bty	3. 9.19
33051	Sjt	Warren, JE	334 Sge Bty P	11. 3.20
10428	BSM	Waters, J		26. 1.18
11784	BSM	Waters, JW	48 Hvy Bty	3. 9.19
46010	Sjt	Waters, RA		25. 8.17
5867	RQMS (T/RSM)	Watson, G	HQ 14 Bde	11. 3.20
294391	Sjt	Watson, TA		15.11.18
27339	BQMS	Webb, AW	5 Sge Bty	11. 3.16
16588	Sjt	Webb, J	24 Hvy Bty	25. 2.20
101702	Sig Cpl	Webb, WE	297 Sge Bty	11. 3.20
9262	Sjt	Webb, WJ	119 Hvy Bty	30. 6.15
7123	BSM (T/RSM)	Webster, FG		3. 9.18
23790	Sjt	Webster, JS	147 Sge Bty	3. 9.19
15813	Sjt	Wells, B		3. 9.18
27544	Sjt	Wells, N		26. 7.17
195329	Cpl	Wells, W		21.10.18
18183	Sjt	Wenden, AG		17. 4.18
79085	Gnr	West, A		3. 9.18
30233	Gnr	Whenham, AE	1 Sge Bty	5. 8.15
42081	A/Bmbr	Whitbread, W		26. 1.18
37834	Sjt	White, C	212 Sge Bty	3. 9.19
10652	BSM	White, E		18. 2.18
308874	Sjt	White, G		17. 4.18
308874	Sjt	White, G, D.C.M.	Bar	3. 9.18
222762	BSM	White, WJ		6. 2.18
5506	Sjt	Whitehead, T	(Attd TMB)	13. 2.17
280506 (form 5506)	Sjt	Whitehead, T, D.C.M.	Bar	28. 3.18
23163	Sjt	Whitmore, H		17. 4.18
20519	Fitt/S Sjt	Widdows, H	183 Sge Bty	3. 9.19
187074	Sjt	Wilding, SR	(Attd 'T' A-A Bty)	3. 9.19
14879	BQMS	Wilkinson, P		28. 3.18
4240	BSM	Williams, FA		6. 2.18
291675	Dvr	Willis, AA		17. 4.18
136880	BQMS (A/BSM)	Willis, J		17. 4.18
276082	Sjt	Willmer, H		17. 4.18
18087	Sjt	Wilson, D	10 Mtn Bty E	25. 2.20
136382	BSM	Wilson, F		3. 9.18
32358	Gnr	Wilson, H	(Attd TMB)	17. 4.17
47366	Fitt/S/Sjt	Wilson, H	111 Sge Bty	3. 9.19
53029	Sjt	Wimpenny, A	290 Sge Bty	11. 3.20
278002	Fitt/S/Sjt	Winson, F	114 Sge Bty	3. 9.19
25487	Sjt (A/BSM)	Wisken, WR	160 Sge Bty	11. 3.20
311103	Sig Cpl	Witcomb, R	1/1 Hvy Bty	11. 3.20
347346	Sjt	Wood, A		26. 1.18
24530	Sjt	Wood, J	8 Sge Bty	11. 3.16
31600	BSM	Wood, TA		21.10.18
11088	Gnr	Woodbridge, W		26. 6.18
293630	L/Bmbr	Woodhead, G		3. 9.18
352080	BSM	Workman, CW, M.M.	(Attd 270 Sge Bty)	3. 9.19
314498	Sjt	Wright, JS	1/1 Hvy Bty I	3. 9.19
49285	Gnr	Wrigley, J	34 TMB	11. 3.16
13955	Sjt	Yates, GE		21.10.18
64013	Sjt	Yeo, CH		21.10.18
352026	BSM	Young, AL	(Attd 355 Sge Bty)	11. 3.20
52961	Sjt	Yound, GW	32 Sge Bty	11. 3.20
31223	Sjt	Young, WR		21.10.18

764 D.C.M.'s   10 Bars

★ Shields, W DCM L/G 1901

† Tarasevo 29.1.19
‡ Onega 1.8.19

HONG KONG and SINGAPORE BN R.G.A.

13318	Sjt	Muldowney, MJ	P	11. 3.20	1081	Havildar	Piran Ditta		18. 2.18
712	Havildar	Piran Ditta		3. 3.17	1178	Havildar	Kishen Singh		3. 9.18
722	Havildar	Nawab Khan		26. 4.17	1213	Havildar	Chajja Singh		1. 5.18
762	Havildar	Sultan Muhamed		1. 5.18	-	Havildar	Rur Singh		21.10.18
1050	Havildar	Fatteh Singh		26. 4.17					

9 D.C.M.'s

HONOURABLE ARTILLERY COMPANY T.F.

624906	Sjt	Barrett, MF.	1/B Bty (Attd RHA)			4909	Sjt	Jenkinson, H, D.C.M. 2 Bn	I Bar	25. 2.20	
				E	3. 9.19	1534	A/Cpl	Jones, DT		30. 6.15	
10511	Sjt	Bent, SA	2 Bn	I	25. 2.20						
590	CSM	Boyd, HM			10. 1.17	1676	Pte	Laskie, AL		1. 4.15	
5047	Sjt	Bradley, WJ			21.10.18						
						624672	Cpl Sig	Moss, WA	2/A Bty A/126 Bde		
9153	Cpl (L Sjt)	Clarke, JA	2 Bn	I	25. 2.20					11. 3.20	
1520	L Cpl	Cryer, RW			11. 3.16	613	CSM	Murray, EFH		5. 8.15	
1417	Pte	Cutler, R			5. 8.15						
						1023	Sjt	Pollard, AO		16.11.15	
609	Cpl	Frampton, WN			30. 6.15						
						672	CSM	Sandle, SE		11. 3.16	
7045	Sjt	Hibbard, HE			17. 4.18	D16	Drummer	Stiffin, AJ		30. 6.15	
791	Pte	Hill, M			30. 6.15						
5126	CSM	Hockridge, JR	2 Bn	I	11. 3.20	1424	L Cpl	Thompson, J		11. 3.16	
624816	BSM	Holloway, GG			1. 5.18	1173	Sjt	Tyrie, J		11. 3.16	
4208	Pte (L Cpl)	Hughesdon, R			18. 7.17						
						3144	Sjt	Wilkinson, TC		4. 3.18	
4909	Sjt	Jenkinson, H			4. 3.18	3394	CSM	Wordley, FJC, M.M. 2 Bn	I	25. 2.20	

25 D.C.M.'s   1 Bar

SECTION 4

ENGINEERS

Corps of Royal Engineers   39

38

ENGINEERS

CORPS OF ROYAL ENGINEERS

Number	Rank	Name	Unit	Date
139197	Sjt	Ablett, T	179 Tun Coy	25. 2.20
97711	Spr	Ablitt, J, M.M.	21 Div Sig Coy	2.12.19
56226	Sjt	Adams, AL		17. 4.18
10569	L Cpl	Adams, J	5 Sig Coy	1. 4.15
24544	CSM	Adams, J		3.10.18
56017	Sjt	Adams, JG		13. 2.17
494343	Sjt	Adams, JH		17. 4.18
49693	Cpl	Adams, SG, M.M.	23 Sig Coy I	25. 2.20
1426	2nd Cpl	Adams, T	1/2 N Mid Field Coy	11. 3.16
21464	2nd Cpl	Adams, WH		21.10.18
21159	A/2nd Cpl	Adamson, A	3 Fld Sqdn	16.11.15
23169	Spr	Agnew, W	4 Sig Coy	11. 3.16
207855	CSM	Ainsworth, S		18. 7.17
139244	Sjt	Aitken, W		9. 7.17
75733	Spr	Alcock, F		9. 7.17
134934	Sjt	Alderton, CE		21.10.18
358459	Spr	Aldridge, E, M.M.	7 Div Sig Coy I	25. 2.20
106099	Sjt	Aldridge, FG		17. 4.18
24181	Pnr	Allday, W	3 Sig Coy	17.12.14
192021	Cpl (A Sjt)	Allen, CE	EA	3.10.18
1468	Sjt	Allen, HJ		22. 9.16
50053	Spr	Allen, J		30.10.18
23833	Sjt	Allen, JH	6 Sig Coy	15. 9.15
72085	CSM	Allen, R		18. 2.18
41324	Cpl	Allen, TL		22. 9.16
41241	Sjt	Allsopp, CH		25. 8.17
36999	Spr(A/LCpl)	Ames, GEB		26. 4.17
3946	Sjt	Amphlett, CJ	56 Fld Coy	3. 6.15
120552	Spr	Anderson, AJ	1 Spec Coy	11. 3.20
12802	Sjt	Anderson, EW	7 Sig Coy	11. 3.16
50290	L Cpl	Anderson, FJ		30.10.18
86387	Cpl	Anderson, G	171 Tun Coy	11. 3.16
233793	Spr (A/Sjt)	Anderson, HGB		18. 2.18
27084	Spr	Anderson, JB	(Cav Corps Sig Sqdn)	30. 3.16
86213	Spr	Anderson, W	170 Tun Coy	11. 3.16
54254	Mot/Cyc Cpl	Anderson, WL	37 Div Sig Coy	3. 9.19
54007	Cpl(Mot/Cyc)	Andrews, AJP		3. 9.18
86239	Cpl (A/Sjt)	Andrews, R	258 Tun Coy	25. 2.20
42122	Sjt	Ankers, E		21.10.18
13306	Cpl (A/Sjt)	Annis, P	54 Fld Coy	11. 3.16
546008	CQMS	Appleby, AJ		17. 4.18
49051	CSM	Archer, N		25. 8.17
130212	Sjt	Ardley, LW	1 Spec Coy	3. 9.19
97456	CSM	Argyle, GE	155 Fld Coy	3. 9.19
4	Sjt (A/CSM)	Armstrong, J	Ches Fld Coy	21. 6.16
67521	Spr	Arthur, T	151 Fld Coy	3. 9.19
29622	Cpl	Ashmore, GM	Motor Cyc	3. 6.15
23133	LCpl (A/CSM)	Ashton, HP		17. 4.18
47051	Spr (A/LCpl)	Ashton, W	24 Div Sig Coy	11. 3.20
426026	Sjt	Atherton, R	419 Fld Coy	11. 3.20
14597	Spr (A/Cpl)	Atkinson, J	2 Fld Sur Bn	3. 9.19
20898	Cpl (A/Sjt)	Atkinson, W, M.M.		3.10.18
11404	2nd Cpl	Austin, G	59 Coy	30. 6.15
10377	LCpl (A/Sjt)	Aylott, J		21.10.18
7655	Spr	Aylward, H	26 Fld Coy	3. 6.15
139280	Spr	Ayre, AJ	173 Tun Coy	31. 5.16
30984	A/LCpl	Baggs, WCH	1 Prov Coy	11. 3.16
208634	Sjt	Bain, TR	4 Fld Sqdn P	11. 3.20
397496	Sjt	Baird, W	2 Sge Coy	11. 3.20
1716	Spr	Baker, F	47 Div Sig Coy	11. 3.16
528095	Sjt	Baker, G, M.M.	54 Div Sig Coy E	25. 2.20
428337	Sjt	Baker, J		28. 3.18
95318	2 Cpl (A/Cpl)	Baker, M	152 Fld Coy	3. 9.19
74886	Spr	Baker, RO		26. 5.17
51907	Cpl (ASjt)	Baker, W		28. 3.18
106100	Cpl	Balaban, IE	187 Coy	11. 3.16
546363	Sjt (A/CSM)	Balderston, CJW		21.10.18
66940	Sjt	Baldwin, C		9. 7.17
43232	Sjt	Baldwin, WF	73 Fld Coy	11. 3.16
73296	Spr (A/2Cpl)	Baldy, WJM		18. 2.18
14341	LCpl (A Cpl)	Balfe, GE		21.10.18
97474	Sjt	Ball, W, M.M.		3. 9.18
7743	2 Cpl	Banham, W	55 Fld Coy	5. 8.15
143265	Sjt	Bannerman, J		20.10.16
22787	Spr (ASjt)	Bannister, TW	129 Fld Coy	11. 3.20
7602	Cpl	Barber, A	3 Fld Sqdn	5. 8.15
16170	Cpl (ASjt)	Barker, AE		21.10.18
19431	Cpl (A/Sjt)	Barker, JJ	4 Sig Coy	11. 3.16
527	A/LCpl	Barker, R	1/1 Cheshire Fld Coy	16.11.15
67008	Sjt	Barker, W, M.M.		3. 9.18
2269	Spr	Barnes, EA	26 Fld Coy	30. 6.15
207404	Sjt	Barnes, SP		26. 3.17
23307	Sjt	Barnes, WJ	E	9. 7.17
27140	Sjt (A/CSM)	Barnes, WJ	85 Fld Coy	3. 9.19
43569	Sjt	Barraclough, HS	82 Coy	11. 3.16
463025	Spr (LCpl)	Barrass, JW, M.M.	50 Div Sig Coy	10. 1.20
463025	Spr (LCpl)	Barrass, JW, D.C.M., M.M. Bar	50 Div Sig Coy	10. 1.20
360616	Pnr	Barron, J	35 Div Sig Coy	3. 9.19
244715	Cpl (ASjt)	Barron, JCS		17. 4.18
134131	Cpl (ASjt)	Barrow, CH	64 F Coy	2.12.19
12075	Cpl	Barry, F	59 F Coy	16. 1.15
500154	Cpl	Barton, WF		3. 9.18
85628	Spr (A/2Cpl)	Bason, AG	34 Div Sig Coy (Attd RA)	2.12.19
26363	CSM	Bastable, CJ	104 F Coy	21. 6.16
56662	Sjt	Bastow, H, M.M.	Sig Sub Sec (Attd RGA)	3. 9.19
106517	CSM	Batey, JP		21.10.18
44115	Spr	Batty, AE	17 Sig Coy	30. 3.16
452015	Cpl (ASjt)	Baxter, EO	53 Sig Coy P	11. 3.20
23812	Spr	Bayliss, H	4 Sig Coy	11. 3.16
34887	A/Cpl	Bayliss, R		26. 1.18
1761	LCpl	Beale, JR	47 Div Sig Coy	5. 8.15
97066	Spr	Beaman, F		26. 3.17
WR26071	LCpl	Beauchamp, JC	341 Road Con Coy	3. 9.19
WR268321	A/CSM	Beavis, EW		3. 9.19
48835	Cpl	Bee, W	83 F Coy	30. 3.16
6561	Spr	Beech, J	1/2 W Lancs F Coy	21. 6.16
420018	Cpl (A/Sjt)	Beith, D		21.10.18
147216	Cpl	Bell, A	1 Spec Coy	11. 3.20
151511	Cpl	Bell, GT	176 Tun Coy	25. 2.20
89045	Sjt	Bell, WJ		26. 1.17
550197	Sjt	Belliss, T, M.M.	520 F Coy	3. 9.19
550065	Sjt	Beltram, J, M.M.		3. 9.18
40802	A/Sjt	Bentley, J		21. 6.16
1739	Cpl	Benton, B	9 F Coy	30. 6.15
1181	Spr	Berry, E	1 Lond F Coy	15. 9.15
14804	Sjt-Instr (A/RSM)	Best, W		3. 3.17
2607	Cpl	Bethell, WH	55 F Coy	30. 6.15
25354	Drvr	Bianchi, F	23 F Coy	16. 1.15
18853	Sjt	Biart, RW	5 Sig Coy	30. 6.15
70890	Sjt	Biddlecombe, CV		21.10.18
16319	Cpl	Bignell, EAW		21.10.18
63297	LCpl	Binnington, H		14.11.16
452142	CSM	Birch, G		1. 5.18
140259	Spr	Birchall, J	155 F Coy	11. 3.20
23145	Sjt	Bird, H		22. 9.16
60092	Sjt	Bird, WJ		6. 2.18
46550	Cpl	Birnie, H	37 Div Sig Coy	11. 3.20
32789	Spr (T/Sjt)	Bishop, A	X Corps Wir Sec	11. 3.20
12125	Spr	Bishop, J	(Attd 66 Div Sig Coy)	11. 3.20
504155	Sjt	Bishop, WH	503 F Coy	11. 3.20
399	Sjt	Black, RHS	49 W Rid Div Sig Coy	11. 3.16
19908	Spr	Blackie, R	55 F Coy	17.12.14
15330	LCpl (ASjt)	Blackmore, C		21.10.18
322388	Pnr	Blackmore, HFN	Sig Sub Sect (Attd RGA)	11. 3.20
139347	Sjt	Blakemore, N		22. 9.16
471702	Spr (LCpl)	Bloom, J	122 F Coy	2.12.19
94223	Spr (A/2Cpl)	Bloxham, WH	35 Div Sig Coy	3. 9.19
133283	Pnr	Blyth, J	196 L D Coy	3. 9.19
43702	Sjt	Boden, J		3. 9.18
106125	Cpl	Bond, F	Spec Bde	14.11.16
85640	Cpl (ASjt)	Bone, AP		26. 1.18
202695	LCpl	Bone, H		25. 8.17
96965	Sjt	Booth, J	175 Tun Coy	3. 9.19
96965	Sjt	Booth, J, D.C.M.	175 Tun Coy Bar	2.12.19
69441	Cpl	Booth, SJ	154 F Coy	11. 3.20
506229	Sjt	Booth, WR	501 F Coy S	11. 3.20
76268	A/Cpl	Borland, A	6 Corps HQ Sig Coy	11. 3.16
112187	Sjt	Bossom, WH	'L' Spec Coy	3. 9.19
112196	Sjt	Boswell, WS		21.10.18
2469	Sjt	Boulger, HWR	Sig Serv	1. 4.15
23525	Sjt (A/CQMS)	Boulsbee, JD		13. 2.17
27028	Spr	Bourlay, LA	7 Div Sig Coy	1. 4.15
406	A/CSM	Bowles, CW	1/2 Lond F Coy	16. 5.16
479950	2Cpl (A/Sjt)	Bownas, F		17. 4.18
7846	Cpl	Boyce, R		25.11.16
19560	Cpl	Boyd, D		18. 2.18
19560	Cpl(A/Sjt)	Boyd, D, D.C.M.	Bar	26. 6.18
70332	Spr	Braby, FG	'LZ' Cable Sect	11. 3.16
426099	Sjt	Bradbury, H, M.M.		3.10.18
62115	Spr	Bradshaw, W		21. 6.16
457183	Sjt	Bramley, EA, M.M.		30.10.18

443914	Cpl(A/Sjt)	Bramwell, J		21.10.18
412041	CSM	Brash, JC	412 F Coy	3. 9.19
207411	Cpl(ASjt)	Brearley, CA		21.10.18
21297	Sjt	Breathwaite, R		13. 2.17
95926	CSM	Breeze, H, M.M.		21.10.18
12242	Spr	Brett, WH	9 F Coy	30. 6.15
58069	Sjt	Brewer, JGR, M.M.		30.10.18
WR/269264	Sjt	Bridger, J	Rlwy Oper Div	3. 9.19
321859	Spr(LCpl)	Bridges, H	57 Div Sig Coy	11. 3.20
45385	Sjt	Brierley, E		13. 2.17
496022	CSM	Briffet, EJ		17. 4.18
52127	Sjt	Brindley, J		13. 2.17
5103	2Cpl	Britton, AT		1. 4.15
2659	Sjt	Broadbelt, H 4 Sect 50 Div Sig Coy		30. 3.16
51888	2Cpl	Broadhead, E	37 Div Sig Coy	3. 9.19
1241	Spr	Broderick, J	42 Div Sig Coy G	11. 3.16
20765	Spr(A/2Cpl)	Brogan, T	5 Sig Coy	11. 3.20
572025	2Cpl	Bromley, JT		21.10.18
454895	Cpl(A/Sjt)	Brooks, AT		21.10.18
56610	Cpl	Brooks, FW		18. 2.18
148558	Cpl	Brough, W		11.12.16
23311	Spr	Brown, A, M.M.		4. 3.18
548256	Sjt	Brown, AB	513 F Coy	11. 3.20
22623	Spr	Brown, AC	11 F Coy	30. 6.15
47859	Sjt	Brown, D, M.M.		3.10.18
147480	2 Cpl	Brown, E	252 Coy	15. 4.16
65164	Sjt	Brown, F		11.12.16
18494	Sjt	Brown, FC	'N' Cable Sect	30. 6.15
61794	Spr	Brown, H	81 Fld Coy	3. 9.18
52261	SM	Brown, GW		9. 7.17
121903	Sjt	Brown, J		17. 4.18
1276	LCpl	Brown, OJ 1st Northumbrian F Coy		30. 6.15
79760	Sjt	Brown, R	173 Tun Coy	16. 5.16
428715	LCpl(A/Sjt)	Browning, T	124 F Coy	3. 9.19
11	Sjt	Bryan, H	1/1 E Rid F Coy	30. 3.16
700	2Cpl	Bryan, H	E Ang F Coy	1. 4.15
165951	Sjt	Bryan, PC	45 Bde Sig Sub Sec	14. 4.20
290	ACpl	Bryne, AJ	1/1 Ches F Coy	5. 8.15
82266	Spr(LCpl)	Buckeridge, G	37 Div Sig Coy	3. 9.19
45259	Cpl	Buckingham, GS		21.10.18
4048	Sjt	Buckle, J	59 Coy	1. 4.15
88317	2Cpl	Buckley, J		26. 4.17
528139	Sjt	Bull, FW		26. 1.18
23855	LCpl	Bumstead, E		26. 1.18
452267	Sjt	Burbeck, JE		21.10.18
147270	Pnr	Burgess, HG		22. 9.16
7674	Cpl	Burgess, SJ		29. 8.17
65610	Sjt	Burles, LP, M.M. 106 F Coy		11. 3.20
24070	Pnr	Burns, GP	1 Sig Coy	30. 6.15
139417	Spr	Burns, J	252 Coy	15. 4.16
63903	Cpl	Burr, AE	103 F Coy	3. 9.19
203932	2Cpl	Burrow, J	509 F Coy	11. 3.20
41929	Spr	Burrows, W	70 F Coy	29.11.15
105007	Sjt	Burton, WC		17. 4.18
500011	Cpl(ASjt)	Bury, H		26. 1.17
552209	Cpl	Busbridge, RH	521 F Coy E	11. 3.20
SR/4820	Sjt	Butler, C 3 Rail Coy R Monmouths RE		11. 3.16
139138	Sjt	Byles, HT	177 Coy	21. 6.16
22768	A/2Cpl	Byrne, N	12 F Coy	3. 6.15
121746	LCpl(A/2Cpl)	Caddick, G	184 Tun Coy	27. 7.16
12582	Sjt	Cadwell, JR	5 Sig Coy	11. 3.16
72082	Sjt	Cahill, J	XXI Corps Sig Coy	1. 5.18
19943	Cpl	Cains, E	41 Div Sig Coy	11. 3.20
156382	Sjt	Cairney, J		17. 4.18
426522	Sjt	Caldwell, J	422 F Coy	11. 3.20
75757	LCpl(A/2Cpl)	Cameron, JW		21.10.18
418094	Spr	Campbell, A	52 Div Sig Coy	3. 9.19
488	Spr	Campbell, D	51 Div Sig Coy	11. 3.16
44697	Sjt	Campbell, H	17 Sig Coy	30. 6.15
17751	Spr	Campbell, JP	5 F Coy	11. 3.16
17751	A/2Cpl	Campbell, JP, D.C.M. 5 F Coy Bar		15. 3.16
46459	Sjt	Campbell, T		13. 2.17
41627	Pnr	Campbell, TL	65 Coy G	11. 3.16
478339	Cpl	Campion, H	457 F Coy	11. 3.16
1319	Cpl	Capel, AC	1/1 S Mid F Coy	11. 3.16
193133	2Cpl	Carr, R	1 Spec Coy	11. 3.20
86502	LCpl(A/Cpl)	Carrick, A	176 Tun Coy	11. 3.16
130526	2Cpl	Carrie, J		25. 8.17
66863	Cpl	Carrington, FJ	170 Tun Coy	11. 3.16
248963	Cpl(A/Sjt)	Carter, GH	(Attd RFA)	3. 9.19
139227	Sjt	Carter, J	183 Tun Coy	11. 3.20
5442	Spr	Casey, A 4 Sge Bty R Mon RE		16. 5.16
79708	Spr	Cassidy, E 176 Tun Coy (form. R Sco Fus)		9.10.15
44807	Cpl(A/Sjt)	Castle, LB		17. 9.17
11929	Spr	Catlin, HG	15 F Coy	30. 6.15
132003	Spr	Cauldwell, H	176 Tun Coy	27. 7.16
28372	Spr	Cavin-Bolan, E		14.11.16
96947	Spr	Chadwick, J	175 Tun Coy	9.10.15
86652	Sjt	Chadwick, P		16. 8.17
29650	Cpl	Chadwick, R Mot Cyc (Attd Lahore Sig Coy)		3. 6.15
540669	Cpl(ASjt)	Chalkin, AB		21.10.18
79628	Sjt	Chamberlain, E	173 Tun Coy	30. 3.16
102633	Spr	Chamberlain, GM 176 Tun Coy		6. 9.15
11681	Cpl	Chambers, AG	5 Fld Coy	16. 1.15
1359	Cpl	Chambers, WB	1/2 W Rid F Coy	21. 6.16
43116	Sjt	Chapman, E	73 F Coy	11. 3.16
14988	Spr	Chapman, SM	1 GHQ Sig Coy	30. 6.15
15159	LCpl(TSjt)	Chappell, HJ	4 Fld Surv Bn	11. 3.20
24368	LCpl(A/2Cpl)	Chare, AE	2 Sig Coy	11. 3.16
23371	Spr	Cheadle, HJ	26 F Coy	30. 3.16
446402	Spr	Cheers, J		18. 2.18
207918	Spr	Cherry, JR	248 F Coy	11. 3.20
1271	Cpl(ASjt)	Chesher, CFW		14.11.16
23115	Sjt(A/CSM)	Chidgey, E		17. 4.18
24800	Spr	Chorlerton, W	5 F Coy	30. 6.15
431	CSM	Christie, G	1/1 Low F Coy	21. 6.16
523	2Cpl	Christie, J	51 Div Sig Coy	11. 3.16
107432	Sjt	Christie, T	30 Div Sig Coy	21. 6.16
360075	Spr	Christopher, HM 38 Div Sig Coy		3. 9.19
404038	Sjt	Chrystal, A	206 F Coy	11. 3.20
197398	Pnr(A/LCpl)	Chumbley, W 8 Div Sig Coy (form W Yorks)		11. 3.16
133442	Spr(A/2Cpl)	Church, F	79 F Coy	25. 2.20
23125	LCpl	Churchill, AWH 1 Airline Sect		11. 3.16
550419	Sjt	Churchman, WB		17. 4.18
8753	Cpl	Chuter, AE	56 F Coy	3. 6.15
79731	LCpl	Clapson, R 172 Tun Coy (form Middx Rgt)		9.10.15
10941	Cpl(A/Sjt)	Clark, CF 20 F Coy (Attd 3 S&M Ind Army) P		11. 3.20
513	Spr	Clark, HE	1/1 E Rid F Coy	30. 3.16
4186	CSM	Clark, J	130 F Coy	11. 3.20
245544	Spr(LCpl)	Clark, JW	3 F Surv Bn	11. 3.20
100507	LCpl(ASjt)	Clark, RC		17. 4.18
13234	LCpl(ASjt)	Clark, S		14.11.16
3060	Spr	Clarke, P		14.11.16
82069	A/Sjt	Clarke, W	173 Tun Coy	30. 3.16
47082	Sjt	Clarkson, F, M.M. 18 Div Sig Coy		11. 3.20
312768	2Cpl(A Cpl)	Clarkson, GH		21.10.18
33027	Spr(A/2Cpl)	Claridge, TG	26 F Coy	2.12.19
43079	Spr	Clements, A	77 F Coy	30. 3.16
418156	Cpl	Clements, AJC	52 Div Sig Coy	11. 3.16
4935	Sjt	Clements, SO	9 F Coy	30. 6.15
7	CSM	Clements, TF	1/1 N Mid F Coy	21. 6.16
85801	Sjt	Cliff, A		26. 1.18
440251	Cpl	Cliffe, L		16. 8.17
49440	Sjt	Clifford, FT	94 F Coy	3. 9.19
24369	2 Cpl	Clifford, FW	3 Sect 2 Sig Coy	16. 1.15
432430	Spr	Clitherow, A		3. 9.18
52348	Cpl	Cockett, AW	Gds Div Sig Coy	11. 3.20
101154	2Cpl(ACpl)	Colclough, T		9. 7.17
19225	LCpl	Cole, F	55 F Coy	17.12.14
86103	Sjt	Cole, J		6. 2.18
50458	Cpl	Cole, LV		15.11.14
24375	Pnr	Coleman, J	Gds Div Sig Coy	16.11.15
26394	LCpl(ASjt)	Coleman, M, M.M.		30.10.18
208846	Cpl(ASjt)	Coles, RT (Attd 20 Ind Inf Sig Sect) E		3. 9.19
82622	Spr	Collette, CM	173 Tun Coy	9.10.15
139154	LCpl(A/Cpl)	Colley, H		11.12.16
24123	Spr	Collier, CB		21.10.18
86523	2Cpl	Collier, EJ	176 Tun Coy	11. 3.16
8685	2Cpl	Collings, CH	7 Fld Coy	1. 4.15
29566	Sjt	Collings, GR	24 Div Sig Coy	3. 9.19
46555	Sjt	Colston, CB		21. 6.16
161718	Cpl(ASjt)	Colton, L	38 Div Sig Coy	11. 3.20
147080	Sjt	Condon, P	'J' Spec Coy	11. 3.20
86208	Spr	Connolly, J	170 Tun Coy	15. 4.19
432065	2Cpl	Connor, J	55 Div Sig Coy	3. 9.19
6425	Sjt	Conroy, MJ		29. 8.17
13058	Cpl(TSjt)	Cook, E	23 F Coy	10. 1.20
23310	Sjt	Cook, HH	6 Div Sig Coy	11. 3.16
891	Spr	Cooke, AW	1/1 E Rid F Coy	30. 3.16
492114	2 Cpl	Cooke, G	46 Div Sig Coy	2.12.19
316399	Pnr	Coomber, HE, M.M. 57 Div Sig Coy		11. 3.20

CORPS OF ROYAL ENGINEERS

79275	Spr	Cooper, C	173 Tun Coy	31. 5.16
313311	2Cpl	Cooper, CW	3 Fld Surv Bn	11. 3.20
70690	Cpl(ASjt)	Cooper, WG	"LC" Cable Sec	11. 3.20
73479	Spr	Cormack, D		18. 2.18
85922	Sjt	Costa, R	212 F Coy	11. 3.20
428610	Spr	Cottam, JT, M.M.	123 F Coy	2.12.19
906	Cpl(A/CSM)	Couchman, C	1/2 E Ang F Coy	21. 6.16
25239	2Cpl(ASjt)	Couchman, WF		18. 2.18
66489	CSM	Court, HR	224 F Coy	11. 3.20
106269	Cpl	Cousins, FG	187 Tun Coy	11. 3.16
151510	2Cpl	Cowan, RM	251 Tun Coy	31. 5.16
105863	CSM	Cowell, F		6. 2.18
49735	Sjt	Cox, CA		6. 2.18
28603	Spr(A/LCpl)	Craddock, E		3. 9.18
112679	Sjt	Cranage, GE	253 Tun Coy	11. 3.20
WR/290318	Cpl	Crawford, TS	96 L Rail Coy E	3. 9.19
79100	Sjt	Crawford, W		21.10.18
28089	Cpl	Cremetti, MAE	4 Sig Troop	16. 1.15
101793	Spr	Crofts, PA		13. 2.17
86425	Sjt	Cronan, W	173 Tun Coy	15. 4.16
21574	2Cpl(A/CSM)	Crookes, JE		18. 2.18
482103	LCpl	Crooks, JE		3.10.18
397912	2Cpl(ASjt)	Crosley, RE		3. 9.18
149184	Mot/Cyc/Cpl	Cross, SF	'C' Corps Sig Coy	11. 3.20
69471	2Cpl(ASjt)	Crowe, W		21.10.18
72113	Cpl	Crowther, H		21.10.18
47871	Pnr	Crutchley, WGG	14 Div Sig Coy	11. 3.16
83035	Spr	Crystal, J		26. 9.16
172687	Cpl	Culley, J	5 Fld Surv Bn	11. 3.20
558164	Spr	Cumber, JE		6. 2.18
1406	Sjt	Cumper, JB	55 F Coy	30. 6.15
58338	Spr	Cunningham, JM	17 Sig Coy	30. 3.16
86421	Sjt	Currie, J	173 Tun Coy	9.10.15
88390	CSM(A/RSM)	Curtis, T		3. 9.18
20623	LCpl	Curtis, WJ	5 F Coy	16. 1.15
28102	Mot/Cyc/Sjt	Cutler, HA	1 Div Sig Coy	3. 9.19
22244	Spr (ACpl)	Dacre, JRK		21.10.18
444098	Cpl	Dale, D	66 Div Sig Coy	10. 1.20
86123	A/2Cpl †	Dalton, E, D.C.M. 170 Coy (form C Gds) Bar		5. 8.15
79624	Spr	Dalton, P	173 Tun Coy	11. 3.16
558088	Spr(A/LCpl)	Daltrey, GH		6. 2.18
2722	Spr	Dalziel, J	1st Low F Coy	11. 3.16
26625	2Cpl	Daniell, TA	1 F Sqdn	11. 3.16
354218	Sjt	Dark, JW 74 Div Sig Coy (Attd RFA)		2.12.19
35773	Spr(A/LCpl)	Darroch, N		25. 8.17
88193	CSM	Dauris, J		3. 9.18
12251	Sjt	Davey, EN		17. 4.18
50620	Cpl(Mot Cyc)	Davey, H		1. 5.18
7037	Spr	Davey, JH	R Mon RE	21. 6.16
24546	A/Sjt	Davies, AC	3 Div Sig Coy	11. 3.16
66099	Sjt	Davies, DH	21 Div Sig Coy	30.10.18
79995	2Cpl	Davies, E	174 Tun Coy	11. 3.16
86642	Sjt	Davies, H	171 Tun Coy	11. 3.16
1095	CSM	Davies, HM	1/2 E Lancs FCoy	21. 6.16
18948	2Cpl(A/Cpl)	Davies, JH		17. 4.18
8	Sjt	Davies, O 1st Wilts Army Troops Coy		11. 3.16
34925	Spr	Davies, RE Fenny Stratford Sig Depot		11. 3.16
494536	Sjt	Davis, AJ	I	21.10.18
16579	Cpl	Davis, F	11 F Coy	30. 6.15
63537	Sjt	Davis, J, M.M.		3. 9.18
102341	Spr	Davis, R	175 Tun Coy	22. 1.16
86190	A/2Cpl	Davis, RJ	170 Coy	6. 9.15
12840	Sjt	Davison, AW	Cav Corps Sig	21. 6.16
19729	Spr	Davison, JS	'G' Depot	5. 8.15
494363	Sjt	Davy, BE	479 F Coy	3. 9.19
9288	Sjt(A/CSM)	Dawkins, S		9. 7.17
482141	Sjt	Dawson, H	62 Div Sig Coy	3. 9.19
62165	Spr	Dawson, J		22. 9.16
48395	Sjt	Day, CT	'O' Corps Sig Coy	11. 3.20
44507	CQMS	Day, EW		26. 1.18
20655	Spr	Daycock, GF	23 F Coy	10. 1.20
82240	Cpl	Daynes, LS		26. 7.17
79764	Sjt	Dean, H	174 Tun Coy	3. 9.19
91513	Cpl	Dean, T		13. 2.17
102232	2Cpl	Deeming, C	175 Coy	30. 3.16
488	Sjt	Denham, A	1/1 S Mid F Coy	11. 3.16
SR/4194	CQMS	Denham, W	R Anglesey RE	11. 3.16
26847	Spr(T/Cpl)	Denly, RW	2 F Sqdn	11. 3.20
69260	Sjt	Dennett, CJ		13. 2.17
14716	Cpl	Deveney, FG		1. 4.15
5755	Sjt	Deverell, JJ		29. 8.17
282126	Spr	Devonport, F	39 Div Sig Coy	11. 3.20
19589	Cpl(A/Sjt)	Dewar, DA	2 F Sqdn	21. 6.16
15778	Spr	Dewdney, WJ		21.10.18
79294	Spr	Dewhurst, P		6. 2.18
52959	CSM	Deyermond, H	82 F Coy	21. 6.16
34062	Pnr(A/LCpl)	Dicker, R	1 Div Sig Coy	21. 6.16
396980	CSM	Dingle, JH	5 F Coy	11. 3.20
1748	LCpl	Dinnage, A	47 Div Sig Coy	5. 8.15
16664	Sjt(A/CSM)	Dixon, TG	Gds Div Sig Coy	21. 6.16
100128	Sjt	Dodd, AE	226 F Coy	3. 9.19
387931	Cpl(ASjt)	Dodd, GS	8 A T Coy I	11. 3.20
500280	Cpl	Dodd, HT	61 D.S.C.	11. 3.20
1934	Sjt	Dodds, RN		26. 1.17
143024	CSM	Doidge, RM		26. 6.18
63285	Sjt	Donhou, EJ		17. 4.18
70054	Cpl	Doran, S 5 Arm Corps HQ Sig Coy		11. 3.16
67149	Spr(A/2Cpl)	Dorr, WE, M.M.	126 F C	2.12.19
184056	Spr	Dorrat, J	93 FC	10. 1.20
20100	2Cpl(ASjt)	Dorrington, AG		3. 9.18
250054	Cpl	Double, WS (Attd HQ 47 Bde RGA)		3. 9.19
28483	Spr	Doust, CH	2 S.C.	11. 3.16
412653	2 Cpl	Dow, WY, M.M.	409 FC	10. 1.20
18970	LCpl	Dowe, TW	12 FC	15. 9.15
5212	2Cpl	Dower, JH	(No. 4 Coy S & M)	1. 4.15
609	LCpl	Down, EW	47 D.S.C.	11. 3.16
23140	Spr	Downes, J	1 D.S.C.	16.11.15
528464	LCpl(A/2Cpl)	Drage, HE		15.11.18
6	Sjt(A/CSM)	Drake, J	223 FC	3. 9.19
98405	Spr(A/LCpl)	Drake, T		21.10.18
42862	Spr	Drew, E	17 SC	30. 3.16
14463	LCpl	Driver, GJ	12 FC	30. 6.15
615	Cpl	Drury, SC	3 FC	11. 3.16
550040	CSM	Drury, SC. D.C.M. Bar		3. 9.18
520082	CQMS	Duck, JE		21.10.18
9007	Spr	Duckett, A	5 FC	16. 1.15
508172	Sjt	Duddridge, F		4. 3.18
57808	Sjt	Dudgeon, EC, M.M.		3. 9.18
473906	Sjt	Duffield, F	4 Fld S Bn	11. 3.20
8690	LCpl	Duffy, JW	56 Coy	30. 6.15
2565	Spr	Dugdale, AJ	1 HC FC	30. 6.15
28742	Cpl	Duncalf, JC	Mot Cyc	3. 6.15
50726	Cpl	Duncan, F		17. 4.18
197415	2Cpl	Duncan, WR	'L' Spec Coy	11. 3.20
24105	A/Cpl	Dunn, A	55 FC	11. 3.16
71430	Spr	Dunn, RJ	EA	3.10.18
70599	Cpl	Durkin, HD	16 D.S.C.	11. 3.20
9135	Sjt	Durrant, A	2 FC	21. 6.16
16800	A/Sjt	Durrant, C	171 Min Coy	5. 8.15
1137	Spr	Eachus, EW		26. 7.17
129271	LCpl	Eaglem, D		17. 9.17
198131	2Cpl	Eardley, P	251 Tun C	25. 2.20
48156	Cpl	Easter, HT		10. 1.17
2537	CSM(T/RSM)	Easterbrook, AEWF		21.10.18
93882	Spr	Easton, J		3. 9.18
104843	Sjt	Easty, AE		26. 4.17
45550	Sjt	Edgar, H		13. 2.17
45550	Sjt	Edgar, H, D.C.M., M.M. Bar		3.10.18
201279	Cpl(A/Sjt)	Edgington, FE		21.10.18
859	Spr	Edmonds, A		26. 9.16
154154	Cpl	Edwardes, OJ		17. 4.18
142565	Sjt	Edwards, AG Wir Sect 'F' Corps SC		3. 9.19
52905	CSM	Edwards, J		9. 7.17
16576	Spr	Edwards, T	15 FC	1. 4.15
547904	Spr(A/2Cpl)	Edwards, VM	512 FC	11. 3.20
112388	Cpl(ASjt)	Eldridge, F	64 FC	2.12.19
147967	Spr(LCpl)	Elgey, GB	'E' Corps SC	11. 3.20
40655	Sjt	Elias, TW		28. 3.18
15129	Sjt	Elles, C	54 FC	11. 3.16
459	A/Sjt	Ellingworth, RF		13. 2.17
48265	2Cpl(A/Sjt)	Elliot, J, M.M.		3. 9.18
94676	Sjt	Elliot, JW	178 Tun Coy	11. 3.20
532046	Sjt	Ellis, F		26. 1.18
482140	Sjt	Ellis, H, M.M.		30.10.18
476001	CSM(T/SM)	Ellis, HC		21.10.18
25071	Pnr	Elms, GE	7 FC	1. 4.15
514546	Spr	Elson, WJ	218 FC	10. 1.20
554007	CSM	Elwick, W	511 FC	11. 3.20
402496	Sjt	Emslie, A	404 FC	3. 9.19
400743	Spr	English, J		3. 9.18
19673	Spr	Epstein, H	59 FC	5. 8.15
120670	Cpl	Erskine, A	'Q' Spec Coy	11. 3.20
28764	Cpl	Erskine, J	(Cyclist)	1. 4.15
18872	LCpl	Esau, EB	5 FC	11. 3.16
136353	Spr (A/Cpl)	Etchells, J	177 Tun Coy	11. 3.20
719	Spr	Etches, W	47 Div	16.11.15

CORPS OF ROYAL ENGINEERS — Section 4.

No.	Rank	Name	Unit	Date
23162	Cpl(A/Sjt)	Etheridge, AJ	2 SC	30. 3.16
44629	Spr	Evans, G	21 D.S.C.	11. 3.20
46497	Spr	Evans, H		3. 9.18
554043	Sjt	Evans, HC		21.10.18
151338	Spr	Evans, WR	253 Tun C	24. 6.16
508243	CSM	Evered, F	505 FC	11. 3.20
23551	LCpl(A/Cpl)	Everett, H	4 Div S C (Attd 10 Bde)	11. 3.20
79658	Spr(LCpl)	Fagan, D	173 Tun Coy	11. 3.20
426449	CSM	Fairhurst, W	422 FC	3. 9.19
1078	Spr	Fairless, WW	1 Northumbrian FC	30. 6.15
457142	Cpl(A/Sjt)	Fairless, WW, D.C.M., M.M.	446 FC Bar	2.12.19
1059	Sjt	Faithfull, AE	28 D.S.C.	30. 6.15
197405	Sjt	Fanning, AJ		25. 8.17
432015	Sjt	Farnen, H		17. 9.17
6534	Spr	Farrell, J	1/2 W Lancs FC	21. 6.16
78563	Spr	Feeman, WJ		17. 4.18
56071	LCpl(A/Cpl)	Feherty, J		21.10.18
52275	CSM	Fell, F		13. 2.17
249805	Sjt	Fenton, G		21.10.18
9865	Sjt	Fern, EW		3. 9.18
50102	Cpl	Fernie, T, M.M.	23 SC I	25. 2.20
22481	Spr	Ferris, HJ	'O' Cable Sect	30. 6.15
32727	Spr	Fiddy, HW		9. 7.17
15788	Cpl (A/CQMS)	Field, FWJ	5 FC	11. 3.16
23426	Pnr	Fielding, R	3 SC	17.12.14
59173	Sjt	Finch, H, M.M.	78 FC	11. 3.20
105889	CSM	Finch, H		3. 9.18
93256	Sjt	Findlay, AJ	218 FC	11. 3.20
414801	Spr	Findlayson, PA		3. 9.18
121814	Sjt	Finlay, T	250 Tun C	11. 3.20
56629	Cpl	Finn, SA		14.11.16
79285	Spr	Finney, A	179 Tun C	25. 2.20
107000	Sjt	Firth, JH, M.M.	40 Div SC	11. 3.20
160525	Cpl	Fisher, W	2 Fld Sur Bn	3. 9.19
SR/4146	Sjt	Fitzmorris, E	2 Rly Coy R Mon RE	11. 3.16
432322	Sjt	Fitzpatrick, J, M.M.	55 D.S.C.	11. 3.20
16364	Spr (A/Sjt)	Fleet, AG		13. 2.17
27323	Spr	Fletcher, JT		20.10.16
560048	Sjt ‡	Flinn, CT	Syren SC	3.10.19
7064	CSM	Flowers, F (Attd 1st Lond F.C.)		11. 3.16
9907	Engr Clk QMS	Flux, TW		24. 6.16
8054	Spr	Fogg, R	1/2 W Lancs FC	21. 6.16
65638	Sjt	Foley, J, M.M.		3. 9.18
79938	2Cpl	Foram, J		17. 4.17
246931	Spr(A/Cpl)	Forrest, F	5 Fld Sur Bn	3. 9.19
27278	Spr	Forster, FJ	Fenny Strat Sig Dep	11. 3.16
211358	LCpl(A/Sjt)	Forster, TW	4 Fld Sur Bn	11. 3.20
42817	2Cpl(A/Sjt)	Foster, BC		3.10.18
7158	Sjt(A/CSM)	Foster, CR	54 FC	1. 4.15
38591	Spr(A/2Cpl)	Foster, GH	130 FC	10. 1.20
40008	Sjt	Foster, WT	TC Network	21. 6.16
71493	LCpl(ACpl)	Fowler, E		21.10.18
198147	Spr(A/Cpl)	Fowler, J		21.10.18
131800	Cpl	Fox, F		21.10.18
158948	Spr(A/LCpl)	Fox, G	476 FC	2.12.19
79432	Spr	Fox, JW	176 Coy (form Wilts Rgt)	9.10.15
277853	Spr	Frankland, G	218 FC	10. 1.20
25954	Pnr	Franklin, CL	Dunstable Sig Dep	11. 3.16
72173	Sjt	Franks, GW		21. 6.16
11725	Sjt	Frankum, FJ		26. 1.18
147025	Cpl	Freebury, J		26. 6.18
742	LCpl	French, S	2 HC FC	30. 6.15
17786	LCpl	Friend, RW	3 F Sqdn	5. 8.15
24690	LCpl(ACpl)	Froude, RH		17. 4.18
113153	Cpl	Fry, A	Spec Bde	10. 1.17
194952	Sjt	Fry, WH	34 D.S.C.	11. 3.20
94180	Pnr	Fryer, W, M.M.		1. 5.18
103129	Sjt	Fulford, EW		17. 4.18
109599	Cpl(ASjt)	Furlonger, AH		6. 2.18
23314	Sjt	Gadsby, A	1 SC	11. 3.16
28883	Spr(ASjt)	Gaffney, WH	30 D.S.C.	3. 9.19
70932	Spr	Gage, AE	32 M.A.L. Sect	22. 1.16
24496	Spr(A/LCpl)	Gale, EC		3. 9.18
67778	Sjt	Gamble, WD, M.M.	19 Div SC	3. 9.19
253432	Sjt	Gardiner, AE		21.10.18
504325	Sjt	Gardiner, JB, M.M.	503 FC	3. 9.19
103826	Spr	Gardiner, R		26. 1.18
32790	Cpl(ASjt)	Garner, CR		6. 2.18
160982	Spr	Garner, WI		17. 4.18
29970	Sjt	Garvey, JP		9. 7.17
56152	ASjt	Gaskarth, J		21. 6.16
47750	Sjt	Gass, JE, M.M.		3. 9.18
97618	Sjt(A/CSM)	Gates, R, M.M.		3. 9.18
106535	Cpl	Gavin, DJ		26. 9.16
27908	CSM	Gawthorn, EE	Postal Sec	21. 6.16
16255	Cpl	Gedge, HW	55 FC	30. 6.15
9	Sjt	George, W	S & M	*12.12.17
155753	Cpl	Gibbon, R, M.M.	182 Coy	2.12.19
12717	Cpl	Gibbons, M		1. 4.15
1074	Sjt	Gibbs, FT	28 D.S.C.	11. 3.16
249524	Cpl(ASjt)	Giblett, TH, M.M.	41 D.S.C. (Attd RFA)	2.12.19
175772	Spr	Gibson, W	179 Tun Coy	25. 2.20
89056	CSM	Gilbert, C		3. 9.18
38984	Sjt	Gilbert, ER (Attd 18 D.S.C.) M		26. 5.19
244838	Spr(A/Cpl)	Gillard, HS	5 Fld Sur Bn	11. 3.20
79941	Spr	Gillespie, T	173 Tun Coy	9.10.15
476012	Sjt(A/CSM)	Gillott, CE		17. 4.18
476012	CSM	Gillott, CE, D.C.M.	Bar	3. 9.18
422022	CSM	Gilmour, D	416 FC	11. 3.20
79707	Spr	Gitty, A	176 Tun Coy (form R Sco Fus)	9.10.15
60799	Sjt	Glennie, G		4. 3.18
506106	Spr	Glisson, TG		28. 3.18
29640	Cpl	Glover, BE	47 D.S.C.	16.11.15
486105	Sjt	Glover, F	465 FC	11. 3.20
28860	2Cpl	Glover, GA		17. 4.18
15140	Sjt-Instr	Godfrey, AH	1/1 W Lancs F Coy	11. 3.16
142247	Spr	Godfrey, GM		14.11.16
44743	Spr	Godwin, A	17 D.S.C.	3. 9.19
1545	Spr	Godwyn, JA	2 Lond FC G	11. 3.16
93498	LCpl(ACpl)	Goldie, JD	219 FC	5.12.18
44110	Spr	Goodall, ET		16. 8.17
46682	Spr	Goode, WA	20 SC	15. 4.16
130393	Cpl	Goodfellow, AH	1 Spec Coy	11. 3.20
16275	Cpl	Goodfellow, H	2 Res Bn	11. 3.16
28055	Cpl	Goodhart, EJ	M/Cyc 2 SC	23.10.14
47257	Sjt	Goodwin, JW, M.M.	25 D.S.C.	10. 1.20
14730	Sjt(A/CSM)	Gordon, E		17. 4.18
52276	CSM	Gordon, G		3. 9.18
18813	LCpl(A/Cpl)	Gordon, JH		13. 2.17
28093	Cpl	Gore, RW		1. 4.15
71743	Cpl	Gorman, J		17. 4.18
1179	Spr	Gourlay, A	1/2 E Lancs FC	21. 6.16
27200	LCpl(A/Cpl)	Grace, CR	'K' Cable Sect	11. 3.16
311707	Cpl	Graham, HE		3. 9.18
671	Cpl	Graham, W	1 Northumbrian FC	30. 3.16
194939	Cpl	Grant, D	98 Lt Rly Coy E	3. 9.19
112262	Sjt	Grant, W	'L' Spec Coy	11. 3.20
443933	Pnr	Gray, AS		3. 9.18
442016	Sjt	Gray, W	429 F Coy	11. 3.20
86451	Sjt	Grayston, J	176 Tun C	21. 6.16
42951	Sjt	Green, AE		13. 2.17
602411	Sjt	Green, AE, D.C.M., M.M.	385 FC Bar	21. 1.20
113141	Cpl	Green, AH	187 Coy	11. 3.16
147478	Sjt	Green, C	252 Tun Coy	15. 3.16
104450	2Cpl(ACpl)	Green, F		21.10.18
112783	2Cpl(ASjt)	Green, J	185 Tun Coy	25. 2.20
1755	Sjt	Green, LE	47 D.S.C.	21. 6.16
17320	Spr(A/2Cpl)	Green, RW	2 D.S.C.	3. 9.19
22070	Cpl	Greengrass, WE	27 D.S.C.	11. 3.16
44258	Sjt	Greenhalgh, JT	206 FC	10. 1.20
13034	2Cpl(ACpl)	Greenslade, T		13. 2.17
59596	CSM	Greenstock, D		9. 7.17
207862	CSM	Greenway, FH	248 FC	11. 3.20
43893	Sjt	Grey, WG		20.10.18
82749	Spr	Grice, W	3 Prov Coy (form 172 Tun)	21. 6.16
8884	CQMS	Griffin, AJ	23 FC	30. 6.15
11123	Sjt	Griffin, SP		21.10.18
34064	Pnr	Grigg, EH	4 SC	11. 3.16
68055	CSM	Griggs, EB	I.W.T.	21. 6.16
20020	LCpl	Griggs, WH	Cav Corps Signals	5. 8.15
52302	Cpl(ASjt)	Groom, JG	13 Pont Pk E	3. 9.19
443934	Spr	Grundy, H	42 D.S.C. (Attd RFA)	11. 3.20
113	Sjt	Guest, IT	1/1 N Mid FC	21. 6.16
23792	Spr	Guinan, W	59 FC	16. 1.15
85109	Sjt	Gunton, AHP, M.M.	34 D.S.C.	11. 3.20
17048	Spr	Guy, A	2 Fld Sqdn	3. 6.15
139277	Sjt	Hackling, HW	183 Tun Coy	11. 3.20
438005	Sjt	Hahn, A	427 FC	11. 3.20
156531	Sjt	Haines, WA	179 Tun Coy	25. 2.20
99646	Sjt	Hale, W		21.10.18
2978	Sjt	Hales, W	15 FC	30. 6.15
103532	Cpl	Haley, E	203 FC	3. 9.19
488027	Spr(LCpl)	Halifax, A	466 FC	11. 3.20
40013	Sjt	Hall, C, M.M.		3. 9.18

CORPS OF ROYAL ENGINEERS

Section 4.

Number	Rank	Name	Unit	Date
193218	Sjt	Hall, E	258 Tun C	3. 9.19
153318	2Cpl(A/Cpl)	Hall, EG	Gds D.S.C.	5.12.18
253737	Spr(A/LCpl)	Hall, EM		21.10.18
488200	Spr(A/2Cpl)	Hall, FE	466 FC	11. 3.20
151618	Spr	Hall, J	170 Tun Coy	27. 7.16
78161	LCpl(ACpl)	Hall, RC		1. 5.18
10578	Cpl(A/Sjt)	Hall, RW		1. 4.15
88156	Cpl	Hallam, EW		26. 4.17
73140	M/Cyc (Cpl)	Halliday, G 3 D.S.C. (Attd Arty)		11. 3.20
92639	Cpl	Halpin, T, M.M.		3.10.18
214262	2Cpl	Hamilton, R	'G' Spec Coy	11. 3.20
510308	Sjt	Hammond, EF		21.10.18
44237	Sjt	Hammond, JH, M.M. 74 FC		3. 9.19
70573	LCpl	Hampshire, J		21. 6.16
79992	Cpl	Hanley, HG	175 Coy	11. 3.16
50318	Spr	Hannah, J		17. 4.18
87253	Cpl(ASjt)	Hansford, P		20.10.16
457698	Spr (A/2Cpl)	Hanson, F		30.10.18
70035	Sjt	Harcourt, AE	32 M A L Sect	22. 1.16
444079	Sjt	Hardesty, D		21.10.18
402006	CQMS	Hardie, G	404 High FC	17. 4.18
50317	Cpl	Hardstaff, J		25. 8.17
102401	Sjt	Hardy, P		17. 4.18
23680	LCpl(A/2Cpl)	Hargreaves, WJ	1 D.S.C.	21. 6.16
61602	Spr	Harlen, P	91 FC	16.11.15
37686	LCpl(ASjt)	Harmer, H		9. 7.17
55699	Cpl	Harper, AE		3. 9.18
18918	2Cpl	Harper, JH	5 FC	11. 3.16
426835	Cpl(ASjt)	Harper, WJ		21.10.18
92727	Sjt	Harris, C	216 A T Coy	3. 9.19
12569	Sjt	Harris, F	1 Fld Sqdn	15. 3.16
478315	CQMS	Harris, J		21.10.18
994	Sjt	Harris, T	5 FC	16. 1.15
139069	Sjt	Harrison, JW		21.10.18
43608	Spr(A/Sjt)	Harrison, R		17. 4.18
418019	Sjt	Harrower, J	52 D.S.C.	11. 3.20
86899	LCpl	Hart, AJ		13. 2.17
193387	Spr(A/2Cpl)	Hart, EW	Cam Park	3. 9.19
86922	Spr	Hart, G	173 Tun Coy	15. 4.16
32769	Sjt	Hart, R 8 SC (form Lincolns)		11. 3.16
227425	Cpl	Harte, J		26. 6.18
432237	Spr	Hartley, TB, M.M.		15.11.18
500319	Spr	Hartnell, HG	61 D.S.C.	11. 3.20
15968	LCpl	Harvey, D		21.10.18
251327	LCpl(A/2Cpl)	Harvey, EA Sig Sub Sec (Attd RFA)		11. 3.20
191414	M/Cyc/Cpl	Harvey, HT	1 Sig Sqdn	11. 3.20
76235	Sjt	Harvey, JR		18. 2.18
44888	Sjt	Harvey, VD	84 FC	11. 3.16
575	Sjt	Harvey, W		13. 2.17
494613	Cpl	Hatcliffe, T		26. 1.18
19109	A/Sjt	Hatherill, FG		14.11.16
19109	Sjt	Hatherill, FG, D.C.M.	Bar	28. 3.18
82906	Spr	Hattersley, R	172 Coy	3. 6.15
387906	Cpl(ASjt)	Hawkins, HE 1 Sge Coy R Mon RE		25. 2.20
24383	2Cpl	Hawkins, WJH	'P' Cable Sect	11. 3.16
32765	Spr	Hawtree, A		6. 2.18
414270	Cpl	Hayes, E	413 FC	11. 3.20
471972	Pnr	Hayes, H		21.10.18
121407	CSM	Hayler, A		21.10.18
23539	LCpl	Hayter, EHR	2 SC	11. 3.16
14575	Cpl(A/Sjt)	Hayter, J		28. 3.18
817	LCpl	Hazell, W	1 Lond FC	30. 6.15
528006	Cpl(ASjt)	Head, A		1. 5.18
40299	Sjt	Heath, GW		22. 9.16
446	Spr	Hebblewhite, G 1/1 E Rid FC		30. 3.16
47984	CSM	Heigh, J		21. 6.16
357480	Cpl	Hemstock, DA 37 D.S.C. (Attd RFA)		11. 3.20
93585	Spr(A/2Cpl)	Henderson, JC	219 FC	10. 1.20
56272	2Cpl(A/Cpl)	Hendry, F		13. 2.17
65906	Spr	Henry, J	129 FC	11. 3.20
42656	Sjt	Hepher, WW	74 FC	21. 6.16
551134	Spr	Hewitt, BW		6. 2.18
312088	Sjt	Hey, JR		21.10.18
430035	CSM	Hickman, EJ		3. 9.18
32030	A/Sjt	Hicks, CWE		29. 8.17
1598	Sjt(A/CSM)	Higgins, G		1. 4.15
208849	Spr	Higgins, JK	E	3. 9.19
48422	2Cpl	Hill, AH 5 Cav Sig Sqdn	P	11. 3.20
13100	Spr	Hill, E	5 FC	11. 3.16
14435	2Cpl	Hill, EL		1. 4.15
46510	Sjt(A/CSM)	Hill, FC		3. 9.18
49308	Sjt	Hill, GC		20.10.16
89597	Spr(ACpl)	Hill, J		9. 7.17
432173	Spr (ASjt)	Hill, JW	57 D.S.C.	11. 3.20
156569	Pnr	Hill, L		19. 8.16
40148	Sjt	Hillman, FJ	61 FC	2.12.19
90538	Cpl	Hills, FT		21.10.18
57	LCpl	Hills, WH 33 D.S.C. (form RFA)		15. 4.16
418364	Spr	Hinds, D		1. 5.18
50291	Sjt	Hitchcock, AS		21.10.18
311075	Cpl	Hobson, GW	(form RFA)	4. 3.18
28066	Cpl	Hodder, HG	Res Sig Coy	16. 1.15
16430	2Cpl	Hodgson, T	26 FC	16. 1.15
10217	Engr Clerk QMS (A/Suptg Clk)	Hogg, GE		27. 7.16
412043	Sjt	Hogg, W	409 FC	11. 3.20
361007	2Cpl	Hogg, WE	(Attd RGA)	11. 3.20
18204	Cpl(A/CQMS)	Hoitt, W	32 D.S.C.	11. 3.20
77078	Cpl	Holden, EJ	37 D.S.C.	3. 9.19
74892	A/2Cpl	Holder, FR		29. 8.17
637	Sjt	Holloway, L	47 Lond Div Eng	11. 3.16
212533	Spr(A/LCpl)	Holmes, JG	62 FC	11. 3.20
45939	CQMS	Holt, F		17. 4.18
548262	Sjt	Holt, P		12. 3.17
22213	Cpl	Honeybourne, LL 50 FC		11. 3.20
474183	Spr	Hood, P	401 FC	11. 3.20
412308	Spr	Hope, J		26. 1.18
79981	Spr	Hope, W	174 Tun Coy	11. 3.16
24646	2Cpl(A/Sjt)	Hopkinson, JH		21.10.18
482005	Sjt	Horner, EM, M.M. 3 SC		11. 3.20
459142	Cpl	Horsfield, A, M.M.		3. 9.18
538400	2Cpl(A/Cpl)	Horwood, AA (Attd 3 Tank Bde)		3. 9.19
20847	LCpl(A/2Cpl)	Houghton, SJ	55 FC	11. 3.16
486814	Spr	Housby, A		28. 3.18
139994	LCpl(A/Cpl)	House, S	69 FC	11. 3.20
432146	Spr	Howarth, JW		17. 4.18
96961	A/2Cpl	Howell, T	175 Tun Coy	9.10.15
79886	Spr	Howells, JT	172 Tun Coy	27. 7.16
67385	LCpl	Howes, GW		13. 2.17
44593	2Cpl(A/Cpl)	Howlden, C, M.M. 21 SC		11. 3.20
16774	LCpl(A/Cpl)	Howlett, J		22. 9.16
134132	Sjt	Hoyle, J	105 FC	3. 9.19
12967	Sjt(A/CSM)	Hoyten, E		13. 2.17
24548	2Cpl	Hudson, CG	3 D.S.C.	11. 3.16
25081	CSM	Hudson, WH	23 FC	21. 6.16
66802	Sjt	Huggan, J	167 AT Coy	3. 9.19
87175	2Cpl(ACpl)	Hughes, L	204 FC	11. 3.20
446247	CQMS	Hughes, RO		1. 5.18
440220	Cpl(A/Sjt)	Hulme, B		21.10.18
88516	Sjt	Hulse, TH		26. 4.17
18925	LCpl	Humphrey, S	55 FC	27. 7.16
250110	Sjt	Humphrey, WJ 'F' Corps SC (Attd RGA)		11. 3.20
19999	A/Cpl	Hunt, CH	55 FC	11. 3.16
34902	Spr(A/2Cpl)	Hunt, J		17. 4.18
504017	CSM	Hurst, BHD		17. 4.18
504017	CSM	Hurst, BHD, D.C.M.	Bar	4. 3.18
45715	Sjt	Hurst, EJ, M.M.		21.10.18
107401	Spr	Hurst, W, M.M.		30.10.18
59462	Cpl	Hurst, WJ		20.10.16
28763	Cpl	Huston, GM	7 D.S.C.	1. 4.15
313430	Spr	Hutcheson, J AStC 1 Tank Bde SC		11. 3.20
50191	Sjt	Hutton, CG	17 D.S.C.	11. 3.20
41987	Sjt	Ibbotson, E	71 FC	11. 3.16
508515	LCpl(A/2Cpl)	Inch, JG	502 FC	11. 3.20
218529	Cpl	Ingram, TJ	260 Coy	3. 9.19
558244	Sjt	Isaac, WH	75 D.S.C. P	14. 4.20
24088	Spr	Jack, A	5 FC	5. 8.15
250128	Sjt	Jacks, W Sig-Sub Sect. (Attd RFA)		3. 9.19
57821	Spr(A/2Cpl)	Jackson, AH, M.M. 36 D.S.C.		25. 2.20
30434	Spr	Jackson, E	12 FC	15. 9.15
51321	CSM	Jackson, JA	98 FC	3. 9.19
57820	2Cpl(ACpl)	Jackson, JE		25. 8.17
195053	Pnr	Jaffray, JM 11 Cav.Bde.Sig.Tp. P		11. 3.20
50611	LCpl(A/2Cpl)	James, J		13. 2.17
76926	Spr(A/2Cpl)	James, N		3.10.18
414353	2Cpl(ACpl)	Jamieson, R	12 FC	11. 3.20
363	Sjt	Jardine, J	1/1 low FC	30. 6.15
522025	Cpl	Jefferies, C	483 FC	3. 9.19
156598	Pnr(A/Cpl)	Jeffery, AHW		14.11.16
113012	Cpl	Jeffrey, JE	189 Coy	29.11.15
48409	Spr(LCpl)	Jenkins, CG	93 FC	10. 1.20
1105	Spr	Jennett, A 1 W Rid FC G		6. 9.15
7453	2Cpl	Jennings, J	15 FC	1. 4.15
4956	QMS	Joel, D M.I.Foreman Wks Staff		11. 3.16
84012	CSM	Johns, EH		17. 4.18
47721	CSM	Johnson, A		25. 8.17
66535	Cpl	Johnson, FW		17. 4.18
63212	Spr	Johnson, GH	96 FC	16.11.15

CORPS OF ROYAL ENGINEERS — Section 4

No.	Rank	Name	Unit	Date
29659	Sjt	Johnson, J	7 FC	17.12.14
44623	2Cpl	Johnson, L	(Attd RGA)	3. 9.19
3155	LCpl	Johnson, R	1 Wessex DSC	11. 3.16
98632	2Cpl	Johnson, RJ		28. 3.18
67208	Sjt	Johnson, TN		21.10.18
107394	Sjt	Johnson, W		26. 1.18
26263	Spr	Joiner, WS		20.10.16
134	CSM	Jolliffe, GR	1/2 Hants Army Tps. Coy.	11. 3.16
838	Spr	Jones, A	1/1 E Lancs FC G	11. 3.16
155484	Spr	Jones, AAD		17. 4.17
62569	Spr(LCpl)	Jones, H	123 FC	11. 3.16
86354	Spr	Jones, R		17. 4.18
41540	Sjt	Jones, RO	70 FC	21. 6.16
10456	Spr	Jones, T	15 FC	1. 4.15
14108	Spr	Jones, VH	7 SC	5. 8.15
46005	Spr(A/LCpl)	Jones, W		21.10.18
11000	Spr	Jordan, J	56 FC	3. 6.15
11733	Engr.Clerk QMS	Jordan, JW		27. 7.16
24519	Spr	Judd, T	5 SC	30. 6.15
17483	2Cpl(ACpl)	Jukes, W		21.10.18
23159	Pnr	Jupp, T	6 DSC	17.12.14
23921	Spr	Kay, AW	57 FC	3. 6.15
112232	Sjt	Keeley, WE	1 Bn Spec.Bde.	27. 7.16
24693	Spr	Keevil, F	5 SC	30. 6.15
23290	Cpl(ASjt)	Keevil, R		28. 3.18
50329	Sjt	Kellyn, AJ		13. 2.17
40744	Spr	Kemp, FA		29. 8.17
26	2Cpl	Kemp, G	*	12.12.17
37301	Sjt	Kendal, H		17. 4.18
622	2Cpl	Kennedy, CA	51 High.D.S.C.	11. 3.16
76085	Sjt	Kennedy, F	8 SC	3. 6.15
558303	Cpl(ASjt)	Kenny, WJ	56 DSC (Attd 168 Inf.Bde)	5.12.18
34877	Spr	Kenyon, B	4 SC	11. 3.16
94572	Spr	Kenyon, F	175 Coy	11. 3.16
29475	A/S Sjt	Keogh, J		29. 8.17
188833	Cpl	Keppie, J	5 Fld Surv. Bn.	11. 3.20
547861	Sjt	Kerswell, LF	11 Cav.Bde.Sig.Tp. E	3. 9.19
24139	LCpl(A2Cpl)	Keylock, WR		6. 2.18
128715	Sjt	Kightley, CFW		22. 9.16
42895	Sjt	King, C		3. 9.18
23325	Sjt	King, CW	34 SC	11. 3.16
510207	LCpl(A/2Cpl)	King, EW		4. 3.18
463128	CSM	King, F		28. 3.18
253287	Spr	King, F		3. 9.18
4547	A/Sjt	King, GH		20.10.16
48210	Sjt	King, GW		1. 5.18
66919	Cpl(ASjt)	King, H		21.10.18
27270	LCpl	Kingston, AT		13. 2.17
86327	Sjt	Kinzitt, ED	173 Tun Coy	11. 3.16
147	CSM	Kirby, WJ	54 FC	1. 4.15
94041	Sjt	Kirk, J		21.10.18
440134	Cpl	Kirkpatrick, D	428 FC	11. 3.20
8742	Sjt	Kirkwood, AG	1/1 High FC	21. 6.16
104824	Sjt	Kitchen, AH		26. 4.17
50949	Cpl	Kitching, T	15 SC	11. 3.16
44684	Cpl	Knight, A		13. 2.17
3290	LCpl(ASjt)	Knight, JW		17. 4.18
888	Cpl	Knights, GW	1 W Rid FC G	11. 3.16
312739	Sjt	Knock, HJ	17 DSC	11. 3.20
15011	Cpl	Lacey, WR	25 Army Tps Coy	11. 3.16
809	Sjt	Lacy, J	2/3 Lond. FC	21. 6.16
136291	Spr	Lago, F	179 Tun C	25. 2.20
131210	Spr	Lake, E	122 FC	2.12.19
2490	Spr	Lambert, C	1 Lond FC	31. 5.16
2577	Spr	Lamont, D	52 Lowl.DSC G	15. 9.15
24500	Cpl(ASjt)	Lane, FG		15.11.18
7513	CQMS	Lane, H	4 SC	11. 3.16
7	Sjt	Langford, F	*	12.12.17
19772	LCpl(ACpl)	Langford, RH, M.M.		3. 9.18
383324	Sjt	Langham, F	1 Sge Coy R Mon RE	3. 9.19
48559	Spr	Langton, DF		26. 1.18
546721	Cpl	Latarche, HG	512 FC	3. 9.19
87806	LCpl	Lavender, RD		21.10.18
22630	LCpl(A/Sjt)	Lawes, FW, M.M.		3. 9.18
496784	Sjt	Laws, R	478 FC	11. 3.20
269960	Spr(A/2Cpl)	Lawson, A		17. 4.18
51326	LCpl	Lawson, WJ		21.10.18
500017	Sjt	Lay, WG		3. 9.18
28174	Cpl(A/Sjt)	Lazzell, A	Mot/Cyc.	1. 4.15
144830	Spr	Leadbeater, J		3. 3.17
62319	LCpl	Leavey, GA		3. 9.18
79758	Cpl	Ledwith, P	174 Tun C	30. 3.16
156480	Spr	Lee, D	171 Tun C	11. 3.20
102	LCpl	Lee, T	23 FC	1. 4.15
113575	Cpl	Lee, WE	189 Coy	29.11.15
1578	Cpl	Lees, JT	2/1 W Rid FC	21. 6.16
50346	Cpl	Lennie, D		21.10.18
67406	Cpl(A/Sjt)	Lennox, A		21.10.18
137587	2Cpl	Leonard, RG	171 Tun C (form Mon.Rgt.)	11. 3.16
1030	Sjt	Lester, EWA	2/1 N.Mid. FC	11. 3.16
15102	Foreman of Works (S/Sjt)	Letford, AM		21.10.18
510505	Spr(A/2Cpl)	Lewis, AG	58 DSC	3. 9.19
86350	LCpl	Lewis, DE	170 Tun C	15. 4.16
446619	Spr(A/LCpl)	Lewis, EJ		3. 9.18
1722	Sjt	Lewis, GE	47 DSC	5. 8.15
426525	Sjt	Lewis, SH, M.M.		3.10.18
102009	2Cpl	Liddle, H	176 Tun Coy	27. 7.16
6612	Spr	Liggins, W	1 W.Lancs. FC	11. 3.16
361018	Spr	Lincoln, SW	(Attd RGA)	11. 3.20
7287	2Cpl	Lingard, J	Spec. Res.	26. 4.17
113220	Cpl	Lister, R	189 Coy	29.11.15
2603	Sjt	Llewellin, CH	'D' A.L.Sect.	30. 6.15
448002	CSM	Lloyd, T	436 F Coy E	3. 9.19
1073	Pte	Lobb, N	31 DSC EA	3. 6.15
52852	CSM	Lockwood, E	TC Newark	21. 6.16
48636	A/Sjt	Long, AC	95 FC	11. 3.16
65392	Sjt	Long, GF	134 AT Coy	3. 9.19
12780	Spr	Longcroft, EJ	1 Prov. Coy	11. 3.16
22876	CSM	Longley, E		1. 4.15
24183	Pnr	Loose, T	3 SC	16. 1.15
56604	Sjt	Loosemore, EE		17. 4.18
57994	2Cpl(A/Cpl)	Lowry, S, M.M.	36 DSC	10. 1.20
23561	Pnr	Lowry, W	Res.Sig.Coy	16. 1.15
41448	A/2Cpl	Lucas, AJ		22. 9.16
18144	A/Sjt	Luff, HS	57 Coy	11. 3.16
102838	LCpl	Luke, R	178 Tun C	16.11.15
WR/266856	T/WO Cl.I	Lummis, F	31 LRO Coy	11. 3.20
121816	Sjt	Lumsden, T	250 Tun C	25. 2.20
23774	Dvr(A/Cpl)	Lunn, F	77 FC	11. 3.20
51277	Spr(A/LCpl)	Lynch, J		6. 2.18
51277	Cpl	Lynch, J, D.C.M.	(Attd 2 Gds Bde Sig Sec) Bar	5.12.18
62984	2Cpl	Lyne, H		26. 1.18
42057	CQMS	Lynn, JJ	68 FC	3. 9.19
106486	Cpl	Macfarlane, WW	189 Coy	29.11.15
406207	Cpl(ASjt)	MacGregor, D	51 DSC	11. 3.20
414029	Sjt(A/CSM)	MacIntosh, J	150 FC	2.12.19
93847	Spr	MacKay, GY		25. 8.17
502237	Sjt	MacKay, J	31 DSC	3. 9.19
9252	Sjt	MacKay, RF	2/2 High FC	11. 3.16
49134	Sjt	MacKenzie, J, M.M.		3.10.18
129580	CSM	MacKerell, W		17. 4.18
28104	Art/Cpl(M/Cyc)	MacKinnon, A		17. 9.17
76257	Cpl	MacLean, WH		21.10.18
76100	Spr	Macpherson, D	8 SC	3. 6.15
2829	A/2Cpl	MacRoberts, JC	2/1 Lowl.FC G	15. 9.15
463116	Sjt	Main, DO	50 DSC	3. 9.19
402391	2Cpl	Maitland, J	206 FC	10. 1.20
17773 ★	Cpl(ASjt)	Major, FH	55 FC	21. 1.20
70648	Mot/Cyc Cpl	Major, HA		18. 2.18
40031	Pnr	Malden, CF	Dunst. Sig. Depot	11. 3.16
444594	Sjt	Mallalien, J		26. 4.17
27219	Spr	Maloney, M	1 SC	11. 3.16
470280	Spr	Maloney, T		30.10.18
3333	Mech S/S	Manchip, JO		26. 4.17
37024	Spr LCpl(ASjt)	Mann, A	38 DSC	11. 3.20
23317	Sjt	Mansell, T	5 SC	30. 6.15
57084	CSM	Marlow, BJ	78 FC	3. 9.19
482134	Sjt	Marples, N		3. 9.18
54186	Mot/Cyc Cpl	Marr, A	'X' Corps Sig. Coy	11. 3.20
56517	Sjt	Marriott, JH		30.10.18
100566	LCpl(ASjt)	Marsh, F		9. 7.17
410001	CSM	Marshall, G		25. 8.17
28930	Sjt	Marshall, GH	9 FC	30. 6.15
207434	Sjt	Marshall, HS		28. 3.18
21004	2Cpl(ACpl)	Marshall, H	25 ATC	3. 9.19
41817	Cpl	Marshallsay, EG	68 FC	11. 3.20
65658	CSM	Martin, EC, M.M.	126 FC	11. 3.20
131424	Cpl(ASjt)	Martin, T		17. 4.18
58209	LCpl(A/2Cpl)	Mason, E		9. 7.17
87656	Cpl	Mason, VF		26. 1.18
19573	2Cpl	Matheson, GW	Train'. Depot	30. 3.16
48215	Cpl	Matthews, EB	101 FC	11. 3.16
459877	Sjt	Maxwell, R	447 FC	10. 1.20
16662	Sjt	May, HV, M.M.	63 DSC	3. 9.19

CORPS OF ROYAL ENGINEERS

Number	Rank	Name	Unit	Date
83370	Sjt	Maybury, AE		3. 9.18
86428	LCpl	Mayer, S	173 Tun Coy	9.10.15
54347	Cpl	Maylam, SB		1. 5.18
93111	Cpl(ASjt)	McAllister, J		17. 4.18
79608	2Cpl	McArthur, D	176 Coy	29.11.15
27222	LCpl(A/2Cpl)	McBryde, H	5 SC	16. 5.16
32728	LCpl(ASjt)	McCann, H		17. 4.18
2479	Spr	McClelland, WC	3/1 Lowl.DSC G	11. 3.16
17962	Spr	McClosky, M	56 Coy	30. 6.15
25596	Spr(A/LCpl)	McConnell, WG		21.10.18
86175	Spr	McCullum, P	170 Coy	6. 9.15
86485	Sjt	McDickens, T	176 Tun Coy	11. 3.16
52833	CSM	McDonald, AA		17. 4.18
97008	Sjt	McDonald, C	178 Tun Coy	11. 3.20
418022	Sjt	McDougall, RS		26. 1.18
103193	Sjt	McEwan, J	32 DSC	11. 3.20
50951	Sjt	McFarlane, C	15 SC	11. 3.20
79984	Sjt	McGarragan, F	174 Tun C	30. 3.16
1987	A/LCpl	McGibbon, W	1 Lowl.FC	11. 3.16
54138	Mot/Cyc Sjt	McGowan, CJ		21.10.18
147648	Spr	McGraw, T, M.M.	185 Tun C	25. 2.20
9863	Spr	McGregor, DG	38 FC	11. 3.16
67650	Sjt	McInnes, S		17. 4.18
418027	Sjt	McIver, TB	52 DSC	3. 9.19
57961	2Cpl	McIwraith, S, M.M.	36 DSC	25. 2.20
79942	Spr	McKay, J	173 Tun Coy	9.10.15
1465	Cpl	McKenny, JW	2/1 W Rid FC	11. 3.16
8607	Spr	McLachlan, K	Sco.Cable Sig.Coy	16.11.15
112165	Cpl	McLachlan, T		19. 8.16
420146	Sjt	McLaren, D		3. 9.18
247826	Spr(A/Cpl)	McLaren, DM		3. 9.18
14337	Spr	McLaren, J	57 Coy	30. 6.15
412155	Sjt	McLaren, J	409 FC	10. 1.20
45651	Sjt	McLaren, W		21.10.18
45350	Cpl(ASjt)	McLintock, J	80 FC	11. 3.20
22947	Spr	McLoughlin, CJ	2 SC	11. 3.16
102636	Spr	McMann, M	176 Tun Coy	6. 9.15
278	Sjt	McMullen, G	47 DSC	11. 3.16
57836	Sjt	McNabney, J, M.M.	36 DSC	10. 1.20
474245	Sjt	McNally, P	529 FC	3. 9.19
46779	2Cpl(ACpl)	McNally, TE	9 DSC	21. 6.16
436159	Spr	McNamara, TS		25. 8.17
102690	Spr(A/2Cpl)	McNastrie, WR	176 Tun C	25. 2.20
79276	Sjt	McQuade, J	178 Tun C	22. 1.16
7181	Sjt	McQuiston, D	54 FC	11. 3.16
88699	Spr	McReddie, J		29. 8.17
32932	Spr	McTierman, JW		18. 6.17
552185	Cpl(ASjt)	Mead, HJ	521 FC E	3. 9.19
132221	Sjt	Menadue, SJ		3. 9.18
7659	Spr	Mepham, SW	57 Coy	30. 6.15
7999	Sjt	Merchant, F	5 S Coy	1. 4.15
63885	Spr(A/2Cpl)	Message, WH		21.10.18
418077	Cpl(A/Sjt)	Meston, J, M.M.		15.11.18
79319	Sjt	Meteer, RF	181 Tun Coy	11. 3.20
480673	Cpl	Middlebrook, T		6. 2.18
106321	Cpl	Midgley, JG	189 Coy	29.11.15
151654	Sjt	Miles, E		17. 4.18
52362	Spr(A/LCpl)	Millar, J		21.10.18
45297	2Cpl(A/Cpl)	Millar, JM	84 FC	3. 9.19
76742	Sjt	Miller, D	6 Corps HQ Sig.Coy	11. 3.16
546286	LCpl(ACpl)	Miller, G		3. 9.18
11181	2Cpl(A/Sjt)	Miller, NG	9 FC	11. 3.16
6450	Spr(Farr/Sjt)	Mills, AR		9. 7.17
7888	Sjt	Mills, EE	15 FC	30. 6.15
84992	Sjt	Mills, GD	34 DSC *	30. 1.20
14707	2Cpl	Milne, CH	23 FC	30. 6.15
70484	Cpl	Milne, DR		3. 3.17
85173	CSM	Minter, VW	208FC	3. 9.19
508453	Sjt	Mogg, E	505 FC	11. 3.20
463076	Spr	Mole, E		28. 3.18
63486	Sjt	Monaghan, JB	96 FC	11. 3.20
46817	Sjt	Moodie, D, M.M.		3. 9.18
636	Spr	Moore, RS	47 DSC	11. 3.16
151308	Spr	Moore, W	253 Tun C	24. 6.16
147125	Cpl	Moore, W	186 Coy (form.1 Gds.)	11. 3.16
444038	2Cpl	Moores, HJ		26. 4.17
706	2Cpl	Moreton, R	2/1 N Mid FC	11. 3.16
23658	LCpl	Morgan, AR	12 FC	1. 4.15
9943	2Cpl (ASjt)	Morgan, CR		3. 9.18
62369	CSM	Morgan, ED		3. 9.18
12518	LCpl(A/2Cpl)	Moriarty, J	5 FC	11. 3.16
1422	Sjt	Morrell, C	2/1 W Rid FC	15. 3.16
45123	Cpl	Morrine, J		21.10.18
23602	2Cpl	Morris, BT		3. 9.18
904	CQMS(A/CSM)	Morris, EG	42 Army Tps Coy	11. 3.16
510145	CSM	Morris, JW		21.10.18
89130	Sjt	Morris, S		13. 2.17
121960	Sjt	Morris, SS		17. 4.18
30757	SM	Morris, WJ		21. 6.16
2821	Cpl(ASjt)	Morrish, WR, M.M.		21.10.18
259	Pte	Morrison, JA	Sig Coy	13. 2.17
28086	Cpl	Morrison, JS	1 Sig Coy (Mot/Cyc)	16. 1.15
452018	Sjt	Moses, CH	R Mon RE	28. 3.18
82079	Spr	Moston, J	172 Coy	15. 9.15
560359	LCpl	Mounter, W		21.10.18
13286	Spr(A/LCpl)	Mulcahy, J		21.10.18
79348	Spr	Mullen, J	181 Tun Coy	3. 9.19
93732	Sjt	Mulligan, J		26. 1.18
13519	Spr(ASjt)	Mullin, A	4 Fld. Sur Coy	3. 9.19
492001	Sjt	Mulrooney, WJ		17. 4.18
66869	Spr	Murphy, D	170 Coy	6. 9.15
25710	Spr	Murray, AJ		17. 4.18
422166	Sjt	Murray, D	416 FC	11. 3.20
159206	2Cpl(ACpl)	Murray, GB	3 Spec Coy	11. 3.20
86594	Sjt	Murray, JL		17. 4.18
414019	Cpl	Murray, T	410 FC	11. 3.20
72725	Mot/Cyc/Cpl	Musson, GH		3. 9.18
357717	Spr	Mustard, FWV	157 FC	11. 3.20
121612	Sjt	Naughton, J	185 Tun C	3. 9.19
107386	Spr	Naylor, AP	6 Sig Trp	11. 3.16
113065	CSM	Naylor, J		3. 9.18
86129	CSM	Neate, HJS		17. 4.18
16	Sjt(A/CSM)	Needham, A	1/1 E Lancs FC	21. 6.16
64121	Spr	Neill, J	122 FC	15. 1.20
49275	Spr	Neill, JM	17 SC	30. 3.16
20349	LCpl(ACpl)	Neilly, W		3. 9.18
412007	CSM	Neilson, H, M.M.	409 FC	3. 9.19
27666	Sjt	Neilson, JR	Post Sec.	21. 6.16
121806	Sjt	Nelson, W, M.M.	252 Tun C	3. 9.19
151361	Spr	Nester, M	253 Coy	15. 4.16
WR/503160	LCpl	Nettleship, R		26. 6.18
46337	LCpl(A/Cpl)	Newbury, R		21.10.18
151626	Sjt	Newell, JH		3. 9.18
476763	Sjt	Newett, R		3. 9.18
46538	Sjt	Newman, EG		21.10.18
64082	Cpl	Nicholls, P	121 FC	2.12.19
550579	Spr	Nicoll, J	521 FC E	3. 9.19
58621	Cpl	Norbury, W		18. 7.17
8537	Cpl	Northcote, W	Cable Sect. Sco.Arm. Trps.	1. 4.15
88996	Sjt	Northrop, SA		21.10.18
494456	CSM	Nott, WR		6. 2.18
23111	LCpl	Nowell, FH	3 SC	17.12.14
13059	2Cpl	Nunn, W	23 FC	11. 3.16
23234	Spr(A/2Cpl)	Nutt, CW	63 DSC	11. 3.20
52891	Sjt	Oates, T	91 FC	21. 6.16
79908	A/2Cpl	O'Brien, P	170 Tun Coy	29.11.15
16171	Sjt(A/CSM)	O'Brien, T		3.10.18
40022	LCpl(A/Cpl)	O'Connell, T		17. 4.17
12558	Spr(A/Cpl)	O'Connell, W (Attd Survey Dept.WA)		6. 9.15
49406	Cpl	O'Donnell, T, M.M.	19 DSC	11. 3.20
47912	Sjt	Ogston, M		21.12.16
12058	LCpl	Oke, FJJ	57 FC	9.10.15
29930	Suptg.Clerk	O'Keefe, CJ	Supr.Staff.	21. 6.16
448089	Sjt	Oldham, W		18. 2.18
97483	Spr(A/LCpl)	Openshaw, F	466 FC	2.12.19
489930	Sjt	Orchard, JHD, M.M.	46 DSC (Attd. RFA)	2.12.19
386964	Sjt	O'Rourke, MJ	(SR)	1. 5.18
1854	LCpl	Osborne, H	49 W Rid DSC	6. 9.15
104267	Sjt	Ostle, J		13. 2.17
142919	Spr/LCpl	Ottoway, A	7 F Sur Coy E	3. 9.19
127971	Spr ▲	Oughton, WE	(Signals) EA	3. 9.19
1115	LCpl	Oven, WB	1 W Rid FC	6. 9.15
1433	Cpl	Overall, P	2/1 W Rid FC	15. 3.16
540372	Sjt	Owen, B StC		17. 4.18
62724	Sjt	Owen, F	151 FC	15. 4.16
7045	Sjt	Owen, F	1/2 W Lancs FC	21. 6.16
1036	Spr	Packard, G	1 W Rid FC G	6. 9.15
51408	Cpl(ASjt)	Packer, AW	97 FC *	30. 1.20
65878	Sjt	Page, H	204 FC	3. 9.19
94282	Spr	Page, J	175 Coy	6. 9.15
823	CSM	Palmer, AG	56 Coy	6.11.14
48769	Sjt	Palmer, TE		20.10.16
12820	2Cpl	Parker, FH	7 FC	30. 6.15
43171	Sjt	Parker, L		29. 8.17
198919	Sjt	Parkin, E		21.10.18
3615	LCpl(M/Cyc)	Parrott, CC	Home Count. FC	11. 3.16

CORPS OF ROYAL ENGINEERS

Section 4.

Number	Rank	Name	Unit	Date
44751	Cpl	Payne, EV, M.M.		3. 9.18
44751	Cpl	Payne, EV, D.C.M., M.M.	**Bar**	3.10.18
161000	Spr	Payne, GW		4. 3.18
98670	Sjt	Payne, L		22. 9.16
23556	Sjt	Payne, RC	Cav. Corps Sig.	21. 6.16
167470	Spr	Payne, RE	202 F Coy	11. 3.20
87207	Sjt	Peabody, HPJ		13. 2.17
44040	LCpl	Pearce, HS		26. 1.18
52268	CSM(A/RSM)	Pearce, JB		17. 4.18
15713	Cpl(A/Sjt)	Pearse, CT	176 Tun C	21. 6.16
16105	Sjt-Instr.(A/CSM)	Pease, B		24. 6.16
558546	Pnr(A/LCpl)	Pease, FO		26. 1.18
7840	Sjt(T/CSM)	Pebody, CH (Attd 1 Sge Coy R Mon RE)		11. 3.20
471989	Cpl	Peeling, A	5 Fld Surv Bn	11. 3.20
16345	Cpl	Pelham, G	17 FC	11. 3.16
209592	2Cpl	Pembleton, AP	'G' Spec Coy	11. 3.20
79830	Spr	Penrose, H 171 Coy (form.DCLI)		11. 3.16
1304	QMS(Fmn of Wks)	Pepper, HS		13. 2.17
524460	Sjt	Perkins, J	54 FC **I**	25. 2.20
213	2Cpl	Perry, FG	1 Wilts Army Tps Coy	11. 3.16
25	Cpl	Peters, FG	Vol Tel Sec.	13. 2.17
96626	Spr	Peters, RF		13. 2.17
107009	Sjt	Pettinger, CR		21.10.18
70857	LCpl	Pettitt, VR	32 M.A.L.Sect.	22. 1.16
95573	Cpl	Petty, S		17. 4.18
7002	Sjt	Phelan, T		14.11.16
253844	Cpl(ASjt)	Philcox, HR	4 SC	25. 2.20
23193	Sjt	Philip, W	5 SC	11. 3.16
86412	Sjt	Philipson, D		20.10.16
2047	Sjt	Phillips, EJ	26 FC	30. 6.15
113061	Sjt	Phillips, EM		13. 2.17
144729	Sjt	Phillips, R		3.10.18
11687	Sjt	Philpott, T	3 Coy 1st S & M	3. 6.15
151353	Spr	Pickup, J	253 Coy	15. 4.16
4058	2Cpl	Pim, WA	43 DSC	30. 6.15
444601	Sjt	Pinder, H		17. 4.18
92334	Cpl(ASjt)	Pine, TWJ		21.10.18
4188	Cpl	Pitman, FJ	5 FC	16. 1.15
49628	Sjt	Plane, RY		9. 7.17
55893	Cpl	Pollendine, J		13. 2.17
875	Spr	Pollitt, G	2 E Lancs FC **G**	15. 9.15
WR/267050	Cpl	Pontifex, PR	Rly O Coy	3. 9.19
16026	LCpl(ASjt)	Pook, CH		1. 5.18
113077	Sjt	Poole, GE		17. 9.17
147623	Sjt	Poole, R	185 Tun C	11. 3.20
132196	Sjt	Pooley, AS	251 Tun C	3. 9.19
19161	Cpl(T/CSM)	Pople, EW	55 FC	11. 3.20
65337	LCpl	Porter, E		26. 9.16
50233	Sjt	Porter, SJ	87 FC	3. 9.19
146636	A/Sjt	Potts, WW		22. 9.16
17319	2Cpl	Poulton, O		1. 4.15
14388	Cpl(T/RSM)	Power, JJ	Brdg.Sch.	11. 3.20
397257	Sjt	Powles, H	2 Sge Coy R.Ang.RE	11. 3.20
548149	Sjt	Preston, JT		17. 9.17
452577	Spr(A/LCpl)	Price, DW	3 DSC	11. 3.20
29407	Sjt	Price, ES, M.M.	33 DSC	16. 1.19
190878	Sjt	Price, W		21.10.18
396889	CQMS	Price, W		1. 5.18
WR/125481	Cpl(ASjt)	Price, WJ	8 Rly Coy	3. 9.19
506416	Spr	Pride, F		25. 8.17
97515	Spr	Prior, BM	154 FC	15. 3.16
253196	Spr(A/2Cpl)	Pritchard, A		21.10.18
62045	Spr	Proctor, H	97 FC	21. 6.16
86980	A/2Cpl	Pryor, J	175 Tun C	9.10.15
146110	Spr	Pugh, H		11.12.16
44174	Sjt	Pullen, GH		13. 2.17
79864	2Cpl	Purdy, C		17. 4.18
63139	2Cpl	Quarterman, EA		29. 8.17
1485	Sjt	Quick, EJ	4 Lond. FC	21. 6.16
63	CSM	Quigley, TR		13. 2.17
183496	Spr	Quinton, GW	218 FC	10. 1.20
75913	Spr	Rabley, LT		22. 9.16
48157	Cpl	Radford, H		22. 9.16
79527	Cpl(A/Sjt)	Raeburn, J		15.11.19
197972	2Cpl	Ramsay, E	170 Coy	3. 9.19
48496	Cpl	Ramsay, JO		21. 6.16
1019	Spr	Randall, E	3 Lond FC	11. 3.16
457135	2Cpl(A/Cpl)	Ratcliffe, A		3. 9.18
24380	Cpl(A/Sjt)	Rate, JA	3 DSC	3. 9.19
82213	Sjt	Rawlings, J	172 Tun C	3. 9.19
14692	Spr	Rea, T	57 FC	3. 6.15
19361	Cpl	Read, F		17. 4.18
195043	Mot/Cyc/Cpl	Read, RR	'E' Corps Sig Coy (Attd Hvy A.)	11. 3.20
96350	LCpl	Reading, G		6. 2.18
56262	Cpl(A/Sjt)	Reardon, DJ	9. AAS.Sec.	3. 9.19
17556	A/Cpl	Redford, R	54 FC	11. 3.16
14799	Cpl	Redman, WJ (serv. with 3 S&M)		30. 3.16
28915	QMS(Engr-Storekeeper)	Redmore, TW		21. 6.16
113722	Cpl	Reece, E, M.M.	202 FC	2.12.19
22735	Spr	Reece, F	1 DSC	16.11.15
75275	2Cpl	Reed, H		13. 2.17
534039	Spr	Reeves, DW	491 FC	5.12.18
249525	2Cpl	Reid, AH		21.10.18
76127	Spr	Rennie, JA		6. 2.18
32723	A/2Cpl	Rennie, R		9. 7.17
78227	Cpl	Rennie, W		21.10.18
78014	Cpl	Repton, G	Cab.Sect.(MEF) **G**	6. 9.15
24503	Cpl	Revell, EG	2 SC	30. 6.15
62496	Sjt	Richards, GF	123 FC	11. 3.20
147091	Sjt	Richards, H, M.M.	'N' Spec Coy	11. 3.20
46326	A/Cpl	Richards, R		29. 8.17
13321	Cpl	Richards, W	2 FC	5. 8.15
40096	2Cpl(ACpl)	Richards, WJ		26. 9.16
7345	Sjt(A/CSM)	Richardson, HW		9. 7.17
47158	Cpl	Richardson, J	80 FC	5.12.18
223724	Spr(ACpl)	Richardson, J	7 F.Surv Coy **E**	3. 9.19
67117	Sjt	Richardson, JJ		21. 6.16
9937	Cpl	Rickard, SG	'C' A.L.Sect.	30. 6.15
63728	Form.of Wks (S/Sjt)	Ridgewell, TW		11. 3.20
476735	Sjt	Riley, F, M.M.		3.10.18
492262	Spr(A/LCpl)	Riley, F	59 DSC	3. 9.19
40101	Sjt	Rimmer, R		3. 9.18
43671	Pnr	Rimmer, R		14.11.16
78796	Spr	Rippin, WE		14.11.16
84567	Sjt	Rising, FC, M.M.		21.10.18
93487	2Cpl	Ritchie, A		17. 9.17
20575	2Cpl(A/Sjt)	Ritchie, J		21.10.18
58743	Cpl(A/Sjt)	Ritchie, MH		3. 9.18
446131	Sjt	Rixon, E	438 FC	11. 3.20
92299	2Cpl	Rixon, HE	68 FC	10. 1.20
70259	Sjt	Roberts, CC		26. 4.17
WR/264029	Spr	Roberts, H	19 Rly Trn Crew Coy	11. 3.20
486881	Cpl	Roberts, WG		21.10.18
81050	Sjt	Robertson, D	206 FC	3. 9.19
141726	Spr	Robertson, J		6. 2.18
76095	Spr	Robertson, JW	8 SC	3. 6.15
81010	Sjt	Robertson, W		26. 1.18
1973	A/RSM	Robinson, J		19. 8.16
208903	Sjt	Robinson, L	74 DSC *	1. 1.19
48459	Spr	Robson, CF, M.M.	23 SC **I**	25. 2.20
102353	2Cpl(A/Cpl)	Robson, S		3. 9.18
25298	Spr(T/Cpl)	Rockall, AW	2 SC	11. 3.20
81542	Spr	Rogers, AC		9. 7.17
21023	2Cpl(A/Sjt)	Rogers, AE		21.10.18
13573	2Cpl	Rogers, C	17 Coy	1. 4.15
12921	Cpl	Rogers, EDJ	5 FC	30. 6.15
312740	2Cpl	Rogers, J	(form. RFA)	17. 4.18
22344	LCpl(A/Sjt)	Rogers, R		3. 9.18
67540	Sjt	Rogers, TH, M.M.	123 FC	5.12.18
3681	Sjt(T/CSM)	Rogers, WH	282 AT Coy	11. 3.20
106867	Sjt	Rookes, W, M.M.		3. 9.18
87558	Sjt	Rose, EA		17. 4.18
15977	Sjt(A/CSM)	Rose, S	10 Sig Coy **E**	3. 9.19
426045	Sjt	Rose, W		3.10.18
86500	Sjt	Ross, A	176 Tun C	21. 6.16
76400	Sjt	Ross, GA	'KK' Cable Sec **E**	3. 9.19
76750	LCpl(A/2Cpl)	Ross, HW		21.10.18
457214	LCpl	Ross, P		26. 1.18
156594	LCpl	Rossiter, EJ		26. 9.16
23419	Sjt	Rouse, A	3 SC	1. 4.15
5168	Cpl(A/Sjt)	Rouse, WJ	12 FC	30. 6.15
249624	Cpl(A/Sjt)	Rowbotham, AG		3. 9.18
121813	Sjt	Roy, J	250 Tun C	3. 9.19
82078	2Cpl	Royse, IA	172 Coy	15. 9.15
44626	Sjt	Ruddick, J		9. 7.17
376	SM	Ruddock, CH	HQ 46 N.Mid FC	11. 3.16
96878	Sjt	Russell, AM		17. 4.17
934	Spr	Russell, EP	1 Lond FC	11. 3.16
221961	Spr	Russell, G		28. 3.18
8724	Sjt	Russell, H	7 FC	30. 6.15
50323	Sjt	Russell, JW	24 DSC	21. 6.16
251592	2Cpl	Russell, SE		6. 2.18
522316	CSM	Rust, W		16. 8.17
45934	2Cpl	Rutter, G	24 SC	30. 6.15
486858	Spr	Rutty, D		28. 3.18
3061	Sjt	Ryan, JF	1st Wessex DSC	11. 3.16

CORPS OF ROYAL ENGINEERS

Number	Rank	Name	Unit	Date
156055	Spr	Ryan, T	251 Tun Coy	2.12.19
463038 (Form 870)	LCpl	Sadler, HA		26. 3.17
547502	Cpl	Sadler, NV	7 Fld Surv Coy P	11. 3.20
43004	Spr(LCpl)	Salloway, WFL	15 SC (Attd HQ 46 Bde)	11. 3.20
386766	CQMS	Salmon, HS		17. 4.18
14602	Cpl(CSM)	Salter, JL	228 FC	11. 3.20
84276	Pnr	Saltmarsh, WR	203 FC	11. 3.20
75424	2Cpl	Sanders, F		21.10.18
65178	Sjt	Sanders, W, M.M.		3. 9.18
49447	Cpl	Sargent, SJ		9. 7.17
120945	Spr	Saunders, LH	23 FC	10. 1.20
56143	Sjt	Savage, JT		1. 5.18
40234	Cpl	Savage, JW		17. 4.18
478288	Sjt	Sawyer, PM	459 FC	11. 3.20
109067	Cpl	Saxon, W		20.10.16
49015	Cpl	Scammell, WG	79 FC	11. 3.20
72456	Mot/Cyc Cpl	Scawin, MC		1. 5.18
441866	Pnr(LCpl)	Schofield, F	74 DSC	11. 3.20
33988	LCpl	Scott, I		17. 4.18
64568	Cpl	Scott, R	150 FC	11. 3.20
71581	Sjt	Seabrook, FH		3. 9.18
139094	Sjt	Seddon, D		21.10.18
2570	Spr	Seddon, TE	56 FC	11. 3.16
43753	CSM(A/SM)	Self, WG	Div HQ 9 Div	21. 6.16
97979	2Cpl(A/Cpl)	Sendall, T		13. 2.17
50600	Sjt	Seville, J		13. 2.17
18679	Spr(A/2Cpl)	Sewell, HJ		26. 6.18
45827	Sjt	Shane, P	95 FC	11. 3.16
334	Cpl	Shanley, AC	2 High Coy	5. 8.15
48455	ACpl	Shannon, W		9. 7.17
23120	Sjt(A/CSM)	Sharp, CJ		3. 9.18
43791	Cpl	Sharp, G		6. 2.18
47842	Sjt	Sharp, LM	14 Sig Coy	21. 6.16
16117	Cpl (TSjt)	Sharpley, WOR	35 DSC	11. 3.20
48152	A/2Cpl	Shaw, F		26. 7.17
121925	Sjt	Shaw, H		17. 4.18
23127	Sjt	Shaw, H	4 Sig Coy 4 Sect.	5. 8.15
16553	Spr(ASjt)	Shaw, J		21.10.18
560092	Sjt	Shaw, W	1 DSC	11. 3.20
95183	Cpl	Sheldon, AJ		13. 2.17
79767	2Cpl(A/Cpl)	Sheldon, JW		26. 7.17
43669	Spr(A/2Cpl)	Shelmerdine, P	Gds DSC	11. 3.20
65249	Sjt	Shepherd, GA, M.M.	105 FC	10. 1.20
756	Spr	Shewan, T	2 High Coy	5. 8.15
WR/253075	CQMS	Shinn, JW	Rly Op Coy	3. 9.19
79641	LCpl(A/2Cpl)	Short, F	173 Tun Coy	15. 4.16
43279	Cpl	Shortridge, WL	16 S Coy	16.11.15
112848	Spr	Siddons, T	Gen Base Depot	21. 6.16
83963	Sjt	Sills, CA, M.M.		30.10.18
550666	Spr(A/LCpl)	Simkins, BE, M.M.		3. 9.18
156028	A/LCpl	Simm, J		9. 7.17
129756	Sjt	Simmonds, EE		14.11.16
6851	Sjt(A/CSM)	Simmonds, FE		13. 2.17
6851	T/CSM	Simmonds, FE, D.C.M. 23 FC Bar		10. 1.20
14655	2Cpl(A/Sjt)	Simms, E		9. 7.17
129722	Pnr	Simpson, J		18. 6.17
52924	SM	Sinclair, H	HQ	13. 2.17
16398	Spr	Sinclair, T	17 Coy	1. 4.15
40701	Cpl	Sircombe, SC		17. 4.18
16174	Cpl	Skinner, SP	56 Coy	30. 6.15
91636	Cpl	Slack, H		19. 8.16
32	Cpl	Slater, W	S&M *	12.12.17
64986	Spr(A/2Cpl)	Slattery, M	19 DSC	2.12.19
139643	Cpl	Slough, SR		30.10.18
18875	Spr(A/2Cpl)	Sly, PA		17. 4.18
58941	A/Sjt	Smart, WN		29. 8.17
73279	2Cpl	Smith, A		4. 3.18
WR251270	Cpl	Smith, C	(Attd RGA)	3.10.18
147109	CSM	Smith, EC		13. 2.17
19235	Sjt(T/CSM)	Smith, EH, M.M.	21 DSC	11. 3.20
19344	Spr	Smith, G	15 FC	30. 6.15
19344	A/Cpl	Smith, G, D.C.M.	Bar	22. 9.16
86462	2Cpl	Smith, G	176 Tun C	11. 3.16
127627	Spr(A/LCpl)	Smith, GHS		21.10.18
52086	Sjt	Smith, GW	5 Pont.PK I	10. 1.20
983	Spr	Smith, H	2 E Lancs FC G	15. 9.15
540752	2Cpl(ACpl)	Smith, HJ	495 FC P	11. 3.20
227104	Mech.Elect.S/Sjt	Smith, J		21.10.18
79757	LCpl(A/2Cpl)	Smith, J	170 Tun C	11. 3.16
305	CSM	Smith, J	1/3 High FC	11. 3.16
17049	Sjt	Smith, J	54 FC	11. 3.16
10568	2Cpl	Smith, JA	56 FC	11. 3.16
24175	Cpl(ASjt)	Smith, JH		17. 4.18
100225	Spr(A/LCpl)	Smith, OF		13. 2.17
486231	CSM(T/SM)	Smith, PH	(Attd HQ 46 Div)	11. 3.20
1672	Sjt	Smith, RS	50 DSC	30. 3.16
990	Engr Clk QMS (A/Sup.Clk)	Smith, SG		24. 6.16
112977	Sjt	Smith, W	185 Tun C	25. 2.20
137650	Cpl(ASjt)	Smith, W		17. 4.18
48027	Pnr	Smith, WT	(Attd RFC)	26. 1.18
131462	Sjt	Snowden, AE	234 FC	3. 9.19
3286	Sjt(A/RSM)	Sowray, FJ		26. 7.17
15585	Spr	Spackman, T	7 DSC	1. 4.15
85061	Sjt	Spalding, RC		14.11.16
100563	Cpl	Speake, W		13. 2.17
86177	Sjt	Spence, J		21.10.18
50321	Sjt	Spriggs, EJ		17. 4.18
17516	Spr(ASjt)	Springer, EJ		3. 9.18
13039	Cpl(A/RSM)	Sprinks, MA		29. 8.17
197871	LCpl(A/2Cpl)	Squelch, HEA		21.10.18
16847	Spr	Stannard, T	7 DSC	1. 4.15
548697	Spr	Staplehurst, EA		30.10.18
311672	Sjt	Staples, CO	Sig Sec (Attd HQ)	3. 9.19
79722	2Cpl	Stapleton, W	172 Coy	16. 5.16
85704	Cpl	Statham, AEV, M.M.	34 DSC	2.12.19
427	Sjt	Stephens, D	47 Lond.Div Eng	11. 3.16
65543	LCpl(A/2Cpl)	Stephens, G		6. 2.18
66924	Sjt	Stephens, J	171 Tun Coy	3. 9.19
121524	Cpl	Stephenson, LM	250 Tun C	10. 1.20
11905	Sjt(A/CSM)	Stevens, F		21.10.18
197930	Sjt	Stevens, HC	Wir.Sec. 46 DSC	10. 1.20
2985	Farr/Sjt	Stevens, W	17 FC	11. 3.16
19043	Spr(A/LCpl)	Stevenson, J		17. 9.17
34661	Spr	Stewart, D		21. 6.16
86483	Spr	Stewart, J		17. 9.17
93447	Sjt	Stewart, JT	219 FC	11. 3.20
511	2Cpl	Stewart, R	1/2 High FC	11. 3.16
224944	Pnr	Stirling, WT	'E' Spec Coy	3. 9.19
107435	Cpl(ASjt)	Stockdale, GW, M.M.		3. 9.18
70128	2Cpl	Stone, CM		17. 4.18
48056	CQMS	Stone, RV		17. 4.18
1947	Spr	Storey, T	50 Northumbrian DSC	11. 3.16
18653	Dvr(A/LCpl)	Stratford, HJ	55 FC	10. 1.20
58902	Sjt	Stratton, AW	77 FC	30. 3.16
446309	Sjt	Stredder, JC	439 FC	3. 9.19
91995	Spr	Stribling, AS	181 Tun C	15. 4.16
69570	Sjt	Strother, T	141 AT Coy	3. 9.19
566	Sjt(A/CSM)	Stuart, W	3 Topograph Sec	11. 3.16
86154	Spr	Sullivan, J		6. 2.18
74091	Sjt	Surplice, EW		3. 9.18
74091	Sjt	Surplice, EW, D.C.M.,	Bar	21.10.18
72303	Cpl	Sutton, CE	'E.E' Cable Sec.	11. 3.20
95707	Cpl	Sutton, H	157 FC	11. 3.20
24479	Pnr	Swain, V	3 S Coy	1. 4.15
2907	Sjt	Swain, W	2 FC	30. 6.15
9170	Spr(L/Cpl)(A/Cpl)	Swarbrick, J	97 FC	11. 3.20
25943	Spr	Sycamore, LA		16. 1.15
70766	A/Sjt	Symonds, TH		21. 6.16
148589	Cpl	Taggart, J		25. 8.17
41263	Sjt	Taggart, W	67 FC	10. 1.20
23281	Sjt(A/CSM)	Tait, R		21.10.18
109090	CSM	Tandy, J		3. 9.18
14899	Drvr	Tanser, TA	2 Brdg Tr.(Attd 3 S&M)	3.6.15
41482	Sjt	Tate, W.		22. 9.16
165946	LCpl	Tatton, P		21.10.18
WR/26236	A/LCpl	Taylor, A	341 Road Con Coy	3. 9.19
24806	Spr	Taylor, CH	17 FC	11. 3.16
3948	Sjt	Taylor, EG	57 Coy	17.12.14
67900	Sjt	Taylor, J, M.M.		26. 6.18
27218	Spr	Taylor, JE	'P' Cable Sect.	11. 3.16
432052	Cpl	Taylor, T		3.10.18
40783	Spr(LCpl)	Taylor, WJF		18. 7.17
151603	Sjt	Teague, A		21.10.18
63930	CSM	Teale, JA	141 AT Coy	11. 3.20
72039	CQMS	Tebbs, F		21. 6.16
9443	Spr	Tees, CH	38 FC	11. 3.16
13666	2Cpl(A/Sjt)	Temple, H		22. 9.16
93010	CQMS	Templeton, T		17. 4.18
42884	CSM	Terrill, FA		17. 4.18
17176	Sjt(A/CSM)	Terry, GW		13. 2.17
156031	Cpl(A/Sjt)	Thacker, JW	250 Tun C	25. 2.20
99292	CSM	Thirlwall, C		3. 9.18
63	CSM	Thom, F	1/2 High FC	11. 3.16
1067	Cpl	Thomas, AJ	1/1 Lond Sig Coy	21. 6.16
387432	Sjt	Thomas, G	1 Sge Coy R Mon RE	11. 3.20
109380	Spr	Thomas, TH		26. 4.17
37096	Spr	Thomas, WH		17. 9.17

CORPS OF ROYAL ENGINEERS — Section 4.

Number	Rank	Name	Unit	Date
15754	ASjt	Thompson, CH		9. 7.17
134230	2Cpl(ACpl)	Thompson, CJ	64 FC	11. 3.20
102031	LCpl	Thompson, J	171 Tun C	11. 3.16
72619	2Cpl	Thompson, JW	GHQ Sig Coy P	11. 3.20
96903	Spr	Thompson, TP	175 Coy	6. 9.15
74959	Sjt	Thompson, WE		9. 7.17
79634	Cpl	Thomson, A	176 Tun Coy (form. A&SH)	9.10.15
412208	Sjt	Thomson, RH		1. 5.18
47778	Sjt	Thorn, A		13. 2.17
372	CSM	Tibble, G	5 SC	11. 3.16
6212	Sjt	Tickle, W	1/1 W Lancs FC	11. 3.16
37097	Spr	Tilly, G		14.11.16
102722	Cpl	Tindle, J	178 Tun C	21. 6.16
463138	Cpl	Tissiman, J, M.M.		4. 3.18
4900	Sjt	Toleman, E	17 FC *	23.10.19
76094	Spr	Towers, W	8 SC	3. 6.15
27209	Spr	Townsend, AH	2 Sig Coy	11. 3.16
249450	Spr LCpl(ASjt)	Traynor, JPR	38 DSC (Attd RFA)	11. 3.20
28149	Cpl	Trepess, H	5 SC	17.12.14
233460	Cpl	Tribe, AAW, M.M.	74 DSC	10. 1.20
34069	Pnr(ACpl)	Trillian, J		9. 7.17
46175	Sjt	Troke, H		17. 4.18
504359	Cpl	Tucker, A, M.M.		3. 9.18
360676	Sjt	Tungate, L	18 SC	16. 1.19
244688	Spr(A/2Cpl)	Tunnicliff, P	6 F Sur Coy I	3. 9.19
25262	Pnr	Turnbull, J	26 FC	3. 6.15
148539	Cpl	Turnbull, JM	184 Tun C	3. 9.19
547281	Sjt	Turnbull, S	2 Tank Bde Sig Coy	11. 3.20
1949	Spr	Turnbull, T	50 Northumbrian DSC	11.3.16
83351	Sjt	Turner, C	200 FC	2.12.19
49289	2Cpl(ACpl)	Tweedie, J		26. 9.16
23830	Cpl(ASjt)	Tyler, WH		9. 7.17
59174	Cpl	Underwood, FG	76 FC	11. 3.20
397274	Cpl(ASjt)	Unsworth, GH	5 FC	3. 9.19
607	Sjt	Utting, C	2 FC	30. 6.15
16860	Spr	Varrall, CJ	59 FC	5. 8.15
798	Spr	Vick, EH	4 Sec 42 DSC	21. 6.16
550580	Cpl	Vinecombe, WH		18. 2.18
162952	Dvr(LCpl)	Vinnicombe, O	81 FC	11. 3.20
3714	CSM	Vinson, E	1 Sge Coy R Mon RE	11. 3.16
67452	Spr(A/Sjt)	Voke, G	151 FC	16. 1.19
3468	Spr	Vye, WP	5 FC	16. 1.15
72758	2Cpl(A/Cpl)	Wadman, ES		6. 2.18
74410	Sjt	Waite, GW		21.10.18
19416	Spr(A/2Cpl)	Wale, FC	9 FC	11. 3.16
87408	Cpl	Walker, GA		9. 7.17
72003	Sjt	Walker, GA	GHQ Sig Coy	16. 5.16
112265	Sjt	Walker, J		26. 6.18
16147	Spr	Walsh, HC		18. 2.18
23523	Sjt	Walsh, P	5 SC	1. 4.15
29460	Spr	Walter, WS		16. 8.17
WR/250294	Sjt	Walters, AC	295 Rly Coy	3. 9.19
79985	A/Sjt	Ward, RH		19. 8.16
412179	2Cpl	Wardrop, J	409 FC	10. 1.20
11130	Cpl	Warhurst, H		3. 3.17
143029	Cpl(A/Sjt)	Warr, F		13. 2.17
108059	Cpl	Warwick, EJ		17. 4.18
13771	Form.of Wks QMS	Wass, SH		30.10.18
16274	Sjt(A/CSM)	Wassell, JA		17. 4.18
11387	CSM	Waterhouse, G	25 DSC	21. 6.16
438069	Sjt(A/CSM)	Waterworth, W	427 FC	3. 9.19
313091	Spr	Watkins, CR		30.10.18
444027	Cpl(ASjt)	Watmough, W	66 DSC	3. 9.19
459151	2Cpl	Watson, J		30.10.18
28045	Cpl	Watson, W	5 SC	1. 4.15
245498	Cpl	Watson, W		3. 9.18
538081	Sjt	Watts, A	33 DSC (Attd Art)	11. 3.20
79036	Sjt	Watts, A	178 Tun C	22. 1.16
70287	Cpl	Watts, FJ	6 Wire Sec	3. 9.19
486259	2Cpl(A/Sjt)	Watts, JW	468 FC	2.12.19
24077	Spr	Watts, RS	2 SC	5. 8.15
142048	Spr(A/LCpl)	Webb, RE	47 M A Coy	11. 3.20
107212	Cpl	Webster, F, M.M.	40 DSC	11. 3.20
86530	Sjt	Webster, W		17. 4.18
46383	Sjt	Weedon, S, M.M.		21.10.18
36990	Sjt	Weeks, AC, M.M.	63 FC	3. 9.19
71492	Spr	Weeks, W	7 DSC I	11. 3.20
10344	Sjt(A/SSM)	Weeks, WS, M.M.	2 Sig Sqdn	3. 9.19
70393	Sjt	Weinel, CF	32 M A L Sect	22. 1.16
482228	Spr	Welburn, F		21.10.18
31125	Spr	Wells, CA	Search Sect. (form. Bombay V A) M	5. 8.15
79743	Cpl	Wells, GWH	172 Tun C	11. 3.20
23158	2Cpl	Wells, W		17. 4.18
66870	Spr	Welsby, T	170 Tun C	5. 8.15
79705	Spr	Wenlock, HR	170 Tun C (form. S.Staffs)	9.10.15
198870	Cpl(A/Sjt)	Wenman, J	29 DSC	3. 9.19
432001	Sjt	Westwell, T		3.10.18
72320	Sjt	Whalley, J		21.10.18
5443	LCpl	Wharton, C		3.10.18
81433	Pnr	Wharton, J		22. 9.16
79338	Sjt	Whitaker, G	181 Tun C	15. 4.16
27782	CSM	White, HJ		1. 4.15
29643	Mot/Cyc/Cpl	White, J		30.10.18
10647	Sjt(A/CSM)	White, RPW		13. 2.17
479952 •	Spr(A/LCpl)	White, SS, D.C.M., M.M.	49 DSC Bar	25. 2.20
31704	LCpl(ASjt)	Whitehead, A		6. 2.18
109630	CSM(A/SM)	Whitehead, CJ		28. 3.18
45858	Sjt	Whitehead, F, M.M.		3. 9.18
239287	Spr(ASjt)	Whitehead, W		4. 3.18
61510	Spr	Whitelaw, J	70 FC	29.11.15
428350	Sjt	Whiteside, JR		3.10.18
58661	A/Cpl	Whitewood, WJ		25. 8.17
9321	Spr	Whitting, H	59 C	1. 4.15
9009	Cpl	Wibberly, JJ	55 FC	30. 6.15
61610	CSM	Wild, J		21.10.18
98252	Sjt	Wild, JS	155 FC	3. 9.19
105070	Sjt	Wilkins, JLJ	230 AT Coy	3. 9.19
6395	2Cpl	Wilkinson, AA	26 FC	16. 1.15
70077	Spr	Wilkinson, EN	11 Air Sec	11. 3.20
104372	2Cpl	Wilkinson, FW		9. 7.17
310870	Spr	Wilkinson, HE, M.M. (Attd RFA)		3. 9.19
444011	CSM	Willcock, H	42 DSC	3. 9.19
47085	2Cpl(ACpl)	Willer, GH	86 FC	3. 9.19
530	Sjt	Williams, CE	42 E Lancs DSC G	15. 9.15
28765	Cpl	Williams, E	8 SC	3. 6.15
440263	LCpl(ASjt)	Williams, F		17. 4.18
137681	Spr	Williams, J	178 Tun C	22. 1.16
9946	A/Cpl	Williams, JHD	57 Coy	1. 4.15
486016	Cpl	Williams, SA		17. 4.18
444610	2Cpl	Williams, W		3. 9.18
42589	Sjt	Williams, W		18. 2.18
1055	CSM	Williams, WH	437 FC E	3. 9.19
414726	2Cpl	Williamson, D McL	423 FC	11. 3.20
102116	Spr	Willis, GE	171 Tun C	22. 1.16
13868	Sjt(A/CSM)	Wills, GA		17. 9.17
1028	Sjt	Wilson, A	2/1 North'brian FC	11. 3.16
120794	Spr	Wilson, F		1. 5.18
96035	Cpl	Wilson, H		13. 2.17
19541	Spr	Wilson, J	5 FC	16. 1.15
53467	Spr	Wilson, J	95 FC	11. 3.16
93118	Cpl(ASjt)	Wilson, J		21.10.18
82966	Spr	Wilson, JW	174 Tun C	24. 6.16
113997	2Cpl(ASjt)	Wiltshire, J	67 FC	11. 3.20
3959	Spr	Winchester, W	57 Coy	17.12.14
8841	CSM	Winton, AE	24 DSC	21. 6.16
24372	Spr	Winzer, W		9. 7.17
156074	LCpl(ACpl)	Wiscgusen, A		1. 5.18
66108	Spr	Wiskin, JJ	19 DSC	11. 3.20
16851	Cpl(A/CQMS)	Witham, LW		13. 2.17
3854	CSM	Wollaston, AE		3.10.18
167986	Sjt	Wood, A	105 FC	10. 1.20
11990	Cpl	Wood, J	9 FC	30. 6.15
82129	Spr	Wood, JW	170 Tun C	9.10.15
78755	CSM	Woodhead, H		13. 2.17
448222	Sjt	Woodings, W		18. 2.18
49013	2Cpl(ACpl)	Woodrow, WJ		21.10.18
58990	Cpl(ASjt)	Woods, F		17. 4.18
112942	LCpl	Woodward, LH	185 Tun C	30. 3.16
18264	Cpl(A/Sjt)	Woollen, EJ	1 Fld Sqdn	3. 9.19
121032	LCpl(ACpl)	Woolley, GH	89 FC	3. 9.19
2443	Sjt(A/CSM)	Woolnough, T		9. 7.17
86157	Sjt	Workman, G	170 Tun C	5. 8.15
44090	Sjt	Worthington, J	78 FC	11. 3.16
495233	Spr/LCpl(ACpl)	Wright, AE	82 M A Sec	11. 3.20
25322	Spr	Wright, BR	122 FC	2.12.19
78736	Sjt	Wright, C		26. 4.17
34025	LCpl(ASjt)	Wright, FE		17. 4.18
72019	Sjt	Wright, GW	GHQ Sig Coy	16. 5.16
165514	Spr	Wright, SJ	EA	3.10.18
43987	2Cpl	Wyatt, GG	16 DSC	3. 9.19
28939	Sjt	Wyatt, WE	57 Coy	30. 6.15
121958	Sjt	Wynne, EB	253 Tun C	3. 9.19

WR/290223	Spr	Yardy, TW	96 Lt Rly Coy	E	3. 9.19	102218	Cpl	Young, FR	175 Coy	9.10.15
528208	Sjt	Yates, JE	54 DSC	E	3. 9.19	102218	Sjt	Young, FR, D.C.M. 175 Coy **Bar**		30. 3.16
47243	Sjt	Young, AK			26. 1.18	33655	LCpl(A/2Cpl)	Young, GW	132 AT Coy	11. 3.20
18946	Spr	Young, C	2 FC		30. 6.15	53688	Cpl	Young, P		9. 7.17
SR/6587	2Cpl	Young, F	3 Rly Coy R Mon RE		11. 3.16	93336	CSM	Young, WB		17. 9.17
						72999	Sjt	Zanazi, WH		17. 4.18

1636 D.C.M.'s   19 Bars.

† D.C.M. with C. Gds.

▲ Duplicate citation on 22.12.19.

● D.C.M. with R.F.A.

★ KOIKORI 8/9/19.

‡ SEGEJA 19/2/19.

SECTION 5

FOOT GUARDS

Grenadier Guards	53
Coldstream Guards	54
Scots Guards	55
Irish Guards	56
Guards Machine Gun Regiment	57

Section 5.   FOOT GUARDS   53

GRENADIER GUARDS

21887	Pte	Abell, WR	4 Bn	31. 5.16
23299	Pte	Acton, A	2 Bn	5.12.18
10807	Sjt	Albone, W	2 Bn	5. 8.15
13679	Pte	Atkinson, C	2 Bn	5. 8.15
14231	LCpl	Austin, EJ	2 Bn	30. 6.15
15477	Sjt	Baker, AA	4 Bn	11. 3.16
16884	Pte	Ball, W	2 Bn	30. 6.15
23919	LCpl	Barber, FL		14.11.16
15529	Pte	Barton, T	5 Bn (form.2 Bn)	11. 3.16
12909	CSM(Drill Sjt)	Beard, R, M.M.	2 Bn	11. 3.20
15074	Pte	Beer, W	5 Bn (form.2 Bn)	11. 3.16
16634	Sjt	Belcher, WW		26. 6.18
11755	CSM	Bennett, A		21.10.18
29198	Pte(LCpl)	Bennett, J	3 Bn	5.12.18
13029	Sjt	Billing, FH		6. 2.18
24989	LCpl	Birtles, F		26. 1.18
22949	Sjt	Blackburn, R, M.M.	2 Bn	2.12.19
26323	Pte	Booth, T	1 Bn	5.12.18
14277	CSM	Boreham, GW	1 Bn	3. 9.19
19264	Sjt	Bray, WL		3. 9.18
8277	QMS	Brown, TW		13. 2.17
20600	LCpl	Browning, CE		14.11.16
17063	Pte	Bull, H	2 Bn	31. 5.16
28181	LCpl	Burtt-Massey, R		3. 9.18
15247	Sjt	Canham, J		26. 1.18
18523	Sjt	Carter, E	2 Bn	25. 2.20
20124	Pte	Caulfield, J		26. 6.18
16363	Sjt	Charlton, HJ	1 Bn	25. 2.20
14472	Pte	Clarke, WH		14.11.16
16651	Sjt	Coles, HE, M.M.	1st Bn	5.12.18
3825	Col Sjt	Cooke, FA, P.S. 23rd London Rgt		5. 8.15
8282	Pte	Cooney, W	2 Bn	17.12.14
19583	Sjt	Cooper, WS, M.M.		28. 3.18
13742	CSM	Copping, E		17. 4.18
14358	Pte	Corrigan, TL		26. 1.18
22054	Pte(LCpl)	Coulton, E, M.M.	3 Bn	5.12.18
21493	Pte	Cunliffe, J		1. 5.18
18191	LSjt	Davies, H		4. 3.18
11086	CSM(Act Drill Sjt)	Day, EW		21.10.18
23763	Pte(A/Cpl)	Dickens, TG	4 Bn	21. 6.16
25256	Pte(LCpl)	Diley, A	2 Bn	5.12.18
16952	Pte	Dufty, WJ	1 Bn	5. 8.15
21737	Pte	Dyer, R	4 Bn	11. 3.20
16318	LCpl	Fincham, J		14.11.16
22939	Pte(LCpl)	Fleming, J	1 Bn	10. 1.20
28198	Pte(LCpl)	Fleming, W	3 Bn	5.12.18
14238	Pte	Fletcher, G		1. 5.18
8421	CSM	Frost, E		28. 3.18
15770	Pte	Gardner, H		14.11.16
17244	Pte	Gladders, H		28. 3.18
12347	Pte	Godfrey, WE, M.M. 2 Bn (Attd 1 Gds Bde HQ)		5.12.18
13334	Sjt	Grant, W		14.11.16
12479	Pte	Green, RB	1 Bn	1. 4.15
24877	Pte(LCpl)	Greenwood, J	2 Bn	5.12.18
11477	Pte	Grundy, J	5 Bn (form.4 Bn)	31. 5.16
20614	Cpl(LSjt)	Habberjam, W	3 Bn	5.12.18
13841	Cpl	Harrison, JC	2 Bn	17.12.14
12791	Pte	Haycock, S	4 Bn	11. 3.20
13558	LCpl	Hayter, J	1 Bn	5. 8.15
27312	Pte	Hemsley, C		17. 9.17
23050	LCpl	Hennefer, L		28. 3.18
13171	Pte	Heslington, PPA	1 Bn	1. 4.15
12657	Pte	Hewitt, D	3 Bn	16.11.15
11588	A/Sjt	Higgins, J	4 Bn	22. 1.16
5163	RSM	Hill, AM, M.C.		21.10.18
17046	Pte	Hind, L	2 Bn	11. 3.20
24524	Pte(LCpl)	Hobden, F		3. 9.18
11315	CSM	Hockings, RH		26. 1.18
11434	Pte	Hogbin, GE		6. 2.18
10974	Sjt	Holness, HHJ	2 Bn	16. 1.15
20177	LCpl	Horan, M		1. 5.18
15310	Sjt	Hull, S	5 Bn (form.1 Bn)	11. 3.16
14707	LCpl	Hulmes, J	1 Bn	1. 4.15
31698	Gdsmn	Hunter, GM	2 Bn	2.12.19
15087	Sjt	Jarman, JH	1 Bn	5.12.18
24532	Pte	Jefferies, SF		17. 9.17
16551	Pte	Jenkins, J	1 Bn	5.12.18
30354	Pte	Johnston, AW	1 Bn	25. 2.20
10475	Pte	Jones, DW	2 Bn	5. 8.15
5491	Col Sjt(A/RSM)	Jones, E (Attd Oxs & Bucks LI)		3. 3.17
11916	Sjt	Jones, H		4. 3.18
15650	LSjt(ASjt)	Jones, S		17. 9.17
10840	Sjt	Lack, WB	2 Bn	5.12.18
14492	L/Sjt	Lamplugh, C		28. 3.18
15585	Pte	Lane, HW		14.11.16
14620	Sjt	Langley, WJ	1 Bn	5. 8.15
11372	LCpl(A/LSjt)	Latta, W, M.M.		28. 3.18
17070	Sjt	Lavers, WH	1 Bn	5.12.18
11783	CSM	Leach, AE, M.M.	2 Bn	3. 9.19
8380	Drill Sjt(WOCl.II)	Littler, J	2 Bn	30. 6.15
20674	Pte	Llewellyn, D	1 Bn	5.12.18
13922	Pte	Lyes, JW	5 Bn (form.2 Bn)	11. 3.16
10371	Cpl(ASjt)	Lyon, J	2 Bn	22. 1.16
15261	CSM	Marks, F, M.M.	3 Bn	25. 2.20
18457	LSjt	Martin, W		14.11.16
15175	Sjt	Masterman, GH		14.11.16
15802	LCpl	McCaffrey, AE		28. 3.18
12819	Sjt	McCune, A		13. 2.17
16202	LCpl	McDonnell, P	2 Bn	6.11.14
16522	Sjt	Midwinter, A	2 Bn	11. 3.20
11182	ASjt	Miller, GH	2 Bn	11. 3.16
22540	Pte	Millichap, CP		6. 2.18
14772	ASjt	Mills, AJ	1 Bn	1. 4.15
24195	LCpl	Milton, WG		26. 1.18
16479	Pte	Morgan, HJ		14.11.16
14503	Sjt	Murrell, E	2 Bn	30. 6.15
15111	Cpl(LSjt)	Norman, HJ	3 Bn	25. 2.20
10330	CSM	Norton, J	4 Bn	3. 9.19
23321	Pte(LCpl)	Oakley, T	3 Bn	5.12.18
22169	Pte	Oldfield, FS	1 Bn	11. 3.20
7395	Sjt	Palethorpe, TR	4 Bn *	30. 1.20
18576	LCpl	Parker, J	2 Bn	11. 3.16
15189	Pte	Parkinson, A	2 Bn	17.12.14
15512	Sjt	Parnwell, F		21.10.18
15294	LCpl	Parry, J	3 Bn	10. 1.20
16372	Sjt	Peacock, GJ	4 Bn	11. 3.20
15486	Drummer	Penn, HV	2 Bn	17.12.14
11591	CSM	Percival, W, M.M.	1 Bn	11. 3.20
11467	Sjt	Phippin, TCM		26. 1.18
16390	Sjt	Pitts, A		14.11.16
14858	CSM	Pole, F	3 Bn	11. 3.20
13778	Pte	Purnell, CH	2 Bn	11. 3.20
27833	LCpl	Randell, G	2 Bn	25. 2.20
15122	LCpl	Rhodes, JH	2 Bn	5. 8.15
15122	ACpl	Rhodes, JH, D.C.M. 5 Bn (form.2 Bn) Bar		11. 3.16
26550	LCpl(ACpl)	Richmond, RA		3. 9.18
12221	LCpl	Riley, J	1 Bn	22. 1.16
15418	Pte	Roberts, JR		14.11.16
24124	Pte	Roe, B		6. 2.18
15478	Pte	Roots, WJ		4. 3.18
14597	Sjt	Rudlin, WE (Attd Gds M G Coy)		13. 2.17
14369	Sjt	Sharp, G		26. 1.18
21709	Pte	Simm, JT		28. 3.18
12597	CQMS	Smith, AE	1 Bn	25. 2.20
14427	Pte	Smith, JW		4. 3.18
9797	CSM	Snook, F		14.11.16
16650	Pte	Spouge, W, M.M.	3 Bn	25. 2.20
13211	Sjt	Spowage, A		28. 3.18
27684	Pte	Stannard, CH	2 Bn	25. 2.20
9575	Sjt	Stevenson, W	3 Bn	25. 2.20
19678	Pte	Sweetman, WN	4 Bn	22. 1.16
28895	Pte	Taylor, W		1. 5.18
13486	Sjt	Thomas, GH	2 Bn	17.12.14
14801	LSjt	Thomas, J	2 Bn	15. 3.16
14171	LCpl	Thomas, W	2 Bn	6.11.14
24814	Pte	Todd, WJ		28. 3.18
14034	LCpl	Topps, F		26. 1.18
17892	LSjt	Tullett, H		26. 1.18
24658	Cpl	Turner, GFG	2 Bn	11. 3.20

GRENADIER GUARDS

17018	LCpl	Twiss, C		26. 1.18	19059	LSjt	Whitaker, TG		14.11.16
15394	Pte	Tyrrell, A		26. 1.18	14356	Pte	Williams, W	2 Bn	11. 3.16
					18101	Sjt	Winter, W		3. 9.18
20479	LCpl	Unsworth, H		6. 2.18	15400	Pte	Wonnacott, TJ	2 Bn	17.12.14
					5225	SM	Wood, H		13. 2.17
11839	Pte	Warner, JW	1 Bn	1. 4.15	12498	Sjt	Worton, H, M.M.	1 Bn	10. 1.20
13712	LSjt	Waterfall, TJ		17. 9.17	16557	Sjt	Wright, LG		26. 1.18
27844	Pte(LCpl)	Watson, JW	3 Bn	10. 1.20					
13353	Sjt	Watts, AS, M.M.	3 Bn	5.12.18	24174	Pte	Young, CG		26. 1.18

163 D.C.M.'s 1 Bar.

COLDSTREAM GUARDS

19717	Pte	Adams, W	1 Bn	10. 1.20	9912	LCpl	Grainge, F	3 Bn	30. 6.15
14649	Sjt	Akehurst, AS		1. 5.18	11468	Sjt	Griffiths, AT	1 Bn	11. 3.16
14463	Pte	Anderson, E	3 Bn	16.11.15	7597	CSM	Guest, JJ		13. 2.17
13113	Pte	Andrews, HP	2 Bn	16.11.15					
5333	Cpl	Askew, WJ	2 Bn	16. 1.15	3940	LCpl	Hall, J	3 Bn	17.12.14
					7540	Pte	Hallam, W	2 Bn	17.12.14
5756	Sjt	Bagshaw, R		4. 3.18	6706	Pte	Harris, JW		28. 3.18
9664	Pte	Ball, C	2 Bn	17.12.14	5885	Sjt	Hayman, CF	1 Bn	30. 6.15
22837	Pte(L/Cpl)	Bannell, SH	1 Bn	5.12.18	8785	Sjt	Hill, W		28. 3.18
10564	Pte	Barnett, L	2 Bn	16. 1.15	5678	Pte	Hoggarth, W	3 Bn	30. 6.15
8436	Sjt	Beardsmore, T		4. 3.18	6809	Pte	Homer, SH	3 Bn	3. 6.15
12474	Sjt	Blackwell, GE	1 Bn	5.12.18	6211	Pte(LCpl)	Hooper, A, M.M.	1 Bn	11. 3.20
9894	Pte	Booth, CH	3 Bn	16. 1.15	15016	Sjt(A/CQMS)	Hunt, EN	1 Bn	10. 1.20
7372	Sjt(A/CQMS)	Bowers, A		13. 2.17	8309	Pte	Hunter, J	2 Bn	17.12.14
6539	Pte	Bradley, C		14.11.16	11992	Pte	Hurst, W	2 Bn (later Res Bn)	5.12.18
9331	L/Sjt	Bridger, AGC (Attd 1st Gds Bde M G Coy)		21. 6.16	4641	LCpl	Ingram, JJ	3 Bn	30. 6.15
10719	Cpl(L/Sjt)	Bright, AE, M.M.		21.10.18	8365	CSM(A/RSM)	Irving, E		17. 4.18
863	CSM	Brittan, ED	3 Bn	1. 4.15	9176	LSjt	Ivey, H		14.11.16
4943	LCpl	Brown, AV	2 Bn	17.12.14					
12073	Pte	Brown, T		28. 3.18	11430	Sjt	Jackson, GW	1 Bn	30. 6.15
7584	Sjt	Buck, TC	1 Bn	1. 4.15	12544	Pte	Jobling, J, M.M.		28. 3.18
12270	Pte	Butcher, FR		14.11.16	18305	Cpl(L/Sjt)	Johnson, H	1 Bn	5.12.18
9220	Pte	Byrne, JT	1 Bn	11. 3.16	10192	Sjt	Jones, PN	1 Bn	25. 2.20
					8705	Pte	Jones, S	1 Bn	15. 3.16
663	Pte	Campbell, G		14.11.16					
15725	Pte	Canham, R		28. 3.18	13335	Cpl(L/Sjt)	Kermode, WF, M.M.		28. 3.18
13073	Sjt	Carpenter, CT		6. 2.18	13600	Pte	Kershaw, C	1 Bn	21. 6.16
13501	Cpl(L/Sjt)	Carter, J	4 Bn	11. 3.20	6886	Sjt	Kevern, JW		4. 3.18
7387	Sjt	Causley, FG	3 Bn	1. 4.15	10057	Pte	Knight, FA	2 Bn	16. 1.15
8679	Pte	Chessell, S		25.11.16					
8527	Pte	Chidler, HW	3 Bn	23.10.14	11412	Pte	Lamkin, LB		26. 1.18
13336	Pte	Chillingworth, A	3 Bn	16.11.15	9496	Pte	Leslie, SB	2 Bn	1. 4.15
9248	Pte	Chisholm, JW	2 Bn	16.11.15	4254	LCpl	Lockton, JW	3 Bn	1. 4.15
7785	Sjt	Chivers, W	3 Bn	11. 3.20	11459	Pte	Londesbrough, H	3 Bn	16.11.15
5625	Pte	Clarkstone, F	3 Bn	3. 6.15	11314	Pte	Long, A	1 Bn	1. 4.15
15224	Pte(L/Cpl)	Codling, HW		26. 1.18					
4395	Pte	Coe, GH	3 Bn	16. 1.15	10594	Cpl(L/Sjt)	Marsh, C		3. 9.18
6626	Pte	Cooney, F	3 Bn	3. 6.15	11062	Sjt	McDonagh, A		3. 9.18
16073	LCpl	Cooper, WW		14.11.16	8574	L/Sjt	Milward, A	2 Bn	17.12.14
6207	L/Sjt(T/RSM)	Cozens, GH	(KAR)	30.10.18	10984	Pte	Moore, F	2 Bn	16.11.15
11122	Pte	Craig, W	1 Bn	30. 6.15	3734	LCpl	Morris, C		14.11.16
18079	Cpl(L/Sjt)	Cunnington, W	1 Bn	5.12.18	3783	Sjt	Morse, EG	3 Bn	11. 3.16
2882	LCpl †	Dalton, E	3 Bn (later 170 Co RE)	30.6.15	9644	Sjt-Drummer	Nice, WW	1 Bn	16. 1.15
8319	L/Sjt	Danks, JS	2 Bn	21. 6.16					
15346	Pte	Darlow, C		3. 9.18	5122	Pte	Parsons, LH	3 Bn	16. 1.15
11744	Pte(L/Cpl)	Day, RH	1 Bn (Attd 2nd Gds Bde, T.M.B.)	5.12.18	9017	Pte	Patterson, T		14.11.16
					9273	Sjt	Payne, G	1 Bn	5.12.18
4308	CSM(Drill Sjt)(A/SM)	Dent, GF		13. 2.17	10784	Pte	Peake, HC	(Attd M G Gds)	3. 9.18
11631	Pte	Dinwiddy, LA	3 Bn	3. 6.15	6192	Sjt	Pennicard, O		28. 3.18
7582	Sjt	Dutton, A		14.11.16	9020	Pte	Penwill, C	1 Bn	30. 6.15
					16113	Cpl(L/Sjt)	Perkins, JH	2 Bn	11. 3.20
12137	LCpl	Eccles, W		6. 2.18	5619	CSM	Pettit, AG		28. 3.18
9823	Sjt	Evans, WE	1 Bn	11. 3.16	10456	LSjt	Printer, WW	1 Bn	16.11.15
6723	Pte	Fairbrother, E	3 Bn	3. 6.15	7243	Sjt	Rabjohns, CW	5 Bn (form.3 Bn)	15. 3.16
7303	L/Sjt	Fenton, WH		26. 4.17	15027	Sjt	Richards, F, M.M.		1. 5.18
12371	Pte	Finden, WJ		25.11.16	10294	Sjt	Richardson, A		17. 4.18
4710	Sjt	Fox, JAJ	3 Bn	17.12.14	4796	Pte	Richardson, F	2 Bn	1. 4.15
12562	Pte	Freeman, EP		17. 4.18	11463	LCpl	Robinson, LA	5 Bn (form.3 Bn)	27. 7.16
					12196	Pte	Robinson, WJ	3 Bn	3. 6.15
3360	LCpl	Gascoyne, H	1 Bn	30. 6.15	3159	LCpl	Rostron, J	2 Bn	3. 6.15
18425	Cpl(L/Sjt)	Gilder, RI	1 Bn	5.12.18	14092	Sjt	Royall, LV		13. 2.17
7207	CSM	Gornall, J		28. 3.18	14092	Sjt	Royall, LV, D.C.M.	Bar	26. 1.18
9005	Sjt	Goss, F		26. 1.18	8065	LCpl	Russell, R	1 Bn	6.11.14
8173	Sjt	Gough, AF	2 Bn (later Res Bn)	3. 9.19	7181	CSM	Ryman, CW		28. 3.18

COLDSTREAM GUARDS

No.	Rank	Name	Bn	Date
3960	Pte	Saunt, W	(late 3 Bn)	24. 6.16
10001	Pte	Saville, J	2 Bn	1. 4.15
5722	CSM	Seaman, F	2 Bn	1. 4.15
9770	Pte	Senior, J	2 Bn	16. 1.15
11672	Sjt	Sharpe, TW		14.11.16
5432	Sjt	Shimmings, J		17. 4.18
18612	Pte	Sigsworth, I		28. 3.18
4029	CSM	Simons, HG	1 Bn	11. 3.16
4029	CSM(Drill Sjt)	Simons, HG, D.C.M.	Bar	26. 1.18
7329	LSjt	Small, EJ	3 Bn	16. 1.15
6504	LSjt	Smith, FA		26. 1.18
12234	Pte	Smith, H	3 Bn	16.11.15
12702	Pte	Smith, S	3 Bn	11. 3.16
8166	CSM	Smith, WH	1 Bn	11. 3.20
16512	Sjt	Smith, WL, M.M.	1 Bn (Res Bn)	10. 1.20
8864	Sjt(A/CQMS)	Spence, JC	2 Bn	3. 9.19
20532	Pte (LCpl)	Spicer, AE	1 Bn	10. 1.20
9103	Sjt	Stanford, WJ	3 Bn	11. 3.16
1717	CSM	Sturges, R	1 Bn *	30. 1.20
11768	Pte	Teasdale, A	3 Bn	16.11.15
7525	Pte	Thomas, AH	3 Bn	17.12.14
16735	Pte	Thomson, A		26. 1.18
9074	LCpl	Thorpe, E	3 Bn	3. 6.15
5635	Sjt	Thursfield, SJ, M.M.		28. 3.18
17925	Cpl(LSjt)	Tyrer, J	1 Bn	5.12.18
8866	Pte	Vale, RJ	2 Bn	16.11.15
9091	Sjt	Vant, FD	3 Bn	11. 3.16
9589	Sjt	Vickers, ER		4. 3.18
9589	Sjt	Vickers, ER, D.C.M. (Error G.Gds in L/G)	Bar	3. 9.18
2631	Sjt	Walker, H	M G Coy	14.11.16
9567	Sjt	Warner, O. M.M.	2 Bn	25. 2.20
7478	CSM	Weaver, PF	3 Bn	21. 6.16
9546	Sjt	Westgate, AO, M.M.	1 Bn (later Res Bn)	10. 1.20
14542	Pte	Weston, A	3 Bn	11. 3.16
15667	Sjt	Westwood, JW	2 Bn	11. 3.20
6901	CSM	White, A	1 Bn	5.12.18
833	CQMS(A/SM)	White, CE	1 Bn (P.S. 4 Bn RWF)	21.6.16
6819	Pte	White, D	2 Bn	4. 3.15
6246	Pte	White, W	3 Bn	16.11.15
6246	LCpl	White, W, D.C.M.	Bar	14.11.16
7616	Pte	Whitehorn, FC	3 Bn	1. 4.15
8491	Pte	Whiting, EA, M.M.		4. 3.18
8491	Pte	Whiting, EA, D.C.M., M.M. 2 Bn Bar		5.12.18
14578	Cpl	Whittaker, D	3 Bn *	30. 1.20
6334	Cpl(LSjt)	Whittaker, H	2 Bn (later Res Bn)	5.12.18
9132	LCpl	Wilkie, T	2 Bn	30. 6.15
16109	Cpl(L/Sjt)	Worrall, DCH	2 Bn	5.12.18

159 D.C.M.'s   5 Bars.

† Bar with R. E.

SCOTS GUARDS

No.	Rank	Name	Bn	Date
10437	LCpl	Aitken, J	1 Bn	16.11.15
8476	Pte	Allen, F		14.11.16
3049	CQMS	Blake, GH	1 Bn	6.11.14
14161	Sjt	Bland, JA	1 Bn	5.12.18
6699	Sjt	Boyd, J	2 Bn	11. 3.16
6115	Sjt(A/CSM)	Brownlow, TP		6. 2.18
7629	Pte	Burns, P	2 Bn	1. 4.15
3659	Sjt	Campbell, RA	3 Bn(form.1 Bn)	11. 3.16
11427	LCpl	Chalmers, J		14.11.16
8256	LSjt(A/Sjt)	Charters, AJ		28. 3.18
7953	Sjt	Chase, AW, M.M.		3. 9.18
4790	Pte	Clark, AA	2 Bn	1. 4.15
6014	Sjt	Clarke, CW, M.M.	1 Bn	5.12.18
7214	Sjt	Costello, P	2 Bn	21. 6.16
13330	Pte	Dack, S		3. 9.18
4295	CSM	Dewar, G	2 Bn	24. 6.16
6807	LCpl	Dodd, F	2 Bn *	30. 1.20
6132	LCpl	Doran, FW	3 Bn(form.2 Bn)	11. 3.16
7406	LSjt	Dougal, W	3 Bn(form.2 Bn)	11. 3.16
12831	Sjt	Drylie, D	1 Bn (Attd Gds Bde T.M. Bty)	3. 9.19
10156	Cpl(Sjt)	Edge, G	1 Bn	10. 1.20
8420	Pte	Edom, R	1 Bn 16.1.15 &	14. 4.20
11625	Col Sjt	Emslie, P	(Attd 28 London Rgt)	11. 3.16
8634	Pte	Ferguson, J, M.M.		3. 9.18
5912	Pte	Finlayson, J	2 Bn	15. 9.15
12015	A/LSjt	Fotheringham, J		6. 2.18
13153	Pte	Freeman, T		28. 3.18
8012	LCpl	Gordon, A		6. 2.18
12175	Pte	Govan, JH		17. 4.18
15879	Pte(LCpl)	Green, AB		6. 2.18
10972	LCpl	Green, J	3 Bn(form.2 Bn)	11. 3.16
7095	Sjt	Harris, F		14.11.16
7753	LCpl	Hawkins, E	2 Bn	5. 8.15
15703	Pte(LCpl)	Hawlins, EA		2.12.19
7250	LSjt	Heyes, H	2 Bn	5. 8.15
1384	CSM	Hopkins, W		13. 2.17
8038	Sjt	James, A	2 Bn	1. 4.15
7793	Sjt	Jeffery, LJ	2 Bn	5.12.18
12941	Pte	Johnston, F	2 Bn	11. 3.20
11535	Cpl	Jones, R	2 Bn	1. 4.15
10494	Pte	Kilkenny, W	1 Bn	6. 9.15
2128	CSM(Drill Sjt)	Kitchen, C	1 Bn	11. 3.20
414	Cpl	Lemon, S	2 Bn	3. 6.15
6608	LCpl(AL/Sjt)	Litster, J	2 Bn	11. 3.16
4749	CSM	Macdonald, J	1 Bn	11. 3.16
12200	Pte(LCpl)	MacIntosh, D	1 Bn	10. 1.20
14578	LCpl	MacKay, D		28. 3.18
11024	Cpl	MacLean, R	2 Bn	22. 1.16
10053	Sjt	McAulay, J		17. 9.17
10218	Sjt	McCulloch, W, M.M.	1 Bn	11. 3.20
6040	CSM	McDonald, J	1 Bn	25. 2.20
12813	Pte	McDougall, J		17. 9.17
5128	CSM(A/RSM)	McKenzie, D	2 Bn	11. 3.20
4641	Pte	McLuckie, R	Late 3 Bn (form. 1 Bn)	11. 3.16
6786	Cpl(A/Sjt)	McPherson, A	1 Bn	1. 4.15
5319	LCpl	Manning, J		14.11.16
991	A/Sjt	Martin, A	1 Bn	30. 6.15
12498	LCpl	Matts, C	3 Bn(form.2 Bn)	11. 3.16
7424	LCpl	Mavor, AL	2 Bn	1. 4.15
7424	CSM	Mavor, AL, D.C.M.	Bar	3. 9.18
6548	Cpl	Mills, J	2 Bn	5. 8.15
8127	LCpl	Mitchell, A	2 Bn	1. 4.15
5628	CSM	Mitchell, A	1 Bn	5.12.18
8747	Sjt(A/CSM)	Muir, J, M.M.	1 Bn	10. 1.20
5459	CSM	Murray, W		26. 1.18
15709	Cpl(L/Sjt)	Nicol, JA	1 Bn	5.12.18
12437	Pte	Nolan, P, M.M.	2 Bn	5.12.18
9047	L/Sjt	Proud, W		26. 1.18
6018	CSM	Pyper, W	3 Bn(form.1 Bn)	11. 3.16
9027	Pte	Rae, J	2 Bn	1. 4.15
12026	Pte	Ramage, M	2 Bn	2.12.19
6484	Pte	Rickman, T	1 Bn	1. 4.15
12739	LCpl	Robertson, A		14.11.16
11406	ACpl(L/Sjt)	Robertson, A		3. 9.18
11406	Cpl(L/Sjt)	Robertson, A, D.C.M.	3 Bn Bar	5.12.18
8822	Pte	Ross, A	2 Bn	5. 8.15
11552	Sjt	Ross, WJ	1 Bn	5.12.18
4810	Pte	Russell, H	2 Bn	1. 4.15
14322	Cpl(Sjt)	Shannon, D, M.M.	1 Bn	10. 1.20
13935	Sjt	Sheed, J	1 Bn	5.12.18
7407	LSjt	Shields, J	1 Bn	16. 1.15
13874	Cpl(L/Sjt)	Sim, W		3. 9.18

SCOTS GUARDS

8874	Cpl	Stead, J	2 Bn	30. 6.15	10695	Pte	Wade, AH	2 Bn	5. 8.15
7079	Sjt	Stevenson, W	1 Bn	3. 9.19	9083	Pte	Watson, G		17. 4.18
					7709	Cpl	Wilkinson, J B	2 Bn	5. 8.15
9894	Pte	Tague, P	2 Bn	22. 1.16	7749	LCpl	Wilson, A	2 Bn	1. 4.15
2137	Sjt	Turner, J	1 Bn	11. 3.16					
					636	Sjt	Young, W	2 Bn	30. 6.15
9125	Sjt	Ure, R	1 Bn	3. 9.19	10743	Pte(LCpl)	Younger, H	3 Bn	5.12.18
6061	Pte	Urquhart, G	2 Bn	1. 4.15					

92 D.C.M.'s   2 Bars.

IRISH GUARDS

7218	Sjt	Anstey, CE	2 Bn	27. 7.16	4432	LSjt	McMullen, T	1 Bn	5. 8.15
					4432	Sjt(A/CQMS)	McMullen, T, D.C.M.		Bar 14.11.16
5722	Pte	Berry, H		3.10.18	2122	Sjt(A/CSM)	McVeigh, H	1 Bn	1. 4.15
5841	Pte	Boyd, J		14.11.16	3567	Pte	Meagher, W		4. 3.18
10133	Cpl(LSjt)	Bray, H	1 Bn	5.12.18	3235	Sjt	Milligan, J		26. 1.18
3975	Pte	Brine, M	1 Bn	3. 6.15	7683	Cpl(LSjt)	Mohide, P	1 Bn	11. 3.20
3221	Sjt	Burling, D		28. 3.18	4015	Pte	Moore, W	1 Bn	16. 1.15
7321	Cpl(LSjt)	Butler, T	1 Bn	11. 3.20	1664	LSjt	Moran, C	1 Bn	16. 1.15
					3632	Drill Sjt(CSM)	Moran, M		14.11.16
918	RSM	Cahill, T	1 Bn	3. 9.19	9500	Pte	Morrison, P	1 Bn	2.12.19
525	Pte	Cannon, J	1 Bn (Attd 2 Sig Co. R.E.)	5. 8.15	552	CSM	Munns, A		17.12.14
					3006	Sjt	Murphy, F		3.10.18
10161	Pte(LCpl)	Cooper, WV		17. 9.17	3655	CSM(Drill Sjt)	Murphy, GM		6. 2.18
2384	CSM	Corry, T	1 Bn	30. 6.15	8828	Sjt	Murray, T		3. 9.18
3507	Sjt	Curtin, J		13. 2.17	6484	Sjt	Nolan, PA		4. 3.18
4455	Sjt	Daly, PJ		21.10.18	5743	Pte	O'Brien, D	1 Bn	16.11.15
2195	LCpl	Deacon, JG	1 Bn	11. 3.16	2760	Pte	O'Connor, J	1 Bn	30. 6.15
2853	LCpl	Delaney, W	1 Bn	16. 1.15	2760	Pte	O'Connor, J, D.C.M. 1 Bn		Bar 15. 9.15
4868	Pte	Dempsey, R		15. 9.15	4389	Sjt	O'Hare, EJ		4. 3.18
4116	Cpl(LSjt)	Dignam, J		6. 2.18	4389	CSM	O'Hare, EJ, D.C.M. 1 Bn		Bar 5.12.18
6193	Sjt	Dolan, P	1 Bn	5.12.18					
					4612	Sjt	Pearce, W	2 Bn	11. 3.20
2372	Sjt	Feighery, W, M.M.	1 Bn	10. 1.20	10757	Pte	Priesty, J	1 Bn	10. 1.20
9209	Pte	Finegan, JJ		4. 3.18					
11712	Pte(LCpl)	Flanagan, M, M.M.	1 Bn	5.12.18	9882	Pte	Quinn, J	1 Bn	25. 2.20
1226	Sjt	Foley, J		3. 9.18	6311	LCpl	Quinn, P	2 Bn	16.11.15
7570	LSjt	Frawley, J		14.11.16	6301	Pte	Regan, J	1 Bn	16.11.15
12124	Pte	Gallagher, M	1 Bn	5.12.18	6301	Sjt	Regan, J, D.C.M. 1 Bn		Bar 10. 1.20
2793	Pte	Geon, R	1 Bn (Attd HQ 1st Gds Bde)	5.12.18	2506	Sjt	Reilly, T, M.M.		3. 9.18
					2618	LCpl	Riordan, M		17.12.14
3303	Sjt	Glynn, JJ	1 Bn	30. 6.15	2618	Sjt	Riordan, M, D.C.M.		Bar 14.11.16
3162	Pte	Glynn, M		17.12.14	5446	Pte	Roche, J		28. 3.18
					5279	Pte	Rochford, J		26. 1.18
2535	Sjt	Harradine, C		16. 1.15	3072	Pte	Russell, WG		17.12.14
4613	Pte	Hennigan, P	1 Bn	1. 4.15					
4906	Pte	Henry, J		6. 9.15	8255	LCpl	Smith, R		14.11.16
55	A/CSM	Holmes, WJ	2 Bn	11. 3.16	2623	Sjt	Spicer, W		28. 3.18
2807	CSM	Keown, FJ, M.M.	1 Bn	5.12.18	4620	Pte	Tait, R	1 Bn	5.12.18
10210	LCpl	Leckey, W		26. 1.18	2303	A/LSjt	Usher, W	1 Bn	1. 4.15
5973	Pte	Lynch, M		4. 3.18	2303	Sjt	Usher, W, D.C.M.		Bar 28. 3.18
2845	Pte	Mansfield, J	1 Bn	3. 6.15	2767	Sjt	Voyles, D	1 Bn	21. 6.16
8149	Pte	McCarthy, T		14.11.16					
2385	Sjt	McClelland, T		21.10.18	5910	Sjt	Wain, F	2 Bn	3. 9.19
3726	LSjt	McGoldrick, P		17.12.14	1033	Col Sjt(A/CSM)	Walsh, JW		3. 3.17
8384	Sjt	McGuinness, J		17. 4.18	8050	Sjt	Walsh, WJ		3. 9.18
5741	Pte	McKendry, W	1 Bn	11. 3.16	3987	CSM	Wilkinson, J		6. 2.18
7830	Pte	McKinney, D		21.10.18	4182	Pte	Younge, A	1 Bn	24. 6.16

78 D.C.M.'s   6 Bars.

WELCH GUARDS

24	Sjt	Ashford, O		14.11.16	114	Sjt	Mathias, R	1st Bn		27. 7.16
408	Sjt	Davies, ES	1st Bn	5.12.18	114	Sjt	Mathias, R, D.C.M.	1st Bn	Bar	27. 7.16
668	Pte	Duffy, J	1st Bn	8. 8.19	6	CSM	Pearce, A	1st Bn		3. 9.19
1229	Sjt	Evans, AH		17. 4.18	2361	Pte	Pritchard, JO			17. 9.17
1228	L/Sjt	Glover, CL		1. 5.18	395	Cpl(L/Sjt)	Roberts, W	1st Bn		11. 3.20
872	Pte	Gordon, EW	1st Bn	25. 2.20	1	RSM	Stevenson, W, M.M.	1st Bn		11. 3.20
48	Pte	Grant, GC	1st Bn	16.11.15	3093	Pte	Thomas, A	1st Bn		25. 2.20
1185	LCpl	Hall, F	1st Bn	3. 9.19	1529	Pte(LCpl)	Thomas, G	1st Bn		5.12.18
1663	Cpl	Ham, AG		28. 3.18	2541	Pte	Thomas, ST			26. 4.17
1209	Pte	Hughes, W		17. 9.17	858	Pte	Thomas, T	1st Bn		11. 3.20
23	CQMS	Hunter, L	1st Bn	25. 2.20	2259	Pte	Waddington, OF	1st Bn		6. 2.18
823	Sjt	Jones, E	1st Bn	5.12.18	2259	Cpl(L/Sjt)	Waddington, OF, D.C.M., M.M.		Bar	16. 1.19

22 D.C.M.'s   2 Bars.

GUARDS MACHINE GUN REGIMENT

(Incl. Gds. Machine Gun Coy. and Machine Gun Guards.)

1027	Pte(LCpl)	Bradley, W	M G Gds	3. 9.18	200	Sjt	Kirkham, ST	4 Bn	5.12.18
430	Sjt	Burridge, D	M G Gds	6. 2.18	633	Pte(LCpl)	Polden, VB	M G Gds	28. 3.18
779	Pte(LCpl)	Cameron, A, M.M.	M G Gds	3. 9.18	1178	Pte(ASjt)	Roache, M	M G Gds	4. 3.18
1044	Sjt	Corbett, E	M G Gds	4. 3.18	636	Pte	Ruddick, J	M G Gds	9. 7.17
467	Cpl(LSjt)	Couzens, WG	4 Bn	11. 3.20	286	Sjt	Ruff, J	4 Bn	11. 3.20
801	Cpl(LSjt)	Dodds, J, M.M.	4 Bn	5.12.18	4127	Tpr	Stubbs, WN	2 Bn (2nd L Gds)	11. 3.20
498	Sjt	Falconer, A	Gds M G Coy	17. 4.18	693	Sjt	Taylor, WG	4 Bn	5.12.18
1090	LCpl	Glennon, J	4 Bn	5.12.18	4882	LCpl	Townsend, EJ	2 Bn (2nd L Gds)	11. 3.20
516	CSM	Graves, GR	Gds M G Coy	17. 4.18	1334	Pte	Walker, A	4 Bn	5.12.18
1092	Sjt	Hiscock, H	4 Bn	5.12.18	1275	Sjt	Wilde, J, M.M.	M G Gds	3. 9.18
1310	Pte(LCpl)	Illingsworth, A	M G Gds	6. 2.18	366	Cpl(LSjt)	Wilson, G	4 Bn	5.12.18

22 D.C.M.'s

SECTION 6

LINE REGIMENTS

The Royal Scots (Lothian Regiment)	61
The Queen's (Royal West Surrey Regiment)	62
The Buffs (East Kent Regiment)	63
The King's Own (Royal Lancaster Regiment)	64
The Northumberland Fusiliers	65
The Royal Warwickshire Regiment	67
The Royal Fusiliers (City of London Regiment)	68
The King's (Liverpool Regiment)	71
The Norfolk Regiment	73
The Lincolnshire Regiment	74
The Devonshire Regiment	75
The Suffolk Regiment	76
Prince Albert's (Somerset Light Infantry)	77
The Prince of Wales's Own (West Yorkshire Regiment)	78
The East Yorkshire Regiment	80
The Bedfordshire & Hertfordshire Regiment	81
The Leicestershire Regiment	82
The Royal Irish Regiment	83
Alexandra, Princess of Wales's Own (Yorkshire Regt.)	83
The Lancashire Fusiliers	85
The Royal Scots Fusiliers	86
The Cheshire Regiment	88
The Royal Welch Fusiliers	89
The South Wales Borderers	91
The King's Own Scottish Borderers	92
The Cameronians (Scottish Rifles)	93
The Royal Inniskilling Fusiliers	94
The Gloucestershire Regiment	95
The Worcestershire Regiment	97
The East Lancashire Regiment	98
The East Surrey Regiment	99
The Duke of Cornwall's Light Infantry	100
The Duke of Wellington's (West Riding Regt.)	101
The Border Regiment	103
The Royal Sussex Regiment	104
The Hampshire Regiment	105
The South Staffordshire Regiment	106
The Dorsetshire Regiment	107
The Prince of Wales's Volunteers (South Lancs. Regt.)	107
The Welch Regiment	108
The Black Watch (Royal Highlanders)	110
The Oxfordshire & Buckinghamshire Light Infantry	112
The Essex Regiment	113
The Sherwood Foresters (Nottinghamshire & Derbyshire Regiment)	114
The Loyal North Lancashire Regiment	116
The Northamptonshire Regiment	117
Princess Charlotte of Wales's (Royal Berkshire Regt.)	118
The Queen's Own (Royal West Kent Regiment)	119
The King's Own (Yorkshire Light Infantry)	121
The King's (Shropshire Light Infantry)	122
The Duke of Cambridge's Own (Middlesex Regt.)	123
The King's Royal Rifle Corps	125
The Duke of Edinburgh's (Wiltshire Regiment)	127
The Manchester Regiment	128
The Prince of Wales's (North Staffordshire Regt.)	130
The York and Lancaster Regiment	131
The Durham Light Infantry	132
The Highland Light Infantry	134
Seaforth Highlanders	136
The Gordon Highlanders	138
The Queen's Own (Cameron Highlanders)	139
The Royal Irish Rifles	140
Princess Victoria's (Royal Irish Fusiliers)	141
The Connaught Rangers	142
Princess Louise's (Argyll & Sutherland Highlanders)	142
The Prince of Wales's Leinster Regt. (Royal Canadians)	144
The Royal Munster Fusiliers	144
The Royal Dublin Fusiliers	145
The Rifle Brigade (The Prince Consort's Own)	146

LINE REGIMENTS

THE ROYAL SCOTS (LOTHIAN REGIMENT)

Number	Rank	Name	Bn		Date
66228	LCpl	Abrams, A	2/10 Bn		27. 5.19
8977	A/CSM	Allwright, HT			26. 9.16
11112	LSjt	Anderson, H	1 Bn		5. 8.15
45112	Pte	Anderson, W			1. 5.18
10273	Sjt	Armour, R, M.M.	2 Bn		5.12.18
19413	ACpl	Baillie, E			21.10.18
19159	Cpl	Baillie, J	5/6 Bn		11. 3.20
13099	Pte	Baird, TF			22. 9.16
2602	LCpl	Baker, T			26. 9.16
8713	Pte	Bantick, HG	2 Bn		1. 4.15
18241	Pte	Beaty, I	(Attd TMB)		17. 4.18
50955	LCpl	Bell, P	2 Bn		5.12.18
1750	LSjt (later 2Lt)	Black, JR	1/9 Bn		11. 3.16
2975	LCpl	Borthwick, WD	1/5 Bn	G	6. 9.15
9136	CSM	Brannan, T	1 Bn		30. 6.15
9136	CSM	Brannan, T, D.C.M.		Bar	3. 9.18
2918	Pte	Brown, M, M.M.	2 Bn		5.12.18
2551	Pte	Bruce, R	1/5 Bn	G	3. 7.15
14145	CQMS	Bunney, LW	11 Bn		11. 3.20
375841	Pte	Burnie, J			3. 9.18
2177	LCpl	Cairns, JL	1/9 Bn		11. 3.16
11940	Sjt	Cameron, DS			18. 7.17
34016	Pte	Campbell, D			3. 9.18
17846	Cpl	Campbell, J, M.M.			3.10.18
1117	Sjt	Chalmers, J	1/5 Bn	G	6. 9.15
7269	CSM	Charles, WM			26. 1.17
22708	Sjt	Cooper, EH			26. 1.17
10248	Pte	Corbett, C	3 Bn		11. 3.16
325267(form.1153)	Pte	Cordery, W			28. 3.18
200053	Sjt(A/CSM)	Cowe, G	12 Bn		2.12.19
31424	CSM †	Cownie, S, D.C.M., M.M.	13 Bn.	Bar	5.12.18
6211	CSM	Cox, CW	11 Bn		16. 1.19
200045	Sjt	Crow, J	1/4 Bn		14. 4.20
13138	LSjt	Cumming, A	11 Bn		16.11.15
25187	Pte	Cunningham, R			3. 9.18
9266	Pte	Curran, J			6. 2.18
325007	A/RSM	Darroch, P			17. 4.18
66219	Cpl(LSjt) ‡	Denham, A	2/10 Bn		10. 1.20
14529	Sjt	Dick, W			3. 9.18
335419	CSM	Dickman, WS			3. 9.18
7437	Pte	Dickson, R	1/8 Bn		5. 8.15
20437	Cpl(ASjt)	Dobbie, D, M.M.			3. 9.18
33068	Sjt	Dobie, J	5/6 Bn		2.12.19
275111	Cpl(ASjt)	Dodds, J, M.M.	1/4 Bn		10. 1.20
276176	Pte	Doughty, R			6. 2.18
43723	Sjt	Douglas, J			3. 9.18
15919	Sjt	Doyle, H	11 Bn		11. 3.20
10388	LCpl	Dunn, T	12 Bn		21. 6.16
5936	RSM	Edwards, G			21.10.18
200631	Pte	Elam, DJ			15.11.18
10076	Sjt	Fairgrieve, J			20.10.16
8520	Sjt	Fenton, S			13. 2.17
351889	LCpl	Fernie, G			6. 2.18
335784	Cpl	Finnie, J			21.10.18
300039	Pte	Flockhart, W			18. 2.18
350875	Pte	Flynn, J			6. 2.18
200507	Cpl(A/Sjt)	Foggo, WB	1/4 Bn		10. 1.20
28778	Cpl	Forbes, A			1. 5.18
19209	Sjt(A/CSM)	Fordyce, W	12 Bn		2.12.19
351055	Sjt	Fraser, J			30.10.18
10862	Sjt	Fullard, A			18. 7.17
335038	Sjt	Gall, J			30.10.18
7672	Sjt	Gallacher, J	2 Bn		17.12.14
17381	Cpl	Gardner, A			17. 4.18
3327	A/CSM	Geddes, W	12 Bn		16.11.15
300040	CSM	Gibb, A			26. 6.18
200029	Sjt	Gilray, GH			1. 5.18
8743	Sjt	Gordon, D	2 Bn		30. 6.15
6817	Cpl	Gourlay, A	2 Bn		1. 4.15
6817	CSM(A/RSM)	Gourlay, A, D.C.M.	11 Bn	Bar	2.12.19
42703	Cpl	Gourlay, C			3. 9.18
202502	Pte	Gowrie, T	11 Bn		2.12.19
13052	Sjt	Graham, G	12 Bn		14. 4.20
38884	Pte	Gray, D	5/6 Bn		2.12.19
351176	Pte	Haig, A	1/9 Bn		3. 9.19
1286	Bugler	Hall, D	1/5 Bn	G	3. 7.15
9639	Pte	Harding, BW	1 Bn		1. 4.15
5433	T/RSM	Harrison, WA	17 Bn		11. 3.20
2404	Pte	Hastings, E			13. 2.17
2976	CSM	Hepburn, A			6. 2.18
23198	LCpl	Higgins, M			6. 2.18
66222	Sjt	Hofman, FG	2/10 Bn		27. 5.19
10621	A/Sjt	Hogg, J	1 Bn		30. 6.15
23122	Pte	Holland, A	11 Bn		24. 6.16
1238	Sjt	Hook, D	7 Bn		21. 6.16
300164	Sjt	Hook, D, D.C.M.	1/7 Bn	Bar	10. 1.20
352389	Cpl	Horne, AC			6. 2.18
3009	LCpl	Hough, E	2 Bn		1. 4.15
31369	Pte	Houston, GS			3. 9.18
14823	Sjt(A/CSM)	Howie, O, M.M.			3. 9.18
35652	Sjt	Hubbard, F			3. 9.18
9783	LCpl	Humphries, E (I.U.L. 32 Div. Sig Coy)			5. 8.15
352379	LCpl	Hynds, J, M.M.	1/9 Bn		10. 1.20
350425	CQMS	Jamieson, JR, M.M.			3. 9.18
8629	ASjt	Johnstone, A			10. 1.17
302828	CQMS(A/CSM)	Johnstone, J			26. 6.18
16104	Sjt(A/CSM)	Johnstone, J	13 Bn		3. 9.19
13106	LCpl	Kennedy, A	11 Bn		2.12.19
10478	Pte	Kerr, C			26. 1.17
9509	Sjt	Kinnaird, T			13. 2.17
325009	CSM	Kirkpatrick, S			3. 9.18
281	CQMS	Laidlaw, J	1/5 Bn	G	6. 9.15
202004	Sjt	Laidlaw, JD	5/6 Bn		10. 1.20
14095	Pte	Laidlaw, TC	2 Bn		11. 3.16
335053	Pte	Lamb, J			3. 9.18
9004	Sjt	Lawson, R			3. 3.17
1670	CSM	Lees, JC			21.10.18
300447	Sjt	Leighton, A			1. 5.18
8892	A/Sjt	Lever, HM	2 Bn		30. 6.15
38351	Pte	Lindsay, RG			15.11.18
9669	Pte	Lockie, A	1 Bn		11. 3.16
250146	Sjt	Love, JR			1. 5.18
159	Sjt	Lowe, D McD	4 Bn		16. 5.16
200249	Cpl	Macfarlane, J			18. 2.18
27959	Sjt	Machray, W			16. 8.17
11987	Pte	Mack, W			3. 9.18
250044	Sjt	Mackay, J			1. 5.18
325435	LCpl	Mackenzie, WG	1/8 Bn		11. 3.20
250234	Cpl	Mackie, W			15.11.18
300739	Pte	Maclachlin, A			18. 2.18
46003	CSM	Maloney, T			3. 9.18
14721	CSM	Mathie, GR	12 Bn		3. 9.19
12511	Sjt	McAlear, F	13 Bn		16.11.15
39369	Cpl(LSjt)	McArthur, J	11 Bn		2.12.19
250153	Cpl(LSjt)	McArthur, RM			1. 5.18
19545	LCpl	McArthur, W			19. 8.16
16660	Cpl	McDonald, A			21.10.18
7271	Sjt-Piper	McDougall, JM	7 Bn		11. 3.16
14537	LCpl	McEvoy, G	13 Bn		16.11.15
6722	Pte	McFarlane, W	2 Bn		30. 6.15
14421	Sjt	McGowan, D, M.M.	13 Bn		5.12.18
6921	Sjt(T/Col.Sjt)	McKinna, J	2 Bn	*	30. 1.20
40709	Pte	McLure, C			3. 9.18
16355	Sjt	McMillan, J			26. 7.17
16355	Sjt	McMillan, J, D.C.M.	13 Bn	Bar	5.12.18
11002	Cpl	McMillan, J			21.10.18
885	Pte	McNeill, J	8 Bn		30. 6.15
10482	Pte	McSkimming, M			26. 1.17
270866	Pte	Mearns, J			4. 3.18
17951	CSM	Mellor, S			3. 9.18
37010	Pte	Michie, A			26. 1.18
353184	Cpl	Mildenhall, EW	11 Bn		3. 9.19
10734	LCpl	Millar, DR			26. 7.17
12184	A Cpl	Mitchell, J			21.10.18
350540	Sjt	Moncur, W			18. 7.17
13107	Sjt	Murdoch, J	11 Bn		11. 3.20
23535	Sjt	Murray, F			3. 9.18
17187	Sjt	Naysmith, A			4. 3.18
270424	Pte	Nowell, F			26. 1.18

THE ROYAL SCOTS (LOTHIAN REGIMENT)

300376	LCpl	O'Hara, JP			26. 7.17
15223	CSM	Orr, R			6. 2.18
66005	Sjt	★ Parsons, AOL,	2/10 Bn(Attd RE)		15. 7.19
11778	Sjt	Paterson, W			22. 9.16
50699	LCpl	Peatie, JP	12 Bn		10. 1.20
66002	Sjt	Peet, J	2/10 Bn		27. 5.19
40650	Cpl	Pinchin, WH			26. 1.18
10148	A/CSM	Porteous, J			19. 8.16
10148	CSM	Porteous, J, D.C.M.		Bar	3.10.18
350343	Sjt	Purves, G			21.10.18
325319	LCpl	Ramage, L	12 Bn		2.12.19
17991	Sjt	Ramsbottom, A	15 Bn(posted 13 Bn)		
				*	30. 1.20
200516	Sjt	Reid, W			15.11.18
13521	Sjt(A/CSM)	Renton, A, M.M.	12 Bn		2.12.19
741	Pte	Rentoul, R	1/8 Bn		5. 8.15
8993	Cpl	Ritchie, D	5/6 Bn		10. 1.20
27874	Sjt	Robertson, J			3. 9.18
200007	CSM	Robertson, JA			1. 5.18
13344	CSM	Robertson, T			26. 9.16
376152	Pte	Robinson, RM	13 Bn		11. 3.20
275875	Sjt	Ruthven, J	5/6 Bn		2.12.19
51885	Pte	Salberg, S	1/9 Bn		10. 1.20
66539	Cpl	▲ Salmons, CA	2/10 Bn		10. 1.20
10877	Sjt	Scott, J			3. 3.17
7838	Sjt	Shenton, T			6. 2.18
10373	Pte	Simpson, A	1 Bn		1. 4.15
350566	Pte	Simpson, A	9 Bn		11. 3.20
11981	Sjt	Simpson, J	11 Bn		11. 3.16
6896	Sjt	Simpson, N			3. 9.18
10468	Sjt	Slater, J			26. 1.17
200934	Pte	Small, J			15.11.18
9157	Pte	Smith, L			26. 7.17
62853	ACpl	Smith, R			17. 4.18
250762	Pte(LCpl)	Snedden, C			3. 9.18
18433	Pte	Soutar, WT			14.11.16
22735	Sjt	Spence, A	12 Bn(Attd 27 LTMB)		11.3.20
350106	Cpl	Squair, A	9 Bn		11. 3.20
11149	Sjt	Stephen, A	2 Bn		11. 3.16
646	Sjt	Stevenson, F	1/8 Bn		11. 3.16
23433	LCpl	Stevenson, J			22. 9.16
53228	Pte	Sweeney, P	13 Bn		16. 1.19
13316	CSM	Tait, J, M.M.	11 Bn		2.12.19
43424	Pte(ACpl)	Taylor, J	2 Bn		5.12.18
17259	Sjt	Telfer, WT			18. 7.17
818	LCpl	Temple, J	4 Bn		21. 6.16
3238	LCpl	Thomas, J	2 Bn		11. 3.16
8500	Cpl	Toomey, P			3. 9.18
66242	Pte	Turton, A, M.M.	2/10 Bn		15. 7.19
15880	CSM	Tuton, J	11 Bn		3. 9.18
13158	Pte	Waddell, F	11 Bn		21. 6.16
350317	CSM	Walker, D, M.M.			3. 9.18
7394	ACpl	Wallace, T	1 Bn		30. 6.15
1879	Cpl	Watson, TW	1/9 Bn		11. 3.16
40934	Pte	Watt, J			30.10.18
352979	LCpl	Weir, A, M.M.			3. 9.18
6726	CSM(A/RSM)	West, AA			9. 7.17
5877	Sjt	Whaley, C	2 Bn		1. 4.15
23670	Cpl	Wheatley, WC			3. 9.18
22998	Pte	Whewell, RC			22. 9.16
13436	A/Cpl	White, J	12 Bn		11. 3.16
16158	ACpl	Whittle, JF	13 Bn		11. 3.16
23784	Sjt	Whyte, AA	17 Bn		10. 1.20
2218	Pte	Will, JHB			19. 8.16
275764	Cpl	Williams, J	5/6 Bn		2.12.19
200071	LSjt	Wilson, A			1. 5.18
41802	Pte	Wilson, GW	11 Bn		2.12.19
43032	Sjt	Wilson, J	11 Bn		2.12.19
11774	Pte	Wilson, J	11 Bn		16.11.15
10362	Pte	Wilson, T	1 Bn		30. 6.15
250571	Cpl	Wright, FW			17. 4.18
275022	Pte	Young, H			3. 9.18
250784	Pte	Young, W			1. 5.18
2357	Pte	Young, WP	3/9 Bn (form. 1/9 Bn)		
					11. 3.16

216 D.C.M.'s   6 Bars.

† D.C.M. L/G 1900.

‡ N. Russia

★ MALA-BERESNIK 1/5/19

▲ N. Russia 10/10/18.

THE QUEEN'S (ROYAL WEST SURREY REGIMENT)

61040	Pte	Abrahams, FI			30.10.18
L/9017	CSM	Atfield, S			30.10.18
L/9439	Sjt	Ayling, DR	1 Bn		2.12.19
S/770	Cpl	Baker, G			20.10.16
G/9646	Sjt	Baker, TH	(Attd RE)		17. 4.17
G/3347	Sjt	Barham, ET			13. 2.17
240661	Pte	Barnaby, H	1/5 Bn	M	16. 1.19
9731	Sjt	Barnes, AC			22. 9.16
8136	Pte	Barrett, FJ	2 Bn		11. 3.16
630	Pte	Batcock, R			25.11.16
G/6066	LCpl	Benison, R			20.10.16
G/24088	Sjt	Blay, E			3.10.18
201289	Sjt	Brazier, L	2/4 Bn		3. 9.19
9290	Cpl	Brice, G	1 Bn		15. 4.16
L/9567	CSM	Brooker, LJ, M.M.			3. 9.18
G/1849	Sjt	Brown, ST			3. 9.18
8461	Cpl	Brown, WJ	2 Bn		16.11.15
22129	Pte(LCpl)	Burnett, SC			26. 1.18
200121	Sjt	Carner, CGS	7 Bn		10. 1.20
G/39745	Cpl	Chandler, DD	10 Bn		2.12.19
1326	Cpl(ASjt)	Charman, GH	2 Bn	I	25. 2.20
L/9520	LCpl	Childs, A	2 Bn	I	11. 3.20
15318	Pte(LCpl)	Claydon, WL			17. 4.18
757	Pte	Clear, B	2 Bn		5. 8.15
241348	Sjt	Cluer, CG			29. 8.17
9629	Cpl	Colley, B			9. 7.17
L/9213	Sjt	Constant, EJ	2 Bn		27. 7.16
39397	Sjt	Cornwall, AH	7 Bn		16. 1.19
8371	Sjt	Coucher, A	6 Bn		11. 3.16
9555	Pte	Cowstick, HO	2 Bn		5. 8.15
L/9326	CQMS	Cox, E, M.M.			21.10.18
6220	Pte	Crabb, EG			25.11.16
1685	Cpl	Crumplin, W	7 Bn		16. 1.19
240006	CSM	Dale, SJ	10 Bn		2.12.19
9059	Pte	Day, W	2 Bn (Attd RE)		11. 3.16
7689	LCpl	DeBell, AD	1 Bn		17.12.14
206607	Cpl	Denyer, AW			1. 5.18
1058	Sjt	Donaldson, JD			18. 7.17
9963	CSM	Drake, HEA, M.M.	7 Bn		10. 1.20
2382	Pte	Drowley, JA	1/5 Bn		15. 4.16
201202	Sjt	Eades, SH	2/4 Bn		3. 9.19
G/30156	Pte	Edney, GEB	8 Bn		2.12.19
G/1472	LCpl	Edwards, AE			20.10.16
8667	CSM	Elderkin, M			26. 7.17
4283	SM	Elliott, CJM	1 Bn		16. 1.15
5799	CSM	Elson, W	2 Bn		1. 4.15
206564	Sjt	Emery, GH			18. 2.18
G/11205	CSM	Everett, W			3. 9.18
9708	Dmr	Farmer, GJ	1 Bn	★	30. 1.20
8386	A/CSM	Filby, TC	2 Bn		1. 4.15
8386	CSM(Later 2Lt)	Filby, TC, D.C.M.	2 Bn	Bar	11. 3.16
11290	LCpl	Finlayson, RA, M.M.			30.10.18
3700	Pte	Flitton, WT	1 Bn		11. 3.16
9316	Pte	Gambrill, SJ	2 Bn		1. 4.15
3705	Pte	Geering, S	1 Bn		15. 4.16

THE QUEEN'S (ROYAL WEST SURREY REGIMENT)

Number	Rank	Name	Bn		Date
6522	A/CQMS	Graham, G	1 Bn		14. 4.20
2949	Sjt(Later 2 Lt)	Green, H	2/4 Bn	G	11. 3.16
240306	LCpl	Green, J	(form 1856)		29. 8.17
9641	Pte	Green, SJ	1 Bn		17.12.14
2098	A/Cpl	Hall, R			25.11.16
G/3710	Sjt	Harris, WL, M.M.			3. 9.18
389	Pte	Hart, G	6 Bn		15. 4.16
S/931	CSM	Hart, T	7 Bn		21. 6.16
G/3067	CSM	Hayward, W			3.10.18
S/748	Sjt	Henderson, G			21.10.18
362	CSM	Hill, AJ	7 Bn		11. 3.20
6751	LCpl	Holcombe, EH	2 Bn		5. 8.15
G/356	Pte	Holland, GS			22. 9.16
3014	Pte	Homer, H	8 Bn		15. 3.16
G/11299	LCpl	Humphrey, WF			26. 1.18
L/10707	Sjt	Ingram, EGW			21.10.18
60930	Pte	Jacobs, F	2 Bn	I	25. 2.20
3225	Sjt	Jenkins, R	7 Bn		11. 3.20
2153	Sjt	Johnson, AE			3. 3.17
L/9238	Sjt	Jones, HB, M.M.			3. 9.18
1097	LCpl	Kettle, CR	6 Bn		11. 3.16
524	Cpl	Kimber, WJ	2 Bn		30. 6.15
G/9448	Sjt	King, FJ			22. 9.16
8816	Sjt	Knibbs, H	2 Bn		5. 8.15
208051	CSM	Knight, JW			30.10.18
60821	A/Sjt	Lane, WT	6 Bn		2.12.19
8124	Pte	Lawrence, R	1 Bn		17.12.14
9315	Pte	Lawrence, WA	2 Bn		5. 8.15
8563	Sjt	Lea, E			9. 7.17
G/6887	LCpl	Letts, E			3. 9.18
6811	LCpl	Linegar, C			26. 7.17
2434	Cpl	Lowe, CE			17. 4.18
39181	Pte	Luff, W			6. 2.18
1731	Pte	Martin, G			25.11.16
L/7833	CSM	Mawditt, FP			13. 2.17
T/3874	Pte	McCann, F			17. 4.18
9108	Pte	Mears, G	2 Bn		1. 4.15
6654	Pte	Mills, CW	2 Bn		30. 6.15
21570	CSM	Mitchell, JA			6. 2.18
G/1607	Sjt	Monk, AJ			20.10.16
4354	LSjt	Monk, EFJ	1 Bn		10.11.14
6374	Pte	Moore, HF	3 Bn (form 1 Bn)		11. 3.16
202962	Sjt	Mort, W			4. 3.18
1061	Pte(LCpl)	Moxley, ES			22. 9.16
1049	Cpl	Neal, AW			25.11.16
L/8269	CSM	Newman, TP			17. 4.18
L/11312	CSM	O'Leary, WA			3. 9.18
1913	Pte	Osmond, H	6 Bn		11. 3.16
196	Pte	Overton, WJ			22. 9.16
G/37151	Pte	Pannell, SA	7 Bn		10. 1.20
3467	Pte	Paterson, E	1 Bn		15. 4.16
G/24695	LCpl	Percival, T, M.M.			3. 9.18
9055	Pte	Perfect, EE	2 Bn		1. 4.15
L/5663	RQMS	Perkins, H	11 Bn		3. 9.19
200088	Sjt	Phillips, BE			28. 3.18
2624	Sjt	Powell, AW	8 Bn		29.11.15
S/990	Cpl	Pratt, PF	2 Bn		27. 7.16
848	Sjt	Punter, HG			25.11.16
G/10802	CSM	Quimby, W			26. 1.18
2515	Pte	Rabbets, FH			25.11.16
G/3724	Sjt	Randall, HE			28. 3.18
8846	Sjt	Reeves, WG	2 Bn		1. 4.15
L/4773	SM	Routley, W			22. 9.16
3628	Sjt	Salmon, A	2 Bn	I	25. 2.20
G/21330	LCpl	Salmon, TF	2 Bn	I	3. 9.19
240055	Sjt	Shelton, M	1/5 Bn	M	16. 1.19
60891	Sjt-Drmr	Shepherd, TP	8 Bn		3. 9.19
3562	Pte	Shove, J	2 Bn (Attd RE)		5. 8.15
G/11310	Sjt	Skitteral, BT			25. 8.17
9987	Pte	Smith, H	2 Bn		30. 6.15
G/2905	CSM	Sole, LW			3.10.18
207030	Sjt	Sparrow, WH	11 Bn		3. 9.19
6010	A/Sjt	Spiller, AJ	2 Bn		5. 8.15
646	Pte	Steele, RJ	2 Bn		5. 8.15
G/30785	Pte	Stott, MR	10 Bn		5.12.18
9222	Pte	Swan, HL	2 Bn		5. 8.15
9222	Pte	Swan, HL, D.C.M.	2 Bn	Bar	11. 3.16
G/9668	Sjt	Taylor, JH			14.11.16
L/9925	CSM	Teddar, S			21.10.18
L/10713	Cpl(A/Sjt)	Thorns, FA, M.M.	7 Bn		10. 1.20
L/5749	CSM	Towner, A	1 Bn		3. 9.19
10018	Sjt	Tracey, HA			6. 2.18
G/3088	Sjt	Trott, AL	8 Bn		31. 5.16
G/2545	LCpl	Turner, HW			26. 1.18
10884	Pte	Viney, E	2 Bn		1. 4.15
218	Pte	Voller, J			6. 2.18
21214	Pte	Waldron, A			25.11.16
G/3354	Sjt	Ward, J			26. 1.18
24020	Sjt	Watson, RJ	2 Bn	I	25. 2.20
G/6165	Sjt	Watt, B			3. 9.18
202113	Pte(A/LCpl)	Weller, TG			1. 5.18
S/6688	Pte	Whipp, HA			1. 5.18
G/35409	Pte	White, AW			3. 9.18
21728	LSjt	Wickens, WG	10 Bn		3. 9.19
G/39939	Sjt	Willy, J			3. 9.18
G/39939	CSM	Willy, J, D.C.M.	7 Bn	Bar	16. 1.19
9608	Drmr	Wise, HA	1 Bn		6.11.14
8251	LCpl	Wood, FT	3 Bn (form 2 Bn)		11. 3.16
G/10849	Sjt	Woodhead, CK			26. 9.16
22732	Sjt	Woodhouse, WH			26. 1.18
240216	Pte	Woods, HC			29. 8.17
G/2205	Sjt	Wright, EJ			4. 3.18
G/2326	Sjt	Young, TH	8 Bn		21. 6.16

155 D.C.M.'s   3 Bars

THE BUFFS (EAST KENT REGIMENT)

Number	Rank	Name	Bn		Date
135	LCpl	Adams, JT	1 Bn		11. 3.16
9904	Pte	Amos, ET	1 Bn		15. 9.15
L/7051	RSM	Andrews, AW			21.10.18
G/15767	CSM	Ashby, F			15.11.18
240261	Pte	Atkinson, J			29. 8.17
1519	Cpl	Avis, HJ	5 Bn		15. 4.16
G/6884	Sjt	Ayres, AJ			30.10.18
G/3494	Sjt	Bacon, FN	7 Bn		2.12.19
8781	Sjt	Baker, F	1 Bn		16.11.15
9036	CSM	Barrell, G			11. 3.20
200105	Pte	Barton, LRW	10 Bn (Attd Ind. Div Sig Coy)	P	14. 4.20
G/3377	Sjt	Batchelor, CC, M.M.	7 Bn		2.12.19
L/8893	Cpl(LSjt)	Bigg, WJ			30.10.18
10017	Pte	Bloomfield, F	1 Bn		1. 4.15
1153	Pte	Bridges, F	5 Bn		15. 4.16
511	CSM(A/SM)	Brooker, JG	8 Bn		21. 6.16
8021	CSM	Brown, A	1 Bn		30. 6.15
18980	L/Cpl †	Bugg, JW			18. 7.17
3635	CQMS	Burt, W			6. 2.18
5148	Sjt	Butler, W			20.10.16
5800	Pte(LCpl)	Carey, FW, M.M.			28. 3.18
6541	A/CSM	Carpenter, J			20.10.18
1940	CSM	Caselton, TG			3. 9.18
2258	LSjt	Chapman, AHR			17. 4.17
G/1985	CSM	Coffin, W			15.11.18
1898	Pte	Coleman, AC, M.M.			3. 9.18
7636	Pte	Cooper, H	1 Bn		15. 9.15
8999	Sjt	Court, EJT	2 Bn		11. 3.16
G/3301	LCpl	Crame, CJ			20.10.16

THE BUFFS (EAST KENT REGIMENT)

Number	Rank	Name	Bn	Date
9038	Cpl	Dennis, GW	1 Bn	11. 3.16
5957	RSM	Dines, DW	2 Bn	11. 3.16
8213	CSM	Field, WJ		11. 5.17
8560	Sjt	Forwood, H	3 Bn	16. 1.15
G/12873	Sjt	France, W, M.M.	1 Bn	2.12.19
4659	LCpl	Geoghegan, J		3. 3.17
1663	LSjt	Gettins, F		13. 2.17
L/8205	Sjt	Goldfinch, AH	2 Bn	* 30. 1.20
241138	Pte	Gurney, A		29. 8.17
9051	Pte	Hall, E	1 Bn	11. 3.16
242905	LCpl	Hall, F		29. 8.17
4267	Sjt	Hamer, T		13. 2.17
242779	A/CSM	Hickson, HC		29. 8.17
243	Pte	Hoddinott, HH	2 Bn	16.11.15
10464	Pte	Hodges, F		3. 9.18
242907	LCpl	Jagger, JJ		29. 8.17
983	Sjt	Joy, H	5 Bn	15. 4.16
3591	Cpl	Keal, AC		28. 3.18
241496	CSM	Lawrence, HJ		29. 8.17
206086	Sjt	Lever, H	7 Bn	2.12.19
452	LCpl	Luck, G	6 Bn	11. 3.16
8077	LCpl	Lucy, S	1 Bn	30. 6.15
8669	LSjt	MacWalter, CC	1 Bn	30. 6.15
9682	Sjt	MacWalter, JR, M.M.		3. 9.18
9603	Cpl	Marsh, A	1 Bn	1. 4.15
G/4269	Pte	Mason, L, M.M.	7 Bn	3. 9.19
9074	CSM	McDonough, WH		25. 8.17
8922	Sjt	McNeir, JM	3 Bn	17.12.14
206128	Pte	Mitchell, A	6 Bn	2.12.19
8777	Cpl	Mordey, P		3. 3.17
8740	LCpl	Neve, GS	2 Bn	11. 3.16
241481	CSM	Newham, MH		29. 8.17
L/8801	LCpl	Newman, AJ	6 Bn	15. 4.16
9905	Cpl	Ongley, AV	1 Bn	11. 3.16
5777	CSM	Page, RE		16. 8.17
G/12957	Pte	Parsons, J		26. 7.17
L/8270	Sjt	Pass, WW		17. 4.18
200597	Sjt	Payne, C	7 Bn	16. 1.19
3265	Pte	Peet, ST	8 Bn	21. 6.16
1341	Cpl	Pellandine, PNL		6. 2.18
1433	Sjt	Pells, TR		16. 8.17
201277	CSM	Peters, W		3. 9.18
1022	Sjt	Phillips, HT	5 Bn	15. 4.16
L/9405	CSM	Poole, JT, M.M.	1 Bn	2.12.19
6605	CSM	Port, EG	2 Bn	30. 6.15
9703	CSM	Randall, S		25. 8.17
G/1147	CSM	Reed, WN, M.M.	7 Bn	2.12.19
1542	LCpl	Robinson, HS	5 Bn	15. 4.16
L/6243	CSM	Saunders, AJ		18. 2.18
10800	Pte	Sheward, A		14.11.16
1723	Pte(LCpl)	Simkins, FC		26. 1.18
9239	Cpl	Simmons, AC	2 Bn	11. 3.16
G/3961	LCpl	Smith, J, M.M.	1 Bn	2.12.19
8926	Sjt	Smith, VR	2 Bn	30. 6.15
5589	Pte	Smith, W	2 Bn	16.11.15
L/7613	LSjt	Souster, A	1 Bn	2.12.19
9872	LCpl(A/LSjt)	Spiller, WC		3. 3.17
1402	Pte	Spurgeon, C	8 Bn	29.11.15
1111	Sjt	St.John, FR	5 Bn	15. 4.16
3620	LSjt	Steel, GJ		25.11.16
G/2542	Sjt	Stewart, TG		25.11.16
5277	Pte	Streat, WJ		26. 1.18
240072	Sjt	Swinyard, GA		29. 8.17
957	Cpl	Tamblin, WH		22. 9.16
1667	Pte	Thorne, EP	5 Bn	15. 4.16
4545	Cpl	Tritton, GA	2 Bn	16.11.15
270252	Sjt	Turner, DG		28. 3.18
G/2561	Sjt	Upton, PC		20.10.16
7967	CSM	Vincer, PA		18. 6.17
G/3424	LSjt(A/Sjt)	Waby, RW	1 Bn	2.12.19
2432	Pte	Westwood, J	5 Bn	15. 4.16
G/1300	CQMS	Wickington, HG		17. 4.18
8827	Pte	Wilson, S	1 Bn	15. 9.15
G/9884	Sjt	Woodhams, H		17. 4.18
5781	Sjt(A/CSM)	Wright, HC		13. 2.17
5781	CSM	Wright, HC, D.C.M.		Bar 17. 9.17

104 D.C.M.'s   1 Bar

† This soldier enlisted under the assumed name of Budd.

THE KING'S OWN (ROYAL LANCASTER REGIMENT)

Number	Rank	Name	Bn	Date
200024	Sjt	Adamson, R		9. 7.17
8807	CSM	Adie, A		28. 3.18
25409	Cpl(A/Sjt)	Alexander, HAT		30.10.18
10778	Cpl	Allen, BF	1 Bn	16. 1.19
22007	Sjt	Arakelian, JA		14.11.16
14562	Sjt	Avery, C	8 Bn	30. 3.16
200208	Sjt	Barrow, T	1/4 Bn	2.12.19
5824	Sjt	Batty, V	2 Bn	30. 6.15
5824	CSM	Batty, V, D.C.M.		Bar 3. 9.18
13788	LCpl(A/Cpl)	Bayley, A		26. 7.17
27057	Cpl(A/Sjt)	Beard, F		11.12.16
2071	Cpl	Bennett, EL	1/5 Bn	15. 4.16
13561	Pte(A/Cpl)	Bennett, W		28. 3.18
19961	Pte	Berry, BT		14.11.16
12799	Sjt	Bibby, E		21.10.18
12696	Cpl	Bibby, H		26. 5.17
8931	Sjt	Birkitt, AB, M.M.		3. 9.18
17560	Cpl	Birtwistle, G		3.10.18
22383	Cpl	Bond, GH	1 Bn	11. 3.20
12141	Pte(LCpl)	Booth, J		25. 8.17
6559	Cpl	Borders, J	1 Bn	17.12.14
11156	Sjt(A/CQMS)	Bowles, GC		21.10.18
17154	Sjt	Brinkworth, WE		29. 8.17
242048	LSjt	Bullock, R	1 Bn	11. 3.20
240224	Sjt	Burns, RWM	2/5 Bn	3. 9.19
202785	Sjt	Burton, AJ		6. 2.18
16445	Pte	Cameron, AW	7 Bn	16. 5.16
2490	Pte	Carrick, J	1/4 Bn	11. 3.16
6741	Sjt	Challoner, W		26. 1.18
20822	LCpl	Chesters, A		17. 4.18
17328	Cpl(LSjt)	Clark, G		18. 7.17
19484	Cpl	Clementson, A, M.M.	1/4 Bn	5.12.18
11048	Pte	Colvin, R		1. 5.18
11680	CSM	Connor, J	6 Bn	G 11. 3.16
200065	CSM	Cook, JB		17. 4.18
11079	Cpl	Cooper, TG	1 Bn	5. 8.15
23118	Pte	Corbett, R		28. 3.18
12021	Pte	Cosgrove, W		21.10.18
2487	Pte	Costello, J		1. 5.18
9630	Sjt	Cronin, JW	1 Bn	16. 1.19
202738	Sjt	Cross, JM		26. 1.18
3572	Pte	Davies, E		26. 1.18
202739	Sjt	Dickinson, H, M.M.		15.11.18
4072	Sjt	Dunn, WJ		13. 2.17
23531	LCpl	Edwards, J		15.11.18
6614	CSM	Exley, J		21.10.18
1281	Sjt	Farish, WH	1/4 Bn	11. 3.16
6108	LCpl	Fitzpatrick, J		22. 9.16
10868	Sjt	Gathercole, H		29. 8.17
7755	A/RSM	Gibson, S		29. 8.17

THE KING'S OWN (ROYAL LANCASTER REGIMENT)

Number	Rank	Name	Bn		Date
2577	Pte	Gibson, W	1/5 Bn		15. 4.16
200680	CSM	Graham, D			6. 2.18
6994	Sjt	Grant, W	1 Bn		16. 1.15
2936	Cpl	Graves, AE 1/4 Bn (Attd 179 Tun Co RE)			11. 3.16
8779	Sjt	Greenleaf, W			21.10.18
22631	Sjt	Grinham, JE			21.10.18
14458	Cpl	Haith, P	8 Bn		30. 3.16
15206	Sjt	Harper, F			20.10.16
14421	Pte	Harrison, T	8 Bn		30. 3.16
1/4059	SM	Heaysman, E	1 Bn		21. 6.16
15466	LCpl	Hill, A	8 Bn		30. 3.16
200839	Sjt(A/CSM)	Hodgson, AE	1/4 Bn		11. 3.20
27744	Sjt	Hodgson, J	8 Bn		5.12.18
241453	Pte	Hogarth, W			17. 9.17
6672	Pte	Hoggard, W	1 Bn		17.12.14
14682	Sjt	Holgate, AW	8 Bn		30. 3.16
7941	Sjt	Howard, E	1 Bn		11.11.14
240365	Cpl(A/Sjt)	Huartson, T			26. 4.17
200746	Cpl(LSjt)	Huddleston, G			15.11.18
32495	CSM	Incledon, WJ			9. 7.17
241847	Sjt	Jackson, J			15.11.18
240700	Sjt	Jackson, W	2/5 Bn		11. 3.20
200691	LCpl	Johnson, G			28. 3.18
200691	LSjt	Johnson, G, D.C.M.		Bar	3.10.18
2876	Pte	Johnston, B	1 Bn		16. 1.19
4231	CSM	Jones, GH	6 Bn	G	11. 3.16
15745	Cpl	Kirk, J	8 Bn		3. 9.19
24308	Cpl	Kirkman, J, M.M.	8 Bn		2.12.19
8073	CSM	Lelliot, F	1 Bn		30. 6.15
2230	Cpl	Lidford, EJ	1/5 Bn		15. 4.16
18506	Pte	Lord, J	1 Bn		11. 3.16
27152	Cpl	Lound, JE 1 Bn (Attd 12 TMB)			11. 3.20
11636	Pte(A/Cpl)	Lydiate, S			20.10.16
1406	LCpl	Lynch, W	1/5 Bn		15. 4.16
243086	Sjt	Macdonald, JF			26. 1.18
7861	Cpl	Mann, E	1 Bn		30. 6.15
1892	LCpl	Martin, H	1/4 Bn		9.10.15
240869	A/RSM	Mashiter, TD	2/5 Bn		11. 3.20
8657	LSjt	Maxfield, FG	1 Bn		11. 3.16
21738	Pte	McChystal, J, M.M.			30.10.18
2572	Pte	Milton, CS			20.10.16
9066	Pte	Moir, LC	2 Bn		11. 3.16
27824	Pte	Morley, J			3.10.18
240977	CSM	Newton, M			17. 4.18
2340	A/Sjt	Owen, JS	1/4 Bn		5. 8.15
966	Pte	Palin, SE	1/5 Bn		15. 4.16
10584	Pte	Park, WJ	2 Bn		1. 4.15
9570	CQMS	Parker, H	1 Bn		3. 9.19
202760	CSM	Parry, R	1/4 Bn		3. 9.19
242091	Pte	Pasquill, W			3. 9.18
200508	Sjt	Pearson, JR			6. 2.18
8978	Sjt	Pope, GF			6. 2.18
1649	Cpl	Poye, J	1 Bn		5. 8.15
32	Sjt	Price, A	1/5 Bn		15. 4.16
6756	Sjt	Rastall, GH	1 Bn		30. 6.15
14537	Cpl	Richardson, H			22. 9.16
23733	Sjt	Rivett, JS. M.M.			3. 9.18
12073	Pte	Rothwell, G			3. 9.18
6754	Pte	Rowlinson, J	1 Bn		30. 6.15
30262	A/RSM	Smith, WE			21.10.18
10505	Cpl	Snelgrove, T			3. 9.18
12961	Cpl	Storey, W			4. 3.18
240629	CSM	Street, S	2/5 Bn		11. 3.20
27316	LCpl	Taylor, H			6. 2.18
9706	Pte(LCpl)	Topham, J			26. 1.18
14587	LCpl	Tull, R			13. 2.17
15017	Pte	Tyrrell, J			3. 9.18
2805	Pte	Veevers, RW	1/5 Bn		15. 4.16
10599	Sjt	Vesty, J			29. 8.17
200554	CSM	Walker, R	1/4 Bn		11. 3.20
265033	Cpl(LSjt)	Walton, T			15.11.18
8059	LCpl(A/Cpl)	Watts, H	1 Bn		30. 6.15
27925	Pte	White, JH			15.11.18
9/16247	Sjt	Wildman, RJ	9 Bn	S	3. 9.19
6612	CSM	Williams, E			13. 2.17
235252	Cpl(A/Sjt)	Williams, FR			3. 9.18
11052	Sjt	Williamson, J, M.M.	8 Bn		2.12.19
15230	CQMS	Wilson, WS	8 Bn		11. 3.20
15671	Sjt	Withers, TD	8 Bn		30. 3.16
8183	CSM	Worsley, A	1 Bn		30. 6.15
4827	CSM	Worthington, J			1. 5.18
12050	Sjt	Yates, FS			6. 2.18
5891	Pte(A/Cpl)	Young, W	1 Bn		1. 4.15

131 D.C.M.'s   2 Bars

THE NORTHUMBERLAND FUSILIERS

Number	Rank	Name	Bn		Date
2156	Cpl(Sgnr)	Adams, J	2 Bn		2.12.19
45940	Pte	Allen, J			6. 2.18
202041	Cpl(A/Sjt)	Allen, HJ	5 Bn		3. 9.19
23/689	Cpl	Allison, TW			26. 1.18
238001	Pte	Arbuckle, T	9 Bn		11. 3.20
265658	Cpl	Archer, RH, M.M.			3. 9.18
200357	Sjt	Armstrong, F			28. 3.18
16/416	CQMS	Armstrong, HS			9. 7.17
240536	Sjt	Aston, V, M.M.			3.10.18
16954	Cpl	Atchison, TH			25.11.16
24347	Sjt	Atkin, P			3. 9.18
46159	Sjt	Ayton, GH	9 Bn		11. 3.20
13080	Sjt	Bagnall, A, M.M. 10 Bn		I	11. 3.20
11/16130	LCpl	Bailey, TL			3.10.18
41297	Pte	Barker, F (Attd LTMB)			16. 8.17
18427	Sjt	Barlow, E			26. 1.18
16/419	Sjt	Barnes, BK	16 Bn		21. 6.16
13466	Pte	Bartlett, WE 12/13 Bn (Attd 62 TMB)			11. 3.20
8/6336	Pte	Bell, DF			26. 9.16
3117	LCpl	Bell, JM			25.11.16
19693	Cpl	Bell, W			9. 7.17
5269	Sjt	Bennington, JP			3. 9.18
2558	LCpl	Bentley, SE	1 Bn		17.12.14
15441	Sjt	Bevington, F	2 Bn		10. 1.20
2340	Sjt	Binnington, W	2 Bn		2.12.19
22/754	Bugler	Blake, J			22. 9.16
25/770	Sjt	Blyth, J			14.11.16
1786	CSM	Bone, AE	1/7 Bn		11. 3.16
24/904	Pte	Boyle, R			18. 7.17
7260	Sjt	Brittain, LE	11 Bn	I	25. 2.20
12250	CSM	Browell, G			17. 4.18
240337	Sjt	Brown, JW			28. 3.18
12174	Sjt-Bugler	Buchan, GA (Depot) (Attd RE)			11. 3.16
10/11807	LCpl	Buglass, J, M.M. 1 Bn			10. 1.20
240991	Cpl	Burford, L			3. 9.18
1180	Pte	Burrell, G	7 Bn		30. 6.15
19/184	T/RSM	Burton, F			21.10.18
6703	CSM	Button, RN			30.10.18
329	Bandsman	Cameron, A	1/4 Bn		11. 3.16
19/530	Sjt	Campbell, AW	19 Bn		11. 3.20
8591	Pte	Campbell, H	8 Bn		10. 1.20
2140	Sjt	Carlin, WP	1 Bn		16. 5.16
10560	CSM	Carr, SH, M.M.			3. 9.18
8/4267	Sjt	Cawthorn, L, M.M.			26. 6.18
1517	Pte	Chadderton, GO 4 Bn			30. 6.15
18/1178	Sjt	Churchill, W			17. 4.18
316318	Pte	Clark, CH	36 Bn		2.12.19
7387	Sjt	Clarkburn, J	1 Bn		30. 6.15
16/1112	LCpl	Clarke, FP			26. 9.16

Number	Rank	Name	Bn		Date
6931	Sjt	Clarke, J	1 Bn		30. 6.15
26/828	CQMS	Coleman, J			19. 8.16
11874	Cpl(LSjt)	Collins, AE	23 Bn	*	30. 1.20
8488	CSM	Cooper, TF	1 Bn		16. 5.16
549	LCpl	Cowan, GE			30.10.18
23/822	Sjt	Cowans, CA, M.M.			3.10.18
37972	Pte	Craghill, E			26. 3.17
522	CQMS	Crouch, JW	1 Bn		1. 4.15
27/852	CSM	Cunningham, J			4. 3.18
22/264	Pte	Curry, G			6. 2.18
4955	Pte	Davison, T	8 Bn	G	11. 3.16
8628	Cpl	Dawson, C	1 Bn		30. 6.15
19/414	Sjt	Dean, WJ			20.10.16
25/943	LCpl	Devenish, A			17. 4.18
18757	LSjt	Dinnington, R			6. 2.18
3783	Sjt(A/CSM)	Dipper, OC	8 Bn		25. 2.20
19/1175	Pte	Dobson, J			20.10.16
1154	Pte	Dodds, J	5 Bn		30. 6.15
51277	Pte	Dodds, J	9 Bn		11. 3.20
1480	Pte	Dowling, T	5 Bn		21. 6.16
292691	CSM	Draper, AV			28. 3.18
19165	Pte	Duckworth, M			3. 9.18
25/935	LCpl	Duffy, J			22. 9.16
22/980	CSM	Duffy, J			18. 7.17
9656	CSM	Dumbleton, FG			22. 9.16
10773	CSM	Eastham, G			3. 9.18
10773	RSM	Eastham, G, D.C.M.		Bar	30.10.18
20/1563	Cpl	Easton, T			9. 7.17
55845	Sjt	Edwards, HJ	9 Bn		11. 3.20
1352	Pte	Ellingham, W	1 Bn		30. 6.15
200334	LCpl	Elliot, F			17. 4.18
46105	LCpl	Ellis, A			3.10.18
24/764	LCpl	English, A			22. 9.16
242557	LCpl	Fairchild, W			28. 3.18
3/9671	CSM	Faulkner, CE			22. 9.16
3205	CSM	Fawley, P			10. 1.17
20/1038	Cpl	Felce, C			28. 3.18
265297	RSM	Finch, C, M.C., M.M.			3. 9.18
61293	CSM	Finch, JW			28. 3.18
1562	Cpl	Fisk, AJ	1 Bn		1. 4.15
1732	A/Cpl	Fitzgerald, CJ	1/5 Bn		11. 3.16
240478	CSM	Fletcher, R			17. 4.18
328	Bandsman	Forster, J	1/4 Bn		11. 3.16
25/955	A/CSM	Forster, RE			11. 5.17
25/955	CSM	Forster, RE, D.C.M.		Bar	18. 7.17
18/215	Sjt	Forsyth, J			9. 7.17
79118	LCpl	Foulkes, E, M.M.	36 Bn		2.12.19
13248	Sjt	Fuller, R	9 Bn		30. 3.16
87453	CSM	Gadsby, WG	22 Bn		10. 1.20
5289	Sjt	Gallon, F			6. 2.18
24307	Pte	Gibbon, R			4. 3.18
2029	LCpl	Gilholme, R	4 Bn		21. 6.16
8622	CSM	Gillborn, L	1 Bn		5.12.18
26/934	Sjt	Gilmore, W			17. 4.18
22/1410	Sjt	Glendinning, JJ			18. 7.17
37143	Cpl	Graham, I, M.M.	11 Bn	I	25. 2.20
25/227	Pte(A/Cpl)	Granville, WT	9 Bn		2.12.19
10/19847	Pte	Greene, D	10 Bn		16. 5.16
2595	Sjt	Halliday, EJ	2 Bn		11. 3.16
23/613	Sjt	Halligan, T			21.10.18
41172	Sjt	Hardman, R			18. 7.17
41172	Sjt(CSM)	Hardman, R, D.C.M.		Bar	3.10.18
38102	CSM(A/RSM)	Harle, AS			21.10.18
38102	CSM	Harle, AS, D.C.M.	23 Bn	Bar *	30. 1.20
2207	LCpl	Harris, G	1/6 Bn		11. 3.16
41181	Pte	Harrison, JW			3. 9.18
2211	Pte	Hay, W	1/6 Bn		11. 3.16
2211	Cpl	Hay, W, D.C.M.		Bar	26. 1.17
5438	Pte	Hemsworth, H	12 Bn		16.11.15
21/993	CSM	Henderson, RC			6. 2.18
20004	CSM(A/RSM)	Henderson, W			30.10.18
46358	Sjt	Herzog, GP	12/13 Bn (Depot)		11. 3.20
5064	CSM	Hilton, AW	12 Bn		15. 3.16
11468	Sjt	Hoare, D			9. 7.17
14265	Pte	Hodgkinson, A	12 Bn		15. 3.16
19/352	RQMS	Hodgson, A			17. 4.18
265393	A/Cpl	Hodgson, J			3. 9.18
13992	Pte	Hodgson, JR			30.10.18
19/1100	LCpl	Hogg, G			3. 9.18
21/236	Pte	Holland, WS			10. 1.17
290342	Sjt	Holmes, E	1/7 Bn		11. 3.20
27/360	Sjt	Horsman, R	8 Bn		10. 1.20
31477	Sjt	Howarth, J, M.M.	1 Bn		10. 1.20
12924	Pte	Hutchinson, H			22. 9.16
21/377	Sjt	Jackson, AF			13. 2.17
21/377	Sjt	Jackson, AF, D.C.M.		Bar	26. 3.17
38596	LCpl	Jagger, HH			16. 8.17
46027	Pte(LCpl)	Jaques, A			3.10.18
24346	Sjt	Jefferson, JD, M.M.			4. 3.18
20390	Cpl	Jennings, TJ	13 Bn		31. 5.16
34741	Pte	Jobe, JM			30.10.18
1734	Pte	Johnson, R	1/7 Bn		11. 3.16
14710	Sjt	Johnson, W			21.10.18
8/4725	A/Cpl	Johnstone, CCG	8 Bn	G	11. 3.16
15377	LCpl	Jones, T	12 Bn		15. 3.16
2363	Sjt	Jordan, JF	1 Bn		5. 8.15
9127	LCpl	Joynson, A	1 Bn		5. 8.15
265487	CSM	Julsing, H			17. 4.18
9812	LCpl	Keirsey, M	1 Bn		16. 5.16
200490	Sjt	Kelly, J			3.10.18
2162	Bandsman	Kelly, W	1 Bn		30. 6.15
5475	LCpl	Kitching, F	12 Bn		24. 6.16
19/291	Sjt	Laing, GH	19 Bn		3. 9.19
7671	Sjt	Lane, J	2 Bn		5. 8.15
15136	Pte	Laverick, RM	9 Bn		30. 3.16
21283	Sjt	Lazenby, FS	22 Bn		11. 3.20
25/1070	LCpl	Lennard, M			17. 4.18
265234	Sjt	Lewis, T			21.10.18
18704	Pte	Liddle, J	9 Bn		30. 3.16
20/825	Cpl	Liddle, JW			20.10.16
6419	LSjt	Lightowler, H			6. 2.18
3245	Pte	Logue, J	2 Bn		5. 8.15
15381	Cpl	Luke, W	12/13 Bn		3. 9.19
46727	Sjt	Lumley, W			3.10.18
20461	Pte	Lunn, TH	(Attd LTMB)		26. 1.18
27/492	S/Sjt	Madden, R			3.10.18
38306	RSM	Marr, AM			21.10.18
2188	Pte	Martin, C	7 Bn		30. 6.15
20092	Sjt	Martin, G			9. 7.17
20995	Cpl	Matthews, G			21.10.18
1741	Pte	McClafferty, E			14.11.16
559	CSM	McDonald, RW	1/5 Bn		11. 3.16
265879	Cpl	McGillan, T	1/4 Bn		16. 1.19
9555	Pte	McIntosh, DA			13. 2.17
240066	LCpl	McKenzie, J			28. 3.18
N90099	Sjt	McLeod, T			17. 4.18
1731	LCpl	McPhail, AT			14.11.16
201066	LCpl	Metcalfe, A			28. 3.18
25/1099	CSM	Mitchell, J			3. 9.18
920	LCpl	Mogerley, JE	1/4 Bn		11. 3.16
23/1124	CSM	Moore, L			26. 3.17
40192	CSM	Morris, JW			6. 2.18
38204	LCpl	Moyle, S, M.M.			3.10.18
5375	SM	Myers, W	1 Bn		21. 6.16
37708	Sjt	Naimby, LR	9 Bn		3. 9.19
7010	Pte	Neilson, W			21.10.18
15195	Pte	Nightingale, J			25. 8.17
10664	Sjt	Norton, R			21.10.18
21417	Pte	Oakley, H	2 Bn		2.12.19
18842	Pte	O'Brien, J	14 Bn		15. 3.16
24/251	Sjt	O'Neill, S			13. 2.17
12011	QMS	Parker, RL			6. 2.18
4624	Sjt	Parkins, F			26. 1.18
265509	Sjt	Parr, A, M.M.			30.10.18
21/840	CSM	Patterson, EJ			19. 8.16
20/614	Cpl	Philipson, JE			22. 9.16
20/614	CSM	Philipson, JE, D.C.M.	8 Bn	Bar	25. 2.20
18/233	Sjt	Phillips, J			17. 4.18
1822	L/Sjt	Pickering, JG	1 Bn		17.12.14
4939	Pte	Poole, A			26. 1.18
6162	RSM	Pullan, G			17. 4.18
6787	LCpl	Punshon, B			30.10.18
21942	A/Cpl	Rae, R			26. 1.18
11368	Pte	Rendall, H	12 Bn		16.11.15
14873	Sjt	Rhodes, F			6. 2.18
14873	CSM	Rhodes, F, D.C.M., M.M.		Bar	30.10.18
18700	CSM(A/RSM)	Richardson, A, M.M.			3.10.18
5907	CSM	Richardson, CW			17. 4.18
290123	CSM	Richardson, R			3. 9.18

Section 6.   THE NORTHUMBERLAND FUSILIERS   67

7145	Sjt(A/CSM)	Robinson, I	1 Bn		5. 8.15
7145	CSM	Robinson, I, D.C.M.		Bar	25.11.16
24/1148	Sjt	Robson, HT			9. 7.17
18459	Sjt	Rose, R			20.10.16
38116	LSjt	Russell, E			21.12.16
9482	Sjt	Rynn, JW			15.11.18
266307	Pte	Scoltock, J			3. 9.18
40948	Sjt	Scott, ES			18. 7.17
1373	Cpl	Scott, G	1/7 Bn		11. 3.16
35705	Pte	Scott, GH	36 Bn		11. 3.20
10/24473	Pte	Scott, JW	10 Bn		16. 5.16
11348	LSjt	Scott, WH	12 Bn		15. 3.16
11348	CSM	Scott, WH, D.C.M., M.M.		Bar	4. 3.18
9343	CQMS	Senior, WS			4. 3.18
21/345	Pte	Simpson, W			17. 4.18
46775	Sjt	Skellern, S	11 Bn	I	25. 2.20
11345	Pte	Slater, JW	9 Bn		11. 3.16
3/9347	CSM	Smith, CA			25. 8.17
1584	A/Cpl	Smith, H	6 Bn		30. 6.15
32	CSM	Smith, JW	1/4 Bn		11. 3.16
240529	Pte	Smith, R			26. 6.18
5831	Sjt	Snaith, TJ			25. 8.17
12236	Sjt	Snowball, HW	9 Bn		11. 3.16
8473	Sjt	Squires, J	1 Bn		17.12.14
55641	Pte	Staples, E			15.11.18
18/1382	Sjt	Stephenson, JG			25. 8.17
5087	Cpl	Stevens, G, M.M.			1. 5.18
2320	Pte	Stokes, AP	5 Bn		30. 6.15
12801	Sjt	Tait, A			26. 6.18
3024	Cpl(A/Sjt)	Taylor, E	2 Bn		2.12.19
19999	Sjt	Taylor, G	11 Bn	I	11. 3.20
340700	Cpl	Taylor, H	11 Bn	I	25. 2.20
5406	Sjt	Thomas, W			22. 9.16
1629	Sjt	Thompson, A	1 Bn		30. 6.15
37469	Sjt	Thompson, WH			16. 8.17
360008	CSM(A/RQMS)	Tinsley, C	22 Bn		11. 3.20
3/5920	Pte	Trobe, H	1 Bn		16. 5.16
5325	LCpl	Tubb, AE			13. 2.17
20439	Pte	Urwin, JT			13. 2.17
17/170	Sjt	Vagg, WE	17 Bn		3. 9.19
57736	Pte	Wainman, TW			3. 9.18
235657	Pte	Walker, R	1 Bn		16. 1.19
240262	Sjt	Waters, J			17. 4.18
23/1364	CSM	Watson, EJ			26. 3.17
2424	Pte	Watson, G			26. 1.17
267241	Sjt	Weaver, B			3. 9.18
16/305	CSM	Weldon, J			13. 2.17
9552	SM	Weldon, J			9. 7.17
2397	Cpl	Weldon, JW			14.11.16
38233	Cpl	Welfare, HF			17. 4.18
18/187	Cpl	Welsh, JRF			3. 9.18
1538	Sjt	West, W	2 Bn		11. 3.20
26/1297	Cpl	Whelan, M			18. 7.17
40904	Sjt(A/CQMS)	Whitehead, W, M.M.			3.10.18
27/1318	Sjt	Wigley, GT			18. 7.17
26/725	CQMS	Wild, W			19. 8.16
265572	Sjt	Willans, JW			21.10.18
41393	Sjt	Williams, A			21.10.18
1898	Pte	Yourston, J	7 Bn		30. 6.15

257 D.C.M.'s   10 Bars

THE ROYAL WARWICKSHIRE REGIMENT

307103	Pte	Adamson, P	2/7 Bn		11. 3.20
2396	CSM	Adkins, H	1/5 Bn		11. 3.16
2841	Sjt	Anderson, W			13. 2.17
5580	CSM	Ariss, F	1 Bn		30. 6.15
3594	Pte	Aston, AW			29. 8.17
15/1196	LCpl	Bagshaw, JF			17. 4.18
1188	CSM	Baker, W			13. 2.17
201542	Cpl(Sjt)	Barker, R			28. 3.18
9728	LCpl	Barnes, W	1 Bn		1. 4.15
8737	Pte	Bayliss, SW	2 Bn	I	11. 3.20
16/506	Sjt	Beaver, F	16 Bn		3. 9.19
6229	SM	Beck, G	1 Bn		11. 3.16
14678	Sjt	Belcham, LF			14.11.16
307552	LCpl	Berriman, JW			26. 1.18
2334	LCpl	Berry, C	1/7 Bn		11. 3.16
242181(form.20343)	CSM	Billington, F			26. 3.17
200243	Sjt	Bird, ET			3. 9.18
240003	CSM	Bishop, CJ			26. 1.18
72	Bandsman	Black, W	2 Bn		5. 8.15
2712	Sjt	Blincoe, WH			26. 9.16
265166	Cpl	Bonner, S	1/7 Bn	I	25. 2.20
240734	Sjt(A/CSM)	Bourne, W			28. 3.18
240734	Sjt(A/CSM)	Bourne, W, D.C.M.		Bar	3. 9.18
1061	Cpl	Brain, SG			17. 4.18
4417	Cpl	Brindley, T			18. 7.17
1400	Sjt	Bromage, WT	1/7 Bn		11. 3.16
200391	Sjt	Brookes, L			15.11.18
242363	CSM	Bryan, RH			17. 4.18
2368	Pte	Bucknall, T	7 Bn (Attd RE)		16.11.15
16040	LCpl	Bull, HL			6. 2.18
1995	Pte	Butler, TL	2 Bn		11. 3.16
34741	Pte	Butler, W	16 Bn		11. 3.20
98	A/SM	Callow, W	1/7 Bn		21. 6.16
6466	CSM	Cardy, AG, M.C.	2 Bn (later Capt. O & BLI)	*	30. 1.20
266309	Sjt	Cattell, F	1/7 Bn	I	3. 9.19
6856	LSjt	Charman, A			19. 8.16
242597	Sjt	Cheese, W	1/6 Bn	I	25. 2.20
203396	Sjt	Childerley, P			15.11.18
11460	CSM	Clarke, A	2 Bn	I	3. 9.19
305001	RSM	Clarke, CS			30.10.18
21799	Cpl	Codling, E			1. 5.18
15108	CSM	Collins, JT	1 Bn		11. 3.20
265449	CSM	Conyard, A	1/7 Bn	I	11. 3.20
10999	LCpl	Cooper, P	2 Bn	I	11. 3.20
1065	Sjt	Cresswell, JH	1 Bn		11. 3.16
16/797	CSM	Cutts, HE			21.10.18
2195	Pte	Darlow, E	1 Bn		17.12.14
40974	Pte(LCpl)	Davis, WH	2/7 Bn		2.12.19
77	SM	Dawkins, JJ	2 Bn		30. 6.15
77	SM	Dawkins, JJ, D.C.M.	2 Bn	Bar	11. 3.16
200186	Cpl	Dearn, H			6. 2.18
235134	Cpl	Dee, CH	2/6 Bn		2.12.19
10234	LSjt	De Ste Croix, SA	11 Bn		21. 6.16
268487	Cpl	Dodson, W			28. 3.18
1068	Pte	Dooley, JH	2 Bn		11. 3.16
14/1048	SM	Downes, GF			9. 7.17
240504	CSM	Easthope, F			18. 6.17
1933	Pte	Eaton, LG	1/7 Bn		11. 3.16
11950	Sjt	Edgerton, GP			14.11.16
1721	A/Sjt	Element, R	2 Bn		5. 8.15
1721	Sjt	Element, R, D.C.M. (& WAFF)		Bar	3.10.18
307116	Sjt	Elliott, R, M.M.			3. 9.18
17988	Sjt	England, RT, M.M.	1 Bn		2.12.19
8649	CSM	Farmer, EC			20.10.16
2619	Pte	Farmer, JS	1/8 Bn		11. 3.16
1446	LSjt	FitzGerald, R	1/5 Bn		11. 3.16
307290	Cpl	Flanigan, J			3. 9.18
200049	RSM	Foley, JH			17. 4.18
8657	A/CSM	Freeman, ER			26. 9.16
265442	Sjt	Gillingham, AF			3. 9.18
2971	Sjt	Goodfellow, J			29. 8.17
15/395	LCpl	Gordon, AE	15 Bn		3. 9.19
6243	CSM	Green, L	1 Bn		30. 6.15
8142	Sjt	Greenfield, TF	1 Bn		3. 9.19
673	CSM	Gridley, GH			21.10.18
32458	Pte	Harman, J			15.11.18
1131	Cpl	Harris, WH	2 Bn		30. 6.15
1656	Pte(LCpl)	Harvey, W	1 Bn		3. 9.19

THE ROYAL WARWICKSHIRE REGIMENT

200076	CSM	Harvey, W			30.10.18
6563	L/Cpl	Harwood, CF	1 Bn		5. 8.15
2435	Cpl	Haseler, JV			14.11.16
14/918	CSM	Hayes, FW			21.10.18
266118	Pte	Haynes, FC			3. 9.18
527	A/Sjt	Heath, J	2 Bn		5. 8.15
5630	T/RSM	Henderson, GH			21.10.18
1660	L/Cpl	Henry, C			10. 1.17
1437	Cpl	Herrick, CE	1/8 Bn		11. 3.16
11983	Pte	Hextall, W			29. 8.17
9055	L/Sjt	Holden, C			4. 3.18
1664	L/Cpl	Holmes, B			17. 4.18
200943	CSM	Houghton, GH			1. 5.18
44	Sjt	Huckfield, CT			22. 9.16
9253	Pte	Hudson, AH			17. 4.18
15/205	Pte	Huskisson, R			13. 2.17
307135	CSM	Hutchinson, A (form 2365 R Scots)			4. 3.18
265863	Cpl	Jackson, J			3. 9.18
15/976	L/Cpl	Jacobs, WC			17. 4.18
2510	Pte	James, WJ	1 Bn		17.12.14
1202	Sjt	Jobe, A	1/6 Bn		11. 3.16
787	A/Cpl	Johnson, W	2 Bn		3. 6.15
9194	Pte	Jones, H	2 Bn		5. 8.15
15842	Sjt	Jones, M	15 Bn		2.12.19
240311	CSM	Jones, W			25. 8.17
1562	Cpl	Kelsey, JH			21.10.18
21817	Pte	Kershaw, A			26. 4.17
9727	Sjt	Kimberley, JW			26. 1.17
241966	Pte	Lacey, F			28. 3.18
268306	Pte(L/Cpl)	Laishley, A, M.M.	2/7 Bn		2.12.19
32628	Cpl	Langford, T, M.M.	14 Bn		10. 1.20
306759	Sjt	Lissaman, DH	1/8 Bn		10. 1.20
4765	Cpl(L/Sjt)	Long, EH			26. 1.18
240259	Sjt	Longmore, W	1/6 Bn	I	3. 9.19
265555	Sjt	Luckman, F			15.11.18
458	Sjt	Lynch, T			22. 9.16
241429	L/Cpl	Manney, A			28. 3.18
8491	CSM	Manttan, H			30.10.18
21795	CSM	Matthews, HA			21.10.18
24892	Pte	Matthews, WI	16 Bn		2.12.19
34180	Sjt	McGill, G	1 Bn		16. 1.19
242657(form 20839)	Cpl	McKay, F			26. 3.17
305020	CSM	Merrick, SG			21.10.18
265600	L/Sjt(A/Sjt)	Metcalfe, W			18. 6.17
9623	L/Cpl(Sjt)	Milner, W	1 Bn		5. 8.15
267275	Cpl	Mitchel, D			3. 9.18
265223	Cpl(L/Sjt)	Mitchner, A			21.10.18
9945	Sjt	Montgomery, FT	1 Bn		30. 6.15
242419	L/Sjt	Moody, H			28. 3.18
307132	Pte	Moreland, A			28. 3.18
305218	A/Cpl	Mucklow, H			21.10.18
15/215	CSM	Nash, JH			13. 2.17
305886	A/Sjt	Newey, H			15.11.18
1428	QMS	Nicholls, G	1/7 Bn		11. 3.16
242643	Cpl(A/Sjt)	Nickols, HS			21.10.18
2060	Sjt	Norman, FC	2 Bn		3. 6.15
265468	Sjt	Parkinson, A, M.M.			30.10.18
14/465	A/LCpl	Perry, HW			13. 2.17
11156	Pte	Pickering, HF	Depot(form 9 Bn)		21. 6.16
753	CSM	Plenderleith, CB			17. 4.18
241753	Sjt	Ponson, LW			3. 9.18
7014	RQMS	Poste, JH			17. 4.18
1339	L/Sjt	Poulteney, M	2 Bn		11. 3.16
2041	Sjt	Pratt, E	1/6 Bn		29.11.15
37509	Pte	Radmall, E	10 Bn		2.12.19
242044	ACpl	Rae, C			28. 3.18
8594	CSM	Reeves, F	2 Bn		1. 4.15
265960	Cpl	Renton, J	2/7 Bn		11. 3.20
30329	Sjt	Richardson, G	14 Bn		11. 3.20
2818	Sjt	Richardson, S	9 Bn	G	11. 3.16
240276(form 2001)	Pte	Richmond, C			11. 5.17
78	CSM	Rogers, S	1/6 Bn		11. 3.16
1205	LCpl	Roots, W	1 Bn		11. 3.16
202547	Cpl(LSjt)	Ross, M			6. 2.18
9889	Sjt	Round, F			21.10.18
9845	Pte	Rowley, C	1 Bn		11.11.14
243115	Sjt(A/CSM)	Rubery, JH			6. 2.18
306572	Pte	Rushbrook, WH	1/8 Bn		10. 1.20
1222	Pte	Russell, J	2 Bn		3. 6.15
21798	Cpl	Scott, J			26. 4.17
1677	Pte(T/Cpl)	Sheil, BR	1/8 Bn		30. 6.15
13087	Pte	Sheldon, PW			28. 3.18
305613	Pte	Simpson, T	2/7 Bn		3. 9.19
14/710	Cpl	Smith, AG			17. 4.18
1202	Sjt	Smith, TE	2 Bn		11. 3.16
260011	Cpl	Southern, E			28. 3.18
307357	Sjt	Sowden, W			3. 9.18
265165	Sjt	Starkey, JH	1/7 Bn	I	25. 2.20
201968	Pte(LCpl)	Stockley, W, M.M.	10 Bn		5.12.18
139	Pte	Stokes, NJ	14 Bn		11. 3.20
22244	A/CQMS	Stone, F			1. 5.18
8878	CSM	Sturdy			1. 5.18
241477	Pte(LCpl)	Sullivan, D			28. 3.18
1678	Sjt	Summers, O	1/8 Bn		21. 6.16
9262	Cpl(ASjt)	Taylor, H, M.M.	1 Bn		2.12.19
9663	CSM	Taylor, WA			15.11.18
7313	Pte	Thomson, W			22. 9.16
9484	A/CSM	Thornton, P	1 Bn		1. 4.15
1638	Cpl(A/Sjt)	Tillson, E	2 Bn		5. 8.15
7860	Pte	Tolley, W	10 Bn		21. 6.16
200500	Cpl(LSjt)	Tomlin, O			6. 2.18
200020	Sjt	Tomlinson, A			15.11.18
200053	RSM	Townley, F, M.C.			30.10.18
14/1181	Sjt	Tuffley, DW			3. 9.18
33480	Pte	Unsworth, JH	1/6 Bn	I	10. 1.20
265374	Cpl	Wagstaff, W			18. 6.17
266706	LCpl	Walker, A			30.10.18
33377	Pte	Walker, T	1/6 Bn	I	10. 1.20
8311	Pte	Ward, BG			22. 9.16
356	CSM	Ward, EJ			22. 9.16
1825	CSM	Ward, H, M.M.			3. 9.18
2837	Cpl(A/Sjt)	Waring, JJ			14.11.16
16/733	Pte	Watson, B			14.11.16
265117	Pte(A/LCpl)	Watson, PHB	1/7 Bn	I	11. 3.20
2244	Sjt	Webb, J			3. 9.18
260319	Sjt	Wedlock, HW			15.11.18
1233	Cpl	Weston, JA	2 Bn		1. 4.15
2286	LCpl	Wheeldon, HP	1/8 Bn		30. 6.15
27640	Pte	Wheeler, N			6. 2.18
305960	CSM	Whitehouse, H	1/8 Bn		2.12.19
15/515	Sjt(A/CSM)	Wilcox, EA	16 Bn		11. 3.20
2428	LSjt	Williams, H			18. 7.17
11286	Sjt	Wilson, C, M.M.	1 Bn		2.12.19
16/896	RSM	Windmill, JW			17. 4.18
17850	LCpl	Winfield, JB			18. 7.17
11831	Sjt(A/CQMS)	Wood, WG			29. 8.17
27206	Pte(LCpl)	Woods, C, M.M.	2/7 Bn		2.12.19
25127	LCpl	Wright, H			15.11.18
9298	Cpl(A/Sjt)	Young, P			26. 1.18

204 D.C.M.'s   3 Bars

THE ROYAL FUSILIERS (CITY OF LONDON REGIMENT).

G/5120	Pte	Abrey, T				22. 9.16
15560	Pte	Adams, T				26. 1.18
13067	LCpl	Alexander, S	2 Bn		G	22. 1.16
65600	Pte	Allen, H	10 Bn			10. 1.20
G/67474	LCpl	Allen, R				4. 3.18
129963	CSM	Almey, E	○	45 Bn		21. 1.20
133025	Pte	Anderson, OC	⊕	45 Bn		21. 1.20
7750	Sjt	Anthony, AD				20.10.16

Section 6.   **THE ROYAL FUSILIERS (CITY OF LONDON REGIMENT)**

Number	Rank		Name	Bn		Date
10544	Pte		Ashby, R			26. 9.16
G/4946	LCpl		Ashton, RM			22. 9.16
1219	Sjt(A/CSM)		Atkins, AD			15.11.18
2500	Sjt		Attwood, P			22. 9.16
G/57453	Pte		Austin, FE			6. 2.18
490	Pte		Baker, FR	22 Bn		16. 5.16
G/12191	CSM		Balchin, AW	11 Bn		16. 1.19
SR/8276	Pte		Bampton, H			16. 8.17
L/8718	Pte(LCpl)		Bardell, GW			26. 1.18
14985	Cpl		Barry, W	1 Bn		21. 6.16
PS/9160	Cpl(LSjt)		Bartlett, AW	24 Bn		10. 1.20
903	Cpl		Bartlett, WH			25. 8.17
G/3460	Sjt		Barton, S	9 Bn		16. 1.19
L/17072	CSM		Battersby, A			14.11.16
4689	Sjt		Battersby, ST			15.11.18
G/60028	Sjt		Beard, E	26 Bn		11. 3.20
7788	Pte		Benson, FG	10 Bn		11. 3.20
L/8263	Sjt		Berry, H, M.M.			4. 3.18
G/6366	Sjt		Best, EB			15.11.18
G/75004	Pte		Binks, EJC			15.11.18
4409	Cpl		Birch, A			21.10.18
12569	Pte		Bishop, CG			21.10.18
B/19945	CSM		Boag, HM, M.M.			3. 9.18
306	LCpl		Boehr, CR			22. 9.16
G/8036	Sjt		Bolter, WC	4 Bn		3. 9.19
344	Cpl		Bond, PR	8 Bn		15. 4.16
4169	Pte		Bott, HJ			25.11.16
L/13678	Cpl		Botting, R			26. 1.18
11807	Sjt(A/CSM)		Bowden, AG	11 Bn		2.12.19
G/4674	Sjt		Bowden, HR			3. 9.18
76007	Pte		Bowling, D	9 Bn		16. 1.19
15646	Sjt		Bowman, B			6. 2.18
61152	Pte(LCpl)		Bracey, FC			26. 7.17
13181	Sjt		Brazier, CE			3.10.18
L/12582	Sjt		Brereton, W			26. 7.17
20267	CSM	†	Breslain, HA			26. 9.16
252	Sjt		Brickell, GC	9 Bn		11. 3.16
1208	LCpl		Brierley, MR			20.10.16
S/8327	Sjt		Bright, AEH	(S.R)		26. 1.17
G/18232	Pte(LCpl)		Brindle, H			21.10.18
G/7733	Sjt		Brisby, W, M.M.			3. 9.18
6283	LCpl		Bristow, J	4 Bn		1. 4.15
133029	Pte	△	Brooke, NM	45 Bn		21. 1.20
15035	Pte		Brown, JD			26. 1.18
575	RQMS(A/RSM)		Brunton, T			3. 9.18
3683	LSjt		Buckland, S			18. 7.17
G/61684	Sjt		Buckley, EJ	13 Bn		2.12.19
7767	Sjt(A/CSM)		Burch, WJ			26. 1.18
S/7992	Pte(A/LCpl)		Burrell, HC	(Attd LTMB)		12. 3.17
7778	LCpl		Butler, W, M.M.			30.10.18
3820	Cpl		Butterfield, WJ			22. 9.16
S/50772	Pte		Campbell, JT			28. 3.18
133482	Pte	▫	Capel, D	45 Bn		21. 1.20
129059	Cpl	☆	Card, AW	46 Bn		21. 1.20
K/680	Cpl		Carr, JW			17. 4.17
L/10224	Sjt		Carter, A			13. 2.17
5810	CSM		Carter, GJ	2 Bn	G	5. 8.15
G/42558	Sjt		Catchpole, JW	4 Bn		11. 3.20
131	Sjt		Catt, JH			18. 7.17
G/229681	Pte		Cavender, HJ			26. 6.18
G/12872	Pte		Chester, WET			3.10.18
8700	CSM		Colborn, H	3 Bn		11. 3.20
19798	Pte(LCpl)		Collier, WO			6. 2.18
L/11886	CSM		Cooper, CS	7 Bn		5.12.18
13060	Pte		Cooper, SE	2 Bn		16. 5.16
11131	CSM		Counsell, T			26. 9.16
13999	Cpl		Cox, HG	21 Bn (form 1 Bn)		11. 3.16
1970	Sjt		Cronyn, EM	9 Bn		15. 4.16
65350	Pte		Cross, JJ	4 Bn		5.12.18
L/10522	Sjt		Crossby, B			9. 7.17
290	Pte		Crow, T			26. 9.16
G/2689	Sjt		Currie, AW	11 Bn		16. 1.19
4594	Sjt		Davies, C	6 Bn(Attd 4 Bn)		30. 6.15
13927	Sjt		Dee, WH	2 Bn	G	3. 7.15
STK378	CSM		Deeks, WHC			3. 9.18
G/4282a	CSM		Dell, H			26. 9.16
G/65785	Pte		Digby, W			6. 2.18
L/5411	SM		Dockrill, HFD			26. 7.17
445	Pte		Dower, H			13. 2.17
606	Sjt		Dray, A, M.M.			1. 5.18
STK/385	Cpl		Duligall, AE			26. 9.16
7562	Sjt		Eacott, W	11 Bn		11. 3.20
G/5989	Sjt		Edmonds, JS			6. 2.18
G/5989	CSM		Edmonds, JS, D.C.M. M.M.	13 Bn	Bar	2.12.19
9111	Cpl		Evans, E			21.10.18
13602	LCpl		Evans, F	4 Bn		1. 4.15
719	Sjt		Evans, GH			19. 8.16
S/823	CSM		Fake, A			18. 7.17
G/24566	Cpl		Fellowes, A			26. 1.18
24566	Cpl		Fellows, A, D.C.M.		Bar	26. 6.18
173	Cpl		Fidler, CE			26. 7.17
STK/1692	LSjt		Field, RGW			28. 3.18
7565	Cpl		Field, WJ			3. 9.18
278	Sjt		Fisher, PW	22 Bn		27. 7.16
69450	Cpl		Flack, WA	9 Bn		16. 1.19
69450	Cpl		Flack, WA, D.C.M.	9 Bn	Bar	16. 1.19
12391	CSM		Foster, WG	4 Bn		30. 6.15
129173	LSjt	■	Fox, WD	45 Bn		21. 1.20
G/74823	T/RSM		Franey, SH	23 Bn		3. 9.19
G/67212	LSjt		Frost, A			4. 3.18
G/25791	Cpl		Fry, AF	1 Bn(Attd LTMB)		11. 3.20
949	Sjt		Fryer, WJ	2 Bn	G	22. 1.16
130376	Sjt	●	Gale, W	46 Bn		21. 1.20
15349	Cpl(LSjt)		Gardner, AE	1 Bn		11. 3.20
L/11132	Sjt		Gardner, H	4 Bn		16. 5.16
L/11154	Sjt		Garrod, P			17. 4.18
130525	Sjt	▲	Gascoigne-Roy, HF	46 Bn		21. 1.20
STK/882	Cpl		Gibbs, HS	10 Bn		11. 3.20
10849	CSM		Gilbert, J	2 Bn	G	6. 9.15
133028	Cpl	★	Gipps, HB	45 Bn		21. 1.20
54922	Cpl(LSjt)		Glinwood, GF	11 Bn		11. 3.20
130560	Sjt	‡ ◊	Goodchild, TG, D.C.M.	46 Bn	Bar	21. 1.20
1217	LCpl		Goodman, ST			20.10.16
SPT/1775	Sjt		Gore, JT			17. 4.17
G/52677	Sjt(A/CSM)		Gorman, C			6. 2.18
14045	Sjt		Gowers, AF	2 Bn		11. 3.16
188	LCpl(A/Cpl)		Grant, G	2 Bn		2.12.19
7221	Sjt		Green, H			3. 9.18
8021	Sjt		Green, W, M.M.	13 Bn		10. 1.20
13745	Sjt		Greenhill, GF	4 Bn		30. 6.15
62292	Pte(ASjt)		Greening, FW			18. 7.17
1232	Sjt		Greening, SJ	11 Bn		3. 9.19
8513	CSM		Greenwood, F	1 Bn		30. 6.15
G/16514	Sjt		Gresley, H	1 Bn		11. 3.20
G/52369	LCpl		Griffin, B			18. 7.17
10812	LCpl		Grose, W	1 Bn		11. 3.16
4060	LCpl		Guise, AL			26. 1.18
E631	CSM(A/SM)		Haines, A			11.12.16
E631	RSM		Haines, A, D.C.M.		Bar	1. 5.18
L/8798	Sjt		Haldane, EWY			16. 8.17
7595	Cpl		Hallett, H			26. 1.18
6271	Sjt		Hammond, JB			22. 9.16
855	Pte		Hancock, FW			20.10.16
328	Sjt		Hand, E	3 Bn		11. 3.20
7156	CSM		Hannington, AA	3 Bn		10. 1.20
13359	Pte		Harden, A	25 Bn		27. 7.16
73175	Pte(A/LCpl)		Harvey, HE, M.M.	17 Bn		2.12.19
PS2813	Sjt		Hassell, RTC	21 Bn		21. 6.16
131	Sjt		Catt, JH			18. 7.17
664	LSjt		Hastings, FL			19. 8.16
G/1558	Sjt		Hawthorne, L			1. 5.18
L/10130	RSM		Healy, GF			21.10.18
G/11223	Cpl		Hearing, TW			3. 3.17
G/4821	CSM		Hefford, JS	13 Bn		11. 3.20
2825	LCpl		Hemington, F, M.M.			30.10.18
G/60813	Cpl		Henley, W, M.M.	24 Bn		10. 1.20
G/2776	CSM		Hewitt, WM, M.M.	7 Bn		5.12.18
2807	Cpl		Hill, J	8 Bn		15. 4.16
555	CSM		Hogan, LU	7 Bn		16. 1.19
19919	Pte(LCpl)		Holmes, FA			6. 2.18
STK/1416	LCpl		Holt, WJ			26. 6.18
G/11533	Sjt		Hooke, F	2 Bn		2.12.19
G/13194	Sjt(A/CSM)		Hopper, HH			3.10.18
13368	CSM		Howell, AJ	3 Bn		11. 3.16
10361	RSM		Huband, F	2 Bn	G	22. 1.16
L/10361	RSM		Huband, F, D.C.M.		Bar	3. 9.18
G/63292	Cpl		Hudson, EG, M.M.	11 Bn		2.12.19
7882	Pte		Hughes, JW			20.10.16
2792	CSM		Humphrey, AR			3. 9.18
6306	Sjt		Hunt, W			21.10.18
129603	Sjt		Hunter, C	45 Bn(Attd TMB)		21. 1.20
130153	Pte	¶	Hunter, J	45 Bn		21. 1.20
37378	Pte		Hurn, AA			3.10.18
2100	Cpl		Hurst, J, M.M.	11 Bn		2.12.19
G/65945	Pte		Hutson, G	2 Bn		2.12.19

THE ROYAL FUSILIERS (CITY OF LONDON REGIMENT) — Section 6

Number	Rank		Name	Bn		Date
G/48510	Pte		Irvine, F, M.M.	1 Bn		10. 1.20
9730	A/Sjt		Jackson, A	4 Bn		1. 4.15
4/8656	Pte		Jackson, AE	3 Bn		16.11.15
10640	CSM		Jackson, JT			25. 8.17
G/78759	Pte		Jackson, WT	1 Bn		11. 3.20
G/5491	Cpl		James, FR	2 Bn		21. 6.16
L/9313	Sjt(A/CSM)		Jay, H	7 Bn		25. 2.20
G/8393	Sjt		Johnson, WH			28. 3.18
19610	Pte		Jones, H			13. 2.17
443	Sjt		Jones, JH	9 Bn		15. 4.16
G/58799	Pte		Jordan, HI			3. 9.18
95	Sjt		Keeble, AT			13. 2.17
G/3860	Sjt(A/CQMS)		Keen, E			15.11.18
12560	Col Sjt		Kerry, A (& Nig. Rgt. W.A.F.F.)		EA	25. 2.20
G/61690	Sjt(A/CSM)		Kerry, WJ, M.M.	17 Bn		2.12.19
14043	Pte		King, F			11.12.16
SPT/1967	Pte		King, GW			17. 4.17
3592	Pte		Kirk, H	23 Bn		15. 3.16
9853	Pte		Knight, EJ	6 Bn(form 4Bn)		11. 3.16
G/71621	Pte(ACpl)		Knights, RW	13 Bn		2.12.19
G/148	Pte		Lace, A			26. 7.17
L/13252	CSM		Langley, R	9 Bn		16. 1.19
G/65196	LSjt		Larter, AC			6. 2.18
G/61061	Cpl		Lawrence, W			15.11.18
G/62379	Pte		Leavers, AG	9 Bn		16. 1.19
G/71624	Pte(ACpl)		Lee, PL	26 Bn		2.12.19
129534	Pte		Lees, R	45 Bn		21. 1.20
G/44238	CSM		Lehane, D			28. 3.18
61251	Cpl		Lesar, TG			3.10.18
47361	Sjt		Lester, F	3 Bn		11. 3.20
2326	Bndman		Lewis, C	4 Bn		1. 4.15
G/51084	Sjt		Linggood, FG	24 Bn		3. 9.19
G/13104	Cpl(ASjt)		Lovell, J			18. 2.18
10532	Sjt		Lowe, N			16. 8.17
672	Pte(LCpl)		Lowrey, D, M.M.	17 Bn		2.12.19
8338	LCpl		Lowry, AC	9 Bn		15. 4.16
G/26720	Cpl		Ludlow, AG			17. 4.18
133005	LCpl		Lutherborrow, A	45 Bn		21. 1.20
3533	Pte		Macdonald, RV			26. 7.17
STK/466	Pte		Maffuniades, E	10 Bn		15. 3.16
68357	LCpl		Maguire, J	11 Bn		2.12.19
G/2933	Sjt		Maloney, T	13 Bn		2.12.19
1171	LCpl		Manzie, A	9 Bn		11. 3.16
129545	Pte		Mason, JP	45 Bn		21. 1.20
8300	Sjt		Matthews, WH	2 Bn	G	6. 9.15
G/11571	Sjt		May, F, M.M.	1 Bn		3. 9.19
564	Sjt		McCowan, TE			26. 7.17
129644	Pte	♦	McGarry, J	45 Bn		21. 1.20
2413	Pte		McGee, G	4 Bn		11. 3.16
398	Pte		McIntosh, AJ	9 Bn		15. 4.16
705	CSM		McQueen, A, M.M.	9 Bn		16. 1.19
671	LCpl		Metcalfe, WH	22 Bn		27. 7.16
902	LCpl		Miles, FG			11. 5.17
K700	LSjt		Mobley, A			17. 4.17
SP/2853	Sjt		Moore, PH	24 Bn		11. 3.20
G/5625	Sjt		Moore, RM	13 Bn(Attd TMB)		11. 3.20
1712	Cpl		Muckell, WH			3. 9.18
5361	Sjt		Murgatroyd, A			10. 1.17
17650	LCpl		Murgatroyd, WA			6. 2.18
352	A/Sjt		Murphy, D	(form 4 Bn)		9. 7.17
STK/480	Sjt		Newman, RJ			21.10.18
15868	Cpl		Nicholl, WJ, M.M.	1 Bn		2.12.19
G/7329	CSM		O'Brien, C	3 Bn		11. 3.20
L/7261	CSM(A/RSM)		O'Brien, J			17. 4.18
L/14100	CSM		O'Connor, CE	2 Bn		2.12.19
G/61149	Sjt		Ordell, GW			15.11.18
G/61149	Sjt		Orbell, GW, D.C.M.	24 Bn	Bar	10. 1.20
G/14956	Pte(ASjt)		Orchard, AC			18. 2.18
63895	LCpl		O'Shea, C			30.10.18
61016	Cpl		Palmer, A	11 Bn		2.12.19
15052	Pte		Palmer, F	2 Bn	G	3. 7.15
4267	Sjt		Parker, JH			16. 8.17
69421	Pte		Parker, TA	9 Bn		16. 1.19
49288	Cpl(LSjt)		Parsons, JL			26. 7.17
9972	CSM		Pascall, FW	2 Bn		21. 6.16
STK/195	Cpl		Pavey, P	10 Bn		27. 7.16
7145	Cpl		Pegram, LS			21.10.18
146	CSM		Perkins, G	8 Bn		11. 3.16
STK/594	RQMS(A/RSM)		Perkins, RJ	10 Bn		11. 3.20
128970	Sjt	Ψ	Petter, PE	45 Bn		21. 1.20
5P/1487	Sjt		Phillips, JH	23 Bn		11. 3.20
G/75213	Pte		Pier, FG St	13 Bn		2.12.19
SPTS/269	CSM		Pilkington, F			9. 7.17
J/1241	A/CSM		Plant, G	38 Bn	P	11. 3.20
13145	CSM		Poole, HJ			20.10.16
59619	LSjt		Poole, LF, M.M.			26. 6.18
G/9715	Cpl		Powell, SG			28. 3.18
G/61609	Sjt		Pratt, HT	24 Bn		11. 3.20
G/11160	CSM		Prooth, J	13 Bn		22. 9.16
295678	CSM		Pummell, EW	7 Bn		11. 3.20
133007	Pte	§	Purdue, J	45 Bn		13. 7.20
8654	Sjt		Pye, GH			20.10.16
133059	Pte		Quarrell, WF	45 Bn		21. 1.20
G/60746	Sjt		Randall, AC	9 Bn		16. 1.19
13438	Sjt		Read, FH			26. 9.16
5156	CSM		Reynolds, B			9. 7.17
3648	Pte(LCpl)		Richardson, PE			26. 1.18
G/3560	Sjt		Rickards, W, M.M.			30.10.18
141	Cpl		Riley, CJ	8 Bn		11. 3.16
3577	Sjt		Robins, E			26. 9.16
531	Pte		Robinson, R			19. 8.16
133001	Sjt		Robinson, WJ	45 Bn		21. 1.20
13	Pte		Roe, HJ			26. 7.17
14120	LSjt		Rolfe, W	2 Bn	G	6. 9.15
7397	Cpl		Rosewell, ER			3. 9.18
STK/7	CSM(A/SM)		Rowbotham, H			13. 2.17
2058	LCpl		Ruddy, F			25.11.16
K74	RSM		Rumble, WA			1. 5.18
L/14236	CSM		Runcorn, F	24 Bn		3. 9.19
L/11947	CSM		Russell, GF	2 Bn		2.12.19
7940	Sjt		Ryan, PJ	11 Bn		16. 1.19
G/1258	Cpl		Sadd, CWH			17. 4.17
1152	CSM		Sainsbury, RH, M.M.			3. 9.18
G/87320	Pte		Sale, DB			2.12.19
14358	CSM		Sandison, F			17. 4.18
L/12371	CSM		Sargeant, A			26. 7.17
L/13020	CSM(A/SM)		Saunders, HE			13. 2.17
L/10803	SM		Savill, H			13. 2.17
1/973	Sjt		Scheidweiler, FC	3 Bn		1. 4.15
G/5105	Sjt		Scheurmier, CH, M.M.			15.11.18
1677	Pte		Shargool, JA			19. 8.16
130228	Pte	Θ	Sharpe, HL	45 Bn		21. 1.20
4911	SM		Sharpington, F	1 Bn		1. 4.15
G/13381	Sjt(A/CSM)		Shaughnessy, J			18. 2.18
96372	Cpl		Shaw, A	3 Bn		10. 1.20
9933	Pte		Shipp, AG			26. 1.18
L/17097	CSM		Simpson, J			25. 8.17
G/36053	Pte		Smith, A			28. 3.18
10002	CQMS		Smith, AG	2 Bn	G	6. 9.15
60002	CSM		Smith, AW			25. 8.17
95609	Pte(ASjt)	Φ	Smith, C	10 Bn(Int. Corps)		3.10.19
PS/3259	Pte		Smith, CH	21 Bn		21. 6.16
8898	LSjt		Smith, W	1 Bn		21. 6.16
4426	Sjt		Snedker, H	9 Bn		16. 1.19
STK/1650	Cpl		Spencer, CJ			26. 6.18
1618	CSM		Stafford, WD, M.M.			3. 9.18
STK/841	LCpl		Stallard, PA			26. 4.17
6898	Sjt		Steed, R	(Attd Nig. Rgt.)		11. 3.16
1398	Sjt		Steggall, RF			11. 5.17
12904	LCpl		Stevens, C			20.10.16
15515	Pte		Sturman, A	4 Bn		1. 4.15
12625	CSM		Sweeney, E	2 Bn		16. 5.16
2589	Pte		Tabbet, A			18. 6.17
9895	CSM		Taylor, GW			25.11.16
L/9895	CSM(A/Sch.SM)		Taylor, GW, D.C.M.		Bar	3. 9.18
13627	Sjt		Taylor, HV, M.M.	2 Bn		11. 3.20
1200	Pte		Tedder, G			26. 1.18
129407	Sjt	φ	Templeman, GH	46 Bn		21. 1.20
21	Sjt		Thorn, H			26. 7.17
13595	RQMS		Thrift, W			28. 3.18
SP 4372	LCpl		Tinkler, RM			15.11.18
G/17553	Sjt		Tombs, A	11 Bn		2.12.19
G/17553	Sjt		Tombs, A, D.C.M.	11 Bn	Bar	25. 2.20
11049	Cpl		Topping, CW			20.10.16
8239	Sjt		Tuersley, C	1 Bn		1. 4.15
8464	CSM		Turner, JR			26. 1.18
10364	Sjt		Walker, HWJ			21.10.18
77036	Pte(A/LCpl)		Walker, TNL	24 Bn		10. 1.20
47661	Sjt(A/CSM)		Wallington, EA			21.10.18

Section 6.   THE ROYAL FUSILIERS (CITY OF LONDON REGIMENT)   71

G/50974	Pte		Wareham, J	13 Bn	2.12.19	81392	Cpl	Williamson, W	13 Bn(Attd TMB) 11. 3.20
7322	Pte		Warren, F	8 Bn	15. 4.16	G/1596	CSM	Wilson, B	3. 9.18
L/14368	Sjt		Watson, T		18. 7.17	1696	Sjt	Wilson, E	26. 1.18
G/14368	Sjt		Watson, T, D.C.M.	Bar	28. 3.18	7488	Cpl(ASjt)	Woodhead, SO (Attd LTMB)	10. 1.17
139	Pte		Webb, G	22 Bn	27. 7.16	12602	LCpl	Woodroffe, A	1 Bn	11. 3.16
L/4813	CSM(A/RSM)		Weedon, H		17. 4.18	G/1441	Sjt	Woodward, E, M.M.	15.11.18
15278	Cpl(ASjt)		Weedon, WA		20.10.16	13897	CSM	Wooster, WJ	13 Bn	11. 3.20
STK/867	Cpl(LSjt)		Welcome, S		9. 7.17	7071	Sjt	Wright, G	13. 2.17
L/10752	CSM		Wells, AR	3 Bn	16.11.15	7456	Pte	Wright, T	26. 1.18
G/129318	Sjt	ϑ	Whammond, J, M.C.,M.M. 46 Bn	21. 1.20	G/5662	Cpl	Wynne, WT	1. 5.18
1226	LSjt		Wheeler, CA	22 Bn	27. 7.16				
L/14330	CQMS		Wheeler, CW	4 Bn	16. 5.16	11627	Pte	Yarlett, AH Depot(form 2Bn)G	11. 3.16
L/5915	CSM		Wheeler, FE		1. 5.18	3703	Sjt	Yaxley, CW	22. 9.16
1458	Cpl		White, E	17 Bn	3. 9.19	L/15934	Sjt	Young, JE	26. 1.18

348 D.C.M.'s   10 Bars

‡ DCM with Lincs Rgt.
† Bar with MGC

Place names and dates of Actions

○ SLUDKA (no date).   ◇ GORODOK 10.8.19
⊕ TULGAS 15.9.19   ¶ SELTSO 10.8.19
△ KOCHAMIKA & SLUDKA   ♦ VORNESENSKOE 2.9.19
   10.8.19   Ψ KODEMA 8.9.19
□ 6.9.19
☆ GORODOK 10.8.19   δ ARCHANGEL 11.8.19
■ 10.8.19   Θ 10.8.19
● IVANOVSKAYA 7.9.19   Φ 11.6.19
▲ GORODOK 10.8.19   φ GORODOK 10.8.19
★ 29.8.19   ϑ IVANOVSKAYA 7.9.19
N.B. Other 45 Bn men have no place names or dates in citations.

THE KING'S (LIVERPOOL REGIMENT)

15383	Sjt	Abernethy, GA		3. 9.18	21243	LCpl	Carter, B		21.10.18
4803	RSM	Adams, T			267844	Sjt	Catterall, F		26. 1.18
4803	RSM	Adams, T, D.C.M. 13 Bn	Bar	5.12.18	300203	CSM	Chadwick, J	1/6 Bn	10. 1.20
4049	Sjt	Alldritt, FM		20.10.16	17805	Pte	Chapman, J		20.10.16
267584	Pte	Alty, H		17. 9.17	26524	CSM	Chatten, EWG		3. 9.18
10916	Pte	Ambrose, P	4 Bn	11. 3.16	1619	Sjt	Chisnall, H		20.10.16
355024	CSM	Amos, JH		26. 1.18	40135	LSjt	Clare, E		6. 2.18
305145	Sjt	Ankers, W		3. 9.18	18/16709	LCpl	Cohen, A	18 Bn	21. 6.16
2233	Pte	Argue, TC		14.11.16	14/11981	A/CSM(A/SM)	Connell, F		25.11.16
17775	LSjt	Ashworth, T, M.M.		3. 9.18	31722	Pte	Consolloy, J		14.11.16
9743	Sjt	Ashworth, W	1 Bn	30. 6.15	28000	Sjt	Cooke, F	1 Bn	11. 3.16
					200161	Sjt	Cooke, RHC		17. 9.17
200491	LCpl	Badger, FA		3. 9.18	656	LSjt	Cooney, E	1/5 Bn	5. 8.15
9408	CSM	Baker, H	1 Bn	21. 6.16	200288	Sjt	Cornwall, E, M.M.		26. 6.18
14759	Sjt	Baldwin, E		26. 1.18	2908	Pte	Cowman, FG		19. 8.16
240961	CSM	Barker, R	2/6 Bn	3. 9.19	39017	Pte	Coyne, JR		30.10.16
20891	Pte	Barratt, T	1 Bn	27. 7.16	200913	A/Cpl	Crosbie, R		26. 1.18
2361	Cpl	Baybut, A		20.10.16	25726	CSM	Crosby, JR		26. 1.18
355141	Sjt	Baybut, A, D.C.M.,M.M.	Bar	3.10.18	2122	Pte	Cuddy, J	1/8 Bn	5. 8.15
241658	LSjt	Beale, HJ		3. 9.18	21399	Pte(A/Cpl)	Cunliffe, GM		3. 9.18
406702	Cpl	Bebbington, J		15.11.18	5258	Pte	Curley, P		28. 3.18
2217	Pte	Bell, FF	10 Bn	11. 3.16					
330866	Sjt	Bennett, WJ		21.10.18	8055	LCpl	Davies, T	1 Bn	16. 1.15
330606	LCpl	Bentley, L, M.M.		3. 9.18	2086	Rfm	Davis, GL	1/6 Bn	11. 3.16
6120	LCpl	Beresford, C		11.12.16	9971	Pte	Day, F	1 Bn	6.11.14
11120	Pte	Berry, D	1 Bn	5. 8.15	20852	Sjt	Dickinson, J	12 Bn(Attd LTMB)	
18/17168	Sjt	Bird, SS		13. 2.17					11. 3.20
1605	LSjt	Bold, R	1/7 Bn	15. 4.16	49137	Sjt	Dobbing, W		3. 9.18
53001	Cpl	Bough, H		1. 5.18	52569	Cpl	Doleman, F		28. 3.18
12547	CSM	Box, T	1 Bn	27. 7.16	52569	Sjt	Doleman, F, D.C.M.	Bar	3. 9.18
29591	Pte	Bradley, B		3. 9.18	53028	Cpl	Donald, G, M.M.		3. 9.18
330372	CSM	Brammer, TA	9 Bn	11. 3.20	305396	Sjt(A/CSM)	Donnelly, E		21.10.18
2061	Pte	Broster, WC	6 Bn(Attd 1 Bn)	3. 6.15	200592	A/CSM	Donnelly, G		3. 9.18
13955	Sjt	Brown, J		28. 3.18	11538	Pte	Doolan, F	1 Bn	16.11.15
115	CSM	Byrne, PP	1/9 Bn	21. 6.16	11022	Pte	Doswell, T	3 Bn(Attd 1Bn)	22. 1.16
					19304	LCpl	Douglas, J		3. 9.18
305146	CSM(A/RSM)	Cain, WT		6. 2.18	11686	Sjt	Downey, E	1 Bn(Attd TMB)	11. 3.20
95392	Sjt	Campbell, P, M.M.		15.11.18	5512	Pte	Duckworth, TC		20.10.16
22949	CSM	Carr, JV		18. 7.17					
305750	CQMS	Carr, T	8 Bn	3. 9.19	6120	Pte	Eatough, JC	1 Bn	5. 8.15

THE KING'S (LIVERPOOL REGIMENT) — Section 6.

Number	Rank	Name	Bn	Date
21495	LCpl	Edwards, AJ		20.10.16
9637	Sjt	Ellis, J		6. 2.18
11462	Pte	Elmer, W	4 Bn	5. 8.15
332968	LCpl	Elston, T		3. 9.18
14842	CSM	Fairhurst, W, M.M.		3. 9.18
269348	Pte	Fallon, CE		26. 1.18
89128	Pte	Farley, R		15.11.18
265137	Sjt	Fitzsimmons, J	2/7 Bn	5.12.18
306063	Pte	Fletcher, J		26. 7.17
20210	A/Sjt	Flewitt, H		18. 6.17
9838	Cpl(A/Sjt)	Foley, T	1 Bn	11. 3.16
99296	LCpl	Fothergill, RW	1/5 Bn	16. 1.19
350035	Pte	Fowler, F		26. 1.18
50373	Pte	Fox, J		6. 2.18
29955	Sjt	Fraser, W, M.M.		26. 6.18
29955	Sjt	Fraser, W, D.C.M., M.M.	Bar	30.10.18
305587	Sjt	Frazer, S		28. 3.18
355419	Cpl	Frost, J	10 Bn	3. 9.19
200167	Sjt	Gaffney, JJ		6. 2.18
266025	Cpl	Gandy, WHV		26. 1.18
11215	Sjt	Gannon, F		1. 5.18
13167	Pte	Gardner, J		20.10.16
22383	RSM	Geller, JG		15.11.18
1693	Pte	Gill, JW	1/7 Bn	11. 3.16
24360	Pte(A/LCpl)	Gornall, J		26. 1.18
10514	Pte	Goss, J		26. 7.17
8867	Sjt	Greenall, W	1 Bn	21. 6.16
305891	CSM	Greenwood, T		26. 1.18
17588	CSM	Griffiths, R	18 Bn	11. 3.20
330557	Sjt	Griffiths, WG		6. 2.18
240443	LSjt	Hannah, WB		26. 1.18
307245	Pte(ACpl)	Hayes, J		1. 5.18
356948	LCpl	Haynes, A		3. 9.18
11943	Cpl	Hayward, CJ	1 Bn	11. 3.16
265649	Cpl(LSjt)	Heap, JW		6. 2.18
13173	Cpl(LSjt)	Hesketh, C		3. 9.18
269554	Cpl	Hibbard, J	2/7 Bn	5.12.18
1/11384	Sjt	Hinton, L		13. 2.17
200072	CQMS	Hobson, DS	1/5 Bn	3. 9.19
388	CSM	Hodge, J	1/7 Bn	21. 6.16
14/11253	Sjt	Holding, P		25.11.18
29649	Sjt †	Howarth, J, M.M.	17 Bn	11. 3.20
3298	Pte	Howarth, WW	10 Bn	30. 6.15
20270	CSM	Hudson, J		9. 7.17
58584	Pte	Hudson, T		18. 7.17
330146	Cpl	Hughes, F	9 Bn	11. 3.20
22126	CSM	Hunter, GH		9. 7.17
82736	Pte	Isherwood, JG	25 Bn	11. 3.20
99301	CSM	Jennings, J	1/5 Bn	14. 4.20
2713	LSjt	Jones, C	1/5 Bn	27. 7.16
9142	Cpl	Jones, C	4 Bn	11. 3.16
9614	Cpl	Jones, E	1 Bn	16. 1.15
9650	Pte	Jones, I	1 Bn	27. 7.16
9253	A/CSM	Jones, SJ	1 Bn	3. 6.15
95398	Sjt	Jones, T, M.M.		15.11.18
8881	Pte	Jones, W	1 Bn	16. 1.15
356414	Cpl(LSjt)	Jordan, G		3. 9.18
241471	Pte	Joughlin, FC		26. 1.18
265148	CSM	Keegan, W	2/7 Bn	14. 4.20
6835	CSM	Lavery, A	1 Bn	5. 8.15
53247	Pte	Lawler, J	4 Bn	11. 3.20
10604	Sjt	Leeming, T	1 Bn	27. 7.16
9564	Pte	Lifford, J		17. 4.18
357350	Pte	Little, DA		21.10.18
3/11772	CSM	Lloyd, GW		13. 2.17
306617	Pte	Long, M		3. 9.18
12040	CSM(A/SM)	Mackie, J	12 Bn	21. 6.16
1644	LCpl	Mahon, P	1/8 Bn	5. 8.15
357148	Pte	Marsden, W		26. 1.18
241856	LCpl	Matthews, WH		26. 1.18
12327	Sjt	Maylett, G		3. 9.18
4674	Pte	McCann, WB		20.10.16
330526	CSM	McCarten, JC, M.M.		15.11.18
4474	Sjt	McClelland, W	1/8 Bn	16. 5.16
44828	CSM(A/RSM)	McDonough, J		1. 5.18
672	Sjt	McGuire, J	1/5 Bn	30. 6.15
672	CSM	McGuire, J, D.C.M.	Bar	14.11.16
355094	Sjt	McRae, D		3.10.18
266706	Pte	Mellor, A		3. 9.18
11047	Cpl	Mellor, J	4 Bn	11. 3.20
52921	CSM	Middleton, T	17 Bn	11. 3.20
331233	Sjt	Midghall, J		15.11.18
23116	Sjt	Milton, L		10. 1.17
266244	Pte	Mitchell, W		3. 9.18
8783	Cpl	Mitchell, W	1 Bn	5. 8.15
31809	Pte	Mitchell, WR	1 Bn	24. 6.16
305968	Sjt	Moody, CW		15.11.18
13658	CSM	Moore, JW		21.10.18
8940	Pte	Morgan, CH	1 Bn	16. 1.15
332380	Cpl	Morgan, JF		17. 4.18
200539	A/Sjt	Morris, F		26. 1.18
1891	CSM	Morris, JA		11.12.16
200309(form.1891)	CSM	Morris, JA, D.C.M.	Bar	26. 1.18
331114	LCpl	Morris, R, M.M. (& KAR)		3.10.18
355800	Sjt	Moss, JE		17. 4.18
25188	Cpl	Mossop, F	1 Bn (Attd LTMB)	27. 7.16
25188	Sjt	Mossop, F, D.C.M., M.M.	Bar	1. 5.18
12351	Sjt	Murphy, E		21.10.18
5877	CSM(T/RSM)	Neale, W	(Attd E.Lan.Rgt.)	6. 2.18
350126	CSM	Ogden, J	4 Bn	2.12.19
39240	Pte	O'Hara, T		28. 3.18
305033	Sjt	O'Shaughnessy, J	8 Bn	11. 3.20
5030	CSM	Owens, J	1 Bn (Attd.2/7 Bn)	3. 9.19
330004	CSM	Owens, JH	9 Bn	11. 3.20
240664	Cpl	Parker, WE	1/6 Bn (Attd.TMB)	3. 9.19
1872	Pte	Parry, W	1/7 Bn	11. 3.16
10542	Pte	Parsons, C	1 Bn	16. 1.15
2350	Pte	Phillips, T	6 Bn (Attd. 1 Bn)	3. 6.15
3409	LCpl	Pinnington, WE		20.10.16
12/12146	CSM	Potter, H		21.10.18
242130	Sjt	Price, HE		21.10.18
201697	LCpl	Price, W	1/5 Bn	25. 2.20
7500	Cpl	Pridden, J		28. 3.18
15716	Cpl(LSjt)	Proctor, E		17. 4.18
12007	CSM	Pugh, H		17. 4.18
12007	CSM	Pugh, H, D.C.M.	Bar	3. 9.18
18378	Cpl(LSjt)	Rimmer, R		26. 1.18
139	Sjt	Robertson, HR	1/5 Bn	30. 6.15
460	Sjt	Roper, E		11.12.16
266095	Sjt	Rossall, J	2/7 Bn	5.12.18
1365	Pte	Roughley, P		20.10.16
240267	Sjt	Rowe, T		6. 2.18
57984	Cpl(LSjt)	Russell, AR		3. 9.18
11782	QMS	Ryan, IMT		3. 9.18
4265	Rfm	Rylance, T		11.12.16
357830	Pte	Sammons, G		25. 8.17
8628	Sjt	Sanders, A	1 Bn	5. 8.15
268545	Pte	Shaw, W		26. 1.18
4113	Pte	Short, W	10 Bn	11. 3.16
9192	A/Cpl	Shorthouse, AN	1 Bn	3. 6.15
9798	Pte	Simpson, A	1 Bn	16. 1.15
3452	Cpl	Smith, S	10 Bn	5. 8.15
22257	LCpl	Smith, T	20 Bn	24. 6.16
22258	CSM	Smith, TA		26. 1.18
2173	Pte	Smith, W	1/9 Bn	11. 3.16
15334	Pte	Sparrow, LO		3. 9.18
4979	LCpl	Spooner, NP		14.11.16
9260	Pte	Stafford, J	4 Bn	11. 3.16
306368	Pte	Stanhope, F		26. 7.17
21875	Sjt	Stephenson, WG	18 Bn	14. 4.20
10225	RSM	Stevens, GC	1 Bn *	30. 1.20
16999	CSM	Sutton, G		3. 9.18
6915	CSM	Swanick, M	1 Bn	17.12.14
15135	RQMS	Taylor, J	17 Bn	11. 3.20
9212	Sjt	Taylor, S, M.M.		3. 9.18
14/12025	Pte	Thompson, F		18. 2.18
9265	Pte	Tudor, WJ	4 Bn	5. 8.15
8004	LCpl	Turrell, G	1 Bn	11. 3.16
8695	LSjt	Vincent, M	4 Bn	5. 8.15
200390	CSM	Watson, M, M.M.	1/5 Bn	11. 3.20
21793	Sjt	Watterson, TE		3. 9.18
200096	CSM	Weaver, GH	5 Bn *	30. 1.20
200911	CSM	Webster, G		3. 9.18
381811	Pte(LCpl)	Weed, M	25 Bn	2.12.19
356016	Sjt	Welbon, LS		25. 8.17
331727	Sjt	Williams, H		16. 8.17

1418	Sjt	Williams, R	1/9 Bn		11. 3.16	50223	Cpl	Wilson, CJ, M.M. 4 Bn	16. 1.19
22896	Cpl	Williams, RA			21.10.18	2197	Pte	Wilson, CL 1/6 Bn	11. 3.16
16883	Sjt	Williams, SE, M.M.			3. 9.18	8748	Pte	Winn, W 4 Bn	5. 8.15
301000	Sjt	Williams, WH (Attd)			30.10.18	8090	Sjt	Woods, J	28. 3.18
9681	Pte(A/Cpl)	Wilson, C			18. 2.18	8090	Sjt	Woods, J, D.C.M., M.M.	Bar 15.11.18

232 D.C.M.'s   9 Bars.

† N. Russia.

THE NORFOLK REGIMENT

5359	A/CQMS	Aldridge, C	2 Bn	M	22. 1.16	5576	Sjt	Green, EG	1 Bn	30. 6.15
8082	Sjt	Ambrose, RD			14.11.16	5033	A/Sjt	Grice, ES	1 Bn	17.12.14
320262	LCpl	Andrews, A	12 Bn		3. 9.19	8672	Sjt	Grigglestone, W 1/5 Bn	P	11. 3.20
3/8229	Sjt	Askew, HJ			28. 3.18	3/8038	Sjt	Guymer, BJ, M.M. 9 Bn		2.12.19
13880	Sjt	Atkinson, RR, M.M. 1 Bn (Attd. TMB)			2.12.19	7372	LCpl	Harber, C (Attd Sig Coy)		18. 6.17
						8416	Pte	Harper, E 2 Bn	M	5. 8.15
200174	RQMS	Bale, W	1/4 Bn		11. 3.20	320274	Cpl	Harvey, SW		1. 5.18
270	Pte	Balls, GA	1/4 Bn	G	11. 3.16	3/7901	LCpl	Harvey, WJ, M.M.		15.11.18
7040	Drmr	Barker, A	2 Bn	M	5. 8.15	320250	Cpl	Hase, RT		15.11.18
16625	Cpl	Barrett, EW			28. 3.18	13104	Pte	Hastings, SG		26. 1.18
7190	Pte	Bartram, FG	1 Bn		11. 3.20	28241	Sjt	Hensby, WC		1. 5.18
12069	Cpl	Bastick, JS	(Attd.TMB)		17. 4.18	3/10024	Pte	High, J	1 Bn	30. 6.15
12069	Sjt	Bastick, JS, D.C.M. 7 Bn (Attd.TMB)				40503	Cpl(LSjt)	Hilton, JE		6. 2.18
				Bar	3. 9.19	29500	CSM	Hipkin, W	1 Bn	11. 3.20
7172	LSjt	Batley, GJ	1 Bn		21. 6.16	240078	Sjt(A/CSM)	Holmes, FH		1. 5.18
203664	Pte	Battison, GW	9 Bn		2.12.19	12340	LCpl	Holmes, JJ	7 Bn	11. 3.16
8335	Pte	Battleday, JH		*	12.12.17	8811	CSM	Howard, R		4. 3.18
8793	LCpl	Beal, S	1 Bn		1. 4.15	18535	Cpl	Hurn, AW		3. 3.17
8793	Sjt	Beal, S, D.C.M.		Bar	1. 5.18	14058	Cpl(LSjt)	Hynds, T		3. 9.18
1781	LCpl	Beales, H	1/5 Bn	G	22. 1.16					
29807	LCpl(A/Cpl)	Bean, R			28. 3.18	22191	Pte	Jermany, E	9 Bn	2.12.19
15911	Sjt	Beck, F, M.M.	9 Bn		3. 9.19	32033	Cpl	Jermy, WJ, M.M.		3. 9.18
8201	Pte	Benifer, RW		*	12.12.17	240896	Pte	Johnson, JS		26. 1.18
3/7098	Pte	Black, R	1 Bn		5.12.18	15962	Sjt	Johnson, JS		26. 1.18
200118	Sjt	Bloomfield, F	1/4 Bn	E	3. 9.18	13760	CSM	Johnson, RW		25.11.16
200339	CSM	Blyth, HJ			18. 2.18	13857	Sjt	Jones, WC		18. 7.17
7008	LCpl	Blyth, SK			29. 8.17					
6789	Sjt	Bolingbroke, JRH	2 Bn	M	5. 8.15	7939	Pte	Kelf, SH	*	12.12.17
8081	LCpl	Brasnett, RO	1 Bn		1. 4.15	43767	Sjt	Kester, F	9 Bn (Attd TMB)	11. 3.20
5113	Sjt	Brazell, GH		*	12.12.17	15528	Sjt	Kett, A		3.10.18
6678	Pte(LCpl)	Brighten, R			21.10.18	7907	Pte	Ketteringham, H 2 Bn (Attd FA)	M	3. 6.15
13115	Cpl	Brown, A			11.12.16	8323	Pte	Kirk, ER	2 Bn M	22. 1.16
16296	Pte	Brown, A			6. 2.18	8140	LCpl	Knell, W		29. 8.17
15649	CSM	Brown, G			17. 4.18					
12956	CSM	Burbidge, T			21.10.18	12665	Pte	Lascelles, AP	7 Bn	11. 3.16
8076	Pte	Burton, A		*	12.12.17	15484	Pte	Lattimore, F		29. 8.17
6549	Pte	Burton, E	1 Bn		1. 4.15	40131	Pte(A/LCpl)	Lawrence, RG		1. 5.18
						240131	CSM	Leake, CH	1/5 Bn E	3. 9.19
7697	Pte	Catchpole, AE		*	12.12.17	8644	Pte	Lincoln, C	2 Bn M	22. 1.16
7133	Pte	Chandler, FJ	1 Bn		11. 3.16	12290	Pte	Lines, WH	7 Bn	21. 6.16
13699	Cpl	Chapman, A			20.10.16	320877	Cpl	Lloyd, WC, M.M. 12 Bn		11. 3.20
7840	Pte	Chapman, SH	2 Bn	M	5. 8.15					
8310	Pte	Collison, C		*	12.12.17	19072	Cpl	Marler, SJ		3. 9.18
6136	Cpl	Cook, A			14.11.16	6655	Pte	Mayes, W	1 Bn	1. 4.15
1549	Pte	Copeman, T	1/4 Bn	G	11. 3.16	6655	Pte	Mayes, W, D.C.M. 7 Bn (form.1 Bn)		
4609	CSM	Covell, C	1/4 Bn	E	25. 2.20				Bar	22. 1.16
7868	Pte	Crane, JE		*	12.12.17	3/10163	Pte	Meggit, E		28. 3.18
26676	LCpl	Crossley, W			29. 8.17	12594	Sjt	Mitchell, AH		20.10.16
13631	LCpl	Cullen, J			25.11.16	13353	Cpl	Moore, A		20.10.16
12269	Sjt	Cunnington, WH	7 Bn		21. 6.16	13353	Sjt	Moore, A, D.C.M.	Bar	3. 9.18
						3/10847	LCpl	Moore, R	1 Bn	21. 6.16
6031	Sjt	Dermott, WF		*	12.12.17	13567	Sjt	Morgan, G		26. 1.18
5276	Cpl(A/Sjt)	Dickerson, W			14.11.16	7359	Pte	Mourphy, JO	2 Bn M	5. 8.15
12410	Pte	Docking, RW	7 Bn		30. 3.16	7359	Pte	Mourphy, OJ, D.C.M.	Bar ?	*12.12.17
5743	Pte	Doughty, RG	1 Bn		22. 1.16	7521	Bandsman	Mullenger, G	2 Bn M	1. 4.15
17311	Sjt	Dunbabin, J	1 Bn		22. 1.16	13100	Sjt	Myson, SW		28. 3.18
8102	Sjt	Edwards, HJ	2 Bn	*	23.10.19	7178	CSM	Neale, BM		4. 3.18
43456	Pte	Elliston, FT			11.12.16					
30002	Sjt	Emberson, PJ	9 Bn		3. 9.19	13765	Sjt	Palmer, WW, M.M.		3. 9.18
						14716	Sjt	Parke, H, M.M.		3. 9.18
5571	Sjt	Freeman, WE			13. 2.17	14716	Sjt	Parke, H, D.C.M., M.M.	Bar	21.10.18
7345	LSjt	Friston, W	2 Bn	M	22. 1.16	43301	LCpl	Parker, TA		25. 8.17
						15485	Sjt	Parlett, RW, M.M.		
12298	Sjt	Gant, G	7 Bn		11. 3.16	7379	Pte	Pitches, DW	*	12.12.17
13625	Sjt	Garrod, ES			17. 4.17	12059	Sjt	Pollington, GH, M.M.		26. 6.18
8632	Pte	George, A	2 Bn	M	1. 4.15	200231	Cpl	Powell, EG		26. 1.18
8427	A/Sjt	Golder, W	1 Bn		30. 6.15	7609	Cpl	Preston, JH	2 Bn M	5. 8.15
14104	Sjt	Gould, W			25.11.16	9302	Sjt	Price, GD	1 Bn	3. 9.19
200221	Col Sjt(CQMS)	Graver, FE	1 Bn		11. 3.20	8355	Pte	Pryer, F	2 Bn M	1. 4.15

THE NORFOLK REGIMENT

14954	CSM	Quinton, HM, M.M. 9 Bn			2.12.19
3/10396	CSM	Raven, AF			13. 2.17
3/10396	RSM	Raven, AF, D.C.M., M.M.		Bar	3.10.18
8658	Sjt	Reeve, H			25. 8.17
5807	A/CQMS	Richards, BS		*	12.12.17
5621	Sjt	Saul, T			22. 9.16
5676	Sjt(A/CQMS)	Savage, J		*	12.12.17
7784	Bandsman	Sharpe, AW	2 Bn	M	1. 4.15
20513	Pte	Shave, AH			6. 2.18
20320	Pte	Smith, A			6. 2.18
8390	Pte	Smith, C	2 Bn	M	5. 8.15
7866	LCpl	Smith, CH			29. 8.17
7913	Pte	Stewart, GW		*	12.12.17
243119	Pte	Taylor, H			1. 5.18
7678	Pte	Thurston, S			29. 8.17
241047	Pte	Turner, GE			26. 1.18
320739	Pte	Wakefield, S	12 Bn		3. 9.19
240224	Cpl(LSjt)	Walker, TJ			16. 8.17
6592	LCpl	Waller, R	2 Bn	M	5. 8.15
7794	Sjt	Williams, H			18. 6.17
200264	Sjt	Woodgett, G			26. 1.18
320278	Pte(A/LCpl)	Woods, R			1. 5.18
15450	CSM	Wyett, W			3.10.18

142 D.C.M.'s   7 Bars.

THE LINCOLNSHIRE REGIMENT

201107	Pte	Allen, H			3. 9.18
235578	Sjt	Arnold, AS	1 Bn		5.12.18
16529	CQMS	Arnold, B, M.M.			3. 9.18
8651	Pte	Ashford, W	2 Bn		3. 6.15
201495	Pte	Atkins, T	1/5 Bn		2.12.19
11644	LCpl(A/Cpl)	Barker, G			26. 6.18
7/11472	Pte	Bellinger, C	7 Bn		30. 3.16
9388	LCpl	Bembrose, CH	1 Bn		4. 3.18
13918	Pte	Bills, D	2 Bn		5. 8.15
9274	Pte	Birch, OW	1 Bn		17.12.14
2104	Sjt	Blakey, JS			13. 2.17
9578	A/Sjt	Blundy, S	1 Bn		1. 4.15
9/13781	Sjt	Boardman, H			25.11.16
44576	Pte	Bodsworth, H	2 Bn		3. 9.19
240824	Cpl	Booth, A	2 Bn		11. 3.20
202533	Sjt	Borrill, E			3. 9.18
43084	Pte	Bourne, W	1 Bn		11. 3.20
1796	LCpl	Bradshaw, FJ			26. 1.18
11604	LCpl	Breese, AH	6 Bn	G	16.11.15
7113	Pte	Breeze, E	1 Bn		5. 8.15
9488	LCpl	Brett, AR			6.11.14
8462	Pte	Briggs, C	2 Bn		30. 6.15
8665	A/Sjt	Brockelsby, G	2 Bn		5. 8.15
41768	Pte	Brown, AE			3. 9.18
12302	Sjt	Brown, GW			3. 9.18
201531	Pte(LCpl)	Brown, R	2 Bn		5.12.18
13904	A/LCpl	Brownley, A	1 Bn		30. 6.15
235618	Sjt	Brudenall, F	7 Bn		11. 3.20
11120	Cpl	Brumpton, C, M.M. 1 Bn			2.12.19
6509	CSM	Burbidge, D			18. 7.17
200671	Cpl	Burgess, FH			16. 8.17
9067	CSM	Burrell, E, M.M.			3. 9.18
9067	CSM	Burrell, E, D.C.M., M.M.		Bar	30.10.18
3/5381	Cpl(A/Sjt)	Burton, J			3. 3.17
49766	Pte(LCpl)	Chambers, RW	2 Bn		11. 3.20
9609	Pte	Chance, JW	1 Bn		17.12.14
11170	Pte(LCpl)	Chapman, JL			3. 9.18
240126	Sjt	Chapman, T			17. 4.18
13461	Sjt	Clark, R, M.M.	7 Bn		5.12.18
5663	A/CQMS	Clarke, S	2 Bn		5. 8.15
4963	CSM(T/RSM)	Coldwell, W			17. 4.18
8142	CSM	Coleman, WT			15.11.18
241662	Pte	Conroy, E	1/5 Bn		3. 9.19
9183	A/LSjt	Coulson, W	1 Bn		30. 6.15
18672	LCpl	Cowling, C			22. 9.16
13861	Pte	Cowling, W	2 Bn		5. 8.15
13985	Pte	Cresswell, A	1 Bn		6. 9.15
7/11235	Pte	Davenport, JT	7 Bn		30. 3.16
7970	Sjt	Davis, FJ	1 Bn		5. 8.15
9194	CSM	Davis, WE, M.M.			30.10.18
40699	Pte	Dawes, AB			3. 9.18
16491	Sjt	Dexter, CJ			3. 9.18
240420	LCpl	Dixon, F			4. 3.18
21266	Pte	Dixon, H	4 Bn		3. 9.19
7725	Pte	Drage, WN			26. 9.16
1681	Sjt	Drewry, HF	1/5 Bn		21. 6.16
8534	Pte	Dunderdale, W	2 Bn		5. 8.15
5754	A/CSM	Durrans, WB	1 Bn		16. 1.15
41712	Cpl	Edney, JF			3. 9.18
8523	Pte	Elston, GH			5.12.18
41788	Sjt	Evans, A, V.C.	6 Bn		2.12.19
7656	Sjt	Farmer, JC			9. 7.17
201286(form.3964)	Cpl(now Sjt)	Farnsworth, JE			18. 6.17
13339	Sjt	Fitch, ES			9. 7.17
7650	LCpl	Fitch, W	1 Bn		17.12.14
241058	Pte	Forster, AE			26. 7.17
7/12136	LCpl	Fowler, F	7 Bn		30. 3.16
8455	Sjt	Gibbons, AT			3. 9.18
240428	Sjt	† Goodchild, TG (form.No.2304)			9. 7.17
240329	Sjt	Gouldthorpe, H			17. 4.18
240664	LSjt	Gouldthorpe, O			17. 9.17
7825	CSM	Gravells, HT			13. 2.17
605	CSM	Greetham, J	1/4 Bn		11. 3.16
7603	A/Cpl	Griffin, A	6 Bn	G	15. 3.16
240675	Pte	Gross, H			4. 3.18
41263	Pte(LCpl)	Guy, W			15.11.18
200305	Sjt	Hall, A			21.10.18
10274	Pte	Hall, AG			26. 1.18
240440	CSM	Hamp, WE			25. 8.17
15184	Pte	Harness, C			22. 9.16
9106	Sjt	Harrison, TE			3. 3.17
43046	Pte	Hastings, RE			3. 9.18
6458	LCpl	Henson, E	2 Bn		3. 6.15
1784	Pte	Hibbs, F	1/4 Bn		29.11.15
240073	Sjt	Hodson, H	1/5 Bn		11. 3.20
9376	A/Sjt	Hubbard, T	1 Bn		16. 1.15
6	CSM	Hutchinson, GH	1/4 Bn		11. 3.16
390	Cpl	Jackson, CW	1/4 Bn		29.11.15
5935	A/SM	Jackson, HA	6 Bn		21. 6.16
8114	A/RSM	Jarman, GL			3. 9.18
43319	Sjt	Jefcoat, J			15.11.18
6459	Cpl	Johnson, GE	2 Bn		3. 9.19
6460	CSM	Johnson, JH	2 Bn		30. 6.15
8552	Pte	Johnson, S	1 Bn		11. 3.16
8538	LCpl	Jollans, S	2 Bn		3. 6.15
8115	Pte	Jones, CF	6 Bn		21. 6.16
7/10767	LCpl	Keeble, E	7 Bn		30. 3.16
7/11899	Pte	Kelby, EH	7 Bn		30. 3.16
200968	CSM(A/SM)	King, CJ			3. 9.18
14113	Cpl	King, EH	1 Bn (Attd.RE)		9.10.15
9998	Pte	Kirby, E	2 Bn		5. 8.15
7690	Sjt	Kirk, W	1 Bn		30. 6.15
9041	CSM	Lane, JW	1 Bn		11. 3.20
1820	LCpl	Leadbeater, C	1/5 Bn		16.11.15
1820	Cpl	Leadbeater, C, D.C.M.	1/5 Bn Bar		29.11.15
240252	Sjt	Leadbeater, C, D.C.M. & Bar.		2nd Bar	17. 9.17
12453	Sjt	Leary, C			6. 2.18
9337	Pte	Leeman, JF	2 Bn		5. 8.15
16088	Pte	Lilley, JT			4. 3.18
9362	Sjt	Lock, R			3. 9.18
7101	Pte	Lord, GE	1 Bn		11. 3.16
241167	Pte	Lyall, H	2 Bn		11. 3.20
240698	Cpl	Manchester, JH			15.11.18
200021	CSM	Maplethorpe, AE			17. 9.17
200411	CSM	Masters, CH (form.2322)			9. 7.17
9827	Pte	Matthews, F			4. 3.18
825	Pte	McKenzie, JW	1/5 Bn		11. 3.16
7/12297	Pte	Milburn, F	7 Bn		30. 3.16

Section 6.   THE LINCOLNSHIRE REGIMENT   75

238047	Cpl(A/CSM)	Milner, E, M.M.			3.10.18	3328	Pte	Smith, HS	1/5 Bn	11. 3.16
6993	CSM(A/RSM)	Moore, F			6. 2.18	25943	Pte	Snell, TH, M.M.		3.10.18
8308	Pte	Mumby, N	1 Bn		30. 6.15	9000	Cpl(A/Sjt)	Spittal, LR	2 Bn(later RE)	11. 3.16
						18206	Cpl	Spooner, W	1/5 Bn	2.12.19
6488	Pte	Nix, W	1 Bn		17.12.14	10642	Pte	Stout, J	6 Bn G	11. 3.16
						10642	Pte	Stout, J, D.C.M.	Bar	25. 8.17
241048	Sjt	Odlin, JE			21.10.18	8200	Pte	Stroulger, E	1 Bn	17.12.14
						9409	CSM(A/RSM)	Stuart, TA		17. 4.18
4281	RSM	Parish, R 2 Bn(later 2 Lt.North Fus)								
					11. 3.16	8624	Cpl(A/Sjt)	Tapsell, WA		17. 9.17
200041	Sjt	Parker, GJ, M.M.	8 Bn		16. 1.19	8624	Cpl(A/Sjt)	Tapsell, WA, D.C.M.	Bar	17. 9.17
201697	LCpl	Parker, JA			17. 9.17	9858	LCpl(A/Sjt Shoemaker)	Taylor, CD	6 Bn G	11. 3.16
7312	Sjt	Patience, G, M.M.			3. 9.18	13015	Sjt	Thacker, C	7 Bn	11. 3.20
1015	CSM	Peasgood, A	1/4 Bn		29.11.15	241280	LCpl	Tory, H	1/5 Bn	11. 3.20
240010	CSM	Pickard, H			25. 8.17					
						7559	Sjt	Wallis, H	1 Bn	17.12.14
12071	Pte	Richer, GR			10. 1.17	7445	CSM(A/RSM)	Wallis, J		17. 4.18
12071	Sjt	Richer, GR, D.C.M., M.M. 8 Bn Bar			16. 1.19	7/12088	Pte	Wallis, J	7 Bn	30. 3.16
8900	Sjt	Riggs, THR			14.11.16	8477	CSM(later 2Lt)	Walter, WA		18. 6.17
14798	CSM	Robinson, JE, M.M.			3. 9.18	9101	CSM	Walton, GE		21.10.18
12310	Sjt	Robinson, WH	8 Bn		10. 1.20	14621	LCpl	Ward, A		26. 1.18
238055	Sjt	Rockley, L			15.11.18	242178	Pte	Watts, J		26. 1.18
7434	Pte	Saunders, G	1 Bn		17.12.14	12676	Sjt	Wedd, S		3. 9.18
201991	Pte	Sharpe, HE			30.10.18	7314	Sjt	White, G, M.M.	8 Bn	10. 1.20
8166	Sjt(A/CQMS)	Sharpe, OT			13. 2.17	9183	CSM(A/RSM)	Whiting, E		22. 9.16
7723	LCpl	Shields, G	1 Bn		1. 4.15	201149	CSM	Whitworth, EW	7 Bn	16. 1.19
242053	Sjt	Sigournay, HG			21.10.18	4940	A(LCpl)	Williams, G	1 Bn	30. 6.15
7/10969	Sjt	Simons, GH	7 Bn		30. 3.16	1397	Pte(A/Cpl)	Williams, WH		9. 7.17
10959	CSM	Simpson, E			21.10.18	9497	CSM	Wood, GW		4. 3.18
8485	Sjt	Sleight, A, M.M.	6 Bn		3. 9.19	9978	CSM	Wrightson, F		25. 8.17
7858	Pte	Smith, CF	1 Bn		30. 6.15					
5819	CSM	Smith, H			3. 9.18	8364	Sjt	York, S. M.M.	1 Bn	3. 9.19

168 D.C.M.'s   5 Bars.   1 2nd Bar.

† Bar with R. Fusiliers.

THE DEVONSHIRE REGIMENT

9229	Sjt	Adams, CE			25.11.16	31216	Pte	Edwards, JT		15.11.18
66709	Pte	Allen, R	16 Bn		10. 1.20	33797	Pte	England, EP		4. 3.18
34258	Pte	Amesbury, A	1 Bn		2.12.19	31177	Sjt	Ewens, A, M.M. 2 Bn(later Depot)		11. 3.20
240484	Cpl	Andrew, WW			1. 5.18					
32419	Sjt	Andrews, J	2 Bn		11. 3.20	8635	Sjt	Farrell, J	1 Bn	11. 3.16
						345041	Sjt	Foss, L	16 Bn	11. 3.20
7798	Pte	Ball, R	1 Bn		5. 8.15	12674	Pte	Francis, J	9 Bn	11. 3.16
6877	Sjt	Barnes, E			18. 7.17	3/6947	Sjt	Fraser, LE	1 Bn	11. 3.20
45722	Pte	Bartlett, G			3. 9.18	2299	Pte	Fulford, SH (Attd. Dorset Regt.)	*12.12.17	
30158	LCpl	Bates, G			4. 3.18					
9567	LCpl	Beal, RW	9 Bn		27. 7.16	33433	Pte	Golby, E	8 Bn I	11. 3.20
345024	Sjt	Bickley, EJ			1. 5.18	12444	CSM	Grant, W		25.11.16
9665	Cpl	Blake, T			26. 7.17	33172	Sjt	Greenslade, C, M.M.		30.10.18
11201	Sjt	Bolt, J			21.10.18	33350	Pte	Grigg, C	8 Bn I	25. 2.20
13116	LCpl	Booth, T			15.11.18					
200494	Pte	Bowd, AG			29. 8.17	240037	CSM	Hambly, PC	5 Bn	11. 3.20
9328	CSM	Bowden, JT			3.10.18	32273	Pte	Hawley, G	2 Bn	10. 1.20
16671	Pte	Brayley, G	8 Bn	I	3. 9.19	205492	Sjt	Hepper, ET		30.10.18
11319	LCpl	Browning, J, M.M.			3. 9.18	17669	Cpl(L/Sjt)	Herbert, PJ		28. 3.18
8615	A/CSM	Bryant, A	8 Bn		16.11.15	8258	CSM	Hobbs, M, M.M.		28. 3.18
33225	Cpl	Budd, GH			30.10.18	8865	Sjt	Holland, WR	8 Bn	16.11.15
33208	Pte	Bullen, G	2 Bn		11. 3.20	20539	Cpl	Holt, A		26. 5.17
14035	Sjt	Butterworth, JW			16. 8.17	9233	Sjt	Hooper, SC	2 Bn *	30. 1.20
						2208 †	SM(Later 2nd Lt)	Hudson, WG, D.C.M.	Bar	20.10.16
11082	Sjt	Churns, CE			4. 3.18	5232	LCpl	Hughes, F	2 Bn	11. 3.16
9237	CSM	Clatworthy, H			15.11.18	345591	L/Sjt(A/Sjt)	Hunt, W	16 Bn	11. 3.20
20518	Pte	Clough, FA			26. 7.17	345083	LCpl	Hutchings, A		1. 5.18
8595	A/Cpl	Collins, HR			26. 1.18					
6860	LCpl	Copley, J			3. 9.18	9343	Cpl	Jeffrey, C	1 Bn	5. 8.15
8588	Sjt	Cornish, W	1 Bn		11. 3.16	8640	Pte(A/LCpl)	Johns, AC		3. 9.18
290015	Sjt	Cosway, H (later 642 Labour Corp.)								
				*	30. 1.20	5456	CSM	King, JB	2 Bn	3. 6.15
10091	Pte	Courtney, N	9 Bn		10. 1.20					
8826	Sjt	Crispin, L			26. 1.18	4848	Sjt	Leach, A 2 Bn(Attd. 8 Sig.Coy)		30. 6.15
						7870	CSM ‡	Lee, S (Attd. 1st O & BLI)		21. 1.20
13975	Sjt	Dade, F			18. 2.18	8021	Sjt	Lethbridge, F		18. 6.17
32259	A/Sjt	Dark, CH	2 Bn		11. 3.20	6588	CSM	Littlewood, E		22. 9.16
4633	RQMS	Davey, H	8 Bn		16.11.15	8827	Cpl	Lock, CW	2 Bn	5. 8.15
30049	Pte	Dean, A	1/5 Bn		2.12.19	5501	A/Cpl	Love, T	1 Bn	29.11.15
4426	RQMS	Dowle, L	1 Bn		21. 6.16					
3972	Pte	Dunster, W	1 Bn		1. 4.15	5407	RSM	Manley, W	9 Bn	11. 3.20
						3/7087	LCpl	Mardon, TRT	9 Bn	27. 7.16
16840	Pte	Eades, HJC			15.11.18	12049	Sjt	Matthews, CC		26. 5.17
10492	Sjt	Edmunds, E			4. 3.18	57322	Pte	Matthews, J		30.10.18

THE DEVONSHIRE REGIMENT

201148(form.2898)	LCpl	Matthews, WT		11. 5.17
13263	Cpl	Melhuish, RJ 9 Bn		11. 3.16
13263	Sjt	Melhuish, RJ, D.C.M. 9 Bn	Bar	27. 7.16
7028	A/CSM	Melhuish, S 8 Bn		27. 7.16
8932	CSM	Melhuish, TF 3 Bn (Attd. 1/4 K.A.R.) EA		25. 2.20
200353	Pte	Morris, WH		29. 8.17
12253	CQMS	Morshead, AJ		21.10.18
9247	Sjt	Norsworthy, T 2 Bn		10. 1.20
345020	Sjt	O'Keefe, T		1. 5.18
4918	CSM	Page, AEC 8 Bn		11. 3.16
8915	Sjt	Partridge, AH		26. 1.18
12505	Sjt	Pearson, HE 9 Bn		2.12.19
11037	Sjt	Perryman, J		4. 3.18
24446	Cpl	Phelps, T 9 Bn		2.12.19
11378	LCpl	Pike, SJ 1 Bn		29.11.15
346084	Sjt	Pitt, AT 16 Bn		11. 3.20
10805	L/Sjt	Potter, W		22. 9.16
8005	CSM(A/RSM)	Radford, FH		26. 1.18
8005	CSM(A/RSM)	Radford, FH, D.C.M.	Bar	3. 9.18
240335	Pte	Rice, S		30.10.18
203107	Sjt	Ridler, W		29. 8.17
15817	Cpl	Robbins, GHT, M.M. 2 Bn (Attd. 23 L.T.M.Bty.)		3. 9.19
9127	Pte	Saltmarsh, HA 2 Bn		1. 4.15
9726	Pte	Searle, JH 1 Bn		30. 6.15
8171	QMS	Seldon, WJ 3 Bn (Attd. Nigeria Rgt.WAFF) EA		11. 3.20
8099	LCpl	Simmons, WH 1 Bn		1. 4.15
8427	CSM	Small, AG 2 Bn		3. 9.19
3/6964	LCpl	Smith, BC 8 Bn(form. 2 Bn)		11. 3.16
8405	Sjt	Snell, H		13. 2.17
2254	Pte	Soper, GH (Attd. Dorset Regt.)		*12.12.17
10027	Cpl	Spurway, EC 2 Bn		10. 1.20
240015	CSM	Stallard, SW		1. 5.18
345180	Sjt	Stanbury, EJ 16 Bn		11. 3.20
200269	Sjt	Stark, RJ		29. 8.17
6683	Sjt	Stentiford, J		26. 7.17
17840	Sjt	Stephens, ST 9 Bn		11. 3.16
9633	Cpl	Stevens, A 2 Bn		*30. 1.20
28796	Pte	Stockman, E		3.10.18
2252	Pte	Stone, EH (Attd. Dorset Regt.)		*12.12.17
6740	A/CSM	Tabb, E 1 Bn		30. 6.15
34296	LCpl(A/Cpl)	Taylor, F 1 Bn(Attd.95 LTM Bty)		11. 3.20
18347	Pte	Thomas, S		21.10.18
10023	L/Sjt	Tozer, E		3. 9.18
7376	LCpl	Tremlett, WH 1 Bn		5. 8.15
205400	Pte	Tucker, F		4. 3.18
11734	CSM	Tyler, HW		18. 2.18
11332	Cpl	Ward, G 1 Bn(later Depot)		2.12.19
4111	Sjt	Webb, H 1 Bn		11.11.14
7451	LCpl	Webber, H 1 Bn		5. 8.15
13029	Sjt	White, RB		25.11.16
15722	Sjt	Williams, JN, M.M.		3.10.18
12954	Pte	Williams, W 1 Bn(later 86585 RE)		15. 9.15
9123	CSM	Winsor, J		28. 3.18
13697	Sjt	Wooles, C		17. 4.17
9311	Pte	Worsfold, WB 1 Bn		1. 4.15

128 D.C.M.'s 3 Bars.

† S.M. Hudson, WG, D.C.M. L/G. 1901.

‡ UST VAGA 1/9/19.

THE SUFFOLK REGIMENT

240172	Pte	Allum, WC	1. 5.18
2224	Cpl(A/Sjt)	Aviss, OG 1/4 Bn	15. 3.16
7633	Cpl	Bailey, J	13. 2.17
4448	Pte	Bailey, J 2 Bn	30. 3.16
27375	Pte(A/Cpl)	Baker, FD	28. 3.18
1563	A/Sjt	Balaam, SC 4 Bn	11. 3.16
200231	Sjt	Beadon, WG, M.M. 15 Bn	10. 1.20
3/9111	LCpl	Bird, EJ (Attd TMB)	13. 2.17
202226	Cpl	Blake, SP	26. 7.17
8131	Sjt	Blinco, C	6. 2.18
13256	Sjt	Bolingbroke, RC 9 Bn	22. 1.16
19003	Cpl	Bott, NA 1 Bn	16.11.15
18558	Cpl(ASjt)	Bowers, FH	26. 1.18
4142	Sjt	Bragg, H 2 Bn	15. 3.16
7968	Pte	Bridges, W 2 Bn *	30. 1.20
8472	Pte	Brill, BH 1 Bn	16.11.15
326371	A/Sjt	Browne, HA 2 Bn	2.12.19
203098	Pte	Browning, R	1. 5.18
17677	Pte	Burrell, JGL 2 Bn	11. 3.16
9203	A/Sjt	Butcher, J	20.10.16
17245	LCpl	Cage, HA	26. 9.16
13533	CSM	Causton, C 11 Bn	2.12.19
20655	Pte	Chamberlain, HG	6. 2.18
13200	Pte	Chatters, EG	14.11.16
7877	LCpl	Chinery, J 2 Bn	1. 4.15
241800	Sjt	Clark, R 1/5 Bn E	3. 9.19
3/10196	CSM	Connor, CJ	3.10.18
3/10029	A/RSM	Crissall, J	3. 9.18
14800	Sjt	Croot, J	26. 4.17
12407	Pte	Davies, F 7 Bn	11. 3.16
8109	LCpl	Dempsey, J 2 Bn	30. 6.15
5735	Cpl	Double, HG 2 Bn	30. 3.16
14971	Pte	Doy, E, M.M.	4. 3.18
320292	Pte	Edwards, JR	28. 3.18
43402	Pte(LCpl)	Edwards, WH	15.11.18
24224	Sjt	Few, AGR	26. 9.16
27342	Pte	Few, LC	26. 9.16
7992	Pte	Francis, RC S.R. 2 Bn	1. 4.15
240012	CSM(A/RSM)	French, JJ	26. 1.18
6682	Pte	Fuller, R 2 Bn	1. 4.15
6658	CSM	Gates, C 2 Bn	30. 6.15
6698	Sjt	Gillson, F 2 Bn	3. 9.19
9728	CSM	Goody, A	14.11.16
17626	Pte	Hales, C 9 Bn	22. 1.16
6903	CSM	Hammond, FJ 7 Bn	11. 3.16
943	Cpl	Harvey, F 5 Bn	21. 6.16
265115	Sjt	Hawes, A (& Nig.R.W.A.F.F.)	3.10.18
14821	LCpl	Hazlewood, EJ	17. 4.17
50012	Pte	Hearne, M	3. 9.18
15609	Sjt	Hills, HS	21.10.18
12541	Cpl	Hubbard, EW	20.10.16
57423	Sjt	Hunt, AC 12 Bn	11. 3.20
41537	Pte	Hunt, JT	28. 3.18
6109	Sjt	Jarrold, PJJ, M.M.	4. 3.18
3/8688	CSM	Jones, HJ, M.M. 2 Bn	5.12.18
8589	Pte	Jones, L 2 Bn	30. 3.16
15701	Cpl	Knightley, AE	26. 9.16
14104	LCpl	Knights, AJ	20.10.16
27697	Sjt	Lacey, C	28. 3.18
20835	Pte	Lane, W	26. 9.16
27502	Pte(LCpl)	Larwood, AW	28. 3.18
320961	Sjt	Lingley, EH 15 Bn	10. 1.20
24668	Sjt	Lovell, JF	18. 7.17
3/9012	Cpl	Lynn, F 2 Bn	30. 3.16
22187	SM	Macey, CW	9. 7.17
8594	CQMS	Mann, H, M.M. 11 Bn	2.12.19
13395	Pte	Mann, WJ 9 Bn	22. 1.16
326837	A/Sjt(later 2Lt)	Matthews, WJ, M.M.	3.10.18
7738	A/CQMS	McGough, A 2 Bn	1. 4.15
27419	Sjt	McMahon, J	6. 2.18
15618	CSM	Mead, SW, M.M. 11 Bn	3.10.18
14984	A/CSM	Meadows, F	3.10.18
15226	CSM	Meen, FG, M.M. 2 Bn	11. 3.20
20505	Sjt	Negus, JP	26. 1.18

THE SUFFOLK REGIMENT

Number	Rank	Name	Bn	Date
3150	Col Sjt(A/SM)	Newman, JS	4 Bn	11. 3.16
14203	Cpl	Nunn, FM		22. 9.16
9077	Pte	Orbell, JA	3 Bn	11. 3.16
16620	Pte	Pamment, V		22. 9.16
6344	CSM	Parsons, JC		3.10.18
240580	Cpl	Pearson, J		1. 5.18
609	Sjt	Pendle, AE	4 Bn	3. 6.15
459	Sjt	Pettitt, W	4 Bn	3. 6.15
17982	LCpl	Platten, BJ		26. 1.18
12576	Pte	Polden, F	7 Bn	15. 3.16
15083	CSM	Potter, F		16. 8.17
15811	Pte	Pratt, W		6. 2.18
6738	Sjt	Quantrill, H	1 Bn	30. 6.15
18182	Pte	Read, FJ		26. 1.18
240482	LCpl	Reeson, W		18. 2.18
7573	Pte	Riddlestone, F	1 Bn	30. 6.15
15295	Pte	Riseborough, BG		20.10.16
12196	Sjt	Rivers, W		10. 1.17
8520	Cpl	Rose, W		13. 2.17
241293	Pte	Rosling, AM		1. 5.18
63344	Sjt	Savage, A	12 Bn	11. 3.20
14694	LCpl	Savage, W		17. 4.17
8863	Pte	Scoggings, HJ	2 Bn	30. 3.16
9200	Pte	Searle, H	7 Bn	11. 3.16
2381	Pte	Simpkin, BJ		10. 1.17
3/10300	Sjt	Smith, AC		3. 9.18
2217	LSjt	Smith, W	4 Bn	3. 6.15
1804	Pte	Sones, PE	4 Bn(Attd. Lahore Sig.Co)	3.6.15
13085	Pte	Southgate, HA	2 Bn	15. 3.16
14766	Sjt	Spalding, E		3. 9.18
14766	Sjt	Spalding, E, D.C.M. Bar		21.10.18
6881	Sjt	Spriggs, H	2 Bn(now Depot) *	30. 1.20
15018	LSjt	Sprunt, FJ		25.11.16
3/9563	Sjt	Stiff, JF, M.M.		3. 9.18
15804	Cpl	Taylor, WD		3. 9.18
6385	CSM	Theobald, MGW	2 Bn	15. 3.16
41987	Pte(LCpl)	Tingley, W	12 Bn	2.12.19
14275	CSM	Turner, GAW		3. 9.18
14925	Cpl	Wale, HC	8 Bn	4. 3.18
1140	CSM	Walker, W	1/4 Bn	21. 6.16
3/10265	Pte	Waterson, WE		20.10.16
19334	Sjt	Watkins, JH (& Nig.Rgt.WAFF)		3.10.18
9178	Pte	Wayman, H	7 Bn	15. 3.16
5796	CSM	Webb, W	2 Bn	30. 6.15
9337	Cpl(A/LSjt)	White, GE	9 Bn	30. 3.16
8309	LCpl	Wilson, C	9 Bn	15. 3.16
12020	Sjt	Wordingham, CEK		17. 4.18
14273	Pte	Wright, A		14.11.16
20804	Sjt	Wright, GE	11 Bn	11. 3.20

122 D.C.M.'s   1 Bar.

PRINCE ALBERT'S (SOMERSET LIGHT INFANTRY)

Number	Rank	Name	Bn		Date
14810	LCpl	Allsopp, A	7 Bn(Attd. RE)		16.11.15
6437	Sjt	Archer, W	1 Bn		1. 4.15
29784	LCpl	Atherton, WJR	8 Bn		2.12.19
10876	Pte	Baker, RGK	6 Bn		15. 3.16
11138	LCpl	Bamford, HJ	6 Bn		3. 9.19
16492	LSjt	Bancroft, JE			3. 9.18
8069	Sjt	Barnes, L	2 Bn	India	26. 5.19
6150	Bandsman	Barrett, W	1 Bn		11. 3.16
20154	Sjt	Bartlett, T			26. 9.16
16707	Sjt	Bawden, HG	7 Bn		11. 3.20
20502	Pte	Beale, AG			26. 7.17
205181	Sjt	Betty, WJ			3. 9.18
15763	A/L/Sjt	Black, J	8 Bn		22. 1.16
8342	LCpl	Bowdidge, JS	1 Bn		17.12.14
44504	LCpl(A/Cpl)	Bozzard, GWT	1 Bn		2.12.19
14856	CSM	Brake, E			17. 4.18
10272	Sjt	Bryant, WG			26. 9.16
10216	Sjt(A/CSM)	Bulson, HS			28. 3.18
9155	Sjt	Burge, B	1 Bn		1. 4.15
5346	SM	Buss, CH	6 Bn		21. 6.16
7578	CSM	Chappell, PEE			22. 9.16
295590	LCpl	Cleal, C			1. 5.18
6412	Sjt	Coles, AJ			17. 4.18
9090	CSM	Cook, AH, M.M.	1 Bn(later Depot)		10. 1.20
3/7742	RQMS	Cooper, AG			21.10.18
15105	A/Sjt	Cornwell, H			9. 7.17
9427	ACpl	Cox, EAE	1 Bn		16.11.15
3/7755	Cpl(A/QMS)	Cox, FJ, M.M.	7 Bn		11. 3.20
15775	Sjt	Coxon, JW	8 Bn		22. 1.16
240078	Sjt	Crocker, B			30.10.18
200053	Sjt	Cross, T	1 Bn		16. 1.19
10804	Pte	Dare, DH	7 Bn		24. 6.16
893	CSM	Davis, F			14.11.16
27859	Sjt	Davis, W			6. 2.18
27644	Pte	Dolling, F			18. 6.17
18928	Cpl	Durman, WJ			3. 9.18
14779	Sjt	Dyer, E			6. 2.18
311	Sjt	Eno, H	1/5 Bn(Attd.2 Dorset)	M	22. 1.16
265892	Pte	Evans, HJ	11 Bn		3. 9.19
15802	ACpl	Fenwick, AL	8 Bn		22. 1.16
240053	Sjt	Field, T	1/5 Bn	E	3. 9.19
8646	LCpl	Frampton, AT	6 Bn		11. 3.20
16637	LCpl	Francis, HJ			18. 6.17
14916	Cpl	Gane, GC			17. 4.18
10594	Cpl	Gay, SE			26. 1.18
17491	LCpl	Gibbs, AJH			16. 8.17
10218	QMS	Goloska, J			13. 2.17
21718	Cpl	Gregory, F	1 Bn		2.12.19
9199	LCpl	Gunner, P	8 Bn(form. 1 Bn)		11. 3.16
30262	Pte(LCpl)	Hawkins, EE, M.M.	1 Bn		16. 1.19
7869	Cpl	Hayden, W			3. 9.18
15674	LSjt	Hedley, W			3. 3.17
9004	CSM	Henman, W			3. 3.17
14703	LCpl	Hillier, AJ			21.10.18
235121	LCpl	Hobbs, GWA			26. 1.18
3/7658	QMS	Horler, T (Attd.27 Gen Base Depot)			21.6.16
16534	Cpl(L/Sjt)	Howse, FWF			26. 1.18
7374	Pte	Hughes, RJ	8 Bn(form. 1 Bn)		11. 3.16
15173	Sjt	Isaacs, A			21.10.18
3/7241	L/Sjt	James, HWP			18. 7.17
12190	Pte	Jefferies, AF	8 Bn		22. 1.16
12755	Pte	Jenkins, G	7 Bn		27. 7.16
13980	Sjt	Jenner, T			26. 1.18
8356	CSM	Johnston, R	1 Bn		10. 1.20
37199	Cpl	Jones, W			1. 5.18
7012	Sjt	Jordan, WH, M.M.			3. 9.18
9345	Sjt	Joyce, F	1 Bn		11. 3.20
15686	Sjt	Keith, E			3. 9.18
16254	Pte	Kell, J	7 Bn(Attd.RE)		16.11.15
9852	Pte	Killen, T	1 Bn		30. 6.15
16244	Sjt	King, CL			26. 1.18
240811	Cpl	Knight, GT	1/5 Bn	E	3. 9.19
295002	CSM	Mildon, JE	12 Bn		11. 3.20
9652	Pte	Miller, J	6 Bn		15. 3.16
10296	Pte	Miller, JJ	Depot(form.6 Bn)		11. 3.16
10751	Sjt	Mountly, JE			3. 9.18
27822	Pte	Muddle, HG	8 Bn		2.12.19
5588	LCpl	Newbery, F	1 Bn		16. 1.15
295261	Sjt	Newman, B	12 Bn		3. 9.19
19140	Pte	Osborne, T			30.10.18
30501	Pte	Pagington, E			15.11.18
295260	LSjt	Passmore, W			28. 3.18
4812	RSM	Paul, E			22. 9.16
9275	Pte	Perry, RA	8 Bn		11. 3.20
7288	CSM	Phippen, FH	6 Bn		11. 3.20
7942	Pte	Prince, RL	1 Bn		30. 6.15
7209	Sjt	Radford, G			3. 9.18

PRINCE ALBERT'S (SOMERSET LIGHT INFANTRY)

Section 6.

Number	Rank	Name	Bn		Date
7276	Sjt	Rawlings, SG			26. 1.18
9829	Sjt	Rogers, V			3. 9.18
37253	Pte	Rumley, NE			28. 3.18
53961	Pte	Salter, F	6 Bn		5.12.18
10392	Pte	Saunders, W			14.11.16
7060	Sjt	Shortman, J			14.11.16
30335	LCpl	Simpson, HW	1 Bn		2.12.19
295293	LCpl	Spratt, C			28. 3.18
266348	Cpl	Stebbing, W	11 Bn		3. 9.19
19701	Pte	Taylor, BA			4. 3.18
17644	Sjt	Tobin, WJ			3. 9.18
34302	LSjt	Towler, SJW			17. 4.17
240018	Sjt(A/CQMS)	Trenchard, S	1/5 Bn	P	11. 3.20
17290	Sjt	Trott, AJ			26. 1.18
33038	Cpl	Tucker, GF	8 Bn		11. 3.20
240722	Cpl	Venn, WJD			1. 5.18

Number	Rank	Name	Bn	Date
17360	Sjt	Viner, HC		17. 4.18
295037	Cpl	Walrond, G		28. 3.18
12420	LCpl	Ward, C	7 Bn	11. 3.16
295088	ACpl	Warfield, EJ		30.10.18
3/7312	LCpl	Watkins, WV		6. 2.18
11224	Cpl	Webb, HW	6 Bn	11. 3.16
27418	Sjt	Webb, M	1 Bn	10. 1.20
7674	Sjt	Wells, F		26. 1.18
8572	Sjt	Wilcox, C	1 Bn	17.12.14
7504	Cpl	Wilcox, L	1 Bn	1. 4.15
40424	Pte	Wilcox, LN	7 Bn	11. 3.20
36663	Pte	Williams, A		15.11.18
7395	Sjt	Williams, E	Depot(form. 6 Bn)	11. 3.16
13661	Sjt	Willson, JH		28. 3.18
3/7036	Sjt	Wiltshire, W		3. 9.18
240116	CSM	Windows, WC		1. 5.18
7725	CSM	Yaw, RJ		15.11.18

120 D.C.M.'s

THE PRINCE OF WALES'S OWN (WEST YORKSHIRE REGIMENT)

Number	Rank	Name	Bn		Date
8461	CSM	Alderson, T			3. 9.18
267579	Sjt(A/SM)	Allerton, A			28. 3.18
13597	CSM	Anderson, AM, M.M.	10 Bn		16. 1.19
8524	LCpl	Anstead, H	1 Bn		15. 9.15
1488	LCpl	Atkinson, J	1/5 Bn		15. 3.16
305094	Pte(A/LSjt)	Avery, CW	8 Bn		11. 3.20
79	Sjt(A/CSM)	Banks, H	1/6 Bn		21. 6.16
9	SM	Barker, H			22. 9.18
266240	Sjt	Barker, WW, M.M.	1 Bn		10. 1.20
8583	Pte	Barrett, J	1 Bn		11. 3.16
2157	Pte	Beech, NW	1/5 Bn		15. 3.16
203773	Pte	Beetham, H			30.10.18
2634	Pte	Benson, A	1/8 Bn		22. 1.16
3017	Pte	Bentley, J	1/7 Bn		6. 9.15
235027	Pte	Berry, GE	10 Bn		11. 3.20
36762	Sjt	Bickerdyke, RH			30.10.18
242001	Cpl	Billington, RF			26. 7.17
12077	Sjt(A/CSM)	Birkinshaw, RS	1 Bn		2.12.19
8626	Pte	Bloomfield, TJ	2 Bn		30. 6.15
17/1458	A/Cpl	Blower, TH			13. 2.17
2548	Pte	Bolderson, C			25.11.16
7846	Sjt(A/CQMS)	Booth, JW	1 Bn		21. 6.16
240744	LCpl	Boyle, T			6. 2.18
3539	Sjt	Bradley, E			22. 9.16
51909	Cpl	Briggs, GT	8 Bn		10. 1.20
305084	Sjt	Broadley, G	8 Bn		16. 1.19
9028	Pte	Brooman, J	1 Bn		15. 4.16
7840	A/RSM	Brough, A			16. 8.17
242637	LCpl(A/Cpl)	Brown, AP			30.10.18
200700	LCpl	Brown, TH			30.10.18
241048	Sjt	Browne, W			4. 3.18
5258	Sjt	Burke, M	1 Bn		15. 9.15
15/131	Sjt	Butterfield, OJ			30.10.18
15862	LCpl	Buttery, R			25. 8.17
6099	Pte	Button, C	1 Bn		30. 6.15
40254	Sjt	Calverley, GH, M.M.			30.10.18
238027	Sjt	Campbell, RW			30.10.18
265616	Pte	Capp, CA			4. 3.18
3/10337	Sjt	Cassidy, J			17. 4.18
61779	Sjt	Cherry, P			30.10.18
63322	Sjt	Chicken, J	2 Bn		2.12.19
38523	Pte(A/LCpl)	Child, HS	17 Bn		3. 9.19
17/949	Pte	Chilton, H			20.10.16
8300	Sjt	Chinnock, TD	1 Bn		11. 3.16
1266	Pte	Clough, J	1/8 Bn		6. 9.15
566	Sjt	Coates, J	1/7 Bn		11. 3.16
3/8269	LCpl	Cockerham, W			14.11.16
16/1185	A/Cpl	Cockroft, H			20.10.16
14570	CSM	Cole, AJ			6. 2.18
203003	Pte	Connor, G			3. 9.18
63203	Pte(LCpl)	Conroy, M	2 Bn		2.12.19
1790	Pte	Cooke, AW	1/5 Bn		15. 3.16
10492	LCpl	Cooper, WH	9 Bn(Attd.3 Bn)	G	11. 3.16
2505	Sjt	Coulson, C			22. 9.16
18/1514	Pte(LCpl)	Cowgill, H			30.10.18
1601	LCpl	Cowgill, JT	1/7 Bn		22. 1.16
1240	Pte	Creyke, R			22. 9.16

Number	Rank	Name	Bn		Date
238203	CSM	Cropper, J, M.M.			3. 9.18
5528	Sjt	Cross, F	1 Bn		30. 6.15
265405	LCpl(A/Cpl)	Crosthwaite, L	2 Bn		5.12.18
16/842	A/CSM	Cussins, G			22. 9.16
265073	CSM	Cusworth, G			17. 4.18
12946	CSM	Dickinson, WH			18. 7.17
2503	Pte	Dodd, A	1/8 Bn		22. 1.16
8489	Pte	Dove, GH	2 Bn		30. 6.15
2474	Cpl	Ellison, W	1/6 Bn		11. 3.16
265442	Sjt	Elsworth, R	8 Bn		2.12.19
12005	Sjt	Epton, WT	10 Bn		27. 7.16
203128	Sjt	Eunson, J	(form.6494)		9. 7.17
240180	Pte	Evans, H	1/6 Bn		25. 2.20
40619	Sjt	Evans, HV			17. 4.18
20166	Cpl	Falconer, IS, M.M.	8 Bn		2.12.19
3402	Pte	Farnhill, A			25.11.16
16/637	Cpl	Farrar, C			13. 2.17
1610	CSM(A/SM)	Fenton, H			13. 2.17
7522	Cpl(A/Sjt)	Firth, J	1 Bn		21. 6.16
305601	Sjt	Flockton, J			4. 3.18
16/599	CSM(A/RSM)	Foster, A	15/17 Bn		11. 3.20
43227	Sjt	Fowler, F			30.10.18
2315	Pte	Francis, W	1/6 Bn		9.10.15
242557	Sjt(A/CQMS)	Franks, E	1/6 Bn		11. 3.20
721	Sjt	Fretwell, CN	1/8 Bn		11. 3.16
3/8311	Sjt	Fryer, T			3. 9.18
8217	Pte	Gale, TD	1 Bn		2.12.19
4/8307	Cpl(A/Sjt)	Galloway, G			9. 7.17
1971	Pte	Garrity, M	1/7 Bn		6. 9.15
3/18273	Pte	Gibson, C			30.10.18
63056	LCpl	Gladwin, CD, M.M.	3 Bn		2.12.19
235991	Sjt	Gordon, A, M.M.	9 Bn		11. 3.20
1983	LCpl	Green, E	1/8 Bn		22. 1.16
10662	Sjt	Green, F	10 Bn		30. 6.15
63344	CSM	Green, H	2 Bn		11. 3.20
9054	A/CSM	Gubbings, AG			18. 6.17
8680	CSM	Hall, R	1 Bn		10. 1.20
43484	Pte	Hallam, F			18. 7.17
18/407	Sig Sjt	Halstead, GW			9. 7.17
5929	LCpl	Harrison, G	1 Bn		15. 9.15
8114	Pte	Harrison, GG	1 Bn		15. 3.16
21/189	CQMS	Hartley, C			17. 4.18
53929	CSM(T/RSM)	Hayley, JD, M.C.	8 Bn		11. 3.20
3/8554	LCpl	Hegarty, J			14.11.16
268228	CSM	Hemingway, H			21.10.18
200510	Sjt	Henderson, JW			21.10.18
200055	Sjt	Hendry, A	5 Bn (and 1/2 KAR) EA		11. 3.20
20998	Pte	Hewitt, G			18. 7.17
16/1330	Cpl(A/Sig Sjt)	Higgins, C			10. 1.17
4/7782	Pte	Hines, H			28. 3.18
9498	Cpl	Hitchenman, W			17. 9.17
5287	CSM	Hole, A			13. 2.17
16/282	Sjt	Holmes, E			30.10.18
18/1133	Cpl	Holmes, G			13. 2.17

THE PRINCE OF WALES'S OWN (WEST YORKSHIRE REGIMENT)

Number	Rank	Name	Bn		Date
267000	Sjt	Holmes, HE			28. 3.18
306966	Sjt	Horner, JF, M.M.			30.10.18
7153	Sjt	Horner, W	2 Bn		30. 6.15
6166	Sjt	Hubbard, B			9. 7.17
268534	Pte	Hudson, D			26. 1.18
241381	Sjt	Huggins, W			4. 3.18
2111	A/CSM	Humphreys, GW			13. 2.17
16/228	LCpl(A/Cpl)	Hunter, D			17. 4.18
305700	Sjt	Hutton, WR	8 Bn		3. 9.19
2771	LCpl	Ingleby, H	1/7 Bn		22. 1.16
14001	LSjt	Ireson, W	11 Bn	I	25. 2.20
3225	Pte	Johnson, E	1/6 Bn		22. 1.16
63365	Cpl	Johnson, W	2 Bn		11. 3.20
15/531	CSM	Jones, JE			18. 7.17
9496	Cpl	Jones, T			17. 4.18
265375	Sjt	Kavanagh, P	7 Bn		25. 2.20
1140	LSjt	Kelly, JW	1/6 Bn		16.11.15
2190	Pte	Kermode, EM	1/6 Bn		15. 3.16
8985	CSM	King, H			26. 1.18
28104	Pte	King, H			3. 9.18
900	Sjt	Kitchen, G			25.11.16
24191	LCpl	Knowlson, W			17. 4.18
7284	CSM	Laking, H	1 Bn		16. 1.15
21115	Pte	Leatherland, WT	9 Bn		2.12.19
200875	Sjt	Ledgard, E			17. 4.18
5611	CSM	Lewington, J	3 Bn		16. 1.15
14763	Cpl	Locker, J			9. 7.17
25	CSM	Lodge, H	1/7 Bn		21. 6.16
235817	Pte	Lowther, H 9 Bn(Attd.474 Agric Coy)			2.12.19
1931	CSM	Lund, G	1/5 Bn		11. 3.16
18224	Pte	Maddigan, A			25.11.16
2625	LCpl	Makin, W			22. 9.16
28340	Pte	Malthouse, R			30.10.18
305208	Sjt	Markinson, J, M.M.	8 Bn		10. 1.20
8189	CSM	Marsh, J			26. 1.18
15/1536	Sjt	Marshall, H			25. 8.17
8296	Cpl	McDonald, M	1 Bn		11. 3.16
5045	CSM	McKay, F 2 Bn(later 2 Lt.RWF)			11. 3.16
266654	Sjt	McNichol, M	1/7 Bn		25. 2.20
200788	Sjt	McQuade, JC	1/5 Bn		25. 2.20
200961	Pte	Metcalfe, JF	8 Bn		2.12.19
22211	LCpl	Metcalfe, T			1. 5.18
1/8859	CSM	Moore, E	1 Bn		27. 6.19
12078	Cpl	Moore, J			6. 2.18
12078	Sjt	Moore, J, D.C.M.		Bar	4. 3.18
1470	Sjt	Morton, MC	1/5 Bn		15. 3.16
265121	Cpl	Moss, J			1. 5.18
1847	LCpl	Moss, JC			22. 9.16
16/573	Sjt	Murgatroyd, E			20.10.16
15/684	Sjt	Nichol, P	15/17 Bn		3. 9.19
2210	CSM	Nicholson, JC	1/5 Bn		11. 3.16
3182	Pte	Nicholson, W			22. 9.16
3/8824	Pte	O'Hagan, JT			14.11.16
S/9540	CSM	Padgett, H			14.11.16
16/1107	Cpl	Palframan, W			18. 7.17
4/7590	Pte	Parkes, R			13. 2.17
201284	Sjt	Parkin, HB			28. 3.18
798	Sjt	Parsey, JL	1/6 Bn		11. 3.16
5968	Pte	Pascoe, N			14.11.16
15095	Sjt	Patrick, R	11 Bn	I	25. 2.20
2226	Sjt	Pattison, H			25.11.16
29036	LCpl	Payne, JW			26. 1.18
14767	Sjt	Peabody, JF			25. 8.17
9649	Sjt	Pearce, J			26. 1.18
559	Sjt	Pearson, AL	1/8 Bn		22. 1.16
16/1154	Pte	Pearson, T			26. 9.16
17/1207	Sjt(A/CSM)	Percival, J			20.10.16
15561	Cpl	Pettican, SL			11. 5.17
17/696	CSM	Pickard, P	10 Bn		10. 1.20
202528	Sjt	Piper, A			4. 3.18
9401	Sjt	Powell, AC			26. 1.18
10050	Cpl	Pratt, R	1 Bn		27. 7.16
13489	Sjt	Preston, E	11 Bn		29.11.15
2424	Pte	Preston, E	1/6 Bn		6. 9.15
14526	A/CSM	Proud, A			25. 8.17
26021	LCpl	Randle, J			21.10.18
201195	CSM	Rathke, WE			18. 7.17
4713	SM	Raynor, F			13. 2.17
16/348	LCpl	Read, W			6. 2.18
37805	Pte(LCpl)	Richelieu, A			30.10.18
6085	LCpl	Roberts, JD	1 Bn		11. 3.16
30315	CSM	Robson, JM			28. 3.18
265918	CSM	Rosindale, HG			28. 3.18
8790	CSM	Salt, I	10 Bn (later 3 Bn)		11. 3.20
266906	Cpl	Sanderson, S			4. 3.18
8940	LCpl	Sawyer, AS	2 Bn		30. 6.15
2626	Pte	Sayers, J	1/6 Bn		22. 1.16
15/790	CSM	Scholes, F			13. 2.17
16/1516	Sjt	Scott, AS			6. 2.18
33393	Cpl	Selley, CM	1 Bn		2.12.19
13659	LCpl	Seymour, F	10 Bn		15. 3.16
240730	CSM	Silkstone, M			4. 3.18
4539	Pte	Silverwood, A			22. 9.16
1773	Sjt	Simpson, CG	1/6 Bn		16.11.15
38270	Pte	Simpson, E			30.10.18
3727	Pte	Simpson, WG			22. 9.16
1165	LCpl	Smith, A	1/6 Bn		9.10.15
305618	Sjt	Smith, A			28. 3.18
4320	Pte	Smith, J			22. 9.16
201202	Pte	Smith, J, M.M.			30.10.18
306265	Sjt	Speight, H			28. 3.18
305026	CSM	Spence, C			17. 4.18
15/1801	Cpl(A/Sjt)	Stanhope, C	1 Bn		10. 1.20
9896	LCpl	Stead, R	1 Bn		30. 6.15
2229	Pte	Stead, W	1/8 Bn		22. 1.16
1669	Cpl	Stembridge, E			22. 9.16
265012	CSM(A/RSM)	Stembridge, F	7 Bn		3. 9.19
265012	CSM(A/RSM)	Stembridge, F, D.C.M. 1/7 Bn		Bar	25. 2.20
10179	Pte	Storey, C			21.10.18
11572	CSM(A/RSM)	Sugden, A	1/6 Bn		25. 2.20
14908	CSM	Sunderland, W			13. 2.17
265690	CSM	Sykes, T			17. 4.18
21/785	Sjt	Taylor, H	21 Bn		3. 9.19
132	LCpl	Thackray, H	1/8 Bn		11. 3.16
265078	Sjt(A/Sig Sjt)	Thompson, JT	1/7 Bn		11. 3.20
18556	Pte	Thompson, T			15.11.18
3/7973	Pte	Thorn, A	3 Bn(Attd.1 Bn)		15. 9.15
1161	Sjt †	Tolley, G	1/5 Bn		11. 3.16
17/1226	Pte	Torr, CE			17. 4.18
5098	CSM(A/RSM)	Tose, JR			17. 4.18
15145	RQMS	Turner, CW	9 Bn		11. 3.20
305665	CSM	Turner, W	2/5 Bn		25. 2.20
2168	Pte	Usher, H	1/5 Bn		11. 3.16
18/896	Pte	Waddington, J			22. 9.16
40183	Pte	Waring, JH			3. 9.18
1215	Pte	Waters, L	1/7 Bn		11. 3.16
267110	Sjt	Wells, T, M.M.			3. 9.18
4423	CSM	Westcott, WF	2 Bn		30. 6.15
3/8538	Cpl	Wharfe, H			3. 9.18
16/1068	Pte	Wharram, WS			25.11.16
18219	LCpl	Widdowfield, R			26. 1.18
1360	LCpl	Wilcock, HE			22. 9.16
1266	Pte	Wilkinson, EJ	1/6 Bn		22. 1.16
265011	CQMS	Wilkinson, F	(form. 433)		9. 7.17
3/8771	A/Sjt	Wilson, A			3. 9.18
8006	Sjt(A/CSM)	Wilson, J			26. 1.18
76450	Pte	Wolfenden, G	10 Bn		10. 1.20
8846	RQMS	Woodham, AF			21.10.18
2145	Pte	Worth, JW	1/7 Bn		22. 1.16
7764	CSM	Wray, H			30.10.18
4/7856	Cpl	Wright, G, M.M.			26. 6.18
2970	LCpl	Wright, H			22. 9.16
19970	Pte	Yardley, EW	1 Bn		2.12.19
63272	Pte	Yarker, J	2 Bn		2.12.19

253 D.C.M.'s   2 Bars.

† Bar in M.G.C.

THE EAST YORKSHIRE REGIMENT

Number	Rank	Name	Bn	Date
3/7190	CSM	Adair, D		17. 4.18
12/510	A/Sjt	Aket, GA		10. 1.17
220016	CSM	Allen, CE	10 Bn	3. 9.19
310	Cpl	Aspinall, W		20.10.16
9948	Pte	Atkinson, W		28. 3.18
13/15	Pte	Bailey, W		3. 9.18
29031	Pte	Ball, C	1 Bn	11. 3.20
21588	Pte(A/Cpl)	Banks, JW, M.M.		3.10.18
2440	Sjt	Barclay, WH	4 Bn	29.11.15
200343	Cpl(A/Sjt)	Barnby, WA, M.M.		3. 9.18
3/3778	Cpl	Beatson, J	1 Bn	15. 9.15
12/1071	Sjt	Bell, AV	7 Bn	10. 1.20
8249	CSM	Benson, HS		3. 9.18
28911	Sjt	Biggs, AL	7 Bn	2.12.19
11620	Pte	Birchall, CH	7 Bn	11. 3.16
911	LCpl	Blackman, E 3/4 Bn(form.1/4 Bn)		11. 3.16
12/888	Sjt	Bone, WA	7 Bn	10. 1.20
29539	LCpl	Bosonworth, G		30.10.18
8380	LCpl	Brownlow, C	1 Bn	30. 6.15
9694	LCpl	Burton, JD	1 Bn	1. 4.15
50652	Sjt	Butler, W	1 Bn	16. 1.19
1549	Pte	Campbell, W		21.12.16
5083	Sjt	Carney, J		26. 7.17
5748	CSM †	Carney, TP, D.C.M.	Bar	3.10.18
11977	Sjt(A/CSM)	Carr, P, M.M.		30.10.18
419	CSM	Carr, PP		13. 2.17
8669	Pte	Cawthorne, TC	1 Bn	11. 3.20
18054	Pte	Chadwick, C	2 Bn	11. 3.16
9305	Pte	Cheek, W	2 Bn	1. 4.15
11/293	Sjt	Clayton, JW		18. 7.17
7430	Pte	Cobb, W	1 Bn	11. 3.16
15577	Pte	Collins, E		3. 9.18
10/251	Cpl	Collinson, C		3. 9.18
13/690	Cpl	Cotton, G		28. 3.18
7517	CSM	Cox, A	1 Bn	11. 3.16
17319	Sjt	Crawshaw, JW		26. 3.17
26625	CSM(A/RSM)	Denton, JW	6 Bn	11. 3.20
6425	Cpl	Desborough, G	1 Bn	15. 9.15
12/288	A/Sjt	Dewson, H		10. 1.17
9382	Pte	Drew, EJ		26. 7.17
15018	Cpl	Drewery, JH	7 Bn	10. 1.20
8976	Sjt	Dyal, G	1 Bn	11. 3.16
10/721	Cpl	Edlington, S		10. 1.17
13/1408	LCpl	Fairfield, B		22. 9.16
11/989	CSM	Farey, T	11 Bn	3. 9.19
9217	CSM	Field, J, M.M.	1 Bn	2.12.19
13/997	LCpl	Fletcher, W		10. 1.17
7651	Pte	Fortes, W		3. 9.18
13/562	Pte	Foster, H		22. 9.16
14474	Cpl	Foster, RH		13. 2.17
12/28	Sjt	Freeman, P		10. 1.17
9577	Cpl	Frost, AH	1 Bn	1. 4.15
12723	Cpl	Frost, CG		22. 9.16
12648	L/Sjt(A/CQMS)	Gibbons, JT 7 Bn(Attd.50th Bde)		3. 9.19
9317	Cpl	Gillam, JH	2 Bn	11. 3.16
12608	L/Cpl	Gleadhill, W		18. 7.17
7127	CSM	Graham, J		3. 9.18
9027	Sjt	Green, G	2 Bn	16.11.15
21924	Pte	Green, T		18. 7.17
5404	SM	Grieve, P		9. 7.17
5404	RSM	Grieve, P, D.C.M.	Bar	3.10.18
8586	CQMS	Griggs, PW, M.M.		3. 9.18
11/1456	LCpl	Hackitt, J		28. 3.18
11/1456	Pte(LCpl)	Hackitt, J, D.C.M., M.M.	Bar	3. 9.18
18093	Pte	Hallam, J (Depot)(form. 2 Bn)		11. 3.16
3/6882	Pte	Hanson, JO Depot(form. 1 Bn)		11. 3.16
9766	Pte(LCpl)	Hardy, WG		3. 9.18
205011	Pte	Harris, R		3. 9.18
17458	Pte	Heller, EJ		6. 2.18
34357	Sjt	Hill, R		26. 7.17
18233	Cpl(A/Sjt)	Hilton, J		18. 2.18
200007(form.40)	CSM	Hoggarth, H		28. 3.18
41761	Pte	Hullah, E		30.10.18
11680	Sjt	Jackson, T		21.10.18
9367	Sjt	Jameson, H	1 Bn	15. 9.15
8773	Sjt	Jenkins, EH		20.10.16
16578	Pte	Jewitt, JT		28. 3.18
8247	Pte	Johnson, W		13. 2.17
3/6989	Sjt	Kennedy, J		21.10.18
28820	Sjt	Lawson, JW	11 Bn	11. 3.20
9277	Pte	Lucas, E	2 Bn	16.11.15
11/785	Sjt	Marritt, E		17. 4.18
8242	CSM	Metcalfe, J	1 Bn	11. 3.20
8558	Drummer	Morris, GS		26. 7.17
11/497	LCpl	Morrod, J		28. 3.18
8680	CSM	Nicholay, WF		14.11.16
8024	A/Cpl	Nolan, J	1 Bn	1. 4.15
10/868	Pte	Nowell, L		20.10.16
9059	CSM	Nutbrown, R	1 Bn	11. 3.20
11/225	CSM	Offen, H		30.10.18
3711	CSM	Oliver, R Perm.Staff 1/4 Bn		11. 3.16
7351	LCpl	Pearce, R	1 Bn	15. 9.15
289	CSM	Pittaway, E		9. 7.17
204301	Pte	Porter, BP		30.10.18
10613	Pte	Randerson, T	1 Bn	16. 1.19
18332	Sjt	Ratcliffe, T	11 Bn	3. 9.19
8410	Sjt	Rowley, H		26. 7.17
13/380	Sjt	Russell, S		17. 4.18
13/1085	CSM	Sandilands, D		10. 1.17
10/14	Cpl	Saunderson, TE		17. 4.17
11/1207	Cpl	Sawyers, T		30.10.18
10/317	Sjt	Sendall, HE		18. 7.17
6427	Cpl	Shepherdson, RM 13 Bn(form 2Bn)		11.3.16
10/1134	Pte	Singleton, W		30.10.18
200105	CSM	Smith, G	1/4 Bn	3. 9.19
8373	Pte	Smith, JW	1 Bn	30. 6.15
12/299	Pte	Spafford, E		10. 1.17
8653	Sjt	Spanton, F	1 Bn	27. 7.16
10/47	Sjt(A/CSM)	Streat, C	10 Bn	11. 3.20
9444	Sjt	Thomas, E		3. 9.18
9444	Sjt	Thomas, E, D.C.M.	Bar	3. 9.18
50684	LCpl(A/Cpl)	Thompson, CF	1 Bn	16. 1.19
11/812	CQMS	Thompson, EM		3. 9.18
3/5555	Pte	Thynne, E		30.10.18
50624	Pte	Turner, JW	1 Bn	16. 1.19
813	Sjt	Underwood, H	1/4 Bn	11. 3.16
8334	RSM	Utton, A		17. 4.18
2614	Pte	Varey, PC	4 Bn	30. 3.16
10/742	Pte	Vollans, CH		22. 9.16
200142	Col Sjt(A/CSM)	Vyse, G		17. 4.18
12/257	Sjt	Walters, A		10. 1.17
36687	Cpl(LSjt)	Wheatley, WK		21.10.18
26934	CQMS(A/CSM)	White, JE	1 Bn	11. 3.20
9303	Pte(A/Sjt)	White, R	2 Bn	5. 8.15
51390	Cpl	Whittington, G	1 Bn	11. 3.20
10/765	Sjt	Willis, F		11.12.16
297	Sjt(A/CSM)	Wilson, JB		25.11.16
36489	LCpl	Wilson, JE		28. 3.18
35168	Sjt	Wood, H		17. 9.17
8286	Sjt	Wood, JE	1 Bn	30. 6.15
11/707	CSM	Woodall, WG		18. 7.17
8041	CSM	Woodroffe, C		15.11.18
3747	Pte	Woods, W		14.11.16
15383	LSjt	Wright, F		30.10.18

130 D.C.M.'s   4 Bars.

† D.C.M. L/G 1900.

THE BEDFORDSHIRE & HERTFORDSHIRE REGIMENT

Number	Rank	Name	Bn		Date
8541	CSM	Abbott, A			3. 3.17
12625	Sjt	Adams, BEC			18. 7.17
8939	Sjt	Afford, J			22. 9.16
3/8645	A/SM	Amos, EE			26. 1.18
3/8402	A/SM	Antcliffe, F			25.11.16
7468	SM	Armstrong, S			13. 2.17
9522	Sjt	Atkinson, CJ			14.11.16
9209	CQMS	Austin, W	1 Bn		3. 9.19
201118	Pte(A/Cpl)	Baldwin, H, M.M.	1/5 Bn	E	25. 2.20
13080	Cpl	Ball, A			1. 5.18
26067	Sjt	Barford, J	2 Bn		2.12.19
3/7676	Cpl	Barnes, E	1 Bn		21. 6.16
9760	A/Cpl	Bartlett, W	2 Bn		30. 6.15
12096	Pte(A/LCpl)	Batchelor, GW			18. 6.17
12930	Pte	Beasley, R			18. 7.17
3992	Pte	Bell, R	1/5 Bn	G	22. 1.16
10234	Pte	Bentley, AE	1 Bn		17.12.14
43371	Pte	Biggs, AJ			26. 1.18
15321	LCpl	Blanshard, A	7 Bn		15. 3.16
22362	Sjt	Boness, J			3. 9.18
16176	CSM	Brand, RM			25.11.16
8310	Sjt	Brown, AS	2 Bn		30. 6.15
32955	Sjt	Bryan, C			15.11.18
3785	Pte	Bryant, H	5 Bn		21. 6.16
4893	CQMS	Byford, TW	1 Bn		1. 4.15
10515	LCpl	Chandler, C			28. 3.18
201450	Sjt	Chandler, JJ			26. 1.18
10731	Cpl(A/Sjt)	Clarke, C			30.10.18
8930	CSM	Clarke, W	2 Bn		2.12.19
9126	Cpl(A/Sjt)	Cobbold, AF			3. 9.18
15459	Sjt	Collins, D	2 Bn		2.12.19
9931	Sjt	Compton, P			6. 2.18
9119	CSM	Cook, A			3. 9.18
6792	Sjt	Cooper, A	1 Bn		1. 4.15
8974	Pte	Creighton, HW	1 Bn		11. 3.20
10129	Cpl	Cyster, PG	1 Bn		16. 1.15
200382	CSM	Day, AJ	1/5 Bn	P	11. 3.20
6733	LCpl	Dillingham, AG	2 Bn		1. 4.15
17393	Sjt	Donovan, GE	4 Bn		25. 2.20
265418	Cpl	Drury, GH			3. 9.18
15237	Sjt	Duller, CW	2 Bn		2.12.19
9078	Pte	Eade, W	2 Bn		30. 6.15
18258	Cpl	Ellis, WA			15.11.18
18258	Sjt	Ellis, WA, D.C.M.	2 Bn	Bar	2.12.19
200290	Cpl(A/L/Sjt)	Emerton, HJ			1. 5.18
7925	A/Sjt	Eustace, T	2 Bn		5. 8.15
8095	Pte	Falla, W	1 Bn		17.12.14
8427	A/Sjt	Fearn, R	1 Bn		3. 6.15
18257	Pte	Fish, HW			20.10.16
21583	Pte(LCpl)	Flute, F	2 Bn		2.12.19
9323	CSM	Fowler, GE	2 Bn		21. 6.16
8783	CSM	Franklin, EG			18. 7.17
9207	CSM	French, D, M.M.			3. 9.18
18817	Sjt	Fynn, D, M.M.	2 Bn		2.12.19
7525	CSM	Garrett, G	1 Bn		30. 6.15
40533	Pte	Gladwish, HH			26. 7.17
16540	Pte	Goldhawk, G			25.11.16
17442	Pte	Goodliff, A, M.M.			30.10.18
8074	Pte	Goodman, J	1 Bn		3. 6.15
13334	Sjt	Gray, E	4 Bn		5.12.18
9638	LSjt	Green, T	2 Bn		11. 3.16
15364	Pte(LCpl)	Gurney, A, M.M.	2 Bn		2.12.19
6466	CSM	Hall, C			25.11.16
15080	LCpl	Harris, AW			25.11.16
10145	Cpl	Harris, TJ			22. 9.16
6785	Sjt	Hart, WH	2 Bn		11. 3.20
9623	A/CSM	Hawkins, A	1 Bn		30. 6.15
10466	Sjt †	Head, H (Bedfordshire & Hertfordshire Rgt)			21. 1.20
10094	Sjt	Higgins, AWE	1 Bn		11. 3.16
10016	Sjt	Howard, AE			9. 7.17
19255	Sjt	Howlett, G			14.11.16
8172	Sjt	Hubbocks, LW			3. 9.18
9465	Sjt	Hunt, PJ	1 Bn		6.11.14
5373	CSM	Hutchison, E	2 Bn		11. 3.16
8253	CSM(A/RSM)	Ilott, G, M.M.			15.11.18
14619	Cpl	Ivory, J	7 Bn		15. 3.16
4/6722	Pte	Jackson, W	1 Bn		16.11.15
50189	Pte	Jary, SR	2 Bn		2.12.19
8338	Sjt	Jeffries, R			18. 7.17
3/7753	LCpl	Jones, A	7 Bn		21. 6.16
17047	QMS	Kerrison, EP			13. 2.17
7942	Pte	Kester, AW			26. 9.16
15753	Pte	Kidby, CF	1 Bn (Attd TMB)		11. 3.20
8721	Sjt(A/CSM)	Lansbury, RT			25. 8.17
291336	Pte	Lardner, JE	2 Bn		2.12.19
22058	Pte	Lewis, PF			14.11.16
7814	Sjt	Mart, AJ	1 Bn		16. 1.15
7785	A/CQMS	Mart, S	2 Bn		30. 6.15
7784	CSM	Mart, WH	2 Bn		11. 3.16
9578	Cpl(A/Sjt)	Mason, A			9. 7.17
10339	CSM	Mead, F	1 Bn		2.12.19
14780	Sjt	Mears, J			26. 7.17
8178	Pte	Medlock, W	1 Bn		3. 6.15
13825	Pte	Miller, FT	1 Bn		11. 3.16
14753	LSjt	Mills, WF	7 Bn		31. 5.16
4/7296	Pte	Milne, RM	2 Bn		11. 3.16
2092	A/SM	Milton, A	5 Bn		21. 6.16
26539	Pte(A/LCpl)	Peacock, G			3. 9.18
9624	LSjt	Peck, W			26. 1.18
3/7352	Cpl	Pennycock, W			15.11.18
7536	Pte	Piggott, B	1 Bn		17.12.14
10055	Sjt	Puddefoot, RH			25. 8.17
40181	LCpl(A/Sjt)	Quinn, CS	Depot		26. 1.17
17454	Sjt	Reynolds, CH, M.M.	2 Bn		2.12.19
9707	Sjt	Rickard, GH	2 Bn		25. 2.20
3/7646	Pte	Riddle, N	2 Bn		11. 3.16
14854	Sjt	Robertson, JRF, M.M.	2 Bn		2.12.19
18570	Sjt	Robinson, HG			3. 9.18
3/8409	Cpl	Ruff, F	8 Bn		29.11.15
203148	Sjt	Sapsford, S			1. 5.18
14591	Sjt	Scott, A			3. 9.18
5846	LSjt(A/Sjt)	Selby, F			6. 2.18
10226	Pte	Senior, FJ			19. 8.16
203146	Sjt	Sharpe, AT			26. 1.18
17463	Pte	Simons, A	8 Bn		31. 5.16
265283	Sjt	Sims, FM			15.11.18
28207	Sjt	Sinclair, J, M.M.			4. 3.18
13428	Sjt(A/CSM)	Smith, EA	4 Bn		3. 9.19
3/8112	Sjt	Smith, T			21.10.18
13864	CQMS	Sparrow, AE			26. 1.18
15331	Sjt	Stallan, H			26. 7.17
5362	CSM	Stapleton, J	1 Bn		11. 3.16
9409	A/Cpl	Stringer, A	2 Bn		5. 8.15
9409	A/CSM	Stringer, A, D.C.M.	2 Bn	Bar	16.11.15
42048	Pte	Suffolk, WA	2 Bn		2.12.19
9183	A/Sjt	Summerfield, WJ	1 Bn		3. 6.15
9000	CQMS	Sumner, AAV	2 Bn		3. 9.19
18418	LCpl	Titchmarsh, H	7 Bn		15. 4.16
8341	Sjt	Trasler, H	1 Bn		30. 6.15
9318	Cpl(A/Sjt)	Trumper, EA			21.10.18
6897	Sjt	Trundley, J	1 Bn		5.12.18
3/8005	LCpl	Twiggs, TJ	7 Bn		11. 3.16
7521	CSM	Walker, CF			17. 4.18
203393	Cpl	Waltho, W	4 Bn		5.12.18
9190	CSM	Ward, WC			14.11.16
6187	Sjt	Washington, B			21.10.18
8411	Pte	Webb, A	1 Bn		11. 3.16
9284	Sjt	Wheeler, R	1 Bn		11. 3.20
10120	Pte	Whiting, G	1 Bn		3. 6.15
26192	Sjt	Wildbore, EJ	4 Bn		25. 2.20
9492	Sjt	Wilson, AP			17. 4.18
18072	Pte(A/LCpl)	Woods, F			3. 9.18
43260	Sjt	Wyatt, AW			25.11.16
200024	CSM	Young, W	1/5 Bn	E	25. 2.20

142 D.C.M.'s   2 Bars.

† Nr. Medveja-Gora 15/5/19 & 10/6/19.

THE LEICESTERSHIRE REGIMENT — Section 6

Number	Rank	Name	Bn	Notes	Date
11944	Sjt	Adams, A	7 Bn		11. 3.20
200866	Cpl	Ashton, H			30.10.18
235638	Cpl	Baker, C	7 Bn		11. 3.20
5016	CQMS	Bale, W	2 Bn		16.11.15
21413	Sjt	Barratt, WHA			3. 9.18
14024	LCpl	Bayley, L			3. 9.18
15962	Sjt	Beard, JH	7 Bn		3. 9.19
9033	CSM	Bellingham, C			3.10.18
11290	Sjt	Billson, C	7 Bn		3. 9.19
40160	Cpl(A/Sjt)	Birch, F			17. 4.18
6832	Cpl	Bird, JR	1 Bn		1. 4.15
13590	Pte	Birtles, AA			25. 8.17
10337	A/Sjt	Bodycott, WC	6 Bn		21. 6.16
7832	Pte	Bolesworth, S	1 Bn		11. 3.16
11500	Sjt	Bonner, G			20.10.16
9601	A/Cpl	Brady, P	2 Bn		3. 6.15
8532	LCpl	Brakes, B	2 Bn		3. 6.15
N.R.35	Cpl	Branson, W	1/4 Bn		21. 6.16
5316	CSM	Bray, A	2 Bn		15. 4.16
13244	Cpl(A/Sjt)	Briggs, JW			6. 2.18
241397	LCpl	Brooks, A			25. 8.17
19542	Pte	Bullas, A			29. 8.17
7709	Cpl	Bullimore, RB	1 Bn		11. 3.16
7919	Pte	Bury, H	2 Bn		15. 4.16
15027	A/LSjt	Bush, JC			13. 2.17
9740	Pte	Carrington, RH	1 Bn		16. 1.15
8686	LCpl	Carroll, JW	2 Bn		15. 4.16
7869	CSM	Carter, J			4. 3.18
7869	CSM	Carter, J, D.C.M.		Bar	3. 9.18
6550	Pte	Cavill, H	2 Bn		3. 6.15
9409	Pte	Chamberlain, HO	2 Bn		1. 4.15
11156	CSM	Chandler, G			17. 4.18
9600	Pte	Chatten, EW	2 Bn		1. 4.15
21355	CSM	Cheadle, FW	11 Bn		11. 3.20
9726	Pte	Cherry, H	1 Bn		11. 3.16
7422	Pte	Clarkson, J	1 Bn		16. 1.15
9815	Pte	Clifford, AE, M.M.	1 Bn		2.12.19
240002	CSM	Cooper, J	1/5 Bn		11. 3.20
3595	SM	Cox, H			11. 5.17
9/16057	LCpl	Dalby, W	9 Bn(Attd TMB)		22. 1.16
9788	Pte	Davis, G	2 Bn		15. 4.16
7149	CSM	Dooley, T	2 Bn		3. 6.15
8571	Pte	Eastwell, D			29. 8.17
13392	Sjt	Ellis, W			3. 9.18
2552	LCpl	Emerson, J	1/5 Bn		11. 3.16
5244	Sjt	Ensor, A	6 Bn		2.12.19
240647	Pte(LCpl)	Fearies, P			18. 6.17
13495	Sjt	Fielding, H	7 Bn		3. 9.19
19573	Pte	Flynn, R			29. 8.17
7335	Sjt	Foister, PR	2 Bn		1. 4.15
8933	Pte	Frazier, J	2 Bn		15. 4.16
200391	Sjt	French, A	1/4 Bn		3. 9.19
63285(form 9128)	Sjt	French, J	1/4 Bn		11. 3.20
17212	Pte	Fretter, WH	2 Bn		30. 3.16
11121	Pte	Frisby, W	2 Bn		3. 6.15
12392	LSjt	Gandy, J	1 Bn		11. 3.16
8128	Pte	Garner, S			14.11.16
9139	LCpl	Garton, FE	2 Bn		1. 4.15
9139	Sjt	Garton, FE, D.C.M.		Bar	20.10.16
5021	CSM	Garton, G	6 Bn		5.12.18
20005	Cpl	Godley, H			13. 2.17
5045	QMS	Good, M			25.11.16
9174	Pte	Goodman, FH	2 Bn		15. 4.16
7430	Pte	Gratton, EH	1 Bn		16. 1.15
8244	A/Cpl	Gray, G	2 Bn		1. 4.15
42974(form 58968)	LCpl	Greenway, GR	1 Bn		2.12.19
7990	Pte	Grogan, A	1 Bn		16. 1.15
2243	Pte	Hallam, WH	1/5 Bn		29.11.15
15347	Pte	Hardwick, JH	8 Bn		15. 3.16
242362	LCpl(Cpl)	Hardy, HW	1/4 Bn		2.12.19
8368	Pte	Harpin, G	2 Bn	M	5.12.18
240661	CSM	Hartcutts, WE			21.10.18
7669	Cpl	Harvey, JH			3. 9.18
9805	Sjt	Hayball, EB			21.10.18
3354	Pte	Healey, AW	1/4 Bn		11. 3.16
2068	Cpl	Hewson, EM	1/5 Bn		21. 6.16
36308	Pte	Hibbert, FA	6 Bn		11. 3.20
20346	LCpl	Hibbitt, AW			18. 7.17
200216	Pte(LCpl)	Hill, G			3. 9.18
5932	Pte	Hill, G	2 Bn		3. 6.15
240013	CSM	Hill, JR (form 534)			9. 7.17
201313	Pte	Hirst, J	1/4 Bn		11. 3.20
5818	Pte	Hodder, A	1 Bn		3. 9.19
26266	LCpl	Holt, G			3. 9.18
240493	Cpl	Hubbard, W	1/5 Bn		11. 3.20
7284	Sjt	Hull, F			14.11.16
2579	Pte	Hurley, C	1/5 Bn		11. 3.16
16725	Pte	Irons, AW	2 Bn		15. 4.16
2677	Pte	Johns, AA	1/4 Bn		29.11.15
12262	A/Cpl	Johnson, AE			16. 8.17
10294	Pte	Johnson, AT	1 Bn		15. 9.15
200846	Pte	Johnson, AW			26. 7.17
242541	Pte	Jordan, CV			4. 3.18
8176	Sjt	Keeling, J			20.10.16
5789	Cpl	Keitley, R	2 Bn		3. 6.15
43377	Pte	Kelly, P	6 Bn		2.12.19
241929	Pte	Lane, F	5 Bn		2.12.19
7296	Sjt	Lawrence, J			20.10.16
7920	Pte	Lewis, T	2 Bn	E	3. 9.19
240819	Cpl	Lewis, W	1/4 Bn		11. 3.20
14994	A/CSM	Lings, GW, M.M.			3. 9.18
240003	CSM(T/RSM)	Lovett, GH	1/5 Bn		3. 9.19
16991	Sjt	Marshall, SA	1 Bn		11. 3.20
11394	Pte	Marston, GF			13. 2.17
15574	Sjt	Masters, JT	14 Bn		11. 3.20
17192	Sjt	Mellors, C	7 Bn		22. 1.16
17582	Pte	Midgaff, L	2 Bn	P	11. 3.20
11692	Sjt	Moore, F			21.10.16
8794	LCpl(A/Cpl)	Moore, J			29. 8.17
6457	Cpl	Moreby, WH	1 Bn		17.12.14
8328	Cpl(A/Sjt)	Moss, V			6. 2.18
8273	Pte	Moulds, GH	2 Bn		3. 6.15
14083	Cpl	Munday, H	1/4 Bn		2.12.19
14710	Sjt	Munn, AE			3. 3.17
240104	Sjt	Needham, T			25. 8.17
18258	Pte	Newbold, S			14.11.16
42042	Pte	Newby, WH	6 Bn		11. 3.20
3/8802	Pte	Newcombe, T	2 Bn		5. 8.15
9619	Cpl	Nix, FS			3. 9.18
7645	CSM	Norman, W			26. 7.17
4048	Pte	Oakes, C	2 Bn		3. 6.15
13056	LCpl	Oakes, JH			6. 2.18
9191	Pte	Page, HW	2 Bn		5. 8.15
8186	LCpl	Paling, P	1 Bn		15. 9.15
2610	Pte	Parker, A	1/4 Bn		11. 3.16
8945	Pte	Parsons, FG			3. 9.18
242563	CSM	Passmore, A			26. 1.18
7695	CQMS	Patrick, H	2 Bn		11. 3.16
12794	Sjt/A/CSM)	Payne, HJ			30.10.18
8190	Pte	Pickard, B	1 Bn		15. 9.15
13582	Pte	Price, L			16. 8.17
42989	Sjt	Purkis, TL	1 Bn		2.12.19
8014	CSM	Pyne, W (later 40224 Hamps Rgt)			29. 8.17
6205	Pte	Pywell, M	2 Bn		15. 4.16
24910	Pte	Queenan, J	2 Bn		15. 4.16
2016	Pte	Ratcliffe, FR	1/4 Bn		29.11.15
16026	Sjt	Revell, W			17. 4.18
7345	CSM	Rose, GW			20.10.16
11684	Pte	Ross, ER	2 Bn		15. 4.16
7449	Sjt	Ruckledge, HE	2 Bn		3. 6.15
12113	Pte	Ryan, GW			6. 2.18
19593	A/Cpl	Rycroft, C			1. 5.18
5170	CSM	Sargeant, E			14.11.16
12652	Sjt	Scothorne, T	7 Bn		21. 6.16
13005	Cpl	Scowen, L			25.11.16
13005	A/CSM(Sjt)	Scowen, L, D.C.M.		Bar	4. 3.18
14146	LSjt	Sellars, W			18. 7.17
7700	Pte	Simmons, A			29. 8.17
7884	Sjt	Simpson, W			3. 9.18
9363	Pte	Slater, A	1 Bn		30. 3.16
4440	Col.Sjt(A/SM)	Small, RE, P.S.	1/5 Bn		11. 3.16
8191	Sjt	Smith, EW	2 Bn		30. 3.16
8445	Sjt	Smith, G	1 Bn		21. 6.16
14047	Cpl(ASjt)	Smith, T	9 Bn		21. 6.16

Section 6.   THE LEICESTERSHIRE REGIMENT   83

200437	Sjt	Smith, W	1/4 Bn		3. 9.19	241444	Sjt	Tunks, T	5 Bn		2.12.19
7238	CSM	Sole, S			17. 4.18	241444	Sjt	Tunks, T, D.C.M.	5 Bn	Bar	2.12.19
8992	Cpl	Sparkes, AA	2 Bn		3. 6.15	22560	Pte	Vass, E			13. 2.17
11701	Sjt	Sparks, WH, M.M.			3. 9.18	11388	Pte	Wain, D			3. 9.18
23524	CSM	Stabler, P			26. 1.18	240446	Sjt(A/CSM)	Wardle, J	5 Bn		2.12.19
1738	Pte	Starbuck, HG	5 Bn (Attd. Min. Sect.)		6. 9.15	19435	CSM	Weir, JB			26. 1.18
5896	Pte	Steadmances, I	2 Bn		15. 4.16	27152	Pte	Weston, SJ	7 Bn		10. 1.20
8187	Pte	Steeples, J	2 Bn		3. 6.15	3/6292	Sjt	Wheatley, AH			1. 5.18
8714	Sjt	Steggles, F			14.11.16	15910	Pte	Whitehead, JF	2 Bn		15. 4.16
7259	CSM	Sutherland, DW	2 Bn		3. 6.15	8239	Cpl(A/L/Sjt)	Whitehead, JW			29. 8.17
9/10194	Cpl	Swansbury, A			13. 2.17	240032	Sjt	Wilbur, A	1/5 Bn		2.12.19
						240032	Sjt	Wilbur, A, D.C.M.	1/5 Bn	Bar	3. 9.19
16275	A/Cpl	Tagg, JE	2 Bn		30. 3.16	201104	LSjt	Wilby, H	1/4 Bn		11. 3.20
8569	Pte	Taylor, J	2 Bn		1. 4.15	12248	RQMS	Williamson, WA			21.10.18
9/15126	Pte	Thorne, G			13. 2.17	6983	Cpl	Wilson, W	1 Bn		30. 6.15
23148	Pte	Thornton, CA			30.10.18	9022	LCpl	Winfield, CH	1/4 Bn		2.12.19
16388	Sjt	Thurner, H	2 Bn		30. 3.16	21644	Pte(A/Sjt)	Wood, JL			3. 9.18
15743	A/Sjt	Tidmas, W			21.10.18	9/14872	Cpl	Wood, W			13. 2.17
16469	Cpl	Tomlinson, G			25.11.16	6392	CSM	Wooley, G			9. 7.17
6148	R/QMS	Toon, T	6 Bn		11. 3.20	9/14880	LCpl	Wright, HJ			25.11.16
240355	Sjt	Toon, W	5 Bn		2.12.19	8848	Pte	Yapp, S	2 Bn		15. 4.16

190 D.C.M.'s   5 Bars

THE ROYAL IRISH REGIMENT

9477	LCpl	Berry, H	1 Bn		1. 4.15	7563	Pte	Hutchins, W	2 Bn		11. 3.16
6/3130	Sjt	Bisset, D			26. 1.18	8130	CSM	Kelsey, T	1 Bn		3. 6.15
8460	Sjt(A/CSM)	Brady, E			18. 6.17	10080	LCpl	Lacey, E	1 Bn		3. 6.15
8460	A/CSM	Brady, E, D.C.M.		Bar	25. 8.17	6/1522	Pte	Leacy, J	(Attd RE)		26. 1.18
3654	Sjt	Butler, J			30.10.18	8165	CQMS	McAllister, J	7 Bn		11. 3.20
6/1431	Sjt	Cahill, T	6 Bn		27. 7.16	12280	CSM	McClelland, D	7 Bn		2.12.19
8720	LCpl	Carnes, W	1 Bn		1. 4.15	7028	Sjt(A/CQMS)	McDonald, T		*	24. 1.17
9110	LCpl	Carroll, W	1 Bn		3. 6.15	7061	Cpl	McLeod, G	2 Bn		10. 1.20
4616	Cpl	Cogley, J	2 Bn		5.12.18	4155	LCpl	McMaster, J			25. 8.17
7062	A/Sjt	Connery, J			21.10.18	3582	Sjt	Moclair, J			30.10.18
25182	T/RSM	Craigie, JJ	7 Bn		11. 3.20	5640	Pte	O'Dea, T	2 Bn		10. 1.20
10492	LCpl	Delaney, J	2 Bn		6.11.14	5/1251	Pte	O'Keeffe, J	5 Bn	G	11. 3.16
10492	Sjt	Delaney, J, D.C.M.		Bar	19. 8.16	26620	CSM	Phillips, P	7 Bn		2.12.19
19465	Pte	Dempster, G	12 Bn		14. 4.20	3866	SM	Plunkett, JF	2 Bn		17.12.14
10517	Pte	Doherty, J	2 Bn		17.12.14	6602	Pte	Power, W	3 Bn		1. 4.15
9371	CQMS	Donovan, ED			30.10.18	5174	Pte	Redmond, M	3 Bn(form 2 Bn)		11. 3.16
8967	LSjt	Dreeling, M	2 Bn		27. 7.16	11155	SM	Renton, J			21.12.16
2/8967	Sjt	Dreeling, M, D.C.M.		Bar	18. 6.17	26312	LCpl(ASjt)	Roche, J	7 Bn		11. 3.20
18562	Pte(LCpl)	Duffell, H, M.M.			30.10.18	9635	LCpl	Sheen, D	1 Bn		11. 3.16
7627	Sjt	Dunne, W	1 Bn	E	3. 9.19	6061	CSM	Slattery, J	4 Bn(form 2 Bn)		11. 3.16
9933	Sjt	Fenelly, P	2 Bn		1. 4.15	1631	CSM	Smith, P	6 Bn		27. 7.16
10518	Pte	Fernie, N	2 Bn		17.12.14	18418	Pte	Sumner, J	2 Bn		11. 3.20
5637	QMS	Fitzpatrick, TW	1 Bn(later Lt)		3. 6.15	5638	CSM	Tighe, JP	1 Bn		30. 6.15
10117	LCpl	Flynn, M	1 Bn		1. 4.15	9495	LCpl(ACpl)	Walsh, J			1. 5.18
7119	Pte	Fraser, G	5 Bn(form.2 Bn)		11. 3.16	7724	LCpl	Walsh, W			10. 1.17
6/1716	Sjt	Gibson, J			13. 2.17	18004	LCpl	Watson, D			1. 5.18
8275	CSM	Gibson, J			6. 2.18	5045	CSM(T/RSM)	Wells, H	2 Bn	*	30. 1.20
16000	Sjt	Hallinan, D			18. 6.17	1782	Pte	Wright, D			21.10.18
7683	Sjt	Harrison, F	2 Bn		5.12.18						
10342	CQMS	Harvey, VC	1 Bn		1. 4.15						
6112	CSM	Hayes, P			25. 8.17						

56 D.C.M.'s   3 Bars

ALEXANDRA, PRINCESS OF WALES'S OWN (YORKSHIRE REGIMENT)

18203	Sjt	Adamson, JR			17. 4.18	14496	Pte	Brick, EE	9 Bn		15. 3.16
17805	Pte	Aspinall, JA			22. 9.16	12218	Pte	Broadbent, A	10 Bn		24. 6.16
203809	CSM	Atkinson, H			28. 3.18	500	Pte	Broadley, E	4 Bn		11. 3.16
203809	CSM	Atkinson, H, D.C.M.		Bar	3. 9.18	7037	Pte	Brown, J	2 Bn		1. 4.15
						3898	Cpl	Brown, WF			14.11.16
2618	Sjt	Barker, H			25.11.16	23590	Cpl	Brown, WI			14.11.16
16748	Pte	Batey, J			22. 9.16	29265	Cpl	Buckley, G			28. 3.18
14979	Pte	Beardmore, W			3. 9.18						
13704	A/CSM	Bird, G			6. 2.18	29491	ASjt	Cartlidge, W			14.11.16
15822	Sjt	Birkett, JS			21.10.18	13778	Pte	Chapman, C	8 Bn(Attd RE)		27. 7.16
64624	Sjt †	Bland, H	6 Bn		3.10.19	200369	Sjt	Charlton, JC			17. 4.18
3/9475	Sjt	Bolland, O			30.10.18	17378	Pte	Clark, W	10 Bn		22. 1.16
8435	Sjt	Bough, W			3. 3.17	13873	Pte	Codling, RW	8 Bn		22. 1.16
1714	CSM	Brammall, J	5 Bn		21. 6.16	23892	Pte	Colclough, WR	4 Bn(Attd TMB)		3. 9.19
240321(form 1714)	RSM	Brammall, J, D.C.M.		Bar	3. 9.18	13055	CSM	Coleman, W, M.M.	9 Bn		2.12.19

ALEXANDRA, PRINCESS OF WALES'S OWN (YORKSHIRE REGIMENT) — Section 6.

No.	Rank		Name	Bn		Date
7980	Pte		Collins, B	2 Bn		11. 3.16
6798	RSM		Colver, JT			17. 4.18
15958	LCpl		Colwill, H			22. 9.16
29659	Pte		Cooke, W			17. 4.17
10173	Pte		Costello, JW, M.M.			3.10.18
13364	Sjt		Crowther, E	9 Bn		15. 3.16
17667	Pte		Cummings, RH	2 Bn		11. 3.16
15201	Cpl		Danby, A			6. 2.18
19763	Pte		Davison, JFR			3. 9.18
1069	Sjt		Day, TH			13. 2.17
8649	Sjt		Dearman, A	10 Bn		21. 6.16
7766	LCpl		Dempsey, P	2 Bn		1. 4.15
12381	CSM		Dent, GE	8 Bn	I	3. 9.19
13272	Pte		Dixon, J	9 Bn		15. 3.16
14927	Sjt		Dockray, A			11.12.16
14149	Sjt		Downing, D			13. 2.17
12729	Sjt		Duffield, W			14.11.16
241140	Pte		Dukes, JH			30.10.18
10278	Cpl		Ferner, A			26. 1.18
1898	CSM		Forster, R			13. 2.17
7144	Sjt		Fox, E	2 Bn(late W O Cl II)		30. 6.15
7144	CSM		Fox, E, D.C.M.		Bar	14.11.16
8503	Sjt		Gains, F			21.10.18
3/9005	Sjt		Gardner, W			21.10.18
11984	Pte		Gething, A	9 Bn		15. 3.16
7184	Sjt		Gibson, A	2 Bn		11. 3.16
3/7822	Pte		Gildea, D	6 Bn		21. 6.16
3/8899	CSM		Goodieson, J	9 Bn	I	3. 9.19
3/8899	CSM		Goodieson, J, D.C.M. 9 Bn		Bar	25. 2.20
8899	Sjt		Grayley, W	6 Bn	G	22. 1.16
11321	Pte		Green, J			26. 3.17
1540	Cpl		Grice, EW	1/5 Bn		15. 3.16
17647	Sjt		Grimble, AF	10 Bn		21. 6.16
241610	CSM		Groves, AE	4 Bn		3. 9.19
18638	LCpl		Hall, J	10 Bn		22. 1.16
3/8494	Sjt		Hamilton, FR	6 Bn		21. 6.16
240984	Sjt		Harker, L			3.10.18
201421	Sjt	‡	Harrison, E	6 Bn		15. 7.19
7533	Sjt		Harrison, T	2 Bn		3. 9.19
7711	Pte		Harrison, T	2 Bn		1. 4.15
7079	Pte		Hayes, T	2 Bn		1. 4.15
10254	Pte		Heeley, JW	3 Bn(form 2 Bn)		11. 3.16
6632	Sjt		Hitch, W	2 Bn		17.12.14
17889	Cpl		Hodgson, W	9 Bn		15. 3.16
7089	Cpl		Holland, C	2 Bn		5. 8.15
11525	CSM		Homer, EL, M.M. 8 Bn		I	25. 2.20
8138	Pte		Horner, J	2 Bn		30. 6.15
17447	Pte		Horton, L			3. 9.18
10675	CSM		Howard, JW			3.10.18
11264	Pte		Howard, JW	2 Bn		15. 3.16
63953	Pte	o	Hughes, P	13 Bn		15. 7.19
243279	Pte		Husband, SC			3. 9.18
6810	LCpl		Irving, AE	2 Bn		3. 6.15
20857	Sjt		Jackson, JJ			17. 4.18
15411	Cpl		Jackson, R			25.11.16
27486	Pte		Jefferson, C	8 Bn	I	11. 3.20
554	Sjt		Jobey, JW	1/4 Bn		30. 3.16
240814	Sjt		Julian, T			3. 9.18
14006	Sjt(A/CQMS)		Kelly, JP			21.10.18
11546	Pte		Kett, CW	9 Bn		15. 3.16
6982	Pte		Kitchen, WH	2 Bn		3. 6.15
13133	Pte		Knaggs, G	8 Bn	I	25. 2.20
11577	Sjt		Knowles, A			25. 8.17
12489	Sjt		Larum, G			13. 2.17
7059	Sjt(WO Cl II)		Liddle, H	2 Bn		30. 6.15
1065	Sjt		Little, T	5 Bn		11. 3.16
4867	CSM		Lovatt, GR	2 Bn		17.12.14
203156	Pte		Lowther, WH			15.11.18
6662	Sjt		Lucas, HJ	2 Bn		1. 4.15
1360	Pte		Lyons, F	5 Bn		30. 3.16
6005	CSM		MacDonald, R			14.11.16
240598	Sjt		Mainprize, J			25. 8.17
19015	LCpl		Marsden, F			26. 3.17
1832	Sjt		Marshall, T			14.11.16
14770	CSM		Masheder, W			25. 8.17
3/8755	CSM		McDonald, J			13. 2.17
19936	Sjt		McGann, F			9. 7.17
1397	A/CSM		McKay, AM	1/4 Bn		9.10.15
65761	Sjt	△	McLaughlin, E	13 Bn		15. 7.19
11296	Sjt(A/CSM)		Metcalfe, FS			3. 9.18
7813	Sjt		Milsom, WJD	2 Bn		15. 3.16
7911	Sjt		Mitchell, G	2 Bn		5. 8.15
2267	CSM		Myers, JF	4 Bn		11. 3.16
200374	CSM		Neesam, F			18. 7.17
240094	Sjt		Nellist, B (form 1199)			9. 7.17
2114	Pte		Newton, T	5 Bn		30. 3.16
200397	Sjt(A/CSM)		Nicol, J			21.10.18
9494	Pte		Norfolk, F	2 Bn		17.12.14
9119	Pte		North, J			21.10.18
11963	Sjt		Nottingham, A			4. 3.18
12001	CSM		Parker, WR			22. 9.16
200534	Sjt		Pattison, H			30.10.18
2025	LCpl		Pinkney, AJ	1/4 Bn		30. 3.16
200551	Cpl		Pryke, S			3. 9.18
7407	CSM		Radford, AE			3. 9.18
1423	CSM		Reed, AA	1/4 Bn		27. 7.16
14091	A/Cpl		Riddle, J			6. 2.18
63969	Pte	▢	Roberts, F	13 Bn		21. 1.20
23404	Pte		Roberts, W, M.M.			3. 9.18
14958	RSM		Robson, A, M.C. 8 Bn		I	3. 9.19
2551	Sjt		Royle, W			25.11.16
13021	CSM	✩	Rutter, W	6 Bn		15. 7.19
537	Pte		Scott, D	5 Bn		11. 3.16
204636	Pte		Scurrah, AG			3. 9.18
5542	CSM(later 2 Lt)		Sheay, W	2 Bn		30. 6.15
200876	Pte		Skeen, JA	(form 3233)		9. 7.17
11751	Pte		Smith, A			25. 8.17
13979	LCpl		Smith, GB	7 Bn		30. 3.16
16071	Sjt		Smith, M, M.M.	9 Bn		10. 1.20
8001	Sjt		Smithers, A			14.11.16
65753	Cpl	★	Spencer, RJ	13 Bn		3.10.19
240129	Cpl		Spivey, C			17. 4.18
240129	Cpl		Spivey, C, D.C.M.		Bar	3.10.18
7980	CSM		Stancliffe, JW			4. 3.18
17544	Pte		Stephenson, J	10 Bn		22. 1.16
3816	Pte		Street, A	1/4 Bn		30. 3.16
8746	Sjt		Stuart, A	2 Bn		17.12.14
14324	Cpl		Stubbs, G	10 Bn		16.11.15
13007	Sjt		Sutherland, J , M.M.			3. 9.18
2096	Pte		Tadman, F	5 Bn		30. 3.16
13277	ACpl		Tewson, E			4. 3.18
14233	Pte		Thirtle, J			26. 9.16
235154	Sjt		Thompson, JW			28. 3.18
6948	LCpl		Tingle, JT	2 Bn		3. 6.15
3/8582	LCpl		Tippey, J			14.11.16
3/6797	Sjt		Tucker, WH, M.M. 2 Bn			11. 3.20
200548	Sjt		Turner, J	4 Bn	EA	25. 2.20
8076	CSM		Varey, HS			26. 7.17
11630	LCpl		Walker, J			26. 9.16
33399	LCpl		Webb, EH			30.10.18
12955	Pte		Welch, T	10 Bn		22. 1.16
240040	Sjt		Whitfield, H			17. 4.18
9834	LCpl		Whiting, WG	2 Bn		30. 6.15
6017	Cpl		Wilson, GW	2 Bn		15. 3.16
9237	A/Sjt	▲	Wood, E	1 Bn		15. 1.20
9022	Bandsman		Woodage, A	2 Bn		3. 6.15
11052	Cpl		Wright, JG			25.11.16

160 D.C.M.'s   5 Bars

† Bolshe-Ozerki, no date.
‡ Zemstovo 25/3/19
o 1/4/19 & 3/4/19 (no place name)
△ Sred-Mekrenga 17/3/19
▢ Sred-Mekrenga —
✩ Zemstovo 25/3/19
★ Segeja 19/2/19
▲ Dakka 23/7/19

THE LANCASHIRE FUSILIERS

Number	Rank	Name	Bn		Date
275	CSM	Abbott, R			3. 9.18
306801	LCpl	Airey, H			3. 9.18
9145	Pte	Allen, R	1/6 Bn	G	15. 9.15
3947	CSM	Allister, B	1/6 Bn	G	5. 8.15
2454	Cpl	Amsom, A			15.11.18
280499	Pte	Andrew, A	(form 2354)		29. 8.17
203232	Pte	Anyon, J			6. 2.18
5730	CSM	Ashworth, R	2 Bn		3. 6.15
2485	Pte	Atherton, J			20.10.16
1314	CSM	Baines, J			3. 9.18
9626	Sjt	Baker, E	10 Bn		15. 9.15
8577	Pte	Baker, WH	2 Bn		30. 6.15
66917	Cpl	Baldwin, JW	1/8 Bn		2.12.19
280356	Sjt	Bann, TW	1/7 Bn		10. 1.20
200301	Sjt	Barnes, GH			3. 9.18
1266	Pte	Bateson, R			19. 8.16
1198	Sjt	Batham, CA	1 Bn		21. 6.16
6033	LCpl	Beddow, J	11 Bn		22. 1.16
11529	Cpl	Beggs, P	2 Bn		10. 1.20
2589	Pte	Benson, J			11.12.16
1374	Pte	Bent, C	7 Bn		21. 6.16
9146	Pte	Birch, J	2 Bn		17.12.14
31363	Pte	Bird, AH			30.10.18
19418	Pte	Birtwell, JH			20.10.16
3482	Pte	Birtwistle, S	9 Bn	G	11. 3.16
27849	Sjt	Blackledge, J, M.M.			1. 5.18
2249	Cpl	Blacklock, J	1/7 Bn	G	11. 3.16
9979	A/CSM	Bleakley, T	9 Bn	G	11. 3.16
16067	Pte	Bloor, H	18 Bn		27. 7.16
241937	Pte(LCpl)	Boardman, H	1/7 Bn		5.12.18
280394	Sjt	Bradbury, GG			21.10.18
2141	Cpl	Brain, W			17. 4.17
2141	Sjt	Brain, W, D.C.M., M.M.		Bar	4. 3.18
2983	Pte	Brennan, D	1 Bn		16. 5.16
27307	Pte(LCpl)	Brierley, J			21.10.18
202767	Pte	Brookes, GE			3. 9.18
8754	SM	Brown, H			9. 7.17
8959	Sjt	Brueton, W	2 Bn		17.12.14
305053	CSM	Bullen, J			6. 2.18
9711	CSM	Bullock, A	2/5 Bn		10. 1.20
57222	Pte	Bunce, AG	15 Bn		10. 1.20
3064	CSM	Burns, F			13. 2.17
9776	Pte	Butterworth, H	1/6 Bn	G	15. 9.15
203207	Cpl	Byron, DA			15.11.18
1601	Sjt	Cadden, W	2/5 Bn		21. 6.16
201214	CQMS	Calvert, FW			3. 9.18
2932	Sjt(A/CSM)	Capon, F	16 Bn		10. 1.20
238043	CSM	Carless, FJ	1/5 Bn		5.12.18
203859	Pte	Carney, J			3. 9.18
7912	Pte	Carr, J	2 Bn		30. 6.15
306862	Sjt	Carter, C	1/8 Bn		2.12.19
2473	Pte	Casey, R	1/7 Bn	G	15. 9.15
201215	CSM	Chadwick, TT			3. 9.18
2310	Cpl	Chapman, H	1 Bn		2.12.19
280590	CSM	Chase, P			21.10.18
8978	Pte	Child, JW	1/6 Bn	G	5. 8.15
41137	LCpl	Clark, R	18 Bn		2.12.19
1767	Pte	Clarke, J			26. 7.17
2873	Cpl	Clayton, GL			3. 9.18
2/1583	Pte	Clegg, J	2 Bn		11. 3.16
2/1653	Pte	Clegg, W	2 Bn		11. 3.16
6281	CSM(A/RSM)	Cocks, G			21.10.18
325010	Pte	Coker, F			28. 3.18
14320	CSM	Colligan, H			3. 9.18
38667	LCpl	Cooke, JH			3. 9.18
2688	Pte	Cooper, T			20.10.16
6847	Pte	Corlett, A			3.10.18
306874	Cpl	Cowell, R			3. 9.18
4248	Pte(ACpl)	Crossley, F			30.10.18
7826	Pte	Cryer, J	1/6 Bn	G	11. 3.16
240989	Sjt	Cryer, W			17. 4.18
2872	Sjt	Curley, JT			9. 7.17
50024	Pte	Currie, JB	2 Bn		16. 1.19
7777	CSM	Dalton, T			3. 9.18
40554	Cpl	Deeley, FG			4. 3.18
987	Sjt	Diver, F			6. 2.18
19102	Sjt(A/CSM)	Dixon, J			21.10.18
10501	Pte	Doherty, D			28. 3.18
325144	Cpl	Dolan, J	1/8 Bn		5.12.18
4523	Pte	Donnelly, J			11.12.16
2382	Pte	Downton, W	1/7 Bn	G	15. 9.15
7688	Sjt	Duckers, H	2 Bn		11.11.14
280352	Cpl	Dulhanty, F, M.M.	1/7 Bn		10. 1.20
240601	Sjt	Durrans, O			16. 8.17
235438	LCpl	Edmondson, E			6. 2.18
235953	Sjt	Ellis, JG			3. 9.18
47577	Pte	Evans, JF	1/7 Bn		10. 1.20
1684	Pte	Farnworth, A	1/8 Bn	G	5. 8.15
305716	Sjt	Farrar, D			21.10.18
12600	LSjt	Felton, GH	16 Bn		11. 3.20
2228	Sjt	Field, TW	1/7 Bn	G	11. 3.16
280455	Sjt	Finney, H			6. 2.18
50183	CSM	Fisher, J			3. 9.18
50183	CSM	Fisher, J, D.C.M., M.M. 1/5 Bn		Bar	5.12.18
9875	LCpl	Fletcher, A			14.11.16
305066	CSM	Fletcher, W			3. 9.18
200152	Sjt(A/CQMS)	Fletcher, W			21.10.18
305650	Sjt(A/CSM)	Flynn, W			17. 4.18
14980	Sjt	Forrester, TM			13. 2.17
11322	Pte	Fowler, W	16 Bn		3. 9.19
17025	Sjt(A/CSM)	Francis, S			1. 5.18
281215	Pte(LCpl)	Frimston, E			3. 9.18
1893	CSM	Froude, VCD, M.M.			28. 3.18
306793	LCpl	Gaddes, E			17. 4.18
27239	A/RSM	Garner, W			3. 9.18
7992	Pte	Garside, G			18. 6.17
6538	Pte	Geoghan, J			17. 4.18
282595	A/Sjt	Gill, W			21.10.18
7530	T/RSM	Girling, WA	2 Bn(Attd 1/8 Bn)		10. 1.20
3612	LCpl	Golding, J	9 Bn		21. 6.16
11883	Sjt	Goodwin, M			17. 4.18
48928	Sjt	Gott, JH	10 Bn		2.12.19
56631	LCpl	Gotts, CH	2 Bn		10. 1.20
7264	CSM	Granger, R			21.10.18
201500	Cpl	Greenhalgh, C	1/5 Bn		5.12.18
164	CSM	Gregory, C	2 Bn		30. 6.15
2076	Pte	Gresty, D			26. 7.17
5602	Cpl	Grindrod, A	11 Bn		22. 1.16
1159	Sjt	Grundy, J	2 Bn		17.12.14
21682	Pte(LCpl)	Grundy, W, M.M.			4. 3.18
52065	LCpl	Gwilt, EC			15.11.18
48048	CSM	Hall, CW			3. 9.18
13/28536	Pte	Hall, D	(Attd TMB)		12. 3.17
1081	Pte	Hall, F	2 Bn		24. 6.16
9732	Sjt	Hamer, A	1/6 Bn	G	15. 9.15
9644	CSM	Harris, H			22. 9.16
202180	A/Sjt	Harrison, FW, M.M.	2/5 Bn		2.12.19
1807	Sjt	Harvey, A	7 Bn		21. 6.16
8615	CSM	Haslam, JF, M.M.			3. 9.18
200160	Sjt	Haworth, F			26. 1.18
18914	Sjt	Haynes, FJ			17. 4.18
280993	Pte	Heardley, G, M.M.			30.10.18
280744	Sjt	Hedges, W			21.10.18
306179	LSjt	Hesford, F	2/5 Bn		2.12.19
241517	Pte	Hewson, F	1/5 Bn		5.12.18
12/8467	Pte	Heywood, J			25.11.16
5651	Sjt(A/CSM)	Higgins, T			11.12.16
117	CSM	Hill, J	1 Bn		16. 5.16
5704	Sjt	Hitchings, R			22. 9.16
13072	Pte	Hollinshead, H			22. 9.16
2886	LCpl	Hopkins, EJ			26. 7.17
3363	Cpl	Howarth, N	2/5 Bn		30. 3.16
5273	CSM	Howes, J	18 Bn		3. 9.19
200944	T/RSM	Hoyle, RA			17. 4.18
10650	Sjt	Hughes, J	15 Bn		3. 9.19
241024	Sjt	Hughes, W	1/5 Bn		11. 3.20
9240	Sjt	Isherwood, W			6. 2.18
17655	Sjt	Jackson, JF			3. 9.18
37439	LCpl(A/Cpl)	Johnson, JC			15.11.18
305626	Sjt	Jones, A			21.10.18
5914	LCpl	Keating, W	11 Bn		22. 1.16
305186	Pte	Kilgour, J	1/8 Bn		10. 1.20
40459	LSjt	Kneale, JL			3. 9.18
7152	Pte	Lackey, T, M.M.	2 Bn		10. 1.20
12/7964	LCpl	Lancashire, J			25.11.16
240272	CSM	Langley, E			17. 4.18
685	CSM	Laverick, JN			22. 9.16
204020	Pte	Lawson, E			26. 1.18
616	Col Sjt(T/RSM)	Le Huray, J			6. 2.18
200381	Sjt	Lea, J	1/5 Bn		5.12.18
57625	Cpl	Leech, SJJ	2 Bn		16. 1.19
5558	LSjt	Leeming, T	1/5 Bn		3. 9.19
280635	Pte	Lennon, W			17. 4.18

THE LANCASHIRE FUSILIERS

Section 6.

Number	Rank	Name	Bn		Date
306826	A/CQMS	Lever, J	1/8 Bn		11. 3.20
40701	Cpl	Liddamore, C	10 Bn		5.12.18
280422	CSM	Lindon, J	1/7 Bn		3. 9.19
138	Cpl	Lloyd, J	2 Bn		3. 9.19
49289	CQMS	Logan, F	15 Bn		11. 3.20
201524	Pte	Lord, E			3. 9.18
204091	Pte	Lord, W			3. 9.18
34671	LCpl	Lumb, J			15.11.18
5870	RSM	Lund, W			3. 9.18
1272	Pte	Lynn, J	2 Bn		17.12.14
27969	Pte	Lyon, G			25.11.16
15108	Pte	Mack, J			16. 8.17
6233	CSM	Martin, E	2 Bn		30. 6.15
8346	CSM	Martin, J			17. 4.18
21345	CSM	Maskell, R			3. 9.18
2711	Cpl	McEvoy, D, M.M.			3. 9.18
18498	RSM	McGarry, E			17. 4.18
1078	Pte	McGill, C			3. 9.18
6473	LCpl	McGinn, C	1 Bn	G	11. 3.16
19812	Cpl	McGovern, W			13. 2.17
14827	Pte	Molyneaux, JJ			21.10.18
17118	Sjt	Montgomery, RH	17 Bn		11. 3.20
202297	Sjt	Morris, E			17. 4.18
2128	Pte	Mottershead, F	1/7 Bn		15. 3.16
21929	CSM	Moyse, R			4. 3.18
3956	LCpl	Muldowney, J, M.M.			30.10.18
4184	Sjt	Mullane, W	1 Bn		5.12.18
314	CSM(A/RSM)	Murphy, C			6. 2.18
9055	CSM	Murphy, FG			17. 4.18
8672	Pte	Nelson, JT			30.10.18
2946	LCpl	Newsham, J	2/5 Bn		21. 6.16
51681	Sjt	Nickson, JJ	1/8 Bn		5.12.18
8971	CSM	Nolan, JW			25. 8.17
660	CSM	North, EA			3. 9.18
17638	A/CSM	Nuttall, J	19 Bn		11. 3.20
200228	Pte	Ogden, T	1/5 Bn		11. 3.20
6935	Sjt	O'Hara, TA	11 Bn		22. 1.16
45583	LCpl	Old, C			3. 9.18
35723	LCpl	O'Sullivan, T			6. 2.18
7903	Sjt	Owen, AE			14.11.16
201108	A/Cpl	Palmer, F, M.M.			15.11.18
17821	Sjt	Parker, H	19 Bn		11. 3.20
49756	Pte	Parkinson, W	23 Bn		10. 1.20
306631	LSjt	Partington, S	1/8 Bn		11. 3.20
16234	Cpl	Pattie, A			13. 2.17
17431	Sjt	Pearce, T			21.10.18
6637	CQMS	Pegg, L			17. 4.18
2/599	Sjt	Penny, JRFW	2 Bn		11. 3.16
36702	Pte	Petrie, TT			3. 9.18
280707	LSjt	Pinder, M	1/7 Bn		5.12.18
10656	LSjt(A/Sjt)	Pollitt, J	15 Bn		31. 5.16
305826	LCpl	Prince, T	1/7 Bn		5.12.18
1952	Pte	Prince, W	1/7 Bn	G	5. 8.15
6992	Pte	Quinn, J	1 Bn	G	11. 3.16
1409	Sjt	Quinn, T	6 Bn		11. 3.20
242853	Pte	Ramsden, H			18. 7.17
24740	Pte	Rees, B, M.M.	17 Bn		10. 1.20
305611	CQMS	Riding, A			3. 9.18
305181	Sjt	Ridyard, GW			17. 4.18
201597	Sjt(A/CSM)	Rigby, J	2/5 Bn		3. 9.19
281759	Sjt	Robinson, E			21.10.18
2004	Cpl	Robinson, F			26. 1.18

Number	Rank	Name	Bn		Date
5053	CSM	Rogers, JH	10 Bn		15. 9.15
242243	Pte	Roscoe, WH			3. 9.18
42093	Pte	Rowe, WF	24 Bn		2.12.19
200027	Sjt	Rowen, J			3. 9.18
202254	CSM	Rushton, W			30.10.18
3374	Cpl	Russ, S			19. 8.16
1804	Pte	Schofield, H	1 Bn	G	3. 7.15
204380	Cpl	Seed, R			17. 4.18
240339	CSM	Shackleton, J	1/8 Bn		10. 1.20
306904	CQMS	Shaw, R			3. 9.18
307224	Pte	Shelmerdine, JA	2 Bn		10. 1.20
28982	Pte	Sholicar, TW			21.10.18
28073	Sjt	Sidlow, W			6. 2.18
240121	Pte	Simpson, A	1 Bn		2.12.19
5915	Pte	Singleton, G	11 Bn		22. 1.16
241994	Cpl	Skelton, FH			6. 2.18
51396	Cpl(LSjt)	Smith, E			30.10.18
203634	Pte	Smith, E			21.10.18
12/9170	Sjt	Smith, G			21.10.18
281506	Sjt	Smith, JA	1/7 Bn		5.12.18
16676	Cpl	Smith, WT			1. 5.18
19833	Sjt	Snow, F			21.10.18
205289	LSjt	Standring, C	1/5 Bn		11. 3.20
1040	Pte	Stewart, G			19. 8.16
3771	Cpl	Stockton, E			6. 2.18
22843	A/Cpl	Strath, FW			26. 5.17
3385	Sjt	Sweeney, F	18 Bn		2.12.19
240619	Sjt	Taylor, F	1/8 Bn		11. 3.20
201667	Sjt	Taylor, J			3. 9.18
18570	CSM	Taylor, W			25.11.16
281655	Pte	Tempest, J, M.M.	1/7 Bn		10. 1.20
27918	Pte	Temple, G			25.11.16
51732	Sjt	Temple, RW, M.M.	18 Bn		10. 1.20
303035	Pte	Thirsk, F			3.10.18
49193	Cpl	Thomas, G			15.11.18
10130	Sjt	Timility, W			17. 4.18
552	Pte	Tinker, T	2 Bn		17.12.14
53453	Pte	Turner, N			3.10.18
242558	Pte	Upton, WG			6. 2.18
35452	Pte(LCpl)	Uttley, JA			4. 3.18
3/2950	Pte	Walker, J	2 Bn		11. 3.16
12342	CSM	Walker, T			21.10.18
25360	Pte	Wall, S			20.10.16
57435	Pte	Walmsley, A	17 Bn		2.12.19
38051	LCpl	Walmsley, JW	1/8 Bn		2.12.19
4441	Pte	Walsh, G	2 Bn (Attd 178 Tun Coy RE)		22. 1.16
3520	Pte	Walton, I	9 Bn	G	11. 3.16
33615	Pte	Ward, A	17 Bn		2.12.19
16794	Pte	Wareing, H			3. 9.18
40603	Pte(A/Sjt)	Watch, CA			6. 2.18
48004	RSM	Watkins, W			3. 9.18
235488	CSM	Watson, HRW	1/5 Bn		3. 9.19
2/864	Sjt	Weatherall, A	2 Bn		11. 3.16
6690	QMS	Webb, G			9. 7.17
27240	CSM	West, AP			21.10.18
306842	Pte	West, F			3. 9.18
8336	LCpl	White, WH			22. 9.16
2493	Sjt	Wiggin, GW			30.10.18
200967	Sjt	Wild, LR	1/8 Bn		10. 1.20
1369	LCpl	Wild, S	1/5 Bn	G	15. 9.15
60985	Cpl	Williams, JW, M.M.	23 Bn		5.12.18
2817	CSM	Wilson, W			25.11.16
5320	Pte	Wolfenden, A	19 Bn		10. 1.20

286 D.C.M.'s   2 Bars

THE ROYAL SCOTS FUSILIERS

Number	Rank	Name	Bn		Date
240891	Pte	Adair, A	1/5 Bn(Depot)		10. 1.20
16270	Pte	Agnew, W	7 Bn		24. 6.16
4647	Pte	Anderson, A	2 Bn	*	30. 1.20
52984	Sjt	Anderson, W	2 Bn		30. 1.20
240082	CSM	Auld, T			18. 2.18
241191	Pte	Banks, E			1. 5.18
19951	Pte(LCpl)	Barker, JW			26. 1.18
19117	Sjt	Barker, TH, M.M.	2 Bn		2.12.19
8387	CSM	Barnes, J	3 Bn		11. 3.16
240583	Sjt	Barrowman, JH			1. 5.18
11866	Pte	Barton, JH	6 Bn		16.11.15
240522	Pte	Bell, J			16. 8.17
51385	Sjt	Bell, JH, M.M.	2 Bn		2.12.19
5859	CSM(A/RSM)	Bennett, E, P.S.	1/5 Bn		15. 4.16
5547	CSM	Black, GH			6. 2.18
202321	Pte	Blair, A			1. 5.18

THE ROYAL SCOTS FUSILIERS

Number	Rank	Name	Unit		Date
200199	A/CSM	Boyd, R	1/4 Bn		3. 9.19
200199	Sjt	Boyd, R, D.C.M.	1/4 Bn	Bar	11. 3.20
6897	CSM	Boyle, A	6 Bn		21. 6.16
8011	A/SM	Brass, J	7 Bn		21. 6.16
10453	Pte	Bray, HG	2 Bn		1. 4.15
14439	Cpl	Briggs, J, M.M.	2 Bn		10. 1.20
9105	Pte	Brooks, CJ	1 Bn		30. 6.15
7361	Pte	Brown, G	5 Bn (Attd 8 Corps Min Coy)		21. 6.16
7285	Pte	Buchanan, T	1/5 Bn	G	22. 1.16
240600	Sjt(A/CQMS)	Burden, H			1. 5.18
200320	A/Sjt	Burnett, A			15.11.18
13340	CSM	Burns, J			9. 7.17
7097	Sjt	Carlin, JC	1/4 Bn	G	15. 9.15
18138	Cpl	Chilcott, A			13. 2.17
7930	Cpl	Clifford, I	1/4 Bn		31. 5.16
202229	Pte(A/LCpl)	Collins, GP	1 Bn		5.12.18
16990	Pte	Craig, J	2 Bn		2.12.19
8300	LCpl	Darke, TR	2 Bn		5. 8.15
6499	Sjt	Davidson, W	2 Bn		1. 4.15
203090	LCpl	Davidson, W	1 Bn		5.12.18
5301	RSM	Davis, GJ			3. 9.18
9692	Sjt	Dawson, W	2 Bn	*	30. 1.20
6872	Pte	Derrett, F, M.M.	8 Bn	S	11. 3.20
295063	Pte(LCpl)	Dinning, J	12 Bn		10. 1.20
29950	Sjt	Donaldson, A	2 Bn		10. 1.20
7381	Sjt	Doyle, J	Spec. Res.		26. 7.17
8740	Sjt	Duncan, D	2 Bn	*	30. 1.20
34926	Pte	Duncan, D			17. 4.18
295734	Pte	Duncan, R			30.10.18
7429	LCpl	Ferguson, H	1 Bn		30. 6.15
8461	CSM	Froud, J	2 Bn		3. 9.19
8461	CSM	Froud, J, D.C.M.	2 Bn	Bar	2.12.19
200107	Sjt	Gaw, W	1/4 Bn		11. 3.20
8790	Pte	Gibson, D	4 Bn (Attd 8 Corps Min Coy)		21. 6.16
9918	A/CSM	Goble, CV	6 Bn		21. 6.16
7360	CSM	Graham, F	6 Bn		11. 3.16
8221	Pte	Graham, H	1 Bn		24.12.14
7338	Pte	Harrigan, P	5 Bn		21. 6.16
16981	Sjt	Harris, A			21.10.18
7279	LSjt	Hazlett, J	5 Bn		21. 6.16
8059	Pte	Heron, S	1 Bn		1. 4.15
240459	Cpl	Heron, SA			15.11.18
8918	CSM	Herrington, E			3. 9.18
7904	LCpl	Hill, R	1/5 Bn		31. 5.16
A/6170	Sjt	Hogg, W	2 Bn		16.11.15
9634	Sjt	Humberston, A	1 Bn		11. 3.16
9672	Sjt	Hunt, AE	2 Bn		2.12.19
10065	LSjt	Inches, J	2 Bn		1. 4.15
295623	Sjt	Ireland, J	12 Bn		10. 1.20
10091	LCpl	Ironside, JA			9. 7.17
12872	Pte	Kerr, A			17. 4.18
241172	Pte	Kerr, W			1. 5.18
9413	A/Cpl	Kirkpatrick, EP	2 Bn		1. 4.15
18275	LCpl	Knaggs, F			26. 9.16
21033	Pte(LCpl)	Knoble, J	1 Bn(Depot)		3. 9.19
7737	LCpl	Knox, J	5 Bn		21. 6.16
200162	Cpl(A/Sjt)	Laird, W			1. 5.18
295499	Sjt	Lang, J	12 Bn		11. 3.20
10511	Pte	Lavery, M			18. 7.17
50463	Cpl(A/LSjt)	Lee, R	12 Bn		10. 1.20
53805	Pte(LCpl)	Livingstone, JD	11 Bn(Attd 178 LTMB)		11. 3.20
5523	LCpl	Mack, GA	1 Bn		1. 4.15
15438	Cpl	MacKay, J	6 Bn		24. 6.16
9640	Sjt	Macnamara, L	2 Bn		30. 6.15
4977	CSM(later 2Lt)	Mann, S	1 Bn		1. 4.15
295472	CSM	Mather, J	12 Bn		11. 3.20
10769	Sjt	Maxfield, G	2 Bn		11. 3.20
19332	Cpl	McBride, GE	2 Bn		11. 3.20
12413	ACpl	McCallum, F	1 Bn(Attd 43 TMB)		30. 3.16
14245	Cpl	McCandlish, S	Depot(form 2 Bn)		11. 3.16
16206	Pte	McDonald, J	7 Bn		11. 3.16
52003	LCpl	McDonald, W	1 Bn		5.12.18
13409	LCpl	McHaffie, J	7 Bn		11. 3.16
240264	Pte	McKie, J	1/5 Bn		11. 3.20
14224	Pte(LCpl)	McLaughlin, H, M.M.	2 Bn		10. 1.20
5504	RSM	McLean, J			17. 4.18
10574	ASjt	McLean, JC	2 Bn		10. 1.20
7661	Sjt	McMillan, J	2 Bn		11. 3.16
7408	Sjt	McNeil, T	3 Bn		11. 3.16
7369	ASjt	McNeill, R	1 Bn(later Gordon H)		11. 3.16
12045	LCpl	McNulty, J	2 Bn		5. 8.15
10145	CSM	Moffat, J, M.M.			3. 9.18
9579	Sjt	Moloney, W	2 Bn		5. 8.15
9163	ASjt	Nash, W	1 Bn		6. 9.15
11100	Cpl	Newman, H	2 Bn		3. 9.19
13287	Cpl	Noble, J			14.11.16
10518	A/CSM	North, WJE			26. 9.16
200527	Sjt	Paterson, H			18. 2.18
240095	Sjt	Paterson, J			1. 5.18
5913	CSM	Pirie, W	1/5 Bn	G	15. 9.15
6581	Sjt	Purves, TS, M.M.			30.10.18
11487	LCpl	Queen, W	6 Bn		16.11.15
14278	Sjt	Rae, J		S	10. 1.20
11232	Pte	Rae, M			14.11.16
241754	LCpl	Raeburn, W	1/5 Bn		5.12.18
7478	Pte	Ramsay, W	1 Bn		16.11.15
10366	Pte	Reid, J	2 Bn		3. 6.15
6936	Sjt	Reilly, J	2 Bn		11. 3.16
10192	Sjt	Richardson, J	2 Bn	*	30. 1.20
7352	Pte	Ritson, J	1/5 Bn	G	11. 3.16
7352	Cpl	Ritson, J, D.C.M.	1/5 Bn	Bar	27. 7.16
6948	RQMS	Roberts, TG	2 Bn	*	30. 1.20
295878	LSjt	Robinson, W	12 Bn		10. 1.20
295868	Sjt(A/CSM)	Robson, WH	12 Bn		10. 1.20
23048	Sjt	Roddy, J			30.10.18
240831	Cpl(A/Sjt)	Ross, A			1. 5.18
4811	A/CSM	Rye, J	1 Bn		1. 4.15
16989	Sjt	Stevenson, D			30.10.18
7814	Pte	Stewart, R	1/5 Bn		21. 6.16
9032	Sjt	Skidmore, W	2 Bn		5. 8.15
7930	CSM	Taylor, R	1 Bn		11. 3.16
40781	Cpl	Telford, J			26. 1.18
29974	LSjt	Thomson, N	2 Bn		2.12.19
4312	SM	Titmas, EC	2 Bn		1. 4.15
17527	Pte	Torrance, J	1 Bn(Attd 9 Bde Min Sect)		11. 3.16
52983	Sjt	Trousdale, W	1 Bn		5.12.18
6959	LSjt	Urquhart, D			21.10.18
7844	Cpl	Vallis, AS	2 Bn		30. 6.15
7784	Cpl(A/Sjt)	Walker, C			14.11.16
10002	Pte	Walton, JM	1 Bn		1. 4.15
295869	Sjt	Watson, J			30.10.18
22869	Pte	Watson, R	1 Bn		5.12.18
295478	Pte	Watson, WB			18. 2.18
295478	Pte	Watson, WB, D.C.M.		Bar	26. 6.18
10390	CQMS	Wilkins, G			13. 2.17
7512	Sjt	Willstrop, GT	7 Bn		29.11.15
15005	Pte	Wimpenny, TA	2 Bn		2.12.19
6360	CQMS	Woodward, TE	Depot		13. 2.17
6360	CSM	Woodward, TE, D.C.M.		Bar	30.10.18
6360	CSM	Woodward, TE, D.C.M. & Bar		2nd Bar	2.12.19
7934	Sjt	Young, E, M.M.	2 Bn		2.12.19
1647	CSM(A/RSM)	Young, J			26. 1.18

142 D.C.M.'s   5 Bars   1 Second Bar

THE CHESHIRE REGIMENT — Section 6.

Number	Rank	Name	Bn	Date
1109	CSM(A/SM)	Ahern, WP		11.12.16
14780	CQMS(A/CSM)	Airey, JH		16. 8.17
17206	Pte	Aitken, G	9 Bn	16.11.15
290083	Sjt	Alcock, P	1/7 Bn	11. 3.20
52761	Sjt	Allen, F		21.10.18
8312	CSM	Antliff, G		21.10.18
290134	Sjt	Armstrong, S	1/7 Bn	3. 9.19
49939	Pte	Barnes, A		16. 8.17
10/17804	Sjt(A/CQMS)	Batchelor, WH		17. 9.17
639	LSjt	Bell, JJ	13 Bn	29.11.15
20127	LSjt	Bellyou, G	15 Bn	3. 9.19
21163	LSjt	Berkley, M		17. 4.18
16897	Sjt	Bertenshaw, J		3. 9.18
25055	Pte	Bland, S	Depot(form 1 Bn)	22. 1.16
9140	Pte	Blanton, W	2 Bn	30. 6.15
28110	Pte	Boon, E		26. 1.18
10763	Cpl	Bostock, W	9 Bn	10. 1.20
10174	Pte	Bowett, R	1 Bn	5. 8.15
22053	Pte	Brace, WH		20.10.16
265245	T/RSM	Brand, H		21.10.18
25197	Sjt	Brandon, HA		3. 9.18
5189	T/RSM	Bright, JE	1/4 Bn	3. 9.19
49263	LCpl	Broadbent, W	9 Bn	10. 1.20
50158	Pte	Broadhead, A	9 Bn	11. 3.20
267965	Sjt	Brockbank, F		6. 2.18
11413	Sjt	Buckley, G		29. 8.17
9816	LCpl	Burns, J	1 Bn	17.12.14
8935	LCpl	Burns, J	1 Bn	5. 8.15
19365	Pte	Burns, TH		20.10.16
39926	Cpl	Bush, W		3. 9.18
26123	Pte	Butter, H		16. 8.17
1312	Sjt	Butterworth, H		11.12.16
16006	Pte	Callf, A	9 Bn	16.11.15
23156	Pte	Campbell, R		20.10.16
9955	A/Cpl	Carey, A	1 Bn	30. 6.15
10757	Cpl(A/Sjt)	Carroll, JG		22. 9.16
265156	Pte	Carter, FKS		3. 9.18
2101	Pte	Cartwright, GW	1/4 Bn(Attd 1/5)	9.10.15
7603	CSM	Cavey, JG, M.M.	1 Bn	11. 3.20
265159	CSM	Clarke, J, M.M.	1/6 Bn	11. 3.20
1597	Pte	Collier, F		26. 1.17
10422	LSjt	Collins, J		16. 8.17
21139	Sjt	Cook, FW		20.10.16
10/13226	LCpl	Cook, R		18. 7.17
11827	Sjt	Crean, J	Depot(form 2 Bn)	11. 3.16
50284	Sjt	Crosby, W		4. 3.18
290392	Sjt	Crowder, F		1. 5.18
20842	Sjt	Cuthbertson, W, M.M.		3. 9.18
290394	LCpl	Dale, E		26. 1.18
52252	Pte	Davidson, JH		25. 8.17
202524	Pte	Davies, G		28. 3.18
18086	Cpl	Davies, J		6. 2.18
13583	CSM	Davies, W	12 Bn S	11. 3.20
12728	CSM	Dawson, T, M.M.		3. 9.18
21814	LCpl	Dee, S	1 Bn	2.12.19
17137	Sjt	Dempsey, PJ		25. 8.17
291238	Pte	Dixon, J		16. 8.17
7948	CQMS	Downs, G	1 Bn	1. 4.15
50799	Pte	Duddles, EE		26. 1.18
19901	Pte	Emmens, W		26. 1.18
49149	Sjt	Evans, TC	1 Bn	2.12.19
19234	Cpl	Fay, H	(Attd TMB)	13. 2.17
19297	Sjt	Finnigan, E	15 Bn	2.12.19
1232	Sjt	Fisher, J		26. 1.18
14156	Sjt	Fletcher, S		16. 8.17
7114	Pte	Foley, T	1 Bn	30. 6.15
29624	Pte	Fox, E		3. 9.18
27464	Pte	Frost, W		22. 9.16
12177	Pte	Gerrard, J, M.M.		3. 9.18
12493	Pte	Gilbert, RB		3. 9.18
200011	Sjt	Gilfoyle, SH		26. 1.18
268198	Sjt	Gillam, C		1. 5.18
26243	Pte	Glennon, J, M.M.	1/6 Bn	25. 2.20
25125	Pte	Goodwin, J	1 Bn	30. 6.15
17080	RSM	Gough, AP		21.10.18
7546	Sjt	Grant, G		21.10.18
53080	CSM(A/RSM)	Greenhalgh, A		3. 9.18
53080	CSM(A/RSM)	Greenhalgh, A, D.C.M.	Bar	3.10.18
200195	Sjt	Halewood, G	1/4 Bn	16. 1.19
2680	Sjt	Hall, RL		26. 1.17
11165	Sjt	Hallworth, S		29. 8.17
49374	Sjt	Harrison, J		30.10.18
7389	Sjt	Harvey, S		13. 2.17
11842	SM	Harvey, S		9. 7.17
12090	Sjt	Henson, J	9 Bn	3. 9.19
241030	Sjt	Holloway, HC	5 Bn(2/3 KAR) EA	25. 2.20
32532	Sjt	Holsgrove, J		25.11.16
290255	Sjt	Hooper, R	1/7 Bn	11. 3.20
4281	RSM	Howard, F	1 Bn(later 2 Bn) *	30. 1.20
9/11866	LCpl	Hubbard, HV		22. 9.16
290983	Pte	Hulley, H		26. 1.18
16/20482	Pte	Ingram, W		25. 8.17
11784	Pte	Jackson, H	9 Bn	11. 3.20
554	Cpl	Jackson-Payne, H	13 Bn	22. 1.16
17977	Sjt	Jackson, WE		13. 2.17
57865	Pte	Johnson, WA		4. 3.18
12212	Cpl	Jones, G		26. 1.18
12212	Cpl	Jones, G, D.C.M.	Bar	3.10.18
44349	Pte	Jones, H		6. 2.18
16930	Sjt	Jones, T		3. 9.18
11000	Pte	Jones, TA, V.C.	1 Bn	5.12.18
10516	Pte	Keating, JH	1 Bn	22. 1.16
266714	Pte	Kelsall, J	1/4 Bn	2.12.19
52459	Pte	Kenny, J		26. 3.17
19864	CSM	Kenton, WJ		21.10.18
1188	Cpl(A/Sjt)	Lally, J		26. 1.18
11330	CQMS	Large, WE		17. 4.18
19847	LCpl	Lees, J		26. 1.18
24381	Sjt	Leivesley, G		3. 9.18
25478	Pte	Lewis, G	2 Bn	16.11.15
10/16313	CSM	Lines, T		13. 2.17
W/622	LCpl	Little, W	(Attd TMB)	16. 8.17
293151	Sjt(A/CSM)	Littlewood, R	1/7 Bn	11. 3.20
265475	Sjt	Livingstone, JO		3. 9.18
7296	T/RSM	Lloyd, T		1. 5.18
12663	Sjt	Lockley, T	1/5 Bn	11. 3.16
2767	Pte	Loftus, J		26. 1.17
21772	Pte	Lowe, V		20.10.16
14634	CSM	Lowth, C		16. 8.17
6912	A/Sjt	MacDonald, WH	1 Bn	11. 3.16
10313	Cpl(A/Sjt)	Mandeville, J		25. 8.17
16453	Cpl	Marsden, G		22. 9.16
18770	Pte	Marshall, A	8 Bn G	11. 3.16
33567	Pte	Martin, W		3. 9.18
7085	Pte	McCarthy, F	1 Bn	17.12.14
15507	Pte	McClellan, G		11.12.16
51812	Sjt	McGregor, C		15.11.18
W/232	CSM	McLachlan, RM	13 Bn	27. 7.16
8353	CSM	Meachin, FJ		25. 8.17
14752	A/CQMS	Mills, JE	8 Bn	21. 6.16
11670	Sjt	Millward, J		1. 5.18
265405	CSM	Mitchell, F	6 Bn	3. 9.19
13336	A/Cpl	Moore, J	1 Bn	22. 1.16
24315	Sjt	Morton, F, M.M.	1/6 Bn	11. 3.20
8374	Sjt(A/CSM)	Mottershead, H		14.11.16
16340	CSM	Mutch, E		3. 9.18
10543	Pte	Needham, J	1 Bn	30. 6.15
25828	Pte	Nixon, WH	2 Bn	16.11.15
8475	Sjt	Norris, WA	1 Bn	5. 8.15
9083	A/Sjt	Notley, H	1 Bn	1. 4.15
20767	LSjt	O'Connor, P, M.M.		3. 9.18
7788	CSM	Owens, E	1 Bn	30. 6.15
9903	Pte(A/Sjt)	Pearce, A	1 Bn	1. 4.15
13081	Sjt	Pearson, J		21.10.18
200049	Col Sjt(A/CSM)	Pierce, G	1/4 Bn	2.12.19
1308	Pte	Pollitt, L	1/5 Bn	30. 6.15
10931	LSjt	Price, T	Depot(form.8 Bn) G	11. 3.16
4277	Sjt	Raynor, A	1 Bn *	30. 1.20
20825	Sjt	Reed, J		21.10.18
265576	Sjt	Rhodes, W		25. 8.17
58979	Sjt	Roberts, H		16. 8.17
12690	CSM	Robinson, J		29. 8.17
18306	Sjt	Royle, H		25.11.16
6938	Pte	Ryan, L	1 Bn	11. 3.16
266451	Cpl	Secker, E		6. 2.18

265921	CSM	Shackley, A			25. 8.17	8368	CSM(A/RSM)	Trobridge, J			3. 9.18
8653	Pte	Shannon, J	1 Bn		1. 4.15	8368	CSM(A/RSM)	Trobridge, J, D.C.M.		Bar	3.10.18
13622	Pte	Shaw, F			18. 6.17	9088	Drummer	Tucker, LH	2 Bn		16.11.15
200068	Sjt	Shaw, MA			28. 3.18	10393	Pte	Twemlow, J			25. 8.17
17337	Pte	Shaw, W	9 Bn		16.11.15	10393	Sjt	Twemlow, J, D.C.M., M.M. 1 Bn Bar			2.12.19
268012	Pte	Sheard, JW			6. 2.18	9901	A/CSM	Unwin, A	8 Bn		21. 6.16
52273	Pte	Sillender, I			25. 8.17	7758	CSM	Wager, PA			15.11.18
44125	Pte	Slack, TR			26. 3.17	20588	Cpl	Walker, FE			15.11.18
7173	A/Sjt	Smith, A	1 Bn		11. 3.16	51583	Cpl	Walker, T	15 Bn		2.12.19
10/13627	LSjt	Smith, AW	Depot(form 10 Bn)		27. 7.16	19304	Sjt	Ward, J			3. 9.18
8603	Cpl	Smith, J	1/7 Bn		16. 1.19	6458	LCpl	Webb, D	1 Bn		1. 4.15
7941	CQMS	Smith, JH	1 Bn		21. 6.16	14714	Sjt	Whitney, S			16. 8.17
200249	Sjt	Smith, W	1/4 Bn		11. 3.20	60482	Pte	Wiggans, W, M.M.			30.10.18
58398	A/Cpl	Stevens, C			28. 3.18	265042	CSM	Wilkinson, A			6. 2.18
290763	A/LCpl	Stubbs, A			26. 1.18	200107	Sjt	Wilkinson, A			26. 1.18
7701	A/Sjt	Sutton, A	Depot (form 1 Bn)		11. 3.16	21583	A/Sjt	Williams, J			13. 2.17
30344	Pte	Swash, J			16. 8.17	665	Pte	Williams, W	13 Bn		22. 1.16
						12895	Sjt	Wilson, J			3. 9.18
9078	LSjt	Tasker, PT (Nig Rgt WAFF)			3.10.18	8261	Pte	Woodier, F	1 Bn	*	30. 1.20
24864	CSM	Temple, ELM			15.11.18	7010	CSM	Wynne, JW			25.11.16
11327	Sjt	Thomas, WA			16. 8.17						
8823	Pte	Thompson, F	1 Bn		30. 6.15	13767	Sjt	Yarwood, S	12 Bn	S	10. 1.20
40788	Pte	Tinkler, JW	1/7 Bn(Attd TMB)		11. 3.20						

194 D.C.M.'s   4 Bars

THE ROYAL WELCH FUSILIERS

5517	CSM	Albutt, WH			17. 4.18	10710	Pte	Chilwell, W	1 Bn		5. 8.15
19661	A/Cpl	Allcock, R			25.11.16	37248	Cpl	Clews, AA	17 Bn		11. 3.20
9969	Pte	Allen, I	1 Bn		5. 8.15	355652	Sjt(A/CQMS)	Collins, J			1. 5.18
20178	Pte	Anstie, S			3.10.18	355651	Pte	Condon, M			4. 3.18
17598	Sjt	Anthony, W, M.M. 13 Bn(Attd TMB)				8280	LCpl	Condrey, JF	1 Bn		5. 8.15
					11. 3.20	52595	Pte	Cookson, JL	14 Bn		2.12.19
18548	CQMS	Argust, R	16 Bn		11. 3.20	16455	Sjt	Corcoran, H			26. 1.18
355706	LCpl	Arnott, OD			4. 3.18	345170	CSM(A/RSM)	Crinyion, J	24 Bn		11. 3.20
70524	LCpl	Ashcroft, T	16 Bn		2.12.19	8773	Col Sjt(A/CSM)	Cumberland, AH, M.M.			4. 3.18
7851	Cpl	Astin, A	2 Bn		15. 3.16						
290188	Pte	Astley, JS			18. 2.18	53967	Sjt	Davey, G	1 Bn	I	25. 2.20
						13484	Pte	Davies, D			26. 1.18
23355	LCpl	Baker, A			25. 8.17	355819	Sjt	Davies, FP	25 Bn		3. 9.19
355584	CSM	Baker, H	25 Bn		3. 9.19	345941	Pte	Davies, I			4. 3.18
9339	Cpl	Bale, JW	2 Bn		15. 3.16	18275	Cpl	Davies, J			19. 8.16
235223	Cpl	Ball, SB	17 Bn		11. 3.20	5364	CSM	Davies, JR			20.10.16
16680	Sjt	Bannister, C			26. 7.17	25167	ACpl	Davies, RO			26. 1.18
54271	Pte	Barnett, H			26. 1.18	200052	Sjt	Davies, T			21.10.18
10390	Pte	Barrett, EL	2 Bn		15. 3.16	6332	Sjt	Dickens, C			16. 8.17
13573	Sjt	Beard, DH			22. 9.16	49070	CSM	Dickinson, WH			21.10.18
9432	Cpl	Beasley, W			4. 3.18	18201	CSM	Dobson, LA			26. 1.18
24692	Pte	Beck, JF	17 Bn		3. 9.19	17387	Sjt	Dolby, CR			26. 1.18
72867	LCpl	Bellaby, EJ			15.11.18	38025	Pte	Doyle, D 2 Gar Bn (form 15389			
28958	Cpl	Bennett, WE			28. 3.18			SWB)			11. 3.16
32554	Sjt	Bibby, JA	9 Bn		10. 1.20	7008	CSM	Doyle, HTD			3.10.18
49084	Pte	Birks, WL			1. 5.18	29059	Pte	Dyson, F			21.10.18
345011	SSM	Blake, GAL			4. 3.18						
53603	Pte	Blackmore, DG			3. 3.17	7626	Sjt	Edwards, S			26. 7.17
9284	Sjt	Blacktin, J	1 Bn		1. 4.15	18447	A/Sjt	Edwards, T			9. 7.17
22373	Cpl	Bloor, DW	15 Bn		31. 5.16	17309	Sjt	Edwards, WJ	9 Bn		3. 9.19
19103	Sjt	Bonham, JT			3. 9.18	17178	Cpl	Elcock, EJ	13 Bn		5.12.18
5874	CSM	Bowen, JE	2 Bn		2.12.19	19558	Sjt	Ellis, G			30.10.18
5874	A/CSM	Bowen, JE, D.C.M. 2 Bn Bar			2.12.19	55673	Sjt(A/CSM)	Ellis, HG			15.11.18
6094	Cpl	Bramwell, A		(Germany)	3.10.18	355516	Sjt	Embry, W	25 Bn		10. 1.20
355520	CSM(A/RSM)	Branch, E	5 Bn		3. 9.19	19428	Pte	English, WJ			26. 1.18
355205	ACpl	Brook, WH			6. 2.18	25651	Sjt	Evans, DG			21.10.18
5778	Pte	Brooks, A	2 Bn		16.11.15	9071	SM	Evans, R	1 Bn		5. 8.15
6210	Pte	Brooks, G	1 Bn		5. 8.15	17705	Pte(A/LCpl)	Evans, RW			21.10.18
22684	CSM	Brum, F			30.10.18	13183	Pte(LCpl)	Evans, W, M.M.	2 Bn		16. 1.19
8087	Pte	Buckley, W			19. 8.16	25781	LSjt	Evison, J, M.M.	17 Bn		2.12.19
12252	Pte	Burns, WJ	8 Bn		21. 6.16						
13746	CSM	Burridge, W			17. 4.18	15848	Sjt	Ferguson, V	24 Bn		10. 1.20
36003	Pte(A/LCpl)	Burton, J			18. 7.17	54204	Pte	Fisher, GH			26. 1.18
7728	CSM	Butler, J			3. 3.17	35473	Cpl	Fletcher, W			30.10.18
9935	Sjt	Butler, J	1 Bn		5. 8.15	52314	Pte	Forshaw, WH			25. 8.17
55849	Pte	Byrne, JA	14 Bn		3. 9.19	21340	Sjt	Foster, J			3. 9.18
						17075	Pte	France, MS	1 Bn		11. 3.16
9251	CSM	Callus, HME			21.10.18	2626	ACpl	Francis, GR	1/7 Bn	G	11. 3.16
10927	ASjt	Capelin, M	1 Bn		5. 8.15	9215	Sjt	Freeman, CH	1 Bn	I	11. 3.20
1088	Sjt	Catherall, E	1/5 Bn		21. 6.16						
12145	RSM	Cawley, R			21.10.18	15724	Sjt	Gibbs, F			17. 4.18
19091	Cpl	Chadwick, TR			3. 9.18	9892	CSM	Gladwyn, J			3.10.18
19608	Sjt	Chaplin, HW, M.M. 16 Bn(Attd				24877	SM	Glazebrook, EJ	8 Bn		21. 6.16
		LTMB)			2.12.19	23994	Sjt	Graham, H			3. 9.18
10582	Sjt-Drummer	Chapman, H	1 Bn		1. 4.15	8935	Sjt	Graves, FJ			21.10.18

15420	CSM	Green, H			21.10.18
14599	Sjt	Griffiths, TA			19. 8.16
22022	LCpl	Gysser, WT			6. 2.18
9115	CSM	Hall, JJ	2 Bn		5.12.18
12277	Cpl(A/Sjt)	Hannon, JJ			20.10.16
8413	CSM(A/SM)	Hannon, T	1 Bn		21. 6.16
15149	Sjt	Hartley, H			9. 7.17
22289	Pte	Heesom, J	15 Bn		31. 5.16
10957	Sjt	Hennessey, MP	8 Bn		21. 6.16
266972	Pte	Henshaw, A			15.11.18
11553	CSM	Hewitt, WE			20.10.16
208	A/LCpl	Hibbott, GH	1/7 Bn	G	11. 3.16
290019	Sjt	Hibbott, GH, D.C.M.		Bar	16. 8.17
11053	LSjt	Hogben, WW			17. 4.18
31404	Pte	Hole, AR	16 Bn		27. 7.16
93825	Sjt	Howard, WJ, M.M.	16 Bn		10. 1.20
55843	Sjt	Hubbard, AC	25 Bn		11. 3.20
200805	Pte	Hughes, H			30.10.18
9046	CQMS	Hughes, J			21.10.18
19014	Pte	Hughes, J	16 Bn		27. 7.16
15427	Pte	Hughes, M			25. 8.17
9836	ACpl	Hughes, T	2 Bn		30. 6.15
25488	Sjt	Humphreys, R			3. 9.18
11077	Pte	Hunt, FN	2 Bn		30. 6.15
8131	Sjt	Jackson, GH	2 Bn		11. 3.16
10736	Pte	Jacobs, F	1 Bn		1. 4.15
355623	CSM	James, E			1. 5.18
10190	LCpl	James, EG	1 Bn		30. 6.15
242476	Pte	James, TD	14 Bn		16. 1.19
240832	Sjt	Jennings, W	(& KAR)		3. 9.18
23067	Sjt	Jones, A			17. 4.18
9200	Sjt	Jones, C			13. 2.17
8510	LSjt	Jones, E			9. 7.17
8510	LSjt	Jones, E, D.C.M.		Bar	26. 7.17
31877	Pte	Jones, E			3. 3.17
291068	Sjt	Jones, E	1/7 Bn	P	11. 3.20
20589	Pte	Jones, E			26. 1.18
19647	Sjt	Jones, ET			25. 8.17
19647	Sjt	Jones, ET, D.C.M.		Bar	30.10.18
58286	Pte	Jones, F	16 Bn		5.12.18
5308	A/CSM	Jones, J			25.11.16
11132	Pte	Jones, JE			15.11.18
54621	Pte	Jones, JL	17 Bn		2.12.19
22153	RSM	Jones, JR, M.C.			17. 4.18
20010	Cpl	Jones, R	14 Bn		3. 9.19
16960	Cpl(A/LSjt)	Jones, TI			3. 9.18
18539	Sjt	Jones, W			13. 2.17
18539	Sjt	Jones, W, D.C.M.		Bar	26. 1.18
20549	Sjt	Jones, WG			3. 9.18
15722	Sjt	Jones, WT			20.10.16
1062	LCpl	Joyce, E	1/5 Bn		21. 6.16
266155	Pte	Kelly, J			26. 1.18
13723	Sjt	Kinsell, W			3. 9.18
42029	Pte	Knott, L 3 Gar Bn(form 1/8584 SWB)			21. 6.16
9198	Pte	Lane, J	2 Bn		27. 7.16
355116	Pte(LCpl)	Langford, E			3. 9.18
2342	Pte	Lavin, J	1/5 Bn	G	22. 1.16
8795	Sjt	Ledington, T	2 Bn		16. 1.15
3220	LSjt	Ledsham, W	4 Bn		30. 6.15
29161	Sjt	Lee, E, M.M.	2 Bn		16. 1.19
22539	Pte	Lewis, AE			26. 1.18
93967	Pte	Lewis, JH	17 Bn		2.12.19
17204	Pte	Lewis, JJ	1 Bn		11. 3.16
15514	Pte	Lloyd, J	10 Bn		31. 5.16
20095	Sjt	Lloyd, J	14 Bn		10. 1.20
20900	Pte	Lloyd, WCT			17. 4.18
202751	Cpl	Luter, M	2 Bn		2.12.19
9577	Sjt	Marshall, CH	1 Bn		11. 3.16
46276	Sjt(A/CQMS)	Martin, WC	9 Bn		11. 3.20
24768	Cpl	McGair, RJ, M.M.			30.10.18
20603	ASjt	McHale, H	14 Bn		27. 7.16
8233	Sjt	Meredith, J			21.10.18
26559	Pte	Meynell, AW			26. 1.18
17159	Pte	Millward, F			15.11.18
4549	Cpl(LSjt)	Moon, G			6. 2.18
355627	LCpl	Morgan, AE	14 Bn		2.12.19
17092	Sjt	Morgan, D			3. 9.18
15882	Sjt	Morgan, JB	9 Bn		6. 2.18
25020	Sjt	Morgan, S			6. 2.18
355725	CSM	Morris, J	25 Bn		10. 1.20
10227	Pte	Moss, H	2 Bn		11. 3.16
203328	Pte(LCpl)	Mowbray, RJ	16 Bn		10. 1.20
16298	Sjt	Murphy, P			13. 2.17
22035	Pte	Myhill, WG			26. 1.18
36989	Cpl	Newport, H			3. 9.18
15478	CSM	Newton, GW			3. 9.18
13621	Sjt	Nicholls, JT			25. 8.17
45504	Cpl(ASjt)	Nunn, FC, M.M.	19 Bn		10. 1.20
19740	Pte	Nuttall, F	2 Bn		15. 3.16
17275	LSjt	Osborne, F	13 Bn		11. 3.20
15335	Pte	Ouldcott, E			20.10.16
200021	CSM	Owens, G			17. 4.18
6572	CSM	Owens, O			21.10.18
31674	Cpl	Parker, WH			29. 8.17
6135	Pte	Parry, D			14.11.16
7512	LSjt	Parsons, JW	4 Bn		11. 3.16
8731	CSM	Pattison, P	2 Bn		21. 6.16
10777	Pte	Pearce, F	1 Bn		16.11.15
9102	Pte	Pearson, JH			21.10.18
26422	LCpl	Phillips, R			26. 1.18
33307	Pte	Pomford, E			26. 7.17
55877	LSjt	Pope, EE	14 Bn		2.12.19
355073	Sjt(A/CSM)	Powell, O	25 Bn		11. 3.20
54105	Sjt	Price, TH	9 Bn		11. 3.20
13594	CQMS	Pridding, W	9 Bn		3. 9.19
28199	Sjt	Prince, GW	14 Bn		2.12.19
9743	Sjt	Pritchard, J	9 Bn		11. 3.20
54229	Sjt(A/CSM)	Probert, AT			30.10.18
7691	Pte	Pullen, G	1/4 Bn		16.11.15
15791	Cpl	Punchard, A			20.10.16
265044	RQMS	Ravenhill, JH			1. 5.18
30304	Pte	Ravenscroft, C			29. 8.17
355546	Cpl(A/Sjt)	Read, R			18. 2.18
12859	Sjt	Rees, E			3.10.18
20943	Pte	Rees, RD	9 Bn		10. 1.20
8868	Sjt	Richards, AC	2 Bn		21. 6.16
6584	Pte	Richards, F	2 Bn		15. 3.16
24437	LCpl	Rigby, T			3. 9.18
28781	LCpl	Rix, AE			28. 3.18
9358	Sjt	Roberts-Morgan, D			19. 8.16
20712	CQMS(A/CSM)	Roberts, J	14 Bn		16. 1.19
18458	Cpl	Roberts, JO			26. 1.18
11466	Cpl	Roberts, JR			29. 8.17
20704	Sjt	Roberts, MR			3. 9.18
14146	Sjt	Roberts, O	11 Bn	S	10. 1.20
14226	Pte	Roberts, P			25.11.16
25360	CSM	Roberts, WC			3. 9.18
200238	CSM	Roberts, WL			3. 9.18
235433	Cpl	Robinson, JT	14 Bn		2.12.19
8749	Sjt	Roderick, PB	2 Bn		3. 6.15
8749	Sjt	Roderick, PB, D.C.M.	2 Bn	Bar	27. 7.16
7882	A/CSM	Rohrer, R, M.M.	16 Bn		5.12.18
29291	Pte	Rothwell, R, M.M.	2 Bn		5.12.18
55413	Pte	Rowlson, W			15.11.18
8672	Sjt	Rush, C	2 Bn		27. 7.16
7967	Pte	Salisbury, E	2 Bn		30. 6.15
25585	Sjt	Salt, EW			15.11.18
240079	RQMS	Schwarz, L	5/6 Bn	E	3. 9.19
11851	Pte	Sheasby, GR	1 Bn		11. 3.16
235291	Pte	Simpson, J			21.10.18
6891	Sjt	Smith, EJ	1 Bn		1. 4.15
7224	Sjt	Smith, F			19. 8.16
1607	CSM	Soanes, G (could be Welch Rgt)			13. 2.17
10210	CSM	Spalding, H			15.11.18
8474	Sjt	Spencer, J	(Germany)		3.10.18
27278	Pte	Spooner, TJ	13 Bn		3. 9.19
26697	Sjt	Spraggon, FR	16 Bn		2.12.19
26417	Pte	Stephens, L			30.10.18
20755	Sjt(A/CQMS)	Sutton, F	14 Bn		11. 3.20
8700	Cpl	Taylor, CT	2 Bn		17.12.14
13695	Sjt	Terrington, F			28. 3.18
7723	Sjt	Thelwell, J	1/4 Bn		21. 6.16
240014	CSM	Thomas, RE			26. 1.18
15993	Sjt	Thomas, SC	13 Bn		11. 3.20
18999	Sjt	Thomas, WA			26. 1.18
20030	A/CSM	Thompson, F			10. 1.17
8107	Sjt	Thorley, F, M.M.	2 Bn		3. 9.19
35275	Pte	Thorndyke, HJ	2 Bn		2.12.19
45758	Pte	Trodden, J			9. 7.17
9826	Sjt	Troman, EC, M.M.	2 Bn		3. 9.19

Section 6.   THE ROYAL WELCH FUSILIERS   91

21297	Sjt(A/CSM)	Underwood, CH, M.M.			28. 3.18	9361	Pte	Westacott, A	2 Bn		11. 3.16
13758	CQMS	Unwin, AV	9 Bn		3. 9.19	10677	Sjt(A/CSM)	Whitbread, W			25.11.16
235706	LCpl(A/Cpl)	Ussher, A			30.10.18	265082	CSM(A/RSM)	White, RH			26. 1.18
9439	Sjt	Varcoe, JS	2 Bn		31. 5.16	345646	Pte	Wilkinson, K			28. 3.18
						45167	LCpl	Williams. E			15.11.18
9664	Sjt	Wallace, GD	2 Bn		11. 3.20	6840	Pte	Williams, EO			14.11.16
3797	T/RSM	Waller, AE			3. 9.18	10089	A/Cpl	Williams, J	2 Bn		30. 6.15
9650	CSM	Wallsgrove, J			6. 2.18	10089	Sjt	Williams, J, D.C.M.		Bar	26. 7.17
9650	CSM	Wallsgrove, J, D.C.M., M.M. 14 Bn				13456	LSjt	Williams, J	9 Bn		16.11.15
				Bar	10. 1.20	21442	Sjt	Williams, JT			15.11.18
6047	CSM	Ward, VW			6. 2.18	22589	LCpl	Williams, R			26. 1.18
54170	Pte	Waring, A	1 Bn	I	25. 2.20	1545	A/Cpl	Williams. R	1/5 Bn	G	11. 3.16
12353	QMS	Warner, CH			29. 8.17	25391	CSM	Williams, RT, M.M. 17 Bn			11. 3.20
11005	CSM(A/RSM)	Watkins, S			28. 3.18	21249	LCpl	Williams, W	14 Bn		15. 4.16
7845	CSM	Webster, F	2 Bn		11. 3.20	1012	Sjt	Wilson, AE	1/7 Bn	G	11. 3.16
202247	CSM	Wells, RH, M.M.			3. 9.18	19062	Sjt(A/CQMS)	Wilson, EG	16 Bn		11. 3.20
6258	LCpl	Welsh, WJ	1 Bn		5. 8.15	22770	Pte	Witten, PF	15 Bn		31. 5.16
						24289	Cpl	Woodward, J			15.11.18

286 D.C.M.'s   8 Bars

THE SOUTH WALES BORDERERS

13208	Pte	Adams, W	2 Bn(form 1 Bn)		30. 6.15	4/12757	Pte	Harcourt, EW			20.10.16
4/12281	Sjt(A/CQMS)	Arthur, R			1. 5.18	12757	LCpl	Harcourt, EW, D.C.M.		Bar	29. 8.17
						23938	Cpl	Haywood, H			28. 3.18
S4/12762	Cpl	Barrett, J	4 Bn		21. 6.16	17442	Pte	Heaton, F	2 Bn		10. 1.20
11/22143	Pte	Bassett, F			30.10.18	9929	Pte	Hendy, P	2 Bn	G	6. 9.15
8206	Sjt	Bean, SD	2 Bn	G	3. 7.15	9524	Pte	Hewett, J			28. 3.18
4/13102	Pte	Beary, M	4 Bn	G	11. 3.16	S/14312	LCpl	Hibbert, P	5 Bn		15. 4.16
7/15403	Pte	Berry, F	7 Bn	S	10. 1.20	210687	CSM	Hillier, F			17. 4.18
23316	Sjt	Beynon, C	2 Bn		2.12.19	14849	Pte	Holland, J	2 Bn		10. 1.20
8725	Pte	Black, R	1 Bn		16. 1.15	6/16760	Pte	Holliday, W			3. 9.18
202428	CSM	Bridges, F, M.M. 2 Bn			11. 3.20	S/13829	CSM	Hooper, CJ			25. 8.17
6/17361	CSM	Brooke, H			11.12.16	9854	CSM	House, HG	1 Bn		10. 1.20
7065	Pte	Burgess, G			28. 3.18	17912	Sjt	Hughes, HL	2 Bn		2.12.19
						10834	Pte	Hullah, A	1 Bn		10.11.14
2/9358	CSM	Chaplin, J			13. 2.17						
15873	LCpl	Chapman, WH			3. 9.18	2/10521	A/Sjt	Jackson, W	2 Bn		11. 3.16
18651	Pte	Clent, H		G	6. 9.15	33308	Pte	James, H	10 Bn		2.12.19
22075	Sjt	Cole, A			17. 4.18	41242	Cpl	James, TG			28. 3.18
20136	Cpl	Cole, CH			15.11.18	11822	Sjt	Jeremiah, J			3. 9.18
27056	Pte	Colley, W			16. 8.17	9738	CSM	Jones, DT			1. 5.18
22355	CSM	Cooper, A			3. 9.18	29565	Pte(LCpl)	Jones, JM			10. 1.20
7473	Sjt	Corbett, A	1 Bn		11. 3.16						
8/16065	CSM	Cox, C	8 Bn	S	10. 1.20	22297	Sjt	Leclare, J	10 Bn		2.12.19
9180	LCpl	Coxhead, RH	1 Bn		10.11.14	9178	LCpl	Lewis, R	1 Bn		30. 6.15
15216	Sjt	Curtis, JC	2 Bn		2.12.19	34647	CSM	Lister, T			21.10.18
						21340	RSM	Lockie, G			17. 4.18
10983	CSM	Darcy, WH	5 Bn		11. 3.20	1/11161	Pte	Lomas, L	1 Bn		16. 5.16
1/14727	Sjt	Dare, J			17. 4.18	1/11161	Pte	Lomas, L, D.C.M.		Bar	28. 3.18
1/14727	Sjt	Dare, J, D.C.M.		Bar	3. 9.18						
7/18997	Pte	Davies, D	7 Bn	S	10. 1.20	14952	Pte	Macauley, DM	1 Bn		11. 3.16
11/15249	RSM	Davies, W			17. 4.18	14952	Pte	Macauley, DM, D.C.M.		Bar	27. 7.16
6291	Sjt	Duffy, GS			17.12.14	2/14967	Pte	McCarthy, L	Spec.Res.(Attd 2 Bn)		
											16. 5.16
8269	A/Cpl	Edwards, J	1 Bn		30. 6.15	42112	Sjt	Manning, TC	1 Bn		16. 1.19
10/20407	Sjt	Edwards, R			13. 2.17	40298	Pte	Mansbridge, P	10 Bn		5.12.18
11/21561	Sjt	Edwards, T			13. 2.17	14826	CSM	Martin, WJ			21.10.18
21315	Pte	Evans, R	10 Bn		2.12.19	6201	Pte	Matthews, E		G	6. 9.15
						8943	LSjt	Melham, H			9. 7.17
18734	Sjt	Feast, G			17. 4.18	1/9233	CSM	Miller, AW	1 Bn		21. 6.16
1/13027	Pte	Fitzpatrick, J			14.11.16	5/19436	Cpl(A/Sjt)	Millgate, A	5 Bn		11. 3.20
10634	LCpl	Foley, CJ		C	3. 6.15	9600	Pte	Millward, T	2 Bn	G	3. 7.15
34600	LSjt	Foley, W	10 Bn		11. 3.20	8652	Sjt	Milton, WJ, M.M. 1 Bn			2.12.19
263109	Pte	Fordrey, WH			1. 5.18	13004	Sjt	Mitchell, J	2 Bn	G	16.11.15
10729	Drummer	Foster, AW	1 Bn		10.11.14	5/13906	CSM	Mitchener, W			3.10.18
11153	LCpl	Francis, W	1 Bn		30. 6.15	5/14508	Sjt(A/CQMS)	Moore, J	5 Bn		3. 9.19
11153	Cpl	Francis, W, D.C.M. 1 Bn		Bar	3. 6.15	27338	Cpl(A/Sjt)	Morgan, D	2 Bn		2.12.19
6/17476	Pte	Frayne, L			26. 1.18	3/14746	Pte	Morgan, W	Spec.Res.(Attd 4 Bn)		21. 6.16
						5/14369	A/CSM	Morris, GJ			21.10.18
7194	Sjt	Gask, H			29. 8.17	5/14369	Sjt(A/CSM)	Morris, GJ, D.C.M.		Bar	3. 9.18
1/11089	Sjt	Geary, RJ			14.11.16	8119	CSM	Moss, C			1. 5.18
9580	Cpl	Gibbs, WT			21.10.18	1/14496	Pte	Murphy, P			14.11.16
9004	Pte	Green, A	2 Bn	C	3. 6.15	4/12517	CSM(A/RSM)	Murray, W			29. 8.17
44495	CSM	Green, T	6 Bn		10. 1.20	4/13113	Cpl	Myles, W	4 Bn	G	11. 3.16
29403	Pte	Griffiths, DI	2 Bn		10. 1.20						
4/12935	Pte	Gronow, WJ	4 Bn	G	11. 3.16	10458	Sjt(A/CSM)	Norman, CA			11. 3.20
8238	Pte	Gunter, HC	1 Bn		16. 1.15	17537	Pte	Norriss, W	10 Bn		5.12.18
7/14077	CSM(A/RSM)	Hall, P			18. 2.18	6/14537	CSM	O'Niel, PJ			11.12.16
24115	LSjt	Hampton, HA			28. 3.18	8192	Sjt	O'Toole, DP	1 Bn		30. 6.15

THE SOUTH WALES BORDERERS

Number	Rank	Name	Bn		Date
3/24961	Pte	Page, HH			14.11.16
6/17090	Sjt(A/CSM)	Pearson, J			3. 9.18
6/17090	Sjt	Pearson, J, D.C.M.	Bar		21.10.18
23484	Pte	Plummer, F			28. 3.18
1/15402	LSjt	Power, J (Spec.Res.)			22. 9.16
20540	LSjt	Power, P	10 Bn		5.12.18
6458	CSM	Pratten, B, M.M.	3 Bn		2.12.19
16460	LCpl	Prescott, A			28. 3.18
7/14003	CSM	Probert, WJ			18. 2.18
13211	Cpl	Pugh, M (Spec.Res.)			16. 1.15
1/15021	Pte	Quirke, P (Spec.Res.)	1 Bn		27. 7.16
25028	Sjt	Rawlings, E	1 Bn		10. 1.20
5/14835	Sjt	Rees, AL			25. 8.17
5/14835	Sjt	Rees, AL, D.C.M.	Bar		3.10.18
6/17063	CSM	Ricketts, WH			17. 4.18
6/17063	CSM	Ricketts, WH, D.C.M.	Bar		30.10.18
22729	Pte	Riley, CW			9. 7.17
5/14827	Sjt	Robbins, AB			21.10.18
4/12955	Pte	Roberts, W			1. 5.18
5/14769	Pte	Rowles, LJ			3. 9.18
21564	Sjt	Russell, E	2 Bn		10. 1.20
11577	Pte	Ryan, M	1 Bn		16. 1.19
2/10415	Sjt	Scarborough, EA	5 Bn		3. 9.19
3/11230	CSM	Searle, S			17. 4.18
1/6868	Sjt	Sheehan, T			14.11.16
6/14547	CSM	Shermer, T			11.12.16
5/14489	LSjt	Silcox, J	5 Bn		21. 6.16
4/13142	LCpl	Simmons, HW (Attd 4 Bn. Spec.Rs)			21.6.16
4/12469	Sjt	Smith, S			1. 5.18
5/14855	Cpl	Smithey, G			3. 9.18
9972	Pte	Snow, GC	2 Bn	C	3. 6.15
9121	Pte	Spinks, AR	2 Bn	G	6. 9.15
45782	Sjt	Standley, FR	2 Bn		2.12.19
22798	Pte	Stockton, JH			28. 3.18
4/13138	Cpl(A/Sjt)	Sullivan, W			14.11.16
31852	Pte(A/Cpl)	Sweetman, S	2 Bn		10. 1.20
33262	Pte	Taylor, F	2 Bn		2.12.19
22708	Sjt	Taylor, S	2 Bn		2.12.19
20928	Pte(LCpl)	Thomas, EJ	1 Bn		10. 1.20
23762	Sjt	Thomas, HG	2 Bn		10. 1.20
5/14649	Cpl(LSjt)	Thoms, R			3.10.18
7/15706	Sjt	Torney, JH	7 Bn	S	10. 1.20
2/6296	CSM	Tring, HF			13. 2.17
24821	LCpl	Turton, J			26. 6.18
1/11958	Pte	Wannel, G (Spec.Res.)			22. 9.16
10423	Cpl	Ward, JJ		C	3. 6.15
39628	Sjt	Watkins, AH	2 Bn		11. 3.20
9952	Pte	West, J		C	3. 6.15
2/4961	SM	Westlake, H	2 Bn	G	11. 3.16
8/17709	LCpl	Wetter, JJ			18. 6.17
46501	Pte(LCpl)	Whelan, FJ	2 Bn		10. 1.20
8993	Sjt	White, F 2 Bn (later M.G.C.)			21. 6.16
6834	Sjt	Whitehouse, T	1 Bn		3. 6.15
8836	Sjt	Wilcox, W	2 Bn		1. 4.15
22530	Pte	Williams, D	2 Bn		10. 1.20
1/15177	Pte	Williams, E			14.11.16
1138	A/Cpl	Williams, EJ	1 Bn		1. 4.15
10/20408	Sjt	Williams, JH			13. 2.17
13318	Sjt	Williams, T	1 Bn		2.12.19
9813	Pte	Woods, T	2 Bn	G	6. 9.15

156 D.C.M.'s   9 Bars

THE KING'S OWN SCOTTISH BORDERERS

Number	Rank	Name	Bn		Date
13964	Sjt	Adamson, J, M.M.	7/8 Bn		11. 3.20
7701	Sjt	Ainsworth, R			3. 9.18
12100	Sjt	Anderton, W, M.M.			15.11.18
15380	Sjt	Astley, J			3. 9.18
18873	Pte	Batten, A	2 Bn		11. 3.16
9276	CQMS	Battles, JA			17. 4.17
21871	Pte(LCpl)	Bell, C, M.M.	1 Bn		2.12.19
11045	Pte	Bidgood, SG	1 Bn	G	3. 7.15
9867	CSM	Black, T			22. 9.16
241027	Cpl(ASjt)	Blacklock, R	1/5 Bn		10. 1.20
21946	Pte	Bowers, A			28. 3.18
8929	Sjt	Bradley, H	2 Bn		11. 3.20
5545	CSM	Brameld, W	1 Bn	G	6. 9.15
11727	Cpl	Brown, A	2 Bn		1. 4.15
240181	ColSjt(A/CSM)	Brown, J	1/5 Bn		10. 1.20
203285	Pte	Buchanan, J, M.M.	1/5 Bn		2.12.19
16985	Cpl	Bulloch, J	7/8 Bn		11. 3.20
9388	CQMS(A/CSM)	Canning, E	6 Bn		16.11.15
15612	Sjt	Carmichael, J			17. 4.18
41002	Sjt	Cartwright, HM			21.10.18
19218	LCpl	Chittenden, W			6. 2.18
240200	A/LSjt	Clark, D			3. 9.18
40563	Sjt	Clark, J	6 Bn		2.12.19
15595	Cpl	Clark, L (Attd 21st TMB)			5.12.18
7529	Sjt	Coltart, T	8 Bn		11. 3.16
19230	Sjt	Cotton, J	1 Bn		2.12.19
14143	Sjt	Craig, C			3. 9.18
9826	CSM	Craig, R			21.10.18
41807	Pte(LCpl)	Cranston, TY	1 Bn		10. 1.20
40510	Pte	Crawford, M	1 Bn		11. 3.20
8214	RQMS	Crombie, W			17. 4.18
204071	CQMS	Cundale, RS	10 Bn		11. 3.20
40245	Pte	Cunniffe, BH			6. 2.18
40245	Pte(ACpl)	Cunniffe, BH, D.C.M.	Bar		30.10.18
23439	L/Sjt	Currie, JL			6. 2.18
200450	Pte	Currie, W	1/4 Bn		11. 3.20
8153	Sjt	Dailey, R	2 Bn		3. 6.15
32284	Sjt	Diack, CC, M.M.	6 Bn		2.12.19
40057	Sjt	Douglas, J			17. 4.18
5012	A/CSM	Douglas, R			26. 1.18
17653	Pte	Easton, J Depot (form 1 Bn)			16. 5.16
23764	Pte	Edgar, W	6 Bn		2.12.19
200864	CSM	Elliot, H	1/4 Bn		11. 3.20
13548	Pte	Emery, W			22. 9.16
18338	Pte	Fairgrieve, BN	7 Bn		15. 3.16
240542	Sjt	Fallowfield, J	1/5 Bn		16. 1.19
10332	Pte	Ferguson, J	1 Bn		10. 1.20
23863	Pte	Ferguson, WJ	6 Bn		2.12.19
16713	LCpl	Findlay, J			3. 3.17
12420	Sjt	Fleming, A			3. 9.18
31130	Sjt	Gallagher, F	1/5 Bn		2.12.19
15159	Pte	Gee, H			21.10.18
6474	SM	Geggie, T	2 Bn		21. 6.16
18006	Sjt	Gibson, S	6 Bn		2.12.19
240593	CSM(A/RSM)	Graham, TC	1/5 Bn		3. 9.19
29353	Sjt	Graham, W			26. 1.18
240532	ACpl	Grant, JS			30.10.18
30576	LCpl	Griffen, T, M.M.			3. 9.18
13486	Sjt	Hall, SE			17. 4.18
10391	CQMS(A/CSM)	Hamilton, D, M.M.			1. 5.18
13145	Pte	Hardman, R			18. 7.17
10681	Pte	Hardy, HE	6 Bn		16.11.15
13384	LCpl	Hargreaves, S	7 Bn		24. 6.16
21730	Sig Sjt	Harrison, J			13. 2.17
44013	LSjt	Hawthorn, C			18. 7.17
1152	Pte	Henderson, J	1/5 Bn	G	15. 9.15
242031	Sjt(A/CSM)	Hillyard, W	6 Bn		3. 9.19
242031	Sjt(A/CSM)	Hillyard, W, D.C.M., M.M.	6 Bn Bar		10. 1.20
3041	A/SM	Johnson, C	1/5 Bn	G	11. 3.16
27830	Pte	Joyner, EEE			6. 2.18
13135	Sjt	Kelly, W	8 Bn		21. 6.16
17068	Pte(LCpl)	Kempshall, V	7/8 Bn		3. 9.19
201607	LCpl	Kirkpatrick, JJ			16. 8.17
8233	A/CSM	Kirkwood, RP	2 Bn		1. 4.15
240332	Cpl	Little, J	1/5 Bn		11. 3.20
16247	CSM	MacLean, A			6. 2.18
7531	CSM	Mann, JW	2 Bn		3. 6.15
240023	CQMS	McCall, JH	1/5 Bn		11. 3.20
10303	Sjt	McConnon, J			26. 1.18
12579	Cpl	McDougall, A	6 Bn		10. 1.20
12414	Pte	McElrath, A	1 Bn		10. 1.20

		THE KING'S OWN SCOTTISH BORDERERS			
14712	Sjt	McFarlane, D			21.10.18
19122	LCpl	McKnight, J			6. 2.18
17406	Cpl	McLaughlin, J			17. 4.17
7169	RSM	McLean, G	2 Bn		3. 9.19
9593	CSM	McLennan, G			6. 2.18
22176	Cpl(L/Sjt)	McLeod, J	2 Bn		5.12.18
7761	Pte	McManus, JP	2 Bn		30. 6.15
240465	CQMS	McRae, W	1/5 Bn		3. 9.19
11429	Pte	McVicar, J			6. 2.18
13120	Pte	McVinnie, J			26. 1.18
14790	Cpl(A/Sjt)	Mein, A			30.10.18
9115	Sjt	Michie, W	1 Bn		3. 9.19
10334	A/Sjt	Miller, J			6. 2.18
27719	Pte	Milligan, J	1 Bn		10. 1.20
27719	Pte	Milligan, J, D.C.M.	1 Bn	Bar	2.12.19
240469	A/Sjt	Milner, W			18. 2.18
14248	Sjt	Mooney, J			17. 4.18
15246	LCpl	Moore, GW			14.11.16
47532	Sjt	Moore, J	10 Bn		11. 3.20
14475	Pte(A/Sjt)	Morris, J	1/5 Bn		10. 1.20
13367	Pte	Morrison, N	7/8 Bn		16. 1.19
516	Pte(A/LCpl)	Morton, R	5 Bn		21. 6.16
21980	Sjt	Murfin, J			18. 7.17
535	A/SM	Murray, G	1/4 Bn	G	11. 3.16
1046	LCpl	Parker, M	1/5 Bn	G	16.11.15
20727	Pte(LCpl)	Paxton, WC, M.M.	1 Bn		2.12.19
18685	Sjt	Peake, L, M.M.			3. 9.18
6634	CSM	Pearce, J	1 Bn	G	6. 9.15
20989	A/CSM	Peate, JA			9. 7.17
5263	A/CSM	Pike, H	2 Bn		1. 4.15
8227	CSM	Potter, TG			1. 5.18
240756	LCpl	Price, R	1/5 Bn		10. 1.20
20456	Sjt	Quinn, J			21.10.18
13645	Cpl(A/Sjt)	Ray, J	7 Bn		11. 3.16
22774	Sjt	Reid, D			3. 9.18
25156	Pte	Reid, W, McM	7/8 Bn		16. 1.19
20471	Pte	Robertson, J	1 Bn		2.12.19
13699	LSjt	Rooney, JM, M.M.			30.10.18
9435	Sjt	Ross, D			13. 2.17
240467	Cpl	Ross, W			16. 8.17
201798	Pte(LCpl)	Rush, JH	1 Bn		2.12.19
14087	CSM	Ryan, T	7 Bn		21. 6.16
29932	Pte	Scott, H	1 Bn		11. 3.20
8198	Pte	Scott, R	2 Bn		11. 3.18
240139	Sjt	Seaton, T			1. 5.18
240295	Cpl	Shankland, R	1/5 Bn		11. 3.20
201871	Pte	Shaw, A	1/4 Bn		11. 3.20
17256	Sjt	Simpson, E, M.M.	6 Bn		2.12.19
27343	Pte	Sizer, G			6. 2.18
6895	Sjt	Skinner, J	2 Bn		1. 4.15
16237	Sjt	Smith, G, M.M.			30.10.18
204094	Pte(LCpl)	Smith, SW	10 Bn		11. 3.20
18983	Sjt	Stangoe, D			10. 1.17
9384	A/CSM	Stevenson, P			28. 3.18
12466	Sjt(A/CSM)	Stewart, J			22. 9.16
6000	CSM	Stewart, JJ	2 Bn		30. 6.15
10399	Cpl	Stirrat, J	Depot(form 1Bn)		16. 5.16
22316	Cpl	Stott, H			30.10.18
201699	Sjt	Sudron, A			16. 8.17
7229	ACpl	Thompson, J	2 Bn		30. 6.15
12215	Cpl	Thomson, G			6. 2.18
241579	Cpl(ASjt)	Thomson, G	1/5 Bn		3. 9.19
240579	CSM	Townsend, R			16. 8.17
9478	CSM	Turnbull, HB	1 Bn		10. 1.20
9478	CSM	Turnbull, HB, D.C.M.	1 Bn	Bar	2.12.19
11772	Pte	Turner, G	2 Bn		1. 4.15
19147	Pte	Waite, WG			28. 3.18
10950	Sjt	Walls, F			26. 7.17
202323	Sjt	Waters, D			15.11.18
200202	Sjt	Waugh, JS			26. 1.18
11532	CSM	Whatmough, A			26. 7.17
11365	Cpl	Wheeler, H	2 Bn (5 Div Cycl Co)		1. 4.15
18536	Cpl	Wilkie, HJ			3. 9.18
13007	Cpl	Williamson, T			21.10.18
40336	Pte	Wright, T			6. 2.18

152 D.C.M.'s   4 Bars

THE CAMERONIANS (SCOTTISH RIFLES)

25033	Pte	Anderson, W			26. 1.18
10168	Pte	Andrews, H	2 Bn (Attd 8 Sig Coy)		30. 6.15
10310	Sjt(A/CQMS)	Andrews, S			21.10.18
13830	Pte	Baldwin, GF			25. 8.17
5286	CSM	Barbour, W			13. 2.17
8145	Pte	Barclay, W	1 Bn		16. 1.15
8500	LSjt	Barlow, W			3. 9.18
16516	Col Sjt (CQMS)	Barr, A	9 Bn		3. 9.19
10021	CSM	Beaton, J			17. 4.18
10021	CSM	Beaton, J, D.C.M.		Bar	28. 3.18
35794	Pte	Bennett, FA			3. 9.18
8915	A/Cpl	Bigg, A	10 Bn		11. 3.16
265063	CSM	Blake, WA	1/7 Bn		10. 1.20
6866	Sjt	Blakemore, G	1 Bn		16. 1.15
8610	Sjt	Blyth, W	1 Bn		11. 3.16
8454	Sjt	Bond, J	2 Bn		11. 3.20
10810	Sjt	Bond, W	1/8 Bn		10. 1.20
1705	CQMS	Braidwood, RS			14.11.16
8836	LCpl	Brunton, J			26. 1.18
8287	A/CSM	Buchanan, J			20.10.16
290137	Sjt	Buick, H	1/8 Bn		10. 1.20
7058	CSM	Bull, CC			30.10.18
8778	Sjt	Burns, H			13. 2.17
10362	Pte	Cairns, W	1 Bn		17.12.14
7024	Sjt	Campbell, J (Attd Gold Coast Rgt)			17. 4.17
7024	Col Sjt	Campbell, J, D.C.M. (Attd GC Rgt)		Bar	6. 2.18
290009	CSM	Campbell, P	1/8 Bn		11. 3.20
9204	Pte	Cannon, HR	2 Bn		3. 6.15
291507	Sjt	Cavanagh, J	1/8 Bn		16. 1.19
290264	Cpl(A/Sjt)	Cavanagh, M			1. 5.18
969	Sjt	Clark, J	1/7 Bn	G	22. 1.16
16727	Pte(ACpl)	Clark, J	1/7 Bn		10. 1.20
315790	Pte	Corbett, G	18 Bn		5.12.18
265025	CSM	Cowan, A			15.11.18
A/7672	LSjt	Currie, JB			26. 1.18
292002	CSM	Curtis, FC			1. 5.18
14180	A/Sjt	Dixon, H	10 Bn		29.11.15
200629	CSM(ARSM)	Docherty, P, M.M.	5/6 Bn		11. 3.20
7190	Pte	Donachie, T	9 Bn		11. 3.16
202116	Sjt	Doring, E	9 Bn		11. 3.20
26684	LCpl(ACpl)	Dott, A	10 Bn		11. 3.20
2266	Pte	Douall, J	1/7 Bn	G	11. 3.16
48	L/Sjt	Downie, R	1/6 Bn		5. 8.15
12657	Sjt	Duffy, E			3. 9.18
14182	Pte	Dunlop, J			10. 1.17
290843	Pte(A/LCpl)	Dunning, A			1. 5.18
266554	Pte	Fairbairn, JF			1. 5.18
26158	Pte	Flatt, T			26. 5.17
6042	Cpl	Ford, C			17. 4.18
201248	CSM	Forsyth, R	5/6 Bn		11. 3.20
8712	Sjt	Forwood, GE	1 Bn		3. 6.15
8203	LCpl	Gall, J			21.12.16
40037	Pte	Gardiner, G			26. 1.18
9055	Pte	Gardner, C	2 Bn		30. 6.15
290503	LSjt	Gilmour, R			26. 7.17
25661	Sjt	Goodall, T	10 Bn		10. 1.20
10237	Sjt	Gray, H			26. 1.18
290048	Col Sjt (A/CSM)	Hannigan, P	1/8 Bn		2.12.19
291571	Sjt	Hargrave, R			1. 5.18
9032	Sjt	Hawkins, F			21.12.16
200545	Sjt	Hay, JM, M.M.			3. 9.18
200545	Sjt(A/CSM)	Hay, JMcD, D.C.M., M.M.	5/6 Bn	Bar	16. 1.19
7366	Cpl	Henderson, A			26. 1.18
265028	Sjt	Herd, H			1. 5.18

THE CAMERONIANS (SCOTTISH RIFLES) — Section 6.

Number	Rank	Name	Bn		Date
42297	Sjt	Hetherington, J	9 Bn		2.12.19
240101	Cpl	Hill, W, M.M.			3. 9.18
22895	Pte	Hillhouse, T	1 Bn		2.12.19
30497	Pte	Hughes, F	1/8 Bn		16. 1.19
291534	CSM	Hunter, DMcL			26. 7.17
10554	Sjt	Hyde, PG, M.M.	2 Bn		14. 4.20
202414	Cpl	Jackson, JW			3. 9.18
10767	Sjt	Jagger, E			13. 2.17
9424	Sjt	Johnstone, S			17. 4.18
10254	CSM	King, WH			26. 1.18
10082	Sjt	Knapp, F	2 Bn		3. 9.19
1943	Pte	Laird, W	1/6 Bn		11. 3.16
1280	Sjt	Larmer, P	1/6 Bn		11. 3.16
7309	CSM	Lee, W	1 Bn		11. 3.16
290969	Sjt	Leitch, W			1. 5.18
266192	Sjt	Lipsett, J			1. 5.18
200404	Sjt	Logie, R	5/6 Bn		2.12.19
30179	Pte	Lund, WS			26. 1.18
5036	Sjt	Macdonald, AH	1/5 Bn		11. 3.16
9112	Bandsman	Macdonald, G	1 Bn		11. 3.16
7129	LSjt	Macdonald, J	1/5 Bn		11. 3.16
6989	Pte	MacLean, JM	1/5 Bn		11. 3.16
6611	CSM	Malins, CH	1 Bn		3. 6.15
8388	Pte	Mardell, A	1 Bn		30. 6.15
12565	RQMS	Marmion, B	10 Bn		3. 9.19
200535	Sjt	Marr, W			3. 9.18
290461	Cpl	Mathieson, J			26. 7.17
8347	A/Sjt	Mayo, PJ	2 Bn		3. 6.15
36998	Pte	McAllister, J	9 Bn		10. 1.20
6055	CSM	McBeath, WJ	2 Bn		3. 6.15
10777	Pte	McCabe, H	2 Bn		9.10.15
8867	Sjt	McCall, G			21.12.16
12668	Sjt	McCartney, G, M.M.	11 Bn	S	10. 1.20
6677	Pte	McGregor, C	1/5 Bn		11. 3.16
20691	Sjt	McGregor, D	1/7 Bn		10. 1.20
41042	Pte	McIver, D			3. 9.18
11504	LCpl	McKie, J			10. 1.17
266217	Pte	McLeish, RT			1. 5.18
11372	Sjt	McMillan, D			18. 7.17
200114	CSM	Miller, JW			3. 9.18
8195	Sjt	Milton, CR			17. 4.18
14105	A/Cpl	Moore, S			26. 1.18
5814	LSjt	Morgan, B	5 Bn		30. 6.15
39331	Pte	Morrison, JC	10 Bn		11. 3.20
18794	CSM	Morrison, JT			26. 3.17
290221	ACpl	Muir, A			18. 2.18
11468	Pte	Owens, J			26. 7.17
13529	Pte	Owenson, R			30.10.18
202348	Cpl	Paton, G	10 Bn		11. 3.20
201300	Pte	Peel, M	1 Bn		2.12.19
39989	Sjt	Perry, RC			3. 9.18
266470	Cpl	Pollock, DB			1. 5.18
265125	Cpl(LSjt)	Purdie, J			1. 5.18
290834	Sjt	Ramage, C, M.M.	1/8 Bn		2.12.19
18728	LCpl(A/Cpl)	Reid, WJ			1. 5.18
203103	Pte	Rennie, W			30.10.18
14272	Pte	Richardson, P	10 Bn		11. 3.16
5379	SM	Rigby, DA	5 Bn		30. 6.15
11126	Pte	Roberts, PE	1 Bn		5. 8.15
1784	Pte	Robertson, A	1/6 Bn		11. 3.16
1028	LCpl	Ross, A	1/7 Bn		16. 5.16
1339	LCpl	Sampson, R	1/6 Bn		11. 3.16
242016	Pte	Shackleton, R			1. 5.18
1660	LCpl	Shearer, J	1/6 Bn		21. 6.16
12197	Pte	Sinclair, T	9 Bn		11. 3.16
290498	Pte	Skirving, J			1. 5.18
12320	Pte	Smalley, E			3. 9.18
1096	Pte	Smith, R	1/7 Bn	G	11. 3.16
13770	Cpl	Smith, RS	10 Bn		11. 3.16
17850	Sjt	Smith, T, M.M.	11 Bn	S	10. 1.20
265015	Pte(A/LCpl)	Smith, TE			1. 5.18
265103	Sjt	Smith, WL			15.11.18
2112	Pte	Sneddon, R	1/7 Bn	G	15. 9.15
265528	Cpl	Stag, J	1/7 Bn		5.12.18
9217	Pte	Stevens, FG	1 Bn		16.11.15
240081	CSM	Stevenson, J, M.M.	5/6 Bn		2.12.19
9986	Sjt	Sykes, AR, M.M.	1 Bn		16. 1.19
200894	Sjt	Taylor, M	5/6 Bn		16. 1.19
10530	CSM	Thomas, WR			17. 4.18
291103	Pte	Thomson, A	1/8 Bn		11. 3.20
18820	Pte	Thomson, FJ			22. 9.16
7377	CSM	Timoney, P			26. 5.17
9786	Pte	Tongs, W	2 Bn		3. 6.15
8857	Sjt	Topping, CW	1 Bn (Attd 19 TMB)		3. 9.19
9210	Pte	Tripp, AVT	1 Bn		1. 4.15
10585	Sjt	Varney, C	2 Bn		11. 3.20
14306	Sjt	Waddington, G	(Attd TMB)		13. 2.17
200502	Pte	Warwick, R	1/8 Bn		10. 1.20
11062	Sjt	Watson, RH	1 Bn		21.10.18
956	Sjt	Webster, W	1/6 Bn		11. 3.16
10708	Sjt	Wheeler, O			3. 9.18
202791	Cpl	Wightman, W, M.M.	5/6 Bn		2.12.19
55200	CSM	Williams, GS	18 Bn		2.12.19
10179	Pte	Williams, W	2 Bn		30. 6.15
9659	Pte	Wyatt, B	2 Bn(Attd 7 Div Sig Coy)		1. 4.15
8516	CSM	Yates, E	9 Bn		21. 6.16
1834	Pte	Young, JT	1/7 Bn		16. 5.16
12030	Pte	Young, R	9 Bn		11. 3.16

159 D.C.M.'s   3 Bars

THE ROYAL INNISKILLING FUSILIERS

Number	Rank	Name	Bn		Date
11233	CSM	Adams, R	9 Bn		3. 9.19
27245	LCpl	Alcorn, J			28. 3.18
10054	LCpl	Allford, P			9. 7.17
17831	Sjt	Anderson, JI, M.M.			3. 9.18
9/11054	LSjt	Barker, W	9 Bn		24. 6.16
6812	Sjt	Bates, J			17. 4.18
10838	CSM	Belshaw, G			28. 3.18
5/30130	Sjt	Benham, BG	5 Bn		11. 3.20
24768	ACpl	Blake, E			25. 8.17
19903	LCpl	Boal, WJ	9 Bn		3. 9.19
14025	Cpl	Bowes, J	9 Bn		2.12.19
10375	Sjt	Boyd, RJ			2.12.19
3342	Pte	Bradford, W	7/8 Bn		11. 3.20
9456	Sjt	Bradley, J, M.M.	1 Bn		10. 1.20
9328	Pte	Brennan, J	1 Bn	G	6. 9.15
8982	Pte	Brooker, EJ	1 Bn	G	11. 3.20
15364	LCpl	Burke, J			28. 3.18
28370	Sjt	Burland, W			22. 9.16
6868	CSM	Carson, S			22. 9.16
9/16337	CSM	Chapman, JE			26. 9.16
14174	Cpl	Clark, J	5 Bn		2.12.19
17614	Cpl	Clarke, R			25. 8.17
13501	CSM	Conn, J	9 Bn		3. 9.19
23881	Sjt	Cresswell, F	6 Bn		10. 1.20
11656	Sjt	Cunningham, E	6 Bn		10. 1.20
48938	CSM	Cussens, J (form 8938 R.Irish Rgt)			3. 9.19
18701	Cpl	Dalrymple, JA	1 Bn		2.12.19
7461	Sjt(A/CSM)	Daly, J	2 Bn		11. 3.16
29727	Pte	Darrach, J	9 Bn		10. 1.20
13779	LSjt	Dickson, J	9 Bn		2.12.19
8883	Pte	Donaghey, J	1 Bn(Attd RE)	M	22. 1.16
20301	Pte	Flaherty, P			28. 3.18
49524	Pte	Forrest, ET	1 Bn		10. 1.20
18885	Pte	Forrest, J			21.10.18
8491	Sjt	Foy, J			15.11.18
6/12873	Pte	Galliers, A	6 Bn		11. 3.20
10356	Pte	Gamble, H	2 Bn		1. 4.15
25221	Sjt	Garry, J			4. 3.18
48415	Pte	Garvey, J	7/8 Bn		16. 1.19

Section 6.   THE ROYAL INNISKILLING FUSILIERS   95

26494	Pte	Gillen, J	6 Bn		2.12.19	10503	Pte	McGrath, F	2 Bn		3. 6.15
8979	Sjt	Ginn, WH	1 Bn		16. 5.16	10757	Pte	McKimm, G	1 Bn		3. 9.19
11875	Sjt	Gordon, J	6 Bn		10. 1.20	10047	Pte	McNiece, J	1 Bn	G	6. 9.15
9276	LSjt	Graham, J	6 Bn		2.12.19	24456	Sjt	McTeggart, P	6 Bn		10. 1.20
21539	Pte	Graham, RA	6 Bn		10. 1.20	17792	LCpl	Meikle, J	6 Bn	G	11. 3.16
45200	CSM	Grant, P	7/8 Bn		11. 3.20	5/13962	Pte	Mills, A	5 Bn		2.12.19
42627	Pte	Green, R	2 Bn		2.12.19	6828	Sjt	Moore, A	2 Bn		17.12.14
7231	QMS	Gregory, T			13. 2.17	9938	LCpl	Murphy, J			3. 3.17
						7102	Pte	Murray, A	2 Bn		16. 1.15
15572	CSM	Hamilton, R, M.M.			28. 3.18						
23900	Pte	Haslett, L	11 Bn		15. 4.16	47004	Pte	Neale, T	9 Bn		2.12.19
24281	Sjt	Hogan, T	6 Bn		10. 1.20	14478	Sjt	Nesbitt, A, M.M.	9 Bn		16. 1.19
10664	Cpl(A/Sjt)	Hollinger, J	2 Bn		11. 3.16	7761	CSM	Newman, G, M.M.	2 Bn		11. 3.20
19929	Pte	Hunter, J			22. 9.16						
49734	Pte	Hutchinson, J	2 Bn		2.12.19						
12985	Pte	Hynes, W	9 Bn		16. 1.19	4332	LCpl	O'Neill, D	1 Bn	G	3. 7.15
						4/20204	Cpl	O'Neill, J	5 Bn		10. 1.20
17575	Pte	Irwin, R	9 Bn		2.12.19						
						44424	A/Sjt	Palmer, J	1 Bn		2.12.19
7268	Sjt	Kearney, H	1 Bn	G	6. 9.15	13070	Sjt	Parks, T			14.11.16
7268	CSM	Kearney, H, D.C.M.		Bar	28. 3.18	14536	CSM	Patterson, JJ			28. 3.18
20655	Sjt	Kelly, R			6. 2.18	49516	LCpl	Potter, J	1 Bn		2.12.19
9!19902	Sjt	Kelly, S			26. 9.16	9036	Sjt	Pullan, JE	1 Bn	G	6. 9.15
20654	Sjt	King, G			13. 2.17						
47654	Sjt	Knight, L	13 Bn		11. 3.20	17914	LCpl	Reid, A			17. 4.17
						14117	LCpl	Reilly, J			26. 9.16
18229	Sjt(A/CSM)	Laird, WA	9 Bn (Attd LTMB)		10. 1.20	30261	Pte	Roberts, W	6 Bn		10. 1.20
11832	Pte	Lamont, J	6 Bn	G	11. 3.16	21372	Sjt	Roe, CW, M.M.	1 Bn		2.12.19
47656	Pte	Lawson, JA (form 20151 Ches Rgt)			11. 3.20	23745	Cpl	Scott, W	9 Bn		16. 1.19
49794	Pte	Leigh, F	13 Bn		11. 3.20	9318	Pte	Sinclair, E	1 Bn	G	5. 8.15
43954	LCpl	Leighton, RHP	1 Bn		2.12.19	23618	Cpl	Smyth, F			6. 2.18
4854	Sjt	Locke, E (Attd Field AM6)			3. 3.17	30814	Sjt	Smyth, H	1 Bn		5.12.18
44015	Pte	Longworth, W	2 Bn		11. 3.20	14420	Sjt	Smyth, R			21.10.18
11713	Sjt	Lowry, G	1 Bn		2.12.19	7685	CSM	Snodden, J			26. 9.16
11782	CSM	Lynch, C	5 Bn	G	11. 3.16	89966	CSM	Taylor, B			21.10.18
6666	CSM	Mage, W	1 Bn	G	3. 7.15	10358	Dmr	Thomas, J			13. 2.17
8323	CQMS	Mahaffey, M	2 Bn		11. 3.20	8650	Sjt	Thompson, G	2 Bn		1. 4.15
8389	Pte	Mallock, A	1 Bn		3. 9.19	9089	Cpl	Thompson, J	2 Bn		1. 4.15
9377	Pte	Martin, T	1 Bn	G	11. 3.16						
12515	Pte	Mason, A	5 Bn	G	11. 3.16	8214	CQMS	Waugh, HH	1 Bn	G	6. 9.15
26457	Cpl	Maynes, J			25. 8.17	17949	Pte	Whittle, W	1 Bn	G	16.11.15
13603	Sjt(A/CSM)	McClay, T			25. 8.17	27735	Sjt	Woodcock, P	6 Bn		10. 1.20
7060	CSM	McCormick, A			3. 9.18	14139	CQMS	Woods, J			21.10.18
8586	Sjt	McFarland, T	2 Bn		30. 6.15	42112	Sjt	Wyer, A	1 Bn		2.12.19
8586	Sjt	McFarland, T, D.C.M. Depot (form 2 Bn)		Bar	11. 3.16	17986	LSjt	Wynne, MStCP	6 Bn	G	11. 3.16

117 D.C.M.'s   2 Bars

THE GLOUCESTERSHIRE REGIMENT

266456	A/Cpl	Ashmead, WJ			26. 5.17	202556	Cpl(LSjt)	Collins, GJ			4. 3.18
						2266	Cpl	Connock, W			22. 9.16
8312	Sjt	Bailey, F, M.M.	12 Bn		5.12.18	9795	Sjt	Corbett, WJ			13. 2.17
241211	Sjt	Barnes, AE	2/5 Bn		2.12.19	265222	Sjt	Courtier, EK			21.10.18
3062	CSM	Barrett, LR			13. 2.17	240101	CSM	Coward, WJ			17. 4.18
32099	Pte	Beatley, HW	1 Bn		16. 1.19	3803	A/LCpl	Cox, H			22. 9.16
201099	Sjt	Bees, C	1/4 Bn	I	10. 1.20	4309	CSM	Crimmins, JP	1 Bn		11. 3.16
200478	Pte	Bennett, GR			18. 6.17	3051	CSM	Croome, F	10 Bn		21. 6.16
12133	Pte	Bennett, WG	8 Bn		21. 6.16	6732	Pte	Crossman, AE	1 Bn		10.11.14
5820	Sjt	Biddle, W			14.11.16	200474	Cpl	Crossman, RE			18. 6.17
5820	CSM	Biddle, W, D.C.M.		Bar	3. 9.18	8438	Cpl	Cullimore, A	2 Bn		11. 3.16
38007	Pte(LCpl)	Biggs, RW			30.10.18	240854	Sjt	Cummings, PB	(form 2921)		9. 7.17
14621	Cpl(LSjt)	Bird, AH, M.M.			30.10.18	17418	Pte	Curtis, H	10 Bn		21. 6.16
1726	Cpl	Bird, WJ			22. 9.16						
8374	Cpl	Bishop, J, M.M.	1 Bn		10. 1.20	11866	Sjt	Davies, D			20.10.16
20024	Pte	Blick, A			18. 7.17	2070	Pte(A/LCpl)	Davis, CC			22. 9.16
18277	Pte	Boulton, TG			19. 8.16	240069	LSjt	Davis, F			18. 6.17
240665	CSM	Bromage, W	1/5 Bn		10. 1.20	8167	Pte	Day, PE			14.11.16
240181	Sjt	Burton, RA			30.10.18	266056	Sjt	Day, R			21.10.18
						4716	CSM	Dommett, S			11. 5.17
8748	Sjt	Callaghan, AE			13. 2.17	5776	CSM	Doolan, J			3. 3.17
38231	Pte	Carney, D			28. 3.18	18997	Sjt	Dowle, J			13. 2.17
13725	CSM	Carter, CH			30.10.18	16126	Sjt	Drake, WF	1 Bn		15. 4.16
31555	CSM	Carter, R			21.10.18	8287	Sjt	Duddridge, W	1 Bn		30. 6.15
4196	Pte	Clark, AH			22. 9.16						
39863	Pte	Cobb, GD	1/5 Bn		2.12.19	8128	Sjt	Eddy, TH	1 Bn		10.11.14
242075	Cpl	Cobbold, E, M.M.	2/5 Bn		2.12.19	15209	Pte	Edmunds, H	1 Bn		15. 4.16
241643	Sjt	Coleman, H	(form 4754)		9. 7.17	38703	Pte	Edwards, WE			1. 5.18
9636	Sjt	Coles, H			9. 7.17	267293	Cpl	Elliott, FA			28. 3.18

THE GLOUCESTERSHIRE REGIMENT

Number	Rank	Name	Bn		Date
240057	Drummer	Farmer, EHG			26. 5.17
24831	Pte	Farr, SA			3.10.18
133	Sjt	Faville, A	1/5 Bn		11. 3.16
3412	Pte	Fletcher, L	2/5 Bn		27. 7.16
200199	Pte	Forse, R			28. 3.18
24301	Pte	Franklin, H			20.10.16
235825	Pte	Free, WR			18. 2.18
9881	LCpl	Froud, A			21.10.18
12117	Pte	Fry, FT	2/5 Bn		10. 1.20
265502	Cpl	Fry, GJ	1/4 Bn	I	10. 1.20
2697	Cpl	Gingell, EJ	1/6 Bn		21. 6.16
3196	Cpl	Glanville, FV			22. 9.16
1640	Cpl	Glanville, HJ	1/6 Bn		11. 3.16
20200	Cpl	Goodlife, WA			30.10.18
17544	Sjt	Goodway, C, M.M.			3.10.18
2881	Pte	Gould, H	1/4 Bn		29.11.15
13447	Sjt	Gouldin, RE			20.10.16
29983	LSjt	Grayson, W			3. 9.18
6554	Sjt	Harding, T	1 Bn		30. 6.15
2989	Pte	Harper, J	3 Bn		1. 4.15
7787	Pte	Harris, E	1 Bn		11. 3.16
36647	Pte(A/LCpl)	Harris, GE	2/5 Bn		10. 1.20
2371	LCpl	Harvey, FW	1/5 Bn		15. 9.15
240285	Cpl(A/Sjt)	Hickman, SA			15.11.18
2553	Cpl	Hilliar, TH	1/6 Bn		21. 6.16
8121	LCpl	Hinton, R			29. 8.17
242501	Sjt	Hobbs, GW, M.M.	1/5 Bn		10. 1.20
11172	Pte	Hobson, H			13. 2.17
9887	Cpl	Holmes, A	1 Bn		11. 3.20
5794	CSM	Hopkins, C	2 Bn		30. 6.15
11749	LCpl	Hornegold, AJ	1/5 Bn		10. 1.20
9115	Sjt	Horton, GH	1 Bn		21. 6.16
7024	Pte	Hotchkins, W	1 Bn		1. 4.15
22555	Sjt	House, W			17. 4.17
31421	LCpl	Howe, E	18 Bn		11. 3.20
25488	Sjt	Hughes, JA			3. 9.18
6191	Sjt	Hunt, C	1 Bn		11. 3.20
37249	Pte	Hussey, AWH	12 Bn		5.12.18
238	Sjt(A/CQMS)	Huxford, J			13. 2.17
241629	Cpl	Ind, VFW			26. 1.18
13488	Pte	Ingles, W	10 Bn		16.11.15
200141	Sjt	James, A			21.10.18
3605	Pte	Jempson, H			22. 9.16
266816	Pte	Jenkins, E			28. 3.18
154	Sjt	Jennings, JCW	1/5 Bn		11. 3.16
267425	Sjt	Joyner, F			1. 5.18
8382	LCpl	Keegan, H	2 Bn		11. 3.16
24904	Sjt	Kennington, WJ			25. 8.17
2019	Pte	Kerr, R			26. 9.16
37606	Pte	Killeen, J			3. 9.18
288039	Sjt	Kite, FC	1/6 Bn	I	11. 3.20
2382	Cpl	Knight, RE	1/5 Bn		15. 9.15
9360	Sjt	Knight, TJ	1 Bn		10.11.14
2666	Sjt	Lait, GE			13. 2.17
3028	Pte	Lane, JD			26. 9.16
7102	Pte	Law, GV	1 Bn		17.12.14
14100	Sjt	Lewis, J			3. 9.18
13576	Pte	Lugg, WGH			22. 9.16
14107	Sjt	McFarlane, RA			26. 4.17
265743	Sjt	Mead, H	1/6 Bn	I	11. 3.20
240715	CSM	Middlecote, W			6. 2.18
7305	Sjt	Millard, JC	1 Bn		22. 1.16
240276	Pte	Millichap, PJ			26. 1.18
32165	Pte	Mitcham, A			3. 9.18
3252	LCpl	Moore, HW	1/6 Bn		22. 1.16
201711	LCpl	Moulding, FW	18 Bn		5.12.18
6530	Sjt	Mustoe, E			28. 3.18
8000	Sjt	Nash, E	1 Bn		21. 6.16
5702	Sjt	Nash, WH			26. 1.17
5702	CSM	Nash, WH, D.C.M.		Bar	3. 9.18
7411	LSjt	Needs, HE	1 Bn		11. 3.16
266808	LCpl	Needs, JA			26. 5.17
1330	Sjt	Newman, J	1 Bn		30. 3.16
7640	Pte	Orr, TH	1 Bn		17.12.14
22624	Sjt	Paget, FJ	12 Bn		5.12.18
37696	Sjt	Palmer, T	12 Bn		5.12.18
240079	Cpl	Peacey, W	1/5 Bn		10. 1.20
2807	Sjt	Pearce, EM			26. 9.16
25586	Pte	Pearce, P			3. 9.18
14138	Sjt	Pegg, NR			1. 5.18
14380	Cpl	Perrett, GS			4. 3.18
2417	Cpl	Perry, W			22. 9.16
13456	Sjt †	Phillips, S			9. 7.17
240277	Pte(LCpl)	Pike, HGA	1/5 Bn	I	3. 9.19
37831	CSM	Pine, G	12 Bn		3. 9.19
2741	Cpl	Pope, HS	1/6 Bn		11. 3.16
4607	CSM(A/SM)	Portlock, W			13. 2.17
28667	LCpl	Preece, FG			1. 5.18
12069	Pte	Pugh, H			26. 1.17
7968	QMS	Purnell, FJ	7 Bn		21. 6.16
267193	LCpl	Rands, B			28. 3.18
3000	Pte	Redmore, WJ	1/6 Bn		22. 1.16
9808	Sjt	Reece, WH	1 Bn		11. 3.16
9808	CSM	Reece, WH, D.C.M.		Bar	3. 9.18
7078	LCpl	Royal, G	1 Bn		16. 1.15
2763	Sjt	Rundle, EJ			26. 9.16
7946	CSM(A/RSM)	Sabatella, F			29. 8.17
18820	CSM	Savage, FA	8 Bn		2.12.19
18820	CSM	Savage, FA, D.C.M.	8 Bn	Bar	3. 9.19
2087	Cpl	Selwood, JA	1/4 Bn		30. 6.15
9762	Sjt	Sheppard, HJ			20.10.16
6762	Pte	Shipway, J	1 Bn		16. 1.15
23660	LSjt	Shoolbread, A			13. 2.17
202803	Pte	Smith, A	1/4 Bn	I	25. 2.20
240038	CSM	Smith, VG			26. 1.18
5565	Sjt	Smith, W	1 Bn		30. 6.15
32511	Sjt(A/CSM)	Smith, W			3. 9.18
3031	A/LCpl	Smith, WR			22. 9.16
12172	Pte(ACpl)	Spencer, AW			26. 1.17
9163	LCpl	Stevens, AE	2 Bn		30. 6.15
11359	Sjt	Stokes, WH	7 Bn	G	11. 3.16
267153	CSM	Summerfield, A	18 Bn		11. 3.20
13955	Sjt(A/CSM)	Summers, WN, M.M.			3. 9.18
16104	RSM	Taylor, FH			21.10.18
2571	LCpl	Taylor, M			22. 9.16
9946	Cpl(A/Sjt)	Taylor, W			9. 7.17
235330	Sig Sjt	Teague, CES			18. 2.18
240836	Cpl	Terrett, HF			30.10.18
10970	Pte	Timmins, A			20.10.16
428	Sjt	Townsend, AE	3/4 Bn(form 1/4)		11. 3.16
19494	Sjt	Tresise, RA			19. 8.16
2664	CSM	Trunkfield, JJ			25. 8.17
4935	CSM	Tye, FW			26. 1.18
12444	Cpl	Vick, E			20.10.16
6107	A/SM	Wagner, JH	7 Bn		21. 6.16
851	Sjt	Walford, LA	1/4 Bn		29.11.15
203124	Cpl	Watts, T			30.10.18
5200	CSM	Webb, C	2 Bn	S	11. 3.20
1958	Sjt	Webb, HW			22. 9.16
11616	Cpl	Went, A			29. 8.17
19698	Pte	Westbury, EA			14.11.16
240397	Sjt	White, EG			3. 9.18
2164	Pte	Wilkinson, FJ			14.11.16
9212	Sjt	Williams, WJ			1. 5.18
5233	Sjt	Wilson, J	1 Bn		17.12.14
200417	Sjt	Winterson, H			18. 6.17
240291	Sjt	Wood, H			21.10.18
2453	Cpl	Woodward, H	7 Bn	G	11. 3.16
32269	Pte(LCpl)	Yarrington, A	1 Bn		2.12.19

189 D.C.M.'s   4 Bars

† Bar and 2nd Bar with Worcs.

THE WORCESTERSHIRE REGIMENT

Number	Rank	Name	Bn		Date
15920	CQMS	Adams, C	4 Bn		11. 3.20
5619	CSM	Alexander, JP	4 Bn	G	6. 9.15
13388	Cpl	Allbut, P	4 Bn	G	5. 8.15
11891	Pte	Allen, H	4 Bn	G	3. 7.15
43345	Pte	Appelbee, AS	1 Bn		2.12.19
21009	Pte	Atkinson, AE			18. 6.17
241001	CSM	Atkinson, R, M.M.	1/8 Bn		10. 1.20
10212	CQMS	Avery, A			1. 5.18
11398	Cpl	Baker, AE	(Attd LTMB)		26. 1.18
9736	A/Cpl	Baldwin, R	2 Bn		16. 1.15
9736	Sjt	Baldwin, R, D.C.M.	2 Bn	Bar	11. 3.16
8834	Pte	Banner, F	Spec Res		22. 9.16
9954	Pte	Banner, JW	2 Bn		16. 1.15
15630	Cpl(ASjt)	Barber, A			6. 2.18
66258	Pte	Batchelor, R	1 Bn		2.12.19
1703	LCpl	Beagin, J	1/7 Bn		30. 6.15
11788	Sjt	Beniams, H			13. 2.17
26079	Sjt	Bevan, S	14 Bn		11. 3.20
11277	Sjt	Birch, J			11. 3.16
200010	CSM	Birkett, LW, M.M.	3 Bn		10. 1.20
12901	Pte	Blakeman, R	1 Bn		30. 6.15
10078	LSjt(ASjt)	Bonner, OC			22. 9.16
23209	Pte	Boothman, AG	3 Bn		27. 7.16
22956	Pte	Bough, FR			3.10.18
9098	Sjt	Boyd, H	2 Bn		11. 3.16
3681	CSM	Bradish, A	2 Bn		16. 1.15
38048	Pte	Brass, GH (form 17388 N Staffs)			29. 8.17
200336	ACSM	Brooks, JN			4. 3.18
52274	Pte	Brown, WTA	1 Bn		2.12.19
12424	Sjt	Calder, EJ			6. 2.18
22964	CSM	Calder, J, M.M.	2/8 Bn		11. 3.20
200844	Sjt	Cartwright, AJ			3. 9.18
2675	Sjt	Cartwright, GH			11.12.16
11334	CSM(ARSM)	Chance, J			17. 4.18
25177	Sjt	Cherry, WD			26. 1.17
201454	Cpl	Chilton, W			21.10.18
9343	LSjt	Churches, TV	2 Bn		5. 8.15
25298	Sjt	Clare, RV			3.10.18
241532	Sjt	Clark, VF			28. 3.18
12237	Pte	Clarke, G 3 Bn (Later 34882 RE)			30. 6.15
8912	LCpl	Coombes, WE	2 Bn		16.11.15
200684	Sjt	Cooper, G			26. 1.18
15228	CSM	Cotton, HJ			28. 3.18
203367	Pte	Cox, J			21.10.18
20510	Pte	Coyne T			26. 4.17
8713	CQMS	Crump, G			17. 4.18
8713	CSM	Crump, G, D.C.M.		Bar	30.10.18
23141	Cpl	Currell GF			16. 8.17
11837	Cpl	Daley, WG			28. 3.18
17937	Pte	Darby, F			9. 7.17
10893	LCpl	Darby, G	1 Bn		1. 4.15
8087	Cpl(ASjt)	Darwood, J, M.M.	2 Bn		2.12.19
12882	CSM	Davies, JF			21.10.18
22836	LCpl	Davis, A			6. 2.18
8183	LCpl	Davis, W			19. 8.16
10070	Sjt	Day, FW	2 Bn		3. 9.19
543	Sjt	Day, M	1/7 Bn		21. 6.16
201435	Pte	Deeley, A			26. 1.18
2911	Pte	Donovan, E	1/8 Bn		11. 3.16
9884	Sjt	Drinkall, R	3 Bn		3. 6.15
10030	LSjt	Edge, S	4 Bn		16. 5.16
8670	Cpl(ASjt)	Edwards, E			3.10.18
4725	Sjt	Edwards, H	1 Bn		1. 4.15
240492	Sjt	Edwards, WE			18. 6.17
10398	Sjt	Egan, J, M.M.	1 Bn		11. 3.20
29772	LCpl	Eggleton, J			26. 3.17
241052	LSjt(ASjt)	Elliott, RW, M.M.			28. 3.18
8525	Sjt	Ellis, G	2 Bn		16. 1.15
8910	Pte	Evans, H	1 Bn		1. 4.15
10808	Pte	Evans, JL			21.10.18
5661	RSM	Farley, HJ			21.10.18
240126	Sjt	Faulkner, H	1/8 Bn		10. 1.20
4833	SM	Felix, C	4 Bn	G	3. 7.15
200107	Sjt	Fellows, IA	1/7 Bn	I	10. 1.20
20281	Sjt	Field, F, M.M.	2 Bn		2.12.19
12361	Sjt	Forrest, JW			16. 8.17
1594	LCpl	Fox, TC	1/8 Bn		5. 8.15
10690	Pte	Frazier, E	1 Bn		30. 6.15
10690	Cpl	Frazier, E, D.C.M.	1 Bn	Bar	5. 8.15
29988	Pte	Fudger, S			26. 1.18
18682	LCpl	Gardner, AJ			22. 9.16
5657	LCpl	Gathergood, DJ			11.12.16
238149	Pte	Gifford, AJ	1 Bn		2.12.19
5/8811	Cpl	Gillard, AS			20.10.16
1001	Sjt	Gillett, W	1/8 Bn		11. 3.16
240099	Cpl	Gisbourne, H			18. 6.17
29813	Pte	Godson, D			26. 1.18
8757	Sjt	Gould, A	1 Bn		11. 3.20
11982	Cpl	Greenway, F			9. 7.17
14961	Pte	Greenwood, E	2 Bn		5. 8.15
33305	Sjt	Grinnell, GW			17. 4.17
12793	Sjt	Guest, T			11. 5.17
11754	Sjt(ACSM)	Hackett, C			11.12.16
1974	Pte	Halfpenny, GH	1/8 Bn		16. 5.16
41052	Pte	Harding, W			6. 2.18
16370	Pte(ALCpl)	Harley, FHS			11. 5.17
8297	Pte	Hayes, J	3 Bn(later RE)		30. 6.15
56	Sjt	Head, GH			22. 9.16
10415	Sjt(ACQMS)	Hirschfeld, F	4 Bn		16. 5.16
6190	ASjt	Hollyoak, J	3 Bn		11. 3.16
201250	LCpl	Homer, W			3.10.18
2426	LCpl	Hudson, J	(Attd LTMB)		13. 2.17
41518	Pte	Hughes, AE	4 Bn		10. 1.20
57599	Pte	Hutchings, FJS			30.10.18
7145	Sjt	Ince, AE	3 Bn		3. 6.15
9717	Pte	James, T			22. 9.16
10863	Pte	Jasper, C			16. 8.17
2378	Pte	Jeff, R	1/8 Bn		5. 8.15
241572	Pte	Jelfs, GW			18. 6.17
240754	CSM	Jenkins, A			17. 4.18
17763	Cpl	Johnson, J			26. 1.18
2829	Sjt	Jones, AH			26. 1.17
9189	Sjt	Joseph, E	1 Bn		3. 9.19
8298	Sjt	Jowett, FD			26. 9.16
19702	Sjt	Kay, AE			3.10.18
11107	Pte	Kearney, C No2 Sect 3 Sig Coy 3 Bn			1. 4.15
10968	ASjt	Kemp, AE	2 Bn		16. 1.15
11663	Cpl	Kendall, J			1. 5.18
13087	Sjt	Key, FH			10. 1.17
18509	Pte	King, A	1 Bn		2.12.19
17934	Sjt	King, B, M.M.			3.10.18
241118	LCpl	King, FW			28. 3.18
23291	Pte	Knowles, F	3 Bn		11. 3.16
12944	Sjt	Lamb, FE	3 Bn		5. 8.15
6674	CQMS	Leach, JJ	4 Bn	G	6. 9.15
9221	CSM	Leedham, J	3 Bn		3. 9.19
240002	CSM	Leighton, J	1/8 Bn		2.12.19
7921	RQMS	Little, HD	1 Bn		11. 3.20
12789	Pte	Lively, CE	2 Bn		16. 1.15
8914	LCpl	Lloyd, E, M.M.	2 Bn		11. 3.20
9065	Pte	Malone, WT	3 Bn		6.11.14
20419	Pte	Mann, HG			28. 3.18
9917	Pte	Mansell, W	3 Bn		1. 4.15
9917	Cpl	Mansell, W, D.C.M.	3 Bn	Bar	3. 6.15
200573	LCpl	Marchant, WB			18. 6.17
9199	Cpl	Masters, H			11.12.16
52531	Pte	Mays, G	14 Bn		3. 9.19
4438	CSM	Mayston, A	2 Bn		30. 6.15
235254	Sjt	Mee, RF			3. 9.18
14765	Pte	Melmott, E 5 Bn (form 9 Bn)		G	11. 3.16
30497	Pte	Merritt, J			12. 3.17
55293	Cpl	Millins, PG	1 Bn		3. 9.19
6578	CSM(ARSM)	Mills, S			17. 4.18
19244	Sjt	Mogg, AH			3. 9.18
200849	CSM	Moore, AJ	1/7 Bn	I	11. 3.20
12024	Sjt	Moore, W			26. 1.18
9077	SM	Morgan, DGL			6. 2.18
5174	CSM	Morgan, FG	1 Bn		11. 3.16
8926	LCpl	Morris, J	2 Bn		11. 3.16
14512	Sjt	Morrow, FA			13. 2.17
200496	Pte	Oakes, J			18. 7.17
200309	Sjt	Oakley, J			30.10.18
5105	Sjt	Owins, DM	2 Bn		16. 1.15
5778	CQMS	Pandfield, WG	2 Bn		16. 1.15
8314	Sjt	Pardoe, J	5 Bn		16. 1.15
2563	Sjt	Parkes, J	1/7 Bn		11. 3.16

THE WORCESTERSHIRE REGIMENT — Section 6.

Number	Rank	Name	Bn		Date		Number	Rank	Name	Bn		Date
38027	Cpl	Parsons, WJ			26. 4.17		200388	Cpl	Smout, S			30.10.18
45237	LCpl	Pearse, WGT			6. 2.18		17263	Pte	Spencer, HC			14.11.16
55271	CSM	† Phillips, S, D.C.M.		Bar	30.10.18		2881	Sjt	Spilsbury, AWJ			13. 2.17
55271	CSM	Phillips, S, D.C.M. & Bar 1 Bn		2nd Bar	2.12.19		10733	LSjt	Startin, WJ	2 Bn		11. 3.16
240457	Sjt	Pitt, W			18. 7.17		9688	Pte	Suffolk, W	3 Bn		3. 6.15
14900	Pte	Polain, WG	9 Bn		21. 6.16		8827	CSM	Sumner, DC	2 Bn		11. 3.16
16207	LCpl(A/Sjt)	Potter, F			26. 7.17		6551	LSjt	Sutton, F	2 Bn		16. 1.15
9845	Sjt	Price, C			22. 9.16							
39647	Sjt	Pugh, J	2/8 Bn		11. 3.20		240414	Pte	Taylor, F			6. 1.18
							200655	Sjt	Taylor, G	2/8 Bn		11. 3.20
12112	LCpl	Reece, R	4 Bn	G	6. 9.15		200554	Cpl	Thatcher, M			18. 6.17
10324	LCpl	Richards, C			26. 1.18		7091	Pte	Thomas, R	14 Bn		11. 3.20
11299	Pte	Riggs, FE	1 Bn		3. 6.15		13422	Sjt	Thompson, S			26. 7.17
12877	Pte	Riley, J	1 Bn		3. 6.15		8645	Cpl	Tibbets, G	2 Bn		30. 6.15
240220	Cpl	Roberts, W	1/8 Bn		10. 1.20		2529	Pte	Tibbetts, H			22. 9.16
2496	Pte	Roper, S			26. 9.16		9138	CSM(A/SM)	Tolley, WH	9 Bn		21. 6.16
1356	L/Sjt	Rose, C	1/7 Bn		11. 3.16		1602	Sjt	Tombs, A			22. 9.16
200569	Cpl(L/Sjt)	Royals, FHS	1/7 Bn	I	3. 9.19		5457	Sjt	Tromans, J	1 Bn		11. 3.16
41794	CSM	Russon, TW	4 Bn		10. 1.20		235358	Sjt(A/CQMS)	Trotman, A			3.10.18
9737	CSM	Ryan, T	10 Bn		21. 6.16		7608	Sjt	Tucker, GH			26. 1.18
20315	LCpl	Sabin, E			26. 7.17		240026	Sjt	Wanklin, A			21.10.18
201174	Sjt	Salt, B			4. 3.18		11385	Cpl(A/Sjt)	Weavings, W	1 Bn		11. 3.20
10270	RQMS(A/RSM)	Samson, G			17. 4.18		9182	CSM	Webb, H	1 Bn		30. 6.15
12063	Sjt	Sanders, A			6. 2.18		1426	Sjt	Wedgbury, E			13. 2.17
10970	LCpl	Saveall, AS	2 Bn		11. 3.16		4310	Col.Sjt	Welch, E	2 Bn		5. 8.15
6345	Sjt	Seale, W	1 Bn		2.12.19		8249	Sjt	Wells, J	2 Bn		30. 6.15
201150	Sjt	Seeley, C	2/8 Bn	*	30. 1.20		28000	L/Sjt	Wells, RH	3 Bn	*	30. 1.20
44296	Pte	Sheffield, A			30.10.18		240017	A/Sjt	Wheeler, WH			26. 1.18
15676	LCpl	Shenton, W			26. 9.16		12133	A/Cpl	Whittington, B	3 Bn		3. 6.15
9838	Sjt	Sheppard, H	2 Bn		16.11.15		22586	Cpl	Wilkinson, S			3.10.18
240119	Sjt	Sherwood, ATJ			16.11.18		13588	Pte	Williams, J	1 Bn		5. 8.15
240119	Sjt	Sherwood, ATJ, D.C.M. 1/8 Bn		Bar	10.1.20		6520	CSM	Williams, J	4 Bn	*	30. 1.20
202343	CSM	Simkins, AJ	4 Bn		3. 9.19		41232	Pte	Woodhouse, TW	1 Bn		2.12.19
7284	CSM	Slim, TF	3 Bn		30. 6.15		240504	LCpl	Woodward, A			18. 7.17
8816	LCpl	Smith, A	1 Bn		11. 3.16		12509	LSjt	Worsley, B	4 Bn		21. 6.16
13323	Sjt	Smith, H			3. 9.18							
8955	Sjt	Smith, H, M.M.	4 Bn		2.12.19		8932	Cpl(A/Sjt)	Yates, H	2 Bn		10. 1.20
15167	Pte	Smith, J	9 Bn	G	11. 3.16		8932	Cpl(A/Sjt)	Yates, H, D.C.M.	2 Bn	Bar	10. 1.20
39708	Sjt	Smith, WJ, M.M.	4 Bn		10. 1.20		48076	CSM	Yeates, F			3.10.18
25093	Cpl	Smith, WR			26. 6.18		19369	Sjt	Young, JD			29. 8.17

225 D.C.M.'s   7 Bars   1 2nd Bar

† D.C.M. with Gloucs.

THE EAST LANCASHIRE REGIMENT

Number	Rank	Name	Bn		Date		Number	Rank	Name	Bn		Date
10412	Pte	Anderson, G	2 Bn		5. 8.15		19252	Pte	Cooper, J			29. 8.17
6648	LSjt	Anness, B	2 Bn		11. 3.16		6001	Sjt	Cottom, T			6. 2.18
26493	Cpl	Ashton, JA			30.10.18		29787	Pte	Crooks, H			15.11.18
240639	CSM	Avery, AG			3. 9.18		9238	A/Sjt	Cunningham, M			14.11.16
							9238	A/Sjt	Cunningham, M, D.C.M.		Bar	10. 1.17
23898	Sjt	Baker, W			16. 8.17							
2/7788	CSM(A/RSM)	Bancroft, E			18. 2.18		29796	Pte	Daley, M	1 Bn		11. 3.20
20698	Sjt	Barber, GR			4. 3.18		9112	A/Cpl(A/LSjt)	Delahunty, P			1. 5.18
6093	Pte	Barker, J	1 Bn		1. 4.15		10474	ACpl	Derry, R	2 Bn		11. 3.16
9514	Sjt	Battle, P			12. 3.17		37849	Pte	Dixon, FB			30.10.18
27029	Cpl	Beckett, W			3. 9.18							
200837	LSjt	Bell, JW			6. 2.18		6208	Sjt	Eastwood, JA			3. 3.17
236148	Sjt	Bickers, H, M.M.			15.11.18		8823	Sjt	Edgecombe, RE			26. 1.18
240883	CSM	Birkett, J	1/5 Bn		11. 3.20		31559	Sjt	Elliott, OR			30.10.18
36780	Cpl	Blackledge, J			26. 1.18		240261	Cpl	Entwistle, J	1/5 Bn		5.12.18
16353	Sjt	Blakeley, T			3. 9.18		10504	Pte	Entwistle, W	2 Bn		3. 6.15
6/11616	Pte	Bolan, M	6 Bn	G	11. 3.16		240282	Sjt	Evans, HE			3. 9.18
200665	Sjt	Brandwood, J			16. 8.17							
9651	A/Cpl	Brown, A			26. 1.18		200852	CSM	Fairbrother, W			6. 2.18
9393	Sjt	Bryant, AF			15.11.18		32943	Pte	Finnigan, D	1 Bn		11. 3.20
9106	CSM	Burnell, H			26. 1.18		16316	CSM	Fleming, J			26. 7.17
6836	Pte	Butler, J	1 Bn		1. 4.15		200447	Cpl(A/Sjt)	Fletcher, W	1/5 Bn		10. 1.20
12295	Pte	Butterworth, L	2 Bn		3. 6.15		27007	Pte(LCpl)	Foden, J			30.10.18
							23651	Pte	French, J			26. 1.18
9522	Pte	Callaghan, A			26. 1.18							
5482	RQMS	Carefoot, TW			17. 4.18		2348	Pte	Gertson, F	1/4 Bn	G	15. 9.15
8644	A/SM	Carrington, H			20.10.16		240323	Sjt	Gowers, CW			3. 9.18
9837	Pte	Charman, WH	2 Bn		30. 6.15		200304	Sjt	Graham, R, M.M.			3. 9.18
6737	CQMS	Cherry, JE			17. 4.18		13209	Pte	Green, J	8 Bn		15. 4.16
2218	SM	Christie, JA			26. 7.17		240188	Cpl	Greenhalgh, W	1/5 Bn		11. 3.20
10167	Pte	Collard, A	2 Bn		11. 3.16		203552	CSM	Groves, HR			17. 4.18
6667	Sjt	Connell, J			18. 7.17							
6095	CQMS	Cook, JW	6 Bn	M	16. 1.19		6581	QMS(ORS)	Haigh, G			20.10.16
2022	Pte	Cooke, JL	1/5 Bn	G	15. 9.15		9499	Sjt	Hamilton, J			21.12.16

Section 6. THE EAST LANCASHIRE REGIMENT

Number	Rank	Name	Bn	Notes	Date
19477	Pte	Hampson, W	2 Bn		16. 5.16
240979	ACpl	Hargreaves, T	1/5 Bn		16. 1.19
29370	Pte	Harrison, JG	1/5 Bn		5.12.18
605(240017)	Sjt(A/CSM)	Harrison, JH			26. 4.17
5575	CSM(T/RSM)	Haslam, J	1/5 Bn		3. 9.18
6394	A/Cpl	Helm, F	1 Bn		1. 4.15
242468	Pte	Hill, CH	(Attd LTMB)		17. 4.18
242611	Cpl(A/Sjt)	Hindle, G			17. 4.18
8057	A/CSM	Horner, J			20.10.16
11500	Sjt	Hosker, J	2 Bn		15. 4.16
11500	Sjt	Hosker, J, D.C.M.		Bar	22. 9.16
240054	CSM	Houston, D			3. 9.18
240054	CSM	Houston, D, D.C.M.	1/5 Bn	Bar	5.12.18
14161	LCpl	Hyndman, E			26. 1.18
241018	Sjt	Ingham, J			21.10.18
240381	Cpl	Jolly, J			3.10.18
201117	Pte	Jones, E	1/5 Bn		5.12.18
9774	Sjt	Kay, H			22. 9.16
242868	Pte	Kehoe, WH	1/5 Bn		10. 1.20
39665	Sjt	Kinsella, W	1/5 Bn		11. 3.20
6/11609	Pte	Knott, J	6 Bn	G	11. 3.16
23893	CSM	Lacey, C			3. 9.18
15183	CSM	Leeming, A			20.10.16
8657	A/Cpl	Lindsay, J	1 Bn		1. 4.15
99	A/Sjt	Lismore, J	1 Bn		1. 4.15
30474	Pte	Locherty, J			15.11.18
242610	Sjt	Lowe, C			3. 9.18
20014	Pte	Lucas, GR			14.11.16
35437	Cpl	Lucas, J	11 Bn		11. 3.20
7614	Sjt	MacDonald, AW	1 Bn		30. 6.15
12569	Pte	Marks, E	3 Bn(form 1 Bn)		15. 3.16
9833	LSjt	Marriott, JT			26. 1.18
11300	Sjt	Marshall, J			3. 9.18
13785	Pte	Martin, H			22. 9.16
11291	LCpl	Massey, R			20.10.16
9358	LCpl	McDonald, J			22. 9.16
10525	Pte	McNamara, J	2 Bn		5. 8.15
11055	Pte	Murray, T			26. 1.18
6841	LCpl	Neary, A	1 Bn		11. 3.16
18655	CSM	Neary, J			13. 2.17
6/7944	CSM	Neill, W			1. 5.18
7951	CQMS	Nicholson, J	2 Bn		3. 9.19
15961	LCpl	Nowell, E			22. 9.16
11598	Pte	Ogden, A			20.10.16
11192	Pte	Palmer, GA	2 Bn		11. 3.16
31265	Sjt	Parr, S			11. 3.20
6837	Pte	Pearson, WH	2 Bn		5. 8.15
15823	Sjt	Pilkington, W			17. 4.18
11579	Pte	Potter, E			14.11.16
200586	A/CSM	Potts, A			4. 3.18
23277	CSM	Pratt, WH			3. 9.18
6930	SM	Price, W, M.C.			26. 1.18
15767	Sjt	Pursglove, H	11 Bn		11. 3.20
26263	Pte(LCpl)	Ratcliffe, J			30.10.18
18575	Pte(A/Sjt)	Redmayne, MB	1 Bn		16.11.15
11092	Pte	Rhodes, F			29. 8.17
9661	A/Sjt	Robbins, T			14.11.16
10119	LSjt	Robson, J			20.10.16
11219	LCpl	Rogers, WH			26. 1.18
8276	CSM	Sayers, M	1 Bn		30. 6.15
8276	CSM	Sayers, M, D.C.M.	1 Bn	Bar	5. 8.15
8694	LCpl	Seall, WJF			26. 1.18
3043	Sjt	Seddon, R	1 Bn		11. 3.20
12637	Pte	Shea, A	7 Bn		21. 6.16
203550	Pte	Smith, RJ			21.10.18
4787	Pte	Smith, T	1/4 Bn(form 16973)		21. 6.16
15426	Sjt	Southworth, T			17. 9.17
241756	A/Sjt	Spiers, J			3.10.18
10695	Sjt	Steele, JP	1 Bn		11. 3.16
32461	Sjt(A/CSM)	Steele, RJ, M.M.	1/5 Bn		10. 1.20
240111	CSM	Stezaker, A			21.10.18
9555	A/CSM	St. John, T	1 Bn		1. 4.15
10517	CSM	Stockford, JHC			3. 9.18
240227	A/Cpl	Swarbrick, W	1/5 Bn		5.12.18
242251	Pte	Taylor, F			21.10.18
9846	Pte	Tighe, E	2 Bn		5. 8.15
10857	LSjt	Tomlinson, H	1 Bn		11. 3.16
9705	A/Cpl	Tyler, W	1 Bn		11. 3.16
8740	CSM	Waite, T	1 Bn		11. 3.20
6620	Pte	Walker, W	2 Bn		3. 6.15
10460	Sjt	Wallace, JW			6. 2.18
10460	CSM	Wallace, JW, D.C.M.		Bar	3.10.18
11511	Pte	Walsh, R			3. 9.18
17922	?	Warburton, W			22. 9.16
241087	Pte	Waterworth, A	1/5 Bn		10. 1.20
21427	Pte(LCpl)	Watson, F			30.10.18
10199	LCpl	Watson, H	2 Bn		30. 6.15
34837	CSM(A/RSM)	Welford, W			1. 5.18
9589	LCpl	Welham, WJ			17. 4.18
17669	Sjt	Wells, A			26. 1.18
1854	LCpl	Whitehead, G	5 Bn		21. 6.16
240106	Pte	Whittaker, F	1/5 Bn		5.12.18
11132	CSM	Wilding, R			29. 8.17
240228	Sjt	Wilkinson, J			17. 4.18
1381	Pte	Wilkinson, T	4 Bn	G	16.11.15
14323	Pte	Williams, E			25.11.16
9450	Sjt	Wilson, F	1 Bn		3. 9.19
10045	CSM	Woodger, HC			17. 4.18
23938	Sjt	Woods, A			26. 1.18

155 D.C.M.'s   5 Bars

THE EAST SURREY REGIMENT

Number	Rank	Name	Bn	Notes	Date
15076	Pte	Ambrose, FG	8 Bn		2.12.19
729	Sjt	Amos, AG, M.M.			28. 3.18
L/5940	Sjt	Ashton, A	8 Bn		29.11.15
25071	Pte(LCpl)	Attew, T	9 Bn		11. 3.20
1565	Pte	Bagg, JJE, M.M.			28. 3.18
L/8681	RSM	Baker, EEW			21.10.18
4859	Pte(LCpl)	Barsdell, E	8 Bn		3. 9.19
G11/4703	Sjt	Beamish, CT	8 Bn		16. 5.16
8075	Sjt	Bell, A			28. 3.18
62	Sjt	Bennett, AW			26. 1.18
8937	A/CSM	Blackman, W	2 Bn		30. 6.15
G/5162	LSjt	Brown, G			20.10.16
8805	Sjt	Bull, A	2 Bn		3. 6.15
G3/4953	A/Cpl	Burgess RW	7 Bn		15. 4.16
5786	A/Cpl	Camis, F	1 Bn		1. 4.15
5403	LCpl	Cammell, FH			26. 1.17
12866	LCpl	Carter, W			25.11.16
10952	Pte	Casey, J			26. 9.16
6178	LCpl	Champion, E			13. 2.17
10728	Sjt	Child, L			4. 3.18
14244	Sjt	Clarke, HN	9 Bn		14. 4.20
206203	Sjt	Cleeves, WT	8 Bn		16. 1.19
9719	CSM	Coomber, GH	2 Bn		11. 3.16
8981	Sjt	Cooper, FJ			17. 4.18
4848	Sjt	Cossey, WJ			13. 2.17
10059	Cpl	Cushen, F	7 Bn		15. 4.16
1795	LCpl	Doel, E			22. 9.16
1795	LCpl	Doel, E, D.C.M.		Bar	25.11.16
12865	A/Sjt	Donnelly, J			19. 8.16
7603	LCpl	Donovan, D	2 Bn		16.11.15
8733	Pte	Doyle, AJ	2 Bn		3. 6.15
191	Pte	Edgington, H			17. 9.17
7927	A/Sjt	Edwards, WC	1 Bn		1. 4.15
516	Cpl	Evans, FJ	7 Bn		11. 3.16
13277	Pte	Eyles, F			3. 9.18
6123	QMS	Fisher, W	1 Bn		1. 4.15
8031	CQMS(A/CSM)	Fitzgibbon, J, M.M.			3.10.18
9839	Sjt	Forbes, R	2 Bn		11. 3.16
2000	Sjt	Foster, CB			21.10.18

THE EAST SURREY REGIMENT

Number	Rank	Name	Bn	Date
10077	Pte	Fox, FC		26. 1.18
11981	Pte	Fuller, RS		28. 3.18
34625	Pte	Geary, J		3. 9.18
16024	Pte	Giles, AB		25.11.16
1886	LCpl	Giles, WJ	7 Bn	15. 4.16
1743	Cpl	Glazebrook, WC		15.11.18
4874	CSM	Gould, HSS, M.M.	8 Bn	16. 1.19
4764	Sjt	Griffin, HW, M.M.		3. 9.18
9019	Sjt	Griggs, P	1 Bn	30. 6.15
3542	Pte	Grimwood, F	1 Bn	30. 6.15
27182	Cpl	Hall, WG	8 Bn	2.12.19
9806	A/Cpl	Harding, WH	1 Bn	30. 6.15
240011	CSM	Hawkins, W		1. 5.18
8443	Pte	Healey, JE	1 Bn	1. 4.15
9599	CSM	Hemmings, W		25.11.16
G3/10326	Pte	Hewitt, WR	7 Bn	15. 4.16
29231	Pte(LCpl)	Hilbourne, GF, M.M.	8 Bn	2.12.19
36577	Sjt	Hill, FC, M.M.	8 Bn	2.12.19
5845	Sjt	Hill, ML	1 Bn	17.12.14
8647	CSM	Hill, WG		25. 8.17
6207	Pte	Hine, GE	8 Bn	16.11.15
G/4821	CSM	Hopkins, R, M.M.	8 Bn	3. 9.19
8263	Pte	Hotz, A	1 Bn	30. 6.15
G8/4880	Pte	Houghton, JH		11.12.16
G8/5235	Sjt	Howard, JA	8 Bn	16. 5.16
17458	Pte	Huggett, P		25.11.16
4009	CSM(A/RSM)	Hyde, GF		3. 9.18
3682	SM	Hyson, GE	1 Bn	17.12.14
5462	Cpl	Innes, JG		3. 9.18
65926	Pte	Jack, TJ (Attd MGC)		4. 3.18
1076	Col.Sjt	Jackson, FC 1 Bn (S/M 21 Bn Lond.R.)		21. 6.16
10180	Sjt	James, FT	12 Bn	3. 9.19
1728	Pte	James, W		26. 1.17
14195	Sjt	Jenkerson, C	8 Bn	16. 1.19
8324	Pte	Jewson, F	9 Bn	30. 3.16
29017	Pte	Johnson, J, M.M.	9 Bn	2.12.19
4912	Sjt	Jones, G		13. 2.17
15998	Pte	King, A	8 Bn	16. 1.19
G/4847	Sjt	Lancaster, J		20.10.16
8514	A/RSM	Lee, A		3. 9.18
8514	A/RSM	Lee, A, D.C.M.		Bar 21.10.18
11037	Cpl(A/Sjt)	Lord, J		15.11.18
490	CSM	Love, CJ		6. 2.18
569	Pte(LCpl)	Mapston, GT, M.M.	8 Bn	2.12.19
9931	A/Sjt	Martin, FH	7 Bn	11. 3.16
10499	Pte	Martin, FS	1 Bn	30. 6.15
8859	CSM	May, JH	1 Bn	11. 3.16
25434	Sjt	Mayston, RW		6. 2.18
2682	Sjt	Medlock, GW		28. 3.18
5756	Sjt	Mills, H, M.M.	12 Bn	2.12.19
5270	Pte	Meinert, GE		21.10.18
4901	Pte	Moore, C	8 Bn (Attd RE)	29.11.15
8076	CSM(A/RSM)	Morgan, H		21.10.18
203440	Sjt	Mutimer, RJ	12 Bn	11. 3.20
L/8564	CSM †	Nightingale, GE	1 Bn	21. 1.20
143	Pte	Nunn, G	7 Bn	11. 3.16
L/12545	Sjt ‡	O'Brien, RC, M.M.	1 Bn	21. 1.20
985	Pte	O'Connell, F	9 Bn	30. 3.16
6045	Cpl(LSjt)	Osborn, WHM, M.M.	8 Bn	11. 3.20
9932	A/Sjt	Packhard, WE	1 Bn	30. 6.15
13670	CSM	Padget, RT		10. 1.17
G8/5279	Sjt	Palmer, C		11.12.16
59	A/CSM	Palmer, WT	7 Bn	15. 4.16
10426	Pte	Peacock, EW	1 Bn	1. 4.15
6642	Cpl	Perry, JW		9. 7.17
16320	LCpl	Philpott, NA		3. 9.18
13121	Sjt	Piper, HT		28. 3.18
8892	CSM	Plumb, HJ	1 Bn	3. 9.19
11910	A/Sjt	Prosser, GD		26. 1.18
10015	Pte	Puttock, G	2 Bn	16.11.15
11120	LCpl	Reed, JW		26. 7.17
7936	CSM	Reid, AJ	1 Bn	3. 6.15
4111	Pte	Reynolds, E		13. 2.17
6191	LCpl	Ritchie, FV	7 Bn	11. 3.16
2186	Sjt	Roser, AH	8 Bn	16. 1.19
145	Pte	Ruffell, F	2 Bn	3. 6.15
3200	SM	Seymour, E		9. 7.17
8853	Sjt	Sharland, J	2 Bn (Attd Ind.FA)	1. 4.15
17177	Pte	Sherborne, HJ		3. 9.18
19363	Pte	Shere, CW		26. 1.18
8021	Cpl(LSjt)	Smith, CH	1 Bn	11. 3.20
8097	LCpl	Smith, F		14.11.16
6048	A/Sjt	Spencer, C	2 Bn	16.11.15
S/55	CSM	Sterry, A	8 Bn	29.11.15
4478(13316)	LSjt	Stow, FC	13 Bn(1 Bn) *	30. 1.20
L/14001	Pte ☆	Street, G	1 Bn	21. 1.20
5791	Sjt	Summers, W	9 Bn	27. 7.16
31049	LSjt	Taylor, WH		3.10.18
593	CSM	Theedom, G		26. 1.17
10353	Pte	Theobald, W	2 Bn	16.11.15
G/5102	Pte	Thurlow, WP	8 Bn	29.11.15
32704	Pte	Trussler, A		6. 2.18
S7/1054	Pte	Venables, C	7 Bn	15. 4.16
632	LCpl	Wallis, CWE	7 Bn	11. 3.16
11316	Pte	Warman, W		3. 9.18
8821	LCpl	Webb, G		13. 2.17
9629	Pte	Wilkins, J	1 Bn	17.12.14
5927	A/Cpl	Williams, R	1 Bn	1. 4.15
25142	Cpl	Williams, TW		26. 4.17
G/5567	LCpl	Young, W	8 Bn	21. 6.16

137 D.C.M.'s   2 Bars

† Myanselga 16/9/19
‡ Myanselga 15/9/19
☆ Kapaselga 13/9/19

THE DUKE OF CORNWALL'S LIGHT INFANTRY

Number	Rank	Name	Bn	Date
3/5959	CSM	Aiken, J		1. 5.18
6576	Sjt	Archer, F, M.M.	1 Bn	3. 9.19
10403	Pte	Arthur, TC	6 Bn	15. 9.15
18843	Pte(LCpl)	Bailey, C		30.10.18
7789	Pte	Barlow, BP	1 Bn	1. 4.15
201369	Sjt	Bartlett, J		1. 5.18
6306	CSM(A/RSM)	Bonham, J		10. 1.17
9352	Sjt	Bowron, AJ	1 Bn	11. 3.16
15895	Pte	Brewer, E		9. 7.17
11933	CQMS(A/CSM)	Brogden, H		3. 9.18
13461	CSM	Burman, W		20.10.16
8468	Sjt	Byard, H	1 Bn	1. 4.15
8636	LCpl	Cox, H	1 Bn	11.11.14
8590	A/Cpl	Dagger, G	1 Bn	1. 4.15
240864	Pte	Dale, H		21.10.18
8786	LCpl	Denton, J	1 Bn	11.11.14
8073	CSM	Dingley, WS	1 Bn	30. 6.15
0404	LSjt	Donhou, FJ 1/4 Bn (form 8560 2/4 Bn Devon Regt.) (Attd 1/152 Punjabis) P		11. 3.20
32043	CSM	Downes, GT	10 Bn	3. 9.19
11390	A/Sjt	Dyer, AJ		25.11.16
33964	Sjt	Dyke, W		18. 7.17
5597	Sjt	Edwards, J	2 Bn	11. 3.16
10000	LCpl(A/Sjt)	Evans, JHG		22. 9.16
11565	Cpl	Fidler, J	8 Bn S	10. 1.20

THE DUKE OF CORNWALL'S LIGHT INFANTRY

Number	Rank	Name	Bn	Date
18642	Sjt	Froggatt, E		30.10.18
340360	CSM	George, W	1/5 Bn	11. 3.20
11650	Pte	Gittins, AF	6 Bn	11. 3.16
5970	RQMS	Godfrey, FJ		21.10.18
8261	Sjt	Going, T	2 Bn	11. 3.16
200742	Pte	Hambly, T		1. 5.18
8253	Bugler	Hann, H	1 Bn	11. 3.16
5470	CSM	Hanwright, T	2 Bn	3. 6.15
11174	Sjt	Higgens, JH	7 Bn	11. 3.20
5978	CSM	Howe, RE M.M.	7 Bn	10. 1.20
10683	Pte	Howell, H		30.10.18
23053	Sjt	James, H	10 Bn	11. 3.20
200607	Pte	Jane, A		1. 5.18
11867	A/Cpl	Jones, FG		17. 4.18
11566	Pte	Jones, W	6 Bn	6. 9.15
4506	RQMS	Jones, WH	1 Bn	11. 3.16
7620	Pte	Kerwood, V	1 Bn	11. 3.16
33963	Sjt	Keyte, CR		26. 1.18
3/5751	Cpl	Knowles, C		17. 4.18
9889	Pte	Larkin, FW	1 Bn	11. 3.16
26798	Pte	Leverton, J		17. 4.18
23406	Pte	Libby, C		3. 9.18
15600	Pte	Lock, JF	2 Bn	3. 6.15
17418	Cpl(A/Sjt)	Maddock, HJ		15.11.18
29523	LCpl	Marett, AC		30.10.18
14954	Pte	May, AJ	2 Bn	3. 6.15
8166	QMS	McVitty, RG		13. 2.17
10658	Pte(LCpl)	Mears, J, M.M.		30.10.18
15836	Sjt	Mitchell, JN		26. 1.18
22082	Cpl(A/Sjt)	Murphy, T		3. 9.18
22082	Sjt	Murphy, T, D.C.M.		Bar 15.11.18
200998	Pte	Penlerick, W		1. 5.18
9439	Pte	**Pennycook**, JT	1 Bn	1. 4.15
14759	CSM(A/RSM)	Piddington, AJS		21.10.18
8959	Pte	Ponder, C	2 Bn	1. 4.15
24443	Pte	Rawlings, WJ		17. 4.18
3991	Pte	Rex, AH	1 Bn	1. 4.15
201220	Sjt	Roberts, AE (Attd Norfolk Regt)		*12.12.17
9227	Sjt	Roberts, FJC	1 Bn	1. 4.15
15066	LCpl	Schofield, G	6 Bn	22. 1.16
8537	Sjt	Shale, CJ		17. 4.18
7984	LCpl	Stoneman, WH	1 Bn	11.11.14
200543	Pte	Trethewey, P		1. 5.18
10300	Cpl(L/Sjt)	Trew, WHA		9. 7.17
3/4868	Sjt(A/CSM)	Triggs, W		4. 3.18
5975	CSM	Tuck, W		3. 9.18
22375	Sjt	Wakeham, NG, M.M.	10 Bn	10. 1.20
15699	Pte	Warren, AC		14.11.16
8188	Cpl(A/Sjt)	Watson, CR	1 Bn	11. 3.16
24445	Sjt	White, WE		21.10.18
15645	CSM	Williams, EC		17. 4.18
6651	CSM(A/RSM)	Willis, CW	1 Bn	3. 9.19
6319	Pioneer Sjt	Wise, JW	1 Bn	1. 4.15
240039	Sjt	Wood, JH	1/5 Bn	3. 9.19
18197	Cpl	Wragg, WW		30.10.18

78 D.C.M.'s   1 Bar

THE DUKE OF WELLINGTON'S (WEST RIDING REGIMENT)

Number	Rank	Name	Bn	Date
9/12444	Pte	Ainley, J	9 Bn	22. 1.16
355	Cpl	Ashworth, E	1/4 Bn	11. 3.16
201036(form 3053)	Pte	Astin, W		26. 5.17
22506	Pte	Atkins, D	2/4 Bn	5.12.18
200453	Sjt	Bancroft, J, M.M.		3.10.18
3060	Pte	Bancroft, W	1/4 Bn	15. 3.16
29656	Pte	Barker, S		15.11.18
3545	A/SM(later QM & Lt)	Baxter, R, P.S.	1/5 Bn	21. 6.16
17243	Sjt	Bazeley, GW	2 Bn	11. 3.16
12413	Pte	Behan, B	2 Bn	3. 6.15
263609	Pte	Bell, J		17. 4.18
9/11885	SM	Bennett, GP	9 Bn	21. 6.16
266505	Pte	Bibby, J		26. 1.18
235519	Sjt	Binns, WH		26. 6.18
2231	Cpl	Black, D	1/5 Bn	11. 3.16
235526	CSM	Blackburn, A		15.11.18
1067	Bandsman	Blakley, W	1/7 Bn	15. 9.15
202042	Pte(A/Cpl)	Booth, E, M.M.	5 Bn	10. 1.20
9306	Sjt	Bourn, JW		3. 9.18
3367	Pte	Bracewell, F	1/6 Bn	6. 9.15
9/12094	Pte	Bridgewater, W	9 Bn	15. 3.16
9/12156	Pte	Brogan, J	9 Bn	15. 3.16
235227	Sjt(A/CSM)	Brooke, W		4. 3.18
200298	Sjt	Brown, FJ		3.10.18
16909	L/Sjt	Brown, J		4. 3.18
265676	Sjt	Brown, JJ		21.10.18
1597	Pte	Brown, W	1/4 Bn	11. 3.16
305152	Cpl	Buckley, T	5 Bn	16. 1.19
266035	Sjt	Burrow, G	5 Bn	10. 1.20
2308	Sjt	Bury, J	1/6 Bn	21. 6.16
202441	Pte	Butterworth, S		26. 7.17
265433	Sjt	Calvert, GE, M.M.	1/6 Bn	25. 2.20
265527	LSjt	Calvert, J		3.10.18
6735	A/Sjt	Carrington, F	2 Bn	30. 6.15
10888	Sjt	Chadwick, A, M.M.	1/7 Bn	25. 2.20
12814	Sjt	Chapman, GW		30.10.18
17016	Pte(A/Cpl)	Chapman, J	5 Bn	16. 1.19
17016	Pte(A/Cpl)	Chapman, J, D.C.M.	5 Bn	Bar 10. 1.20
307350	CSM	Clarke, F		3.10.18
2040	LCpl	Clarke TH	1/4 Bn	29.11.15
9/12775	LCpl	Clarkson, A	9 Bn	22. 1.16
13452	Sjt	Clarkson, G	9 Bn	16. 1.19
34327	Pte	Cleghorn, R	2/4 Bn	2.12.19
24872	Cpl(L/Sjt)	Conroy, H		3. 9.18
203291	Sjt	Constable, F	1/4 Bn	11. 3.20
2670	Cpl	Convoy, H	1/5 Bn	11. 3.16
7941	Pte	Corbett, H	2 Bn	11. 3.16
202305	Pte	Cotton, TJ		28. 3.18
235372	Sjt	Craddock, E		15.11.18
200798	Sjt(A/CSM)	Crossley, G	2/4 Bn	5.12.18
3/10741	Pte	Cryer, W	9 Bn	30. 3.16
9645	Pte	Davies, W	2 Bn	17.12.14
11030	Pte	Davis RD	8 Bn	21. 6.16
9/12794	Pte	Dean, AR Depot(form 9 Bn)		30. 3.16
11051	Sjt	Denton, HE		30.10.18
5947	CSM	Denton, T	2 Bn	*30. 1.20
8090	CSM	Dodgson, T, M.M.	1/7 Bn	11. 3.20
200143	Sjt	Downes, N	1/4 Bn	3. 9.19
265115	Cpl	Driver, G		26. 1.18
265113	Sjt	Driver, H		17. 4.18
11116	Pte	Dryden, C	2 Bn	3. 6.15
14866	Sjt	Dyson, A		6. 2.18
3/11416	LSjt	Earnshaw, H	9 Bn	30. 3.16
11988	Sjt	Earnshaw, K	10 Bn	15. 4.16
8303	Sjt	Ellis, J		18. 7.17
9/9636	Sjt	England, HG	9 Bn	21. 6.16
13806	Sjt	Everson, R, M.M.	10 Bn	3. 9.19
265294	Cpl	Falkingham, H	2/4 Bn(Attd TMB)	5.12.18
240464	LCpl	Fawcett, H		3. 9.18
39954	Pte	Ferriday, WH	9 Bn	2.12.19
203340	Sjt	Field, FJ		3.10.18
240358	CSM	Fisher, W		3. 9.18
240358	CSM	Fisher, W, D.C.M.		Bar 21.10.18
200055	Sjt	Flitcroft, S, M.M.		3.10.18
7409	Pte	Ford, T	2 Bn	6.11.14
203252	Sjt	Foster, WD	1/4 Bn	25. 2.20
200800	Pte(A/LCpl)	Foulds, W, M.M.		30.10.18
24449	Sjt	Frear, A	2 Bn	2.12.19
1644	CSM	Fuller, GA	1/5 Bn	21. 6.16
13282	Sjt	Galvin, L		17. 4.18
3363	Pte	Garratt PH	1/6 Bn	11. 3.16
265178	Cpl	Gibson, WD		3.10.18
9/13314	A/CSM	Green, F	9 Bn	30. 3.16
265484	Sjt	Green, T	1/6 Bn	25. 2.20

THE DUKE OF WELLINGTON'S (WEST RIDING REGIMENT)

Number	Rank	Name	Bn	Date
305241	Sjt	Haigh, F		3.10.18
305646	Pte	Haigh, H		17. 4.18
200135	CQMS(A/CSM)	Haigh, H		17. 4.18
268646	Cpl	Hall, L		17. 4.18
12275	CSM	Handby, K		30.10.18
201774	Pte	Hanson, F	2/4 Bn	16. 1.19
8655	CSM	Harrison, AW, M.M.	2 Bn	2.12.19
12800	LSjt	Hartley, R, M.M.		21.10.18
7885	Sjt(A/CQMS)	Harvey, A	2 Bn	16. 1.15
15537	Pte	Hawkridge, JW	10 Bn	15. 4.16
305961	Pte	Hett, H		3.10.18
13363	Cpl	Hill, R		30.10.18
240863	Sjt	Hirst, H (Attd TMB)		17. 4.18
7491	LSjt	Hirst, T	2 Bn	1. 4.15
19117	LCpl	Hood, W		6. 2.18
9/12944	Cpl	Horsman, H	9 Bn	30. 3.16
202936	Pte(A/LCpl)	Hudson, RA		26. 6.18
9607	A/Sjt	Husher, JW	2 Bn	1. 4.15
2176	Sjt	Irvine, W	1/7 Bn	11. 3.16
200352	Cpl	Jackson, E		26. 7.17
305260	Sjt	Jackson, F	1/7 Bn	11. 3.20
238118	CSM	Jamieson, J	13 Bn	11. 3.20
240222	CSM	Jones, GV		3. 9.18
265556	Cpl	Jones, L	1/6 Bn	11. 3.20
203285	LCpl	Kane, H, M.M.		1. 5.18
18983	Pte	Kelly, J		6. 2.18
12209	Sjt	Kent, B	2 Bn	30. 6.15
12854	CSM	Kettlewell, J, M.M.	9 Bn	2.12.19
15806	Sjt	Keywood, J		6. 2.18
934	Sjt	Kirman, A		14.11.16
25521	Cpl	Kliber, JR		16. 1.19
1495	Cpl	Landale, C	1/4 Bn	29.11.15
18713	Pte	Lawson, FH		25.11.16
25110	Pte	Lee, A, M.M.	5 Bn	5.12.18
240076	Sjt	Lee, SH		17. 4.18
240076	Sjt	Lee, SH, D.C.M.	5 Bn Bar	2.12.19
242070	Pte	Lilley, HS		4. 3.18
25262	Pte(A/LCpl)	Linsley, B, M.M.	5 Bn	10. 1.20
7797	Pte	Little, R	2 Bn	1. 4.15
15805	Sjt	Loosemore, A, V.C.		3.10.18
2482	Sjt	Lumb, FE		13. 2.17
308015	A/RSM	Lynn, J, M.M.		3.10.18
235044	Sjt	Madden, D		30.10.18
203299	Sjt	Mann, J		3.10.18
10908	CSM	Mann, JH		30.10.18
16212	Pte	Marshall, W		30.10.18
265530	CSM	Maude, J		26. 7.17
265661	CSM	McDermott, O	1/6 Bn	3. 9.19
4752	LCpl	McGovern, JA	2 Bn	1. 4.15
13233	CSM	McKrill, DF		25. 8.17
265926	Sjt	McLeod, JT		26. 7.17
240088	Sjt	Merriman, HS M.M.	5 Bn	2.12.19
9827	Sjt-Drummer(A/CSM)	Metcalfe, CE Depot (2 Bn)		3. 6.15
9827	CSM	Metcalfe, CE, D.C.M.	Bar	22. 9.16
13206	Pte	Midgley, H		22. 9.16
203351	LCpl	Moon, A		26. 6.18
6750	Sjt	Moscrop, G		26. 3.17
16913	CSM	Moss, JH	9 Bn	5.12.18
16752	Sjt(A/CSM)	Myers, EA	10 Bn	5.12.18
9488	Sjt	Ogden, JR		3. 9.18
13769	CSM	Parker, CE		6. 2.18
200598	CSM	Parkinson, J		4. 3.18
235408	CSM	Pattison, F		21.10.18
235408	CSM	Pattison, F, D.C.M.	Bar	15.11.18
49371	Pte	Payne, CH	13 Bn	11. 3.20
9/12167	Sjt	Pearson, H	9 Bn	22. 1.16
9546	A/Sjt	Perigo, D	2 Bn	1. 4.15
3360	Pte	Pickup, JE		14.11.16
3/12460	LSjt	Powis, E	2 Bn	30. 3.16
9/12744	Sjt	Raithby, TW	9 Bn	30. 3.16
19370	A/Sjt	Ramsden, TV		3. 9.18
242274	Sjt	Redpath, J, M.M.	1/4 Bn	25. 2.20
12178	Sjt	Reed, W	2 Bn	16. 1.19
265015	RSM	Richardson, T		3.10.18
16608	Sjt	Ridgway, AR		21.10.18
12439	Sjt	Ridgway, SL		17. 4.18
25922	Cpl(A/LSjt)	Roberts, A		15.11.18
305815	A/Sjt	Robinson, B		28. 3.18
29015	LCpl	Robinson, W	10 Bn I	25. 2.20
838	Sjt	Robinson, WJ	1/6 Bn	11. 3.16
268650	Sjt	Rosenthal, E	1/6 Bn	25. 2.20
9/12455	LCpl	Rossall, R	9 Bn	22. 1.16
12971	CSM	Rothwell, E	9 Bn (Attd 293 P.O.W.Coy)	14. 4.20
1457	Pte	Rowlands, JE	1/7 Bn	6. 9.15
5912	CSM	Rush, J	2 Bn *	30. 1.20
12529	Cpl	Sawley, W	2 Bn(Attd 10 TMB)	11. 3.20
240101	CSM	Schofield, H		3. 9.18
240101	CSM	Schofield, H, D.C.M.	Bar	21.10.18
34628	Cpl	Scottow, H, M.M.	2/4 Bn	16. 1.19
2094	LCpl	Shaw, JS		25.11.16
7675	Sjt	Shaw, JW	2 Bn	11. 3.20
1776	Pte	Sheard, HL	1/5 Bn	22. 1.16
6530	SM	Shepherd, C		22. 9.16
235318	Sjt	Sherwood, TS	1/7 Bn	25. 2.20
265094	Cpl	Shires, H		3. 9.18
10237	Cpl	Siddle, T	2 Bn	3. 6.15
15228	LCpl	Simpson, A	10 Bn	21. 6.16
241337	Cpl	Siswick, B		26. 7.17
241337	Sjt	Siswick, B, D.C.M.	Bar	3. 9.18
9617	CSM	Smith, E	2 Bn	11. 3.20
201458	LSjt	Smith, WH		28. 3.18
5833	Sjt	Spence, W	2 Bn	1. 4.15
201680	Sjt	Spetch, JR		28. 3.18
15173	Sjt	Stead, E, M.M.		30.10.18
2353	CSM	Stirzaker, A	1/4 Bn	21. 6.16
238191	CSM	Stott, W	13 Bn	11. 3.20
265195	Cpl(LSjt)	Swinden, H		3. 9.18
267914	Sjt	Sykes, A	1/6 Bn	25. 2.20
3406	Pte	Sykes, H	1/4 Bn	21. 6.16
183	CSM	Sykes, HJ	1/5 Bn	11. 3.16
34506	Pte	Tandey, H	5 Bn	5.12.18
9692	CSM	Taylor, AE	2 Bn	19.11.14
201254	Sjt	Taylor, L		3. 9.18
8032	Pte	Thomas, W	2 Bn	11. 3.16
201649	Sjt	Thompson, A	2/4 Bn	2.12.19
200201	Sjt	Thornton, AL, M.M.	1/4 Bn (Attd TMB)	25. 2.20
11859	Cpl(A/Sjt)	Tillotson, J		13. 2.17
238198	Sjt	Turner, B	13 Bn	3. 9.19
241373	Cpl	Turner, P	1/7 Bn(Attd 147 TMB)	25. 2.20
26094	LCpl(A/Cpl)	Tustin, PC		3. 9.18
14755	Pte	Wakefield, S	10 Bn	22. 1.16
13710	Sjt	Walker, J, M.M.	10 Bn I	11. 3.20
24989	Pte(A/LCpl)	Waller, D, M.M.		30.10.18
2497	Pte	Walsh, J		14.11.16
11888	Sjt	Wardman, J, M.M.		21.10.18
421	Sjt	Warwick, W	1/7 Bn	11. 3.16
240598	CSM	Waterhouse, CE		30.10.18
21721	Pte	Watson, J		3. 9.18
306683	CQMS	Webb, EC		21.10.18
8614	Pte	Whitear, A	1 Bn(Attd F.A.Ind.EF)	3. 6.15
8317	CSM	Whitfield, J	9 Bn	3. 9.19
204126	Pte	Whittaker, WE		4. 3.18
5540	Col.Sjt(CQMS)	Wiggins, JE	2 Bn *	30. 1.20
203174	LSjt	Wilcox, RP		28. 3.18
203174	Cpl(A/CSM)	Wilcox, RP, D.C.M.	Bar	3. 9.18
240921	CSM	Wilkinson, WS		17. 4.18
34588	Pte	Williams, L	2/4 Bn	16. 1.19
3/11364	Sjt	Willows, W		17. 4.18
307341	Cpl	Wilson, L		1. 5.18
203305	Sjt	Wilson, R		3.10.18
265080	CSM	Wiseman, E		30.10.18
201191	Sjt(A/CSM)	Wood, F, M.M.	1/4 Bn	25. 2.20
266796	Sjt	Wood, N	2/4 Bn	11. 3.20

219 D.C.M.'s   8 Bars

THE BORDER REGIMENT

Number	Rank	Name	Unit		Date
271	Sjt(A/CSM)	Aitken, T	5 Bn		21. 6.16
8334	Sjt	Allbeury, F le B			12. 3.17
22600	Cpl	Attwood FW			13. 2.17
7/14636	LSjt	Barwick, W	7 Bn		15. 3.16
7015	CSM	Beckett, W	1 Bn	G	11. 3.16
33267	Pte	Beech, E			16. 8.17
10229	Sjt	Bell, S			15.11.18
27963	Pte	Bell, T			25. 8.17
6000	Pte	Berry, J	1 Bn	G	6. 9.15
240074	Sjt	Berwick, J			17. 4.18
9243	Pte	Bewsher, J	1 Bn	G	6. 9.15
6776	A/CSM	Blunt, GE	1 Bn		3. 9.19
11826	Pte(LCpl)	Blyton, W			3. 9.18
9479	Sjt	Booth, RL	2 Bn		1. 4.15
15919	Sjt	Bowman, F			3. 9.18
1483	Sjt	Bradbury, H			14.11.16
6615	LCpl	Brewer, R	2 Bn		1. 4.15
6507	Sjt	Bridge, W	2 Bn		11. 3.16
12893	Pte	Brown, F			16. 8.17
240926	LSjt	Brown, JH			18. 7.17
16231	Cpl	Carter, H			16. 8.17
21280	Pte	Carver, A			18. 6.17
13345	Pte	Casson, R			21.10.18
5653	CSM	Challen, F			21.10.18
9429	A/Sjt	Clarke, C (Attd Wilts Regt)			3.10.18
9429	A/Sjt(A/RSM)	Clarke, C, D.C.M.(Attd 1Bn Wilts) Bar			3.9.19
2873	Pte	Clarke, D Spec.Res. 2 Bn			1. 4.15
26859	Sjt	Clegg, F	8 Bn		2.12.19
20026	Pte	Clegg, S	2 Bn		15. 4.16
9089	CSM	Cockerill, FJ	1 Bn		2.12.19
9811	LCpl	Coleman, J	2 Bn		5. 8.15
18799	Pte	Cooper, J, M.M. 1 Bn			2.12.19
25575	LCpl	Corran, JHP			6. 2.18
5060	Pte	Cowan, J 3 Bn(Attd 2 Bn)			15. 4.16
21055	LCpl	Cox, F			3. 3.17
8403	Sjt(A/CQMS)	Crabb, EJ, M.M. 7 Bn			2.12.19
21750	Sjt	Creighton, J			15.11.18
5180	CSM	Davenport, VHS	2 Bn		1. 4.15
5180	SM	Davenport, VHS, D.C.M. 2 Bn Bar			5. 8.15
2747	Pte	Davis, G			17. 4.18
30158	Pte	Dixon, J			13. 2.17
6211	Pte	Dixon, R 3 Bn(Attd 2 Bn)			15. 4.16
19799	Sjt	Dodds, GW			25. 8.17
9074	Sjt	Donnithorne,C (Depot)(form1 Bn) G			11.3.16
11370	Pte	Duffy, P			15.11.18
7/6491	Col.Sjt(A/CSM)	Duggan, J	7 Bn		15. 3.16
8221	SM	Duke, J			9. 7.17
7/14805	Pte(A/Cpl)	Ewing, JS	7 Bn		15. 3.16
12519	Pte	Fell, J (Depot) form 7 Bn			11. 3.16
19802	Pte	Fenton, T, M.M.			3.10.18
29748	LCpl	Ferguson, CD, M.M. 1 Bn			2.12.19
33857	LCpl	Fildes, F			16. 8.17
625	LSjt	Fletcher, J	5 Bn		11. 3.16
6403	CSM	Fletcher, TE, M.M.			4. 3.18
9318	LCpl	Fox, W	1 Bn		16. 5.16
10180	LSjt	Friend, A	1 Bn	G	5. 8.15
14447	Pte	Garraway, W			16. 8.17
29140	Pte	Garside, GA			15.11.18
9565	Sjt	Garwood, C			3. 3.17
5739	LCpl	Gear, M			18. 6.17
5069	CSM	Gent J			3. 9.18
5101	Sjt(A/CSM)	Gibson, C	6 Bn	G	16.11.15
8/15143	Sjt	Grant, J			13. 2.17
12553	Sjt	Greenan, J			25.11.16
10545	Pte	Gregory, J	2 Bn		3. 6.15
9284	CSM	Groggins, T	2 Bn		30. 6.15
8550	LCpl	Gronow, T	2 Bn		5. 8.15
260433	LCpl(A/Cpl)	Halton, H	7 Bn		2.12.19
8293	Sjt	Hayson, RH	(P.5)		13. 2.17
5167	CSM	Henderson, JE	6 Bn		21. 6.16
29711	Cpl	Henshall, G	1 Bn(Depot)		2.12.19
14772	CSM	Higham, E			25. 8.17
20329	Sjt	Hodgson, R			4. 3.18
9426	LCpl	Hodgson, W	2 Bn		30. 6.15
14884	LCpl	Hogarth, AB			16. 8.17
9863	Sjt	Humphrey, AW	1 Bn (Depot)		2.12.19
5327	CQMS(A/RQMS)	Irving, G			17. 4.18
30468	Sjt	Ives, J			3. 9.18
33115	Cpl	Jeffreys BW	2 Bn	I	25. 2.20
1296	LCpl	Jenkinson, J	5 Bn		15. 3.16
10086	CSM	Jenner, J, M.M.			28. 3.18
16391	CSM	Johnston, JW			13. 2.17
26595	Pte	Jones, WD			21.10.18
27864	LCpl	Keddle, J			17. 9.17
793	Sjt	Kidd J 1/4 Bn (Attd 1 Bn Ox & Bucks LI)		M	22. 1.16
8/14704	CSM	Lightfoot, W	8 Bn		21. 6.16
11281	Pte	Litherland, J	6 Bn	G	16.11.15
9026	Sjt	Long, H	2 Bn		11. 3.16
6445	CSM	Loughman, H			15.11.18
9306	CSM(A/RSM)	Malia, J			3. 9.18
9306	CSM	Malia, J, D.C.M.		Bar	21.10.18
1490	LCpl	Martin, G	5 Bn		15. 3.16
4294	LCpl	McAleavey, M	2 Bn	I	11. 3.20
4565	Pte	McDowell, J	2 Bn		3. 6.15
5163	Sjt	McGlennon, J	6 Bn	G	11. 3.16
8869	LCpl	McGowan, L	2 Bn		5. 8.15
5168	Cpl	McKewan, EW	2 Bn		27. 7.16
2347	Pte	McSherry, M	5 Bn		30. 3.16
30551	CSM	Minter, JR	7 Bn		11. 3.20
8397	LCpl	Morrissey, W	1 Bn	G	3. 7.15
9887	Cpl	Mott, E	1 Bn	G	3. 7.15
4318	CSM	Murphy, J			4. 3.18
10788	Cpl(LSjt)	Nurthen, GE	2 Bn	I	25. 2.20
20598	Pte	Paddock, W			4. 3.18
1265	Sjt	Pagan, R	5 Bn		15. 3.16
22680	Sjt	Pead, J			12. 3.17
22680	CSM	Pead, J, D.C.M.		Bar	28. 3.18
16557	Pte	Perry, C	7 Bn		11. 3.16
7/16557	Pte(A/Cpl)	Perry, C, D.C.M. 7 Bn		Bar	30. 3.16
22938	Pte	Pharaoh, AJ			28. 3.18
27376	Cpl	Pickup, G			3. 9.18
20028	CQMS	Prosser, AV	6 Bn	G	16.11.15
23121	Pte	Pye, A			10. 1.17
9619	Sjt	Quayle, R			12. 3.17
11808	Pte	Richardson, T	1 Bn (Depot)		2.12.19
8271	Sjt	Riley, WE	2 Bn		1. 4.15
27632	ACpl	Roberts, J			15.11.18
22855	Cpl	Robins, FW			12. 3.17
9786	Pte	Robinson, A	1/5 Bn		16. 1.19
12311	Pte	Robinson, R	7 Bn		2.12.19
23903	LCpl	Robinson, W			25. 8.17
8456	Sjt	Rowe, J	1 Bn		3. 9.19
10742	Pte	Rowland, R	2 Bn		27. 7.16
28212	Sjt	Royal, H	1/5 Bn		3. 9.19
240255	LSjt	Rule, R, M.M.	7 Bn (Depot)		16. 1.19
7102	CQMS(A/CSM)	Sales, J, M.M.	2 Bn	I	11. 3.20
12065	LSjt	Sanderson, FT	1/5 Bn		25. 2.20
6406	Sjt	Sheerer, G			18. 7.17
6406	Sjt	Sheerer, G, D.C.M., M.M. 1 Bn Bar			2.12.19
10957	Pte	Sherwood, S	6 Bn	G	11. 3.16
7170	Cpl	Slater, GA	2 Bn		31. 5.16
22929	Cpl	Smith, AH			12. 3.17
9134	Sjt	Smith, AJ			16. 8.17
9570	Pte	Smith, L	2 Bn		1. 4.15
88	Sjt	Spark, M	5 Bn		11. 3.16
3354	Cpl	Stabler, J			25.11.16
7105	Sjt	Starkey, TR			25. 8.17
7890	Sjt	Streeter, JC	2 Bn		11. 3.16
9769	Pte	Swanborough, EJ	2 Bn		11. 3.16
17761	Cpl	Tattersall, C, M.M.			15.11.18
10575	Sjt	Taylor, WA			3. 9.18
7/12848	Pte	Thompson, R	7 Bn		16.11.15
26994	Pte	Todd, J			26. 6.18
6624	Sjt	Toner, T	2 Bn		5. 8.15
9494	LCpl	Townley, W	1 Bn	G	16.11.15
14678	Cpl	Tremble, J			25. 8.17
8/15865	Cpl	Waugh, ED			22. 9.16
11058	Pte	Westbrook, W			3. 9.18
5846	CSM	Wheelwright, S 1 Bn(Attd 1 Bn Wilts Rgt)			11. 3.20
34931	LCpl	White, CH			1. 5.18
10354	LCpl	Wilson, JN	2 Bn		1. 4.15
4406	RSM	Windeler, A	1 Bn		11. 3.20
9402	LSjt	Wood, JM	1 Bn	G	6. 9.15
10950	Cpl	Wright, J			25. 8.17

148 D.C.M.'s   6 Bars

THE ROYAL SUSSEX REGIMENT

Number	Rank	Name	Bn	Date
5968	LCpl	Adams A	2 Bn	16. 5.16
2219	CSM	Ankett, WG		26. 3.17
315488	Cpl	Aris, G	16 Bn	10. 1.20
2424	Pte	Bailey, A		13. 2.17
320001	CSM	Balcombe, J		28. 3.18
10145	CSM	Barnard F		9. 7.17
G/14923	LCpl(A/Cpl)	Barnes, JA		3. 9.18
3841	A/CSM	Bartlett, J		17. 4.18
7440	Pte	Beale, A	2 Bn	16. 1.15
30111	Sjt	Bennett, E	17 Bn (Attd LTMB)	11. 3.20
1849	Pte(A/Cpl)	Bevan, GE		22. 9.16
6346	Pte	Billington, H		4. 3.18
G/20400	CSM(A/RSM)	Bird, HM		3. 9.18
G/3291	Cpl	Boast, DG	9 Bn	11. 3.20
5474	A/SM	Bonney, L	9 Bn	21. 6.16
S/2159	Pte	Boulter, WH	2 Bn	2.12.19
150	Pte	Britt, H		28. 3.18
7922	Cpl	Brown, EJ, M.M.	2 Bn	10. 1.20
200353	Cpl	Bryant, P		16. 8.17
270	Sjt	Budd, R	11 Bn	27. 7.16
G/891	CQMS	Budgen, WH	7 Bn	3. 9.19
S/2187	Pte	Burke, EW	2 Bn	2.12.19
8542	Sjt	Burt, A		20.10.16
3741	Cpl	Bush, R		19. 8.16
8881	A/CSM	Butcher, B	2 Bn	30. 6.15
200131	CSM	Catt, H	4 Bn	11. 3.20
206	Pte	Cheeseman, R	7 Bn	15. 4.16
G/4728	Pte(LCpl)	Child F	2 Bn	2.12.19
9157	LSjt	Clay, CPP	2 Bn	6.11.14
200088	Sjt	Cluer, S	4 Bn	11. 3.20
SD/3081	Cpl	Coles, GH	13 Bn(Attd LTMB)	11. 3.20
L/9010	T/RSM	Coles, HA		21.10.18
320294	Sjt	Collis, WO	16 Bn	2.12.19
658	Sjt	Compton, G		19. 8.16
200172	Sjt	Constable, SA		30.10.18
GS/828	A/Sjt	Coppard, AV	2 Bn	3. 9.19
9107	Sjt	Couchman, W	2 Bn	11. 3.16
315371	Cpl	Crane, CB	16 Bn	11. 3.20
G/16014	LCpl	Curd, AJ	13 Bn	3. 9.19
1022	Pte	Dadswell, F	11 Bn	27. 7.16
5908	CSM	Dallaway, J	2 Bn	30. 6.15
9117	CSM	Deeprose CJ		17. 4.18
10537	Pte	Dell, AJ		16. 8.17
3192	LSjt	Dennett, WC	9 Bn	29.11.15
240048	Sjt	Elphick, PG		17. 4.18
G/1406	Pte	Evenden, F, M.M.	2 Bn	2.12.19
10228	Cpl	Fairhall, FC		17. 9.17
G/21770	Pte	Fordham W	16 Bn	10. 1.20
2909	Cpl	Fowler, C		19. 8.16
240008	Sjt	Gilbert, WH		21.10.18
914	Pte	Gill, J	2 Bn	30. 6.15
G/3755	Pte	Godden, H	2 Bn	2.12.19
SD/1766	Sjt	Golden, AW, M.M.		3. 9.18
874	Sjt	Green, EJ		19. 8.16
4040	A/SM	Haines, E		11.12.16
2922	CSM	Hammond, EA		14.11.16
G/4336	Pte	Harvey, A		3. 9.18
G/836	Sjt	Head, EJ	7 Bn	16. 1.19
G/3359	CSM	Head, GF		3. 9.18
3932	RQMS	Hearn, RW	2 Bn	21. 6.16
2205	Pte	Heaseman, J	Depot(form 2 Bn)	11. 3.16
SD/2446	Pte	Henham, J		3. 9.18
L/7688	CSM	Herridge, W		21.10.18
G/3833	Pte(LCpl)	Highgate, E, M.M.	7 Bn	2.12.19
L/8076	Cpl	† Hobday, G	2 Bn (& 1/2 Bn KAR) EA	3. 9.19
3303	Sjt	Hodges, G		26. 9.16
421	Sjt	Hollobone, FW		19. 8.16
3058	Cpl	Hughes, WC	9 Bn	30. 3.16
5863	CSM	Humphrey, W		13. 2.17
320096	Sjt	Johnston, HE		28. 3.18
3238	Pte	Jupp, MG	9 Bn	30. 3.16
1366	Cpl(A/Sjt)	Kenward, CS		9. 7.17
10187	Sjt	King, J	7 Bn	9.10.15
9650	Sjt	Langley, J	7 Bn	15. 4.16
SD/3861	Cpl(LSjt)	Leppard, CH, M.M.	7 Bn	25. 2.20
8151	Sjt	Lewry, HA		3. 9.18
320496	Sjt	Lusted, A	16 Bn	11. 3.20
15256	Pte	Mallett, GW		26. 1.18
G/14813	Pte(LCpl)	Manthorpe, SR	2 Bn	2.12.19
200004	CSM(A/RSM)	Manvell, G	4 Bn	14. 4.20
9275	Sjt(later 2Lt)	Marillier, FCJ	2 Bn	6.11.14
3302	CSM(A/RSM)	McClymont, J	9 Bn	11. 3.20
GS/385	Sjt	Moody, CF, M.M.	8 Bn	3. 9.19
4256	LCpl	Moore, F	9 Bn	30. 3.16
20230	Cpl	Moss, EW		28. 3.18
L/5079	CSM	Mullett, R		9. 7.17
8853	Sjt	Neiderauer, G	3 Bn(attd 2 Bn)	30. 6.15
G/3590	Sjt	Newnham, AJ	9 Bn	3. 9.18
537	A/CSM	Oatley, BJ		26. 1.18
240078	Cpl(LSjt)	Oyler, AJ	5 Bn I	3. 9.19
600	A/SM	Page, H	7 Bn	21. 6.16
G/899	A/Sjt	Pelling, W	9 Bn	10. 1.20
G/2048	LSjt	Pepper, WC		3. 9.18
541	A/Cpl	Prevett, R		22. 9.16
200342	Sjt	Pyle, F		30.10.18
6489	SM	Rainsford, WF	2 Bn	21. 6.16
G/574	Sjt	Ransom, FJ, M.M.	7 Bn	5.12.18
15305	Sjt	Rawding, S		4. 3.18
766	CQMS	Roberts, H	5 Bn	11. 3.16
345	Cpl	Russell, J	11 Bn	27. 7.16
4307	Sjt	Sanderson, JW	7 Bn	11. 3.16
9815	Cpl(ASjt)	Sawyer, FG		13. 2.17
14822	Pte(A/Cpl)	Sears, GC, M.M.	2 Bn	10. 1.20
1052	LCpl	Short, H	7 Bn	15. 4.16
200087	CSM	Simmons, J		18. 2.18
4159	LSjt	Sippetts, A		26. 1.18
200036	CQMS	Slaughter, F	4 Bn	3. 9.19
10094	A/Cpl	Sloan, RHS		19. 8.16
4708	Sjt	Smethurst, WR	2 Bn	16.11.15
15007	LCpl	Smith, EA		26. 1.18
9013	CSM	Soughton, W	3 Bn(Attd 2 Bn)	21. 6.16
320069	LSjt	Sparkes, E	16 Bn	10. 1.20
7946	Sjt	Spicer, FGJ		13. 2.17
G/593	Pte(LCpl)	Sprunt, C		3. 9.18
L/10507	Cpl(A/Sjt)	Spurling, AJ	2 Bn	2.12.19
7422	T/Sjt	Startup, F	2 Bn	11. 3.16
S/2235	Pte	Stevens, T		3. 9.18
200023	CSM	Stone, BA		3. 9.18
L/10462	Pte(LCpl)	Stoner, A	2 Bn	2.12.19
G/6010	Pte	Tallon, F		30.10.18
320311	Pte	Tattershall, E	16 Bn	11. 3.20
290873	CSM	Thomas, CE		3. 9.18
320506	Sjt(A/CSM)	Thompson, JW	16 Bn	11. 3.20
1401	T/Cpl	Tilling, WS	2 Bn	16.11.15
17832	Cpl	Toney, EE		1. 5.18
G/1192	Sjt	Trevor, AW, M.M.	7 Bn	5.12.18
G/1192	Sjt	Trevor, AW, D.C.M., M.M.	7 Bn Bar	16. 1.19
3355	Dmr	Trussler, EGC		13. 2.17
G/1680	Pte(ACpl)	Turnbull, F	2 Bn	11. 3.20
G/1958	CSM	Tutt, JW, M.M.		21.10.18
2373	Pte	Waghorn, O	5 Bn	30. 6.15
L/9905	CSM	Walls, WJ		9. 7.17
424	Sjt	Ward, G		26. 9.16
8396	T/Sjt	Weal, H		19. 8.16
16925	Sjt(A/CQMS)	Webb, W	(Attd MGC)	13. 2.17
2152	Pte	Weedon, P, M.M.	2 Bn	10. 1.20
15987	Cpl	Welch, G		26. 1.18
G/3147	Sjt	West, CF	7 Bn	2.12.19
251	Sjt	Westgate, A		4. 3.18
1981	Pte	Weston, G	5 Bn	11. 3.16
200318	Cpl	White, EJ		30.10.18
2003	CSM	White, P		19. 8.16
16259	LCpl(ACpl)	Williams, CO, M.M.		4. 3.18
2826	Sjt	Woodward, SH		19. 8.16
3049	Pte	Woollard, H		4. 3.18
555	Sjt	Worley, F		4. 3.18
L/11559	Pte	Wright, A	17 Bn	3. 9.19
G/1671	LCpl	Yeoman, FW		20.10.16

147 D.C.M.'s   1 Bar

† Duplicate citation on 22.12.19.

THE HAMPSHIRE REGIMENT

240590	LCpl(A/Cpl)	Aldridge, W			1. 5.18
7762	LCpl	Alexander, AW	2 Bn	G	5. 8.15
8777	LCpl	Alexander, CJ M.M.			3. 9.18
9008	Sjt	Atkey, W, M.M.	2 Bn		5.12.18
10161	Pte	Ayling, P	2/4 Bn		2.12.19
27722	Pte	Baddams, E	2 Bn		5.12.18
19676	Pte	Baillache, JH			26. 9.16
202740	Cpl	Baldwin, F	2/4 Bn		5.12.18
6950	CSM	Baldwin, HT			17. 4.18
19057	Sjt	Barton, RC, M.M.	15 Bn		10. 1.20
18163	Pte	Bastable, G			6. 2.18
12928	Sjt	Benny, GA			14.11.16
14740	Pte	Biddlecombe, F	10 Bn	G	11. 3.16
2462	Cpl	Blake, AH		*	12.12.17
5121	CSM	Blake, JA			26. 1.18
14201	Pte(LCpl)	Bone, E	2 Bn		10. 1.20
7909	Cpl(A/LSjt)	Bone, FW			22. 9.16
10205	LSjt	Bowers, S	10 Bn	G	11. 3.16
202649	Pte	Braby, FC			1. 5.18
3802	Sjt	Brine, R	1 Bn		3. 9.19
3/4534	CSM	Brown, EJ			13. 2.17
5360	Sjt	Buddenn, WN	1 Bn(Attd 3 Bn)		11. 3.16
26991	A/CSM	Burch, E	15 Bn		10. 1.20
15708	LCpl	Chambers, W			14.11.16
330009	SM	Clark, B	8 Bn	E	3. 9.19
241021	Pte	Cole, H			30.10.18
7659	Pte	Collins, E	1 Bn		30. 6.15
18024	CSM	Collis, FG, M.M.			21.10.18
202053(form 4532)	Sjt	Combellack, RJ			18. 6.17
20908	LCpl	Copping, BA			30.10.18
29528	Pte	Cotton, JW	2 Bn		5.12.18
201687(form 4130)	Pte	Courtney, RF			29. 8.17
240009	CSM	Cousens, WH			1. 5.18
202992(form 6380)	Pte	Craven, W			18. 6.17
27847	Pte	Crook, W	2 Bn		5.12.18
11775	Sjt	Cross, E, M.M.			30.10.18
28104	Cpl	Dalton, RL			3.10.18
14305	Cpl	Dennett, B	1 Bn		10. 1.20
201105	CSM	Dennett, H	2/4 Bn		25. 2.20
9603	Sjt	Dollery, DE			26. 1.18
16457	Pte	Duggins, A			22. 9.16
7633	Pte	Eldridge, HA	1 Bn (Attd 3 Bn)		11. 3.16
2825	Pte	Elkins, HW	1/4 Bn	M	9.10.15
201207	RQMS	Emberton, JM	2/4 Bn		11. 3.20
8013	Sjt	Empringham, HJ			3.10.18
26960	Sjt	Falconer, G			3. 9.18
2139	Cpl	Feasey, HD	1/4 Bn		15. 4.16
8244	Sjt	Finch, W			26. 1.18
3392	Sjt	Fisher, F	2 Bn	G.	6. 9.15
28493	A/CSM	Fooks, WJ	15 Bn		2.12.19
380505	Sjt	Freemantle, JC			4. 3.18
6225	Sjt	Gannon, HG			6. 2.18
203143(form 6533)	Pte(A/Cpl)	Gee, FC			18. 6.17
9896	Cpl	Gilkes, FW	2 Bn		11. 3.20
6859	Pte	Glasspool, F	1 Bn		1. 4.15
240129	CSM	Graham, M			26. 1.18
42304	Pte	Greedy, H	2 Bn		2.12.19
1888	Sjt	Halsey, W	1/8 Bn		21. 6.16
200031	Sjt	Hamilton, TH	2/4 Bn		2.12.19
200031	Col.Sjt	Hamilton, TH, D.C.M.	2/4 Bn	Bar	25. 2.20
241459	Pte	Hammond, I	2 Bn		2.12.19
8650	Pte	Hampton, G	2 Bn	G	11. 3.16
7890	Sjt	Hannan, H	2 Bn	G	6. 9.15
7335	Sjt	Harder, J	1 Bn (Attd 3 Bn)		11. 3.16
2316(280880)	Pte	Harris, A			26. 4.17
5924	A/Sjt	Hayden, WJ	1 Bn		30. 6.15
18722	LCpl	Heath, P			25.11.16
200798	Pte	Hester, A	(form 2875)		29. 8.17
2665	Pte	Hill, J	1/4 Bn	M	9.10.15
4096	SM	Holdway, T	2 Bn	G	3. 7.15
8835	Pte	Holloway, F	1 Bn		1. 4.15
40893	RSM	Hubbert, AR	2/4 Bn		3. 9.19
6890	LCpl	Irish, AA	1 Bn		1. 4.15
12411	Pte	Ivens, EJ			21.10.18
12856	Sjt	Jarvis, CE, M.M.	2/4 Bn		2.12.19
200248	Cpl(CQMS)	Kemp, D	1/4 Bn	M	10. 1.20
26742	Sjt	Lane, T			21.10.18
4781(202270)	Pte(A/LCpl)	Langrish, WM			26. 4.17
8605	Sjt	Leamon, JW			17. 4.18
4335	A/Sjt	† Lee, SJ	1 Bn		30. 6.15
5955	Pte	Lewis, EJ	2 Bn (Attd 33 Div. Sig. Coy)		15. 4.16
8017	Sjt	Ley, EG	1 Bn		11. 3.16
7222	CSM	Lund, GW			11.12.16
203051	Pte	MacGregor, JA (form 6439)			29. 8.17
330380	Sjt	Matthews, M			18. 2.18
201830	Pte(A/Sjt)	Mells, F	1/4 Bn	M	10. 1.20
11484	RQMS	Mersh, FJ			17. 4.18
5576	Sjt	Milne, J	2 Bn	G	6. 9.15
5576	CSM	Milne, JW, D.C.M.		Bar	4. 3.18
39016	Cpl	Morris, CG	2/4 Bn		25. 2.20
330619	Rfm	Mowbray, WG			26. 1.18
36448	Cpl(A/LSjt)	Munday, W			3.10.18
17976	Sjt	Murden, SH			25.11.16
330232	Pte	Newnham, A	2 Bn(Attd Leics Rgt)		5.12.18
9478	Pte	Nippard, A			4. 3.18
5300	CSM	Norris, J			17. 4.18
5300	CSM	Norris, J, D.C.M.		Bar	28. 3.18
12646	Sjt	Norton, GH			21.10.18
8481	CSM	Nunn, J			6. 2.18
7280	LCpl	Oakford, H	2 Bn		16. 5.16
10890	Sjt	Odell, F			3. 9.18
8949	Sjt	Oram, F			26. 1.18
5395	CSM(A/RSM)	Palmer, JE, M.C.	1 Bn		11. 3.20
201316	Pte	Parfitt, FG			29. 8.17
330331	LSjt	Parrack, WH	8 Bn	P	11. 3.20
330388(form 1692)	Sjt	Pearson, JW			16. 8.17
17442	Pte	Pidgley, H			22. 9.16
40473	Pte(LCpl)	Piller, CA			3. 9.18
1942	Pte	Player, NW	1/4 Bn	M	9.10.15
11017	A/Sjt	Price, JE	2 Bn		3. 9.19
12308	Sjt	Pullam, FW	2/4 Bn		25. 2.20
305223	Cpl(A/Sjt)	Puttock, ET	2/5 Bn	P	11. 3.20
5756	CSM	Ralfs, ES	1 Bn		2.12.19
334	T/ASjt	Read, V	1/7 Bn(Attd 1/4 Bn)		15. 4.16
241193	Cpl(A/LSjt)	Rees, CF			1. 5.18
14564	Cpl	Riding, A			4. 3.18
3/4319	Sjt	Ross, W	(Depot)		13. 2.17
8000	Cpl	Rycroft, EJ			18. 7.17
201253	Sjt	Samways, C	24 Bn		16. 1.19
200305	Sjt	Shadwell, WC	2/4 Bn		16. 1.19
8316	Sjt	Sharp, WJ			6. 2.18
6228	Col.Sjt	Shearing, M			11. 3.16
11107	Sjt	Shepherd, GJ			20.10.16
204093(form 6226)	Sjt	Simmonds, R			29. 8.17
3/2219	Sjt	Sinsbury, F	2 Bn	G	11. 3.16
15153	LCpl	Smith, FJ			21.12.16
15628	LCpl(A/Cpl)	Snelling, R			20.10.16
1492	LCpl	Snow, R	1/4 Bn	M	9.10.15
18801	LSjt	Steere, WH			25.11.16
7086	LCpl	Stone, FC	2 Bn	G	3. 7.15
38473	Pte	Stone, FT	2/4 Bn		16. 1.19
3/4545	A/CSM	Sturges, T	10 Bn	G	11. 3.16
17215	LCpl(A/Cpl)	Taylor, F			13. 2.17
201766	Pte	Thomas, RJ			1. 5.18
9613	Sjt	Thomas, WG			22. 9.16
8908	Sjt	Thompson, H			26. 6.18
7826	Pte	Thorne, W	1 Bn		11. 3.16
200343	CSM	Tilson, JH, M.M.	2/4 Bn		16. 1.19
200037	Sjt	Tompson, W			1. 5.18
3/4029	CSM	Treagus, B			26. 1.18
202036	Sjt	Trethewey, WJ			6. 2.18
5081	CSM	Trump, F			19. 8.16
2887	Pte	Verrall, EG	1/4 Bn	M	9.10.15
8048	Sjt	Warren, G			26. 1.18
8048	Sjt	Warren, G, D.C.M.		Bar	3. 9.18
9419	Cpl	Wearn, WH			22. 9.16
8504	CQMS	Wheeler, HL			22. 9.16
3/5124	Pte	Wilkins, JS			21.12.16
202609	Sjt	Williams, A, M.M.	2/4 Bn		2.12.19
27019	CSM	Williams, FT	15 Bn		3. 9.19
2030	Pte	Wooldridge, HG	1/4 Bn	M	9.10.15

147 D.C.M.'s   4 Bars

† Bar with Wilts. Regt.

THE SOUTH STAFFORDSHIRE REGIMENT

14369	Cpl	Adams, W		21.10.18
9312	Pte	Allen, C	2 Bn	30. 6.15
4456	CQMS	Allen, TG	2 Bn	11. 3.16
5473	SM	Baker, R	1 Bn	17.12.14
4/8804	Pte	Ball, F	2 Bn	5. 8.15
8392	Sjt	Ballinger, ET, M.M. 1 Bn I		25. 2.20
12053	Pte	Bateman, R		11. 5.17
8696	Sjt	Beards, J	5 Bn	21. 6.16
200908	Pte(ACpl)	Bennett, J	1 Bn I	25. 2.20
8479	CQMS(A/CSM)	Bills, T, M.M.		15.11.18
9513	Sjt	Birch, JT	1 Bn I	25. 2.20
8569	Sjt	Birchall, W		13. 2.17
8/13211	A/CSM	Bird, HS	8 Bn	30. 3.16
12844	Pte	Blewitt, F		26. 1.18
240817	A/Sjt	Blythe, JW		30.10.18
7834	Cpl(ASjt)	Bolton, J		4. 3.18
6650	Pte	Bonning, C	1 Bn	5. 8.15
39601	A/Cpl	Brummel, AE	1/5 Bn	2.12.19
16173	Sjt	Bullock, GH, M.M.		15.11.18
4980	CSM(A/SM)	Burgoyne, A		13. 2.17
8362	Sjt	Busby, A	2 Bn	30. 6.15
8860	CQMS	Bytheway, F	1 Bn	30. 6.15
8791	Pte	Caddick, S	2 Bn	1. 4.15
8/13584	CSM	Cartwright, RW		16. 8.17
7589	LCpl	**Castleford, JF**	1 Bn	1. 4.15
9649	Pte	Cattell, S	3 Bn(Attd 1 Bn)	11. 3.16
40762	Pte	Clay, H	1/5 Bn	11. 3.20
1/9059	Sjt	Clews, J		4. 3.18
12521	CSM	Clowsley, ?		3. 9.18
15455	Cpl	Cooper, W	9 Bn I	11. 3.20
6330	LCpl	Cotterill, H	2 Bn	30. 6.15
6330	LCpl	Cotterill, H, D.C.M.	2 Bn Bar	11. 3.16
240087	Sjt	Cox, A		6. 2.18
17989	Pte	Cox, JH	9 Bn I	3. 9.19
25745	Cpl(ASjt)	Crowther, J		6. 2.18
241396	Sjt	Crutchley, A	1/6 Bn	11. 3.20
8891	Cpl	Dales, J		25.11.16
200254	Sjt	Davies, GT	1/5 Bn	3. 9.19
201876	Sjt	Deaville, A	1/5 Bn	2.12.19
8403	Sjt(A/CSM)	Defley, J		3. 3.17
8/10539	CSM	Dewson, CPG		13. 2.17
11916	Pte(ASjt)	Dodd, G		22. 9.16
2561	CSM	Duggan, J	1/6 Bn	11. 3.16
13002	Sjt	Eades, J		6. 2.18
242302	LCpl	Eatwell, WGA		21.10.18
3/8954	Pte	Edwards, AC	2 Bn	5. 8.15
9600	Pte	Edwards, H	1 Bn	16.11.15
12162	Pte	Ellis, TE		16. 8.17
240105	CSM	Evans, GE		21.10.18
200895	Sjt	Evans, JA		3. 9.18
11528	Sjt	Evans, WE	2 Bn *	30. 1.20
241174	Cpl	Everitt, NS	1/6 Bn	11. 3.20
42137	Pte(LCpl)	Exton, S	1/6 Bn	11. 3.20
8840	Pte	Farmer, C	1 Bn	5. 8.15
200271	Sjt	Fergusson, AE	1/5 Bn	2.12.19
17684	LCpl	Fisher, J		4. 3.18
13043	CSM	Fisher, W		21.10.18
8152	Sjt(A/CSM)	Flowers, A		18. 7.17
7154	Pte	Flowers, IB	2 Bn	5. 8.15
7577	CSM	Ford, L	1 Bn	16.11.15
9633	Sjt	Freeth, JE	3 Bn(Attd 1 Bn)	11. 3.16
9404	Pte	Garrett, E	(Attd MGC)	28. 3.18
13988	Cpl	Gibson, T	9 Bn I	25. 2.20
241208	Sjt	Goodey, AT		17. 4.18
8507	LCpl	Gough, J	1 Bn	1. 4.15
8/13628	A/CQMS	Handy, R		18. 7.17
40124	Pte	Harley, R		3. 3.17
6098	Sjt(A/CSM)	Harrison, F		28. 3.18
9939	Sjt	Harrison, WT		28. 3.18
8/13320	Cpl	Harvey, JC		9. 7.17
12628	LCpl	Hathaway, E	2 Bn	11. 3.16
11256	Sjt	Hawkes, S		30.10.18
10343	Sjt	Hawkins, T	3 Bn(Attd 1 Bn)	21. 6.16
2984	CQMS	Herbertson, A		9. 7.17
11509	Pte	Hesson, B	2 Bn(Attd RE)	3. 6.15
26553	Pte(LCpl)	Hickling, H, M.M.	2 Bn	2.12.19
242478	Sjt	Higgs, T		15.11.18
200282	Sjt	Hill, C	1/5 Bn	2.12.19
8844	Pte	Hill, W	4 Bn(Attd 2 Bn)	3. 6.15
10632	Sjt	Holden, H		21.10.18
240067	Sjt	Holloway, T	1/6 Bn(Attd TMB)	3. 9.19
14720	Sjt	Houston, J		4. 3.18
200540	CSM(A/RSM)	Howse, F	1/5 Bn	11. 3.20
6874	A/Cpl	Hunt, J	2 Bn	30. 6.15
8765	Sjt	Imm, J	1 Bn	27. 7.16
11990	CSM	Jackson, S		17. 9.17
40483	Pte	James, AH		3. 9.18
7352	LCpl	Johnson, W	2 Bn	1. 4.15
240729	Sjt	Kelly, J		26. 1.18
8988	CSM	King, OM		15.11.18
202691	Cpl	Kirton, F		4. 3.18
9740	Pte	Knowles, R	3 Bn(Attd 2 Bn)	11. 3.16
2682	Pte	Langford, E	1/6 Bn	30. 6.15
8/12858	Pte	Lee, S		22. 9.16
10615	Cpl	Leonard, CW		20.10.16
9398	Cpl	Lester, GH		3. 3.17
15866	Pte	Lewis, JH	1/6 Bn	2.12.19
8912	Sjt(A/CSM)	Lockett, T, M.M.		1. 5.18
7/9183	Sjt	Lockley, W		4. 3.18
8/13686	Pte	Lynock, J	8 Bn	30. 3.16
8068	Cpl(A/LSjt)	Malkowsky, WC		13. 2.17
9472	Pte	Manford, W	2 Bn	5. 8.15
7866	CSM	Martin, E	1/5 Bn	11. 3.16
5160	CSM	Maxfield, L	1 Bn	1. 4.15
12774	Sjt	McEvoy, M		4. 3.18
240197	Sjt	Morris, J, M.M.	1/6 Bn	2.12.19
5005	Pte	Mutlow, A	2 Bn	6.11.14
8/13804	LCpl	Neal, S	8 Bn	30. 3.16
SS/24920	CQMS(A/RSM)	Neale, WS (Attd London Rgt)		18. 7.17
14543	Pte	Nolan, P		22. 9.16
14543	Sjt	Nolan, P, D.C.M.	Bar	17. 9.17
200741	Sjt	Nutting, S		21.10.18
12557	Pte	Padmore, F		13. 2.17
13503	Pte	Parker, CJ	7 Bn	3. 9.19
8689	CQMS	Parr, F	1 Bn	11. 3.16
8305	Pte	Parsons, T	2 Bn	16.11.15
1779	LCpl	Partridge, W		14.11.16
40652	LCpl(A/Cpl)	Peake, S	1 Bn I	11. 3.20
17772	A/Sjt	Perry, A		21.10.18
200214	Pte	Pitcock, H		16. 8.17
9495	Sjt	Pitt, JW	1/5 Bn	11. 3.16
4270	Pte	Porteous, G (later Worcs.Rgt.)		3. 3.17
19039	Pte	Pountney, RC (Attd MGC)		13. 2.17
25389	Pte	Povey, B, M.M.	1/5 Bn	2.12.19
4904	CSM(A/RSM)	Purchas, G		17. 4.18
15270	Sjt	Renshaw, H		14.11.16
11271	Cpl(A/Sjt)	Robinson, S		6. 2.18
2723	LCpl	Rogers, F		14.11.16
12612	Sjt	Rogers, TH		17. 4.17
7876	Sjt	Rollinson, H		17. 4.18
8/14687	LCpl	Rowley, W	8 Bn	30. 3.16
8490	Sjt	Saunders, RG	3 Bn(Attd 1 Bn)	11. 3.16
6849	Sjt	Shine, E	2 Bn	1. 4.15
6871	Pte	Simmonds, WA	2 Bn	17.12.14
18687	Sjt	Smith, EB		17. 9.17
6250	LCpl	Smith, J	2 Bn	16. 1.15
17555	Pte	Smith, P		25. 8.17
17838	Sjt	Smith, WE	7 Bn	11. 3.20
16795	CSM	Smitheman, J		25. 8.17
16795	CSM	Smitheman, J, D.C.M.	Bar	4. 3.18
15061	Pte	Southall, J	1 Bn I	3. 9.19
7866	LCpl	Standley, JT	1 Bn	1. 4.15
200632	CSM	Stanton, J		15.11.18
5680	Pte	Stokes, W	2 Bn	5. 8.15
8/13740	Sjt	Street, WOM	8 Bn	15. 3.16
203373	Pte	Sutton, T	1/5 Bn(Attd TMB)	11. 3.20
8327	LCpl	Swinnerton, E	2 Bn	11. 3.16
241989	Cpl	Taylor, AE	1/6 Bn	2.12.19
9678	LCpl	Taylor, GW (could be N.Staffs)		25. 8.17
240090	CSM	Taylor, TR, M.M.	1/6 Bn	2.12.19
8/13954	Sjt	Terry, E		21.10.18
242520	Pte	Thomas, GH	1/6 Bn	3. 9.19
42811	Pte	Thompson, W		30.10.18
7408	Pte	Till, SE	2 Bn	21. 6.16
12005	Sjt	Titley, A		3. 9.18
9686	Pte	Tuckley, CH	3 Bn(Attd 2 Bn)	11. 3.16
13725	Cpl(A/Sjt)	Twinberrow, GH, M.M.	1 Bn I	25. 2.20

Section 6.

Section 6.   THE SOUTH STAFFORDSHIRE REGIMENT   107

203284	Pte	Varnam, LT	1/5 Bn		11. 3.20	200436	Pte(A/Cpl)	Wilkins, AH		3. 9.18
10521	QMS	Walker, E	7 Bn		21. 6.16	6622	CSM	Withers, C	1 Bn	30. 6.15
2475	LCpl	Ward, E			19. 8.16	8322	CSM	Wright, W	2 Bn	21. 6.16
8/10879	Sjt(A/CSM)	Ward, H			6. 2.18	200106	Cpl(LSjt)	Wright, WT	1/6 Bn	2.12.19
10285	Cpl(A/Sjt)	Waymont, J	7 Bn		21. 6.16					
9264	Cpl(A/Sjt)	Wheatley, A			6. 2.18	16274	Pte(A/LCpl)	Yates, G		15.11.18

165 D.C.M.'s   3 Bars

THE DORSETSHIRE REGIMENT

10019	A/CSM	Adams, PW			22. 9.16	5655	CSM	Home, J, M.M.				3.10.18
14816	CSM	Aggus, T	6 Bn		11. 3.20	8940	Pte	Horne, AH			*	12.12.17
200597	Sjt	Amey, WH			21.10.18	7712	Pte	Hughes, L	2 Bn		M	1. 4.15
9068	LCpl	Arnold, JJ		*	12.12.17	8040	Sjt	Janaway, AE				9. 7.17
13447	Pte	Ashmore, T			4. 3.18	3/8937	Pte	Jefferies, W	6 Bn			15. 3.16
3/6736	Sjt	Bailey, JGA, M.M.			1. 5.18	8463	Pte	Kerley, HE			*	12.12.17
4766	Sjt	Barfoot, G	2 Bn	*	23.10.19	8705	Sjt	Kerr, W	1 Bn			11. 3.16
8823	Pte	Barrett, H 2 Bn(Attd 2 FA)		M	3. 6.15	3/7912	A/Cpl	King, TC	1 Bn			30. 6.15
3/8991	Pte	Beaupré, G			25.11.16	200248	Sjt	Knight, AF				4. 3.18
13766	A/Sjt	Bell, A			1. 5.18	8715	Pte	Kooymans, J			*	12.12.17
6355	LSjt	Blackmore, G			22. 9.16	7854	Pte	Little, H	2 Bn		M	3. 6.15
8536	RQMS(A/RSM)	Boddie, JW	1 Bn		3. 9.19	8662	Pte	Lloyd, J	2 Bn		M	5. 8.15
24739	LCpl	Breakspear, F			4. 3.18	3/7913	LCpl	Loader, WG				26. 9.16
9402	CSM	Britt, J, M.M.	6 Bn		2.12.19	8102	CSM	Lovegrove, W				4. 3.18
12349	A/Sjt	Bukley, H	6 Bn		30. 3.16	6440	Sjt	Maidment, R	2 Bn		M	22. 1.16
8328	Pte	Burt WG	2 Bn	M	5. 8.15	6363	Pte	McGrath, HW				29. 8.17
7773	CQMS	Cannings, WJ	1 Bn		11. 3.16	8220	Cpl	Miller, E			*	12.12.17
15634	Pte	Cattle, H			16. 8.17	8669	CSM	Miller, J	1 Bn			11. 3.16
3/8548	Pte	Chick, T	1 Bn		16. 5.16	200222	Sjt	Mitchell, H	1/4 Bn		M	16. 1.19
3/8106	Sjt	Chidgey, WW, M.M. 6 Bn			16. 1.19	7443	LCpl	Moores, WJ	2 Bn		M	1. 4.15
7443	LCpl	Clark, A		*	12.12.17	8558	Pte	Moores, WJ	2 Bn		M	1. 4.15
12552	LCpl	Clarke, CJ			26. 4.17	13617	Pte	Mountjoy, JJ	6 Bn			30. 3.16
10131	CSM	Clarke, FJ	1 Bn		10. 1.20	3/4346	Pte	Mullins, J	1 Bn			30. 6.15
9038	LCpl	Clench, WG	2 Bn	M	22. 1.16	4584	RQMS	Newman, T	(later 2 Lt)		*	17.10.17
7728	Pte	Cole, W	2 Bn	M	22. 1.16	6930	Cpl	Osman, FW			*	12.12.17
7871	Pte	Coombes, W	1 Bn		17.12.14	8607	Pte	Palmer, WG	2 Bn		M	3. 6.15
8394	Sjt	Cox, H	1 Bn		16. 1.15	11052	CSM	Pearce, CG				15.11.18
8692	Sjt	Creech, G	1 Bn		1. 4.15	10568	Cpl(LSjt)	Phillipe, W	1 Bn			2.12.19
11264	Pte	Cunningham, HW			13. 2.17	12866	Cpl †	Porter, T	(Attd 2 Hants Rgt)			21. 1.20
14678	Pte	Curtis, WH			21. 6.16	10829	LCpl	Rabbits, F	6 Bn			30. 3.16
6701	CSM	Daniels W	2 Bn	M	5. 8.15	6767	Bandsman	Richardson, FA	2 Bn		M	22. 1.16
8826	Pte	Dear, J	2 Bn	M	22. 1.16	18781	CSM	Ricketts, AG	2 Bn		E	3. 9.19
3865	SM	Delara, G	2 Bn	M	1. 4.15	10480	Sjt(A/CSM)	Riddle, WF				25.11.14
7601	Sjt	Draper, AW	1 Bn		24. 6.16	34195	Sjt	Sandercock, JW	1 Bn			2.12.19
6591	L/Sjt	Drew, HA	2 Bn	M	1. 4.15	8405	Pte	Scadden, F			M	5. 8.15
9421	Sjt(A/CSM)	England, E, M.M.			30.10.18	8744	Cpl	Scott, H	2 Bn			5. 8.15
203001	A/CSM	Feltham, EG			4. 3.18	7909	Pte	Sedgbeer, C	2 Bn		M	5. 8.15
6514	Sjt	Fendley, AC	2 Bn	M	3. 6.15	9429	Pte	Sherwood, F	2 Bn		M	3. 6.15
6812	LCpl	Finch, EA	2 Bn	M	3. 6.15	11188	Sjt	Skeggs, J	1 Bn			10. 1.20
8384	A/Sjt	Finch, JB			16. 8.17	8325	Sjt	Snashall, E	1 Bn			1. 4.15
11566	Pte	Follett, T	6 Bn		30. 3.16	13624	Pte	Southcote, W	6 Bn			15. 3.16
10553	Pte	Fowler, HJ			25.11.16	3/8074	Pte	Stacey, EH	6 Bn			16. 1.19
10992	CSM	Franklin, J			22. 9.16	8187	Pte	Tett, G	2 Bn		M	3. 6.15
7587	Sjt	Gambling, C	1 Bn		30. 6.15	14342	Sjt	Trevett, T	6 Bn			11. 3.20
9322	Sjt	Gent, R			9. 7.17	24900	LCpl	Vallance, JP	5 Bn			10. 1.20
9372	Pte(LCpl)	Gordon, JT			11. 3.20	4858	CSM	Vivian, FW	1 Bn			1. 4.15
8262	LCpl	Gover, H			1. 5.18	5349	CSM	Warren, W	2 Bn		M	5. 8.15
6373	CQMS	Gray, G, M.M.	1 Bn		2.12.19	7454	CSM(A/SM)	Wells, C	5 Bn			21. 6.16
3/7968	Pte	Gray, W	1 Bn		30. 6.15	8526	Cpl	White, WF	2 Bn		M	22. 1.16
9822	Sjt	Haggett, WJ	1 Bn		25. 2.20	8199	LCpl	Zebedee, G	2 Bn		M	3. 6.15
14284	Cpl	Hardy, RS, M.M. 1 Bn			2.12.19							
8921	Pte	Higgs, AG	2 Bn	M	22. 1.16							

101 D.C.M.'s

† Alexandrova 19/8/19.

THE PRINCE OF WALES'S VOLUNTEERS (SOUTH LANCASHIRE REGIMENT)

9894	Pnr Sjt	Ackary, AGF	2 Bn		21. 6.16	14563	CSM(A/RSM)	Barnes, A		16. 8.17
9558	CSM	Alldridge, A	2 Bn		21. 6.16	240508	LSjt	Bickerstaffe, A		17. 4.18
3381	Pte	Andrews, T	1/5 Bn		2.12.19	241977	Sjt	Bowden, PJ	1/5 Bn	16. 1.19
185	Sjt	Ashall, E	1/5 Bn		11. 3.16	14318	Pte	Brewer, J		19. 8.16
13672	Cpl	Ashton, J			3. 9.18	1978	LCpl	Bridge, WJ		25. 8.17

THE PRINCE OF WALES'S VOLUNTEERS (SOUTH LANCASHIRE REGIMENT)

Number	Rank	Name	Bn		Date
10837	Sjt	Broadfoot, W			3. 9.18
15299	LSjt	Brown, E			15.11.18
16816	Pte	Burke, M			22. 9.16
7995	Sjt	Caldicott, G			22. 9.16
240655	Sjt	Carson, J			6. 2.18
8538	Sjt	Champion, F			22. 9.16
15269	Pte	Chandler, E			22. 9.16
2190	LCpl	Ching, JI	1/5 Bn		3. 6.15
6922	LCpl	Cleveland, A	2 Bn		30. 6.15
12966	Sjt	Clough, W			21.10.18
26574	Pte	Colthorpe, JW			26. 1.18
19123	Pte	Corless, W			21.10.18
240533	CSM	Dearden, T	1/5 Bn		11. 3.20
15078	Sjt	Drane, W			26. 1.18
1961	Pte	Eaton, J	4 Bn		5. 8.15
10748	LCpl	Eden, H			22. 9.16
16742	Cpl	Edwards, AJ			17. 9.17
14499	Sjt	Evans, D	9 Bn	S	10. 1.20
2105	A/Sjt	Evans, W			11.12.16
2105	Sjt	Evans, W, D.C.M.		Bar	25. 8.17
2057	LCpl	Evason, WJ	1/5 Bn		3. 6.15
37375	Pte	Farrand, TW			25. 8.17
6432	CQMS	Fearnehough, J	2 Bn		30. 6.15
8261	Sjt(A/CSM)	Field, WC			9. 7.17
3479	CSM	Flynn, W			21.10.18
10854	Pte	Foy, T	6 Bn		21. 6.16
10940	Cpl	Freel, C			21.10.18
11041	Pte	German, S			1. 5.18
9185	LCpl	Goldsmith, C			18. 2.18
3567	Pte	Gorman, T	2 Bn		11. 3.16
13118	Pte	Gratton, FC			29. 8.17
241954	Pte	Greenhall, H	2/4 Bn		11. 3.20
15877	Pte	Grey, P	2 Bn		11. 3.20
2329	Cpl	Hallwood, T	1/5 Bn		3. 6.15
20581	RSM	Harrison, J, M.C.			3. 9.18
7656	Sjt	Harrison, W	2 Bn		17.12.14
26678	Pte	Harvey, GJ			29. 8.17
17675	Pte	Heys, W			20.10.16
241694	Pte(ACpl)	Holcroft, H			3. 9.18
13205	CSM	Holt, H			21.10.18
10571	Pte(LCpl)	Holt, J			25. 8.17
200065	CSM	Howard, F			3.10.18
17870	Sjt	Howarth, JW			26. 4.17
34054	Pte	Lawrence, CJ			25. 8.17
15003	A/Sjt	Lewis, T			25.11.16
28895	LCpl	Loughlin, J			25. 8.17
15130	Pte	Madden, M			22. 9.16
12843	Cpl	Mahoney, J			13. 2.17
17628	LCpl(ACpl)	Mallin, W			16. 8.17
12313	Cpl(ASjt)	Martin, J	1/5 Bn		16. 1.19
202113	Sjt	Mather, R	2/4 Bn		11. 3.20
9327	Sjt	McCormack, L			11.12.16
16798	Cpl	McNally, W			26. 1.17
241185	A/Sjt	Moran, T			26. 1.18
200510	Cpl(LSjt)	Mothershead, N	1/4 Bn		11. 3.20
200022	CSM	Myles, AJ	1/4 Bn		11. 3.20
176	Sjt	Ness, W	1/4 Bn		21. 6.16
15470	Sjt	New, G			17. 4.17
7809	A/Sjt	Newbold, W	2 Bn		11. 3.16
9253	CSM	Nicholson, E	2 Bn		21. 6.16
1513	Pte	Ollerton, J			25. 8.17
9880	CSM	O'Nions, A			17. 4.18
8433	Pte	Peel, W	2 Bn (former name W, Casson)		11. 3.16
10128	Pte	Pennington, G			14.11.16
1773	Pte	Phillips, W	1/5 Bn		11. 3.16
20368	LSjt	Potter, JT			17. 4.18
2138	Sjt	Potter, W			14.11.16
12132	Sjt	Pownall, R	9 Bn	S	10. 1.20
9865	Cpl	Prankard, A	(Attd TMB)		13. 2.17
202132	Sjt	Price, J			17. 4.18
12479	Pte	Pugsley, G			16. 8.17
368	CSM	Ray, H	1/5 Bn		21. 6.16
34166	LCpl	Read, R			26. 1.17
6766	RQMS	Reddock, G	2 Bn		21. 6.16
61090	Pte	Redstone, VH	11 Bn		10. 1.20
12079	Cpl	Reid, T			16. 8.17
8196	CSM	Rice, WA	2 Bn		21. 6.16
1947	Pte	Roberts, J	5 Bn		30. 6.15
241604	Sjt	Rothwell, F			3.10.18
200679	LCpl	Rusdale, T			6. 2.18
8618	CSM(A/RSM)	Ryan, AS	11 Bn		11. 3.20
201326	Sjt(A/CSM)	Savage, W	2/4 Bn		3. 9.19
34258	Pte	Shackles, AG			13. 2.17
13359	Pte	Simpson, P			1. 5.18
1106	CSM	Smith, F	1/5 Bn		5. 8.15
200855	Sjt	Smith, P			21.10.18
10394	Pte	Steadman, C			14.11.16
200301	Cpl	Stephens, R, M.M.			3.10.18
34336	LCpl	Stirling, F	2 Bn		5.12.18
241061	A/Cpl	Swift, GE	1/5 Bn		3. 9.19
1564	Pte	Taylor, C			20.10.16
202334	Pte(LCpl)	Taylor, CH			15.11.18
814	CSM	Tilley, JH	1/5 Bn		11. 3.16
200756	Sjt(A/CSM)	Townsend, JW	1/4 Bn		3. 9.19
10609	CSM	Tripp, B	6 Bn	G	11. 3.16
17525	Pte	Turner, J			25. 8.17
22007	Sjt	Twinning, W			3. 9.18
15201	Sjt	Vernon, HW	2 Bn		3. 9.19
241248	CSM	Vose, T			6. 2.18
240906	Cpl	Webster, G			17. 4.18
2515	CSM	Widd, T			21.12.16
200766	CSM(A/RSM)	Widd, T, M.M.		Bar	3.10.18
27781	Pte	Wilkins, WH	2 Bn		11. 3.20
200596	Sjt	Williams, P	1/4 Bn		11. 3.20
200530	Sjt	Williamson, T			21.10.18
200530	Sjt	Williamson, T, D.C.M.		Bar	15.11.18
9212	Cpl	Windell, JW	2 Bn		1. 4.15
14767	CSM	Wood, GT			9. 7.17
7897	CSM	Woollett, FG			29. 8.17
8892	LCpl	Yorke, S	2 Bn		30. 6.15

117 D.C.M.'s   3 Bars

THE WELCH REGIMENT

Number	Rank	Name	Bn	Date
26056	CSM	Abbott, T		28. 3.18
8959	Sjt	Adams, A	2 Bn	21. 6.16
320926	Sjt	Averill, B	24 Bn	10. 1.20
285550	Sjt	Axon, F		15.11.18
26010	LCpl	Bailey, T		28. 3.18
285564	Pte	Barrett, T	13 Bn	5.12.18
40055	Pte	Bennetta, F	15 Bn	5.12.18
47427	Sjt(A/CSM)	Boland, J		25. 8.17
265012	Sjt	Bond, JW, M.M.		28. 3.18
27877	Sjt	Bowen, M		28. 3.18
40035	Cpl	Bradshaw, T		26. 1.18
47750	Pte	Brandon, A	15 Bn	5.12.18
35137	Sjt	Broadway, E		3.10.18
36287	Cpl	Brooks, F	2 Bn	10. 1.20
27970	A/Sjt	Bullock, J	18 Bn	11. 3.20
8503	Pte	Burridge, J	2 Bn	30. 6.15
23361	CQMS	Carnie, WH		17. 4.18
266299	Sjt	Casey, D		30.10.18
8377	Pte	Church, G	2 Bn	30. 6.15
19570	Cpl	Cochrane, W		25. 8.17
7745	CSM	Collins, FOD	2 Bn	11. 3.16
23679	Pte	Cowell, J		17. 4.18
275	CSM	Cowley, CJ	1/6 Bn	30. 3.16
38310	LSjt	Cox, TD		25.11.16

21405	A/RSM	Davidge, JC		17. 4.18		17685	Sjt	Lewis, FA	14 Bn (Depot)	3. 9.19
54601	Pte	Davies, D		26. 1.18		53723	CSM	Lewis, HJ, M.M.	9 Bn	3. 9.19
21690	Cpl	Davies, H		15.11.18		36123	Pte	Lewis, T		14.11.16
26083	A/Sjt	Davies, I		3. 9.18		285323	Sjt	Llewellyn, TJ	14 Bn	11. 3.20
320156	Pte	Davies, J	24 Bn	10. 1.20		24428	Pte	Llewellyn, WT		3. 9.18
15625	Pte	Davies, M	(Attd LTMB)	6. 2.18		35071	Pte	Lock, TJ		15.11.18
54631	Pte	Davies, TJ		21.10.18		9874	Sjt	Longden, E	2 Bn	16. 1.15
27979	CSM	Davies, Z		28. 3.18		320523	Sjt	Lougher, T	24 Bn	2.12.19
28425	CSM	Deacon, EC		20.10.16		25105	A/Sjt	Lovell, C		21.10.18
47481	Sjt	Dee, CJ	15 Bn	5.12.18		26424	Pte	Lowe ES	13 Bn (Depot)	5.12.18
240783	CQMS	Denner, E		26. 1.18						
19257	Pte	Dooley, J		26. 1.18		28005	LCpl	McCabe, R		21.10.18
241031	Pte	Dowman, DG		26. 1.18		47589	Pte	McCarthey, TJ	15 Bn	5.12.18
26728	Pte	Dunn, JT		28. 3.18		24220	CSM	McCarthy, D	19 Bn	3. 9.19
1550	CSM	Dwyer, L	1/6 Bn	21. 6.16		19499	Sjt	McFarlane, DA		17. 4.18
						240007	CQMS	McGregor, SH		16. 8.17
18587	Cpl	Earl, TG	2 Bn	6. 9.15		8697	T/RSM	Milson, JW	4/5 Bn P	11. 3.20
18587	Sjt	Earle, TG, D.C.M.	Bar	28. 3.18		36243	Cpl	Morgan, G		3. 9.18
265297	CSM	Earls, M		17. 4.18		23760	Pte	Morgan, G	15 Bn	2.12.19
240743	A/Sjt	Edwards, E		26. 1.18		61656	Pte	Morgan, TJ	24 Bn	10. 1.20
7018	LCpl	Evans, C	1 Bn	16.11.15		25788	Pte	Morris, F		28. 3.18
320159	Sjt	Evans, DL		28. 3.18		53690	CSM	Morris, J		4. 3.18
26721	Sjt	Evans, E	15 Bn	10. 1.20		14582	Cpl	Morris, W		22. 9.16
14795	Sjt	Evans, J		22. 9.16		7804	CSM	Mudford, G	1 Bn	16.11.15
9176	Sjt	Evans, T		13. 2.17		31745	Sjt	Murphy, M	19 Bn	2.12.19
20959	Sjt(A/CSM)	Fairclough, R	15 Bn	11. 3.20		28580	Cpl	Newman, M		26. 7.17
33129	Pte	Fawcett, RJ	9 Bn	16.11.15		28580	Sjt(A/CSM)	Newman, M, D.C.M., M.M.	Bar	3. 9.18
8953	Cpl	Finnigan, J	2 Bn	30. 6.15		320252	Pte	Nicholas, JO	24 Bn	2.12.19
56796	Pte	Fisher, S		26. 1.18		13299	LCpl	Nicholls, J		21.12.16
54184	Sjt	Fortune, A	13 Bn	11. 3.20		9563	Sjt	Northey, J	2 Bn	11. 3.16
241320	Sjt	Foster, CH	1/5 Bn E	3. 9.19						
						6184	CSM	O'Connell, E	8 Bn (Attd 3 Bn) G	11. 3.16
26814	Pte	Gibbard, C		15.11.18		3948	LSjt	Orman, JA	1/4 Bn G	11. 3.16
10888	Sjt	Gibbins, S	2 Bn	21. 6.16						
240679	Sjt	Gibbon, JD		3. 9.18		4664	Sjt	Peoples, WJ		28. 3.18
31870	Pte	Gibson, A		13. 2.17		26257	Pte	Pizey, AE		9. 7.17
16757	LCpl	Green, TJ		6. 2.18		33664	Sjt	Price, D		25. 8.17
17473	LSjt	Grey, E		17. 4.18		19994	CSM	Probert, WG		21.10.18
265726	Sjt	Griffiths, D		3. 9.18						
54981	Sjt	Grover, S		17. 4.18		56831	Sjt	Ravenhill, J, M.M.	2 Bn	10. 1.20
						19251	Sjt	Rees, D		15.11.18
320016	A/CSM	Hancocks, J	24 Bn	11. 3.20		57224	Cpl	Rees, JE		15.11.18
240726	Pte	Harris, AJ		18. 2.18		320408	Sjt	Rees, S	24Bn (Attd LTMB)	
25224	Sjt	Harris, J		13. 2.17						11. 3.20
291464	Sjt	Hartshorn, JH	18 Bn	3. 9.19		54243	Sjt	Reeves, W		25. 8.17
54255	A/Cpl	Heath, WJ		3. 9.18		1290	LCpl	Rendall, J	2 Bn (Attd RE)	30. 6.15
18174	SM	Heycock, WL		13. 2.17		9684	Sjt	Ricks, AW	14 Bn	16. 1.19
8935	Sjt	Highgate, E	2 Bn	2.12.19		11109	Pte	Rivers, TH		29. 8.17
320049	Sjt	Hinds, DJ		1. 5.18		35453	Sjt	Roberts, W		15.11.18
54804	Sjt(A/CSM)	Hines, AE	15 Bn	2.12.19		1946	Pte	Rogers, L	2 Bn	1. 4.15
27450	Pte	Hobbs, H	13 Bn	11. 3.20		10116	A/Sjt	Roots, LAP		14.11.16
31651	LCpl	Holcroft, T	19 Bn	11. 3.20		8915	LSjt	Russ, S		22. 9.16
55426	Cpl	Holding, TW		15.11.18						
26892	Pte(A/CSM)	Holman, H		25. 8.17		17831	Sjt	Samuels, M		26. 1.18
14906	CSM	Hooper, J		22. 9.16		9219	CSM	Saunders, J	2 Bn	11. 3.16
288185	Cpl	Hopkins, L	24 Bn	2.12.19		8384	CSM	Scott, TH	2 Bn	30. 6.15
12609	Sjt	Hopkins, R		29. 8.17		37945	Pte	Searle, FG	14 Bn	11. 3.20
						34434	LCpl	Sharples, T	3 Bn	15. 4.16
265754	Sjt	Iles, HE		21.10.18		16965	Cpl	Sheldrake, EG	9 Bn	16.11.15
						58039	Pte	Sloane, J	9 Bn (Later 57837 SWB)	11. 3.20
17401	Pte	James, D		26. 1.18		9364	CSM	Smedley, A		9. 7.17
27478	Sjt	James, TE	2 Bn	15. 3.16		22394	Sjt	Speake, A		17. 4.18
487	A/CSM	Jarvis, J	1/6 Bn	21. 6.16		30831	Cpl	Staples, CM		15.11.18
10414	Sjt	Jeffries, CE		22. 9.16		59456	CSM	Stevenson, RG	15 Bn	2.12.19
1318	Pte	Jenkins, HT		26. 1.18		47825	Pte	Stewkesbury, G		3.10.18
240011	CSM	Jenkins, JW		16. 8.17		55394	Pte	Strike, H		15.11.18
15331	CSM	John, B	2 Bn	11. 3.20		25278	Sjt	Sullivan, D, M.M.		3. 9.18
985	Pte	John, G	3 Bn	16. 1.15		266806	Sjt	Sullivan, J	6 Bn	22.12.19
20155	Sjt	John, WT	15 Bn	2.12.19		14831	LSjt	Sullivan, S		3.10.18
240014	CSM	Jones, AC		1. 5.18		63047	Cpl	Summons, GWA	9 Bn	11. 3.20
320397	Pte	Jones, AH	24 Bn	10. 1.20		19378	CSM	Sydenham, SJ		29. 8.17
9754	LCpl	Jones, CH	2 Bn	21. 6.16						
13942	Sjt	Jones, D		26. 1.18		56800	Sjt	Tarling, WC	15 Bn	2.12.19
19864	CSM	Jones, DA, M.M.		3.10.18		10220	Sjt	Taylor, GH		14.11.16
21893	Pte	Jones, EJ		15.11.18		291968	Cpl	Thackray, C	4 Bn	11. 3.20
14742	Sjt	Jones, I	9 Bn	21. 6.16		25019	Pte	Thomas, GJ	13 Bn	5.12.18
240028	CSM(A/RSM)	Jones, J		16. 8.17		2370	Pte	Thomas, JH	1/6 Bn	15. 3.16
6616	CSM	Joshua, J		17. 4.18		22256	Pte	Thomas, JW	24 Bn	10. 1.20
						20485	LCpl	Thomas, M	15 Bn	5.12.18
8514	Sjt	Kelly, JB	2 Bn	21. 6.16		320160	Sjt(A/CSM)	Thomas, R		1. 5.18
28404	Sjt	King, H	18 Bn	11. 3.20		7879	Pte	Thomas, R	2 Bn	11. 3.16
20376	LCpl	Kirkman, W, M.M.		3. 9.18		6406	Cpl	Thomas, W	2 Bn	1. 4.15
						200966	Sjt	Thomas, WMB	4/5 Bn E	25. 2.20
28112	A/CSM	Lawrence, AJ		28. 3.18		25573	L/Cpl	Thompson, D	17 Bn (Attd Hood Bn)	
23884	A/RSM	Lewis, C		9. 7.17						5.12.18

Number	Rank	Name	Bn		Date
17957	Pte	Tregunna, TH			17. 4.18
14143	CSM	Tucker, A			21.12.16
1650	CQMS	Turner, E	1/6 Bn		16. 5.16
26979	Pte	Turnock, G	8 Bn	G	11. 3.16
26692	Sjt	Voyle, AJ, M.M.	13 Bn		5.12.18
35155	Pte	Wallace, CJ	15 Bn		3. 9.19
10956	Sjt	Ware, J			22. 9.16
6252	CSM	Weeks, W	1 Bn		30. 6.15
17749	Sjt	White, FW			26. 1.18
2822	Pte	Widlake, AS	1/6 Bn		30. 3.16
56945	Pte	Wild, TR	13 Bn		5.12.18
39334	Pte	Willetts, E	9 Bn		22. 9.16
16100	Sjt	Williams, D			15.11.18
21772	LSjt	Williams, E	13 Bn		2.12.19
39078	LSjt	Williams, GD			14.11.16
200685	CSM	Williams, H			18. 2.18
8969	Cpl	Williams, H, M.M.	9 Bn		2.12.19
30697	LSjt	Williams, I			17. 4.18
320166	Cpl(A/Sjt)	Williams, J			18. 2.18
16906	CSM	Williams, P			26. 1.18
320121	Sjt	Williams, W	24 Bn		11. 3.20
15583	Cpl	Willis, CC		S	10. 1.20
6699	CSM	Wolsey, E			14.11.16
50877	Pte	Woods, JA	2 Bn		11. 3.20
19679	Sjt	Workman, J			3. 9.18
12542	Sjt	Worts, HS			22. 9.18
265253	CSM	Young, G	6 Bn		11. 3.20

204 D.C.M.'s   2 Bars

THE BLACK WATCH (ROYAL HIGHLANDERS)

Number	Rank	Name	Bn		Date
2257	Sjt(late 2Lt)	Addison, W	1/4 Bn		30. 3.16
1381	Sjt	Allen, HC			10. 1.17
201211	CSM	Anderson, A			3. 9.18
542	LCpl	Anderson, G	1/5 Bn		30. 6.15
137	Pte	Anderson, G	1 Bn		6. 9.15
S/41549	Sjt	Anderson, J	8 Bn		11. 3.20
1744	Sjt	Anderson, J			29. 8.17
1072	Cpl	Armstrong, A 2 Bn (Attd Bareilly Bde M/G Coy)			30. 3.16
265606	Sjt	Auchterlonie, A			30.10.18
9766	LSjt	Banks, W			14.11.16
S/8976	Sjt	Barclay, D			25.11.16
310156	Sjt	Barclay, J			30.10.18
S/7173	ASjt	Barclay, R			10. 1.17
S/3982	Sjt	Bayne, AE	9 Bn		15. 3.16
1890	Pte(A/Cpl)	Bell, DS	2 Bn		11. 3.16
265104	CSM	Bell, R			30.10.18
S/4291	LCpl	Bell W	Depot(form 9Bn)		11. 3.16
292492	Sjt	Bennet, D			26. 1.18
8508	CSM	Bennett, H			3. 9.18
3/2377	Pte	Beveridge, G			1. 5.18
655	Sjt	Beverley, MG	1/5 Bn		5. 8.15
S/6579	Sjt	Birrell, G, M.M.	8Bn (Attd 26 LTMB)		2.12.19
290604	Pte	Birrell, J	14 Bn		11. 3.20
3/4183	CSM	Bisset, A	Depot(form 8Bn)		11. 3.16
S/16877	Pte	Black, A			18. 6.17
S/41077	Pte	Black, E	1/6 Bn		2.12.19
2233	Cpl(ASjt)	Blyth, G	2 Bn		11. 3.16
220	Sjt	Bowman, T	1/4 Bn		3. 6.15
753	Pte	Brady, P	2 Bn		1. 4.15
S/8367	Cpl(A/Sjt)	Brodie, J			30.10.18
290769	Sjt	Brown, D, M.M.			3. 9.18
2275	A/CSM	Brown, G			9. 7.17
350701	Pte	Bruce, W			30.10.18
2536	A/Sjt	Burnett, G	1 Bn		30. 6.15
2536	A/Sjt	Burnett, G, D.C.M.	1 Bn	Bar	22. 1.16
202386	CSM	Cairns, J	4/5 Bn		11. 3.20
265214	Sjt	Campbell, P			26. 1.18
S/5820	Pte(A/Sjt)	Carmichael, C			21.10.18
345314	Cpl(A/Sjt)	Chalmers, W			28. 3.18
5	Sjt	Christie, A	1/5 Bn		30. 6.15
R/472	RSM	Christie, DC			21.10.18
S/7530	Pte	Clark, A	1 Bn		30. 3.16
9774	A/Cpl	Clark, G			17. 4.18
2334	Pte	Clark, J			1. 5.18
S/3799	Sjt	Clark, W			9. 7.17
S/43294	Pte	Cobban, WL			14.11.16
345416	Sjt	Collier, W	14 Bn		2.12.19
2262	Sjt	Connell, F, M.M.	2 Bn	E	25. 2.20
S/3629	Sjt	Corbett, M	8 Bn		2.12.19
S/43042	Sjt	Cowie, G	8 Bn		2.12.19
S/10012	Pte	Cowper, R			14.11.16
S/6212	Sjt	Craig, P, M.M.	8 Bn		2.12.19
3/4222	Pte	Cuthbert, DG	late 2 Bn		15. 4.16
1731	Pte	Daniel, J	2 Bn		1. 4.15
2025	Pte	Davidson, J	1/5 Bn		11. 3.16
3/2770	Pte	Devlin, J	3 Bn		5. 8.15
345094	Pte	Dickie, HA			28. 3.18
S/40340	Sjt	Dickson, A			30.10.18
4221	LCpl	Dinwoodie, TJ			13. 2.17
8566	Sjt	Docherty, J			20.10.16
S/8866	A/Cpl	Doig, GS, M.M.			4. 3.18
7129	Sjt	Drummond, J	2 Bn		3. 6.15
77	Sjt	Dunbar, R	1 Bn		10. 1.20
1543	A/Sjt	Easton, C			14.11.16
1543	Sjt	Easton, C, D.C.M.		Bar	26. 1.18
S/43041	Sjt	Eggie, C	8 Bn		11. 3.20
315253	LCpl(ACpl)	Farquharson, P	13 Bn		10. 1.20
1124	Pte	Fawcett, R			14.11.16
1450	Sjt	Fenton, P	2 Bn		3. 6.15
41773	Pte(A/Cpl)	Ferguson, T	8 Bn		2.12.19
8266	RSM	Ferrier, A			17. 4.18
S/12432	Pte(A/LCpl)	Field, W	2 Bn	P	11. 3.20
571	A/Sjt	Findlay, W			26. 1.17
320	Pte	Finlayson, T			14.11.16
315278	Cpl	Finnie, L			26. 7.17
266	Sjt	Ford, E	1 Bn		21. 6.16
290685	Sjt	Foster, A			21.10.18
8111	Pte	Foster, W			14.11.16
2788	Cpl	Fraser, A			3. 9.18
S/10490	Sjt	Gammie, AC			4. 3.18
1605	Cpl(A/LSjt)	Gardiner, A	1/6 Bn		11. 3.16
3/2282	Pte	Garland, P	2 Bn		15. 4.16
2526	LCpl	Gavin, W			28. 3.18
8036	Pte	George, W	1 Bn		21. 6.16
3158	Pte	Gethins, P			26. 1.17
547	Pte	Graham, R	1/5 Bn		11. 3.16
S/18257	Pte(A/Cpl)	Gray, A			30.10.18
S/4855	Sjt	Green, I	9 Bn		11. 3.16
291290	Sjt	Greig, A, M.M.			3. 9.18
606	LCpl	Gordon, JS	2 Bn		3. 6.15
S/9090	LCpl	Halkett, J			14.11.16
3/3621	Pte	Hall, J	1 Bn		3. 6.15
3/3831	QMS	Hampton, T	9 Bn		21. 6.16
S/8303	Cpl	Hay, J			14.11.16
201387	Pte	Heard, J			28. 3.18
201115	Sjt	Hedley, D			3. 9.18
1451	Sjt	Henderson, J	1 Bn		1. 4.15
345018	A/CSM	Henderson, W			26. 6.18
293612	Pte	Hennessey, J, M.M.			3. 9.18
S/24415	Pte	Higgins, P			30.10.18
9284	CSM	Houston, B	2 Bn		30. 3.16
9260	Sjt	Humm, T			14.11.16
1471	Sjt	Hutchison, J	2 Bn		29.11.15
781	Cpl	Hutchison, R			29. 8.17
S/7675	Cpl	Hutchison, W, M.M.	1 Bn		2.12.19
3631	Sjt	Hutton, D			11.12.16
200832(form 3631)	Sjt	Hutton, D, D.C.M.		Bar	26. 1.18
3086	Pte	Inglis, A	2 Bn		1. 4.15
652	Pte	James, T	2 Bn	E	3. 9.19
2028	Sjt	Jarvis, D			10. 1.17
1377	Pte(A/LCpl)	Jenkins, J	1/6 Bn		11. 3.16

THE BLACK WATCH (ROYAL HIGHLANDERS)

Number	Rank	Name	Unit		Date
S/16555	ACpl	Johnston, A			26. 1.18
6830	Sjt-Piper	Keith, J			29. 8.17
200501	Sjt	Keith, JJ			3. 9.18
7740	CSM(later 2Lt)	Kennedy, J	2 Bn		1. 4.15
S/7521	ACpl	Kerr, J	1 Bn		21. 6.16
3/12172	CSM	Land, HDB	4/5 Bn		3. 9.19
2702	Cpl	Logan, W			20.10.16
2702	Sjt	Logan, W, D.C.M.		Bar	29. 8.17
2702	Sjt	Logan, W, D.C.M. & Bar		2nd Bar	1. 5.18
S/8273	LCpl	Lovejoy, S	1 Bn		21. 6.16
2129	Pte	Low, J	4/5 Bn		27. 7.16
2056	Cpl	Macdonald, J	1/4 Bn		3. 6.15
S/3604	LCpl	Macdonald, JM	8 Bn		11. 3.16
S/8534	Pte	Macdonald, R	2 Bn		30. 3.16
1470	Sjt	Macfarlane, GY			26. 1.17
315916	Pte	Macleod, W			26. 1.18
2301	Drummer	MacMurchie, JS	1 Bn		3. 6.15
1472	Pte	Madill, R	2 Bn		1. 4.15
S/10658	Pte	Mahon, W			29. 8.17
350226	Sjt	Malcolm, S			30.10.18
310	CSM	Marnie, J	1/5 Bn		30. 6.15
S/9178	LCpl	Marshall, J	2 Bn		15. 4.16
251	Cpl	Martin, J	2 Bn		30. 3.16
7431	CSM	Mascott, EA	1 Bn		21. 6.16
S/3434	Pte	May, T	8 Bn		16.11.15
S/3434	Cpl(A/Sjt)	May, T, D.C.M.	2 Bn	E Bar	25. 2.20
S/5947	CSM	McArthur, MJ			16. 8.17
7804	Sjt	McArthur P			10. 1.17
7804	Sjt(A/CSM)	McArthur, P, D.C.M.		Bar	16. 8.17
19438	LCpl	McCabe, G			18. 6.17
482	Pte	McCabe, J	1 Bn		11. 3.16
290861	ASjt †	McCallum, J 2/7Bn(4/4 KAR)		EA	3. 9.19
S/11434	Sjt(A/CSM)	McCaskill, W	9 Bn		11. 3.20
S/12509	LCpl	McClune, G	2 Bn	E	25. 2.20
8071	CSM	McCubbin, W			14.11.16
1992	Pte	McCulloch, G			14.11.16
1539	Pte	McDonald, A	Depot(form 2Bn)		30. 3.16
S/43397	Pte(LCpl)	McDougall, J	1 Bn		2.12.19
S/11923	Pte(A/Sjt)	McDougall, W			3. 9.18
316202	Sjt	McFarlane, CA	13 Bn		2.12.19
S/3323	Cpl(A/Sjt)	McFarlane, J			26. 7.17
2186	Pte	McGregor, J	1 Bn		5. 8.15
3/4083	CSM	McHardy, J	8 Bn		21. 6.16
2413	Pte	McInroy, J	1 Bn		30. 6.15
S/25885	Pte	McIntosh, A	8 Bn		2.12.19
1789	Pte	McIntosh, J	2 Bn		1. 4.15
4085	Sjt	McIntosh, JRH	1/7 Bn		27. 7.16
291016	Sjt	McIntyre, T	1/7 Bn	*	30. 1.20
265001	RQMS	McKenzie, WH	1/6 Bn		11. 3.20
S/7615	Pte	McKinnon, J	3 Bn (form 2Bn)		30. 3.16
202451	LCpl	McLeish, R			28. 3.18
6014	Pte	McLeod, G	2 Bn		11. 3.16
292782	Pte	McLintock, JW			26. 1.18
941	LCpl	McNee, P	2 Bn		3. 6.15
270	Sjt	McNulty, P			30.10.18
202826	Sjt	McPherson, WS			30.10.18
265554	LCpl	Menzies, A, M.M.	6 Bn		3. 9.19
7144	Sjt	Mercer, A	2 Bn		3. 6.15
1256	Cpl	Millar, DM			14.11.16
1431	CSM	Millar, JM			29. 8.17
S/5185	Pte(LCpl)	Miller, J	1/7 Bn		5.12.18
204	Pioneer Sjt	Milligan, A	2 Bn		15. 4.16
2009	Sjt	Milne, SSB	1/5 Bn		5. 8.15
2431	Pte	Mitchell, A	1 Bn		16. 1.15
3/3862	CSM	Mitchell, D	8 Bn		11. 3.16
1993	Pte	Mitchell, G	2 Bn		1. 4.15
1993	Sjt	Mitchell, G, D.C.M.	2 Bn	Bar	30. 3.16
1993	Sjt	Mitchell, G, D.C.M. & Bar		2nd Bar	20.10.16
265005	CSM	Mitchell, RM			17. 4.18
9497	Sjt	Mitchell, T			13. 2.17
S/2916	CSM	Moir, A, M.M.	8 Bn		2.12.19
1640	LCpl	Moir, G			11.11.16
S/2917	RQMS	Moir, W	8 Bn		3. 9.19
9577	Pte	Moran, T	1 Bn		16. 1.15
267726	Sjt	Morrison, J			26. 1.18
266710	LCpl	Morrison, T			6. 2.18
3/3731	QMS	Munro, J			9. 7.17
1567	Sjt	Murray, A			10. 1.17
2981	Pte	Myles, T			26. 1.17
1302	Pte	Nicoll, J	5 Bn (Attd 1Bn)		3. 6.15
290104	LSjt	O'Hare, D			3. 9.18
1176	Sjt	Paterson, J	1/7 Bn (Attd RE)		9.10.15
S/7543	Pte	Paterson, W	8 Bn		2.12.19
1479	CSM	Pattison, J	1/5 Bn		30. 6.15
3/3934	Sjt	Peacock, N McN	8 Bn		2.12.19
3/2320	Pte	Pearson, R	2 Bn		15. 4.16
202339	Pte	Petrie, D, M.M.			3. 9.18
1919	Sjt	Pratt, A			29. 8.17
292495	Sjt	Raistrick, WF			18. 7.17
292495	Sjt(A/CSM)	Raistrick, WF, D.C.M.		Bar	28. 3.18
106	CSM	Redpath, H, M.M.	8 Bn		11. 3.20
1008	Cpl	Redpath, R	1 Bn		16. 1.15
240069	CQMS	Reid, CS			26. 1.18
292693	Cpl	Reid, D			30.10.18
9913	CSM	Reid, W	1 Bn		10. 1.20
9954	Sjt	Reith, J	1 Bn (Attd W.Afr. F.F.)		27. 7.16
770	Sjt	Rennie, G			14.11.16
S/3358	Pte	Richardson, D	8 Bn		16.11.15
821	Cpl	Ritchie, R	1 Bn		2.12.19
S/6984	LCpl	Robertson, F	2 Bn		15. 4.16
2243	Pte	Robertson, J	2 Bn (Attd Bareilly Bde)		30. 3.16
1595	LCpl	Robertson, JF			13. 2.17
S/3953	Sjt(A/CQMS)	Robertson, P	8 Bn (Attd 26 LTMB)		11. 3.20
7111	Col Sjt (A/CSM)	Ross, D			3. 9.18
316782	Sjt	Ross, RA	13 Bn		2.12.19
6867	LSjt	Rutherford, P	1 Bn		30. 6.15
S/43174	LCpl	Sandilands, J			18. 7.17
2507	Cpl(A/LSjt)	Sharp, H			26. 6.18
265879	Sjt	Shaw, J	1/6 Bn		2.12.19
S/24572	Pte	Shepperd, JH			30.10.18
201194	Sjt	Sievewright, G, M.M.			30.10.18
9640	Sjt-Drummer	Simpson, J	2 Bn		15. 4.16
590	Pte	Simpson, W	2 Bn (Attd 8 Gurkha. Rifles)	E	25. 2.20
4661	RSM	Sinclair, D	8 Bn		11. 3.20
2950	Sjt	Slorance, J	1 Bn		30. 6.15
2607	Pte	Smart, D			14.11.16
3/4130	Sjt	Smellie, J	8 Bn		16.11.15
1361	Sjt	Smith, D	8 Bn		11. 3.16
353	Pte	Sneddon, R			20.10.16
3/1368	Pte(LCpl)	Somerville, WW			30.10.18
203186	Pte	South, HS			3. 9.18
1462	CSM	Spence, T			14.11.16
345209	Pte	Spence, TH			28. 3.18
55	Pte	Spink, J	1 Bn		5. 8.15
842	Pte	Stark, M	2 Bn		1. 4.15
2217	Pte	Stewart, D	2 Bn		1. 4.15
S/8649	Cpl	Stewart, D			3. 9.18
1883	Sjt	Stewart, PS	1/6 Bn		2.12.19
240991	Sjt	Stewart, W			28. 3.18
240991	CSM	Stewart, W, D.C.M.		Bar	3. 9.18
1828	Pte	Strachan, C	2 Bn		1. 4.15
9478	Sjt	Strachan, H	2 Bn		30. 3.16
1081	Sjt	Strachan, J			18. 6.17
9430	LCpl	Stuart, W	1 Bn		5. 8.15
484	LCpl	Swan, T	2 Bn		1. 4.15
8038	A/Sjt	Swan, W	1 Bn		1. 4.15
345200	Sjt	Syme, W			28. 3.18
S/8567	Pte	Taylor, A			28. 3.18
1131	LCpl	Thompson, V	2 Bn		3. 6.15
S/6660	LCpl	Thomson, A	9 Bn		15. 3.16
290086	Sjt	Tivendale, G			21.10.18
3/3614	Pte	Tolland, P	2 Bn		3. 6.15
1836	LCpl	Venters, A	2 Bn		1. 4.15
S/43553	RSM	Vercoe, T	1/7 Bn		11. 3.20
1697	ACpl	Walker, L	1 Bn		16.11.15
9359	CQMS	Wallace, W			20.10.16
9963	CSM	Walls, J			26. 7.17
S/5876	Cpl	Wardlow, P			25.11.16
240230	LCpl	Watson, G			26. 1.18
266543	Sjt	Watters, D			30.10.18
4878	Pte	Watters, WP	2 Bn		1. 4.15
1214	Sjt	Webster, J	1/5 Bn		30. 6.15
719	A/Sjt	Webster, W			26. 1.17

3/1295	Sjt	Wilkie, R	1 Bn		5. 8.15	6751	LSjt	Wood R		20.10.16
268329	Sjt	Wilson, A	1/7 Bn		11. 3.20	S/8843	Cpl	Yarley, J		26. 6.18
2143	Pte	Wilson, R	1 Bn		30. 6.15	267899	Sjt	Young, AD		28. 3.18
7499	Pte(A/Sjt)	Wilson, T	2 Bn	P	11. 3.20	1523	Sjt	Yule, D	2 Bn P	11. 3.20
7282	Col Sjt (later 2 Lt)	Wilson, W	2 Bn		11. 3.16					

262 D.C.M.'s   9 Bars
                    2 2nd Bars

† Duplicate citation on 22.12.19

THE OXFORDSHIRE AND BUCKINGHAMSHIRE LIGHT INFANTRY

22149	Cpl	Abbey, JJ			26. 7.17	22445	Sjt	Feasey, JN	2/4 Bn		11. 3.20
266978	LCpl	Abrahams, L			26. 1.18	23252	Cpl	Frost, JH			6. 2.18
7664	Sjt	Adams, W	5 Bn		11. 3.16						
8034	Sjt	Adby, RJ		*	12.12.17	265094	Sjt	Golding, T			26. 1.18
6094	Sjt	Aldridge, A			26. 1.18	21503	Pte	Golding, W			14.11.16
265783	CSM	Alloway, WT			17. 4.18	8609	Pte	Goodburn, EJ	2 Bn		11. 3.16
8361	Pte	Apps, A		*	12.12.17	1208	LCpl	Gostelow, G	1 Bn		11. 3.16
4802	RSM	Arlett, GT			21.10.18	6830	Sjt	Grace, H	1 Bn	M	22. 1.16
5766	Sjt(T/CQMS)	Arlett, H		*	12.12.17	7291	CSM	Grant, J			18. 7.17
8397	Sjt	Armitt, TW		*	12.12.17	8540	Pte	Grey, LP		*	12.12.17
10622	Pte	Armstrong H			3. 9.18	1694	LCpl	Gurney, F			22. 9.16
8545	A/Sjt	Ashby, E	2 Bn		16. 1.15						
2403	ACpl	Attkins, TW	1 Bn (Attd 145 Bde MGCoy)		21. 6.16	8444	Pte	Hall, G	2 Bn		17.12.14
						7082	Pte	Hastings, HJ	2 Bn		17.12.14
						265970	ACSM	Hearn, T			18. 6.17
200687	Cpl	Badger, CW	(Attd Nigerian Rgt WAFF)		4. 3.18	34123	CSM(T/RSM)	Hedley, W	2/4 Bn		11. 3.20
9782	Sjt	Bailey, C			13. 2.17	9419	Cpl	Hodges, JW	2 Bn		17.12.14
2405	Sjt	Baker, HC			14.11.16	265610	Sjt	Hopcroft, TP			18. 6.17
1855	Sjt	Baldwin, WJ			16. 5.16	9037	LCpl	Horwood, J	1 Bn	M	22. 1.16
9046	Cpl	Ballard, SN		*	12.12.17	32525	LCpl	Hubbard, F	(form N&D Rgt)		21.10.18
6414	Sjt(A/Pnr Sjt)	Barlow, A	1 Bn (later Depot)	*	23.10.19	13513	Cpl(A/Sjt)	Hudson, J			18. 2.18
						6970	A/Col Sjt	Hudson, T	2 Bn		30. 6.15
2244	Cpl	Barnwell, WG			22. 9.16	265539	Sjt	Hurst, HJ			26. 1.18
16258	Sjt	Betts, R			14.11.16	2582	Sjt	Jennings, P			22. 9.16
1247	Sjt	Bishop, SG			14.11.16	10053	Pte	Jones, RG	2 Bn		5. 8.15
10337	Pte	Booth, F			14.11.16						
265791	Sjt	Bowery, G, M.M.	1/1 Bn I		25. 2.20	2207	Sjt	King, JSC	1/4 Bn		11. 3.16
265193	Cpl	Brawn, A			18. 7.17						
8445	Sjt	Breach, P	2 Bn		30. 6.15	9669	CSM	Lay, H, M.M.	2 Bn		11. 3.20
266100	Sjt	Bridges, E			26. 1.18	5574	T/RSM	Love, TA		*	12.12.17
266477	LCpl	Buckland, W			26. 1.18	265052	CSM	Loveday, C			21.10.18
5487	RQMS	Burbridge, JW	1 Bn	*	23.10.19						
11209	Pte	Bytheway, T	2 Bn (Attd RE)		29.11.15	2249	Cpl	Mazey, EA			26. 9.16
						200212	Pte(LCpl)	Merriman, H			15.11.18
200728	Cpl(LSjt)	Caiger, AC			17. 4.18	9140	LCpl	Merry, F	2 Bn		11. 3.16
201098	CSM	Cairns, JC			26. 1.18	7441	Pte	Merry, H	2 Bn		17.12.14
201098	CSM	Cairns, JC, D.C.M.		Bar	3. 9.18	9143	Pte	Miller, PR	1 Bn (now Depot)	*	23.10.19
266644	Cpl	Chapman, GE			3. 9.18	8614	L/Cpl(A/Cpl)	Mills, VM			14.11.16
7905	CSM	Clare, F	2 Bn		11. 3.16	200220	Sjt	Morris, TH	2/4 Bn		3. 9.19
1440	Sjt	Clark, HA			22. 9.16						
267101	Sjt	Clarke, WP			18. 7.17	2710	Pte	Nolan, M	1 Bn		11. 3.16
200100	CSM	Coggins, WJ			3.10.18						
203440	Pte	Collard, DR			26. 1.18	11751	Pte	Parker, E			14.11.16
6823	CSM(now SM)	Collins, G	1 Bn (I.U.L.)	*	10. 6.20	9166	LCpl	Parks, R	1 Bn	M	3. 6.15
16140	LCpl	Compton, RW		*	12.12.17	10663	Pte	Prentice, A	5 Bn		15. 3.16
11962	Sjt	Constable, EJ			28. 3.18	202566	LCpl	Pride, AF			3. 9.18
32731	Sjt	Cooke, FJ			26. 1.18	6907	T/Sjt	Purseglove, AE		*	12.12.17
11859	LCpl	Coombes, T	6 Bn		30. 3.16						
9356	Sjt	Couldwell, WH			17. 4.18	203251	Cpl(LSjt)	Ravenscroft, SJ			30.10.18
201572	Cpl	Cripps, LA			30.10.18	265046	CSM	Richardson, GA, M.M.	1/1 BnI		25. 2.20
200410	Cpl	Cromleholme, FR			15.11.18	8238	CSM	Richardson, W			13. 2.17
1362	Sjt	Crowe, L			26. 9.16	8148	Sjt(A/CQMS)	Robins, WE		*	12.12.17
11322	Pte	Croxall, JR	6 Bn(Attd RE)		16.11.15	265490	CSM	Rolfe, JH	(form 2056)		9. 7.17
9663	CSM	Cunningham, R	2/4 Bn		2.12.19	13225	Sjt	Ross, AJ			21.10.18
5666	SM	Dancey, G			20.10.16	200050	Cpl(LSjt)	Sanders, WT			3.10.18
8037	Cpl	Dixon, A	1 Bn	M	22. 1.16	265146	Sjt	Saunders, WG			18. 6.17
7452	T/Cpl	Donohoe, W		*	12.12.17	2238	Bugler	Scragg, JE			22. 9.16
8347	Pte	Draper GF	1 Bn	M	22. 1.16	2470	Pte	Senior, LH	1/4 Bn		11. 3.16
10464	Pte(A/Cpl)	Duester, HA	5 Bn		16.11.15	10910	LCpl(A/Cpl)	Smart, A	5 Bn		11. 3.16
						8214	Sjt	Smith, A, M.M.			2.12.19
7380	A/Sjt	Edwards, H	2 Bn		16. 1.15	9104	CSM	Smith, EJ, M.M.			15.11.18
18764	Pte	Enticott, JH			26. 1.18	8057	LSjt	Smith, F		*	12.12.17
8654	Cpl	Evenett, A		*	12.12.17	14524	Sjt	Smith, F			16. 8.17

THE OXFORDSHIRE AND BUCKINGHAMSHIRE LIGHT INFANTRY

266230	Sjt	Smith, S				26. 1.18	8809	Pte	Upperton, E			9. 7.17
266343	Sjt	Smith, W				15.11.18	8986	LCpl	Upstone, J	1 Bn	M	22. 1.16
8672	Pte(LCpl)	Spicer, FS				30.10.18						
12636	LCpl	Stanton, FC				25.11.16	11103	Pte(LCpl)	Vale, J	2 Bn		10. 1.20
265698	Pte	Stevens, JE			I	25. 2.20						
5071	Pte	Stock, ED	2 Bn			17.12.14	6334	Sjt	Ward, W	1 Bn	*	23.10.19
18430	ACpl	Stratford, JH				30.10.18	10290	LCpl(A/Sjt)	Watkins, WHA	2 Bn		9.10.15
8395	LCpl	Swift, T			*	12.12.17	17248	Pte	White, RG			13. 2.17
							8783	Cpl	Williams, H	2 Bn		10. 1.20
10247	Cpl(ASjt)	Tarr, N	5 Bn			11. 3.16	10063	Pte	Wykes, FW	2 Bn		5. 8.15
16685	Pte	Timms, FH	5 Bn			15. 3.16						
201209	Sjt	Timms, T				21.10.18	266851	Cpl	Yeo, AC			30.10.18
202098	Pte	Tuckwell, PW				3. 9.18						
4654	Pte	Tyrrell, AJ	2 Bn			16. 1.15	10021	Pte	Zeacle, F	2 Bn		5. 8.15

135 D.C.M.'s   1 Bar

THE ESSEX REGIMENT

41237	Pte	Ager, WW	2 Bn			16. 1.19	275258	Cpl	Fiddes, AF			16. 8.17
7989	Sjt	Allen, F				15.11.18	201087	Sjt(A/CSM)	Fish, TR			1. 5.18
202215	Pte	Andrews, CE				28. 3.18	201087	Sjt(A/CSM)	Fish, TR, D.C.M.		Bar	1. 5.18
17348	A/LSjt	Ash, JJ				26. 7.17	12965	Sjt(A/CSM)	Fisher, L			28. 3.18
12721	Pte	Ayley, DA				26. 6.18	9404	Sjt	Flack, R	2 Bn		11. 3.16
							6451	Pte	Fryer, S	2 Bn		11. 3.16
6380	SM	Bailey, F				4. 3.18						
14438	Pte	Banks, EW	1 Bn			16. 1.19	2932	Pte(ACpl)	Gaffney, WJ	5 Bn		21. 6.16
7705	LCpl	Barber, J	2 Bn			30. 6.15	13825	RQMS	Gentry, H			21.10.18
7721	CSM	Barker, FE				22. 9.16	275875	Pte	George, HW			1. 5.18
3/2470	Sjt	Barry, J	9 Bn			15. 3.16	27246	Sjt	Gilder, GC, M.M.	1 Bn		16. 1.19
18358	Sjt	Bartley, FD	13 Bn			27. 7.16	13727	Pte(A/LCpl)	Gowlett, SA			28. 3.18
7548	A/CQMS	Barton, J	2 Bn			16. 1.15	15572	LCpl	Green, AW			25.11.16
15085	Cpl(A/Sjt)	Baxter, H				26. 5.17						
15085	Sjt	Baxter, H, D.C.M., M.M.		Bar		4. 3.18	15923	CSM	Hammond, H			28. 3.18
17391	Cpl	Bellinger, MW				11.11.16	5210	CSM	Hammond, WA	1 Bn	G	6. 9.15
9241	Sjt	Bowes, RF				1. 5.18	13601	Sjt	Harrington, A			21.10.18
325198	LCpl(A/Cpl)	Bowley, CJ				28. 3.18	201093	Sjt	Harris, A			1. 5.18
10574	LCpl	Bragg, BC				20.10.16	43080	Pte	Harvey, AJ			26. 7.17
27645	Pte(A/Cpl)	Bridges, EG				3. 9.18	251351	Pte	Hilsden, W			1. 5.18
5502	QMS	Burfeind, H				9. 7.17	8910	Sjt	Hodges, GA	2 Bn		11.11.14
18694	Cpl	Burlong, P, M.M.	1 Bn			2.12.19	42832	Pte	Holder, PC	2 Bn		16. 1.19
3/2520	CSM	Burnop, G	9 Bn			21. 6.16	301696	Sjt(A/CSM)	Horwood, RH	10 Bn		16. 1.19
27235	Pte	Bushell, J				18. 7.17	40188	Pte	Humphrey, O			18. 7.17
							200403	Sjt(A/CQMS)	Hunwicks, JW			1. 5.18
9952	Sjt	Cable, E	1 Bn			2.12.19	9491	Sjt	Hurst, H			20.10.16
14873	Cpl	Calton, E				26. 6.18						
250012	CSM	Canler, R				6. 2.18	300392	CSM	Ilott, CV	1/7 Bn	E	25. 2.20
15299	Sjt	Carlisle, WJ	10 Bn			10. 1.20	201602	CSM	Ison, WG			3. 9.18
325013	CSM	Carnall, JH				3. 9.18						
40163	Pte(LCpl)	Charles, GAT				28. 3.18	2173	Pte	Jackson, J	7 Bn		21. 6.16
41818	Sjt	Clare, GH	9 Bn			2.12.19	14485	CSM	Jaggs, G			17. 4.18
300318	Sjt(A/CSM)	Clare, SC	1/7 Bn	E		25. 2.20	250369	CSM(A/RSM)	James, F	1/5 Bn	E	3. 9.19
202885	Pte	Clark, W	1 Bn			16. 1.19						
42011	RSM	Cockrain, W				21.10.18	2236	Pte	Keen, WJ	7 Bn		21. 6.16
34474	Pte(A/LCpl)	Coe, EJ				3. 9.18	13540	Pte	Kington, W, M.M.			15.11.18
250113	Cpl	Collins, F				1. 5.18	300007	T/SM	Knights, JF			1. 5.18
46451	Pte	Connoley, C	2 Bn			16. 1.19						
7955	Sjt	Cooper, T				17. 4.18	9678	LCpl	Lake, R			26. 1.18
250106	Sjt(A/CSM)	Cooper, W				16. 8.17	4997	CSM(T/RSM)	Larkman, H			17. 4.18
250259	CQMS(A/CSM)	Coote, JEV				16. 8.17	300798	Pte	Law, GAE			16. 8.17
13811	Sjt	Cox, J				26. 1.18	3/2962	SM	Lawrence, E			13. 2.17
205672	Sjt	Crane, H	9 Bn			2.12.19	66	Sjt-Dmr	Lee, EC	6 Bn		21. 6.16
							8237	CQMS	Lewis, J			21.10.18
19820	Sjt	Davey, EG	10 Bn			16. 1.19	3/3013	CSM	Lillystone, EC			13. 2.17
300006	CSM	Davie, G				1. 5.18	23186	Sjt	Livings, F, M.M.	9 Bn		10. 1.20
200408	RQMS	Davies, AW	1/4 Bn	E		3. 9.19	33889	Pte	Lock, GE			6. 2.18
29540	LCpl	Deering, A	1 Bn			2.12.19	20223	Cpl	Loder, E	11 Bn		2.12.19
4827	CSM	Dimsey, W	1 Bn	G		3. 7.15	16348	Pte	Lowe, CA	1 Bn		11. 3.20
9159	LCpl	Doyle, CE	3 Bn			11. 3.16	33911	Pte(A/LCpl)	Lucking, AJ			3. 9.18
300435	CSM	Doyle, HF				16. 8.17						
250133	Cpl(ASjt)	Drury, A	1/5 Bn	E		3. 9.19	9857	Pte	Malyon, E	1 Bn	G	5. 8.15
31520	Pte	Duckett, A				28. 3.18	10750	Sjt	Mansfield, AF	2 Bn		16. 1.19
43145	LCpl	Duke, AJE				3. 9.18	2081	Pte	McIntree, JR	7 Bn		21. 6.16
							3/2939	CSM	Mercer, F			20.10.16
20764	Sjt	Easter, PW				4. 3.18	201129	LSjt	Merrington, J, M.M.			1. 5.18
5247	CSM	Edwards, H (Depot)(form 1Bn)		G		11. 3.16	17298	Sjt	Moore, AT			17. 4.18
35827	Sjt	Egles, G	9 Bn			16. 1.19	12816	Sjt	Moss, H			25.11.16
35371	LCpl(ACpl)	Ellis, C				3. 9.18	19115	LCpl	Mulligan, FJ	11 Bn		15. 4.16
							42506	Pte(ACpl)	Murphy, HE	2 Bn		16. 1.19
19520	Cpl(A/Sjt)	Farmer, J				28. 3.18	10818	LCpl	Murphy, J, M.M.	1 Bn		2.12.19
250747	LCpl(A/Cpl)	Fenner, B				26. 1.18	13419	Sjt	Nelson, R			30.10.18

THE ESSEX REGIMENT Section 6.

3/2274	Pte	Nightingale, SE			26. 6.18	3/3559	SM	Seignior, TG	11 Bn	21. 6.16
						9214	Sjt	Sharpley, W	2 Bn	30. 3.16
5966	Sjt	Oxley, C	1 Bn		16. 1.19	18685	Sjt	Shepheard, J	10 Bn	11. 3.20
						12177	Pte(LCpl)	Skippen, GA	9 Bn	3. 9.19
200030	CSM	Palot, EF			26. 1.18	9764	Pte(ACpl)	Smith, RB		28. 3.18
203446	Sjt(A/CSM)	Parsley, A	2 Bn		11. 3.20	33125	Cpl	Smith, RC	10 Bn	3. 9.19
13363	Sjt	Peartree, T, M.M.			1. 5.18	14276	LCpl	Snook, JF		26. 5.17
16485	Sjt	Perry, LW			3.10.18	275348	Sjt	Spencer, S		26. 1.18
6510	CSM	Pink, E			17. 4.18	7294	Pte	Staff, E	2 Bn	5. 8.15
275034	Sjt	Pratt, WE	1/6 Bn (Attd. LTMB)	E	3. 9.19	6312	Sjt	Stanley, EW		1. 5.18
26962	Pte	Prior, HW			17. 9.17	15546	Cpl(ASjt)	Tant, W	11 Bn	3. 9.19
7586	A/Sjt	Pudney, PA	2 Bn		16. 1.15	44687	Pte(LCpl)	Tatnell, JT	9 Bn	11. 3.20
						42981	LSjt	Thompson, CFE	10 Bn	10. 1.20
250047	Sjt	Rand, NH			26. 1.18	13767	Sjt	Thorne, AT	9 Bn	2.12.19
17501	Sjt	Ranner, W			17. 4.18	300001	CSM	Trumble, WA		18. 2.18
250146	CQMS	Reed, H			16. 8.17	8307	A/CQMS	Turl, GF	2 Bn	30. 6.15
41573	Sjt	Renaut, E			26. 1.18					
29257	Sjt	Reynolds, R, M.M.	10 Bn		16. 1.19	41230	Pte	Vice, GC		3. 9.18
55855	Sjt	Rich, SJ	15 Bn		2.12.19					
20518	Pte	Richardson, TW	10 Bn		10. 1.20	4140	CSM(A/RSM)	Walker, F	10 Bn	3. 9.19
15353	Cpl(A/Sjt)	Rogers, J			1. 5.18	8840	Sjt	Ware, WJ	2 Bn	17.12.14
300262	Pte	Rogers, W			18. 2.18	9108	CSM	Waters, W		20.10.16
275173	CSM	Rolph, FJ			16. 8.17	250426	Sjt	Watsham, H		3. 9.18
6444	CSM	Ross, A			28. 3.18	250427	CSM	Wilson, F		1. 5.18
250255	LCpl	Ruffell, AE			18. 2.18	21818	Sjt	Wilson, W, M.M.	11 Bn	10. 1.20
31216	Pte	Rush, C			6. 2.18	13287	Cpl	Wingfield, HA, M.M.		1. 5.18
200949	Pte(A/LCpl)	Rush, JW			26. 1.18	7555	Sjt	Wood, A		17. 4.18
5778	Sjt	Sawle, F	1 Bn	G	6. 9.15	19839	Sjt	Young, C		3. 9.18
8252	LSjt	Seeley, H			25.11.16	6677	CSM(T/RSM)	Young, W	1 Bn	11. 3.20

163 D.C.M.'s   2 Bars

THE SHERWOOD FORESTERS (NOTTINGHAMSHIRE AND DERBYSHIRE) REGIMENT

17957	Sjt	Antcliffe, HE			16. 8.17	13016	Sjt	Carlile, F			4. 3.18
23498	Sjt	Archer, HT	15 Bn		11. 3.20	13791	Pte	Caunt, B			11. 5.17
240732	Cpl	Archer, JH			3. 9.18	24790	LCpl	Chambers, H	15 Bn		10. 1.20
67096	CSM	Arkinstall, W			6. 2.18	2694	Pte	Charlton, H			17. 4.18
10057	Sjt	Armstrong, C			17. 4.17	6070	Pte	Chart, W	1 Bn		30. 6.15
2092	Pte	Attenborough, F	1/8 Bn (Attd 139 Bde Min.Sect.)		16.11.15	305193	Cpl(LSjt)	Claxton, C	1/8 Bn		2.12.19
						120	Sjt-Drummer	Clewes, W	1/8 Bn		11. 3.16
305379	CSM	Attenborough, F, D.C.M.	1/8 Bn Bar		2.12.19	306037	CSM	Cobb, A	1/8 Bn		2.12.19
240421	Sjt	Atterbury, J	1/6 Bn		3. 9.19	6328	CSM	Cokayne, A			6. 2.18
21826	Pte	Ault, A	1 Bn		21. 6.16	29355	LCpl	Collard, E	1st Gar Bn (form. 8049 Linc.Rgt)		11. 3.16
						19116	Cpl(ASjt)	Collins, W	11 Bn		2.12.19
201839	Cpl(LSjt)	Bagnall, WH	1/5 Bn		2.12.19	8488	Sjt	Coomber, C			6. 2.18
11214	Cpl	Balaam, AA	1 Bn		3. 6.15	240284	LCpl	Cooper, J	1/5 Bn		3. 9.19
240017	RQMS	Barker, W			21.10.18	2543	Sjt Drummer	Cooper, RM			3. 3.17
6745	A/Sjt	Barnes, HV	2 Bn		1. 4.15	11263	Sjt	Coote, R			21.10.18
23458	Sjt	Beanland, A			13. 2.17	28218	Pte	Copley, E			26. 1.18
240616	CSM	Beardsley, PH	1/6 Bn		11. 3.20	19795	Cpl	Coverley, M			26. 1.18
305964	LCpl	Beech, W	1/8 Bn		11. 3.20	14259	LCpl	Cox, FR	10 Bn		30. 3.16
11919	Drummer	Bentley, C	2 Bn		15. 9.15	26939	Sjt	Cox, JB	1 Bn		10. 1.20
71286	Pte	Beresford, H	2 Bn		2.12.19	208	Sjt	Crawley, CW	1/7 Bn		9.10.15
6905	CSM	Betesta, F			4. 3.18	305698	Sjt	Crooks, CE			17. 4.18
3/22797	Pte	Betts, J			10. 1.17	9188	A/SM	Cumming, T			3. 3.17
97030	CSM	Betts, J	11 Bn	I	3. 9.19						
9189	Pte	Biggins, R	2 Bn		15. 9.15	10326	Sjt	Dady, CH	1 Bn		3. 6.15
5975	CSM	Blanchard, AR			22. 9.16	307122	Pte	Delight, SJ			18. 6.17
12627	Cpl(ASjt)	Blurton, W			10. 1.17	26132	CQMS	Delves, F			26. 1.18
2172	LCpl	Boot, WE	1/8 Bn (Attd 139 Bde Min. Sect)		16.11.15	265283	Cpl	Dennis, ES			21.10.18
						14443	Pte	Denton, A	10 Bn		30. 3.16
13960	A/Sjt	Bowler, C			3.10.18	6309	LSjt	Dove, TN			6. 2.18
7055	Cpl	Bowler, F	2 Bn		30. 6.15	19516	Pte	Dove, W	10 Bn		30. 3.16
3857	Pte	Bowler, J			6. 2.18	11588	Pte	Draycott, JS	1 Bn		3. 6.15
240644	Pte	Bracchi, J	1/5 Bn		2.12.19						
21752	Pte	Bradshaw, H	10 Bn		30. 3.16	12770	A/Sjt	Ede, F	9 Bn	G	15. 3.16
26665	Sjt	Bradwell, S	16 Bn		27. 7.16	70051	LCpl	Edwards, S			26. 1.18
14582	Cpl	Brewer, J	10 Bn		30. 3.16	14930	Sjt	Elliott, G	12 Bn		3. 9.19
18691	LCpl	Brierley, A	2 Bn		2.12.19	19066	Sjt	Ellis, W			16. 8.17
6806	CSM	Briggs, A			13. 2.17	19066	Sjt	Ellis, W, D.C.M., M.M.		Bar	30.10.18
200996	CSM	Broomhead, A			17. 4.18	6703	Sjt	Elshaw, E	2 Bn		11. 3.16
70729	Pte	Brown, E			26. 1.18	97356	LCpl	Evans, HK	2 Bn		2.12.19
240790	Sjt(A/CSM)	Brown, HA			18. 6.17						
26326	Sjt	Brown, J, M.M.	1/5 Bn		2.12.19	11118	Sjt	Fearn, J			26. 9.16
26733	CSM	Bullimore, R			26. 1.18	18966	LCpl	Finney, JG			4. 3.18
2314	Pte	Bullivant, J	1/7 Bn		9.10.15	300037	Pte	Fleet, JT	1 Bn		2.12.19
71043	Sjt	Burgess, JHJ	9 Bn		3. 9.19	24983	Sjt	Flint, W			6. 2.18
9041	Pte	Butler, LT			11. 3.16	201919	Sjt	Ford, RH, M.M.			3.10.18

Section 6. THE SHERWOOD FORESTERS (NOTTINGHAMSHIRE AND DERBYSHIRE REGIMENT)

Number	Rank	Name	Bn		Date
10390	Sjt	France, A			22. 9.16
306060	Cpl	Francis, R	1/8 Bn		2.12.19
26771	Sjt	Freeman, E			26. 1.17
73189	Cpl(A/Sjt)	Garfoot, JR	11 Bn		10. 1.20
11104	Sjt	Giles, TS	1 Bn		11. 3.16
29177	Cpl	Gillatt, E			6. 2.18
11371	Sjt	Godbold, H			26. 1.18
12569	CSM	Grant, J	9 Bn		11. 3.20
2255	LCpl	Grantham, E	1/8 Bn		11. 3.16
240804	Cpl(A/Sjt)	Greatorex, C	1/6 Bn		2.12.19
265035	CSM	Greenwood, C	1/6 Bn		2.12.19
202607	Pte	Groom, HF			30.10.18
43740	Sjt	Hague, S, M.M.	1 Bn		2.12.19
265341	Pte	Hall, AH	2 Bn		2.12.19
26965	LSjt	Hallam, H			25.11.16
21771	LCpl	Hallam, W			26. 1.18
6887	CSM	Hammersley, HF			9. 7.17
3865	LCpl	Hand, W			26. 1.18
26867	Sjt	Hardy, W			26. 1.18
70560	Pte	Harris, A			16. 8.17
21339	Sjt	Harrop, R			17. 4.18
9687	Pte	Harvey, JH		*	12.12.17
14805	Pte	Hawley, E			13. 2.17
10253	Pte	Hayes, T	1 Bn		3. 6.15
305010	CSM	Haywood, E	(form 517)		9. 7.17
25699	Sjt	Hildreth, AG			19. 8.16
37	Sjt	Hildyard, JW	1/7 Bn		11. 3.16
3886	Cpl	Hill, J	(later R.War.Rgt.)		3. 3.17
36515	Pte	Hinds, FH	10 Bn		2.12.19
11711	Sjt	Hinett, N	1 Bn		22. 1.16
11711	Sjt	Hinett, N, D.C.M.	1 Bn	Bar	24. 6.16
240041	CSM	Holland, H	(form 456)		9. 7.17
27118	LCpl	Holmes, T			6. 2.18
200471	CSM	Holroyd, G, M.M.	2/6 Bn	*	30. 1.20
260010	Sjt	Hornett, J	15 Bn		11. 3.20
12/7231	CSM	Howard, WG	12 Bn		21. 6.16
11441	Sjt	Howarth, CT	2 Bn		30. 6.15
8349	CSM	Howarth, WD			26. 1.18
240819	Pte	Howe, AL	1/6 Bn		2.12.19
11611	A/Sjt	Hunt, GW			17. 4.18
12821	LCpl	Hurt, S	9 Bn	G	11. 3.16
8738	Pte	Jackson, A	1 Bn		3. 6.15
305649	Sjt(A/CSM)	Johnson, A	11 Bn		10. 1.20
9594	Pte	Jones, J	2 Bn		15. 9.15
15395	Pte	Jordan, FW	10 Bn		11. 3.16
1351	Pte	Keeling, R			22. 9.16
201416	LCpl	Kemp, CT	1/5 Bn		2.12.19
6606	Sjt	Kent, S			13. 2.17
6269	Sjt	Kidman, G	2 Bn		15. 9.15
240692	Cpl	Kimberley, GH	1/6 Bn		11. 3.20
13028	LSjt	Kimberley, JW			9. 7.17
13028	Sjt	Kimberley, JW, D.C.M.		Bar	25. 8.17
2505	CSM	King, WH			3. 3.17
4096	SM	Lacey, J			3. 3.17
200951	CSM	Lamb, W			21.10.18
200037	Sjt	Large, AE	1/5 Bn		11. 3.20
307192	Pte	Latchford, WJH	2 Bn		2.12.19
10927	CSM(A/RSM)	Laurence, A			17. 4.18
13870	CSM	Lee, SC			3.10.18
18659	Sjt	Lee, T			26. 1.18
21765	Sjt	Legate, J			26. 5.17
27737	Sjt	Lewis, G			30.10.18
240810	Sjt	Lievesley, C	1/6 Bn		5.12.18
1631	LSjt	Limb, M	1/6 Bn		22. 1.16
55786	Sjt	Lockley, W			15.11.18
55786	CSM	Lockley, W, D.C.M., M.M.	1Bn	Bar	2.12.19
3415	CSM	Lomas, SH			3. 3.17
240513	Sjt	Longson, F			18. 6.17
203482	Sjt	Loomes, C			3. 9.19
19896	Pte	Lowe, G			4. 3.18
90014	Sjt	Lummus, GA	2 Bn		2.12.19
200036	CSM(A/RSM)	Maddock, B			17. 4.18
25532	Pte	Mallatrat, WC			21.10.18
10588	Sjt	Mallett, T			9. 7.17
265006	CSM	Mann, A	1 Bn		11. 3.20
1453	Sjt	Marchington, W			13. 2.17
240318	Sjt	Marper, P			11. 3.20
5360	CSM	Martin, C			4. 3.18
266727	Pte	Mayo, N	1/5 Bn		2.12.19
100003	Sjt	McCaffery, J	10 Bn		16. 1.19
15	CQMS	McKenzie, F	1/7 Bn		11. 3.16
240469	Sjt	Middleton, JP	1/6 Bn		11. 3.20
10541	Sjt	Millar, JWJ	1 Bn		1. 4.15
22707	Pte	Millership, B, M.M.			30.10.18
14974	CSM	Mitchell, J			3.10.18
14275	LSjt	Morris, HA	10 Bn		30. 3.16
9439	A/CSM	Mortimer, F	(Attd 1/7 Bn)		21. 6.16
14925	LCpl	Mosley, E	10 Bn		11. 3.16
6164	RSM	Mounteney, W	1/8 Bn		11. 3.20
240420	Pte	Nadin, GW	1/6 Bn		11. 3.20
5128	Cpl	Nash, H	9 Bn		10. 1.20
10689	LCpl	Neal, H	1 Bn		30. 6.15
2396	Pte	Nicholson, J	1/8 Bn		11. 3.16
305630	RQMS	Northwood, W			21.10.18
72895	Pte	Ottaway, RL			3. 9.18
201206	Sjt	Parker, F	1/5 Bn		2.12.19
200466	CSM	Patrick, WJ			28. 3.18
5684	Cpl	Paul, E	2 Bn		30. 6.15
305067	Sjt(A/CSM)	Peach, JL	1/8 Bn		2.12.19
200214	CSM	Pearson, P, M.M.	1/5 Bn		2.12.19
8371	Pte	Penn, J	1 Bn		1. 4.15
40759	Pte	Perks, A	15 Bn		10. 1.20
9031	A/CSM	Pickford, D	9 Bn		21. 6.16
241781	Cpl	Pike, HO			17. 4.18
22726	Pte	Pole, T			4. 3.18
15748	CSM	Pollard, LW	11 Bn		11. 3.20
269818	LCpl	Pope, J			15.11.18
9308	RSM	Poston, S	2 Bn		11. 3.16
10302	Sjt	Powditch, G, M.M.			3. 9.18
241116	Pte	Poyser, P	1/6 Bn		2.12.19
305007	CSM	Rawding, JF	1/8 Bn		2.12.19
11743	Pte	Ray, C	2 Bn		15. 9.15
16117	Sjt	Redfern, HW			3. 9.18
23145	Cpl	Rhodes, E			4. 3.18
15581	Sjt	Rice, WA			25. 8.17
16604	CSM	Riding, T			21.10.18
11201	Sjt	Roberts, W			25. 8.17
15739	Sjt	Robinson, C, M.M.			15.11.18
11686	Sjt	Rolfe, D			26. 1.18
73296	CSM	Rose, GW			26. 5.17
307445	LCpl	Rose, V	10 Bn		2.12.19
8570	QMS	Rowe, ARR	2 Bn		16. 1.15
12276	Sjt	Russon, W			3. 9.18
3621	LCpl	Rust, MC	1/6 Bn		22. 1.16
14483	Cpl	Salt, D	10 Bn		21. 6.16
14283	Sjt	Sandy, J	10 Bn		30. 3.16
8584	Pte	Savage, J	2 Bn		5. 8.15
14481	CSM	Scaife, S, M.M.	10 Bn		2.12.19
15351	Pte	Scott, JJ			22. 9.16
9007	Sjt	Scrimshaw, A	1 Bn		3. 6.15
305671	Sjt	Scrimshaw, H			17. 4.18
71655	LCpl	Seagrave, JE			3. 9.18
200239	Sjt	Shaw, E	1/5 Bn		2.12.19
11095	Sjt	Shelton, JH			26. 1.18
752	LSjt	Sheppard, A	8 Bn		15. 9.15
9652	Sjt	Shortland, J	1 Bn		3. 6.15
201037	Cpl(LSjt)	Shrives, W			28. 3.18
265124	Pte	Simmons, C	1/5 Bn		2.12.19
11366	Pte	Slack, C, M.M.	10 Bn		16. 1.19
10655	CQMS	Slater, H	1 Bn		11. 3.20
27272	Pte	Slater, H			26. 1.18
240029	CSM	Slater, TW			17. 4.18
241422	LCpl	Smith, E	1/6 Bn		5.12.18
72570	Pte	Smith, SC			15.11.18
3783	Sjt	Smith, WB, M.M.	1 Bn		16. 1.19
3783	Sjt	Smith, WB, D.C.M., M.M.	1Bn	Bar	2.12.19
4045	Pte	Snowdin, F	(Later Manch. Rgt)		3. 3.17
62853	Sjt	Solari, JV	(Attd MGC)		17. 4.18
2619	Sjt	Spacey, HJ	1/5 Bn		16. 5.16
4871	Pte	Spencer, J			3. 3.17
11073	Sjt	Spick, W			3. 9.18
73284	Pte	Springall, R			30.10.18
305354	Sjt	Stockdale, LG			18. 6.17
305097	CSM	Stokes, W	1/8 Bn		3. 9.19
26683	A/Sjt	Stych, SA			26. 1.17
9450	Sjt	Swift, J	1 Bn		11. 3.16
241535	Pte	Tanner, EC	1/6 Bn		2.12.19
9685	Sjt	Teer, R, M.M.			15.11.18
12367	Sjt	Terry, H			4. 3.18
241182	Pte	Thomas, A	1/6 Bn		2.12.19

THE SHERWOOD FORESTERS (NOTTINGHAMSHIRE AND DERBYSHIRE REGIMENT)

240993	Cpl	Thorpe, A	1/6Bn (Attd TMB)		2.12.19
25778	Sjt	Tilley, EW	15 Bn		2.12.19
39	CSM	Toulson, HJ			3. 3.17
2180	LSjt	Turgoose, T			21.10.18
2751	Pte	Tyne, H	8 Bn		15. 9.15
9224	Sjt	Underwood, H			3. 9.18
16301	Sjt	Uttley, H			17. 4.17
1680	A/Sjt	Wagg, R			22. 9.16
3894	Cpl	Walker, AE			3. 3.17
306206	LSjt	Walker, AE, D.C.M.		Bar	18. 6.17
23564	Sjt	Waltham, P	15 Bn		27. 7.16
23625	Pte	Ward, FW	15 Bn		27. 7.16
6126	CSM	Ward, JA	2 Bn		11. 3.16
10831	LCpl	Warner, C	1 Bn		30. 6.15
306422	Pte	Wesley, GH	1/8 Bn		2.12.19
11576	Sjt	Weston, W			26. 9.16

240244	Cpl	White, E, M.M.			30.10.18
25592	CSM	Whitehead, W, M.M.			21.10.18
10990	Pte	Whittaker, E	1 Bn		3. 6.15
9645	CSM	Whitworth, J	9 Bn	G	11. 3.16
10646	CQMS	Widdowson, F	1 Bn		30. 6.15
34075	Cpl	Williams, C	1/5 Bn		2.12.19
27568	Pte	Williams, H	10 Bn		11. 3.20
240538	LSjt	Wilshaw, H			17. 4.18
10683	Sjt	Wilson, G, M.M.	2 Bn		3. 9.19
241679	Sjt	Wilson, H	1/8 Bn		11. 3.20
73014	Sjt	Wilson, J			16. 8.17
82011	Cpl	Woodhead, NS			26. 7.17
95605	Pte	Wootton, RJ	1/5 Bn		2.12.19
2006	Pte	Wright, A	1/6 Bn		11. 3.16
15350	Sjt	Wright, F	10 Bn		30. 3.16
13946	LCpl	Wright, FH			6. 2.18
7732	Sjt	Wyche, CB			25. 8.17
18605	Sjt	Young, WE	10 Bn		2.12.19

271 D.C.M.'s   7 Bars

THE LOYAL NORTH LANCASHIRE REGIMENT

9108	Sjt	Adams, AE	2 Bn	EA	29.11.15
241844	Pte(LCpl)	Ainsworth, H			21.10.18
10033	Pte	Allan, A	2 Bn	EA	3. 6.15
3847	A/CSM(A/SM)	Anderson, J			13. 2.17
2451	Pte	Armstrong, H	2/4 Bn		11. 3.20
10073	Pte	Arnull, C	2 Bn	EA	3. 6.15
6651	Col Sjt	Arrowsmith, S	3 Bn(form 1Bn)		11. 3.16
24980	Pte(LCpl)	Ashton, E			26. 1.18
202703	Sjt	Atkinson, A			3. 9.18
13155	CSM	Bagley, HT			29. 8.17
20626	LCpl	Bailey, N			17. 9.17
265081	Sjt	Bailey, TM	12 Bn		11. 3.20
5430	CQMS	Bailey, WJ	1 Bn		16. 1.15
33806	LSjt	Ball, G			6. 2.18
243034	A/Cpl	Barlow, T	1/5 Bn(Attd 170 TMB)		11. 3.20
241219	Pte	Bates, J			25. 8.17
7873	Sjt	Baxter, WE	1 Bn	*	30. 1.20
7167	Pte	Beswick, H	1Bn(later 2Bn)		15. 9.15
7035	Pte	Boyle, T	2 Bn	EA	3. 6.15
10554	Sjt	Boynes, GT			17. 4.18
241940	Cpl(LSjt)	Briggs, F	(Attd LTMB)		17. 4.18
10237	Pte	Bristow, H	2 Bn	EA	29.11.15
201260	LCpl	Butcher, T			26. 1.18
7691	A/Sjt	Butterworth, S	1 Bn		16. 5.16
2983	T/RSM	Butterworth, T			21.10.18
32917	Cpl	Cain, J	1 Bn		10. 1.20
200173	Sjt	Cartmell, W	1/4 Bn(1/1 KAR)EA		25. 2.20
10884	Pte	Chance, WG			28. 3.18
12495	Sjt	Clancy, E			22. 9.16
6366	Sjt	Clancy, M, M.M.			26. 6.18
9164	A/Cpl	Clarke, C	MGCoy		3. 3.17
9350	LSjt	Clayton, TW			18. 6.17
8383	Sjt	Clewes, F			21.10.18
9507	T/Cpl	Connor, W	2 Bn		27. 7.16
15851	Sjt	Cowap, W			3. 9.18
788	Pte	Cowburn, W	1/4 Bn		11. 3.16
19967	CSM	Croll, J			3. 9.18
19973	Sjt	Croxton, FC	2 Bn		2.12.19
8541	Pte	Cunningham, J	2 Bn	EA	3. 6.15
22035	LSjt	Davies, R			3. 9.18
16746	Sjt	Davies, T			3. 9.18
3540	Sjt	Davis, A			22. 9.18
9386	CSM(A/RSM)	Dew, JT	1 Bn		11. 3.20
17706	Sjt	Douglas, WH			11.12.16
13845	Cpl	Doyle, F			18. 7.17
21205	Cpl	Doyle, J			26. 1.18
21629	Sjt	Dugdale, J			17. 9.17
42045	RSM	Edisbury, CH	15 Bn		3. 9.19
7235	Bandsman	Edwards, E	1 Bn		16. 1.15
804	CSM	Edwards, TJ	1/4 Bn		21. 6.16
22179	Pte	Fairbank, T			29. 8.17
4388	Sjt	Farnworth, H			14.11.16

3975	A/SM	Farnworth, J	1Bn(Attd 1/4Bn)		21. 6.16
12006	Pte	Farrand, A	6 Bn	G	22. 1.16
240638	Sjt	Farrington, J			17. 9.17
12650	A/Cpl	Fearnehough, H			26. 9.16
12650	Sjt	Fearnehough, H, D.C.M.		Bar	25.11.16
241335	CSM	Fielding, J	2/5 Bn		11. 3.20
26854	Pte	Finlay, J	1 Bn		10. 1.20
1755	Pte	Fletcher, J	1/4 Bn		5. 8.15
3975	Cpl	Ford, W			29. 8.17
241063	CSM	Forkin, W	2/5 Bn		3. 9.19
6538	Sjt	Fowler, G			17. 4.18
9237	LCpl	Friend, SA	(Attd E.A.Div)		26. 5.17
10440	LCpl	Garstang, J			17. 9.17
14542	Sjt(A/CSM)	Gilbertson, R			26. 1.18
13397	LCpl	Glover, W			15.11.18
240262	LCpl	Gorse, H			17. 9.17
20232	Sjt	Graham, JH	6 Bn		21. 6.16
15237	CSM	Graham, NJ			21.10.18
5349	CSM	Greaves, J	3 Bn(form 1Bn)		11. 3.16
16010	Sjt	Greene, GM	(Bn (Attd HQ 75th Bde)		25. 2.20
241104	LCpl	Gregory, WH			25. 8.17
14148	CSM	Halliday, JW			18. 7.17
13460	Cpl	Halliwell, W, M.M.			3. 9.18
241584	Pte	Harris, W	1/4 Bn		10. 1.20
15399	CSM	Hartley, F			3.10.18
242716	Cpl	Haslam, H			15.11.18
18861	Pte	Hayes, F			17. 9.17
42066	Sjt	Hewitt, F	15 Bn		11. 3.20
9671	Pte	Higgins, WR	2 Bn		30. 3.16
23983	LCpl	Higson, JA			17. 9.17
8426	Pte	Hill, JJ	1 Bn		11. 3.20
10574	Pte	Hindle, J			17. 9.17
1762	Drummer	Hogg, J			19. 8.16
241689	Cpl	Holt, J			17. 9.17
8660	Sjt	Horn, HA	1 Bn	*	30. 1.20
13694	Sjt	Horridge, W			6. 2.18
4235	Sjt	Horrocks, H			26. 9.16
14566	LCpl	Howarth, S	9 Bn		15. 3.16
3215	LCpl	Humphrys, EA			25.11.16
12566	Pte	Hurst, W	7 Bn(Attd 56 Bde)		16.11.15
16895	Sjt	Hutchinson, GE			25.11.16
200575	CSM	Ireland, J			3.10.18
241431	Sjt	Isherwood, WH			21.10.18
240002	CSM	Jackson, T			30.10.18
3539	Sjt(A/CSM)	Jeffrey, W	3 Bn(Attd 1Bn)		30. 6.15
49104	Cpl(L/Sjt)	Jolly, T	1 Bn		10. 1.20
22193	LCpl(A/Cpl)	Jones, O, M.M.			3. 9.18
241387	Sjt	Kay, H, M.M.			28. 3.18
235156	Pte(LCpl)	Kelly, A	1 Bn		10. 1.20
29521	Pte	Kilgallon, T			25.11.16

THE LOYAL NORTH LANCASHIRE REGIMENT

Number	Rank	Name	Bn		Date
240275	Pte	Lane, J, M.M.			15.11.18
9422	Pte	Lawlor, M	2 Bn	EA	3. 6.15
13306	Pte	Leigh, W			13. 2.17
230	Sjt	Lester, E	1/4 Bn		11. 3.16
3	CSM	Lindsay, CC	1/4 Bn		5. 8.15
201336	Pte	Livesey, J			3. 9.18
11915	LCpl	Lloyd, JT			20.10.16
15346	LCpl	Malone, HS			26. 3.17
25139	ACpl	Mann, JB			16. 8.17
13833	CSM	Marsden, J			15.11.18
1330	Sjt	Marsh, FW	1 Bn		30. 6.15
5720	CSM	McGowan, J	2 Bn		11. 3.20
8809	Sjt	McNulty, JT	1 Bn (Depot)		15. 9.15
13733	LCpl	McSorley, R			26. 1.18
265649	Sjt	Meadows, I	1/12 Bn		3. 9.19
200293	Sjt	Miller, J, M.M.			3. 9.18
19395	CSM	Monagan, J, M.M.			3.10.18
1052	Pte	Moore, W	1/4 Bn		11. 3.16
2287	Sjt	Moreley, J	5 Bn		30. 6.15
29689	LCpl(A/Sjt)	Morris, EW			21.12.16
7060	(Sjt(A/RQMS)	Morris, GH	1 Bn		15. 9.15
16444	LCpl	Morris, R			21.10.18
238054	Cpl	Mulhall, M	1/4 Bn		14. 4.20
28491	Pte	Nelson, M			28. 3.18
15289	Pte	Nelson, N			22. 9.16
28147	RSM	Newton, WG			21.10.18
201278	Sjt	Nickson, A			17. 4.18
201212	Sjt	Nickson, WJ			15.11.18
15253	Pte	Nuttall, T			22. 9.16
240116	Cpl	Oliver, G			26. 1.18
13326	LCpl	Owens, H			28. 3.18
200782	Pte	Park, T, M.M.			3. 9.18
9245	Sjt	Parry, R			9. 7.17
13968	L/Sjt	Partridge, GE			26. 1.17
4285	Sjt	Pasquill, W			25.11.16
7712	CSM	Pennington, T	2 Bn		11. 3.20
27049	Sjt	Phillips, ED			3. 9.18
14320	Sjt	Powell, W			26. 9.16
200077	Cpl	Prescott, S			6. 2.18
8877	Cpl	Puttrell, CF	1 Bn	*	30. 1.20
1330	Sjt	Pye, JR	1/4 Bn		11. 3.16
242608	Pte	Quigley, JE			21.10.18
28064	Pte	Reddish, F			3. 9.18
15522	Pte	Regan, J	8 Bn		27. 7.16
9732	Pte	Ridgeway, J	2 Bn	EA	3. 6.15
15245	Pte	Ridings, G			26. 9.16
6791	Pte	Riley, C	1Bn(Attd 3Bn)		15. 9.15
200081	CSM	Roberts, H			6. 2.18
235290	Sjt	Robins, T			28. 3.18
4649	Pte	Robinson, F	Depot(form 1Bn)		11. 3.16
15357	Pte	Sangster, J	8 Bn		27. 7.16
10451	A/Sjt	Schofield, T, M.M.			3. 9.18
25330	Pte	Seel, TH	(Attd Sig Bde)		26. 1.18
8649	Pte	Senior, W	(Attd RE)		19. 8.16
7866	Sjt	Shaw, H			18. 6.17
2662	Sjt	Shultz, H			11. 5.17
2541	Sjt	Slynn, H			18. 6.17
9141	Pte	Smith, T	2 Bn	EA	3. 6.15
12762	Pte	Speakman, C			25.11.16
31704	CSM	Spencer, FG			29. 8.17
240959	Sjt	Stewart, J	1/4 Bn		11. 3.20
9589	Pte	Sullivan, M	2 Bn	EA	6. 9.15
9877	LCpl	Taylor, W	2 Bn	EA	3. 6.15
18531	Sjt(A/CSM)	Thomas, R			3. 9.18
290876	Pte	Thompson, FR	1/5 Bn		2.12.19
5115	CSM	Thompson, G	1 Bn	*	30. 1.20
19205	A/Cpl	Tildsley, A			16. 8.17
15464	Sjt	Tinsley, JA			26. 9.16
16449	Sjt	Walsh, T	(Attd TMB)		13. 2.17
1975	Pte	Ward, T			19. 8.16
13491	Sjt	Wareing, J			17. 4.18
11994	Cpl	Watkinson, J	1 Bn(form 6Bn)		21. 6.16
2835	RSM	Watts, A	5 Bn		11. 3.16
5067	QMS	Whiteing, IH			13. 2.17
4206	Pte	Whittle, A	3 Bn(form 1Bn)		11. 3.16
14041	Cpl	Whittle, GT			3. 3.17
31705	LCpl	Whitwell, J			1. 5.18
16400	Pte	Whowell, H			26. 1.17
36727	RSM	Wileman, A	(form 23374 North'n Rgt.)		17. 4.18
242895	Sjt	Wilkinson, J	15 Bn		11. 3.20
14367	Cpl	Williams, F			17. 4.18
10164	Pte	Williams, JT	2 Bn (Attd Z Sig Coy)		27. 7.16
44	CSM	Winder, VG	5 Bn		11. 3.16
10351	Pte	Woodward, R	2 Bn	EA	3. 6.15
242608	Pte	Wrench, J			21.10.18
13024	Pte	Wright, F			26. 1.17
8966	LCpl	Wylde, W	2 Bn	EA	22. 1.16

188 D.C.M.'s   1 Bar

THE NORTHAMPTONSHIRE REGIMENT

Number	Rank	Name	Bn		Date
9055	CSM	Adams, R, M.M.	1 Bn		2.12.19
20048	Sjt(A/CSM)	Afford, WH			26. 1.18
15770	Cpl	Allibone, AE	7 Bn		21. 6.16
8937	A/CSM	Amour, J	2 Bn		3. 6.15
20095	Cpl	Asbrey, FE			3. 9.18
4953	CSM	Asplin, C	2 Bn		30. 6.15
3/11182	Pte	Austin, C	1 Bn		11. 3.16
20202	Pte	Bailey, WF	6 Bn		16. 1.19
19484	Pte	Bamford, H			11. 5.17
7751	CSM	Bandy, F			13. 2.17
41598	Sjt	Barnsdale, FH, M.M.	2 Bn (Attd LTMB)		11. 3.20
201318	Sjt(A/CSM)	Bateup, JA			26. 1.18
7980	Pte	Batley, P	1 Bn		1. 4.15
3/10059	Pte	Bellamy, WH			3. 9.18
200142	Cpl(A/Sjt)	Bennett, AE			26. 1.18
200142	Sjt	Bennett, AE, D.C.M.		Bar	1. 5.18
16844	Pte(A/Cpl)	Billingham, HF			22. 9.16
18335	CSM	Blyth, CV			26. 1.18
7929	Sjt(A/CQMS)	Boulding, WG			26. 1.18
20803	Cpl(A/Sjt)	Boyce, E			3. 9.18
9300	LCpl	Branker, WJ	2 Bn		3. 6.15
8561	Sjt	Brightman, F	2 Bn		5. 8.15
200004	Sjt	Briody, TC			16. 8.17
12839	Cpl	Brown, JG	6 Bn		31. 5.16
3/10607	Pte	Budworth, W	2 Bn		11. 3.16
17027	LCpl	Bull, SOJ			30.10.18
9115	Pte	Bull, T	2 Bn		5. 8.15
8867	Pte	Burley, CE	2 Bn		5. 8.15
9804	Pte	Butler, FR	1 Bn		30. 6.15
9781	Cpl	Butts, JR			21.10.18
43051	LSjt	Chalk, L			17. 4.18
8651	Sjt	Clements, S	2 Bn		11. 3.16
9359	Pte	Climpson, SC	2 Bn(Attd 8 Sig Co)		30. 6.15
10068	Pte	Cockrell, W	1 Bn		1. 4.15
3/10812	LCpl	Colton, VM			20.10.16
58395	Pte	Cook, HC	6 Bn		10. 1.20
16153	Sjt	Cox, A, M.M.			3.10.18
3/10265	Pte	Darnell, S	1 Bn		11. 3.16
18544	Sjt	Davison, F	1 Bn		3. 9.19
8613	Cpl	Dradge, W	2 Bn		27. 7.16
206027	Sjt	Drew, AE	2 Bn		11. 3.20
8366	Sjt	Driver, E			3. 9.18
17308	Pte	Drury, F	5 Bn		22. 1.16
8487	Cpl	Dunmore, W	2 Bn		5. 8.15
49640	Pte	Dye, AH	1 Bn		2.12.19
7756	Pte	Ellis, B			26. 1.18
7725	CSM	Eustace, W	1 Bn		10. 1.20
41831	Pte(LCpl)	Evans, W	6 Bn		2.12.19

THE NORTHAMPTONSHIRE REGIMENT

13070	Pte	Farrar, F			26. 1.18
13070	Sjt	Farrar, F, D.C.M.	6 Bn	Bar	2.12.19
6034	CSM	Fisher, CJ	2 Bn		3. 6.15
14775	Pte	Flanagan, S	6 Bn		11. 3.16
9536	Sjt	Forrester, A			26. 4.17
9207	Sjt	Foster, C, M.M.	6 Bn		2.12.19
13974	Sjt	Gibson, F	6 Bn		2.12.19
8718	Pte	Goodman, AL	2 Bn		5. 8.15
18170	Sjt	Grand, WG	1 Bn(Attd TMB)		3. 9.19
3/10867	CSM	Gray, WT			21.10.18
18965	LCpl	Green, HW			26. 1.18
9370	Pte	Gudgeon, CW	1 Bn		16. 1.15
200044	CSM	Hardy, H			16. 8.17
9653	LCpl	Hawkins, BW	2 Bn		11. 3.16
8590	Cpl	Henson, T	1 Bn		30. 6.15
19321	Pte	Herbert, OW	1 Bn		31. 5.16
8693	CSM	Hoare, H			3. 9.18
59215	Pte	Holmes, H	2 Bn		11. 3.20
9620	LCpl	Hubbard, GH	1 Bn		11. 3.16
27549	LCpl	Hurst, EE			20.10.16
28252	CSM	Jackson, R	6 Bn		2.12.19
8395	Sjt	Jelly, JA			3. 9.18
3/11043	CQMS	Jordan, E	5 Bn		15. 4.16
43723	Sjt	Kitchener, HG	6 Bn		5.12.18
13987	Pte	Knight, AJ			25.11.16
14195	Sjt	Koch, GH			20.10.16
5006	CSM	Land, FW	2 Bn		3. 6.15
8711	Pte	Lapham, WJ	2 Bn		5. 8.15
5875	S/M	Lee, G, M.C.			11. 5.17
201197	Sjt	Letts, H	1/4 Bn	E	3. 9.19
200055	Sjt	Line, W			1. 5.18
6389	Sjt(A/CSM)	Linnell, F			3. 9.18
7978	A/CSM	Lodge, S	1 Bn		1. 4.15
7909	Pte	Luddington, E	2 Bn(Attd 8 Sig Co)		30. 6.15
27223	Sjt	Mansfield, A			17. 9.17
41343	Pte	Mead, E	6 Bn		2.12.19
8439	Cpl	Norman, R			26. 4.17
17968	LCpl	Norris, JF			26. 1.18
28370	Pte	Osborn, FL			26. 1.18
3/10420	Sjt	Owen, C, M.M.	1 Bn		2.12.19
20056	Pte	Owen, EH	6 Bn		10. 1.20
43550	Sjt	Palmer, WL, M.M.	7 Bn		11. 3.20
7897	A/Cpl(A/Sjt)	Parker, T			11. 5.17
20507	Pte	Parkinson, FE	7 Bn		11. 3.20
13475	Sjt	Partridge, JW			25.11.16
3/9321	A/Sjt	Pearson, TR	1 Bn		30. 6.15
16734	Sjt(A/CSM)	Peet, H			20.10.16
8407	CSM(A/RSM)	Pennyfather, J			9. 7.17
9468	LCpl	Phillipson, T	2 Bn		30. 6.15
8636	Pte	Pickard, F			11. 5.17
13953	Pte	Plowman, W	6 Bn		16.11.15
201045	Sjt	Pope, GH			1. 5.18
8788	Cpl	Preedy, W			14.11.16
13537	Sjt	Pullen, EC			25.11.16
13937	Sjt	Quartermain, G			17. 4.17
20013	Sjt	Robinson, WTV			26. 1.18
200923	Pte	Roughton, A	1/4 Bn	P	11. 3.20
7324	LCpl(A/Sjt)	Roughton, H	1 Bn		31. 5.16
15840	Pte	Russell, FJ			20.10.16
8285	Sjt	Scrivener, H	2 Bn		3. 9.19
7863	Cpl	Sharpe, T	1 Bn		21. 6.16
13183	CSM	Sismey, GW	6 Bn		3. 9.19
200780	Pte(A/LCpl)	Smith, FH			26. 1.18
43237	Pte	Smith, FL			26. 1.18
3/10516	Cpl(A/Sjt)	Spollen, GJP	1 Bn		21. 6.16
28383	LSjt	Stedman, CS	6 Bn		2.12.19
13104	CSM	Tack, EW			26. 7.17
15507	Pte	Toseland, GH	2 Bn		11. 3.16
27154	Cpl	Turner, FG	1 Bn		10. 1.20
6141	CSM	Underwood, CH			26. 1.18
13668	LCpl	Varnham, W			4. 3.18
16948	Pte	Webb, WJ	6 Bn		16. 1.19
4947	Sjt	Willett, GT			9. 7.17
14282	Sjt	Wilson, W	6 Bn		21. 6.16
7474	Sjt	Winters, F	5 Bn		29.11.15
7875	CSM	Woolsey, A			25.11.16
27595	Pte(ACpl)	Wright, JT			3. 9.18

123 D.C.M.'s   2 Bars

PRINCESS CHARLOTTE OF WALES'S (ROYAL BERKSHIRE REGIMENT)

9007	A/Cpl	Adams, G	1 Bn		11. 3.16
4661	CSM(A/RSM)	Addicott, E	3 Bn(Attd 1st BWIR)	E	3. 9.19
37353	Sjt	Albury, AR			3. 9.18
203791	CSM	Alder, G			15.11.18
12400	Pte	Ashley, CW			4. 3.18
201490	Sjt	Aust, HL			26. 1.18
7775	A/Cpl	Badcock, G	1 Bn		16. 1.15
38698	Sjt	Bagnall, S	8 Bn		16. 1.19
10298	CSM(A/RSM)	Bartholomew, HJ			20.10.16
36713	Sjt	Bateman, EC, M.M.			28. 3.18
7361	LCpl	Bates, C	1 Bn		11. 3.16
6652	CSM	Beesley, G	1 Bn		11. 3.16
8004	Cpl	Best, AP	1 Bn		11. 3.16
34396	Pte	Beverley, W			15.11.18
9872	LCpl	Birmingham, LE	1 Bn		11. 3.16
8524	Pte	Bossom, HF	1 Bn		17.12.14
43948	Pte	Bottomley, L	1 Bn		2.12.19
10141	Sjt	Bowley, T	6 Bn		11. 3.16
10330	CSM	Brant, W			11. 5.17
10017	Sjt	Breakspear, E			11. 5.17
17231	Pte	Breathwick, SJ			20.10.16
17204	LCpl	Brooks, A	1 Bn		16.11.15
201099	LSjt	Browne, WG			4. 3.18
8070	A/Sjt	Burgess, E	1 Bn		1. 4.15
7882	Sjt	Burrows, EF	2 Bn		30. 6.15
10188	Pte	Burrows, H	3 Bn(form 2Bn)		21. 6.16
9739	LCpl	Butler, F	1 Bn		30. 6.15
201676	Pte	Butler, H	2/4 Bn		3. 9.19
12165	Sjt	Bygrave, HA			26. 1.18
8796	Pte(LCpl)	Chapman, HR			11. 5.17
6259	Cpl	Chivers, AF			4. 3.18
7620	Pte	Christopher, J	2 Bn		5. 8.15
8985	CSM	Clarke, J			11. 5.17
18107	Pte	Clarke, W			9. 7.17
203004	Cpl	Clayton, HW			3. 9.18
8511	Sjt	Collins, J			9. 7.17
20230	L/Sjt	Connor, WA			26. 1.18
10318	Pte	Cox, H			20.10.16
30010	CSM	Crutch, MH			18. 2.18
9621	Pte	Dance, A	1 Bn		2.12.19
10058	Cpl(A/Sjt)	Davis, TH			3.10.18
5018	A/Cpl	Day, H	1 Bn		16. 1.15
6406	Sjt(A/CSM)	Denham, AG	1 Bn	*	30. 1.20
5443	CSM	Embling, R	2 Bn		11. 3.16
16519	LSjt	Evans, E	8 Bn(Attd RE)		30. 3.16
10431	Sjt	Faulkner, J			20.10.16
16416	Pte(A/LCpl)	Fisher, C			11. 5.17
48674	A/Cpl	Gale, CE			3.10.18
36329	Pte	Gates, H			4. 3.18
9099	Cpl	Gee, EJ	5 Bn		15. 3.16
203794	Sjt	Gilding, F			26. 1.18

PRINCESS CHARLOTTE OF WALES'S (ROYAL BERKSHIRE REGIMENT)

Number	Rank	Name	Unit		Date
9421	Pte	Giles, T	1 Bn		5. 8.15
1479	CSM	Graham, A			22. 9.16
7255	LCpl	Grant, S			26. 1.18
5330	Sjt	Graves, C	1 Bn	*	30. 1.20
36565	Pte	Graves, CW			4. 3.18
7901	Sjt	Gray, J	2 Bn		5. 8.15
37096	Pte	Griffiths, W	8 Bn		16. 1.19
7860	Pte	Hainge, A	1 Bn		30. 6.15
7860	Pte(LCpl)	Hainge, A, D.C.M.		Bar	26. 7.17
7601	Pte	Harris, E	1 Bn		16. 1.15
7893	A/Sjt	Hart, RH	1 Bn		5. 8.15
45671	Pte(A/Cpl)	Harvey, EC	5 Bn		16. 1.19
14595	Pte(LCpl)	Hayes, RS			3.10.18
10686	Cpl	Hayward, C	8 Bn		21. 6.16
11111	Pte(LCpl)	Hedgman, JG			18. 7.17
14120	Cpl(LSjt)	Hidden, WH			26. 7.17
8900	LCpl	Hill, FCG	1 Bn		16. 1.15
1636	LSjt	Hole, T			11. 5.17
10977	Pte	Holford, F	5 Bn		11. 3.16
202122	Cpl	Hollow, A			21.10.18
200052	Sjt	Holloway, T, M.M.	1/4 Bn	I	25. 2.20
8000	Pte(LCpl)	Howard, CP			22. 9.16
220288	CSM †	Howells, A, D.C.M. (form SWB)			
				Bar	4. 3.18
9132	Sjt(A/CSM)	Huggins, FJ	2 Bn		2.12.19
16106	A/Sjt	Hurst, JJ	8 Bn		16. 1.19
200631	LSjt	Hutchins, GW	8 Bn		16. 1.19
19216	Pte	Ida, R			26. 1.18
7551	A/CSM	Inman, GH	1 Bn		11. 3.16
5107	Sjt(A/CSM)	Inman, WJ	3 Bn(Attd 2 BWIR)		
				E	3. 9.19
9511	Sjt(A/CSM)	Jenkins, GW			30.10.18
9382	Sjt	Jones, EF, M.M.			15.11.18
16562	Pte	Jones, JE	6 Bn		22. 1.16
203021	Sjt	Kew, D			6. 2.18
5787	SM	King, W	1 Bn		16.11.15
200024	CSM(T/RSM)	Laidler, AH	1/4 Bn	I	3. 9.19
10307	RSM	Lainsbury, G	8 Bn		16.11.15
15695	Sjt	Leppard, PAV			1. 5.18
5830	Sjt(A/CQMS)	Leslie, F			11. 5.17
45278	LCpl	Long, FC	2 Bn		10. 1.20
200907	Cpl	Low, H	2/4 Bn		11. 3.20
10299	Pte	Mansell, A	5 Bn		11. 3.16
18993	Pte	Mansfield, GC			22. 9.16
10198	Cpl	Masters, JC	8 Bn		2.12.19
45246	Cpl	Matthews, C	2 Bn		11. 3.20
7330	Sjt	Maybury, A	2 Bn		11. 3.16
8834	Sjt	McCann, J			28. 3.18
17256	Pte	Mellish, R			21.10.18
12056	Sjt	Milgrove, A			17. 4.17
5374	Sjt	Minchin, CE			6. 2.18
38008	LSjt	Mitchell, LR			28. 3.18
200500	Sjt	Moore, SW	1/4 Bn	I	11. 3.20
16491	Cpl	Moore, W	6 Bn		11. 3.16
7816	A/Cpl	Munday, R			6.11.14
7816	Sjt	Munday, R, D.C.M.		Bar	12. 3.17
15574	Sjt	Musto, HJ	8 Bn		21. 6.16
10375	Sjt	Nicholls, HG			22. 9.16
7997	A/Cpl	Nilen, W	1 Bn		16. 1.15
8022	Sjt(A/CQMS)	Oakley, WE			11. 5.17
11246	Sjt	Oliver, C			22. 9.16
16678	Pte	Osborn, W			4. 3.18
6365	A/Sjt	Parker, FE	2 Bn		30. 6.15
7265	Pte	Penney, LJ	1 Bn		1. 4.15
36687	Pte	Peters, JE			3. 9.18
7950	Sjt	Plank, G			26. 7.17
7590	CSM	Plank, G, D.C.M., M.M.	1Bn	Bar	2.12.19
10633	A/Cpl	Powell, F	5 Bn		11. 3.16
45958	Pte	Preston, JA	8 Bn		10. 1.20
9803	Pte	Pym, J	1 Bn		16. 1.15
203031	Sjt	Richmond, E			3. 9.18
590	Sjt	Roberts, WA	1/4 Bn		11. 3.16
3134	Sjt	Rogers, T			14.11.16
16600	Sjt(A/CSM)	Ruffell, R			25.11.16
10040	Sjt	Rumble, PBD			26. 7.17
2594	Pte	Sadler, CJ			22. 9.16
200756	Sjt	Salmon, JH	1/4 Bn	I	25. 2.20
24528	Cpl(LSjt)	Sargeant, JJ, M.M.			3.10.18
8244	CSM	Sayer, FA			20.10.16
7977	A/Cpl	Sear, AW	1 Bn		30. 6.15
11268	Sjt(A/CSM)	Seymour, C			1. 5.18
202908	Sjt	Shackleford, G			26. 1.18
7862	Sjt	Shea, BC	2 Bn		5. 8.15
7435	CSM	Smith, G	1 Bn		17.12.14
14571	Sjt	Smith, HS	8 Bn		3. 9.19
16116	Cpl	Smith, SJ	8 Bn		24. 6.16
10249	Sjt	Spokes, WJ			3. 9.18
8167	Pte	Stamp, SH			6. 2.18
12900	LCpl	Stanners, GT	6 Bn		11. 3.16
16631	Sjt	Stokes, E			28. 3.18
8536	Sjt	Sturgess, A			17. 9.17
8536	Sjt	Sturgess, A, D.C.M.		Bar	4. 3.18
7409	A/Sjt	Summers, S	1 Bn		5. 8.15
8908	Sjt	Taylor, W	1 Bn		17.12.14
8162	Pte	Taylor, WJ	2 Bn		3. 9.19
8857	LCpl	Theobald, A	1 Bn		17.12.14
10000	Pte	Thorndycroft, SA			11. 5.17
9311	Cpl(A/Sjt)	Trimmer, JW	2 Bn		21. 6.16
10123	Sjt	Trinder, WG			17. 4.18
8431	Pte	Turner, W	2 Bn		11. 3.16
9332	Sjt(A/CSM)	Turvey, GG, M.M.			3. 9.18
24045	Cpl(A/Sjt)	Varney, F, M.M.			3. 9.18
7951	Sjt	Venn, H	2 Bn		30. 6.15
10573	CSM	Waite, A			20.10.16
36969	LCpl	Walker, W			28. 3.18
9830	A/Sjt	Walter, AD	1 Bn		16.11.15
9624	A/Sjt	Ward, E	1 Bn		30. 6.15
12810	Pte	Ward, ETB			20.10.16
27221	CSM	Webb, R			28. 3.18
405	Cpl	Westall, A	1/4 Bn		11. 3.16
405	Sjt	Westall, AG, D.C.M.		Bar	20.10.16
65	Sjt	White, SW			26. 9.16
200569	Sjt	White, WT			15.11.18
201115	Sjt	Wilson, W, M.M.	1/4 Bn	I	25. 2.20
8139	Pte	Wilson, WH	1 Bn		5. 8.15
9916	LCpl	Wimpenny, DWC			22. 9.16
8476	A/Sjt	Winter, W	1 Bn		16. 1.15
2636	Sjt	Wright, AT			14.11.16
18567	Pte	Yates, W			20.10.16

162 D.C.M.'s   6 Bars

† D.C.M. L/G 1902

THE QUEEN'S OWN (ROYAL WEST KENT REGIMENT)

Number	Rank	Name	Unit		Date
9637	Pte	Adams, T			17. 9.17
205338	Sjt	Aitchison, JD	7 Bn		10. 1.20
7316	Pte	Allison, EE	1 Bn		17.12.14
2679	Pte(LCpl)	Andrews, C			17. 4.18
2679	Cpl	Andrews, C, D.C.M.		Bar	1. 5.18
7850	Sjt	Ashby, F			4. 3.18
8509	Pte	Back, WJ			20.10.16
200965	Cpl	Banfield, CF			18. 2.18
8840	Cpl	Bax, T	2 Bn	M	22. 1.16
7895	Cpl	Blunt, WH			3. 3.17
8725	Pte	Bridger, W	2 Bn	M	9.10.15
289	Pte	Brown, FJ			10. 1.17

THE QUEEN'S OWN (ROYAL WEST KENT REGIMENT)

Number	Rank	Name	Bn		Date
7709	Cpl	Budgeon, W			26. 3.17
8438	Pte	Bunsell, E	1 Bn		30. 6.15
G/5776	Sjt	Burnham, W	2 Bn	M	26. 5.19
9511	Pte	Bye, ET	2 Bn	M	9.10.15
205807	CSM	Byrne, WJ			3. 9.18
767	Sjt	Carter, W			21.10.18
203531	Sjt	Chambers, C			1. 5.18
G/1927	LCpl	Chapman, W			20.10.16
18549	LCpl	Chapman, WF			25. 8.17
18549	LCpl	Chapman, WF, D.C.M.		Bar	26. 1.18
6525	Sjt	Cherriman, EH, M.M.			3. 9.18
7963	Pte	Clift, HR	1 Bn		11. 3.16
G/1201	LCpl	Coleman, A			10. 1.17
1201	Sjt	Coleman, A, D.C.M., M.M.		Bar	4. 3.18
1269	Cpl	Cook, A			25.11.16
630	Sjt	Cook, AE			20.10.16
G/4232	LCpl	Cook, AT			6. 2.18
6	Sjt	Cooker, FT			26. 9.16
280	Sjt	Coomber, JW			14.11.16
6884	CSM	Cooper, J			25. 8.17
6884	CSM	Cooper, J, D.C.M.		Bar	3. 9.18
5793	Pte	Cork, T	1 Bn		11. 3.16
G/5723	Pte	Cowell, J	1 Bn		5.12.18
L/11136	Sjt	Cox, HW			15.11.18
G/8181	Sjt	Cozens, F			26. 3.17
718	Sjt	Cresswell, H	6 Bn		11. 3.16
5259	CSM	Crossley, FJ	1 Bn		17.12.14
24797	Sjt	Daniels, GH			15.11.18
L/8505	Sjt	Davis, B, M.M.			30.10.18
7847	A/Sjt	Dennington, E	1 Bn		30. 6.15
23321	Sjt	Donhou, FG			26. 3.17
9831	Pte	Donovan, P	3 Bn		1. 4.15
3818	CSM	Dunk, W			21.10.18
6460	LSjt	Edwards, J	2 Bn	M	22. 1.16
5619	CSM	Elliott, AG	2 Bn	M	9.10.15
226	Cpl	Everist, J	6 Bn		15. 4.16
2240	Sjt	Foot, WG			3. 9.18
17810	Pte	Forsdick, PV			18. 7.17
G/11263	Cpl	Gallagher, C 8 Bn (Attd TMB)			11. 3.20
16014	Cpl(LSjt)	Garrod, FW	1 Bn		3. 9.19
G/10247	Sjt	Gilbert, AT	1 Bn		5.12.18
6085	Sjt	Glare, JR			17. 9.17
7504	LCpl	Goldsmith, PH			26. 1.18
203270	Cpl	Gray, J			26. 1.18
2530	CSM	Greenaway, F			25. 8.17
976	Sjt	Gregory, A	7 Bn		2.12.19
1324	CQMS(A/CSM)	Gutteridge, J	8 Bn		2.12.19
3489	Sjt	Hamblin, FC			4. 3.18
6348	Sjt	Hammond, AB	1 Bn		16. 5.16
G/4263	Pte	Hanscombe, RA	1 Bn		11. 3.20
G/4041	Cpl	Harris, G	1 Bn		5.12.18
7725	A/Cpl	Hatch, GE			26. 9.16
8130	LCpl(A/Sjt)	Hawkes, JH			20.10.16
G/11448	CQMS	Haydon, SM			17. 4.18
L/10114	Sjt	Haynes, T	1 Bn		11. 3.20
8746	Pte	Herbert, WE	2 Bn		15. 4.16
8053	CSM	Hibbett, H	6 Bn		21. 6.16
1998	Cpl	Hillyard, RJ	7 Bn		30. 3.16
G/2073	Sjt	Hirschfield, HJ			30.10.18
G/9441	Cpl	Hooker, WH			6. 2.18
8739	Pte	Howe, G	2 Bn	M	9.10.15
G/8576	Sjt	Hulford, H, M.M.			15.11.18
L/8168	CSM	Hylands, HT	1 Bn		5.12.18
12076	Pte	Ives, L			4. 3.18
L/10857	LCpl	James, C	2 Bn	M	26. 5.19
657	Pte	Jenner, G	6 Bn		11. 3.16
7982	Pte	Johnson, GH	1 Bn		3. 6.15
G/10741	Pte	Keleher, W			10. 1.17
L/8349	CSM	Kemp, LGL	1 Bn	M	26. 5.19
178	A/Cpl	Killick, RN	6 Bn		11. 3.16
15455	Pte	Kingston, J	2 Bn	M	16. 1.19
5084	Cpl(LSjt)	Laffling, AF			21.10.18
362	Sjt	Lambeth, FG			26. 1.18
1535	Sjt	Levy, R	7 Bn		30. 3.16
1036	LCpl	Liddamore, F	1 Bn		16. 5.16
24785	Pte	Logan, RJ			17. 9.17
18681	LCpl	Malyon, J	10 Bn		2.12.19
7501	A/Sjt	Markham, W	1 Bn		30. 6.15
4911	Sjt	Marsh, HG			17. 4.18
932	CSM	Mills, WH	8 Bn		21. 6.16
9459	Pte	Mires, AH	2 Bn (Attd Maxim Bty)	M	22. 1.16
1374	Sjt(A/CSM)	Mitchell, W			26. 1.18
88	Pte	Moore, M	7 Bn		30. 3.16
L/7825	Sjt	Moss, EG			30.10.18
243	Sjt	Murphy, C	6 Bn(Attd 37 Bde M/G Coy)		15. 4.16
21132	Pte	Neal, G			26. 1.18
5706	CSM	Newbrook, EJ	2 Bn	M	9.10.15
7032	Cpl	Nicholson, WD			6. 2.18
4202	A/Cpl	Norrington, V (could be E.Kent Rg)			14.11.16
8308	Sjt	Nurse, W			26. 1.18
5915	LCpl	Ogilvie, GT			3. 9.18
9103	Pte	Pannett, RHJ	2 Bn	M	22. 1.16
1086	CSM	Pearson, C	7 Bn		21. 6.16
4558	CSM	Penny, WH	1 Bn		1. 4.15
265396	Sjt	Pilcher, AE	10 Bn		2.12.19
8595	Pte	Portwain, HJ			14.11.16
G/2640	Sjt	Purfield, AJ			6. 2.18
1219	CSM	Rankin, R			13. 2.17
1219	RSM	Rankin, R, D.C.M.		Bar	3. 9.18
23640	LCpl	Rawlings, RT			26. 1.18
L/4289	CSM	Redmond, JV			30.10.18
8759	Sjt	Robinson, AJ	1 Bn		11. 3.16
1575	CSM	Roffey, AT			3. 9.18
9218	Pte	Rutherford, GA	2Bn(Attd Maxim)	M	22. 1.16
11699	LCpl	Scammell, G			26. 1.18
L/6530	CSM(A/RSM)	Skeer, WT (Attd 2/20 London Rgt)			3. 9.19
201103	Sjt	Skipper, TH	8 Bn		10. 1.20
2432	Pte	Smart, EJ			6. 2.18
2506	Pte	Smith, AE			3. 9.18
205707	Sjt	Smith, EJ			15.11.18
205707	Sjt	Smith, EJ, D.C.M.	1 Bn	Bar	10. 1.20
18511	Sjt	Smith, HW			26. 1.18
21501	Sjt	Sterry, MJ, M.M.	7 Bn		2.12.19
G/28898	LCpl(ACpl)	Stoneham, H	8 Bn		11. 3.20
6694	Sjt	Stroud, MP	1 Bn		1. 4.15
4266	Sjt	Sutton, J			1. 5.18
7811	CSM	Taylor, TR			6. 2.18
L/7811	CSM	Taylor, TR, D.C.M.		Bar	30.10.18
2206	Sjt	Terry, HW			17. 4.18
10619	Pte	Thompson, H			26. 3.17
S/470	LCpl(A/Sjt)	Tomkins, C			3. 9.18
8535	Sjt	Traill, W			26. 9.16
8192	Pte	Turnbull, JT	1 Bn		1. 4.15
19121	Sjt	Vanner, EC			1. 5.18
8898	Pte	Vickers, G	2 Bn		15. 4.16
G/21109	Sjt	Wade, JF	1 Bn		11. 3.20
7361	Sjt	Wannell, W	2 Bn	M	9.10.15
G/8499	LSjt	Warner, WF			6. 2.18
8539	Pte	Wesborn, JP		*	12.12.17
19762	LSjt	White, J			3. 9.18
2340	CSM	Wicken, J			17. 4.18
G/29694	Pte(LCpl)	Woolmore, AJ	8 Bn		11. 3.20
7261	A/Sjt	Wright, D	1 Bn		30. 6.15
241	LSjt	Young, J	1 Bn		30. 6.15

139 D.C.M.'s   7 Bars

THE KING'S OWN (YORKSHIRE LIGHT INFANTRY)

Number	Rank	Name	Bn		Date
22764	LCpl	Abbott, J	Spec Res		17. 4.17
65177	Pte	Allen, AE, M.M.	5 Bn		16. 1.19
241337	CSM	Andrew, R, M.M.	2/4 Bn		5.12.18
35296	Sjt	Andrew, SE			18. 6.17
23193	LCpl	Arbon, JA			26. 7.17
2717	LCpl	Archer, J			21.12.16
16060	Pte	Askin, G			25.11.16
995	Pte	Atha, ER	1/4 Bn		15. 3.16
8/14398	Pte	Backhouse, FJ			16. 8.17
13181	Temp Sjt	Baines, E			14.11.16
201471	Sjt	Baker, J, M.M.	2/4 Bn		11. 3.20
27044	CSM	Baker, WH	5 Bn		11. 3.20
37492	Pte	Barber, WH			30.10.18
200489	CSM	Barraclough, J			17. 4.18
24579	LCpl	Baxter, JP			1. 5.18
8475	A/CSM	Bell, J			13. 2.17
18849	Cpl	Bennett, H			30.10.18
200627	LCpl	Benson, H			16. 8.17
2627	LCpl	Best, TS	1/4 Bn		15. 9.15
65193	Pte	Bevens, GH, M.M.	5 Bn		16. 1.19
242753	Pte	Boam, HJ			28. 3.18
10223	Sjt	Bond, HM	1 Bn		11. 3.20
13183	Sjt †	Bonser, A			26. 1.18
22436	A/Sjt	Booth, AW	6 Bn		15. 3.16
241765	LCpl	Booth, HE	2/4 Bn		16. 1.19
11998	Sjt	Boul, GW			28. 3.18
59021	LCpl	Boyle, J	2 Bn		25. 2.20
8764	CSM	Brady, C	1 Bn		2.12.19
200632	Pte	Brady, J			6. 2.18
240574	Cpl	Brain, A			16. 8.17
9651	CSM	Bramley, J			17. 4.17
64832	Cpl(L/Sjt)	Bristow, CH	9 Bn		11. 3.20
41157	Pte	Broomhead, A			30.10.18
63250	Cpl(L/Sjt)	Broughton, SW	2/4 Bn		2.12.19
240650	CSM	Bryan, S			3. 9.18
11351	A/Sjt	Buckley, H	6 Bn		11. 3.16
22262	Pte	Budby, E			28. 3.18
8634	Sjt	Burtoft, W			9. 7.17
200866	Sjt	Byram, J	2/4 Bn		5.12.18
38500	Sjt	Campbell, JM			30.10.18
45238	Pte	Chadwick, F			3. 9.18
28090	Pte	Cliff, O	2 Bn		3. 9.19
18558	Sjt	Coates, C			14.11.16
17551	A/CSM	Coates, H, M.M.	9 Bn		10. 1.20
21758	CSM	Cooke, T			26. 1.18
240075	CSM	Cooper, C			3. 9.18
17120	Sjt	Coult, C	8 Bn	I	11. 3.20
9304	Sjt	Crook, H	1 Bn		30. 6.15
11588	A/Sjt	Dalby, J			16. 8.17
18085	Sjt	Donaldson, G			17. 4.18
62625	CSM(A/RSM)	Duncan, HD, M.M.	9 Bn		10. 1.20
9854	Cpl	Earnshaw, T	1 Bn		30. 6.15
240351	Sjt	Elliott, J			17. 9.17
200857	LCpl	Elliott, R			4. 3.18
143	Sjt	Fairhurst, C	12 Bn		11. 3.20
20846	Pte	Fearnley, E			4. 3.18
10190	CSM	Featherstone, C			21.10.18
8244	Sjt(A/CSM)	Fenton, J			3. 9.18
8430	LCpl	Finney, FB	2 Bn		1. 4.15
240349	CSM	Fletcher, JT, M.M.			3. 9.18
241219	Cpl(L/Sjt)	France, G			21.10.18
11870	Sjt	Gee, W			3. 9.18
7380	Sjt	George, EH	2 Bn		30. 6.15
1625	Pte	Gibbs, JA	1/4 Bn		11. 3.16
2056	Pte	Gill, J	1/4 Bn		15. 3.16
5/28118	CSM	Gill, JW			18. 6.17
200301	CSM	Gledhill, H			28. 3.18
19181	Pte	Gothard, W			21.10.18
21235	Sjt	Gratton, WJ	9 Bn		10. 1.20
6556	CQMS	Gregg, E	2 Bn	*	30. 1.20
43725	CSM	Grimshaw, T	9 Bn		10. 1.20
35437	Cpl	Guy, GI	1/4 Bn		10. 1.20
240537	Sjt	Guy, W	5 Bn		3. 9.19
8995	LCpl	Hampson, E	2/4 Bn		5.12.18
21451	Sjt	Harpham, JT	2 Bn		11. 3.20
11964	Pte	Haslam, FD			25.11.16
241326	Sjt	Hastney, JW			28. 3.18
2305	Cpl	Havenhand, J			26. 1.18
9485	Cpl(A/CSM)	Hearn, J			17. 4.17
240015	CSM(A/RSM)	Helliwell, J			17. 4.18
885	CSM	Hemingway, CF			13. 2.17
1403	Pte	Heptonstall, A	1/4 Bn		11. 3.16
8796	CSM(A/SM)	Hewes, GEE	6 Bn		21. 6.16
6758	L/Cpl(A/Sjt)	Holding, A			26. 9.16
6806	Sjt	Holdway, WC			1. 5.18
1195	Pte	Holmes, S			21.10.18
16113	Sjt	Hood, CW			25.11.16
2648	Pte	Hooper, WF	1/4 Bn		15. 3.16
242411	A/CSM	Housley, J			30.10.18
15942	Pte(LCpl)	Howarth, C			21.10.18
200788	CSM	Hudson, R			17. 4.18
6892	Col Sjt	Hunsworth, W			18. 2.18
2342	Sjt	Hunt, GM	1/4 Bn		11. 3.16
240374	Cpl(LSjt)	Johnson, S			3. 9.18
200474	CSM	Jones, F			21.10.18
18133	Sjt	King, F, M.M.			3. 9.18
64203	Pte	Lamb, G	15 Bn		11. 3.20
20959	Pte	Lancashire, DE			14.11.16
13830	Pte	Langfield, C	9 Bn		2.12.19
242582	Cpl	Langton, A			26. 1.18
4045	Cpl	Lappin, WH	1/5 Bn		29.11.15
5516	CSM ‡	Lawn, JW, D.C.M.	1 Bn	Bar	16.11.15
3270	LCpl	Leadbeater, T			22. 9.16
240829	CSM(A/RSM)	Ledger, WH	2/4 Bn		16. 1.19
9766	CSM	Lee, G	7 Bn		21. 6.16
241031	Sjt	Leng, R	2 Bn		2.12.19
38335	Sjt	Lindsay, G			18. 7.17
1752	LCpl	Livsey, J	1/5 Bn		22. 1.16
7358	LCpl	Lockwood, T	2 Bn		30. 6.15
22826	LCpl	Lumb, A	(Spec Res)		17. 4.17
12983	Sjt	Lund, J, M.M.			30.10.18
6923	Sjt #	Macdonald, A, D.C.M.	2 Bn (form Hamps Rgt)	Bar	17.12.14
201216	Cpl(Sjt)	Maddox, E, M.M.			3. 9.18
3/2072	CSM	Maltby, O	Spec Res		13. 2.17
3/2072	CSM(A/RSM)	Maltby, O, D.C.M.		Bar	30.10.18
8310	LSjt	Marchant, CJ	2 Bn		11.11.14
14534	LCpl	Marr, A			22. 9.16
18947	LCpl	McKelvey, A	9 Bn		16.11.15
36044	Cpl	McKenzie, T			30.10.18
12/44	LCpl	Metcalf, R			13. 2.17
6401	CSM	Miller, G	1 Bn		5. 8.15
6401	RSM	Miller, G, D.C.M.	1 Bn	Bar	2.12.19
20348	Sjt	Moodie, GM	2 Bn		25. 2.20
3/2999	CQMS(A/SM)	Moorhouse, W	(Spec Res)		13. 2.17
15051	Sjt	Moyles, P			9. 7.17
7214	Sjt	Mullins, JW	2 Bn	*	30. 1.20
10489	LCpl	Musgrove, G			22. 9.16
235834	Pte(A/LCpl)	Newton, J	2/4 Bn		16. 1.19
11224	Sjt	Nicholls, J			21.10.18
203718	Pte(LCpl)	Norfolk, F			25. 8.17
17998	Cpl	Nunn, L			15.11.18
3/2608	LCpl	O'Neill, T	2 Bn		11. 3.16
130	LCpl	Pacey, W	1/5 Bn		11. 3.16
468	CSM	Parker, GS			21.10.18
7396	Pte	Parker, W	2 Bn		11. 3.16
38208	Pte	Peters, A	5 Bn		16. 1.19
18171	LCpl	Phillips, H	2 Bn		11. 3.16
38587	Pte	Phillips, J	(attd LTMB)		16. 8.17
15445	CQMS	Pollard, J			6. 2.18
19449	Sjt	Portlock, G			6. 2.18
9884	Sjt	Potter, SH			26. 4.17
14015	LCpl	Powell, A			26. 1.18
200037	Sjt	Preece, EJ, M.M.			30.10.18
16764	Sjt	Priestley, T			22. 9.16
3357	Sjt	Raikes, JD			22. 9.16
1781	Pte	Ranyell, C	1/5 Bn		11. 3.16
22944	Pte	Richardson, JH	2 Bn(Attd RE)		9.10.15
12565	Pte	Richmond, HW	9 Bn		30. 3.16
72005	Sjt	Roberts, A			17. 4.18
242192	Sjt	Roberts, F			28. 3.18
3175	Pte	Rosewarne, BJ			22. 9.16
9364	CSM	Routledge, HJ, M.M.			15.11.18
106	Pte	Saville, TW			3. 9.18
8817	CSM	Scruton, E	2 Bn		16. 1.19
5676	CSM	Shardlow, J	1 Bn		11. 3.20

THE KING'S OWN (YORKSHIRE LIGHT INFANTRY)

Number	Rank	Name	Unit	Date
63249	Cpl(A/Sjt)	Shaw, R	2/4 Bn	16. 1.19
2880	Pte	Short, S		22. 9.16
19450	CSM	Simnett, JC		21.10.18
8280	LSjt	Sleigh, EJ	2Bn(later Depot) *	30. 1.20
5502	SM	Smart, H		17. 4.18
2039	Cpl	Smith, E	1 Bn	30. 6.15
10280	Pte	Smith, H	1 Bn	11. 3.16
11660	Pte	Smithson, JA		26. 1.18
18780	A/CSM	Steel, A		6. 2.18
2414	Pte	Steel, W	1/5 Bn	11. 3.16
64368	Pte	Stevenson, TE	15 Bn	11. 3.20
12831	LSjt	Stone, J		25.11.16
64415	Cpl	Stow, HR	15Bn(attd TMB)	3. 9.19
8678	CSM	Sullivan, FH		15.11.18
23629	LCpl	Summers, F	6 Bn	21. 6.16
240158	CSM	Sutherland, W		25. 8.17
18186	Pte	Sutton, E	6 Bn	15. 3.16
22868	LCpl	Swain, G, M.M.		21.10.18
240263	Cpl	Sykes, A	5 Bn	11. 3.20
3/1626	Pte	Sykes, C	2 Bn	11. 3.20
39630	Cpl	Sykes, G		6. 2.18
6772	CSM	Taylor, A		26. 1.18
15720	Sjt	Taylor, E	2 Bn	2.12.19
242630	Cpl	Taylor, TW		17. 9.17
241103	Sjt	Thomas, OC		28. 3.18
6484	CSM	Thorley, FC	1 Bn	2.12.19
10580	Cpl	Tolley, S, M.M.	8 Bn I	11. 3.20
20543	Pte	Tookey, WJ	1 Bn	30. 6.15
11777	LSjt	Tordoff, H	5 Bn	16. 1.19
4504	A/SM	Trott, HG, P.S.	1/4 Bn	11. 3.16
9188	CSM	Turner, J	2 Bn	11. 3.20
13596	Pte	Unwin, J	9 Bn	30. 3.16
13680	Sjt	Waldron, JT	8 Bn	15. 4.16
3507	Sjt	Wallace, W		22. 9.16
2097	Sjt	Walsh, J		30.10.18
2084	Sjt	Walters, FG	12 Bn	11. 3.20
241572	Sjt	Ward, HP	5 Bn	16. 1.19
8314	LCpl	Warrilow, E	2 Bn	17.12.14
5441	CSM	Watson, FW		17. 4.17
17733	Sjt	Weldon, C		21.10.18
21128	A/Sjt	White, M		3. 3.17
1220	Pte	White, W	12 Bn	3. 9.19
38518	Sjt	Wilkie, R		30.10.18
2222	LCpl	Williams, P	1/5 Bn	11. 3.16
8970	Sjt	Willington, R	2 Bn	11.11.14
2914	Pte	Wilson, GE		22. 9.16
240321	CSM	Wright, W		17. 9.17
63076	CSM	Younghusband, W	5 Bn	5.12.18

199 D.C.M.'s   4 Bars

† Bar and 2nd Bar with London Rgt.
‡ D.C.M. L/G 1902
# D.C.M. L/G 1901

THE KING'S (SHROPSHIRE LIGHT INFANTRY)

Number	Rank	Name	Unit	Date
20066	Pte	Allsopp, VP	5 Bn	30. 3.16
7665	Sjt	Badcock, W	1 Bn	30. 6.15
12168	CSM	Barlow, H, M.C.		1. 5.18
9159	Sjt	Barrett, T	1 Bn	15. 3.16
8940	Sjt	Bate, JA	2 Bn	11. 3.16
200039	LSjt(A/CSM)	Beard, J		21.10.18
13162	Sjt	Beddoes, W		26. 1.18
9714	Sjt	Beeston, H		14.11.16
8017	LCpl	Bowen, HA	2 Bn	11. 3.16
7898	Pte	Bridgwater, W	1 Bn	2.12.19
18336	Pte	Broadhurst, P		13. 2.17
22439	Pte	Bromely, JB		21.10.18
204487	LCpl	Brooks, A	1 Bn	2.12.19
29211 (late 26586)	Sjt	Brooks, C		3.10.18
230591	Pte	Brough, HW	10Bn(Attd LTMB)	11. 3.20
10097	Pte	Brown, WH		25. 8.17
17229	Sjt	Bufton, HE		26. 1.18
17229	CSM	Bufton, HE, D.C.M., M.M. Bar		3. 9.18
10598	Sjt	Burnham, J		20.10.16
11420	Sjt	Butler, J		13. 2.17
12071	Pte	Buttifant, FJ	1 Bn	11. 3.20
200001	CSM	Carpenter, JR		3. 9.18
200001	CSM	Carpenter, JR, D.C.M. Bar		3. 9.18
20008	LCpl	Cattlin, JW		16. 8.17
17446	Pte	Cheetham, W		15. 9.15
26415	Sjt	Clark, J		26. 1.18
10435	Sjt	Clarke, FC	1 Bn	11. 3.20
9163	CSM	Clarke, GE	1 Bn	2.12.19
8767	Pte	Clarke, J	1 Bn	16. 1.15
7756	L/Sjt	Cooke, RH	2 Bn	11. 3.16
8183	Sjt	Cornes, H	1Bn(Attd 16th TMB)	3. 9.19
11344	Pte	Corney, A	5 Bn	16.11.15
9194	LCpl	Crittenden, HL		26. 7.17
8206	Sjt	Darke, BJ	(& WAFF)	3.10.18
11671	Cpl	Davies, A	6 Bn	3. 9.19
15922	Sjt	Davies, C		4. 3.18
230089	Cpl	Davies, TB	1 Bn	2.12.19
7569	CSM	Derbyshire, J		25. 8.17
14667	LCpl	Dixon, M		17. 4.18
11971	Sjt	Dixon, W		14.11.16
8796	Sjt	Donovan, C		21.10.18
8598	Sjt	Dugmore, WH	2 Bn	30. 6.15
230277	Pte	Evans, JL		21.10.18
7775	CSM	Evans, S	1 Bn	3. 9.19
3850	A/CSM(A/RSM)	Farthing, J (Attd Manchester Rgt)		26. 4.17
11915	Pte	Fidler, A		18. 6.17
7793	LCpl	Flanagan, T	1 Bn	30. 6.15
9377	Sjt	Fletcher, T		3. 9.18
11327	LCpl	Fuller, W		26. 1.18
236891	Cpl	Fuller, WJ		3.10.18
237861	Pte	Gardiner, S		15.11.18
7338	Cpl	Gollins, H		6. 2.18
8097	CSM	Griffiths, W	1 Bn	11. 3.16
9865	Cpl	Groom, J	1 Bn	15. 9.15
9403	Pte	Hankey, J	2 Bn	5. 8.15
18851	Pte	Hargreaves, H		17. 9.17
27337	Sjt	Harmer, O	1 Bn	2.12.19
12988	CSM	Hayward, F		26. 1.18
7943	Sjt	Hockenhull, L		26. 7.17
6711	CSM	Hodkinson, W	1 Bn	15. 9.15
200024	Sjt	Holland, ED		3.10.18
11940	Pte(A/Cpl)	Holmes, J		1. 5.18
8232	Sjt	Holmes, WE, M.M.	1 Bn	2.12.19
38462	Cpl	Hunt, W	1 Bn	2.12.19
17632	Pte	James, G	6 Bn	11. 3.20
10101	Cpl	Johnstone, J	1 Bn	30. 6.15
8058	Sjt	Jones, A		3. 9.18
8349	CSM	Jones, ET		28. 3.18
27338	Sjt	Jones, H	1 Bn	2.12.19
9373	Sjt	Jones, HJ	1 Bn	15. 3.16
6392	Cpl(A/Sjt)	Jones, JW		26. 1.18
10420	Cpl	Kettle, HF		13. 2.17
230283	Pte	King, TR	10 Bn	11. 3.20
12374	Cpl(A/Sjt)	Kingstone, WE		1. 5.18
8233	CSM	Knight, A		28. 3.18
6532	Pte	Knight, T	1 Bn	15. 9.15
8358	Sjt	Lang, JR		17. 4.18
7133	Sjt	Langford, F, M.M.	4 Bn	10. 1.20
7857	Pte	Langford, H	1 Bn	15. 9.15

Section 6.   THE KING'S (SHROPSHIRE LIGHT INFANTRY)   123

9044	Pte	Layton, W	1 Bn (Attd Bde Staff 18 Bde)	15. 4.16
29763	Pte	Lewis, D	10 Bn	2.12.19
17375	Pte	Lewis, E		4. 3.18
10963	Cpl	Lewis, W		26. 1.18
8198	LSjt(A/Sjt)	Lloyd, BB		20.10.16
17253	Sjt	Lloyd, F	4 Bn	10. 1.20
7271	CSM	Lloyd, GW	S	10. 1.20
9718	Cpl	Lloyd, RJ		14.11.16
11908	LCpl	Lockley, E		14.11.16
9527	Sjt	Middleton, SH	2 Bn	30. 6.15
5000	A/RSM	Millington, G (Attd 1/1 Herefords)		3. 9.19
9651	Pte	Moore, WF	1 Bn	16. 1.15
11089	Sjt	Morgan, JR		14.11.16
9018	LCpl	Morris, T	2 Bn	16.11.15
230436	Pte	Morris, WW		15.11.18
16443	Pte	Niccolls, G	5 Bn	30. 3.16
8895	Sjt	Noble, JL	2 Bn	30. 6.15
9696	Pte	Orris, RS		4. 3.18
8562	Sjt	Osborne, ER		14.11.16
230394	Pte	Parry, RH		21.10.18
14272	Sjt	Peake, BJ		13. 2.17
10455	Sjt	Pope, GE, M.M.	1 Bn	10. 1.20
26279	L/Sjt	Poynton, F	1 Bn	2.12.19
10518	Sjt(A/CSM)	Price, JH		18. 6.17
200923	Sjt	Price, W		3. 9.18
17470	Pte	Prior, FG	5 Bn	30. 3.16

10500	LSjt	Purcell, J, M.M.	1 Bn		2.12.19
9467	Sjt	Purdy, T	2 Bn		11. 3.16
12954	Cpl	Richards, FH	6 Bn		27. 7.16
230795	Sjt	Riches, CW	10 Bn		11. 3.20
7929	Cpl	Roberts, C	1 Bn		11. 3.16
230542	CQMS(A/CSM)	Rutter, A			18. 2.18
15848	Cpl(LSjt)	Scriven, J			9. 7.17
11851	Pte	Sergeant, GM	6 Bn		11. 3.20
13141	LCpl	Sheldon, G			14.11.16
12904	Sjt	Simpson, H			1. 5.18
12316	Cpl	Smith, J			6. 2.18
12316	Sjt	Smith, J, D.C.M.		Bar	3. 9.18
205836	Pte	Smith, T			15.11.18
18439	Sjt	Smith, TS	1 Bn		2.12.19
332445	Cpl	Strefford, HH, M.M.			3.10.18
230230	Pte	Taylor, TH			3. 9.18
231042	Sjt	Thomas, RJ			3. 9.18
8811	CQMS	Threadgold, J			21.10.18
7459	CQMS(A/CSM)	Topping, P			21.10.18
7238	Sjt(A/CSM)	Turner, HA Spec Res (Attd 6 Bn)			21. 6.16
7280	Cpl	Turner, T	1 Bn		15. 9.15
204133	Pte	Wain, F			3. 9.18
10099	Sjt	Whitney, W			9. 7.17
9269	Sjt	Wildig, G	1 Bn		11. 3.16
15520	Cpl	Williams, S			6. 2.18
200261	CSM(A/RSM)	Wilson, GH	1/4 Bn		3. 9.19

128 D.C.M.'s   3 Bars

THE DUKE OF CAMBRIDGE'S OWN (MIDDLESEX REGIMENT)

9671	LSjt	Abbott, G	1 Bn		30. 6.15
12560	Pte	Abbott, G	2 Bn		11. 3.16
200171	Cpl	Alford, W			18. 7.17
L/14878	A/Cpl	Allsworth, PC			17. 4.17
1787	Pte	Alma, AA	12 Bn		22. 1.16
42156	RSM	Ambrose, A			3. 9.18
4792	Bandsman	Anderson, J	1 Bn		30. 6.15
PW/2982	Sjt	Anderson, J	18 Bn		21. 6.16
292273	Pte(A/Sjt) ☆	Axe, W	1/9 Bn		13. 7.20
L/9700	CSM	Ayres, JR			26. 1.18
1366	CQMS	Bailey, H			11.12.16
10104	CQMS	Baker, HT	2 Bn		11. 3.16
10616	CSM	Banbridge, J			9. 7.17
7483	Pte	Baynes, AC	3 Bn		16.11.15
L/13977	Sjt	Beale, HC	18 Bn(Attd TMB)		3. 9.19
F/2153	Cpl	Bean, WHP			30.10.18
F/233	Sjt	Bear, HC	17 Bn		27. 7.16
12572	Sjt(A/CSM)	Beattie, C			16. 8.17
12072	Pte	Belcher, T			3. 9.18
42642	Cpl	Berry, FP			28. 3.18
240032	CSM	Bishop, C			28. 3.18
L/13223	Sjt	Blampied, LG, M.M.	1 Bn		2.12.19
F/1119	CQMS	Bland, CJ			17. 4.18
43751	LCpl	Bottom, EA			26. 7.17
PW/949	Pte	Bowyer, TC	18 Bn		27. 7.16
73	Sjt †	Boyd, W, D.C.M.	4 Bn	Bar	6. 9.15
240377	Sjt	Bridges, T			26. 1.18
5767	Pte	Brown, A	11 Bn		22. 1.16
C/43981	Cpl	Brown, C			28. 3.18
242578	Sjt	Brown, GV, M.M.	2 Bn		10. 1.20
290021	RQMS	Burland, JC			1. 5.18
L/16729	A/CSM	Burrows, J			25.11.16
200008	A/RSM	Burt, W	(form 207)		9. 7.17
7394	CSM	Burton, AJ	3 Bn		11. 3.16
G/1229	Cpl	Butler, W, M.M.	4 Bn		2.12.19
L/13763	CSM	Byfield, AC			21.10.18
10366	Sjt	Campbell, FA			3. 9.18
13104	Sjt	Cannon, B	2 Bn		11. 3.16
19714	Cpl	Carter, CH	4 Bn		11. 3.20
1256	A/CSM	Cavanagh, G			26. 7.17
F/1601	Pte	Child, FH			14.11.16
F/383	RSM	Clark, C			3. 9.18
290805	Cpl	Clarke, D	23 Bn(later Depot)		2.12.19

360	Sjt	Clarke, W			21.10.18
201249	Pte	Clayton, GH			28. 3.18
12627	Sjt	Coleman, JH	3 Bn		11. 3.16
F/335	Sjt	Cook, CW	17 Bn		27. 7.16
12545	Cpl(A/Sjt)	Cooper, F			22. 9.16
10347	Pte	Cooper, JW	13 Bn		29.11.15
11622	CSM	Coughlan, JE	1 Bn		11. 3.16
2190	LCpl	Court, JL, M.M.			3. 9.18
14420	Cpl	Crane, FA			21.10.18
G/322	A/Sjt	Croft, W	2 Bn		24. 6.16
L/13149	Cpl	Cronin, TJ	2 Bn		24. 6.16
42627	Cpl	Crook, E			28. 3.18
9911	Pte	Cross, LE	4 Bn		1. 4.15
F/1291	LCpl	Crouch, AG			28. 3.18
42775	Pte	Crouch, CA			3.10.18
6374	Sjt	Cruickshank, J	4 Bn		11. 3.20
202078	Pte	Dale, WA			18. 7.17
G/15198	Pte	Daniels, J			6. 2.18
6910	Pte	Darby, WG			21.12.16
G/19394	Sjt	Dean, R			9. 7.17
4635	Sjt	Dickinson, F			17. 4.18
1908	Cpl	Edge, SV	1/7 Bn		21. 6.16
204792	CSM	Ellingworth, S			26. 1.18
L/11862	(LCpl)	Emery, H			21.10.18
PS/1751	Sjt	Emmett, W			28. 3.18
L/7376	Sjt	English, CE	4 Bn	*	30. 1.20
13392	Sjt	Faulkner, CEJ	2 Bn		30. 6.15
3099	Sjt	Feaver, WR			17. 4.18
1133	Drmr	Ferguson, JH	1/7 Bn		11. 3.16
G/15032	CSM	Fisher, RC			3. 9.18
13282	A/Sjt	Fisher, W	4 Bn		1. 4.15
13282	A/Sjt	Fisher, W, D.C.M.	4 Bn	Bar	11. 3.16
292161	Sjt	Flatman, R			16. 8.17
4646	A/Cpl	Forster, F			17. 4.18
22054	Pte	Fox, A			26. 7.17
9059	Pte	Fox, MJ	4 Bn		1. 4.15
468	Pte	French, J	4 Bn		1. 4.15
2334	LCpl	Fuller, AF	1/7 Bn		11. 3.16
4701	Sjt	Gale, G	13 Bn		11. 3.20
821	Sjt(A/CSM)	Gardner, HT			14.11.16
240022 (form 821)	CSM	Gardner, HT, D.C.M.		Bar	28. 3.18

Number	Rank	Name	Bn	Date
10692	Cpl	Garrett, E		21.12.16
L/9107	Sjt	Glenie, W		28. 3.18
2323	Sjt	Gold, HL		18. 7.17
L/16828	CSM	Gorbey, TJ		25. 8.17
8794	LCpl	Gormley, EM	1 Bn	30. 6.15
L/14130	Sjt	Gray, HJ		26. 1.18
8172	LCpl	Gray, V	4 Bn	3. 6.15
L/11448	Sjt	Green, W	1 Bn	3. 9.19
10002	Sjt	Gregg, G		29. 8.17
4016	Pte	Gregory, MI		10. 1.17
16660	CSM	Hall, E		17. 4.18
290907	LCpl(A/Cpl)	Hallsworth, F		18. 2.18
5775	LCpl	Hamilton, WJ	1 Bn	11. 3.16
50743	Cpl	Hammond, S		28. 3.18
PS/2620	LCpl	Hanbury, JH		6. 2.18
PW/3263	LSjt	Hannaford, WH	19 Bn	3. 9.19
86589	Pte	Harris, A	1 Bn	2.12.19
L/13768	Sjt	Harris, AG	4 Bn	2.12.19
11417	A/Sjt	Harris, RT	1 Bn	16. 1.15
6682	Pte	Hatchard, FH		25.11.16
495	Pte	Havers, H	11 Bn	22. 1.16
G/495	Sjt	Havers, H, D.C.M.	Bar	3. 9.18
S/6991	CSM	Hazelwood, WV		21.10.18
790	Sjt	Heath, JH		17. 4.18
9480	Sjt	Heley, EE	18 Bn	11. 3.20
F/3055	Pte	Hickman, JJ		6. 2.18
F/3055	Cpl(LSjt)	Hickman, JJ, D.C.M., M.M. Bar		3. 9.18
3055	LSjt	Hickman, JJ, D.C.M. & Bar, M.M. 2 Bn	2nd Bar	10. 1.20
1027	LSjt	Hocking, FJ	1/7 Bn	5. 8.15
L/16879	Sjt ○	Hogan, D, M.M.		3.10.19
L/12316	Sjt	Hopwood, W		6. 2.18
292111	Sjt	Horne, G		16. 8.17
40733	Cpl(A/CQMS)	Hughes, DH		4. 3.18
G/2466	LCpl	Humphries, A		17. 4.17
43004	Sjt	Isherwood, E		26. 7.17
3981	Cpl	Jackson, P	13 Bn	11. 3.20
4701	Sjt(A/QMS)	James, EF	1 Bn	11. 3.16
G/41362	Cpl	Jelly, G		26. 1.18
G/6927	Pte	Johnson, E	2 Bn	24. 6.16
L/10011	CSM	Jones, WS		26. 1.18
7876	Sjt	Judd, D		3. 9.18
7428	Sjt	Judd, JW		17. 4.18
10893	LCpl	Keep, JG	4 Bn	11. 3.16
201706	Pte	Kent, JC	2 Bn	11. 3.20
G/15362	Sjt	Kerridge, JW		21.10.18
16825	CSM ‡	Kerrigan, W, D.C.M.	Bar	30.10.18
1421	LCpl(A/Sjt)	King, H		13. 2.17
2184	Pte	Kossak, L	12 Bn	22. 1.16
240067	CSM	Lane, G		26. 1.18
3686	Pte	Laytham, PE		21.12.16
G/14045	Sjt	Lee, F	20 Bn	11. 3.20
9485	CSM	Leharne, E		22. 9.16
PW/1541	CSM	Leighs, H		3. 9.18
G/58211	Cpl	Leonard, AJ	20 Bn	14. 4.20
F/172	Pte	Levy, I		25.11.16
L/15888	Cpl △	Lidington, GJ (No.1 Spec Coy)		21. 1.20
200862	Sjt	Lill, ET	7 Bn	11. 3.20
970	CSM	Llewellyn, EJ	13 Bn	29.11.15
L/5866	CSM(A/RSM)	Longley, WJ		21.10.18
2889	Sjt(A/CSM)	Lucas, TT		26. 7.17
7949	T/RSM	Manning, WA 4 Bn (Attd 2/19 Lond Rgt) P		11. 3.20
6054	Pte	Marchant, H 3 Bn(later 174 Co.RE)		11. 3.16
41213	LCpl	Markland, J		28. 3.18
8702	LCpl	Marshall, GM	1 Bn	16. 1.15
L/8682	Pte	Marshall, WJ	1 Bn	16.11.15
L/13243	Sjt	Martin, WJ		6. 2.18
42325	LCpl	Maylett, JW		26. 7.17
835	SM	McDonald, GA		22. 9.16
6926	Pte	Mead, HGF	4 Bn	1. 4.15
7864	Sjt	Mears, WG	13 Bn	11. 3.16
8199	A/Cpl	Messenger, J	4 Bn	11. 3.16
1850	CQMS	Metcalf, JW		4. 3.18
764	CQMS	Miles, EV		20.10.16
11313	Sjt	Miller, DW		13. 2.17
52418	Pte	Mills, C	1 Bn	2.12.19
268	Sjt	Moorhouse, TE	11 Bn	30. 3.16
502	Pte	Morris, J		13. 2.17
L/14346	Sjt	Morris, J	4 Bn	3. 9.19
14790	Sjt	Mortlock, WR		9. 7.17
625	Pte	Moutrie, WF	1/7 Bn	11. 3.16
821	LSjt	Murphy, J	4 Bn	30. 6.15
292187	LSjt	Nathan, E		16. 8.17
205105	CQMS	Neville, L	1/7 Bn	3. 9.19
200011	CSM	Newton, TJ		21.10.18
G/40567	Cpl	Onyett, AH	4 Bn	5.12.18
7412	Sjt	Osborne, J	1 Bn	11. 3.16
6003	Pte	Otton, JW	4 Bn	1. 4.15
200027	CSM	Owen, AJ		26. 1.18
14822	Sjt	Perry, FW		15.11.18
2276	Pte	Polley, W	4 Bn	6. 9.15
L/12922	Sjt	Poole, W	2 Bn	3. 9.19
F/586	Pte	Potter, WV	13 Bn	11. 3.20
G/10727	Sjt	Potts, J, M.M.		28. 3.18
14128	LCpl	Prior, W		9. 7.17
3058	Sjt	Radford, GH		26. 7.17
10444	LCpl	Read, CE		21.12.16
13047	Sjt	Reaney, CH		30.10.18
5433	CSM(A/RSM)	Rice, WG		28. 3.18
8683	Sjt	Richardson, CC	1 Bn	16. 1.15
F/282	Pte	Ridley, GT		1. 5.18
12536	LCpl	Roberts, ACG	2 Bn	30. 6.15
14136	Sjt	Robertson, WWV		28. 3.18
L/10801	Sjt	Roskilly, W	1 Bn	3. 9.19
G/3396	LSjt	Rowe, G		17. 4.17
8975	LCpl	Rowe, J	3 Bn	11. 3.16
24768	Pte	Ruddle, SC	13 Bn (Depot)	10. 1.20
315422	CSM	Sammons, EW	2 Bn	10. 1.20
F/627	CSM	Sandoe, L		26. 1.18
F/627	CSM	Sandoe, L, D.C.M., M.M.	13 Bn Bar	2.12.19
2517	Cpl	Sanford, WE		14.11.16
10120	Pte	Sargeant, H	4 Bn	1. 4.15
200218	Cpl	Sawyer, H		18. 7.17
40913	Pte	Schlencker, J, M.M.	4 Bn	16. 1.19
G/40847	CSM	Scott, R		17. 4.18
L/13112	Cpl	Searle, W		25. 8.17
40466	A/Sjt	Sewell, T		3. 3.17
G/18536	Sjt	Shaw, H		26. 1.18
L/17393	Pte ☐	Sheead, R		3.10.19
L/11673	LCpl	Shepherd, J	1 Bn	31. 5.16
11098	LCpl	Smart, C	11 Bn	22. 1.16
L/16662	LSjt	Smith, GC	21 Bn	3. 9.19
42806	Cpl	Smith, RG		26. 1.18
92859	Pte	Snelgrove, A		28. 3.18
14432	Pte	Spencer, ASS	4 Bn	1. 4.15
PS/1159	Sjt	Stagg, JR	16 Bn	21. 6.16
L/11060	CSM	Stokes, C, M.M.	1 Bn	11. 3.20
1492	LCpl	Stott, JW	1/7 Bn (East. Comm. Depot)	21. 6.16
202923	Pte	Thomsett, P		26. 1.18
453	Cpl	Tighe, CV		17. 4.18
1101	Sjt	Titcomb, LA	1/8 Bn	11. 3.16
87985	Sjt ★	Todoreca, S	6 Bn	27. 5.19
PS/2170	Sjt	Tompkins, FW		28. 3.18
15349	Cpl	Travi, A		17. 4.18
L/15842	Sjt	Truss, RH	20 Bn	11. 3.20
L/15593	Sjt	Tungate, JH	20 Bn	2.12.19
11821	Sjt	Varnham, G	4 Bn	17.12.14
7674	CSM	Vause, WT	4 Bn	11. 3.16
G/10386	Pte	Vickery, G		6. 2.18
43237	Sjt	Wager, A	13 Bn	3. 9.19
33763	Pte	Walker, A, M.M.	1 Bn	10. 1.20
14195	Pte	Walker, AE	4 Bn	1. 4.15
8114	LSjt	Waller, HJ	3 Bn	11. 3.16
9630	CSM	Wamsley, HE		25. 8.17
200186	LCpl	Ward, JH		18. 7.17
L/14899	LSjt	Ward, WF	2 Bn	24. 6.16
5874	Pte	Warwick, A	1 Bn	1. 4.15
F/475	SM	Webb, J		25.11.16
16589	A/Sjt	Welborn, GT, M.M.		3. 9.18
11124	Pte	West, AJ	1 Bn	30. 6.15
2403	Sjt	Whale, SV		26. 7.17
26521	Pte(LCpl)	Wheeler, WT		30.10.18
240493	Sjt	White, WH		26. 1.18
L/17276	CSM	Whitehead, B		16. 8.17
G/9196	Sjt	Wicks, WG	13 Bn	10. 1.20

Section 6. THE DUKE OF CAMBRIDGE'S OWN (MIDDLESEX REGIMENT) 125

14218	Pte(LCpl)	Wilkinson, A		3. 9.18	L/16730	LCpl(ACpl)	Wood, A		25.11.16
PW/4964	LCpl	Williams, SF		3. 9.18	11092	Sjt(A/CSM)	Worboys, AW		22. 9.16
881	Sjt	Williams, WT		17. 4.18	803	Pte	Worrall, T	11 Bn	21. 6.16
955	LCpl	Willis, WH	1/7 Bn	5. 8.15	9483	CSM	Wright, H	3 Bn	30. 6.15

238 D.C.M.'s   7 Bars   1 2nd Bar

† D.C.M. L/G 1901

‡ D.C.M. with Leinster Rgt.

☆ Kara - Anjir 31/5/19

○ Medvyeja - Gora 23/6/19 & 15/5/19

△ Koikori 27/8/19

□ Kartashi 19/6/19

★ Tulgas Nov.- Dec. 1918

THE KING'S ROYAL RIFLE CORPS

C/4629	Pte	Abbis, F		13. 2.17	R/5633	SM	Davies, A		9. 7.17
1867	A/RSM	Adams, J		9. 7.17	9131	A/SM	Davis, AH (Attd 16 Lond Rgt)		11. 3.16
R/7483	RSM	Archer, W		21.10.18	C/1571	LCpl	Davis, AS		26. 1.18
4331	Rfm.	Ashcroft, W	2 Bn	11. 3.20	45148	Rfm	Dennison, J		15.11.18
R/3031	Sjt	Askew, W		17. 4.18	C/6255	Cpl	Dinsdale, WH		26. 1.18
R/9618	Cpl(LSjt)	Austin, JH		17. 9.17	C/6926	Sjt	Diplock, FH		26. 1.18
					8200	Pte	Dodd, J	3 Bn	30. 6.15
Y/658	LCpl	Bagley, FT	1 Bn	15. 4.16	R/3065	LCpl	Dowdall, GF	10 Bn	15. 4.16
R/35762	Rfm.	Baker, CW	1 Bn	11. 3.20	R/16943	LCpl	Doyle, M		19. 8.16
6818	Pte	Baker, T	1 Bn	1. 4.15	8603	Sjt	Duckworth, F	4 Bn	2.12.19
5/3877	Sjt(A/CSM)	Ball, W		15.11.18	4786	CSM	Dugdale, J		3. 3.17
C/3553	LCpl	Barltropp, WJ		26. 1.18	9517	CSM (later Lt)	Dunlavey, E	2 Bn ★	30. 1.20
C/478	Sjt	Barraclough, W, M.M. 16 Bn (Attd TMB)		10. 1.20	R/6121	Sjt	Eastaway, F		19. 8.16
R/15698	LCpl	Bass, E	2 Bn	24. 6.16	C/6041	Sjt	Easton, J		6. 2.18
9778	Pte	Baxter, H	4 Bn	5. 8.15	R/11709	Sjt	Elderfield, L		14.11.16
R/37453	LCpl	Beausang, WJ	13 Bn	11. 3.20	R/13813	Pte(LCpl)	Elvy, FJ		6. 2.18
R/6108	Pte	Bentley, FD	8 Bn	15. 9.15	7505	Pte	English, FI		17. 4.17
10266	Sjt	Bentley, ST		20.10.16	6322	Sjt	Evans, E	2 Bn	11. 3.16
A/1856	Sjt	Beresford, DAE, M.M. 16 Bn		2.12.19					
4309	Sjt	Berridge, J	4 Bn	1. 4.15	3505	Sjt	Fail, T		6. 2.18
9949	Sjt	Bertouche, HLE		15.11.18	R 31544	Rfm	Faith, AW		17. 9.17
3899	Pte	Binks, R	2 Bn	30. 6.15	8797	Pte	Fenner, G	3 Bn (Attd FA)	1. 4.15
R/2445	CSM	Blackwell, AJ		6. 2.18	1166	LCpl	Ferrill, W	2 Bn	30. 6.15
9248	Pte	Bona, A		29. 8.17	R/9398	Sjt	Fisher, VF		28. 3.18
C/98	Cpl	Bothwell, G	16 Bn	15. 3.16	R/1294	LCpl	Fletcher, SJ, M.M.		3. 9.18
C/1223	Pte	Bower, EB		26. 7.17	R/4347	Sjt	Flint, JH	11 Bn	11. 3.20
R/3986	Cpl	Bowker, J	13 Bn	2.12.19	848	CSM(A/RSM)	Floater, GH		9. 7.17
R/1904	Pte	Brett, HB		14.11.16	C/1720	A/Cpl	Fordham, AH		21.12.16
11299	Rfm †	Bridge, E	No. 1 Spec. Coy	21. 1.20	5657	CSM	Francis, JHS	2 Bn	3. 9.19
C/12018	Cpl	Brown, GD		17. 4.18	R/4184	Sjt(A/CSM)	French, J, M.M.		3. 9.18
3408	Sjt	Buchanan, W	3 Bn	11. 3.16	C/7362	Sjt	Frith, B	1 Bn	2.12.19
R/31929	Pte	Buckle, GS		6. 2.18					
R/1295	LSjt	Buckley, A		14.11.16	R/8891	LCpl	Gibson, TW		26. 1.18
8772	Sjt	Buckley, J	4 Bn	2.12.19	R/4808	Sjt(A/CSM)	Goddard, HC, M.M.		15.11.18
A/773	CSM	Bull, AG		9. 7.17	R/10370	Sjt	Godley, F		17. 4.18
7600	Pte	Bullock, P	1 Bn	1. 4.15	10657	Cpl	Goodman, JJ	2 Bn	16. 1.15
R/854	Cpl	Burke, J		28. 3.18	R/2040	Sjt	Green, O	11 Bn	22. 1.16
A/55	Sjt	Burns, J	12 Bn	11. 3.20	R/425	Pte	Gristwood, FGT		14.11.16
R/33832	Pte	Burton, SE		6. 2.18	11466	Pte	Groves, GA		3.10.18
R/3850	Pte(LCpl)	Butterworth, WT		3. 9.18					
					C/424	CSM	Hallam, JS, M.M.		3.10.18
5791	Cpl	Campbell, JB	Depot(form 2 Bn)	11. 3.16	C/95	CSM	Hamilton, HA	16 Bn	15. 3.16
C/6036	CSM	Carding, R		3. 9.18	11417	Sjt ‡	Hammond, FW (No. 1 Spec Coy N.R.E.F.)		3.10.19
6975	Pte	Carter, TJ	5 Bn	27. 7.16					
R/6555	Cpl	Chadaway, J		3. 9.18	R/31642	A/Cpl	Harber, W		4. 3.18
R/145	Pte ☆	Champion, N	10 Bn	15. 4.16	R/10012	Rfm	Hardy, JW		28. 3.18
A/225	Sjt	Chappell, E	7 Bn	15. 9.15	R/2853	Sjt	Harrison, GE		13. 2.17
R/5058	Sjt	Chatt, HW		1. 5.18	A/1524	Cpl	Hart, R		6. 2.18
1126	CSM	Clay, GE	3 Bn	30. 6.15	A/802	Cpl	Hayes, FL	1 Bn	5. 8.15
11820	LCpl	Cohn, HO	1 Bn	22. 1.16	R/8042	Pte	Hayward, GE		20.10.16
505280	Sjt	Colley, GW	1 Bn (later 13 Lond Rgt)	2.12.19	R/7550	LCpl	Hendley, C	1 Bn	16.11.15
					10138	Pte	Herridge, EC	1 Bn	11. 3.16
56527	Pte	Cooke, WM	18 Bn	10. 1.20	6180	LCpl	Herring, WJ		17. 4.18
R/13366	Rfm	Coppin, LV		28. 3.18	6444	Cpl	Hilton, HB	1 Bn	1. 4.15
6305	Sjt	Couch, J, M.M.	2 Bn	2.12.19	8538	Sjt	Hinstridge, TD		1. 5.18
C/3041	Pte	Crawley, R		6. 2.18	R/17749	Rfm	Hodgson, CE		25.11.16
1930	LCpl	Critchley, WH	2 Bn	30. 6.15	6403	CSM	Hodgson, E		30.10.18
9734	Pte	Croft, B		17. 4.17	C/3603	Sjt	Hole, H		6. 2.18
6329	Sjt	Crookes, W	1 Bn	3. 6.15	6/1024	Sjt	Hollingsworth, V, M.M.		15.11.18
7820	Sjt	Curzon, H	2 Bn	16. 1.15	4692	CSM	Hopkins, A	1 Bn	11. 3.16

Number	Rank	Name	Bn	Date
5421	CSM(A/RSM)	Horton, J, M.M.	1 Bn	11. 3.20
R/8971	Cpl	Howarth, R	18 Bn	3. 9.19
C/6394	Sjt	Humphrey, WHF		30.10.18
5/4731	Pte	Hyles, D	1 Bn	30. 6.15
6/1202	Cpl	Jack, EA	1 Bn	2.12.19
9122	Sjt	Jackson, RS	4 Bn	11. 3.20
10204	Sjt	Jacob, G		11. 5.17
8626	LCpl	James, CB	6 Bn	5. 8.15
10444	Pte	Joynt, FA	1 Bn	16. 1.15
9998	Pte	Kendal, AE	3 Bn	11. 3.16
A/517	Sjt	Knight, WA		26. 9.16
R/12972	LCpl	Kyles, WM		19. 8.16
R/7726	Sjt	Kymer, A	4 Bn	2.12.19
R/5330	Sjt	Laverick, E		16. 8.17
6888	Cpl	Leach, HG	4 Bn	2.12.19
1692	Sjt	Leather, LO		16. 8.17
5969	CSM	Lee, FS	4 Bn	11. 3.20
C/12091	Pte	Lee, H		26. 1.18
R/4348	Sjt	Lilley, E		17. 4.18
7244	CSM	Lister, F, M.M.		21.10.18
10705	LCpl	Lock, F	1 Bn	16. 1.15
A/203300	Rfm	Locket, E	16 Bn	2.12.19
A/326	LSjt	Longley, R		20.10.16
505223	Cpl	Macadie, SC, M.M. 18 Bn (Attd 13 Lond Rgt)		2.12.19
C/6379	Sjt	Mackriell, ES		6. 2.18
C/9045	Sjt	Marie, HT		21.10.18
R/14919	Pte	Marshall, D 18 Bn (Attd TMB)		27. 7.16
A/2096	Sjt	Martin, CS		18. 6.17
R/22216	Sjt	Marzetti, AC		6. 2.18
6/1091	Sjt	Mason, EM		6. 2.18
505251	LCpl	Maude, B	18 Bn	30.10.18
7338	LCpl	McClellan, C	1 Bn	3. 6.15
R/7681	LCpl ○	McDowell, T	3 Bn	5. 8.15
6226	Sjt	McElroy, H		26. 1.18
C/12003	CSM	McEwen, T		22. 9.16
5599	Cpl	McGuire, E	2 Bn	1. 4.15
A/1143	A/CSM △	McIntyre, WL, D.C.M. 8 Bn	Bar	21. 6.16
C/618	Sjt	McLoughlin, W		30.10.18
R/4640	Sjt	McMahon, J		15.11.18
9532	Sjt	Medlock, F	(G C Rgt)	26. 5.17
10823	Cpl	Melly, CG	2 Bn	11. 3.20
A/536	Pte	Melvin, WA	8 Bn	15. 9.15
R/119	LCpl	Meredith, J	12 Bn	11. 3.20
11755	Pte	Miles, C	1 Bn	30. 6.15
R/1125	Pte	Miller, A		14.11.16
C/4655	Pte	Mills, TV		14.11.16
5/4582	Cpl(A/Sjt)	Moore, AC, M.M.		15.11.18
R/2989	LCpl	Morley, GH		20.10.16
R/2988	LCpl	Moss, RW	9 Bn	30. 3.16
C/12055	Pte	Neave, JW		3. 9.18
11289	Cpl	Newman, H	2 Bn	15. 3.16
9393	Pte	Nolan, J		26. 7.17
R/13596	Pte	Oakes, W (late 2/15 Bn Lond Rgt)		2.12.19
C/174	CSM	Oakley, W, M.M.	16 Bn	2.12.19
6/1234	Pte	O'Donoghue, EPJ (Attd 2 Bn)		15. 3.16
A/3186	Sjt	Orchard, J		20.10.16
6547	CSM	Oxley, H	7 Bn	21. 6.16
6547	T/SM	Oxley, H, D.C.M.	Bar	4. 3.18
R/7938	Sjt	Paley, FW		25.11.16
R/10194	Pte	Parnell, R	4 Bn	5. 8.15
R/1486	LCpl	Parratt, A		14.11.16
45078	Cpl	Pattimore, WJ		15.11.18
C/7740	Pte(LCpl)	Paul, R		26. 6.18
R/35264	Rfm	Peat, G		28. 3.18
A/2273	LCpl	Peniston, W		26. 1.18
R/2295	Sjt	Pierce, F		18. 6.17
Y/74	Sjt	Plumbridge, FC		11. 5.17
R/158	CSM	Porter, J		13. 2.17
C/6076	Sjt	Potter, AC		25.11.16
12693	Cpl(A/Sjt)	Pountney, A	7 Bn *	30. 1.20
C/9126	CSM	Pratt, E		20.10.16
A/15	Sjt	Presslee, J	7 Bn	15. 3.16
5564	Pte	Priske, TB	3 Bn	11. 3.16
6321	CSM	Pugh, S	4 Bn	11. 3.20

259 D.C.M.'s 3 Bars.

† Koikori 27/8/19

‡ Medvyeja - Gora 15/5/19

Number	Rank	Name	Bn	Date
7861	Pte	Rawson, W 3 Bn (Attd 35 Div)		15. 4.16
11935	LCpl	Reeve, LH	1 Bn	30. 6.15
4081	Pte	Revell, E	1 Bn	23.10.14
R/10510	Rfm	Richards, A		17. 4.18
43912	Rfm	Richardson, HM	18 Bn	5.12.18
4050	Sjt	Robinson, J	1 Bn	3. 6.15
C/267	Pte	Rock, J	16 Bn	21. 6.16
R/14980	Rfm(LCpl)	Roe, A		17. 4.18
A/200660	LCpl	Rolfe, AV	1 Bn	11. 3.20
R/14338	Pte	Romeril, A	2 Bn	15. 3.16
R/15968	Sjt	Rumsey, G		19. 8.16
C/6687	Pte	Rumsey, H 18 Bn (Attd TMB)		27. 7.16
9350	CSM	Savage, FW		3. 3.17
3388	CSM (later 2 Lt)	Savin, C	2 Bn	21. 6.16
385	CSM	Schoon, CF	1 Bn	23.10.14
9739	Pte	Seager, TH	1 Bn	17.12.14
C/3748	Rfm	Sergeant, WJ		1. 5.18
R/2915	CSM	Sharman, W (Attd 34 Lond Rgt)		11. 3.20
R/1286	Pte	Shaw, WH		9. 7.17
9017	Pte	Shee, D	3 Bn	1. 4.15
3366	CSM	Sheriff, AJ (Attd 9 Lond Rgt)		11. 3.16
R/2816	CSM	Shirley, JH		13. 2.17
R/1225	Pte	Skeels, H	11 Bn	22. 1.16
R/4866	Sjt	Smith, D		18. 6.17
R/12342	Sjt	Smith, P		6. 2.18
R/8353	Sjt	Snow, GF		21.10.18
C/9529	CSM	Spain, AW	20 Bn	3. 9.19
R/7689	LCpl(A/Sjt)	Spanton, TH	3 Bn	30. 6.15
5154	LCpl	Stagg, EG		21.10.18
C/9809	Sjt	Starkey, CE		9. 7.17
R/5093	Sjt	Steele, A, M.M.		26. 6.18
R/440	Sjt(A/CSM)	Straw, TH		26. 1.18
R/2325	Pte	Strong, WT		3. 9.18
R/551	CSM	Stubbington, WJ		21.10.18
11094	Rfm	Sutton, FG		30.10.18
A/2271	A/Cpl	Swallow, WS		26. 1.18
Y/1378	LCpl	Swires, TB Depot(form 3 Bn)		11. 3.16
C/7504	Sjt	Symons, L, M.M.		30.10.18
7846	LSjt	Thorns, H	3 Bn	1. 4.15
5102	Sjt	Trotter, H	2 Bn	1. 4.15
7330	LCpl	Tucker, HA	2 Bn	16. 1.15
5800	Sjt	Van Reenan, VS	2 Bn	11. 3.16
8049	LCpl	Vickers, ER	9 Bn	11. 3.16
R/2038	Sjt	Vincent, FC		14.11.16
R/23453	Cpl	Voak, EHE		25. 8.17
R/38459	Pte	Volke, J	2/15 Bn	10. 1.20
494851	Pte	Wakeman, CH (posted 2/13 Lond R) E		3. 9.19
R/10179	Pte(ACpl)	Walker, E		26. 7.17
7172	Sjt	Wallace, J	4 Bn	2.12.19
3315	Sjt	Wallington, WH	9 Bn	11. 3.16
5702	Sjt	Wardle, A, M.M.	1 Bn	3. 9.19
8883	Pte	Waterhouse, A	4 Bn	5. 8.15
C/12699	Sjt	Watkinson, RW, M.M.		3. 9.18
C/7390	Cpl	Webb, WC	18 Bn	10. 1.20
R/7339	Cpl	West, EJ		13. 2.17
R/2764	Sjt	West, W		28. 3.18
5/4846	LCpl	White, C	1 Bn	5. 8.15
A/232	Pte	Whitehard, H		16. 8.17
2050	CSM	Whiteley, BF	2 Bn	16. 1.15
780	Cpl	Wigmore, AH	2 Bn	11. 3.16
R/40014	Pte	Wilby, S		3. 9.18
6328	CSM	Wilcox, A		1. 5.18
R/15117	LCpl	Wilkinson, F		3. 9.18
R/1701	Pte	Wilkinson, R	1 Bn	30. 6.15
4787	Sjt	Williams, W, M.M.	13 Bn	2.12.19
3191	RQMS	Wilson, HJ	4 Bn	11. 3.20
R/5298	Sjt	Wimpey, EG	11 Bn	22. 1.16
A/412	Sjt	Wood, E	7 Bn	15. 9.15
A/412	Sjt	Wood, E, D.C.M.	Bar	26. 9.16
5566	Cpl	Wood, G		30.10.18
C/3691	CSM	Woodhams, AE	17 Bn	3. 9.19
R/36973	Sjt	Woodhouse, J		26. 6.18
5/4510	Sjt	Woodward, EA		20.10.16
R/2481	Sjt	Wrench, HB		21.10.18
10658	L/Sjt	Young, H	2 Bn	30. 6.15

○ Another citation dated 15. 9.15.

△ D.C.M. L/G 1902

☆ Bar with Rifle Brigade

THE DUKE OF EDINBURGH'S (WILTSHIRE REGIMENT)

Number	Rank	Name	Bn		Date
11881	Sjt	Ackland, JE			3.10.18
18155	Pte	Alder, L			22. 9.16
19111	Pte(LCpl)	Asher, A			30.10.18
27225	Pte	Badcock, GF			3. 9.18
5622	CQMS(A/CSM)	Barnes, G			16. 8.17
18266	Pte	Barnes, GW			16. 8.17
200200	Cpl(A/Sjt)	Batchelor, W	1/4 Bn	E	25. 2.20
8557	Cpl	Beck, PK	2 Bn (later Depot)	*	30. 1.20
9063	Sjt	Bray, GA			30.10.18
8963	Sjt	Bridges, JF, M.M.			3. 9.18
5509	Pte	Brown, A	2 Bn		11. 3.16
7788	Sjt	Bull, A	1 Bn		9.10.15
22250	Sjt	Bundy, WC	1 Bn (later Depot)		16. 1.19
203241	Pte	Burchell, E			3.10.18
17060	LSjt(A/Sjt)	Burke, TA			21.10.18
204270	Sjt	Butler, EH			3.10.18
39942	CSM	Campbell, LS	1 Bn		11. 3.20
10903	Pte	Carter, W	1 Bn		3. 6.15
7934	Pte	Clark, FE	1 Bn		3. 6.15
13880	Sjt(A/CSM)	Clarke, SJ	7 Bn		2.12.19
10388	Sjt	Cobley, P	1 Bn		3. 9.19
10409	Sjt	Conway, H			16. 8.17
6416	Sjt	Cook, FG			16. 8.17
25978	Pte	Cook, H			26. 4.17
200842	Cpl	Couldrey, GC			1. 5.18
34132	CQMS	Cox, WJ	1 Bn		10. 1.20
205676	Sjt	Creed, J, M.M.	1 Bn		10. 1.20
10712	Cpl	Davies, JH	7 Bn		2.12.19
18289	LCpl	Deane, AW			16. 8.17
3/217	Sjt	Doddington, J	5 Bn	G	11. 3.16
10585	Pte	Dyke, F			19. 8.16
10055	CQMS	Dyke, J	5 Bn		21. 6.16
9935	Pte	Edhouse, F	1 Bn		11. 3.16
8858	Sjt	Elliot, IG	1 Bn		11. 3.16
3/754	CSM	Farrer, A			26. 7.17
8505	Sjt	Fidler, W			26. 9.16
10692	Pte	Field, G	1 Bn		11. 3.16
6180	CSM	Filor, GF			26. 9.16
3/212	Sjt	Ford, GWR	5 Bn	G	11. 3.16
3/9738	LSjt	Ford, S	6 Bn		21. 6.16
8829	LCpl	Fox, HW			19. 8.16
21028	Pte	Gamson, A			3. 9.18
201956	Pte	Gosling, WJ			1. 5.18
19932	Pte	Guest, B			22. 9.16
6365	Sjt	Haddrill, D	1 Bn		5. 8.15
39883	LCpl	Hall, E			15.11.18
209238	LSjt	Harris, GE (form. 241160 Hants Rgt)		E	25. 2.20
10329	Cpl(LSjt)	Harwood, RP			16. 8.17
4708	Pte	Hatton, C	1 Bn		1. 4.15
9213	Pte	Head, WJ	5 Bn	G	16.11.15
11958	Pte	Hearn, WM	1 Bn		11. 3.16
26368	Pte(A/Sjt)	Hensman, R			21.10.18
3729	SM (later 2 Lt)	Hill, AJ	2 Bn		21. 6.16
4757	Bandsman	Hill, GE	2 Bn		11. 3.16
11325	Pte	Hill, GH	6 Bn		11. 3.16
8490	Sjt	Hillings, GB	1 Bn		3. 6.15
8490	Sjt	Hillings, GB, D.C.M.		Bar	22. 9.16
9049	Sjt(A/CSM)	Hiscocks, A			29. 8.17
17586	CSM	Holland, GA			3.10.18
9416	Pte	Humphries, R	5 Bn	G	16.11.15
7310	LSjt	Ingram, GH	1 Bn		22. 1.16
37253	Pte	‡ Jasper, JB (Attd 2 Bn Hants Rgt)			21. 1.20
200636	Pte(A/LCpl)	Keevil, GH	1/4 Bn	P	11. 3.20
6026	CSM	Kepner, JA	1 Bn		3. 6.15
6026	CSM	Kepner, JA, D.C.M.		Bar	20.10.16
8402	Pte	Ladd, WH	1 Bn		3. 6.15
26565	Pte	Lawford, HT	1 Bn		10. 1.20
8135	Cpl	Leach, F	1 Bn		9.10.15
12089	Sjt(A/CSM)	Lee, AC	1 Bn		2.12.19
36618	Sjt †	Lee, SJ, D.C.M.	7 Bn	Bar	2.12.19
4591	CQMS	Lester, WG	1 Bn		17.12.14
12017	CSM	Lewis, WC, M.M.			21.10.18
17763	Pte	Lillystone, J			3.10.18
5342	Sjt	Looney, J	2 Bn (later Depot)	*	30. 1.20
6975	Sjt	Loveday, AW	1 Bn		22. 1.16
6975	Sjt	Loveday, AW, D.C.M.		Bar	26. 9.16
11976	Pte	Luff, W			26. 9.16
11070	Cpl	Mansell, DM			22. 9.16
9242	Sjt	Martin, GE			22. 9.16
26811	Pte	Martin, RG	2 Bn		11. 3.20
13867	Sjt	Massey, F	7 Bn		2.12.19
7384	LCpl	Merritt, SA			26. 9.16
8222	Pte	Miles, HA	1 Bn		11. 3.16
10547	Pte	Milsom, G			14.11.16
18719	Pte(LCpl)	Mock, HN			26. 3.17
6761	CSM	Morgan, EH	5 Bn		21. 6.16
18413	Pte	Mullings, W			22. 9.16
200276	Sjt	Mundy, FG			1. 5.18
18077	Pte	Nelson, JH			14.11.16
11345	Cpl	Ockwell, A			3. 9.18
11018	LCpl	Palmer, SJ			3. 9.18
5653	SM	Parker, SJ	1 Bn		3. 6.15
33105	CSM	Pearce, JE, M.M.	1 Bn		25. 2.20
7427	CSM	Pearce, S, M.M.			3. 9.18
13599	Pte	Penny, CC	7 Bn		2.12.19
5018	Pte	Player, EA	2 Bn		5. 8.15
5018	Cpl	Player, EA, D.C.M.	2 Bn	Bar	11. 3.16
3/9842	Pte	Price, WG			14.11.16
9792	LCpl	Raymer, GR	1 Bn		9.10.15
13822	Sjt	Richardson, WJ	7 Bn		2.12.19
205712	Cpl	Roberts, EC			15.11.18
19801	Sjt	Robinson, S	2 Bn		16.11.15
11831	CSM	Saward, W			3. 9.18
11574	LCpl	Scott, AG	5 Bn	G	16.11.15
6092	Pte	Shergold, FG	1 Bn		11. 3.16
19014	Pte	Skull, R			9. 7.17
7963	Cpl	Stanley, F	1 Bn		5. 8.15
8852	LCpl	Staples, JG	1 Bn		21. 6.16
17087	LCpl(A/CQMS)	Terill, SK	7 Bn		2.12.19
13568	CSM	Thorne, C			18. 2.18
13568	CSM	Thorne, CA, D.C.M.	7 Bn	Bar	2.12.19
13395	Pte(LCpl)	Threlfall, GH	7 Bn		2.12.19
9809	Sjt	Townshend, CS			29. 8.17
5979	Sjt	Underwood, H	2 Bn (Attd RE)		1. 4.15
7443	Sjt	Vardy, DG	2 Bn		11. 3.16
22495	LCpl(A/Cpl)	Vine, BAL			26. 9.16
7877	Sjt	Viveash, FG	7 Bn		11. 3.20
7500	CSM	Waite, JH, M.C.	2 Bn		11. 3.20
6843	Cpl	Walker, WHG	1 Bn		1. 4.15
9352	LCpl	Wearn, P			17. 4.18
12084	Pte	Wheeler, AH			26. 3.17
5814	Pte	White, EW	1 Bn		3. 6.15
204093	Sjt	White, HW			3. 9.18
8601	Sjt	Wilson, AE	2 Bn		11. 3.16
6331	CSM	Wood, J	1 Bn		21. 6.16
7624	Pte	Woodroff, WG	1 Bn		30. 6.15
10667	LCpl	Woolford, G			26. 9.16
7077	Sjt	Wright, FJ	1 Bn		11. 3.20
5319	Pte	Young, T	1 Bn		17.12.14

123 D.C.M.'s 6 Bars

† D.C.M. with Hampshire Rgt.

‡ Bolshe - Ozerki 1/9/19

THE MANCHESTER REGIMENT — Section 6.

Number	Rank	Name	Bn		Date
19630	Pte(A/LCpl)	Adams, A			4. 3.18
27318	Pte	Allen, R			3. 9.18
17/8361	Pte	Alton, A			28. 3.18
5083	Sjt	Amesbury, E	9 Bn		11. 3.20
351801	Pte	Andrew, F			3. 9.18
6152	Cpl	Armes, C	1 Bn	E	25. 2.20
250619	Pte	Ashley, E			21.10.18
14051	CSM	Ashworth, J, M.M.	24 Bn	I	3. 9.19
377044	Pte	Ayre, C	1/10 Bn		5.12.18
2892	Cpl	Baddeley, F	1/10 Bn		15. 3.16
4815	Col Sjt(A/CSM)	Ball, AE	12 Bn		2.12.19
275021	Sjt	Bamber, F	1/7 Bn		5.12.18
10355	Pte	Bancroft, A	18 Bn		15. 4.16
1737	Sjt	Barnes, C	5 Bn		21. 6.16
376870	Pte	Barnes, S			17. 4.18
13697	CSM	Barrow, P			3. 9.18
1395	Sjt	Bates, J	1 Bn		5. 8.15
1927	LCpl	Batley, CH	1 Bn		30. 3.16
180	Cpl	Bayley, S	1/9 Bn	G	16.11.15
2787	Sjt(A/CSM)	Bee, W			17. 4.18
352520	Pte	Beech, A			6. 2.18
302144	Pte	Bennett, W			17. 4.18
824	LCpl	Benson, R	1 Bn		11. 3.16
890	Pte	Bent, R	1/5 Bn	G	11. 3.16
40388	Pte(LCpl)	Betterley, T	20 Bn		2.12.19
2244	LCpl	Bevan, GT	1 Bn		11. 3.16
277742	Pte	Billington, E			6. 2.18
8066	CSM	Bingham, H			9. 7.17
9143	Pte	Bloor, AD	2 Bn		17.12.14
2137	Sjt	Blyth, G	5 Bn		21. 6.16
19695	Pte	Booth, A			4. 3.18
19329	LSjt	Booth, FA			3. 3.17
4229	Sjt	Booth, W			3. 9.18
5502	Sjt	Bottomley, D	12 Bn		11. 3.20
275079	Sjt	Bradshaw, S			17. 4.18
511	CSM	Brennan, J	8 Bn		21. 6.16
270006	Pte	Brewer, AE	1/6 Bn		2.12.19
10272	Cpl	Brooke, AJB	18 Bn		30. 3.16
10612	Pte	Brooke, CE	18 Bn		24. 6.16
64421	Pte	Brookes, L	16 Bn		11. 3.20
11760	Sjt	Brookes, W			3. 9.18
376329	Sjt	Brown, D	1/10 Bn		16. 1.19
200177	Sjt	Buckley, J	22 Bn	I	25. 2.20
19894	Pte	Bull, FP			4. 3.18
14464	Sjt	Burman, CA			22. 9.16
10235	LCpl	Butterworth, A			26. 9.16
9859	LCpl	Cairns, JT			20.10.16
17/9323	LCpl	Carter, CF			3. 9.18
351931	Pte(ACpl)	Casey, E	1/5 Bn		2.12.19
200168	Cpl	Chadwick, F	1/5 Bn		5.12.18
200034	RQMS	Christy, WH			17. 4.18
782	CSM	Clarke, A			9. 7.17
300011	RQMS	Code, JH			17. 4.18
1543	CQMS	Coleman, CD			26. 5.17
1015	A/Sjt	Coleshill, W	1 Bn		1. 4.15
3116	LCpl	Collens, A	8 Bn		21. 6.16
7885	Sjt	Cook, J			25. 8.17
9648	Sjt	Coombes, G	9 Bn		2.12.19
32955(form 34181)	Pte(LCpl)	Costello, J			3. 9.18
17/8501	Sjt	Cowman, F			26. 1.18
1531	LCpl	Craven, W			3. 3.17
3963	Cpl	Critchley, H	12 Bn(Attd 52 LTMB)		25. 2.20
20552	LCpl	Crompton, JE	20 Bn		10. 1.20
23823	Cpl	Crompton, R			26. 1.18
2363	LCpl	Crooks, F	1 Bn		1. 4.15
9350	Pte	Cross, W			20.10.16
38544	Sjt	Curran, J, M.M.			3.10.18
1328	Pte	Currie, J	1 Bn		3. 6.15
1493	Pte	Cutter, GR	1/6 Bn	G	15. 9.15
377000	Pte	Darby, W	1/10 Bn		10. 1.20
1843	Pte	Davies, A	1/5 Bn		15. 9.15
2227	Pte	Davies, W			29. 8.17
1792	LCpl	Davis, A	9 Bn	G	21. 6.16
57547	Pte	Davis, TJ	1/6 Bn		5.12.18
43658	Cpl	Dean, AC			9. 7.17
1358	Sjt	Delaney, T			14.11.16
252955	Cpl	Denison, H	16 Bn		11. 3.20
250566	Cpl(LSjt)	Dennerley, R			3. 9.18
95	A/Cpl	Dervin, J	1 Bn		5. 8.15
8581	Sjt	Devonshire, J	1 Bn		1. 4.15
351023	Sjt	Dickinson, F			6. 2.18
8878	Cpl	Dixon, H	2 Bn		11. 3.16
201861	Pte	Dockwray, CW	1/5 Bn(Attd LTMB)		11.3.20
40903	Pte	Doddemeade, G			21.10.18
1738	Pte	Doig, AM	1/6 Bn	G	15. 9.15
1488	Sjt	Domican, J			4. 3.18
2063	Cpl	Duffy, AB	1/5 Bn		11. 3.20
28259	Pte	Duffy, P			26. 1.18
899	Cpl	Duffy, T	1 Bn		1. 4.15
899	Sjt	Duffy, T, D.C.M.		Bar	20.10.16
24357	Pte	Dunn, J			21.10.18
33875	Pte	Dunn, T			26. 1.18
2086	Pte	Edwards, EJ	1 Bn		16.11.15
47213	LCpl	Etchells, W			17. 4.18
300279	Sjt	Evans, G			3. 9.18
353034	Sjt	Farrell, P			17. 4.18
22248	Sjt	Fisher, M, M.M.	2 Bn		5.12.18
18575	Sjt	Fitzpatrick, J	21 Bn		2.12.19
2729	Pte	Flaherty, W			18. 6.17
239	LCpl	Flannery, M	1 Bn		1. 4.15
275161	Sjt	Fleetwood, AS			3.10.18
48525	A/Cpl	Fox, T			26. 1.18
46695	LCpl	Garrard, H	2 Bn		10. 1.20
1056	LCpl	Gavins, CA	1 Bn		1. 4.15
26519	CSM	Gilbert, J			3. 9.18
370	Sjt	Gill, RW	6 Bn		21. 6.16
1548	Sjt	Glanville, H			21.10.18
2393	Pte	Glynn, M	1 Bn		3. 6.15
9025	A/Sjt	Glynn, W, M.M.	2 Bn		10. 1.20
5764	QMS	Goodson, J			20.10.16
7111	Sjt	Gowan, H			13. 2.17
969	Sjt	Grantham, H	1/9 Bn	G	15. 9.15
51290	CSM	Green, B			3. 9.18
12337	CSM	Green, CB			9. 7.17
375395	Sjt	Green, JW, M.M.			3.10.18
21523	CSM	Green, WB			13. 2.17
1623	Sjt	Greenhalgh, J	9 Bn		21. 6.16
18594	Sjt	Greenough, WG			3. 3.17
200025	Sjt	Greensmith, W	1/5 Bn		11. 3.20
3574	A/Cpl	Gregory, J	11 Bn	G	16.11.15
201004	Cpl	Gregory, R			3. 9.18
201600	Cpl	Grimshaw, J	1/5 Bn		5.12.18
17/8616	Pte	Hall, A			26. 9.16
57168	Pte	Halstead, G	1/6 Bn		16. 1.19
295015	Cpl	Hand, AE			21.10.18
4803	CSM	Hanes, CW			18. 7.17
7280	CSM	Harland, H	1 Bn		1. 4.15
55295	Pte	Harley, T	1/8 Bn		10. 1.20
37406	Pte	Harris, G	21 Bn		10. 1.20
232	Sjt	Harrison, F	2 Bn		30. 6.15
300448	Sjt	Harrison, H, M.M.	1/8 Bn		10. 1.20
2016	Cpl(later 2 Lt)	Hartshorn, EP	1/6 Bn	G	11. 3.16
2478	Pte	Hashim, R	1/6 Bn	G	15. 9.15
39942	Sjt	Haskey, H	1/10 Bn		10. 1.20
44	CSM	Hay, F	1/6 Bn	G	5. 8.15
15051	Cpl	Heap, AE	24 Bn		11. 3.20
9131	Cpl	Heap, AE	2 Bn	I	5.12.18
42732	Pte(LCpl)	Heasman, AT	1/7 Bn		5.12.18
301944	Sjt	Hennessey, T	11 Bn		11. 3.20
7624	CSM	Heywood, H	1 Bn		1. 4.15
350202	Pte	Hibbert, J			1. 5.18
2179	Pte	Higgins, T	1 Bn		3. 6.15
20094	Sjt	Hill, S	22 Bn	I	25. 2.20
53448	Pte	Hills, SL	1/5 Bn		5.12.18
2322	Pte	Hilton, A	1/5 Bn	G	15. 9.15
32795	Cpl	Hobson, F	1/8 Bn		10. 1.20
275256	Sjt	Holbrook, J			17. 4.18
350932	Sjt	Holden, H	1/6 Bn		5.12.18
350239	Sjt	Horsfield, J			21.10.18
40020	Pte	Horton, JE			15.11.18
275269	RQMS	Hughes, A			3. 9.18
31	CSM	Hughes, AH, M.M.	1 Bn	M	16. 1.19
1326	Sjt(A/CQMS)	Humphrey, FJ			29. 8.17
14729	Pte	Humphrey, J			22. 9.16
14000	LCpl(A/Sjt)	Humphries, CFG	1 Bn (form 207 ASC)		1. 4.15
2922	CQMS	Hunt, W	11 Bn		11. 3.20
155	CSM	Hurdley, J	1/6 Bn	G	15. 9.15
20/17387	Pte	Ingle, F			19. 8.16
251301	Pte	Ingram, JR	1/6 Bn		5.12.18
46451	Pte	Johnson, A			15.11.18
20999	Sjt	Johnson, TF			6. 2.18
302534	LCpl	Jones, J			17. 4.18

THE MANCHESTER REGIMENT

Number	Rank	Name	Bn	Flag	Date
2731	LCpl	Jones, J			13. 2.17
1498	LCpl	Judges, N	1 Bn	M	16. 1.19
340	Pte(LCpl)	Kelly, A			17. 4.18
101	Pte	Kelly, W	1 Bn		3. 6.15
18929	Pte	Kenny, L	2 Bn		5.12.18
250015	(T/RSM)	Kent, WA	1/6 Bn		3. 9.19
48634	A/Cpl	Kenyon, W, M.M.			15.11.18
21042	Sjt	Kewley, F	22 Bn		27. 7.16
276640	Cpl	King, AW	1/7 Bn(Attd LTMB)		5.12.18
1(later 300416)	CSM(A/RSM)	Knott, J			18. 6.17
375228	Sjt	Langley, C	1/10 Bn		5.12.18
350367	Pte	Latham, A			1. 5.18
1483	Sjt	Lavelle, E, M.M.	2 Bn		10. 1.20
1787	Cpl	LeCras, J	1 Bn		3. 6.15
16222	Pte	Lee, ES			17. 9.17
43008	Sjt	Leech, R			18. 6.17
375179	Sjt	Lees, SR, M.M.	1/10 Bn		10. 1.20
17406	LCpl	Leicester, B			15.11.18
250888	Cpl	Leigh, R	1/10 Bn		16. 1.19
7657	CSM	Lemon, J	2 Bn		30. 6.15
2384 (later 200575)	CQMS	Lever, J			26. 4.17
1083	Pte	Littleford, S	9 Bn		21. 6.16
303001	Cpl	Lloyd, OE			3. 9.18
275319	Cpl	Lockett, SE			30.10.18
19442	CSM	Lucy, J			18. 6.17
6984	A/SM	MacDonald, C	11 Bn		21. 6.16
9005	CSM	Maguire, E	1 Bn		11. 3.16
8224	LSjt	Maguire, J	1 Bn		30. 3.16
5758	CSM	Mahoney, J			15.11.18
6879	Sjt	Manion, J	2 Bn		19. 8.16
18949	Pte	Mansfield, J			3. 3.17
29165	Pte	Marlor, S	1/6 Bn		2.12.19
61429	Sjt	Martin, D, M.M.	12 Bn		5.12.18
1118	Sjt	Martin, J	1 Bn		11. 3.16
250371	CSM	Martin, JR			3. 9.18
2300	Sjt	Massey, A	18 Bn		2.12.19
275822	Sjt	Mather, TF	1/7 Bn		16. 1.19
20/17423	LSjt	May, EE	20 Bn		16. 5.16
350219	Cpl	May, R			17. 4.18
1405	Cpl	McCartney, J	1/5 Bn	G	29.11.15
200122(form 1405)	Sjt	McCartney, J, D.C.M.		Bar	3. 9.18
1481	CSM	McCarty, T	5 Bn		21. 6.16
7414	CSM	McCellan, G			21.10.18
815	LSjt	McDonald, A	1/6 Bn	G	11. 3.16
582	CSM	McDonald, T, M.M			21.10.18
1130	CSM	McDowell, A	6 Bn		21. 6.16
275355	CSM	McHugh, PS, M.M.	1/7 Bn		16. 1.19
1590	Cpl	McLaughlin, W	1/8 Bn	G	11. 3.16
8673	Pte	McMullen, W	2 Bn		11. 3.16
10426	Sjt	McNamara, J			22. 9.16
2016	Pte	Metcalfe, AA	1 Bn		1. 4.15
48192	Pte	Miller, A	12 Bn		2.12.19
14152	CSM	Mills, A			21.10.18
2806	CSM	Mills, J			6. 2.18
906	Pte	Mitchell, J	1 Bn		1. 4.15
18666	Sjt	Mollard, AE			25.11.16
201290	Pte	Moore, W			3. 9.18
251740	Pte	Moores, S	1/6 Bn		5.12.18
17984	Cpl	Moran, T			6. 2.18
5834	A/SM	Morrison, J	5 Bn		21. 6.16
40	L/Sjt	Mort, W	1/7 Bn	G	15. 9.15
200872	CSM	Moss, G			17. 4.18
350714	Pte	Moss, J			3. 9.18
1448	LCpl	Mullinger, A			20.10.16
1825	Pte	Murphy, J	1/6 Bn	G	11. 3.16
1175	CSM	Mutters, CW, M.M.			15.11.18
9347	CSM	Newman, JW	2 Bn		3. 9.19
21054	CQMS	Noon, E	1 Bn	P	11. 3.20
2047	Cpl	O'Brien, C			20.10.16
2148	Pte	O'Connor, J	1/8 Bn	G	15. 9.15
14875	LCpl	O'Hara, J	12 Bn		2.12.19
352156	Cpl	Oldham, A	1/5 Bn(Attd TMB)		5.12.18
8781	Pte	Overton, CE			26. 5.17
376555	LCpl	Owen, E	1/10 Bn		16. 1.19
6141	SM	Parker, J	2 Bn		1. 4.15
20712	Sjt	Parkington, G	22 Bn	I	25. 2.20
43143	Pte	Pascoe, CF			26. 1.18
351191	A/CSM	Peagram, JW			6. 2.18
2148	LCpl	Pearson, S	1/9 Bn	G	11. 3.16
7191	Sjt	Pennington, TE			13. 2.17
17459	A/CSM	Perry, H	20 Bn		2.12.19
348037	Sjt	Phipps, AG	1/8 Bn		5.12.18
2103	LCpl	Pickford, T	1/9 Bn	G	11. 3.16
37552	Pte	Piggott, A			26. 1.18
351889	Sjt	Platt, CF	1/8 Bn		11. 3.20
25011	Pte	Pollett, CF			4. 3.18
277049	Sjt	Potter, HW			17. 4.18
43046	RSM	Potter, WJ			17. 4.18
18035	Sjt	Potts, FW	18 Bn		21. 6.16
16248	Pte(LCpl)	Quine, JT			3. 9.18
4339	Cpl	Quine, TF	12 Bn		2.12.19
276932	Pte	Quinn, J	1/7 Bn		5.12.18
2043	Pte	Rankin, AV			29. 8.17
5759	A/LSjt	Rayner, C			6. 2.18
22016	Pte	Redikin, J	2 Bn		11. 3.20
350213	Pte(A/LCpl)	Revell, W	1/10 Bn		10. 1.20
1228	Pte	Richardson, F	1 Bn		5. 8.15
2263	Pte	Richardson, M	1/7 Bn	G	5. 8.15
375762	Cpl	Rigby, R	1/10 Bn		10. 1.20
11978	Sjt	Riley, H			26. 7.17
22863	Pte	Roberts, AE			13. 2.17
44668	Sjt	Roberts, W	1/6 Bn		5.12.18
44668	Sjt	Roberts, W, D.C.M.	1/6 Bn	Bar	10. 1.20
250035	CSM	Roberts, WJ			17. 4.18
375693	CSM	Robishaw, T			21.10.18
17/9014	Sjt	Royle, G	17 Bn		3. 9.19
2502	A/Sjt	Royle, L, M.M.	11 Bn		10. 1.20
19071	Pte	Rutter, AE	21 Bn		10. 1.20
10207	A/CSM	Ryan, G			25. 8.17
1041	Cpl	Ryder, W			20.10.16
12453	LCpl	Salter, F			3. 9.18
376167	Pte	Schofield, F	1/10 Bn		10. 1.20
201783	Pte(A/Cpl)	Seddon, J	1/10 Bn		2.12.19
2120	Pte	Seddon, T	5 Bn		21. 6.16
1045	LCpl	Senior, WA	1/6 Bn	G	15. 9.15
8737	Pte	Shalliker, JE	2 Bn		30. 6.15
135	LCpl	Silvester, GJ	1/9 Bn	G	15. 9.15
277186	CQMS	Simons, TB			21.10.18
300255	CSM	Simpson, H	1/8 Bn		11. 3.20
276904	CSM	Skinner, H			21.10.18
7906	LCpl	Slack, E			26. 7.17
2085	Cpl	Smith, F			20.10.16
10569	Sjt	Smith, GH			22. 9.16
5919	CSM	Smith, H			17. 4.17
301064	Pte	Smith, H	1/8 Bn		16. 1.19
201736	Sjt	Smith, J	1/5 Bn		3. 9.19
18729	CSM	Smith, JB, M.M.	21 Bn		2.12.19
8468	Cpl	Snape, J	2 Bn		10. 1.20
888	CSM	Snow, F	2 Bn		11. 3.16
57983	Pte	Southern, HE	2 Bn		10. 1.20
74549	Cpl	Spedding, S	1/10 Bn		5.12.18
295168	Sjt	Sporle, W			21.10.18
2109	Pte	Stanton, W	1/8 Bn	G	5. 8.15
41278	A/Cpl	Steele, VG	11 Bn		10. 1.20
17494	T/RSM	Stewart, JA			21.10.18
2023	Pte	Stockton, S	1/5 Bn	G	15. 9.15
201130	Pte(LCpl)	Stott, J			3. 9.18
200984	CSM	Stridgeon, J	1/5 Bn		11. 3.20
250200	Sjt	Sturgess, S	1/6 Bn		11. 3.20
1578(later 375226)	Sjt	Sugden, JH			26. 4.17
2087	Pte	Summers, A	1 Bn(Attd Lahore Sig. Co.)		3. 6.15
2087	Pte	Summers, A, D.C.M.		Bar	20.10.16
275571	CSM	Tabbron, W	1/7 Bn		16. 1.19
89	Sjt	Tanner, TJ			17. 9.17
375311	Sjt	Tarbuck, H			3. 9.18
300353	Pte	Tasker, G	1/6 Bn(Attd TMB)		5.12.18
376372	Pte(LCpl)	Taylor, T	1/10 Bn		10. 1.20
1874	Sjt	Telling, WA	1 Bn		24. 6.16
350516	Sjt	Thickett, F			1. 5.18
1505	LCpl	Thirlwell, R			20.10.16
1266	LCpl	Tierney, P	1 Bn		30. 3.16
350536	Sjt	Tinsley, W	1/6 Bn		2.12.19
10721	Sjt	Tomlinson, F	18 Bn(later 30456 1/4 LNL Rgt)	*	30. 1.20
375831	CSM	Toogood, K			5.12.18
375831	CSM	Toogood, K, D.C.M.	1/10 Bn	Bar	10. 1.20
201715	Pte(A/LCpl)	Trowsdale, F			3. 9.18
2220	Cpl	Twigg, E	8 Bn		21. 6.16
17/8323	Sjt	Wallwork, E			26. 9.16
301	Pte	Ward, J	2 Bn		11. 3.16

2659	Pte	Ward, RW	1/5 Bn	G	11. 3.16	4722	CSM	Wilson, R	1 Bn		1. 4.15
46472	Cpl	Ware, H			26. 1.18	250633	Sjt(A/SM)	Wilson, RF			21.10.18
12235	Pte	Wareham, W			14.11.16	250692	Sjt(A/CSM)	Wilson, SH			3. 9.18
300164	LCpl(ACpl)	Waterhouse, J			3. 9.18	375942	RSM	Wise, FW			21.10.18
7424	Sjt	Waters, H	2 Bn		1. 4.15	4284	CSM	Wolstenholme, W			26. 1.18
376338	Sjt	Whitaker, J	1/10 Bn		11. 3.20	1745	LCpl	Wood, CJ	1 Bn		1. 4.15
2410	Cpl	White, F	1/7 Bn	G	11. 3.16	250343	Sjt	Wood, GH	1/6 Bn		5.12.18
14178	Cpl(LSjt)	Whitehead, H			21.10.18	295025	Cpl	Wood, T	1/7 Bn(Attd LTMB)		
250228	CSM	Whitford, HD			30.10.18						3. 9.19
5254	CSM	Whitmore, H			14.11.16	301995	Sjt	Wood, TH			21.10.18
6132	Sjt	Widdowfield, R			26. 7.17	9952	LCpl	Woodward, CG			9. 7.17
352083	Sjt	Wignall, A	1/6 Bn		5.12.18	17524	Pte	Worland, HT			19. 8.16
33268	LCpl	Wilburn, F			1. 5.18	936	Cpl	Wrixton, W	1 Bn		1. 4.15
3631	Sjt	Williams, F			20.10.16						
1114	LCpl	Willis, A	1 Bn		1. 4.15	2838	Pte	Yeo, C			20.10.16
1073	LCpl	Willis, T	2 Bn		5. 8.15	43403	CSM	Young, JE			21.10.18

346 D.C.M.'s 5 Bars

THE PRINCE OF WALES'S (NORTH STAFFORDSHIRE REGIMENT)

6804	Sjt	Alexander, JL			14.11.16	10078	CSM	Hulme, JT			21.10.18
9811	Cpl	Amison, A	1 Bn		30. 6.15						
6750	CSM	Amos, JT			26. 1.18	40376	Pte	Jackson, LE			3. 9.18
10918	Sjt	Austin, EA			26. 1.18	201525	A/Cpl	Johnson, T, M.M.			28. 3.18
7038	Cpl	Austin, F, M.M.			4. 3.18	9944	Pte	Jones, EG			10. 1.17
6485	CQMS(A/CSM)	Averill, S			26. 1.18						
						34879	Cpl	Kay, AG	9 Bn		3. 9.19
241810	Pte	Baggott, M			6. 2.18	10595	Pte	Kelly, A	7 Bn	M	25. 2.20
43211	Pte(LCpl)	Bailey, A			6. 2.18	13175	Sjt	Kelly, E			6. 2.18
12083	Pte	Bailey, G	8 Bn	*	14. 1.16						
13632	Pte	Bailey, S	8 Bn		11. 3.16	2885	Pte	Landon, L	1/5 Bn		30. 6.15
14122	Pte(ACpl)	Barrett, J, M.M.			4. 3.18	8953	CSM	Latham, E			9. 7.17
6305	Pte	Bee, R			14.11.16	11859	Pte	Lawton, L	7 Bn		21. 6.16
240778	Sjt(A/CSM)	Bee, WA			3. 9.18	9430	RSM	Lead, O			17. 4.18
3889	Pte	Bennett, G	1/5 Bn		30. 6.15	241201	Pte	Leadbeater, F	1/6 Bn		2.12.19
10803	Pte	Bill, LJ			16. 8.17	200207	Pte	Lightfoot, J	1/6 Bn(Attd LTMB)		2.12.19
11592	Cpl	Bliss, JF	9 Bn		3. 9.19	9417	Pte	Loughnane, AS	1 Bn		29.11.15
11238	Sjt	Bollington, J	7 Bn	G	11. 3.16						
1697	Pte	Bostock, T	1/5 Bn		11. 3.16	8716	A/CQMS	Maddock, P	7 Bn	G	11. 3.16
40911	Pte	Bratton, JH	4 Bn		10. 1.20	8802	Pte	Mander, WH	1 Bn		30. 6.15
8151	Cpl	Bray, AW	1 Bn		31. 5.16	6740	Sjt	Mannion, J			3.10.18
5210	SM	Brough, J	1 Bn		11. 3.16	2874	Pte	Mead, HL	1/6 Bn		11. 3.16
7/15545	Pte	Bryan, J			1. 5.18	8930	CSM	Middleton, F			26. 3.17
5991	Sjt	Butler, E			30. 6.15	200155	Sjt	Mitchell, J	1/6 Bn		2.12.19
						43029	Pte	Mooney, J			6. 2.18
202830	Pte	Chambers, E			17. 4.18	240344	LCpl	Morris, B			21.10.18
8031	CSM	Chetwin, GA	1 Bn		27. 7.16	5529	Sjt	Morris, JL			3. 9.19
8001	CSM(A/RSM)	Clement, G 1 Bn (Attd 2 Bn B.W.I.R.)									
				E	3. 9.19	19370	Pte	Nuttall, F			29. 8.17
202380	Pte(A/LCpl)	Cliff, F			3.10.18						
241028	LCpl	Coltman, WH			25. 8.17	6496	CSM	O'Brien, WJ			29. 8.17
241028	Pte(LCpl)	Coltman, WH, V.C., D.C.M., M.M.									
			1/6 Bn	Bar	2.12.19	1342	Pte	Parfitt, J	1/5 Bn		11. 3.16
9063	Pte	Cook, J	1 Bn		11. 3.16	7752	SM	Parker, G	7 Bn		21. 6.16
14397	Sjt	Cooper, W	8 Bn		15. 4.16	14010	Cpl	Parkes, T	7 Bn	M	25. 2.20
19453	Sjt	Cornes, CW	9 Bn		11. 3.20	7764	Sjt	Pegg, E			17. 4.18
5476	CSM(T/RSM)	Croney, BJ	2 Bn(Attd 1/6 Bn)		11. 3.20	14529	Pte	Phillips, G			14.11.16
1206	LCpl	Cronise, J 1/6 Bn(Attd 137 Bde Min				3838	Pte	Preece, JJ			22. 9.16
		Sect)			9.10.15	8586	Pte	Price, AH			29. 8.17
						6680	Sjt	Pryor, WH			14.11.16
4868	CSM	Dale, EE			3. 9.18						
18437	Cpl	Deaville, CA			6. 2.18	242402	Sjt	Randall, A, M.M.	1/6 Bn		11. 3.20
240664	CSM(A/RSM)	Dorrington, H			1. 5.18	8335	Sjt	Redfern, A	1 Bn		6.11.14
						9363	Cpl	† Redfern, AW	2 Bn (India)		15. 1.20
7951	LCpl	Emberton, F	1 Bn		31. 5.16	15056	Sjt	Rhodes, A	1 Bn		11. 3.20
9713	A/CSM	Evans, WF			10. 1.17	240353	Sjt	Richards, WJ			17. 4.18
43966	Sjt	Ewen, S	12 Bn		11. 3.20	8350	Sjt(A/CSM)	Robinson, F			29. 8.17
						240457	Sjt	Rose, J			26. 7.17
12635	Pte	Gallimore, A	1 Bn		31. 5.16						
8336	LCpl	Gallimore, J	1 Bn(Attd LTMB)		3. 9.19	14885	Pte	Scott, WL			26. 9.16
238182	Pte	Genner, H	12 Bn		11. 3.20	4850	RSM	Shelley, A			3. 9.18
8212	CSM	Gould, FW	1 Bn		11. 3.16	45284	Pte	Sibbing, AR	4 Bn		10. 1.20
40828	CSM	Greenway, J			6. 2.18	7559	Pte	Sillitto, D	1 Bn		11. 3.16
						17608	Sjt	Simmons, JN	8 Bn		3. 9.19
17530	LCpl	Harper, H	8 Bn		15. 4.16	8975	Cpl	Simpson, T	1 Bn(Attd TMB)		31. 5.16
13791	Pte	Harrison, JW	8 Bn		15. 4.16	40482	Sjt	Slaney, CW			6. 2.18
6219	CSM(A/SM)	Hazlehurst, C, P.S. 1/5 Bn			21. 6.16	7658	Pte(LCpl)	Smith, CE			26. 1.18
1301	Pte	Hill, R	1/6 Bn		30. 6.15	240463	LCpl	Smith, J			30.10.18
9622	Sjt	Hill, W			17. 4.18	240463	Pte(LCpl)	Smith, J, D.C.M.	1/6 Bn	Bar	2.12.19
38531	Pte	Holt, H	4 Bn		10. 1.20	5720	CSM	Stapleton, AW	1 Bn		6. 9.15

THE PRINCE OF WALES'S (NORTH STAFFORDSHIRE REGIMENT)

8320	Pte	Stockbridge, JT	2 Bn (Attd RE)		15. 4.16
1826	Pte	Storer, A	1/6 Bn		30. 6.15
43738	Sjt	Sykes, H	1 Bn		2.12.19
7454	Sjt Dr.	Taylor, SW	1 Bn		3. 9.19
13732	Cpl	Thomas, G			29. 8.17
12884	CSM	Timmis, H			3.10.18
6188	CSM	Tipton, CH	1 Bn		27. 7.16
16286	Cpl	Trigg, G	9 Bn		11. 3.20
201928	Pte	Tunstall, J			28. 3.18
200382	Sjt	Twyman, FH			17. 4.18
240284	Sjt	Wallace, A			15.11.18
350	Sjt	Wallbank, F	1/6 Bn(Attd 137 Bde Min Sect)		9.10.15
8198	Pte	Ward, J	2 Bn(Attd RE)		15. 4.16
8198	Pte	Ward, J, D.C.M.		Bar	14.11.16
240419	LSjt	Watts, H	(form 2416)		9. 7.17
2283	Pte	Weston, AT	1/6 Bn		30. 6.15
9376	Pte ‡	Wick, P	2 Bn (India)		15. 1.20
16958	Pte	Woodward, WJ			16. 8.17
202259	Sjt	Wright, WA			21.10.18

118 D.C.M.'s   3 Bars

† 1.5.19 BAGH (India)
‡ 11.5.19 BAGH (India)

THE YORK AND LANCASTER REGIMENT

15810	CSM	Abbott, F			16. 8.17
205319	Pte(A/LCpl)	Ahrens, AG	2/4 Bn		16. 1.19
9706	Pte	Aldridge, B	2 Bn		3. 9.19
13/14	Pte	Allen, E			3. 9.18
10797	LSjt	Allen, W			25.11.16
34550	LCpl	Allison, J			4. 3.18
17531	Cpl	Atkinson, JM	1 Bn		16.11.15
34473	Sjt	Austin, GH	9 Bn	I	10. 1.20
17881	Pte	Backhouse, C			26. 1.18
205554	Pte(LCpl)	Bailey, J	18 Bn		11. 3.20
4930	Sjt	Bambridge, C	2 Bn		1. 4.15
9777	Sjt	Banks, JH			6. 2.18
16396	Pte	Barker, HW			30.10.18
9917	Pte	Barratt, E	2 Bn		15. 9.15
16644	Cpl	Baynes, B	10 Bn		21. 6.16
13/149	CSM	Beck, W			13. 2.17
201421	Sjt	Beedham, GH			25. 8.17
3/3218	Sjt(A/CSM)	Bellamy, BP	6 Bn		21. 6.16
2207	Sjt	Derry, CA			22. 9.16
10511	LCpl	Bierton, AE			17. 4.17
1569	Pte	Biggin, JW	1/4 Bn		6. 9.15
200810	Sjt	Birtles, J	2/4 Bn		10. 1.20
13/1115	Pte	Blanchard, L			20.10.16
16998	Sjt	Blockley, T			26. 7.17
19731	Sjt	Bowman, TW	2/4 Bn		16. 1.19
8694	Sjt	Briggs, T	2 Bn		15. 9.15
20054	Cpl	Bromley, G	1 Bn		5. 8.15
14/691	Sjt	Brown, A			17. 4.18
6776	QMS	Brown, F			9. 7.17
8336	Sjt	Brown, J	1 Bn		16.11.15
23950	Pte	Bruce, W			16. 8.17
200121	CSM	Cadman, W			3. 9.18
40062	Pte	Calvert, A			16. 8.17
2349	LCpl	Calvert, A	1/5 Bn		6. 9.15
204175	Cpl	Childs, JR			3. 9.18
390	Sjt	Clarke, AW	1/4 Bn		11. 3.16
12535	Pte	Clayton, JT			22. 9.16
2446	Pte	Clements, C	1/5 Bn		15. 3.16
7587	Pte(A/Cpl)	Coles, E 13 Bn(Attd 93 LTMB)			2.12.19
19927	Sjt	Collins, WJ			16. 8.17
10700	CSM	Collinwood, W	1/4 Bn		11. 3.20
7722	CSM	Cooke, WH	9 Bn	I	10. 1.20
4253	LCpl	Coote, WT			25.11.16
12/338	Pte	Corthorn, B			22. 9.16
273	Pte	Cowlishaw, J	1/4 Bn		6. 9.15
31163	Pte	Cox, JJ			16. 8.17
15956	Pte	Coyne, T			13. 2.17
670	Pte	Crapper, AC	1/4 Bn		15. 3.16
2423	LSjt	Crummock, EE			22. 9.16
241168	Pte	Dale, W			30.10.18
34424	Sjt	Dalton, M, M.M. 9 Bn		I	10. 1.20
12579	LCpl	Darley, J			26. 1.18
200893	CSM	Davis, JC, M.M.	2/4 Bn		2.12.19
33591	Cpl	Davison, J			3. 9.18
15206	A/Sjt	Daykin, E	8 Bn		27. 7.16
8992	Sjt	Dobson, JP			25.11.16
8992	CSM	Dobson, JP, D.C.M.		Bar	6. 2.18
8992	CSM	Dobson, JP, D.C.M., M.M. & Bar	9 Bn	I 2nd Bar	25. 2.20
21266	Sjt	Downs, FB	2 Bn		2.12.19
242445	Pte	Duckett, F			4. 3.18
235687	Pte	Dye, CR	7 Bn		11. 3.20
14395	Cpl	Dyson, E			30.10.18
18660	Sjt	Edley, A			21.10.18
18635	Pte	Elliott, WH			22. 9.16
4821	Sjt	Emms, HG			18. 7.17
11527	LCpl	Eyre, JW, M.M.	1/4 Bn		25. 2.20
9988	Sjt	Fellows, R	2 Bn		31. 5.16
235931	Pte(A/LCpl)	Ferguson, JE	2/4 Bn		16. 1.19
14/992	Sjt	Firth, C			26. 6.18
13/341	Sjt(A/CSM)	Fisher, H			30.10.18
34895	Sjt	Forbes, S			26. 5.17
34895	Sjt	Forbes, S, D.C.M.		Bar	6. 2.18
13/309	Sjt	Fort, C	13 Bn		2.12.19
3/4509	Pte	Fox, F	(Spec. Res.)		22. 9.16
10460	LSjt	Franks, G			12. 3.17
10638	Cpl	Galley, P			25.11.16
34834	ACpl	Garmory, T			21.10.18
242444	Cpl	Gedney, G			4. 3.18
13/364	Pte	Gibbs, J, M.M.			3. 9.18
20682	Pte	Gilbert, EE			22. 9.16
6621	Cpl	Gooderidge, W			13. 2.17
7137	Sjt	Gray, J	2 Bn		30. 6.15
34256	LCpl	Green, JE	(Attd LTMB)		16. 8.17
2186	Pte	Gwynnette, A	1/5 Bn		6. 9.15
3/1397	Pte	Hainsworth, F	Depot(form 2Bn)		11. 3.16
240407	CSM	Hall, RW, M.M.			3. 9.18
17011	Sjt	Hamilton, J			26. 5.17
13/1461	Pte	Hardcastle, J			25. 8.17
240289	Cpl	Harris, GS			21.10.18
20637	Sjt	Harwood, GL, M.M.	2 Bn		2.12.19
200920	Sjt(A/CSM)	Hawke, FE	1/4 Bn		11. 3.20
21035	CSM(A/RSM)	Head, TH	6 Bn		3. 9.19
9314	CSM	Hind, J			13. 2.17
241672	Pte	Hinds, J	2/4 Bn		16. 1.19
15366	Cpl	Hodkin, T			16. 8.17
10997	Pte	Hopley, J, M.M.			15.11.18
240657	Cpl	Horspool, G 1/5 Bn(Attd LTMB)			11. 3.20
202795	A/Cpl	Howden, RH	18 Bn		11. 3.20
8656	Cpl(A/Sjt)	Huddart, W	2 Bn		30. 6.15
173	Sjt	Hutchinson, W	1/4 Bn		6. 9.15
2056	CSM	Imisson, G			13. 2.17
210	Sjt	Inman, P	1/5 Bn		11. 3.16
9279	LCpl	Jackson, JT	2 Bn		11. 3.16
201478	Cpl	Jackson, M			3. 9.18
20890	ACpl	Jennings, B	6 Bn	G	15. 3.16
46678	Pte	Jennings, JH	1/4 Bn		25. 2.20
68	LCpl	Jessop, F	1/5 Bn		11. 3.16
13349	Cpl	Johnson, FW			25.11.16
242471	Cpl(LSjt)	Johnson, J	1/5 Bn		3. 9.19
57629	LCpl(ACpl)	Jones, F	2/4 Bn		10. 1.20

THE YORK AND LANCASTER REGIMENT

Number	Rank	Name	Bn		Date
57629	Pte(LCpl)	Jones, F, D.C.M.	2/4 Bn	Bar	25. 2.20
18165	Pte	Jones, T	1 Bn		16.11.15
203129	Sjt	Jones, W			25. 8.17
15353	LCpl	Jowett, W	9 Bn	I	11. 3.20
200570	Sjt	Lawless, L			4. 3.18
58426	Pte(LCpl)	Lawson, MS	2/4 Bn		2.12.19
1099	Pte	Legatt, F	1/4 Bn		11. 3.16
20791	Sjt	Little, CH	2 Bn		2.12.19
20744	Pte	Lount, A			14.11.16
240018	CSM	Lumb, G			3. 9.18
32196	Pte(A/LCpl)	Lumley, F	2/4 Bn		10. 1.20
19223	A/Sjt	Mann, W			26. 5.17
240893	CQMS	Mann, W	2/4 Bn		11. 3.20
36082	Pte	Marshall, JW	2 Bn		2.12.19
34816	Sjt	Martin, J			16. 8.17
12/727	Pte	Matthews, S			20.10.16
204513	CSM	May, PYP, M.M.	2 Bn		2.12.19
20459	Cpl	McCarthy, J			3. 9.18
45275	Cpl(L/Sjt)	McVittie, G, M.M.	13 Bn		16. 1.19
217	Sjt	Medlock, J	1/5 Bn		21. 6.16
200144	Sjt	Megson, L			4. 3.18
6181	Pte	Milburn, RS			25.11.16
32072	A/Sjt	Mills, N	8 Bn	I	14. 4.20
9028	A/Sjt	Moore, HG	2 Bn		1. 4.15
10061	Pte	Moseley, E	2 Bn		15. 9.15
40683	Cpl	Moss, DS	8 Bn	I	11. 3.20
45512	CSM	Mount, F	1/4 Bn		25. 2.20
14/571	Pte	Mulligan, T			25. 8.17
55674	Cpl	Murphy, G	2/4 Bn		5.12.18
15576	LCpl	Murphy, J			26. 1.17
240214	CSM	Murtagh, B, M.M.			4. 3.18
241539	LCpl	Naylor, E, M.M.			30.10.18
8331	LCpl	Nelson, W	3 Bn(form 2 Bn)		11. 3.16
5106	CSM(A/RSM)	Nowlan, SC			13. 2.17
34819	Sjt(A/CSM)	O'Brien, A	8 Bn	I	10. 1.20
7304	Sjt	Olley, H			16. 8.17
9489	RSM	Ottaway, WT	2 Bn		2.12.19
1432	CSM	Parkes, W			22. 9.16
13/790	CSM	Parkin, B	13 Bn		11. 3.20
240059	Sjt	Parkin, GH			4. 3.18
13/760	Sjt	Parry, WF			20.10.16
9050	Cpl	Pearson, EJ	6 Bn	G	22. 1.16
200208	Sjt(A/CSM)	Pearson, G			3. 9.18
8555	Cpl	Pearson, H	1 Bn		11. 3.16
692	CSM	Pemberton, GW			26. 3.17
240628	Sjt	Pennington, J			28. 3.18
57911	Pte	Powner, S	2/4 Bn		16. 1.19
7563	Drummer	Ratcliffe, G	2 Bn		15. 9.15
58244	Cpl	Reah, C	1/5 Bn		25. 2.20
8100	CSM	Richell, GW	1 Bn		16.11.15
15629	Pte	Richmond, A	9 Bn		30. 3.16
15457	LCpl	Ridge, WH			6. 2.18
14052	Pte	Robinson, F			22. 9.16
3/1824	CSM	Rome, AE			28. 3.18
40158	Sjt	Rowntree, A	7 Bn		11. 3.20
240370	CSM	Rudd, FW			3. 9.18
17164	LCpl	Rye, J	2 Bn		15. 9.15
13101	Pte	Scholes, A			22. 9.16
2322	Pte	Shaw, JW	1 Bn		16.11.15
17558	Pte	Shillinglow, J			3. 9.18
2272	Sjt	Shute, CA			25.11.16
7425	A/Sjt	Simpson, AG	6 Bn	G	15. 3.16
34881	Pte	Sparks, J			6. 2.18
9610	Pte	Spreckley, G	2/4 Bn		5.12.18
17282	Sjt	Stacey, J	2 Bn		2.12.19
18271	Pte	Street, A	1 Bn		16.11.15
6334	CSM	Sylvester, L	2 Bn		11. 3.16
17974	Cpl	Taylor, W	6 Bn		10. 1.20
8290	Bandsman	Thew, GA	2 Bn		15. 9.15
2343	Drummer	Thickett, F	1/4 Bn		15. 9.15
16414	Sjt	Thompson, J	7 Bn		11. 3.20
57603	Pte	Thompson, S	2/4 Bn		25. 2.20
14478	LCpl	Thompson, T			6. 2.18
34762	Sjt	Thornton, J			15.11.18
10563	CSM	Thorpe, NV, M.M.	2 Bn		2.12.19
23916	Sjt	Todd, TW, M.M.	2 Bn		2.12.19
8626	Sjt	Turley, HD			10. 1.17
13/955	Pte	Tyas, C			3. 9.18
200077	CSM	Wagg, W			4. 3.18
18786	Pte(ACpl)	Waldron, JJ	2/4 Bn		25. 2.20
9065	CSM(A/RSM)	Walker, H			4. 3.18
2251	Pte	Wallace, J			22. 9.16
3/3040	A/Sjt	Ward, T			6. 2.18
13/745	CSM	Wardle, G			3. 9.18
12770	Pte	Waugh, H	7 Bn		15. 3.16
240073	Sjt	Weatherill, F			3. 9.18
10249	LCpl	Webb, J	2 Bn		15. 9.15
34883	CSM	Welsh, J			21.10.18
2173	Pte	Whitworth, T			22. 9.16
200824	Sjt(A/CSM)	Whyman, G, M.M.	2/4 Bn		16. 1.19
8950	CSM	Wigley, W			18. 2.18
2057	Cpl	Wilkinson, H			25.11.16
12/1246	CSM	Willoughby, JA			30.10.18
2610	Cpl	Wilson, D			3. 9.18
17246	Pte	Wood, I	9 Bn		30. 3.16
34820	Sjt	Woods, T			21.10.18
9185	LCpl	Woodward, E			22. 9.16
34805	A/Sjt	Wordie, P			6. 2.18
19151	Sjt	Wright, CW			9. 7.17
12/275	Pte	Wright, GC			22. 9.16
1872	Cpl	Wright, S			25.11.16
14407	CSM	Wroe, F			26. 5.17
2067	LCpl	Yates, J	1/5 Bn		6. 9.15

209 D.C.M.'s   3 Bars   1 2nd Bar

THE DURHAM LIGHT INFANTRY

Number	Rank	Name	Bn		Date
300474	CSM	Aberdeen, S			17. 4.18
10399	Pte	Achilles, T	11 Bn		11. 3.20
300014	CSM	Admason, W			30.10.18
104287	Pte	Allen, W	29 Bn		2.12.19
1044	Sjt	Anderson, GW	1/8 Bn		11. 3.16
24803	Sjt	Anderson, J, M.M.			3.10.18
300337	Sjt	Armstrong, J, M.M.			30.10.18
2755	Pte	Arnold, G	1/8 Bn		30. 3.16
302014	CSM	Ashton, D			3.10.18
38896	Pte	Atkinson, J			3. 9.18
5280	CSM(A/SM)	Atkinson, JJ, P.S. (Attd DLI)			13. 2.17
13601	CSM	Aungiers, H			21.10.18
918	Sjt	Barker, W			30.10.18
16313	Sjt	Bayfield, W	11 Bn		3. 9.19
11324	CSM	Bazeley, WT			26. 7.17
3520	L/Cpl	Beckwith, A	1/8 Bn		30. 3.16
24825	L/Cpl	Bell, R	13 Bn		11. 3.16
1162	CSM	Benneworth, W			3. 9.18
43103	L/Cpl	Blair, T			30.10.18
20060	Cpl	Blenkinsop, W	10 Bn		15. 3.16
408	Sjt	Booth, A	1/8 Bn		11. 3.16
248086	CSM	Boothroyd, JS	29 Bn		3. 9.19
2276	Sjt	Borthwick, DN	7 Bn		21. 6.16
9127	CSM	Bousfield, FH, P.S.	9 Bn		11. 3.16
53745	Pte	Broadwell, A			28. 3.18
14396	A/Sjt	Broderick, J	15 Bn		22. 1.16
17750	Sjt	Brough, M			26. 7.17
270041	Pte	Brown, G	12 Bn	I	25. 2.20
2682	Pte	Brown, T			14.11.16
325266	Sjt	Caldwell, A			18. 7.17
3037	Cpl	Campbell, CTA			25.11.16
300173	Sjt	Castling, R			3. 9.18
325326	Pte	Caygill, CW, M.M.	9 Bn		16. 1.19
17883	Cpl	Chamley, RW	10 Bn		15. 3.16

Number	Rank	Name	Bn	Date
12707	LCpl	Chicken, EW	10 Bn	11. 3.16
20/750	LCpl	Clark, JW		17. 4.18
14623	Pte	Coates, JW	15 Bn	15. 3.16
3/10569	SM	Coghlan, RG		13. 2.17
275428	CSM	Coleman, T, M.M.		3. 9.18
15405	Pte	Collins, JT		18. 7.17
2413	Pte	Condon, T	1/5 Bn (Attd RE)	31. 5.16
1014	Sjt	Coombe, J	5 Bn	30. 6.15
7335	A/CSM	Cooper, W		20.10.16
16101	Sjt	Cowell, R		6. 2.18
45332	Pte	Cowling, RW		30.10.18
14670	Sjt	Cox, JH	15 Bn	11. 3.20
16194	Cpl	Craddock, H		26. 9.16
10383	CSM(A/RSM)	Craggs, TJ		3. 9.18
2042	Sjt	Craig, JW		3. 3.17
6147	RSM	Cresswell, J	2 Bn	3. 9.19
4278	CSM(A/SM)	Crouch, E, P.S.	9 Bn	11. 3.16
7202	Sjt	Cruddas, B		6. 2.18
32	CSM	Currey, F		17. 4.18
21000	Pte	Cuthbertson, R		3. 9.18
250160	Pte	Davies, F		21.10.18
2351	Pte	Davison, E	1/9 Bn	30. 3.16
59593	Pte	Dean, CE		3. 9.18
21084	Cpl	Dent, JF		25. 8.17
22185	Pte	Dickinson, FL		9. 7.17
2647	Pte	Dixon, A	1/8 Bn	11. 3.16
79811	Pte	Dixon, P	29 Bn	11. 3.20
1871	Pte	Dixon, W	2/9 Bn	30. 3.16
7375	CSM	Dolan, B		30.10.18
13769	Sjt	Donnelly, J		25.11.16
13769	Sjt	Donnelly, J, D.C.M.	Bar	26. 1.18
251489	Sjt	Dowdall, GH	2/6 Bn	11. 3.20
10704	Sjt(A/CSM)	Duddy, TS	2 Bn	11. 3.16
3	CSM	Dunlop, W	7 Bn	11. 3.16
30835	LCpl	Eardley, T	1 Bn	16. 1.19
245420	Sjt	Ebbs, H	20 Bn	5.12.18
12651	Cpl	Edwards, J	10 Bn	15. 3.16
1433	LCpl	Eglington, AR	5 Bn	11. 3.16
2586	Pte	Finlay, W	1/9 Bn	30. 3.16
250449	Sjt	Finn, P, M.M.		3. 9.18
10794	CSM	Fisher, J		22. 9.16
16660	LCpl	Foreman, E		3. 9.18
11596	LSjt	Fowler, W		3. 9.18
9671	Cpl	Frater, G		3. 9.18
12970	Pte	Gardner, JG		9. 7.17
26021	Sjt	Garnett, S	15 Bn	3. 9.19
104137	Pte	Garwood, J	29 Bn	11. 3.20
8346	Sjt	Gibbens, C	2 Bn	15. 9.15
325637	Cpl	Gill, E, M.M.		30.10.18
2248	Sjt	Goffin, W		3. 3.17
1304	Sjt	Goldsborough, H		30.10.18
7435	LSjt(T/CQMS)	Goode, GJ	2 Bn (& 2/2 Bn KAR) EA	25. 2.20
7051	Cpl	Gott, J	2 Bn	15. 9.15
1702	Pte	Grant, JA		14.11.16
250310	Cpl	Greenwood, J, M.M.		30.10.18
376387	Sjt	Griffin, JR	2/6 Bn	3. 9.19
273099	Pte	Gundry, J, M.M.	9 Bn	16. 1.19
3189	Pte	Halliday, J	1/9 Bn	30. 3.16
22/327	Pte	Handyside, E	1/7 Bn	3. 9.19
200026	CSM	Hansell, M		25. 8.17
18/509	Sjt	Harbron, I		18. 7.17
19/685	Pte	Harper, W		30.10.18
6742	Sjt	Harrington, GW	2 Bn	1. 4.15
53700	Cpl	Harrison, B	11 Bn	3. 9.19
250150	Sjt	Henderson, H		3. 9.18
10396	Pte	Hirst, H	2 Bn	15. 9.15
32160	Sjt	Holborn, G, M.M.	15 Bn	10. 1.20
9672	RSM	Holmes, WE		30.10.18
18754	Sjt	Hook, J		17. 4.18
16364	LCpl	Hoole, W		20.10.16
21266	Pte	Hope, E	15 Bn	15. 3.16
125874	Pte	Horan, J	9 Bn	16. 1.19
18513	Cpl	Hornby, W	13 Bn	22. 1.16
20/41	ASjt	Houston, A		26. 1.18
200009	CSM(A/RSM)	Howes, W		17. 4.18
7636	Pte	Howse, RD	2 Bn	15. 9.15
4/5716	CSM	Hunter, R	2 Bn	21. 6.16
19353	RQMS(A/RSM)	Hunter, S		15.11.18
15347	LCpl	Hutton, A, M.M.		30.10.18
300616	CSM	Hylton, J		3. 9.18
798	Pte	Imeson, C		20.10.16
15055	Pte	Ingram, F		6. 2.18
36239	LSjt	Jackson, GW		6. 2.18
301913	Cpl	Jackson, JHE		21.10.18
21010	Pte	James, F	12 Bn (Attd 68/1 TMB)	27. 7.16
2790	Pte	Jamfrey, F	1/8 Bn	30. 3.16
9496	CSM	Johnson, TO	2 Bn	* 30. 1.20
203561	T/RSM	Johnstone, W	9 Bn	3. 9.19
2228	LCpl	Jolly, J	5 Bn	11. 3.16
5558	CSM	Kent, C	2 Bn	1. 4.15
5558	CSM	Kent, C, D.C.M.	2 Bn	Bar 15. 9.15
22166	Pte	Kilburn, GW		25.11.16
7975	CSM	Kilgour, JR		26. 1.18
275028	Sjt	Kilpatrick, J		25. 8.17
200097	CSM	Kirby, R		21.10.18
22359	Sjt	Kitchen, B	15 Bn	11. 3.20
2139	Pte	Laskey, WR	9 Bn	11. 3.16
202965	Pte(LCpl)	Laverick, HHW		3. 9.18
302	Pte	Lee, HF	9 Bn	11. 3.16
1911	LCpl	Lee, M		21.12.16
19192	CSM	Liddle, W		25.11.16
1276	Cpl	Lloyd, C		30.10.18
14003	Pte	Lolley, W	10 Bn	15. 3.16
9075	Sjt	Lowe, J	2 Bn	15. 4.16
25099	A/Cpl	Lowery, T	15 Bn	24. 6.16
200354	ASjt	Luke, J, M.M.		3.10.18
250089	Sjt	Maddison, S	(form 1757)	9. 7.17
1869	Sjt	Malpass, J	6 Bn	22. 1.16
7958	LCpl	Manley, O	2 Bn	15. 9.15
9200	Cpl	Martin, G	2 Bn	30. 6.15
1/20891	CSM	Martin, T		6. 2.18
20891	CSM	Martin, T, D.C.M.	Bar	3.10.18
325314	Sjt	Mason, T		3. 9.18
11007	CSM(A/RSM)	Mason, WC	19 Bn	3. 9.19
325465	LCpl	Masters, J		30.10.18
43422	Pte	McAskill, G		3. 9.18
2174	Pte	McDonald, J		14.11.16
21780	Pte	McDowell, A		3. 9.18
3/10823	Pte	McGall, J	2 Bn	11. 3.16
4/9893	Cpl	McGlone, P		3. 9.18
561	CSM(later Lieut)	McNair, H	6 Bn	11. 3.16
20624	CSM	Miller, C		6. 2.18
45960	Sjt	Mineards, R		6. 2.18
45306	Pte	Mitchell, H		3. 9.18
19263	LCpl	Mitchell, R	15 Bn	16. 1.19
3138	Pte	Morrison, J	8 Bn	30. 6.15
45188	Pte	Muir, J		3. 9.18
66333	Pte	Murphy, J	2/6 Bn	2.12.19
302936	LCpl	Nelson, G, M.M.	12 Bn	I 25. 2.20
4/8772	CSM	Nicholson, JG, M.M.		4. 3.18
4/8393	Pte	Nimmo, J	2 Bn	11. 3.16
12901	SM †	Noble, A, D.C.M.	10 Bn	Bar 11. 3.16
248072	RSM	Ogden, FW	29 Bn	11. 3.20
126	CSM(A/RSM)	Oldridge, E		3. 9.18
18/126	CSM(A/RSM)	Oldridge, E, D.C.M.	Bar	21.10.18
53325	Sjt	Osborne, H, M.M.	15 Bn	5.12.18
275002	CSM	Parker, WB		17. 4.18
4/9941	Pte	Pattison, H		21.10.18
26953	Sjt	Pearson, GR	14 Bn	21. 6.16
1319	CSM	Perry, G, P.S.	6 Bn	11. 3.16
11344	Pte	Peverley, W	2 Bn	30. 6.15
16746	CSM	Pike, E		25.11.16
18/351	Cpl	Pinkney, MR		22. 9.16
20/955	CQMS	Potts, G		3. 9.18
18/826	Sjt	Powell, EC	18 Bn	10. 1.20
91609	Pte	Power, D		3.10.18
18623	Sjt	Price, J		9. 7.17
2241	CSM(later 2nd Lt)	Ridley, WS	9 Bn	11. 3.16
53691	Sjt	Rigg, W		30.10.18
13672	Sjt	Robertson, JR, M.M.	19 Bn	2.12.19
24905	Sjt(A/CSM)	Robinson, J		11.12.16
1242	LCpl	Robinson, J	6 Bn	11. 3.16
20/821	Sjt	Robinson, T		17. 4.18
2128	Sjt	Rutter, A	1/8 Bn	11. 3.16
277139	Pte	Ryan, C		3. 9.18
886	LCpl	Scurr, F		20.10.16
51132	Sjt	Shakespeare, F		30.10.18

THE DURHAM LIGHT INFANTRY

Number	Rank	Name	Bn		Date
1434	Sjt	Shephard, D			26. 4.17
20/142	Sjt	Sherriff, JW	20 Bn		3. 9.19
18/175	Sjt	Siddle, W	18 Bn		3. 9.19
2647	Pte	Silcock, JM			25.11.16
18641	Pte	Simpson, J			25. 8.17
15667	Sjt	Simpson, W			25. 8.17
15874	LCpl	Slasor, G			25.11.16
B/14006	CSM	Slater, JH	10 Bn		21. 6.16
18483	Sjt	Sledge, A, M.M.	13 Bn		2.12.19
8702	LCpl	Smith, JG	2 Bn		15. 9.15
18662	Sjt	Speed, JA, M.M.			30.10.18
2193	Pte	Sterry, J	1/9 Bn		30. 3.16
24559	Sjt	Stoddart, R	19 Bn		10. 1.20
24559	Sjt	Stoddart, R, D.C.M.	19 Bn	Bar	2.12.19
65	CSM	Stoker, J	7 Bn		11. 3.16
22338	Pte	Stout, W	15 Bn		15. 3.16
9938	Pte	Taylor, AA			30.10.18
182	Sjt	Teasdale, W			20.10.16
5965	CSM(A/SM)	Thew, W, P.S.	5 Bn		11. 3.16
325975	Pte	Thompson, T	9 Bn		16. 1.19
202488	Pte	Thompson, T			25. 8.17
52647	CSM	Thomson, G			16. 8.17
4/9054	Sjt	Tighe, T	2 Bn		15. 4.16
21385	ASjt	Trewhitt, F	15 Bn		27. 7.16
12608	Sjt	Trotter, JW			17. 4.18
264	CSM	Tucker, GW			25.11.16
201479	Pte	Tweddle, T			3. 9.18
24258	CSM	Wakeham, C			13. 2.17
18/1610	CSM	Walker, WG	19 Bn		10. 1.20
275004	CSM	Wardropper, RW			21.10.18
8757	Pte	Warwick, J	2 Bn		1. 4.15
5845	CQMS	Waters, C	2 Bn		11. 3.20
6402	SM	Watson, J	2 Bn		11. 3.16
250303	Sjt	Welsh, C, M.M.			3.10.18
14293	LSjt	Whitmore, R			6. 2.18
18/1153	Cpl	Wilkinson, JG	20 Bn		5.12.18
14405	LSjt	Wilson, A			4. 3.18
325306	Sjt	Wilson, W			30.10.18
833	Sjt	Wilson, W			9. 7.17
19/833	Sjt	Wilson, W, D.C.M.		Bar	30.10.18
300150	CSM(A/RSM)	Wise, E			3.10.18
79318	LSjt	Witherwick, C	2 Bn		10. 1.20
327247	LCpl	Wood, B, M.M.			3. 9.18
15774	CSM	Woodruff, GA			25. 8.17
10628	LCpl	Wootton, WH	2 Bn		16. 1.15
21603	Pte	Worton, JC	13 Bn		22. 1.16
8995	Sjt	Wray, T	2 Bn		30. 3.16
245912	Cpl	Wright, F			30.10.18

232 D.C.M.'s   7 Bars

† D.C.M. L/G 1901

THE HIGHLAND LIGHT INFANTRY

Number	Rank	Name	Bn		Date
11615	ACpl	Adams, A	2 Bn		11. 3.16
280421	Sjt	Alford, M	1/7 Bn		11. 3.20
1382	LCpl	Allison, D	9 Bn		30. 6.15
14775	LSjt	Anderson, J			26. 9.16
240034	CQMS	Anderson, R			1. 5.18
8743	A/CQMS	Andrews, A	2 Bn		30. 6.15
8743	A/CQMS	Andrews, A. D.C.M.	2 Bn	Bar	5. 8.15
29662	Sjt	Angliss, H			11.12.16
17176	Sjt	Armit, J			3. 9.18
9276	Sjt	Baillie, W	2 Bn		16. 1.15
17538	Sjt	Bain, M	12 Bn		16.11.15
41088	Cpl	Barker, JF	10 Bn		11. 3.20
11435	LCpl	Barr, A	1 Bn		1. 4.15
14659	Pte	Beattie, TE	16 Bn		10. 1.20
9187	A/CSM	Bell, R	1 Bn		30. 6.15
12058	LCpl	Berry, J	2 Bn		30. 6.15
450	Cpl	Berry, W	Depot (form. 11 Bn)		11. 3.16
10755	Pte(A/Cpl)	Black, R	1 Bn		1. 4.15
4321	CSM	Bolton, R	18 Bn		11. 3.20
3157	A Cpl	Bottomley, WE	9 Bn		6. 9.15
10223	Cpl	Bradford, W	2 Bn		16. 1.15
280566	LCpl	Briton, J, M.M.			15.11.18
11319	Pte	Brooks, LC	1 Bn		3. 6.15
9828	Sjt	Brown, B			13. 2.17
10951	Pte	Brown, D			20.10.16
9832	Sjt	Brown, G, M.M.			15.11.18
14952	Cpl	Browne, PE	16 Bn	*	30. 1.20
19160	CSM	Bruce, A	12 Bn		11. 3.16
1323	Pte	Bryce, G	1/6 Bn	G	11. 3.16
203295	Sjt	Bryden, J			1. 5.18
14811	Sjt	Buchan, JM	16 Bn	*	30. 1.20
9117	A Sjt	Buchanan, J	2 Bn		1. 4.15
4214	Cpl(LSjt)	Bulloch, F			15.11.18
16366	Pte	Cairns, J			14.11.16
14132	CSM	Caldwell, A	16 Bn		3. 9.19
8609	Cpl	Caldwell, J			20.10.16
332684	CSM	Caldwell, R			3.10.18
8165	Pte	Callaghan, P	2 Bn		10. 1.20
B/9434	Pte	Campbell, A	2 Bn		22. 1.16
240157	Sjt	Campbell, A			1. 5.18
200183	Cpl	Campbell, J			15.11.18
10110	LCpl	Campbell, R			29. 8.17
B/8959	CQMS	Carmichael, AB			3. 9.18
11613	Pte	Carmichael, J	1 Bn		1. 4.15
10697	Sjt(A/CSM)	Carney, J (later 2 Lt)			29. 8.17
2029	Sjt	Chapman, WH	1/9 Bn		22. 1.16
4737	A/RSM	Christie, D			19. 8.16
11500	LCpl	Christie, J	2 Bn		5. 8.15
10585	Sjt	Clark, J	1 Bn		11. 3.16
10677	Pte	Clifford, W	1 Bn		3. 6.15
10677	Pte	Clifford, W, D.C.M.		Bar	29. 8.17
13018	Cpl	Cochrane, S	15 Bn		10. 1.20
13018	Sjt	Cochrane, S, D.C.M.	15 Bn	Bar	2.12.19
42043	Pte	Cockburn, JW	1/6 Bn		11. 3.20
9287	Sjt	Cook, H			26. 1.18
1918	LCpl	Cooke, A			22. 9.16
7844	Sjt	Connor, R			26. 7.17
200010	CSM	Coubrough, J			1. 5.18
2310	Pte	Cowan, JH	1/7 Bn	G	15. 9.15
6479	Pte(LCpl)	Cowan, T	14 Bn		3. 9.19
9711	Pte	Crawford, J	2 Bn		30. 6.15
10502	Sjt	Crawford, LG, M.M.	2 Bn		11. 3.20
24428	CSM	Crawford, RS	12 Bn		10. 1.20
1985	Pte	Crichton, T	1/7 Bn	G	15. 9.15
2242	Pte	Currie, GH	1/9 Bn		5. 8.15
41192	Sjt	Cushley, J	16 Bn		10. 1.20
1918	LCpl	Davies, H			14.11.16
201725	Pte	Devaney, C	1/5 Bn		11. 3.20
10233	Sjt	Diamond, H			13. 2.17
330271	Sjt	Diamond, J, M.M.			3.10.18
330271	Sjt	Diamond, J, D.C.M., M.M.	1/9 Bn	Bar	2.12.19
13662	Sjt	Dick, DD			3. 9.18
7878	LSjt	Dickson, T			3. 9.18
19900	RSM	Donnelly, J			21.10.18
B.9520	Pte	Donnelly, P	2 Bn		22. 1.16
40648	Cpl	Drummond, A	15 Bn		11. 3.20
8214	Pte	Duffy, J	1 Bn		3. 6.15
13515	Sjt	Duncan, J	15 Bn		10. 1.20
3579	LCpl	Eastop, J	16 Bn	*	30. 1.20
8538	Pte	Fairbairn, J	2 Bn		2.12.19
42053	Sjt	Falconer, J	15 Bn		2.12.19
7742	A/LCpl	Ferguson, R	8 Bn (Attd 7 Bn R Scots)		21. 6.16
8939	Sjt	Findlay, J			20.10.16
26890	Pte	Fleming, J			29. 8.17
40666	Pte	Fleming, J			15.11.18
55423	CSM	Fletcher, A	9 Bn		2.12.19
14661	LCpl	Fletcher, AC	16 Bn	*	30. 1.20
18831	Cpl	Flower, CS	12 Bn		11. 3.16
9032	Pte	Fraser, A	16 Bn		10. 1.20

THE HIGHLAND LIGHT INFANTRY

Number	Rank	Name	Battalion		Date
43183	Pte	Fraser, I	16 Bn	*	30. 1.20
15849	Sjt	Fraser, W			17. 4.18
10325	CSM	Freeborn, AH			13. 2.17
42298	Pte(LCpl)	Galloway, T	16 Bn		10. 1.20
8264	Sjt	Gardner, T, M.M.			3.9. 18
11339	Sjt	Gibson, A			17. 9.17
14173	Sjt	Girdwood, J			25. 8.17
13157	Sjt	Glendinning, D	15 Bn		3. 9.19
240508(form 2218) †	QMS	Gray, A, D.C.M.		Bar Amend	26. 4.17 / 18. 6.17
41617	Pte	Gray, W			15.11.18
1328	Cpl	Greig, J	1/6 Bn		27. 7.16
11786	Pte	Hagarty, GD	2 Bn		11. 3.16
13478	Sjt	Hall, J			26. 9.16
280552(form 2347)	Sjt	Hamilton, D			26. 4.17
330395	CSM	Hannah, J			3.10.18
240133	CSM	Harper, G	6 Bn	*	30. 1.20
330024	CQMS	Harper, JF	9 Bn		3. 9.19
17833	Sjt	Henry, GN, M.M.			3. 9.18
A/7311	Cpl	Higgins, P, M.M.	2 Bn		2.12.19
9741	LCpl(A/Sjt)	Higgins, P			14.11.16
10559	Pte	Holman, J	1 Bn(Attd Lahore Sig Co)		5. 8.15
4336	SM	House, AG	1 Bn		3. 6.15
9281	LCpl	Hunt, D	2 Bn		1. 4.15
4403	CSM	Irvine, G			13. 2.17
4431	Sjt	Jamieson, J			3. 9.18
8659	A/QMS	Jennett, J	10 Bn		11. 3.16
330103	Pte	Johnstone, A, M.M.			3.10.18
55770	Pte	Jones, WJ			15.11.18
13381	CSM	Kellock, J			17. 4.18
24213	Pte	King, J	1/7 Bn		10. 1.20
126	Pte	King, JP MCL	1/7 Bn		27. 7.16
14784	Cpl	Kirk, HS			17. 4.18
18572	CSM	Lang, G	1/6 Bn		11. 3.20
1343	Pte	Learmouth, A	9 Bn		11. 3.16
2797	Sjt	Leiper, F			13. 2.17
32029	Pte	Leishman, H			28. 3.18
34799	Pte	Leslie, T	16 Bn		10. 1.20
3417	Col Sjt	Lewis, FE	9 Bn		11. 3.16
1471	Pte	Lightbody, T	10 Bn		11. 3.16
241087	LCpl	Love, T			15.11.18
280306	Sjt	Lyall, A			30.10.18
241012	Sjt	Macdougall, A			15.11.18
8893	Sjt	Macguire, JT	2 Bn		11. 3.16
40605	Pte	Mackill, R	15 Bn		11. 3.20
13523	CSM	MacLeod, J			3. 9.18
332055	Sjt	Mangan, M			26. 7.17
27274	Pte	Manson, RK	16 Bn	*	30. 1.20
20384	Cpl(L/Sjt)	Martindale, J	1 Bn	M	27. 6.19
15866	CSM	Mather, W			13. 2.17
330036	CSM	Mathie, WH			21.10.18
330036	CSM	Mathie, WH, D.C.M.		Bar	3.10.18
1854	A/RSM	Mathieson, J			19. 8.16
10062	Pte	McAllister, RJ	3 Bn(form 1 Bn)		11. 3.16
14530	Sjt	McAlpine, J			17. 4.18
26203	LCpl	McArthur, G	16 Bn	*	30. 1.20
10711	Pte	McArthur, J	3 Bn(form 1 Bn)		11. 3.16
282547	Pte	McBride, J, M.M.	1/7 Bn		10. 1.20
5292	Sjt	McCallum, J			26. 3.17
7573	LCpl	McCluckie, A	8 Bn(Attd 8 R Scots)		5. 8.15
8512	Cpl	McDonald, H			14.11.16
6923	CSM	McDonald, JW			26. 1.18
330117	CSM	McElvenny, E			26. 7.17
2968	Pte	McEwan, J	5 Bn		21. 6.16
203406	Pte	McFarlane, D			15.11.18
240464	Cpl(A/LSjt)	McGill, AN			1. 5.18
200875	Pte(A/LCpl)	McGroarty, W			1. 5.18
7029	Pte	McGurn, J	1 Bn		3. 6.15
5836	Pte	McIlheney, J			26. 1.18
2743	Sjt	McIlvaney, J	15 Bn		2.12.19
9794	LSjt	McInally, J			1. 5.18
29654	CSM	McIntosh, J			17. 4.18
7259	Pte	McIntyre, J	1/8 Bn (Attd 1/7 Bn R Scots)	G	15. 9.15
22637	Sjt	McKay, J	15 Bn		2.12.19
1633	CSM	McKean, M	1/5 Bn		15. 3.16
14493	Pte	McLay, J	16 Bn	*	30. 1.20
1914	Piper	McLennan, K	1/7 Bn	G	11. 3.16
11007	Sjt	McMahon, H			15.11.18
581	Pte	McMahon, J	10 Bn		11. 3.20
10008	CSM(A/SM)	McMenemy, J			14.11.16
9669	A/RSM	McNally, P	10 Bn		11. 3.16
4804	CSM	McQuillan, J			17. 9.17
4804	CSM	McQuillan, J, D.C.M.		Bar	3. 9.18
240470	Pte	McRae, J			26. 1.18
200474	Sjt	Meiklejohn, G	1/5 Bn		16. 1.19
1567	ACpl	Melrose, J	1/5 Bn	G	11. 3.16
43155	Pte	Millar, D	16 Bn	*	30. 1.20
3142	LSjt	Miller, WO	9 Bn		11. 3.16
200239	CSM	Milne, TJ			1. 5.18
5320	Sjt	Minto, T			26. 1.18
14388	Pte	Mitchell, J	16 Bn	*	30. 1.20
897	Sjt	Moffat, J	9 Bn		30. 6.15
13648	CSM	Moore, WJ			3. 9.18
9165	QMS	Morgan, EH			20.10.16
30362	Cpl	Morgan, J	15 Bn		2.12.19
28881	Sjt	Murphy, W			28. 3.18
7736	Sjt	Nicholson, F			23.10.14
9946	Sjt	Nisbet, J	2 Bn		16. 1.15
2258	Cpl	Nixon, J	1/7 Bn(Attd 8th Corps Min Coy)		27. 7.16
1380	Sjt	Paton, AY	1/6 Bn	G	15. 9.15
2666	A/SM	Patterson, J, P.S.	1/7 Bn	G	11. 3.16
8495	Pte	Paul, J	1 Bn		5. 8.15
3205	Sjt	Pearson, T			15.11.18
200062	Pte	Phillips, JL			15.11.18
1254	LSjt	Port, J	9 Bn		1. 4.15
17641	Sjt	Ramage, A			18. 7.17
14669	Sjt	Ramage, G	1 Bn	M	26. 5.19
B.21397	Pte	Rankin, J			20.10.16
11199	Sjt	Rattray, A			26. 7.17
9164	Pte	Regan, T	2 Bn		11. 3.16
10269	Pte	Reid, G			14.11.16
15507	CSM	Reith, SD	17 Bn		31. 5.16
13309	Sjt	Rennie, J			3. 9.18
17360	LCpl	Riggens, W	10 Bn		11. 3.16
21295	LCpl	Robertson, A			20.10.16
9428	Sjt	Robertson, J			20.10.16
1791	Pte	Robertson, J	9 Bn		11. 3.16
11589	LCpl	Robertson, R	2 Bn		30. 6.15
8790	Pte	Robinson, H	1 Bn		5. 8.15
7707	LCpl	Rodgers, J			14.11.16
330029	CSM(A/RSM)	Rowan, R			17. 4.18
A 7807	Pte	Savage, J	2 Bn		22. 1.16
669	CQMS	Searle, MA			17. 4.18
11753	Pte	Sharp, FJ			14.11.16
50202	Sjt	Shearer, T	15 Bn		2.12.19
7481	A SM	Shepherd, WC			13. 2.17
10930	CSM	Sheridan, D			14.11.16
1009	Sjt	Shields, W	15 Bn		2.12.19
8467	Pte	Sidey, D	2 Bn		1. 4.15
11113	A/CSM	Simpson, T	2 Bn		16. 1.15
6558	Pte	Singer, W	8 Bn (Attd 1/8 R Scots)		5. 8.15
43163	Pte	Smart, J	16 Bn	*	30. 1.20
41125	Cpl(ASjt)	Smith, G	12 Bn		11. 3.20
4582	CSM	Smith, JD			17. 9.17
11960	LCpl	Smith, JG	2 Bn		5. 8.15
204210	Sjt	Spence, WJ	10 Bn		11. 3.20
1490	LCpl(ASjt)	Starrs, E	7 Bn(Attd 8 Corps Min Coy)		21. 6.16
9834	Sjt(A/CSM)	Stevenson, A			14.11.16
39217	Pte	Stewart, J, M.M.	2 Bn		2.12.19
8629	LCpl	Stewart, J	1 Bn		3. 6.15
9087	Sjt	Summerfield, F	18 Bn		11. 3.20
200027	Sjt	Sykes, W			1. 5.18
14597	RSM	Taylor, GJ, M.C.	16 Bn		11. 3.20
11773	Sjt	Thomson, DW			26. 4.17
B 21196	Sjt	Thornton, JA	1/6 Bn		11. 3.20
350674	LCpl	Torrance, AG			3. 9.18
10497	Cpl	Trine, G (Attd O & B L I)		*	12.12.17
8874	Col Sjt(A/CSM)	Turner, W			18. 7.17
200328	CSM	Twentyman, JJ			1. 5.18
201302	Pte(A/Sjt)	Urquhart, L			1. 5.18
7195	CSM	Waddel, A	2 Bn		3. 9.19
23087	Pte	Walker, J	12 Bn		10. 1.20
14317	RQMS	Wallace, T	16 Bn		11. 3.20
11312	CSM	Warrington, H			18. 7.17

2611	LCpl(A/Cpl)	Watson, RA	9 Bn		11. 3.16	19891	Cpl	Wills, S	11 Bn	11. 3.16
29071	Sjt	Watson, W			17. 4.18	331780	Cpl	Wishart, JB	2 Bn	2.12.19
37780	CSM	Wattie, A	18 Bn		11. 3.20	330243	Sjt	Wood, A		3.10.18
19606	Sjt(A/CSM)	Waywell, S			21.10.18	11712	CSM	Wood, D		9. 7.17
19606	CSM	Waywell, S, D.C.M.		Bar	3. 9.16	5421	Cpl	Workman, J		20.10.16
8944	Pte	Webber, J			23.10.14	1538	Pte	Wotherspoon, A	1/5 Bn	15. 3.16
203296	Pte	Webster, A	1/5 Bn		10. 1.20					
35132	Pte(LCpl)	Whitfield, J	2 Bn		2.12.19	1432	LCpl(A/Cpl)	Young, JL	9 Bn	11. 3.16
11071	CSM	Williams, JJ			28. 3.18	240758	Pte(A/LCpl)	Young, W	1/6 Bn	11. 3.20

251 D.C.M.'s   8 Bars

† D.C.M. L/G 1898

SEAFORTH HIGHLANDERS (ROSS-SHIRE, BUFFS, THE DUKE OF ALBANY'S)

240148	Sjt	Adams, GS	1/4 Bn		2.12.19	1358	Cpl	Forbes, J		14.11.16
S/8084	Sjt	Adamson, J, M.M.			3. 9.18	S/2234	SM	Forbes, W	8 Bn	21. 6.16
5866	CSM	Alexander, J	Attd 1/4 Bn		11. 3.20	S/43831	LCpl	Forrester, G	2 Bn	16. 1.19
1323	Sjt	Allan, S, M.M.	6 Bn		2.12.19	265703	Sjt	Fraser, W		18. 7.17
267507	Pte	Ambrose, A			3. 9.18	843	Pte	Fraser, W	1/6 Bn	11. 3.16
179	LCpl	Anderson, J			18. 7.17	5828	CSM	Frazer, HA	1 Bn	15. 4.16
179	Sjt	Anderson, J, D.C.M., M.M.		Bar	3. 9.18					
242018	Pte	Anderson, W, M.M.			3. 9.18	1028	Sjt Drummer	Galletly, P		14.11.16
						202664	Sjt	Gardiner, JG, M.M.		3. 9.18
8710	CSM	Bain, J			6. 2.18	266466	LCpl	Geddes, G		3. 9.18
9207	CSM	Bain, L			30.10.18	1109	LCpl	Gilbert, AG		10. 1.17
S/5691	Sjt	Barnicle, C, M.M.			3. 9.18	201286	Sjt	Gilchrist, A		30.10.18
S/8901	Pte	Barrie, M			19. 8.16	9669	Sjt	Gilchrist, H		25.11.16
S/2085	CQMS	Beech, ES	7 Bn		21. 6.16	1681	LCpl	Grant, AD		3. 9.18
S/7595	LCpl	Bell, AJ	8 Bn		31. 5.16	2605	LSjt	Grant, G		10. 1.17
S/9142	Sjt	Bellamy, HG			3. 9.18	265978	LSjt	Grant, JB		3. 9.18
200941	LSjt	Boardman, W			18. 7.17	266197	LSjt	Grant, WC		26. 1.18
3811	Drummer	Bocock, R	1/5 Bn		11. 3.16	266197	Sjt	Grant, WC, D.C.M.	Bar	4. 3.18
S/42210	Pte	Branch, P	1/6 Bn		11. 3.20	8773	Pte	Gray, A	2 Bn	11. 3.16
1084	Pte	Brown, A	1 Bn		3. 6.15	201290	Sjt	Gray, D		18. 7.17
S/6870	Cpl(A/LSjt)	Brown, A, M.M.	7 Bn		2.12.19	201290	A/Sjt	Gray, D, D.C.M.	Bar	6. 2.18
10615	LCpl	Brown, G	(Attd Sig Service)		17. 4.17	265140	Cpl	Gray, R		3. 9.18
S/21376	Cpl(A/LSjt)	Brown, JR	9 Bn		11. 3.20	S/10812	Pte	Gunn, A	7 Bn	2.12.19
2087	CSM	Bruce, A	1/5 Bn		11. 3.16					
S/5333	LCpl	Buchanan, JN			29. 8.17	1742	Cpl	Hamilton, F		14.11.16
238096	ACpl	Bullimore, G	8 Bn(Attd 44 TMB)		3. 9.19	966	LSjt	Hawkings, PB		14.11.16
S/2946	CSM	Burns, R			9. 7.17	5072	Bandsman	Hay, J	2 Bn	30. 6.15
S/2946	CSM	Burns, R, D.C.M.		Bar	16. 8.17	201530	Cpl	Henderson, CF		3. 9.18
						10435	Pte	Henderson, D	1 Bn E	25. 2.20
265055	CSM	Calder, AW			17. 4.18	3045	Pte	Hendry, W		22. 9.16
1208	Cpl(A/Sjt)	Calder, J	2 Bn		5. 8.15	202091	Pte	Hill, HG		3. 9.18
5105	Sjt	Cameron, J	2 Bn		17.12.14	S/9045	Sjt	Hogg, J		26. 1.18
265904	Pte	Cameron, J			3. 9.18	S/2793	Pte	Holligan, D	8 Bn	16.11.15
200785	Sjt	Campbell, J			18. 7.17	S/41092	Cpl	Hotchkiss, G, M.M.		3. 9.18
200785	Sjt	Campbell, J, D.C.M.		Bar	6. 2.18	S/6162	Sjt	Howson, RW		3. 9.18
9262	Pte	Campbell, JW	7 Bn		16.11.15	328	Pte	Hunter, A	1 Bn	3. 6.15
9216	LSjt	Campbell, P	1 Bn		1. 4.15	5/40865	Cpl(LSjt)	Hunter, R		30.10.18
S/7959	Cpl(A/Sjt)	Clark, A	7 Bn		2.12.19	7658	Pte(ACpl)	Hutcheson, JW	2 Bn	2.12.19
10671	LSjt	Coats, N			4. 3.18	S/40762	Pte	Hutchison, W		3. 9.18
267438	LCpl	Collins, J			26. 1.18					
267438	Cpl	Collins, J, D.C.M., M.M.		Bar	3. 9.18	24845	Pte	Inch, J	6 Bn	2.12.19
S/9373	Sjt	Cooper, N	7 Bn		11. 3.20	3/10301	Pte	Irvine, R	1 Bn	15. 4.16
265820	Sjt	Cormack, G			26. 7.17					
S/9725	Pte(LCpl)	Cotton, RC			21.10.18	4800	Sjt	Jeffrey, G		26. 7.17
3747	Pte	Court, GE			10. 1.17	4800	Sjt(A/CSM)	Jeffrey, G, D.C.M.	Bar	3. 9.18
9536	Cpl	Cowan, D	1 Bn		24. 6.16	240615	Sjt	Johnston, RF	5 Bn	11. 3.20
25561	Sjt	Cribbes, AE	6 Bn		5.12.18	S/11699	Sjt(A/CSM)	Jones, W	7 Bn	11. 3.20
241741	Sjt	Cromarty, R			3. 9.18					
S/41956	Pte	Crozier, W			15.11.18	242264	Sjt	Kelly, JS		17. 4.18
333	CSM	Cumming, T	1/4 Bn		21. 6.16	S/41229	Pte	Kennedy, J		30.10.18
10506	Pte	Cunliffe, A			29. 8.17	8468	CQMS	Kenny, B	1 Bn	1. 4.15
3926	CSM	Currie, WA	8 Bn		11. 3.16	8062	Pte	Kerry, J	1 Bn	1. 4.15
						10377	LCpl	Kershaw, J		14.11.16
3/7544	Cpl	Dalziel, J	8 Bn		11. 3.20					
S/8535	Cpl(LSjt)	Davidson, D, M.M.	7 Bn		2.12.19	266953	Cpl	Lawrence, A		4. 3.18
S/40431	Pte	Dougan, J	7 Bn		2.12.19	1203	LCpl	Leahy, CU	1 Bn	1. 4.15
3075	Sjt	Duchart, J	1/5 Bn		11. 3.16	S/41542	Sjt	Longstaff, G		30.10.18
S/8870	Sjt	Duff, DJ	8 Bn		10. 1.20	2996	LCpl	Lowe, W		1. 5.18
260109	LCpl	Duffy, J			3. 9.18	2996	LCpl(ASjt)	Lowe, W, D.C.M.	1 Bn E Bar	25. 2.20
393	Sjt	Dundas, T	7 Bn		16.11.15	205	Pte	Lumsden, W	1 Bn	15. 4.16
240510	Sjt	Dunnett, G			3. 9.18					
						3/6931	Sjt	Macarthur, D		21.10.18
9178	Sjt	Edwardes, AS	1 Bn		11. 3.16	200018	Sjt	Macdonald, A		17. 4.18
						S/43856	Pte(LCpl)	Macdonald, D	2 Bn	10. 1.20
S/4173	Sjt	Fern, J	2 Bn		10. 1.20	200050	Sjt(A/CSM)	Macgregor, S		28. 3.18

Section 6. SEAFORTH HIGHLANDERS (ROSS-SHIRE, BUFFS, THE DUKE OF ALBANY'S)

Number	Rank	Name	Bn	Notes	Date
S/23852	Sjt	MacIver, J			15.11.18
241020	Sjt	Mackay, A			26. 1.18
S/1962	Cpl(A/Sjt)	Mackay, C			3. 9.18
9392	Sjt	Mackay, D	1 Bn		11. 3.16
1081	Sjt	Mackay, RS	1 Bn	P	14. 4.20
3/8121	Sjt-Piper	Mackenzie, A			13. 2.17
200022	CSM	Mackenzie, A			30.10.18
1652	Sjt	Mackenzie, A	4 Bn		11. 3.16
3/7377	LCpl	Mackenzie, N			6. 2.18
657	ASjt	Maclennan, J	1/4 Bn		3. 6.15
S/9886	Cpl	Macleod, A			18. 6.17
8770	Sjt	Macleod, D, M.M.			3. 9.18
3/7171	Sjt	Macleod, K			22. 9.16
528	Sjt	Macleod, N	1 Bn		30. 3.16
9393	ACpl	MacNeil, W	1 Bn		1. 4.15
1515	A/CSM	MacPhail, R	8 Bn		11. 3.16
9198	Sjt	Macrae, D	1 Bn		3. 6.15
9389	Sjt	Mack, W			16. 8.17
S/10524	Pte	Malcomson, D			1. 5.18
S/3998	Cpl(LSjt)	Martin, R			3. 9.18
103	CSM	Mason, G	1/6 Bn		21. 6.16
202823	Sjt	Matheson, H			28. 3.18
8391	Sjt-Piper	Mathieson, DB	1 Bn		1. 4.15
200831	Pte	Mattman, WP			3. 9.18
8507	Pte	McArthur, D	2 Bn		11. 3.16
200293	Sjt	McDonald, D			3. 9.18
204286	CSM	McDonald, M	4 Bn		3. 9.19
204286	CSM	McDonald, M, D.C.M.	1/4Bn	Bar	10. 1.20
798	LCpl	McDougal, W	1 Bn		1. 4.15
164	LCpl	McEwan, D			1. 5.18
10344	LCpl	McFedriries, R			14.11.16
10640	Pte	McGarry, D	1 Bn		1. 4.15
4764	Pte	McGill, G	7 Bn		22. 1.16
2700	Pte	McGlone, F	8 Bn(Attd 44 Bde)		11. 3.16
238	Pte	McGowan, WB	2 Bn		11. 3.16
9076	LCpl	McKay, J			1. 5.18
517	Sjt	McKay, M	2 Bn		11. 3.16
200786	CSM	McKenzie, D	1/4 Bn		10. 1.20
3/7074	Pte	McKenzie, H			20.10.16
7074	Sjt	McKenzie, H, D.C.M.	5 Bn	Bar	2.12.19
9269	Pte	McKenzie, J	1 Bn		24. 6.16
1222	LCpl	McKenzie, JA			26. 9.16
8814	Sjt	McLennan, F			6. 2.18
1272	Pte	McLeod, A	1/4 Bn		3. 6.15
265868	Sjt	McLeod, D			26. 7.17
16591	CSM	McLeod, D	1 Bn	M	16. 1.19
3/6875	Pte	McLeod, D	2 Bn		3. 6.15
S/13475	LCpl	McQueen, C			3. 9.18
201333	Cpl	McRae, M			3. 9.18
10706	Pte	Miller, R	2 Bn		6. 9.15
267321	Pte	Miller, W			3. 9.18
265496	Cpl	Milne, W			3. 9.18
2110	Pte	Minchin, WC	1/4 Bn		3. 6.15
200114	Sjt	Mitchell, J			30.10.18
241762	LSjt	Moore, T			6. 2.18
240851	Sjt	Morrison, A			26. 7.17
3/6973	Cpl	Morrison, A			3. 9.18
S/40530	Sjt	Morrison, E, M.M.			30.10.18
240466	Sjt	Mowat, J			26. 7.17
10622	LCpl	Muir, J	1 Bn		3. 6.15
S/4218	RQMS	Munro, PS			17. 4.18
200372	Pte	Munro, W, M.M.	8 Bn		10. 1.20
S/9278	LCpl	Murphy, A			16. 8.17
61	CSM	Murray, R	1/5 Bn		21. 6.16
240856	Cpl(LSjt)	Naylon, J			21.10.18
242100	Sjt	Neilson, J			3. 9.18
S/5325	Sjt	Nichol, WD			18. 6.17
S/3043	Sjt	Noble, J	8 Bn		3. 9.19
10390	Pte	O'Brien, W	1 Bn		30. 3.16
7029	Pte	Odell, J			17. 4.18
S/4087	Pte	Park, H			3. 9.18
10196	Sjt	Parker, T	1 Bn		11. 3.16
427	CSM	Paterson, R	8 Bn		11. 3.20
S/9247	Pte	Pearson, A	1 Bn		1. 5.18
S/9827	LSjt	Pedgrift, AE			29. 8.17
S/43210	Sjt(A/RSM)	Pierce, JW	(form D Gds)		6. 2.18
S/40308	CSM	Pirie, C			3. 9.18
9048	Sjt	Platt, WH			1. 5.18
10068	Sjt	Porter, J	1 Bn		3. 6.15
10476	CQMS	Proctor, WJC, M.M.	2 Bn		3. 9.19
266312	Cpl	Pullar, WA			26. 7.17
129	Sjt	Ramage, J	1 Bn		15. 4.16
1392	Pte	Reid, A	1 Bn		1. 4.15
10149	Pte	Rennie, T	1 Bn		30. 3.16
267621	Sjt	Riach, J			4. 3.18
10173	LCpl	Robertson, H			28. 3.18
2251	Pte	Robertson, HJ	1/4 Bn		29.11.15
265303	CSM	Robertson, J	1/6 Bn		5.12.18
8090	CSM	Rodgers, AP			6. 2.18
2030	LSjt	Rogers, A	4 Bn		11. 3.16
9055	Sjt	Rogers, DL	2 Bn		17.12.14
202196	Sjt	Ross, A			6. 2.18
201337	LSjt	Ross, A			28. 3.18
201807	Cpl	Ross, D	2 Bn		16. 1.19
1894	Sjt	Ross, DA	1/4 Bn		30. 3.16
266323	Sjt	Ross, J			26. 1.18
9428	Pte	Royan, A	2 Bn		16. 1.15
201236	Sjt	Scuddah, GW, M.M.			3. 9.18
266089	LCpl	Shand, J			3. 9.18
S/9571	Pte	Sharp, T			9. 7.17
265181	Sjt	Shaw, J			30.10.18
S/3075	CQMS	Shields, T			13. 2.17
S/9759	Cpl	Shrapnell, AE			1. 5.18
267348	LSjt	Sinclair, W			3. 9.18
4853	Sjt	Skinner, J, D.C.M.(DCM1902) †		Bar	29. 8.17
9363	Cpl	Smith, D	1 Bn		1. 4.15
S/43166	Pte	Smith, F			3. 9.18
342	CSM	Stevens, J			22. 9.16
265769	Pte	Stewart, J			6. 2.18
155	Pte	Storrie, C	1 Bn		1. 4.15
265957	Cpl	Surtees, GC			4. 3.18
5913	RSM	Sutherland, A	1 Bn		30. 6.15
2814	Col Sjt(A/SM)	Sutherland, D, P.S.	1/5 Bn		11. 3.16
6901	CSM	Sutherland, RR	1 Bn		1. 4.15
9270	Sjt	Tait, H			3. 9.18
S/6327	Pte	Taylor, T			3. 3.17
2399	Pte	Thomson, A	1/4 Bn		3. 6.15
S/6911	Pte	Thomson, W			18. 7.17
S/2971	Cpl	Tinsley, J	8 Bn		29.11.15
S/12206	Cpl(LSjt)	Tite, CS			3. 9.18
S/11153	Pte	Turnbull, W			26. 1.18
8757	Pte	Turner, J	2 Bn		17.12.14
242351	LSjt	Tytler, H			30.10.18
S/8224	LCpl	Vickery, JA	7 Bn		21. 6.16
13087	LCpl	Walker, J	7 Bn (form 5th Res Cav Rgt)		16.11.15
63	Pte	Walker, W			14.11.16
201174	Sjt(CSM)	Ward, E			21.10.18
742	Pte	Ward, JT	1 Bn		3. 6.15
S/16337	Sjt	Weddell, R	5 Bn		3. 9.19
S/3172	CSM	White, WC	8 Bn		11. 3.20
S/4228	CQMS	Whitelaw, JT			9. 7.17
9894	Sjt	Wigston, J			30.10.18
8842	LSjt	Williamson, A			3. 9.18
S/7638	Sjt	Williamson, R	2 Bn		10. 1.20
6393	CSM	Wilson, W	1 Bn	M	16. 1.19
9405	Pte	Winder, J			18. 6.17
850	Sjt	Winder, J	2 Bn		11. 3.16
202487	Sjt	Wood, SV			30.10.18
S/4583	Sjt	Wotherspoon, A, M.M.			3. 9.18
S/3639	A/Sjt	Wright, AW, M.M.			3. 9.18

247 D.C.M.'s   11 Bars

† D.C.M. L/G 1902

S/11095	Pte	Adams, T			30.10.18
202735	LCpl	Allan, D			6. 2.18
240999	Cpl(A/Sjt)	Allan, H			26. 1.18
S/5249	Pte	Allan, T	10 Bn		16.11.15
S/9579	Pte	Allardyce, D	1 Bn		30. 3.16
S/17484	LCpl	Anderson, A	1 Bn		5.12.18
201125	Sjt(A/CSM)	Anderson, AG			18. 7.17
7339	Sjt	Anderson, W	2 Bn		11. 3.16
201402	Cpl	Anderson, W			18. 7.17
241468	Sjt	Annand, T			3. 9.18
S/4840	Sjt	Arbuckle, FS	8/10 Bn		27. 7.16
1588	Sjt	Archibald, A	6 Bn		30. 6.15
266447	Pte	Barnett, WF, M.M.			3. 9.18
266611	Sjt	Benfield, W	6/7 Bn		11. 3.20
240523	A/LSjt	Bisset, T			26. 1.18
9832	LSjt	Blacker, AE			22. 9.16
200083	Pte	Booth, C			18. 7.17
2689	LSjt	Bridges, D	4 Bn		11. 3.16
3333	Drummer	Brown, GL			13. 2.17
202581	A/Cpl	Brown, J			28. 3.18
S/4119	Pte	Brown, T	3 Bn(form 1Bn)		11. 3.16
8531	Sjt	Brown, W	1 Bn		11. 3.16
10744	CSM	Bruce, J			20.10.16
9255	Sjt	Bryce, J	3 Bn	*	30. 1.20
200042	CSM	Buchanan, JF			17. 4.18
265325	Sjt	Burnett, AG			18. 7.17
240651	LCpl	Burns, J			28. 3.18
10103	A/CSM	Burns, TJ	1 Bn		1. 4.15
238116	Sjt	Cameron, N	9 Bn		3. 9.19
190	CSM	Cameron, W			16. 8.17
190	CSM	Cameron, W, D.C.M.		Bar	4. 3.18
201148	A/Sjt	Cash, LC			30.10.18
265154	CSM	Chalmers, J			3. 9.18
10297	Pte †	Chawk, H	2 Bn		3. 6.15
240207	A/CSM ‡	Chisholm, W	4 Bn	EA	3. 9.19
S/43340	Sjt	Christie, G, M.M. 1 Bn			2.12.19
S/6369	Sjt	Cooper, J			17. 4.18
S/43205	Pte	Cormack, G			9. 7.17
2818	Sjt	Cowie, GS			22. 9.16
S/1751	Sjt	Cowie, W	8 Bn		11. 3.16
265021	CSM	Craib, JS			3. 9.18
S/3524	Pte	Craig, C	2 Bn		16.11.15
1000	Pte	Cummings, J	6 Bn		3. 6.15
240583	LCpl	Davidson, A			6. 2.18
10304	Pte	Dawson, W	2 Bn		11. 3.16
360	Sjt	Dunbar, W			10. 1.17
S/4936	Cpl(A/Sjt)	Duncan, J			18. 6.17
224	Sjt	Duncan, J	2 Bn	I	25. 2.20
S/5634	Sjt	Duncan, R			26. 3.17
241245	A/LSjt	Dunn, JM			18. 7.17
265621	Sjt	Dyce, G			26. 1.18
10005	Sjt	Eddie, JH	2 Bn	I	11. 3.20
200871	CSM	Eddie, JJ			30.10.18
5871	A/RQMS	Farrant, G	1 Bn		30. 6.15
S/11585	Sjt	Findlay, A, M.M.			3.10.18
8736	SM	Fleming, R	2 Bn		5. 8.15
3/6703	Cpl	Flockhart, G	8 Bn		16.11.15
S/6948	Sjt	Forbes, AW			3.10.18
10528	CSM	Forbes, J			13. 2.17
S/2876	CSM	Fox, J			6. 2.18
S/10108	LCpl	Frame, DR			21.10.18
265728	Pte	Fraser, J			3. 9.18
10066	Sjt	Fraser, JH			18. 2.18
S/7046	CSM	Gardiner, J			21.10.18
S/7598	Pte	Gentleman, J			14.11.16
265594	Sjt	Gilbert, J			3. 9.18
9431	Pte	Gilchrist, W	2 Bn		3. 6.15
265987	Sjt	Glennie, W			26. 1.18
S/42595	Pte	Gould, LJ	6/7 Bn		2.12.19
S/4649	Pte	Graham, W			26. 1.18
201458	LSjt	Grant, JP			3. 9.18
S/8512	Pte	Greig, H			26. 1.18
202444	Sjt	Hardie, G	1/4 Bn		2.12.19
7125	CSM	Hardie, J	2 Bn	I	25. 2.20
S/42138	Pte	Harper, J			3.10.18
S/21358	CSM	Harvey, R			30.10.18
1393	CQMS	Henderson, T			9. 7.17
10071	A/RSM	Henderson, W	8 Bn		11. 3.16
S/1970	LCpl	Hendry, TL			6. 2.18
10115	Sjt-Piper	Howarth, JS	6 Bn		30. 6.15
10115	Sjt-Piper	Howarth, IS, D.C.M. 6 Bn		Bar	11. 3.16
200044	Sjt	Hume, J			18. 7.17
235409	Sjt	Hunter, WV			3. 9.18
8479	Pte	Hyslop, R	1 Bn		1. 4.15
S/8758	CSM(A/RSM)	Inglis, R, M.M.	1/5 Bn		11. 3.20
S/13186	Sjt	Iveson, JC			30.10.18
8995	A/SM(later2Lt)	Jefferson, J	6 Bn		3. 6.15
S/43351	Sjt	Johnson, JR			25. 8.17
S/7746	Sjt	Keith, S	9 Bn		21. 6.16
11070	Cpl	Kelso, RF	1 Bn		11. 3.20
S/4358	Cpl	Kerr, J	10 Bn		22. 1.16
S/9568	Pte	Kevan, J, M.M.			3. 9.18
241077	Pte(A/LCpl)	Lawrence, JR			17. 4.18
6401	CSM	Lawrence, T	2 Bn		5. 8.15
290085	Sjt	Lawson, A, M.M.	1 Bn		2.12.19
290340	Sjt	Low, J	6/7 Bn		2.12.19
S/8293	Pte	Lowe, G	1 Bn		11. 3.20
265141	LCpl	Mackie, W, M.M.			21.10.18
8748	Pte	MacPherson, D	3 Bn(form 1Bn)		11. 3.16
200277	Sjt	Macrae, G			18. 7.17
248	CSM	Main, W			30.10.18
S/9229	Pte	Marshall, D	8/10 Bn		27. 7.16
S/8340	Pte	Martin, A	2 Bn		27. 7.16
S/7972	Sjt	Martin, WJ			26. 1.18
S/8460	Sjt	Masson, W	10 Bn		11. 3.16
S/15380	Pte	Mathieson, J			26. 3.17
S/7622	Sjt	Matthew, AR			26. 1.17
544	CSM(A/RSM)	Matthew, J			10. 1.17
9544	CSM	Matthews, LA, M.M. 1 Bn			3. 9.19
9544	CSM	Matthews, LA, D.C.M., M.M. 1 Bn		Bar	2.12.19
S/2692	Pte	Maxwell, J			13. 2.17
200345	Cpl	McCombie, A	1/4 Bn		2.12.19
292381	Sjt	McCulloch, H			28. 3.18
1383	LCpl	McDonald, D			10. 1.17
1484	Sjt	McEachnie, J	1 Bn		16. 5.16
S/1651	Pte	McEwan, J			17. 4.18
3/6535	A/Sjt	McGregor, F			6. 2.18
S/14067	LCpl	McGregor, J			4. 3.18
292288	CSM	McGregor, J	2 Bn	I	11. 3.20
9403	Pte	McGregor, W	2 Bn		1. 4.15
202681	Sjt	McHardy, F, M.M.	1/4 Bn		2.12.19
9614	Sjt	McIntosh, J			17. 4.18
265982	LCpl	McIntosh, WS			3. 9.18
7740	Pte	McKay, P	1 Bn		6. 9.15
7106	Sjt	McKenna, J	3 Bn		1. 4.15
936	Sjt	McKimmie, J, M.M.	2 Bn	I	25. 2.20
10220	CSM	McLachlan, LB			4. 3.18
266946	LCpl	McLean, P, M.M.			4. 3.18
9193	A/Sjt	McLeod, JA	1 Bn		1. 4.15
S/3442	Pte	McNulty, A	2 Bn		5. 8.15
265214	Pte	McRobbie, A	6 Bn		3. 9.19
290588	LCpl	Meldrum, AP			26. 1.18
11098	A/LSjt	Menzies, T	6 Bn		11. 3.16
10088	LCpl	Millar, R			25.11.16
240722	Sjt	Milne, J			26. 7.17
292347	Cpl	Minikin, A			26. 1.18
3361	Pte	Mitchell, A	4 Bn		11. 3.16
1541	Cpl	Moir, J			10. 1.17
S/9810	Sjt	Monteith, J			15.11.18
S/10075	Pte	Moreland, J			14.11.16
S/10075	Pte	Moreland, J, D.C.M.		Bar	18. 6.17
S/1748	LSjt	Morrice, J	8 Bn		16.11.15
7023	Cpl	Morrison, W	1 Bn		1. 4.15
242596	Pte	Morse, RG			30.10.18
202630	Sjt	Mundie, W			28. 3.18
9266	Sjt	Munro, DDC	2 Bn		3. 6.15
8699	Piper	Munro, H	2 Bn	*	30. 1.20
6876	Sjt	Murray, J	1/5 Bn		11. 3.20
S/7084	Cpl	Neilson, A	(Attd LTMB)		6. 2.18
240164	CSM	Park, W			26. 7.17
789	Pte	Petrie, D	6 Bn		11. 3.16
6175	Pte	Porter, WJ			10. 1.17
10025	Pte	Rae, F	2 Bn		1. 4.15
265008	Sjt	Raffan, CW			30.10.18
266805	Pte	Ralph, A			26. 1.18
S/13546	Pte	Rankin, W			25. 8.17

THE GORDON HIGHLANDERS

Number	Rank	Name	Bn	Date
2120	Sjt	Raphael, W		30.10.18
9125	LCpl	Raynor, JW	1 Bn	1. 4.15
S/3598	Cpl	Rennie, PF	1 Bn	16.11.15
292377	CSM	Renwick, RAM		3. 9.18
14010	LCpl	Richardson, R		10. 1.17
195	LCpl	Riddoch, J	2 Bn	1. 4.15
S/2953	Sjt	Robson, W	9 Bn	11. 3.16
266109	Cpl	Rodger, A		3. 9.18
170	CSM	Rollo, JK, M.M.		3. 9.18
6884	Pte	Ross, A	1 Bn	17.12.14
265395	Sjt	Ross, J, M.M.		4. 3.18
266064	Pte	Runcie, G		4. 3.18
1270	A/Sjt	Russell, A		22. 9.16
10243	Pte	Scott, R	2 Bn	1. 4.15
10743	Cpl(A/Sjt)	Shand, C, M.M.		3. 9.18
S/5092	Sjt	Shaw, G	Depot(form 10Bn)	11. 3.16
S/7808	Pte	Shepherd, W	2 Bn	‡ 3. 9.19
10827	Pte	Shorthose, GO		6. 2.18
266011	Sjt	Simpson, O		28. 3.18
S/5712	Cpl	Sinclair, T		6. 2.18
242382	Cpl(A/Sjt)	Small, P McL		26. 1.18
9541	Pte	Smith, A	1 Bn	30. 3.16
5777	Pte	Smith, A	3 Bn	1. 4.15
9321	LCpl	Smith, E	2 Bn(later RE)	5. 8.15
445	Pte	Smith, J	2 Bn	30. 6.15
5683	QMS	Smith, JB	1 Bn	1. 4.15
200012	CSM	Smith, W		6. 2.18
7529	CSM	Smith, W		17. 4.18
S/7765	Pte	Smith, WEG	1 Bn	15. 9.15
S/22589	Sjt	Stables, G	6/7 Bn	2.12.19
265603	Cpl	Stewart, C		3. 9.18
NR1278	Sjt	Stewart, H	1/7 Bn	21. 6.16
6853	A/Sjt	Stewart, R	2 Bn	30. 6.15
292246	Pte	Stewart, R		6. 2.18
265548	Sjt	Stewart, W	1/6 Bn	11. 3.20
265745	Pte	Stronach, J		18. 7.17
10206	CSM	Taylor, A	3 Bn(form 1Bn)	11. 3.16
S/5242	Pte	Taylor, R		18. 6.17
S/9303	Cpl	Thompson, W	2 Bn	5. 8.15
240460	LSjt	Thomson, A		28. 3.18
1174	Sjt	Thomson, AJ		13. 2.17
242115	Pte(A/Cpl)	Tough, G	1/5 Bn *	30. 1.20
2010	Cpl	Urquhart, J		10. 1.17
290090	LSjt	Valentine, VT		30.10.18
8960	Sjt	Walker, J	1 Bn	30. 3.16
1570	Pte	Watt, JS	6 Bn	3. 6.15
6711	RSM	Watt, W	1/4 Bn	11. 3.20
10732	Pte	Watt, WR	6 Bn	30. 6.15
10754	Pte	Westley, CA	6 Bn	11. 3.16
8517	Sjt	White, R		13. 2.17
S/13862	Cpl	Whitehead, W		6. 2.18
S/15705	Pte	Whyte, R		4. 3.18
S/1732	A/CSM	Wilkie, D		26. 3.17
265349	Pte	Wilson, A		21.10.18
S/43615	Pte	Wingate, J		16. 8.17
265555	Sjt	Wood, RT, M.M.	6/7 Bn	11. 3.20
260124	Pte	Wylie, JD	6/7 Bn	2.12.19
202121	Pte	Young, H		26. 1.18

210 D.C.M.'s   4 Bars

† Another citation on 30.6.15 (LCpl with slightly different text)

‡ Another citation on 22.12.19 (Almost identical text)

THE QUEEN'S OWN (CAMERON HIGHLANDERS)

Number	Rank	Name	Bn	Date
8597	LCpl	Anderson, J	(Attd Div Sig Coy)	11. 5.17
S/21146	Pte	Archbald, M		20.10.16
5175	Sjt	Arthur, J	2 Bn	30. 6.15
6705	CSM	Bissett, A		13. 2.17
8024	Pte	Boag, K	1 Bn	17.12.14
6176	Pte	Broadfoot, J		21.10.18
S/10978	Sjt	Brown, P	6 Bn	21. 6.16
200218	Sjt(A/QMS)	Brownson, A		21.10.18
S/11869	Pte	Burnett, W	1 Bn	10. 1.20
5343	Pte	Burt, A	1 Bn	1. 4.15
9690	Sjt	Cable, J		20.10.16
7846	Sjt	Cameron, C	2 Bn	1. 4.15
7870	Sjt	Cameron, G	1 Bn	2.12.19
7407	Sjt(A/CSM)	Campbell, GM	1 Bn	11. 3.20
225113	LCpl	Campbell, HB		28. 3.18
S/13804	Cpl	Cardwell, J		19. 8.16
7723	Pte	Carswell, D	2 Bn S	11. 3.20
S/15561	LCpl(A/Sjt)	Christie, J McK	5 Bn	11. 3.20
5152	CSM(A/SM)	Christie, JW		18. 2.18
8292	LCpl(A/Cpl)	Clarke, T		14.11.16
4778	A/Cpl	Coventry, W	1 Bn	22. 1.16
12617	CSM	Cowans, W	6 Bn	11. 3.16
200160	Sjt	Cowie, W	6 Bn	11. 3.20
S/21907	Pte	Crate, T		14.11.16
4646	Cpl(A/Sjt)	Cummings, J	1 Bn	1. 4.15
S/17712	Sjt(A/CSM)	Currie, G		30.10.18
S/14111	Sjt	Currie, JL	6 Bn	11. 3.20
5007	LCpl	Davidge, HCA	1 Bn	30. 6.15
225163	Pte	Davidson, A		21.10.18
S/21968	Cpl	Davidson, A, M.M.	5 Bn	2.12.19
S/13635	CSM	Davie, CLB	7 Bn	24. 6.16
S/15696	Pte	Deas, J	1 Bn	21. 6.16
7556	Pte	Docherty, T	2 Bn	5. 8.15
S/9966	Sjt	Dougan, D, M.M.	5 Bn	2.12.19
6685	A/Sjt	Douglas, AG	2 Bn	5. 8.15
S/15245	LCpl	Drysdale, J		14.11.16
S/13403	LCpl	Dunlop, G		14.11.16
7920	Sjt	Ernst, HC		26. 9.16
S/16045	Pte	Farquharson, A		14.11.16
S/43012	Pte(A/LCpl)	Findlay, G	1 Bn	2.12.19
S/21534	Pte(LCpl)	Flannigan, T		21.10.18
5074	Sjt	Fleming, P		18. 6.17
5683	Pte	Flint, ES		14.11.16
7638	CSM	Ford, J	1 Bn	3. 9.19
200031	CSM	Fraser, DP		3. 9.18
S/21422	Cpl	Friel, J, M.M.		3. 9.18
S/18846	Pte	Galt, D		9. 7.17
8774	LCpl	Garden, G	2 Bn	6. 9.15
2441	Pte	Gardiner, J	1/4 Bn	5. 8.15
12853	A/Sjt	Gilchrist, JJA	1 Bn(later 2 Lt 2Bn Gordons)	11. 3.16
S/40134	Pte(LCpl)	Grant, P	1 Bn	2.12.19
6539	Pte	Gray, J	Ger	3.10.18
S/27749	Pte	Guinea, TW	1 Bn	2.12.19
2506	LCpl	Hart, D	1 Bn	30. 6.15
7671	Piper	Henderson, A	1 Bn	30. 6.15
1831	Pte	Henderson, D	1/4 Bn	11. 3.16
8480	Sjt	Henderson, J, M.M.	1 Bn	10. 1.20
3/5764	Pte	Heron, T	1 Bn	5. 8.15
S/10160	Sjt	Hilton, G	5 Bn	3. 9.19
S/10699	A/Cpl	Hutchison, J	1 Bn	3. 6.15
8280	Cpl	Hyslop, G		26. 1.18
S/12274	Sjt	James, DG		21.10.18
S/16802	Sjt	Jamieson, J		13. 2.17
S/18273	Pte(LCpl)	Jeans, PH	6 Bn	3. 9.19
9054	Sjt	Johnson, J, M.M.		21.10.18

THE QUEEN'S OWN (CAMERON HIGHLANDERS)

Number	Rank	Name	Bn	Date
5593	CSM	Johnston, T		4. 3.18
8246	Sjt	Kearney, E	2 Bn	5. 8.15
7929	Pte	Lamb, JH	3 Bn(form 1 Bn)	11. 3.16
13537	LSjt	Lamb, WC	7 Bn	11. 3.16
7033	A/Cpl	Lidell, W	2 Bn	30. 6.15
S/15857	Sjt	Little, J		13. 2.17
7471	Pte	Little, J	1 Bn	30. 6.15
S/21641	Pte	Logan, W		14.11.16
7826	Sjt(A/CSM)	Macaskill, N		18. 2.18
3/5456	LCpl	MacAulay, D	3 Bn(Attd 1 Bn)	21. 6.16
133	Cpl	Macbean, J	1/4 Bn	11. 3.16
3/5314	Pte	MacDonald, J	5 Bn	16.11.15
4822	CSM	MacFarlane, W	5 Bn	3. 9.19
9740	LCpl	Mackenzie, JD	2 Bn	30. 6.15
7081	Sjt	Mackintosh, D	2 Bn	11. 3.16
S/18557	Cpl	McArthur, J	1 Bn	2.12.19
4314	CSM	McCallum, G	2 Bn	30. 6.15
15993	Cpl(A/Sjt)	McCallum, J		14.11.16
9479	Pte	McCrae, R	1 Bn	3. 6.15
755	LCpl	McDonell, J	1/4 Bn	16.11.15
S/14241	A/CSM	McGill, JD		18. 6.17
S/12903	LCpl	McInally, C		30.10.18
S/25807	LCpl	McIntyre, J		3. 9.18
S/12471	Cpl	McIver, M		22. 9.16
S/12471	Sjt	McIver, M, D.C.M.	Bar	26. 7.17
S/25479	Pte(LCpl)	McKenzie, D		28. 3.18
6961	Pte	McKenzie, J	1 Bn	1. 4.15
S/16646	Pte	McKerlie, R	5 Bn	2.12.19
S/17863	Cpl	McKie, G		21.10.18
10716	RSM †	McKinnon, A, D.C.M. Depot(form 5 Bn) Bar		11. 3.16
3976	CSM	McLachlan, P (Attd R Scots)		13. 2.17
S/10957	Sjt	McLean, A	5 Bn	2.12.19
225729	Cpl	Milne, R		21.10.18
S/40685	Sjt	Mitchell, W		17. 4.18
S/13428	Sjt	Montgomery, J		14.11.16
S/17880	Cpl	Morris, JE		3. 9.18
7058	Sjt	Morrison, N	5 Bn	11. 3.16
7587	Pte	Morrison, W	3 Bn(form 2 Bn)	11. 3.16
200175	Cpl(LSjt)	Munro, A		30.10.18
S/14256	LCpl	Murray, A	5 Bn	11. 3.20
8506	Pte	Nelson, J	2 Bn	30. 6.15
2150	Pte	Nightingale, CJ	1/4 Bn	11. 3.16
4629	CSM	Pollock, DN	1 Bn	21. 6.16
7159	LSjt	Porter, I		3. 9.18
6847	A/Cpl	Reid, J	1 Bn	30. 6.15
7540	Cpl	Renton, TS		3. 9.18
S/11839	A/Sjt	Robertson, WJ		22. 9.16
7176	Sjt	Robinson, J	3 Bn (form 1 Bn)	21. 6.16
7020	Sjt	Ross, J		3. 9.18
7276	LCpl	Rumfitt, WF	2 Bn	30. 6.15
S/14820	Sjt	Sadler, W, M.M.		30.10.18
S/17128	Piper	Scobie, J, M.M.	1 Bn	10. 1.20
6025	SM	Scotland, PN	6 Bn	11. 3.16
S/12647	SM	Scott, AK	7 Bn	21. 6.16
7586	CSM(A/RSM)	Shiels, J, M.C., M.M.		3. 9.18
3/5989	Cpl	Sime, AD		20.10.16
3/5989	Sjt	Sime, AD, D.C.M.	Bar	28. 3.18
9747	Pte	Smith, W, M.M.	1 Bn	10. 1.20
8093	CSM	Smith, W	1 Bn	10. 1.20
9417	Sjt	Sowter, WD	1 Bn	16.11.15
7304	CSM	Templeton, W		26. 1.17
6787	Pte	Timbury, H	1 Bn	22. 1.16
3871	RSM	Vass, W	6 Bn	11. 3.20
8447	Pte	Wallace, D	2 Bn	11. 3.16
203468	Pte	Webster, R		30.10.18
6690	St.Sjt	Wells, PG	2 Bn (I.U.L.) M	9.10.15
9107	Cpl	West, AM		19. 8.16
S/40563	Cpl(A/Sjt)	Wilson, R	6 Bn	11. 3.20
13840	LSjt	Winning, H	Depot(form 7 Bn)	11. 3.16
9708	Sjt(A/CSM)	Yates, T		3. 9.18

132 D.C.M.'s   3 Bars

† D.C.M. L/G 1901

THE ROYAL IRISH RIFLES

Number	Rank	Name	Bn	Date
8/12519	Pte(A/LCpl)	Armour, JA		25. 8.17
9661	CSM	Baines, J		3. 9.18
11878	Cpl(LSjt)	Bamford, R	15 Bn	11. 3.20
6433	Sjt	Bannon, J 4 Bn(1/4 KAR) EA		11. 3.20
13/26	CSM	Barr, R		9. 7.17
20/198	Pte	Barr, WJ		3.10.18
6876	A/Cpl	Beckett, W		26. 7.17
18/643	Cpl	Bell, H	15 Bn	2.12.19
4951	Sjt	Bellis, GH		26. 1.18
40252	Pte	Blake, T		6. 2.18
47277	Rfm	Bow, D	1 Bn	2.12.19
9348	Pte	Bowers, A	1 Bn	5. 8.15
9022	LCpl	Bradshaw, R	1 Bn	3. 6.15
9249	LCpl	Cairns, H	1 Bn	30. 6.15
7436	Pte	Campbell, WJ	1 Bn	5. 8.15
7436	Pte	Campbell, WJA, D.C.M. 2 Bn Bar		15. 3.16
7752	LCpl	Carthy, M	2 Bn	15. 3.16
47469	Pte	Carton, J		4. 3.18
47168	Cpl	Chambers, J	1 Bn	11. 3.20
8519	CSM	Clarke, W		21.10.18
5390	Pte	Coey, J		20.10.16
9397	Cpl(A/Sjt)	Conlon, P		16. 8.17
8497	Pte	Copeland, A	1 Bn	30. 6.15
6427	Sjt	Coyle, J	1 Bn	30. 6.15
17505	Sjt	Croft, J (Attd TMB)		17. 4.18
2329	Sjt	Cromie, J		11. 3.20
12/18926	RQMS	Cummins, S		3. 9.18
12/17519	Sjt	Cunningham, J		14.11.16
19/208	LCpl	Curry, W	16 Bn	11. 3.20
7759	Pte	Curtin, J		16. 8.17
8223	LCpl	Darcy, M	1 Bn	30. 6.15
15/12741	Sjt	Davidson, W	12 Bn	11. 3.20
5228	Pte	Day, J		26. 1.18
17565	Sjt	Deane, J		25. 8.17
1/8959	Rfm	Deeds, T		3. 9.18
8998	Sjt	Devine, P		26. 1.18
15/11922	Pte	Dillon, J		1. 5.18
20/156	Sjt	Doherty, JA		3. 9.18
8383	LCpl	Donnelly, J	1 Bn	3. 6.15
5420	CSM	Driscoll, J	1 Bn	11. 3.16
9/3772	Pte	Duke, W		22. 9.16
43162	Sjt	Eaton, J, M.M.	12 Bn	2.12.19
8043	CSM	Farrell, CJ	12 Bn *	30. 1.20
9/14580	A/Cpl	Fleming, T		26. 9.16
3835	CSM	Fowles, S	1 Bn	11. 3.16
15/1044	Cpl	Getgood, S	15 Bn *	30. 1.20
19/797	Rfm	Gibson, J	12 Bn	26. 5.19
41145	Rfm	Gillman, WC, M.M.	2 Bn	3. 9.19
14/2741	Pte	Gilmore, JP (Attd MGC)		3. 9.18
2741	Rfm	Gilmore, JP, D.C.M.	Bar	30.10.18
15/11938	Pte(LSjt)	Graham, R		1. 5.18
8185	Sjt	Greene, J		6. 2.18
8207	Rfm	Gudgeon, W	2 Bn	2.12.19
12/17822	Sjt	Hamilton, J		21.10.18
19551	Sjt	Harbinson, J, M.M.	12 Bn	2.12.19
15/16546	CSM	Harrison, S, M.M.	15 Bn	2.12.19
16549	LCpl	Herdman, R	1 Bn	5.12.18
1226	Sjt	Higgins, H, M.M.	2 Bn	16. 1.19

THE ROYAL IRISH RIFLES

Number	Rank	Name	Bn	Date
15/12884	Pte	Higgins, T		6. 2.18
12/17889	Sjt	Holmes, AE		17. 4.18
8982	Pte	Hunter, W	1 Bn	3. 6.15
12/17939	Sjt	Jackson, R, M.M.	12 Bn *	30. 1.20
8666	Pte	Johnston, J	2 Bn	1. 4.15
1516	Pte	Johnstone, R	1 Bn	5. 8.15
42815	Pte	Jones, WJ		4. 3.18
6/11209	A/Sjt	Kearney, J		1. 5.18
11/19573	Sjt	Kelly, A		26. 9.16
18037	Pte	Kirkpatrick, J		22. 9.16
12/18039	Cpl	Kirkwood, N		6. 2.18
7/4163	Sjt	Langeard, CI		13. 2.17
9646	Sjt	Lawrence, VJF		6. 2.18
11/18073	Sjt	Leach, A		22. 9.16
4145	CSM	Le Breton, JD		25. 8.17
9550	LCpl	Lees, WR	1 Bn	21. 6.16
5707	A/CQMS	Leverett, J		26. 1.18
8/1139	Sjt	Lowry, S		22. 9.16
8447	CSM	Lunn, T		21.12.16
18393	CSM	Mackey, JJ	1 Bn	2.12.19
9577	CSM	Magee, J		9. 7.17
5994	Sjt	Magill, T	2 Bn	11. 3.20
15/11856	CSM	Magookin, WD	15 Bn	22. 1.16
15490	CSM	Mathers, J		21.10.18
5/5266	Cpl(A/L/Sjt)	Maxwell, D		16. 8.17
19613	Sjt	McBurney, T	12 Bn	16. 1.19
47356	Rfm	McCabe, P	2 Bn	2.12.19
13222	Rfm	McCarrol, E	15 Bn	2.12.19
8729	LCpl	McCoughey, C	1 Bn (Attd LTMB)	11. 3.20
8985	CSM	McCrea, S		25. 8.17
15244	Sjt	McCullough, R	2 Bn	16. 1.19
7028	CQMS	McDonald, ?		3. 3.17
14/15416	Cpl	McIlveen, W		25. 8.17
14/15416	A/CSM	McIlveen, W, D.C.M.	Bar	3. 9.18
8/13123	Sjt	McMillan, J		22. 9.16
1810	Cpl	McPeake, H	12 Bn	11. 3.20
16/141	Rfm	McQuiston, T	16 Bn	11. 3.20
8722	LCpl	McTeague, TP		26. 1.18
15/12052	Pte	McWhirter, J, M.M.		1. 5.18
8/13276	Pte	Millar, J		22. 9.16
10064	RSM	Millar, D		21.10.18
10064	RSM	Miller, D, D.C.M.	2 Bn Bar	16. 1.19
15/11727	Sjt(A/CSM)	Milligan, T		3. 9.18
4744	SM	Mulholland, P		26. 7.17
5829	Pte	Murphy, S	1 Bn	21. 6.16
7750	CSM	Murray, J	1 Bn	3. 9.19
13/18550	Sjt	Neely, HW		14.11.16
7374	CSM	Nicholson, J		17. 4.18
9558	Pte	O'Connor, J	2 Bn	17.12.14
7511	Sjt	O'Lone, W	2 Bn	1. 4.15
7861	Pte	O'Reilly, P (Attd LTMB)		13. 2.17
7284	LCpl	Osbaldeston, A	1 Bn	1. 4.15
10/15726	Sjt	Patterson, J, M.M.		1. 5.18
13391	CSM	Pikeman, J, M.M.	12 Bn	2.12.19
45846	Rfm	Pitt, CG	12 Bn	16. 1.19
15/44407	Rfm	Platt, R	15 Bn	2.12.19
5099	A/Sjt	Poole, WS		26. 1.18
8556	Sjt	Quee, HF	2 Bn	16. 1.19
6346	Sjt	Rees, H	1 Bn	30. 6.15
40839	LCpl	Robinson, WJ		26. 1.18
13570	Cpl	Scott, T	15 Bn (Attd 107 LTMB)	3. 9.19
6055	Pte	Shearer, W	2 Bn	1. 4.15
7095	CSM	Simmer, WH	1 Bn	5. 8.15
18/1328	Pte	Smyth, R		6. 2.18
8551	CQMS	Somers, RG		3. 9.18
15/11748	Sjt	Stead, T		26. 7.17
7323	CSM	Stovin, CE		13. 2.17
16/761	CSM	Taggart, CB		21.10.18
44037	LCpl	Tait, AR	2 Bn	2.12.19
8380	Sjt	Taylor, WH	2 Bn	11. 3.16
8965	CSM	Thompson, R		6. 2.18
10/16017	Pte	Thompson, R		26. 9.16
7174	Pte	Trueman, T Spec Res (Attd 2 Bn)		15. 3.16
9/13761	Sjt	Verner, JA	9 Bn	21. 6.16
15/12170	LCpl	Walker, CH, M.M.	15 Bn *	30. 1.20
10485	Pte	Wilson, R	2 Bn	15. 3.16
12/3110	LCpl	Wilson, RC		26. 4.17
6436	LCpl	Wright, JA		26. 1.18
40615	Pte(LCpl)	Yardley, W, M.M.	1 Bn	2.12.19
13905	LCpl	Yeates, W, M.M.	15 Bn (Attd LTMB)	10. 1.20

134 D.C.M.'s   4 Bars

PRINCESS VICTORIA'S (ROYAL IRISH FUSILIERS)

Number	Rank	Name	Bn	Date
8084	Pte	Adams, H		11.12.16
41695	LCpl	Armstrong, R	9 Bn	2.12.19
9828	Pte	Bagot, W	1 Bn	5. 8.15
14040	Sjt	Barton, H		17. 4.18
10580	Pte	Barton, L	1 Bn	11.11.14
15699	CSM	Bolton, T		26. 1.17
9400	Sjt(A/CQMS)	Borley, FW	1 Bn	30. 6.15
10601	Pte	Brady, E		9. 7.17
7351	Sjt	Brannigan, A	1 Bn	11. 3.16
42060	Cpl †	Burns, RB	2 Bn (Attd Hamps Rgt)	21. 1.20
8183	Pte	Burns, W	2 Bn	11. 3.16
24423	LCpl	Cahill, J	1 Bn	11. 3.20
1126	Pte	Carroll, E		3. 3.17
17545	Sjt	Carvell, S		6. 2.18
8248	CSM	Cathcart, JS	1 Bn	11. 3.16
10777	Sjt	Corish, P		21.10.18
13210	A/CSM	Craig, S		13. 2.17
9444	Sjt	Donaldson, JJ		1. 5.18
12169	Sjt	Donohoe, J	6 Bn G	11. 3.16
10384	Sjt	Downey, J	1 Bn	30.10.18
17237	Pte	Evans, LC	2 Bn	6. 9.15
8001	Cpl	Farrell, J	1 Bn	29.11.15
9517	Pte	Fox, JJ	2 Bn	11. 3.16
5/12269	Cpl	Gibney, R	5 Bn	21. 6.16
6407	CSM	Glover, S	2 Bn	3. 6.15
6173	Sjt	Gorry, J		28. 3.18
41572	Pte(A/LCpl)	Gracey, J	9 Bn	5.12.18
11216	LCpl	Gregg, W	9 Bn	10. 1.20
8907	CSM	Griffin, A		6. 2.18
8588	Sjt	Hale, C	2 Bn P	11. 3.20
11760	LSjt	Halloran, D	5 Bn	11. 3.20
5330	RSM	Hamilton, H	1 Bn	14. 4.20
16814	Sjt	Holton, J		17. 4.18
45807	Sjt	Homersham, F, M.M.	9 Bn	2.12.19
4517	Sjt	Hughes, J, M.M.		3. 9.18
8740	Sjt	Jones, C		3. 9.18
560	Sjt	Jones, CD	1 Bn	11.11.14
5/22365	LSjt	Jones, G	5 Bn	16. 1.19
8977	Pte	Kearney, W		1. 5.18
9766	LCpl	Keenan, R		30. 6.15
15641	Pte	Kipps, C	6 Bn G	11. 3.16
8809	Pte	Kirkham, J	1 Bn	11. 3.16
20817	Cpl	Lawrence, C		14.11.16
6374	Pte	Leddy, B	1 Bn	11.11.14
3130	Pte	Ledwidge, JJ	1 Bn	11. 3.16
9820	Sjt	Lennon, J		18. 7.17
6114	Pte	Liggett, J	1 Bn	15. 3.16

PRINCESS VICTORIA'S (ROYAL IRISH FUSILIERS)

Number	Rank	Name	Bn	Date
41148	ASjt	Lockhart, J	9 Bn	3. 9.19
14414	CSM	Lucas, R, M.M.		3. 9.18
23566	Sjt	McBride, RJ		3.10.18
21979	Sjt	McCauley, PJ	8 Bn	24. 6.16
14556	A/CSM	McClean, WJ		15.11.18
8664	LCpl	McCormick, P	2 Bn	30. 6.15
8625	LSjt	McCreedy, J		15.11.18
14555	Sjt	McCullough, J, M.M.	9 Bn	3. 9.19
10853	Sjt	McGaley, P	1 Bn	11. 3.20
333	Pte	McKenna, J	1 Bn	11.11.14
6333	Pte ‡	McKenna, J, D.C.M. 1 Bn Bar		30. 6.15
5631	Cpl	Mervyn, M	2 Bn	11. 3.16
20071	Sjt	Murphy, JJ		22. 9.16
14577	Sjt	Neill, W		21.10.18
8333	CSM	Neville, R		18. 7.17
15207	Sjt(A/CSM)	O'Neill, PJ		13. 2.17
43351	Sjt	Pameter, WR		28. 3.18
10703	Cpl	Roabuck, A		22. 9.16
14642	CQMS	Robinson, J		28. 3.18
5/12397	Pte	Robinson, S		3. 9.18
9776	Sjt(A/CSM)	Robson, A	2 Bn	3. 6.15
41147	Cpl	Roe, H		28. 3.18
5741	CSM	Scrafield, EB	1 Bn	1. 4.15
18240	CQMS	Selby, H	9 Bn	10. 1.20
14689	Pte	Simons, W	9 Bn	11. 3.20
17392	Pte	Smith, J		28. 3.18
18787	ASjt	Timmins, IS		13. 2.17
14746	CSM	Vennard, T		28. 3.18
8779	Sjt(CSM)	Ward, L	2 Bn	3. 6.15
10012	Pte	Wilson, G	1 Bn	5. 8.15
14850	Sjt	Young, H		25. 8.17

77 D.C.M.'s   1 Bar

‡ Bar not stated in L/G
† Alexandrova 19/8/19

THE CONNAUGHT RANGERS

Number	Rank	Name	Bn	Date
5940	Sjt	Brown, C	1 Bn	1. 4.15
1/6286	CQMS(A/CSM)	Burnside, A		29. 8.17
6/4093	CSM	Byrne, JW		26. 4.17
8348	Pte	Cassidy, P		20.10.16
9054	Sjt	Coldwell, H	1 Bn	1. 4.15
1519	Cpl	Coleman, P		16. 8.17
3/5332	Pte	Collins, P		17. 4.17
1/9543	A/LCpl	Connor, T		29. 8.17
4/3862	Pte	Conroy, P (Attd LTMB)		6. 2.18
4348	Sjt	Cox, JT		13. 2.17
4/5225	LCpl	Croskery, J		20.10.16
9582	Pte	Crutchlow, WH	1 Bn	24. 6.16
8097	CSM	Cullerton, J	5 Bn (Depot)	2.12.19
10080	Pte	D'Arcy, J (Depot) P		11. 3.20
3568	LCpl	Donagh, PA	6 Bn	15. 3.16
2126	Pte	Duffy, PF	6 Bn	15. 3.16
4867	Sjt	Durrant, EM		3. 6.15
9679	LCpl	Fagan, J		20.10.16
7910	Sjt	Finegan, TP	1 Bn	11. 3.16
6434	QMS	Finucane, PJ		20.10.16
9738	Pte	Flynn, T	3 Bn (form 1 Bn)	11. 3.16
3/5582	Pte	Folan, J	3 Bn	21. 6.16
6/3673	Pte	Gaffney, J	6 Bn	24. 6.16
5/83	Pte	Geehan, J	5 Bn G	11. 3.16
6348	CSM	Hammill, T		20.10.16
7689	Cpl	Handy, J		3. 6.15
361	Pte	Hickey, M		1. 5.18
4/4738	Pte	Howley, P	4 Bn (Attd 1 Bn)	24. 6.16
5/3010	SM †	Hudson, J, D.C.M.	5 Bn Bar G	11. 3.16
10530	LCpl	Ivens, C	2 Bn	17.12.14
9188	Sjt	Kelly, T	1 Bn	1. 4.15
10164	Pte	Kennedy, W	1 Bn	1. 4.15
10441	LSjt	Kenny, TR	2 Bn	1. 4.15
10537	LCpl	Lehane, C	1 Bn	30. 3.16
6/2847	Pte	Lynch, D	6 Bn (Attd 8 Bn R Dub Fus)	24. 6.16
9275	LCpl	McDermott, E (Attd Lahore Sig Co)		5. 8.15
6970	Bandsman	McGarry, P	1 Bn	24. 6.16
4243	Cpl	McGloughlin, T		18. 6.17
6532	Pte	McGovern, J	1 Bn	1. 4.15
8086	Pte	Molloy, T	2 Bn	16. 1.15
7774	CSM	Monaghan, M	2 Bn	16. 1.15
8514	Pte	Monahan, W	1 Bn	24. 6.16
9769	Sjt	Morritt, PV		1. 5.18
9181	Pte	Murray, M	1 Bn	1. 4.15
7195	Cpl	O'Brien, C	1 Bn	30. 3.16
5/642	Sjt	O'Connell, J	5 Bn G	11. 3.16
4324	Pte	O'Connor, P		3. 6.15
7446	Sjt	O'Rourke, W		21.10.18
10262	Pte	Patterson, A	1 Bn	15. 4.16
3/6298	Pte	Reilly, P	6 Bn	24. 6.16
4/5549	Pte	Roach, J		29. 8.17
9339	Pte	Rochford, J	1 Bn E	3. 9.19
9339	Pte	Rochford, J, D.C.M.	1 Bn Bar E	25. 2.20
3640	CSM	Stanton, J		13. 2.17
3539	Pte	Sweeney, M	3 Bn (Attd 2 Bn)	16. 1.15
3/5089	Pte	Tobin, J		20.10.16
7441	CSM	Whelan, JP	1 Bn	15. 4.16
9783	Pte(A/Sjt)	White, EE	1 Bn E	25. 2.20
8006	Pte	White, K		28. 3.18
8237	Cpl	White, M		25.11.16
8909	Pte	Wilson, F		4. 3.18
6679	Cpl(L/Sjt)	Wilson, J	1 Bn E	25. 2.20

60 D.C.M.'s   2 Bars

† D.C.M. L/G 1902

PRINCESS LOUISE'S (ARGYLL AND SUTHERLAND HIGHLANDERS)

Number	Rank	Name	Bn	Date
S/11362	Sjt	Adam, GD	4 Bn (Attd 2 Bn)	3. 9.19
S/4627	Sjt-Piper	Aitken, T		26. 1.17
325027	CQMS	Allan, J		3. 9.18
S/11204	Pte	Allison, R	4 Bn (Attd 2 Bn)	10. 1.20
S/9875	Sjt	Anderson, GO		13. 2.17
S/13364	Pte	Auld, WJ		26. 7.17
3191	Pte	Baker, R	1/8 Bn	31. 5.16
S/4763	Sjt	Balloch, A	11 Bn	27. 7.16
202746	Pte	Barber, R		1. 5.18
200205	Sjt	Barr, D		30.10.18
8363	CSM	Bell, G		15.11.18
326	A/CSM	Bell, H		10. 1.17

PRINCESS LOUISE'S (ARGYLL AND SUTHERLAND HIGHLANDERS)

Number	Rank	Name	Bn	Date
2036	Drummer	Bell, W	1/9 Bn	11. 3.16
4865	SM	Bertram, R	11 Bn	21. 6.16
276041	Cpl	Binnie, W		6. 2.18
275883	Cpl	Black, A		3. 9.18
44	Sjt	Boyd, W	1/6 Bn	21. 6.16
200031	Sjt	Breckenridge, H	1/5 Bn	3. 9.18
S/9526	Cpl	Brown, J	3 Bn (Attd 2 Bn)	2.12.19
S/1430	CSM	Brown, J		16. 8.17
2471	Pte	Brown, W	1/9 Bn	21. 6.16
179	CSM	Cameron, F	7 Bn	5. 8.15
S/6377	Pte	Cameron, W		3. 9.18
S/15520	Pte	Campbell, C	7 Bn	14. 4.20
275040	Pte	Campbell, W		1. 5.18
S/13341	Pte	Cant, C		3. 9.18
1211	Pte	Carmichael, M, M.M.	2 Bn	16. 1.19
S/11167	Sjt	Chappell, JR		21.12.16
S/4131	Pte	Clarkson, C		11.12.16
755	Sjt	Cockburn, P		10. 1.17
275034(form 755)	A/CSM	Cockburn, P, D.C.M. Bar		18. 7.17
4/8376	Pte	Corbett, J		18. 7.17
9437	Bandsman	Counter, J	1 Bn	30. 6.15
2322	A/L/Sjt	Coutts, WL	9 Bn	11. 3.16
7423	Cpl	Cowan, J	2 Bn	30. 6.15
1489	Pte	Coyne, J	9 Bn	30. 6.15
10844	CSM	Craig, T		22. 9.16
275201	Sjt	Cunningham, TBM		6. 2.18
1153	Sjt †	Dean, P	2 Bn	11. 3.16
6975	CSM	Dick, W		18. 2.18
8387	Pte	Docherty, J	10 Bn	11. 3.16
275100	CSM	Dodds, J, M.M.	1/7 Bn	2.12.19
201434	CSM	Drummond, JS	1/5 Bn	11. 3.20
2112	Pte	Erskine, D		26. 7.17
S/3573	Sjt	Esdon, DS	11 Bn	29.11.15
300597	Cpl	Ferguson, A		3. 9.18
S/7515	Cpl	Ferguson, J		14.11.16
9782	A/CSM	Ferguson, R, M.M.	4 Bn (Attd 2 Bn)	2.12.19
567	CSM	Fernie, J		21.10.18
8948	Sjt	Flett, J		17. 4.18
S/2026	Cpl	Flockhart, CG	10 Bn	3. 9.19
2091	Pte	Flynn, J	1/6 Bn	16. 5.16
S/3855	Sjt	Flynn, WS		6. 2.18
437	Sjt	Fraser, C		22. 9.16
278859	Cpl	Friel, H		3. 9.18
275016	CSM	Galt, G		18. 7.17
1433	Pte	Garrity, T	9 Bn	15. 9.15
S/14411	Cpl	Geekie, DG		30.10.18
819	Cpl	Gibson, RM	2 Bn	22. 1.16
9262	CSM(A/RSM)	Gilchrist, D		21.10.18
350580	A/Sjt	Gillies, L		3. 9.18
1946	A/Cpl	Graham, D	1/8 Bn	11. 3.16
S/3670	L/Cpl	Grant, A		18. 7.17
S/4166	Sjt	Gray, J	1/8 Bn	5.12.18
3208	A/Sjt	Greenwood, T	9 Bn	11. 3.16
S/1563	Sjt	Haywood, C		18. 2.18
275723	Cpl	Hendry, J, M.M.		3. 9.18
S/14869	Pte	Hoggarth, I		30.10.18
S/6512	L/Cpl	Hunter, C		14.11.16
S/22469	Pte	Jackson, J		3. 9.18
300070	Cpl	Kennedy, A		3. 9.18
4067	Pte	Kerr, TD	1 Bn	11. 3.16
611	Cpl	Kerrigan, W	1/5 Bn G	11. 3.16
7844	Sjt	Kiddie, A	2 Bn	11. 3.16
303279	Cpl(A/Sjt)	Kinsella, H, M.M.		3. 9.18
275277	Sjt	Kirkland, R, M.M.		3. 9.18
6511	Pte	Lambie, J	1 Bn	30. 6.15
300618	Cpl(A/LSjt)	Lamont, J		4. 3.18
S/14335	Sjt	Leitch, N		6. 2.18
S/9640	Pte	Lockhart, A	14 Bn	11. 3.20
300212	Sjt	Logan, N		3. 9.18
275270	Cpl	Low, H	1/7 Bn	3. 9.19
556	LCpl	Lynch, H	1 Bn	11. 3.16
300494	CSM	McAlister, N	2/8 Bn (Attd 2 Bn)	16.1.19
1342	A/Sjt	McArthur, M		26. 9.16
S/16029	Pte	Macaulay, A		6. 2.18
1140	Sjt	McCafferty, H		26. 7.17
280	Sjt	McCallum, A	1/8 Bn	27. 7.16
S/5892	Pte	McChord, C	12 Bn	29.11.15
1176	Cpl	McCombie, J	1 Bn (I.U.L.) M	22. 1.16
4/6715	Pte	McDermott, W		13. 2.17
300362	Sjt	McDonald, E		6. 2.18
300032	CSM	McDonald, J		17. 4.18
9652	Pte	McEachrane, W	12 Bn S	11. 3.20
9289	Pte	McFadden, J	3 Bn (form 10 Bn)	11. 3.16
300813	Pte	McFarland, T		30.10.18
200236	Sjt	McGhee, W		1. 5.18
303335	Pte	Macgregor, P	1/8 Bn	5.12.18
253999	LCpl	McIndeor, J	1/6 Bn	11. 3.20
1819	Cpl	McInnes, C		26. 4.17
604	LCpl	McIntosh, I		21.10.18
604	Pte	McIntosh, I, D.C.M.	10 Bn Bar	2.12.19
1162	Cpl	McIntosh, R	1/5 Bn	15. 3.16
868	A/CSM	Macintyre, DF		12. 3.17
2608	LCpl	McIntyre, J	9 Bn	5. 8.15
9357	Sjt	McIver, H	2 Bn	16. 1.19
S/8301	Pte	McKay, A	2 Bn	24. 6.16
S/6048	Pte	MacKay, M		14.11.16
S/15916	Sjt	MacKay, W	13 Bn (Attd 2 Bn)	10. 1.20
209	CSM	McKinnon, D		26. 4.17
S/13509	Pte	MacLachan, IA	1/5 Bn	11. 3.20
S/2108	Sjt	McLachlan, W		4. 3.18
1711	Pte	McLaren, H	7 Bn	5. 8.15
5/1852	CSM	McLauchlan, D		22. 9.16
33	Sjt	McLaughlin, A	1/5 Bn G	15. 9.15
S/1789	Sjt	McLean, D	11 Bn	21. 6.16
S/1499	Sjt	MacLennan, A		26. 7.17
5618	CSM	McMaster, A		3. 9.18
201587	CSM	MacMillan, H		1. 5.18
3/7688	Sjt	McMillan, J	11 Bn	11. 3.16
853	LSjt	McMurchy, J		10. 1.17
1120	Pte	McNab, J	2 Bn	16. 5.16
7174	ASjt	McPherson, W	2 Bn	5. 8.15
6199	CSM(A/RSM)	Markey, JH	12 Bn S	11. 3.20
S/16203	Cpl	Marshall, JC		1. 5.18
275033	Sjt	Marshall, W		18. 7.17
S/8039	Sjt	Matheson, R		10. 1.17
4/8858	Pte	Meechan, W		6. 2.18
330	CSM	Meehan, RE	1 Bn S	11. 3.20
S/4851	Sjt	Millar, J		21.12.16
9306	LSjt	Miller, A	2 Bn	31. 5.16
S/8860	B.Q.M.S.	Miller, G		21.10.18
S/17065	Pte	Milroy, J	13 Bn (Attd 2 Bn)	10. 1.20
905	Cpl	Minnery, J	2 Bn	30. 6.15
250991	Sjt	Muir, J	1/6 Bn	3. 9.19
3456	LCpl	Muir, WS	1/6 Bn	29.11.15
851	CSM	Nicholson, J		26. 7.17
3/7442	Pte	O'Neil, D	2 Bn	31. 5.16
S/9674	Sjt	Paterson, AG	1/8 Bn	11. 3.20
S/7981	CSM	Petrie, J		21.10.18
278878	Pte	Phillips, P	(Attd M.G.C.)	6. 2.18
5374	CSM(A/RSM)	Phimister, C	1 Bn S	11. 3.20
637	Sjt	Pollock, A		18. 7.17
S/19958	A/LCpl	Porter, H	14 Bn	5.12.18
3/7498	Cpl	Reid, J	10 Bn	11. 3.20
300246	Sjt	Reid, T		3. 9.18
7017	CSM	Robb, F	1 Bn	30. 5.15
S/8114	A/Sjt	Robertson, J		1. 5.18
S/14281	Cpl(LSjt)	Robertson, J		3. 9.18
9947	Sjt	Ross, RA	2 Bn	17.12.14
S/8695	CQMS	Russell, H		10. 1.17
5190	LCpl	Scott, G		26. 7.17
S/8470	Cpl	Scott, R		21.10.18
S/6446	Pte	Scott, W	11 Bn (Attd 2 Bn)	2.12.19
201690	LCpl	Scott, WC		26. 1.18
14589	Sjt	Seton, J		17. 4.18
2080	Cpl	Shanks, J	9 Bn	30. 6.15
2080	Sjt	Shanks, J, D.C.M.	Bar	10. 1.17
7786	Sjt	Shoolbread, C		26. 7.17
258	LSjt	Simpson, J	10 Bn	16. 5.16
251771	Sjt	Sinclair, A	1/6 Bn	10. 1.20
10574	LCpl	Sinclair, J	1 Bn	30. 6.15
277948	LCpl	Sinclair, MA	14 Bn	11. 3.20
301801	LCpl	Sinclair, N		3. 9.18
S/43130	LCpl	Sitch, V	2 Bn	16. 1.19
1954	Sjt	Sneddon, A	1/8 Bn	11. 3.16
7486	Sjt	Snowdon, R	2 Bn	21. 6.16
S/3425	Sjt	Stewart, R		26. 7.17
201302	Cpl(ASjt)	Stirling, J		1. 5.18

PRINCESS LOUISE'S (ARGYLL AND SUTHERLAND HIGHLANDERS)

S/7658	Pte	Tait, P		14.11.16	8804	Sjt	Waddell, A, M.M.		21.10.18
10056	LCpl	Tanner, WG	2 Bn	30. 6.15	275527	Col-Sjt	Waddell, A		17. 4.18
300381	CQMS	Taylor, FH	1/8 Bn	11. 3.20	276052	Sjt	Waddell, W	1/7 Bn	11. 3.20
275633	Sjt	Taylor, H		18. 7.17	275255	Sjt	Walker, J		18. 7.17
5/4386	Pte	Taylor, WG		18. 7.17	250551	Pte	Watson, A	1/6 Bn	11. 3.20
391	CSM	Thomson, D		4. 3.18	1086	Pte	Webster, D	2 Bn	22. 1.16
200319	Sjt	Thomson, D	1/5 Bn	11. 3.20	9716	Sjt	Wilson, A	1 Bn(Attd 2 Bn)	10. 1.20
5189	Sjt	Thomson, GM		21.12.16	10138	Cpl	Wilson, D		26. 1.17
9669	Pte	Thorburn, T	2 Bn	30. 6.15	609	LCpl	Wilson, J	1 Bn	11. 3.16
7139	LCpl	Tibbs, I	1 Bn	11. 3.16	200144	Pte	Wilson, J		26. 1.18
8232	Sjt(A/CSM)	Todd, H		26. 7.17	682	Sjt(Temp CSM)Wilson, W		9 Bn	11. 3.16
303356	Sjt	Travers, P, M.M.		3.10.18	S/14218	Cpl	Woodard, R		21.10.18
1850	Pte	Turnbull, J	9 Bn	30. 6.15	S/16671	Pte	Wotherspoon, AM	1/5 Bn	11. 3.20
9432	LSjt	Tyson, D		26. 7.17	10277	Sjt	Yearsley, J	1 Bn	30. 6.15

194 D.C.M.'s   3 Bars

† Bar in M.G.C.

THE PRINCE OF WALES'S LEINSTER REGIMENT (ROYAL CANADIANS)

8120	Sjt	Anderson, HH	6 Bn	G	11. 3.16	7071	LSjt	Leavey, T	2 Bn		11. 3.16
						8533	LCpl	Lee, A			14.11.16
6849	Sjt	Bailey, J	1 Bn		11. 3.16	10295	Pte	Leonard, T	2 Bn		11. 3.16
18335	Pte	Barry, P	2 Bn		5.12.18						
5396	Sjt	Bennett, J	2 Bn		16. 1.15	7622	LCpl	Maher, J	2 Bn		1. 4.15
2112	Pte	Bill, H			9. 7.17	7622	Sjt	Maher, J, D.C.M.	1 Bn	Bar	3. 6.15
4500	RQMS	Bond, J	2 Bn		3. 9.19	6219	CSM	Mahon, P			26. 1.18
1/8097	Cpl(LSjt)	Brennan, W	1 Bn	E	10. 1.20	6387	Sjt	Matthews, J	1 Bn		1. 4.15
1/9002	Cpl	Byard, W			21.10.18	7244	Sjt	McCarthy, J			17. 4.18
6945	Pte	Byrne, M, M.M.	2 Bn		5.12.18	2767	Sjt	McGowan, W			19. 8.16
1/9518	LCpl(A/Cpl)	Byrne, W			1. 5.18	4/4240	Pte(LCpl)	McGuire, M			26. 1.18
						2731	Sjt	McLaughlin, A			19. 8.16
3134	Pte	Carolan, J	6 Bn	G	11. 3.16	9432	Cpl	McNamara, M			13. 2.17
8715	Pte	Clifford, M	2 Bn		6. 1.15	8220	Pte	Moroney, J			16. 8.17
8782	Pte	Collins, J	1 Bn		3. 6.15	2768	Pte	Mulcahy, M			19. 8.16
9894	LCpl	Connolly, T	2 Bn		31. 5.16	5638	Pte	Mulvey, P	2 Bn		1. 4.15
8894	Pte	Cully, R	1 Bn		30. 6.15	3188	Sjt	Murphy, E			19. 8.16
						8828	Pte	Murphy, M	1 Bn		30. 6.15
2262	Sjt	Danagher, M			19. 8.16	1/9018	Cpl	Murray, M	1 Bn	E	25. 2.20
4/2887	Cpl	Delaney, J			26. 1.18						
						7989	CSM	O'Brien, J, M.M.	2 Bn		3. 9.19
3776	CSM	Fennell, J	2 Bn		5.12.18	3598	Sjt	O'Loughlin, J	1 Bn		11. 3.16
						5320	Pte	Organer, WC	2 Bn		5.12.18
5731	Sjt	Grant, J	1 Bn(Attd A.Cycl.Corps)			9633	LCpl	O'Sullivan, M	2 Bn		30. 6.15
					11. 3.16	8601	ACpl	Pavitt, JJ	1 Bn		30. 6.15
4812	Pte	Hanlon, C	1 Bn		3. 6.15	9291	Bandsman	Regan, GPW			30. 6.15
15162	Pte	Holden, JW	2 Bn		2.12.19	9174	Pte	Reilly, J	1 Bn		5. 8.15
8944	Pte	Hutchinson, J	2 Bn		11. 3.16						
						1/8788	Pte	Sims, J	1 Bn	E	10. 1.20
6/584	Pte(LCpl)	Jones, E			26. 1.18	7677	CSM	Smith, CH	2 Bn		1. 4.15
4962	Sjt	Kelly, M			14.11.16	7604	Sjt	Tector, W	1 Bn		30. 6.15
3998	Pte	Kelly, P	1 Bn		11. 3.16	1787	Sjt	Tierney, J	7 Bn		30. 3.16
4488	CSM †	Kerrigan, W	2 Bn		21. 6.16	6678	LCpl	Turnbull, W	2 Bn		11. 3.16
8277	A/CSM	Kershaw, CH	1 Bn		3. 6.15						
18311	Sjt	Killikelly, G	2 Bn		10. 1.20	9215	ACpl	Walker, GW	1 Bn		5. 8.15
8700	Sjt	Knight, F			25. 8.17	7368	ASjt	Wicks, H	1 Bn		30. 6.15
8763	RSM	Knight, H			3. 9.18	1/7410	CSM	Winter, R			18. 2.18

62 D.C.M.'s   1 Bar

† Bar with Middx. Rgt.

THE ROYAL MUNSTER FUSILIERS

3/5670	Col Sjt(CQMS)	Aldred, G	1 Bn		11. 3.20	9104	LCpl	Boxall, E	2 Bn		30. 6.15
5/6562	L/Sjt	Allcock, CS	2 Bn		27. 7.16	8044	Sjt	Brooks, J	2 Bn		30. 6.15
9/814	Sjt	Amos, A, M.M.			15.11.18	5736	CSM	Browne, J	2 Bn	*	30. 1.20
						8121	Cpl(A/Sjt)	Butler, M	2 Bn		11. 3.16
10142	Pte	Barry, C	2 Bn		30. 6.15						
5981	Sjt	Barry, W	1 Bn	G	6. 9.15	7661	SM	Callaghan, W	1 Bn		16. 5.16
2501	Pte	Bellamy, W	7 Bn	G	11. 3.16	5931	Sjt	Clancy, J	3 Bn		2.12.19
7164	LCpl	Belsey, WG	1 Bn		16. 5.16	10359	Pte	Collingwood, P			14.11.16

THE ROYAL MUNSTER FUSILIERS

177	Sjt	Connors, W	6 Bn		G	11. 3.16	5994	A/CSM	Lewis, J			14.11.16
3/7538	Sjt	Costigan, W				15.11.18	9483	Pte	Loftus, P	1 Bn	G	3. 7.15
9152	Sjt	Crane, J	2 Bn			30. 6.15						
8/4103	Sjt(A/CSM)	Cuddihy, R	1 Bn			11. 3.20	5959	Pte	Mahoney, W			14.11.16
4366	RSM	Cullinan, P	2 Bn		*	30 1.20	2464	A/CSM	Mason, R	7 Bn	G	11. 3.16
							7966	Cpl(A/Sjt)	McGee, J	2 Bn		11. 3.16
8028	Sjt	Dealtry, W				13. 2.17	250	CSM	Murphy, J	6 Bn	G	11. 3.16
8243	RQMS	Donovan, T	1 Bn			3. 9.19						
7799	Pte	Dunne, E				22. 9.16	9437	Pte(A/Cpl)	Noonan, J	2 Bn		11. 3.16
9946	Sjt	Eccles, F	2 Bn			30. 6.15	6190	A/Sjt	O'Brien, P	1 Bn		21. 6.16
							4/6403	Sjt	O'Callaghan, C	2 Bn(Spec Res)		27. 7.16
9563	Sjt	Fitzgerald, J				25. 8.17	9487	Sjt	O'Shea, J			25. 8.17
3855	Sjt	Foley, J	2 Bn			11. 3.16						
5911	Sjt	Foley, T	2 Bn			14. 4.20	3/7033	Sjt	Pauer, WL, M.M.	2 Bn		10. 1.20
18364	CSM	Furphy, A				3.10.18	7963	CSM	Potter, E			9. 7.17
7/1936	Pte	Gale, A				16. 8.17	6/26	Sjt	Ring, J			26. 7.17
8010	Sjt	Gannon, J	2 Bn			5. 8.15	5499	CSM(A/SM)	Ring, J	2 Bn		1. 4.15
9083	Cpl	Godfrey, F				20.10.16	2/5499	RSM	Ring, J, M.C., D.C.M.		Bar	3. 9.18
9083	Sjt	Godfrey, FA, D.C.M., M.M.					3/4958	Pte	Ring, P	2 Bn (Spec Res)		27. 7.16
		(late 1st Bn)		Bar		2.12.19	8512	Sjt	Ryan, P	1 Bn	G	6. 9.15
5130	Sjt	Healy, M	22. 9.16	&		25.11.16						
9/770	Pte	Higgs, W				13. 2.17	9430	Sjt	Scully, P	1 Bn	G	11. 3.16
8/4170	Sjt	Howley, T				13. 2.17	6356	A/CSM	Sheehan, J	1 Bn	G	6. 9.15
6/986	A/Sjt	Hyde, T	1. 5.18	&		5.12.18	18360	Pte	Stafford, J (form 23723 R. Dub. Fus)			3.10.18
2/7676	CQMS	Jacks, I				17. 4.18	2/8534	Sjt	Sullivan, J	2 Bn (Spec Res)		27. 7.16
6727	QMS	Jones, R				13. 2.17						
							5210	Pte	Tiller, G	1 Bn	G	16.11.15
8304	Pte	Kelly, J	1 Bn			11. 3.20	9/854	CSM	Tyner, J	9 Bn		27. 7.16
20385	Pte	Kent, JE	2 Bn			2.12.19	2168	Pte	Ward, B			21.10.18
							9/808	CQMS	Williams, P			17. 4.18
5603	LCpl	Leniham, PJ	2 Bn			30. 3.16	6424	CSM	Wynman, W	1 Bn		16. 5.16

64 D.C.M.'s   2 Bars

THE ROYAL DUBLIN FUSILIERS

28934	Pte	Ainger, AG	6 Bn			2.12.19	14153	A/SjtMjr	Guest, A	7 Bn	G	11. 3.16
9529	Sjt	Alexander, E				21.12.16	5039	CSM	Hall, RS	2 Bn		1. 4.15
27691	Sjt	Benson, RH, M.M.	1 Bn			2.12.19	18341	Cpl	Halloran, M	1 Bn		11. 3.20
4907	Sjt	Brophy, P				3. 3.17	14705	Sjt	Healy, R	8 Bn		24. 6.16
8901	CQMS	Byrne, L				26. 1.18	10374	Pte	Hurley, JF			13. 2.17
16105	Pte	Byrne, M				20.10.16						
10774	A/Sjt	Byrne, S	1 Bn		G	22. 1.16	10641	Pte	Jennings, T	1 Bn		16. 5.16
17988	Pte	Callaghan, E	2 Bn			15. 3.16	10592	Cpl	Kane, P			4. 3.18
16980	CSM	Carrick, J				20.10.16	8087	Pte	Kavanagh, R	2 Bn		3. 6.15
7574	Bandsman	Chittenden, B	2 Bn			17.12.14	11330	Pte	Kelly, C	2 Bn		11. 3.16
22813	LCpl	Conneys, P	2 Bn			10. 1.20	28182	Pte	Kelly, E			17. 4.18
8672	A/Sjt	Cooke, W	2 Bn			30. 6.15	10515	Sjt(A/RSM)	Knight, H	2 Bn (Attd Anson Bn)		3. 9.19
10256	Sjt	Cooney, C	1 Bn		G	6. 9.15						
14627	Sjt	Cowell, J				20.10.16	24078	Sjt	Knightley, AG	2 Bn		2.12.19
6847	Sjt	Cullen, L				6. 2.18						
10113	Pte	Cullen, T	1 Bn		G	5. 8.15	25439	Pte	Lamb, P	1 Bn		5.12.18
10159	Sjt	Cullen, T	1 Bn			3. 9.19	15729	Sjt	Lennon, M	8 Bn		24. 6.16
6603	CSM	Cummins, W	1 Bn			16. 5.16	29318	Pte	Lowe, W			21.10.18
6603	CSM	Cummings, W, D.C.M.	2Bn	Bar		2.12.19	7100	CSM	Maloney, J	2 Bn		11. 3.16
9508	Cpl	Curley, WP	2 Bn			11. 3.16	16540	Sjt(A/CSM)	Mangan, PJ			20.10.16
9364	Sjt	Delaney, P				6. 2.18	9809	A/CSM	McCann, C	1 Bn	G	22. 1.16
28923	Sjt	Dennis, JM	6 Bn			2.12.19	40313	Sjt	McManus, J, M.M.	1 Bn		2.12.19
10335	Sjt	Devoy, J	1 Bn		G	11. 3.16	10132	Cpl	McNamara, F	1 Bn	G	6. 9.15
14507	CSM	Doherty, J	8 Bn			24. 6.16	21379	Sjt	McPartlin, M, M.M.			30.10.18
10414	A/Cpl	Donfield, J				25. 8.17	10057	Pte	Moore, F			17. 4.18
24580	Pte	Dunne, D				3. 3.17	7094	Pte	Moran, J			21.10.18
9761	Pte	Dyke, CP	1 Bn			16. 5.16	5834	Pte	Mulligan, F			6. 2.18
							13190	A/RSM	Murphy, H			26. 1.18
							11371	Pte	Murray, F			3. 9. 18
6128	Sjt	Ferguson, S	1 Bn		G	3. 7.15						
17811	Pte	Ford, J	1 Bn		G	16.11.15	7594	CSM	Nolan, J			6. 2.18
4823	CSM	Fox, H	12 Bn		*	30. 1.20	20155	Sjt	O'Brien, D	6 Bn		2.12.19
							9581	LCpl	O'Brien, J			6. 2.18
10090	Sjt	Gaynor, FJ	2 Bn			10. 1.20	13886	CSM	O'Brien, JF			6. 2.18
16531	Cpl	Gibson, G, M.M.	1 Bn			2.12.19	8746	Sjt	O'Connor, J	6 Bn		21. 6.16
21233	Cpl	Gormley, T	1 Bn			5.12.18	18763	Sjt	O'Keefe, J	8 Bn		24. 6.16
27780	Sjt	Green, WCC	2 Bn			10. 1.20	10310	Sjt	O'Leary, J	1 Bn		11. 3.20
27780	Sjt	Green, WCC, D.C.M.	2 Bn	Bar		10. 1.20						
10544	CSM	Greenwood, LV	1 Bn			2.12.19	10617	Pte	Pearson, P			17. 4.18

9266	Sjt	Perrott, H	1 Bn		2.12.19	15828	Pte	Starkie, J	2 Bn		10. 1.20
15834	Sjt	Perry, F	2 Bn		10. 1.20	17748	Pte	Stead, TR	1 Bn	G	11. 3.16
15834	Sjt	Perry, F, D.C.M.	2 Bn	Bar	10. 1.20	9150	A/Cpl	Stokes, J			6. 2.18
9559	LSjt	Roache, J			20.10.16	14613	CSM	Tait, T			25. 8.17
14275	CSM	Robinson, H			25.11.16						
8669	Sjt	Ryan, E	2 Bn		11. 3.16	11167	Sjt	Waine, P			26. 1.18
						11167	Sjt	Waine, P, D.C.M.		Bar	6. 2.18
43052	A/Cpl	Shanahan, M			1. 5.18	24478	Cpl	Wall, CJ			6. 2.18
8222	Sjt	Smith, A			20.10.16	9121	Pte	Watts, M	1 Bn		11. 3.20

82 D.C.M.'s   4 Bars

THE RIFLE BRIGADE (THE PRINCE CONSORT'S OWN)

S/5240	Sjt	Allen, WH			16. 8.17	Z/1890	Sjt	Draper, H, D.C.M.		Bar	6. 2.18
4957	Sjt	Andrews, WG	3 Bn		17.12.14	S/3223	Sjt	Driscoll, W			26. 1.18
B/957	Sjt	Angel, TW			13. 2.17						
S/30420	LCpl	Anthony, F			28. 3.18	S/3972	LCpl	Egles, WP			21.10.18
2710	CSM	Apsey, W	4 Bn		5. 8.15	8078	A/Cpl	Ellingham, J	5 Bn (form 1 Bn)		11. 3 16
S/9844	Pte(A/Cpl)	Backshall, CA	3 Bn		30. 3.16	S/7972	Cpl(LSjt)	Ellington, M			15.11.15
S/4075	Sjt	Bailey, H			18. 7.17	RB/1869	Rfm	Elmes, AG			11.12.16
P/1624	LCpl	Baker, F			26. 1.18						
Z/2822	Sjt	Balchin, WA	13 Bn		10. 1.20	S/25927	Pte	Fare, F			26. 1.18
S/12825	LCpl	Ball, P	Depot		21.12.16	1280	A/Cpl	Felgate, E	4 Bn		30. 6.15
7293	CSM(A/SM)	Barker, AW			26. 7.17	2888	Pte	Forbes, WK	4 Bn		5. 8.15
S/14454	Pte	Barton, R			3.10.18	S/7535	Sjt	Ford, AW	Depot (form 1 Bn)		11. 3.16
S/19290	Sjt	Bastow, C			6. 2.18	S/6448	Pte(LCpl)	Foster, WJ, M.M.			21.10.18
918	Sjt	Baxter, W	(and KAR)		28. 3.18	6197	RSM	Furey, J			26. 1.18
7001	CSM	Bean, FW			6. 2.18						
B/3121	Pte	Beazley, JE	8 Bn		22. 1.16	S/6200	A/Cpl	Garner, H	12 Bn		21. 6.16
662	A/Sjt	Bellringer, AF	2 Bn		3. 6.15	S/5328	Sjt	Gerrard, H			14.11.16
S/511	Pte	Bench, ASV	10 Bn		22. 1.16	48213	Sjt	Gibson, JW			3. 9.18
9361	Sjt	Bennett, H	2 Bn		15. 3.16	7094	Sjt	Goodchild, W	1 Bn		3. 9.19
5967	CQMS	Bennett, JH	2 Bn		30. 6.15	S/2245	Sjt	Goodwin, WJ			17. 4.18
S/12836	Pte	Benton, H	2 Bn		24. 6.16	B/2437	LCpl	Green, E			28. 3.18
4406	Cpl	Berry, T			6. 2.18	1628	Cpl	Green, T	3 Bn		1. 4.15
6692	CSM	Birtwistle, F			18. 6.17	S/11400	Pte	Greenwood, F			18. 7.17
6692	CSM	Birtwistle, F, D.C.M.		Bar	26. 1.18	S/6522	Cpl(LSjt)	Gregg, W			6. 2.18
3272	CSM	Bishop, G	13 Bn		11. 3.20	S/9909	Pte	Gregory, E, M.M.			28. 3.18
52067	LCpl	Blake, WH	(posted Lond. Rgt.)		30.10.18	3167	Pte	Griffiths, R	4 Bn		30. 6.15
5822	Pte	Blazeby, PC			26. 1.18	Z/2815	Sjt	Halford, AH			3. 3.17
S/19220	Pte	Bone, TH, M.M.			1. 5.18	5093	Pte	Halls, JJ	1 Bn		5. 8.15
1839	Pte	Bradford, J	4 Bn		3. 6.15	S/7625	Pte	Hamilton, F	8 Bn		15. 9.15
P/798	Cpl	Brazier, C			26. 1.18	S/7382	Sjt	Hammond, H			21.10.18
4711	Sjt	Bristow, WJT	3 Bn		1. 4.15	7928	CSM	Hanley, R			17. 4.18
S/1487	CSM	Brooks, J	11 Bn		3. 9.19	52090	Pte	Hardy, A	(posted Lond. Rgt.)		30.10.18
3630	Pte	Brooks, JW	1 Bn		1. 4.15						
S/1680	CSM	Broughton, AE			28. 3.18	565	Pte	Harvey, F	3 Bn		11. 3.20
B/1858	A/Cpl	Brown, T	9 Bn		15. 9.15	193	Sjt	Harvey, GE	2 Bn		1. 4.15
2057	A/Cpl	Brown, W	3 Bn		11. 3.16	8005	CSM	Harwood, H	8 Bn		11. 3 16
S/28769	Pte	Bryant, W	1 Bn		10. 1.20	8005	CSM(A/RSM)	Harwood, H, D.C.M.		Bar	26. 1.18
B/2079	Sjt	Bunstead, F	9 Bn		15. 9.15	6/9859	LCpl	Hayes, H	(Spec Res)		16. 8.17
1458	A/Cpl	Butler, AC	3 Bn		30. 3.16	29	CQMS	Hedges, F	1 Bn		1. 4.15
						S/5713	Pte	Higgins, GJ	10 Bn		22. 1.16
S/8152	Pte	Carey, HA	1 Bn		16.11.15	B/681	Pte	Hill, H	9 Bn		16.11.16
7575	Sjt	Carroll, D			28. 3.18	B/1652	Pte	Hobday, W	8 Bn		11. 3.16
Z/2390	Pte	Caton, JJ	3 Bn		30. 3.16	B/1652	A/Cpl	Hobday, W, D.C.M.	8 Bn	Bar	15. 3.16
B/203252	Cpl(LSjt) †	Champion, N, D.C.M., M.M.	13 Bn	Bar	2.12.19	B/3194	Cpl	Hollingsworth, J			13. 2.17
S/8073	Cpl	Chitty, AJ			14.11.16	S/3129	Pte	Holmes, A	11 Bn		16.11.16
B/203535	Pte	Clayton, C			11.12.16	S/2024	Pte(A/Cpl)	Holt, F			25.11.16
1246	Pte	Coleman, W	6 Bn (form 4 Bn)		11. 3.16	B/431	Pte	Holton, AE	3 Bn		1. 4.15
S/13778	Pte	Cook, J			9. 7.17	2357	Sjt	Howell, PC	6 Bn (& Nig. Regt.)	NIG	22.12.19
5749	Sjt	Cooke, R, M.M.			3.10.18	1172	Pte	Humm, W			18. 6.17
S/7196	CSM	Crane, TE, M.M.			15.11.18	1172	Pte	Humm, W, D.C.M.		Bar	26. 1.18
5428	LSjt	Cross, AJ			18. 6.17	S/5517	Cpl	Hunt, R	10 Bn		22. 1.16
3687	Sjt	Cummins, HDH			9. 7.17	2615	Pte	Hunt, WG	2 Bn		3. 6.15
5247	CSM	Curtis, A	2 Bn		30. 6.15	Z/2065	Pte(A/Cpl)	Hyde, H	2 Bn		27. 7.16
318218	Rfm	Cutting, H	(posted 1/5 Lond. Rgt.)		10. 1.20	S/2484	Pte	Hynes, P	12 Bn		3. 9.19
						Z/1383	Cpl(LSjt)	Isted, GF			3. 9.18
S/6346	Cpl	Davis, HJ			3. 9.18						
3976	Pte	Denton, W	2 Bn		5. 8.15	3469	Sjt	Jackson, GH	8 Bn		11. 3.16
3331	Sjt	Depper, EE			6. 2.18	Z/1562	Pte(ACpl)	Jackson, T			11.12.16
S/14269	Sjt	Diston, A			28. 3.18	S/3014	CSM	Jeffcock, AT			26. 1.18
1402	Cpl	Doman, H	4 Bn (Attd 3 Div. Sig. Coy) M		10. 1.20	6853	A/Cpl	Jeffrey, W			20.10.16
						130	Sjt	Jennings, T			26. 1.18
3339	LSjt	Doveton, R			6. 2.18	S/6207	Pte	Jessup, A			14.11.16
Z/1890	Cpl(LSjt)	Draper, H			26. 1.18	S/3447	Pte	Johnson, T			17. 4.18

THE RIFLE BRIGADE (THE PRINCE CONSORT'S OWN)

Number	Rank	Name	Unit	Date
S/13397	Cpl	Jolly, HK		26. 6.18
B/1295	LCpl	Jones, G		26. 1.18
4108	Pte	Jones, G	2 Bn	5. 8.15
978	A/Cpl	Jones, JH	6 Bn (form 4 Bn)	11. 3.16
S/1434	Pte	Judkins, GJ	11 Bn	16.11.15
S/681	Pte	Keeling, GH		9. 7.17
S/1099	Pte	Kilborn, A		28. 3.18
S/14507	Pte	King, EE	(Attd TMB)	6. 2.18
3351	Pte	Lamb, F		21.10.18
6/9924	Pte	Lane, MS		20.10.16
3222	Pte	Latham, EJ	4 Bn	3. 6.15
7230	LSjt	Lewis, AR		17. 4.17
S/20578	LCpl	Lewis, RH		3.10.18
562	A/Cpl	Lewis, T	1 Bn	6. 9.15
1337	Sjt	Lishman, R	4 Bn	30. 6.15
B/203368	Pte	Love, R		1. 5.18
587	Cpl	Lowe, S		14.11.16
P/27	CSM	Ludgate, LA		19. 8.16
S/16818	Pte	Luther, FC		26. 1.18
S/4400	Sjt	Manktelow, EH		22. 9.16
2690	A/Cpl	Manning, C		16. 8.17
52173	CSM	Marriott, A	7 Bn (Attd Lond Rgt)	11.3.20
2814	Sjt	Marsh, W	2 Bn	27. 7.16
S/27088	CSM	Martin, WD	13 Bn	2.12.19
461	A/RSM	Mash, WJ		21.10.18
Z/1372	Pte	McMorrow, M		14.11.16
3264	Sjt	Meads, AG	4 Bn S	16. 1.19
7568	RSM	Miller, W	4 Bn	11. 3.16
S/1869	Pte	Mills, G		25.11.16
7722	Sjt	Mitchell, JA		15.11.18
4488	CSM	Mitchell, JH		14.11.16
Z/1011	Cpl	Molineaux, H	1 Bn	10. 1.20
Z/1704	Sjt	Montgomery, AE	13 Bn	11. 3.20
S/5576	Sjt	Moody, JH		17. 4.18
8110	Pte	Moore, A	1 Bn	1. 4.15
Z/2444	Sjt	Moulding, J		6. 2.18
8765	Sjt	Murray, S	1 Bn	30. 6.15
B/3484	Pte	Nash, GH	Depot (form 7 Bn)	11. 3.16
2774	Cpl	Nicholson, WH		14.11.16
Z/2419	Pte	Norman, A	3 Bn	30. 3.16
B/203683	Cpl	Norman, AL	7 Bn (Attd 33 Lond Rgt)	3. 9.19
1729	CSM	Norris, FH	3 Bn	11. 3.16
S/31529	Pte(LCpl)	Norsworthy, F		3. 9.18
S/3617	Sjt	O'Mahony, J		6. 2.18
1657	CSM	Pargeter, W		18. 6.17
Z/1511	A/Cpl	Parker, J	1 Bn	5. 8.15
P/154	Sjt	Parks, H		14.11.16
S/26847	Sjt	Partridge, WC, M.M.		4. 3.18
S/2574	Sjt	Paterson, AK		14.11.16
B/2065	A/Cpl	Pearce, CH	12 Bn (form 7 Bn)	11. 3.16
536	Pte	Pearce, G	4 Bn	30. 6.15
S/14140	Pte	Phillips, JE		3. 3.17
Z/1378	Pte	Plowman, EW		26. 1.18
2011	LSjt	Potter, EW		14.11.16
S/14250	Pte	Pritchard, TJ		28. 3.18
S/14429	Pte(LCpl)	Pugh, W		6. 2.18
S/14429	Cpl	Pugh, W, D.C.M., M.M.	Bar	28. 3.18
S/714	A/Cpl	Quick, A	12 Bn	30. 3.16
S/1192	CSM	Ramsdale, GE		28. 3.18
S/690	Pte	Randle, W		21.10.18
1522	Sjt	Ranstead, C, M.M.		4. 3.18
48307	Sjt	Rhodes, JW		3. 9.18
S/13891	Pte	Richards, FG		19. 8.16
3457	Sjt	Riddett, AC	2 Bn	21. 6.16
50479	Pte	Ridgwell, AA	1 Bn	2.12.19
S/10746	LSjt	Ripper, CG, M.M.		3.10.18
B/1566	Pte	Roberts, CG	9 Bn	16.11.15
S/1787	Sjt	Roberts, H		26. 1.18
6730	Sjt	Roberts, J	1 Bn	1. 4.15
S/4954	Cpl	Roe, FE	1 Bn	1. 4.15
6/7301	Sjt	Rook, WS		21.10.18
B/213	Sjt	Rumbelow, A	7 Bn	21. 6.16
2546	Pte	Ryan, J	5 Bn (form 2 Bn)	11. 3.16
S/1516	CSM	Salter, J		18. 6.17
S/24207	Sjt	Sanders, CW		15.11.18
3726	CSM	Sandy, A, M.C.		3.10.18
7031	CSM	Sargeant, CH	3 Bn	21. 6.16
7951	CSM	Saunders, A	4 Bn	3. 6.15
6641	CSM	Sawyer, H		11.12.16
B/3164	Pte	Schofield, L	5 Bn (form 8 Bn)	11. 3.16
9879	CSM	Scrase, A	1 Bn	30. 6.15
6287	Sjt	Searle, JJ		18. 7.17
B/309	Pte	Searle, W	7 Bn	11. 3.16
1905	A/Cpl	Self, GA	9 Bn	15. 3.16
9703	CSM	Selway, TU, M.C.	1 Bn	3. 9.19
Z/812	Sjt	Sheffield, W	Depot (form 2 Bn)	11. 3.16
B/2314	Pte	Sheppard, FJ	9 Bn	11. 3.16
S/7940	Sjt	Smart, AJ		9. 7.17
B/288	A/Sjt	Smith, F		22. 9.16
4643	Cpl	Smith, T	1 Bn	1. 4.15
1293	CSM	Smy, T		3.10.18
Z/2935	LSjt	Souster, H		11. 5.17
3410	A/Cpl	Spain, FC	1 Bn	16. 1.15
1558	Sjt	Starr, A	2 Bn	5. 8.15
P/1104	Sjt	Stewart, C		14.11.16
Z/340	Pte	Stockton, JW	3 Bn	11. 3.16
Z/1924	Sjt	Stone, F	1 Bn	11. 3.16
S/3661	Sjt	Stott, JW		3. 3.17
2635	Pte	Sturch, CJ	2 Bn	30. 6.15
S/5023	Cpl	Sunnuck, HE	1 Bn	5. 8.15
S/14423	Pte	Swanwick, L	3 Bn	10. 1.20
5895	CSM	Tait, T	4 Bn	3. 6.15
B/1058	Sjt	Taylor, AE	9 Bn	11. 3.16
S/16250	Cpl	Taylor, G	16 Bn (posted 10 Lond Rgt)	2.12.19
S/15655	Pte	Thomas, J		28. 3.18
S/3214	Sjt	Thompson, EG		6. 2.18
S/3134	Sjt	Toole, M	11 Bn	16.11.15
S/15384	Cpl	Topp, JH	3 Bn	11. 3.20
4784	CSM	Veneer, A		20.10.16
7215	Cpl	Wagstaff, CJ	2 Bn	1. 4.15
3491	Cpl	Walker, L, M.M.		1. 5.18
S/29867	Pte	Warner, WE		1. 5.18
4286	CSM	Warren, L		3. 9.18
5415	CSM	Warren, W		3. 9.18
1412	Pte	Watkinson, J	2 Bn	5. 8.15
4306	Sjt	Waudby, A		13. 2.17
Z/2343	Sjt	Webb, JH		3.10.18
S/26420	LCpl	Webster, HH		9. 7.17
3289	Pte	Webster, JF	2 Bn	24. 6.16
4568	Pte	West, BE	3 Bn	11. 3.16
S/8140	CSM	Whitham, T		4. 3.18
3450	RSM	Wilkins, H	6 Bn (form 9 Bn)	11. 3.16
B/2391	Sjt	Willey, HJ	9 Bn	16.11.15
B/2391	Sjt	Willey, HJ, D.C.M.	Bar	26. 1.18
B/2444	LCpl	Willicombe, H		17. 4.18
575	Pte	Wilson, AH	3 Bn	17.12.14
B/2818	Sjt	Wilson, C	13 Bn	2.12.19
4895	Pte	Windebank, AT	2 Bn	5. 8.15
S/6743	A/Cpl	Wisdom, H		16. 8.17
634	A/SM	Witheridge, P	(PS 8 Lond Rgt)	21. 6.16
B/3308	Pte	Wood, N	6 Bn (form 9 Bn)	11. 3.16
B/2867	Cpl	Wooding, P	8 Bn	11. 3.16

242 D.C.M.'s   8 Bars

† D.C.M. with KRRC

SECTION 7

CORPS

Army Cyclist Corps	151
Machine Gun Corps	151
Tank Corps	156
Labour Corps	157
Royal Army Service Corps	157
Royal Army Medical Corps	159
Royal Army Ordnance Corps	162
Royal Army Veterinary Corps	163
Corps of Military Foot Police	163
Corps of Military Mounted Police	163
Imperial Camel Corps (British Section)	163

CORPS

ARMY CYCLIST CORPS

No.	Rank	Name	Unit	Date
13953	T/RSM	Anderson, H		21.10.18
13881	Sjt	Atkinson, H	VII Corps Cyc Bn	3. 9.19
1325	Pte	Beaney, F	8 Div Cyc Coy (form. R. Bde)	30. 6.15
14053	Sjt	Beattie, DJ	(Attd 17 Corps Cyc Bn)	10. 1.20
3431	Pte	Belton, A	28 Div Cyc Coy	11. 3.16
1132	Cpl	Brown, P	VI Corps Cyc Bn (Attd Y & L Rgt)	25. 2.20
2709	CSM	Burns, D	50 Div Cyc Coy	11. 3.16
2570	Pte	Carver, GS		16. 5.16
6632	CSM(A/RSM)	Clarke, AW		17. 4.18
1111	Cpl	Clitsome, J	4 Div Cyc Coy	11. 3.16
2477	Sjt	Collins, CA	29 Div Cyc Coy	21. 6.16
1099	CQMS	Collins, CH	4 Div Cyc Coy (form. Hants Rgt)	30. 6.15
9157	Sjt	Coyle, A		21.10.18
13064	Cpl	Croome, HJ		21.10.18
3411	A/Cpl	Daniels, HJ	28 Div Cyc Coy (form. Suffolk Rgt)	30. 6.15
540	LSjt	Davey, HV		17. 4.18
2433	LSjt	Digby, WE	29 Div Cyc Coy	21. 6.16
1056	Pte	Donoho, P	4 Div Cyc Coy	11. 3.16
14036	Sjt	Duncan, JA	XVII Corps Cyc Bn	3. 9.19
986	CSM	Farrell, J	IX Corps Cyc Bn	2.12.19
6232	Sjt	Farrington, L	21 Div Cyc Coy	21. 6.16
19664	Pte	Finlay, Q		26. 1.18
3395	LCpl	Goodey, A		18. 2.18
1436	LSjt(A/Sjt)	Halloran, T		26. 5.17
4013	LCpl	Handley, W	17 Div Cyc Coy	11. 3.16
5824	Cpl	Howard, P		18. 2.18
3149	Pte	Liddell, W	9 Div Cyc Coy	11. 3.16
9418	Sjt	Lindsay, JS		17. 4.18
1053	LCpl	Mackey, H	4 Div Cyc Coy	11. 3.16
19367	Pte	Mason, J		30.10.18
1458	Sjt	McGrath, T	14 Cyc Bn I	25. 2.20
1552	Cpl	Morgan, CH		28. 3.18
1771	LCpl(Cpl)	Napier, CGD	47 Div Cyc Coy	5. 8.15
7055	CSM	Nicholls, W deC, M.M. IX Corps Cyc Bn		2.12.19
1168	Sjt	Parker, WGJ	47 Div Cyc Coy	11. 3.16
1416	CSM	Patrick, R		28. 3.18
3447	CQMS	Pettit, AF	28 Div Cyc Coy	11. 3.16
849	CSM	Potter, H	1 Div Cyc Coy (form. R.W.Surrey)	30. 6.15
2561	Pte	Regan, J	29 Div Cyc Coy	21. 6.16
10631	Pte	Robinson, J	XV Corps Cyc Bn	11. 3.20
2101	CSM	Rose, AB	15 Corps Cyc Bn	3. 9.19
2200	LCpl	Seale, H	12 Div Cyc Coy	29.11.15
2528	LCpl(ACpl)	Searle, C		3.10.18
5148	LCpl	Shaw, B	14 Div Cyc Coy	11. 3.16
6857	Sjt	Smith, L	21 Div Cyc Coy	15. 3.16
18924	Sjt	Spear, W	XIX Corps Cyc Bn	11. 3.20
23	Pte	Springett, WJ	5 Div Cyc Coy	11. 3.16
1052	CSM	Stocker, VG		13. 2.17
2579	Cpl	Williams, F		21.10.18
1102	Pte	Willis, TH	VII Corps Cyc Bn	11. 3.20
1229	CQMS	Wright, H	6 Div Cyc Coy	11. 3.16

51 D.C.M.'s

MACHINE GUN CORPS

No.	Rank	Name	Unit		Date
94308	Cpl	Abnett, GC	30 Bn		11. 3.20
86173	A/Sjt	Adams, T			1. 5.18
48507	Pte(A/LCpl)	Adamson, G	10 Bn	E	25. 2.20
20049	Sjt	Aistrope, W			25. 8.17
28992	A/Sjt	Algeo, W	24 Bn		11. 3.20
16305	Sjt	Allen, S			30.10.18
21460	Sjt	Allen, W	25 Bn		11. 3.20
106558	Pte	Amos, F			30.10.18
6405	CSM	Amos, ST			28. 3.18
23496	Sjt	Anderson, F			25.11.16
2442	Pte	Anderson, J			18. 6.17
72202	LSjt	Anderson, M			26. 1.18
15045	Sjt	Andrews, FJ	31 Bn		11. 3.20
45584	LCpl	Appleton, T			3. 9.18
51041	Sjt	Archer, A			3. 9.18
53584	Pte	Archer, T			26. 1.17
82329	Pte	Ashmore, AC			28. 3.18
103430	Pte	Atkins, H			3.10.18
37049	Sjt	Atkinson, H			3.10.18
41358	Pte	Atterbury, A			3. 9.18
133148	Pte	Aubrey, E	61 Bn		10. 1.20
16249	Cpl(A/Sjt)	Austen, AE	32 Bn		2.12.19
16930	Sjt	Avis, WJ			17. 4.18
59090	Sjt	Aylmore, GH	42 Bn		5.12.18
83116	Cpl	Bailey, F			6. 2.18
10306	Sjt	Bailey, IJ	14 Bn		11. 3.20
23148	Sjt	Baker, T	46 Bn		11. 3.20
57929	Cpl	Baldwin, T			3.10.18
60802	Pte	Balfour, JB			26. 7.17
89811	Pte	Bannister, L			3. 9.18
6344	LCpl	Barber, RH	58 Bn		11. 3.20
63723	Sjt	Barclay, WAB	19 Bn		2.12.19
31977	Sjt	Barker, HJ			6. 2.18
2593	Gnr	Barnett, J		M	25. 2.20
16106	LCpl	Barratt, J			3. 9.18
118377	Cpl	Barrett, JG	42 Bn		5.12.18
59214	LCpl(A/Cpl)	Barrott, C			3.10.18
5730	LCpl	Bashford, A			16. 8.17
10309	Cpl	Bate, LT	61 Bn		11. 3.20
99480	Cpl	Bawn, WC			3. 9.18
44894	Cpl(ASjt)	Baxter, J	46 Bn		11. 3.20
42545	Sjt	Beattie, F	34 Bn		11. 3.20
55943	Sjt	Beavis, E	6 Bn		2.12.19
4161	A/Sjt	Beckley, S			21.12.16
45107	Cpl	Bedwell, GC	61 Bn		11. 3.20
20849	Cpl	Belfield, GH, M.M.			3.10.18
7748	CSM	Bell, G, M.M.	32 Bn		10. 1.20
20587	Sjt	Bell, W			26. 1.18
26289	Cpl	Bench, F	7 Bn	I	25. 2.20
152059	Cpl(A/Sjt)	Benjamin, WG			15.11.18
9454	Sjt	Benn, A	61 Bn	*	30. 1.20
11920	Sjt	Bent, RB			3. 9.18
3612	Sjt	Bentley, LGE	17 Bn		2.12.19
18751	Sjt	Beresford, J	4 Bn		11. 3.20
3907	Cpl	Beswick, R			26. 4.17
110671	Cpl(A/Sjt)	Bettin, FW			4. 3.18
21168	LCpl	Betts, LB			14.11.16
19132	Pte	Bicknell, AJ			18. 7.17
1994	Sjt	Black, A			1. 5.18
19378	Sjt	Black, GH, M.M.			3. 9.18
33948	Pte	Black, J			11. 5.17
18220	Sjt	Blair, J	20 Coy		27. 7.16
72528	LCpl	Blake, AEF			3. 9.18
31266	Cpl	Blake, RS			3. 9.18
11114	Sjt	Blakeborough, CC	35 Bn		11. 3.20
14456	CSM	Blunt, F	61 Bn		3. 9.19
65633	Sjt	Bodfish, G			26. 7.17
50607	Cpl	Bolton, M	8 Bn		11. 3.20
20559	Pte	Boughtflower, RG			20.10.16
13107	Sjt	Bousted, R	35 Bn		10. 1.20
17842	CQMS	Bowden, PG	2 Bn		3. 9.19
8131	Pte	Bowles, RH			14.11.16
8673	Sjt	Bowtell, FG			22. 9.16
158956	Cpl	Box, JH	49 Bn		11. 3.20
4582	Cpl	Boyd, A			25. 8.17
12393	LCpl	Bradbury, W			22. 9.16
7491	CSM	Brealey, R			3. 9.18
20267	CSM †	Breslain, HA, D.C.M. (form. R.Fus)		Bar	26. 6.18
20122	Sjt	Brodie, A, M.M.			3. 9.18
44536	Cpl(A/LSjt)	Brooke, H	38 Bn		2.12.19
10234	Sjt	Brookes, GA			3.10.18
86986	Pte	Brown, C			3. 9.18
20651	Sjt	Brown, GT			16. 8.17
61766	Sjt	Brown, T			1. 5.18

MACHINE GUN CORPS — Section 7

Number	Rank	Name	Unit	Marker	Date
1805	BSM	Buchanan, AB	(Motors)	M	25. 2.20
23299	Cpl(A/Sjt)	Budge, D			30.10.18
54842	Sjt	Bull, C	29 Bn		2.12.19
16509	Sjt	Bull, H			6. 2.18
41231	Sjt	Bull, LS, M.M.			3. 9.18
19316	Sjt	Bullock, E			17. 4.18
81780	Sjt	Burgess, WJ	6 Bn		10. 1.20
50773(form 21146) Pte		Burke, FH, D.C.M.		‡ Bar	3. 9.18
61765	CSM	Burke, W			1. 5.18
16761	Sjt	Burkett, J			3. 9.18
18327	Cpl	Burnett, A, M.M.			3. 9.18
18327	Cpl	Burnett, A, D.C.M., M.M.		Bar	3. 9.18
46811	Cpl	Burton, PC	53 Bn	P	11. 3.20
143975	Pte	Busby, JC			3. 9.18
49749	Sjt	Byars, J			1. 5.18
46770	A/Sjt	Byrne, W			28. 3.18
2356	Cpl	Byway, C	MMG Corps		3.10.18
51181	SSM	Callaghan, A	8 Sqdn Cav		3. 9.19
2239	Sjt	Camm, TV	(Motors)	M	25. 2.20
16131	Sjt	Campbell, J			21.10.18
93928	LCpl	Cannell, A			3.10.18
147129	T/Sjt	Cannon, JJ, M.M.	19 Bn	○	21. 1.20
120017	Sjt	Capstick, M	36 Bn		5.12.18
58435	LCpl	Carmichael, JH	32 Bn		10. 1.20
12252	CSM	Carpenter, W			3. 9.18
13774	A/RSM	Carr, C			21.10.18
6615	Sjt	Carter, JE			20.10.16
63091	Cpl	Cassidy, J			21.10.18
122775	Pte	Cator, AH	33 Bn		16. 1.19
55919	LCpl	Caunt, W			3. 9.18
96062	Cpl	Chambers, AC			18. 2.18
96062	Cpl(A/Sjt)	Chambers, AC, D.C.M. (Cav)		Bar	1. 5.18
98572	Pte(A/Cpl)	Channing, WC			15.11.18
7141	Sjt	Chappell, E			18. 7.17
39628	Cpl	Cheetham, JW			3. 9.18
2775	BSM	Childs, FW	MMGC		28. 3.18
4144	Sjt	Churchett, GC			13. 2.17
1039	Sjt	Clark, A	MMGC		9. 7.17
782	Sjt	Clark, F			26. 1.18
24309	Sjt	Clark, T			13. 2.17
24334	Sjt	Clarke, J			10. 1.17
518	Sjt	Clarke, JS	MMGS		30. 6.15
88991	Pte	Clarke, VC			3. 9.18
164489	Sjt	Clay, H, M.M.	100 Bn		10. 1.20
3775	Pte	Cocks, H			22. 9.16
58559	Pte	Codling, HE			26. 1.18
49273	Pte	Coe, SG	54 Div MG Bn	E	25. 2.20
41369	A/Cpl	Collingwood, P			26. 1.18
152154	Pte	Collins, C	23 Bn	I	25. 2.20
72848	Sjt	Colman, J, M.M.	55 Bn		3. 9.19
23569	LCpl	Colquhoun, A			10. 1.17
68560	Pte	Constable, CR			3. 9.18
5483A	Sjt	Cooper, C			6. 2.18
23015	Pte	Cooper, RB			26. 1.18
96031	Sjt	Cooper, RJ			1. 5.18
21614	LSjt	Corbett, T			3. 9.18
96143	LSjt	Coriat, P			1. 5.18
18191	Cpl	Corkish, WH	20 Bde (form Border Rgt)		21. 6.16
26208	Pte	Cottington, G			28. 3.18
117298	Pte	Cotton, WJC			3. 9.18
55298	Sjt	Cowley, JA			3. 9.18
55298	Sjt	Cowley, JA, D.C.M.		Bar	3.10.18
27456	CSM	Cox, WO			21.10.18
29772	Sjt	Coyle, W			29. 8.17
15315	Pte	Craddock, FC			3. 9.18
67518	Sjt	Crawford, J	51 Bn		10. 1.20
7334	CQMS	Creese, RG	36 Bn		11. 3.20
41956	LCpl	Crilley, J	(Cav)	M	25. 2.20
67534	Sjt	Crocket, D			4. 3.18
26335	Pte	Crook, E	252 Coy		27. 5.19
142268	Sjt	Crouch, R			30.10.18
17026	A/Sjt	Crowder, E			25.11.16
8323	Pte	Crownshaw, F			26. 1.18
1854	Gnr	Crowther, H	MMGC		21.10.18
17829	Pte(ACpl)	Croxall, H	8 Bn		3. 9.19
20445	Cpl	Culley, H			25.11.16
51719	Cpl	Currey, E			26. 6.18
39743	Sjt	Dale, J			3.10.18
18437	Pte	Dalrymple, W			30.10.18
5739	Sjt	Daly, TN	36 Bn		11. 3.20
41745	Pte	Davies, A			25. 8.17
5499	Pte	Davies, JH			6. 2.18
62808	Sjt	Davies, JR			21.10.18
7811	Sjt	Davies, M	32 Bn		10. 1.20
26232	LCpl	Davis, W			4. 3.18
32518	Cpl	Davis, WJ	MMGC		3. 9.18
55468	Cpl(A/Sjt)	Day, ED			3. 9.18
22169	Sjt	Day, W			3. 9.18
16613	Sjt	Dean, P, D.C.M. (form. A&S High)		△ Bar	6. 2.18
20785	Sjt	Decker, JW			13. 2.17
39561	Pte	Delmege, W	42 Bn		5.12.18
20598	Sjt	Dempsey, R	24 Bn		11. 3.20
31742	CSM	Derose, T	36 Bn		3. 9.18
21318	Cpl	Dewar, JC	29 Bn		2.12.19
39697	Cpl	Dewhurst, A			3. 9.18
3880	CSM	Dickinson, E			17. 4.18
56049	Pte	Dietrich, OA			28. 3.18
84780	Sjt	Dillon, J	21 Bn		3. 9.18
84559	Cpl(A/Sjt)	Dinnage, F, M.M.			30.10.18
12374	Pte	Diskin, JW			22. 9.16
6642	Sjt	Disney, H			9. 7.17
20067	LCpl	Divine, J			26. 1.18
39460	Pte	Dix, JS			25. 8.17
575	Cpl	Dobell, AS, M.M.			26. 6.18
66334	Pte	Donaghy, J			30.10.18
73665	LCpl	Donaldson, R			6. 2.18
6231	Pte	Dover, WH	61 Bn		10. L20
21325	Sjt	Downie, D	29 Bn		3. 9.19
23743	Sjt	Downs, F, M.M.			3.10.18
131067	Pte	Draycott, J	9 Bn		10. 1.20
19404	LCpl(ACpl)	Dudley, D			3. 9.18
19404	LCpl(ACpl)	Dudley, D, D.C.M.	3 Bn	Bar	10. 1.20
44558	Cpl	Dudley, WJ			28. 3.18
74017	Cpl	Duff, H	1 Bn		16. 1.19
20202	Sjt	Duncan, H			6. 2.18
20655	LCpl	Dunsby, J			26. 1.18
96196	Cpl(A/Sjt)	Durrant, FE			28. 3.18
3744	CSM	Dye, CF	17 Bn		11. 3.20
71763	Pte	Eason, A			28. 3.18
257767	Cpl	Eason, A			28. 3.18
7401	Sjt	Edwards, E			18. 7.17
66044	Pte	Edwards, F, M.M.			4. 3.18
21873	Sjt	Edwards, LF			21.10.18
89935	Cpl	Element, H			21.10.18
156941	Pte	Ellis, A	58 Bn		11. 3.20
52350	LCpl	Ellis, D	3 Sqdn (Cav)		11. 3.20
53316	CSM	Emmott, F			17. 4.18
15991	Sjt	Enoch, EA	39 Bn		11. 3.20
45079	Cpl	Evans, AE	6 Bn		10. 1.20
84880	Sjt	Farndon, JG	2 Bn		2.12.19
4171	Cpl	Farr, AW			3. 9.18
81520	Sjt	Faulkner, JH			6. 2.18
49177	Pte(LCpl)	Felton, E	253 Coy	▫	3.10.19
6316	Sjt	Fennell, GN	9 Bn		3. 9.19
4707	Pte(A/LCpl)	Fenwick, W			30.10.18
30727	CSM	Fiddaman, A	39 Bn		3. 9.19
21359	A/CQMS	Finlay, S			28. 3.18
61851	LCpl	Firstbrook, W			29. 8.17
42972	Sjt	Fisher, FH			3. 9.18
42972	Sjt	Fisher, FH, D.C.M.		Bar	30.10.18
18679	A/LCpl	Fisher, J			22. 9.16
18679	Cpl	Fisher, J, D.C.M.		Bar	18. 7.17
67564	Sjt	FitzGerald, EJ			3. 9.18
3556	Sjt	Flatt, M			21.10.18
16452	Sjt	Flattley, F			26. 5.17
46547	LCpl	Fletcher, G			28. 3.18
40342	Gnr	Foot, GC			14.11.16
55945	Sjt	Fountain, WE	1 Bn		3. 9.19
65	LCpl	Fox, M	Vol. Maxim Gun Co.		27. 7.16
48883	L/Cpl	Fraser, M			26. 1.17
23349	Sjt	Fraser, J McN,	51 Bn		3. 9.19
46476	Sjt	Fraser, W	18 Bn		3. 9.18
3674	Sjt	Free, AEV	17 Bn		3. 9.19
62920	Sjt	Fruen, WC	55 Bn		3. 9.19
18716	Sjt	Fryer, T	36 Bn		2.12.19
64748	Sjt	Fryer, WH			17. 4.18
18969	CSM	Fuggle, E, M.M.			28. 3.18
22531	Sjt	Fulton, J, M.M.			30.10.18
51259	LCpl	Gadd, FS	1st Sqdn (Cav)		11. 3.20
44098	Sjt	Gallagher, W, M.M.	17 Bn		5.12.18
4936	CSM	Galletly, H			4. 3.18
23465	Sjt	Gardham, JH			25.11.16
29229	Sjt	Gardner, W			28. 3.18
81453	Pte	Garrad, G			1. 5.18

MACHINE GUN CORPS

Number	Rank	Name	Unit/Notes	Date
8089	Sjt	Garrod, EA		11.11.16
4949	Cpl	Garside, GG		22. 9.16
41095	Sjt	Geard, SWJ		9. 7.17
23045	Sjt	Gibson, DM		4. 3.18
81605	Sjt	Gilbert, RE		3. 9.18
38111	BSM	Gill, C	MMGS (later 4 Hrs)	21. 6.16
16617	A/LSjt	Gillespie, J		6. 2.18
67614	Sjt	Gilson, JW		3. 9.18
118153	Cpl	Girdler, T	18 Bn	16. 1.19
32242	Gnr	Glaister, J		14.11.16
52730	Cpl	Goddard, EC	6 Sqd. Cav.	10. 1.20
26000	Sjt	Goddard, WA, M.M.		3. 9.18
21541	CSM	Godwin, W, M.M.	57 Bn	3. 9.19
48364	Sjt	Goff, F		1. 5.18
16041	Sjt	Golding, FJ		26. 7.17
6435	Pte	Gomersall, WH		26. 1.18
70718	Sjt	Goodall, J		26. 1.18
19281	Sjt	Goode, LJ, M.M.		3. 9.18
43881	CSM	Goodwin, H		3. 9.18
53078	Sjt	Goodyear, H	38 Bn	5.12.18
71655	Pte	Gorman, R	(form. R.Mun.Fus.)	21.10.18
5292	Cpl	Graham, J		3. 9.18
52349	Sjt	Grant, EJ		3. 9.18
20372	Sjt	Grant, WJ, M.M.	1 Bn	2.12.19
67580	Sjt	Graves, FW		28. 3.18
37330	Cpl	Graves, WG		29. 8.17
30131	Pte	Gray, AE		18. 7.17
23581	Sjt	Green, GW	14 Bn	11. 3.20
8001	Pte	Greenfield, L	35 Bn	3. 9.19
94636	Sjt	Greenland, AT	74 Bn	11. 3.20
39793	Cpl	Greenway, CG	33 Bn	16. 1.19
50163	Sjt	Grice, SG	54 Bn P	11. 3.20
4637	CSM	Griffin, A, M.M.		3. 9.18
70497	Sjt	Griffiths, GL, M.M.	42 Bn	3. 9.19
93839	Pte	Griffiths, WA		3.10.18
60620	Cpl	Grimshaw, H	57 Bn	11. 3.20
152778	LCpl	Grimshaw, J	16 Bn	11. 3.20
590	BSM	Grocott, FA		28. 3.18
6384	CSM(A/SM)	Gudge, TJ	9 Bn	3. 9.19
15950	LCpl	Gudge, WJ		26. 7.17
23300	Sjt	Gunn, D		26. 7.17
18840	Cpl(A/Sjt)	Gurney, FE	4 Bn	3. 9.19
53595	Pte	Haggart, J		26. 1.18
62187	Pte	Hailstones, F		17. 4.17
50741	CSM	Hall, EW		17. 4.18
65004	A/Sjt	Hall, F		6. 2.18
9292	Sjt(A/QMS)	Hall, GW	(Attd GHQ. M.G.)	3. 9.19
22427	Pte	Halsall, J		14.11.16
18222	Sjt	Hamilton, A	7 Bn I	3. 9.19
41610	Pte	Hammond, JE	3 Sqdn Cav.	3. 9.19
33902	Pte	Hancock, CE		29. 8.17
8414	Sjt	Hardy, E, M.M.	6 Bn	10. 1.20
140246	Sjt	Hargest, BK	3 Bn	11. 3.20
45136	CSM	Hargreaves, W		21.10.18
18219	Sjt	Harper, T	20 Bde (form.Gord High)	21. 6.16
50563	Sjt	Harriott, G	6 Sqdn (Cav)	11. 3.20
24466	A/Sjt	Harris, LH	(Form. Gloucs Rgt)	10. 1.17
70331	A/Sjt	Harris, W		6. 2.18
19069	Pte	Harris, WG	29 Bn	2.12.19
71524	Cpl	Hart, AG		18. 7.17
23416	Sjt	Harwood, G, M.M.		3. 9.18
25465	Sjt	Hasler, BW	56 Bn	11. 3.20
7103	Pte	Hassall, J	3 Bn	5.12.18
81529	Pte	Hastings, R		3. 9.18
35865	Sjt	Hawkins, GH		3. 9.18
7731	Sjt	Haynes, WH		3. 9.18
533	Cpl	Hayward, EW		26. 5.17
36865	Cpl	Haywood, WL		21.10.18
42623	Sjt	Hazell, W		30.10.18
7781	Pte	Head, LA		13. 2.17
12309	Sjt	Heanley, AE		4. 3.18
5919	Sjt	Henderson, T	37 Bn	11. 3.20
107397	LCpl	Hendy, HW	50 Bn	3. 9.19
121868	Pte	Hendy, WJ	29 Bn	2.12.19
60985	Pte	Henners, J		3. 9.18
49297	Sjt	Herbert, BE		14.11.16
60836	Sjt	Heseltine, S		3. 9.18
10916	A/CSM	Hester, AA		26. 4.17
56870	Sjt	Hewitt, EW		29. 8.17
18428	Sjt	Hill, J, M.M.		1. 5.18
55596	LCpl	Hill, WJ		6. 2.18
82776	Pte	Hinds, SH	39 Bn	11. 3.20
16590	Cpl	Hinton, T		26. 7.17
96187	Pte	Hitchcock, W		28. 3.18
52503	Pte(A/LCpl)	Hodges, AC	(Cav)	1. 5.18
20649	Sjt	Holland, D		26. 1.18
35162	LCpl	Hooson, JI		21.10.18
110790	SSM	Hope, E	19 MG Sqdn (Cav) E	3. 9.19
25619	Sjt	Hopkins, V	1 Bn	2.12.19
22857	Cpl(A/Sjt)	Hopkinson, LC	200 Bn	11. 3.20
42532	CSM	Howard, T		21.10.18
148008	LCpl	Howe, T	32 Bn	2.12.19
73064	Pte	Howland, B		26. 1.18
6616	Sjt	Hubbard, S		13. 2.17
19394	Pte	Hubbard, WH, M.M.		28. 3.18
17911	Sjt	Hubble, AV	16 Bn	11. 3.20
5080	Sjt	Hughes, WO		18. 7.17
18719	Sjt	Hume, J, M.M.	36 Bn	2.12.19
118302	Cpl	Humphreys, WH	36 Bn	2.12.19
14721	Pte	Humphries, H		14.11.16
19573	CSM	Humphries, JT		25. 8.17
19005	Sjt	Hunnabull, F, M.M.		28. 3.18
17849	Pte	Hunt, A		26. 1.18
93856	LCpl	Hunt, SJ		3.10.18
82362	Pte	Hunter, CE		1. 5.18
52939	Cpl	Hurd, E		3. 9.18
79673	CSM	Husk, PW	(Motors) M	27. 6.19
12904	Sjt	Hutchins, E		17. 4.18
12507	Pte(A/Cpl)	Huxley, H	63 Bn	5.12.18
3678	Cpl	Jackaman, J		3.10.18
20247	Sjt	Jackson, FJ	49 Bn	3.10.18
15727	Pte	Jackson, RW	20 Coy	31. 5.16
23100	CSM	Jackson, T		17. 4.18
17140	LSjt	Jackson, W		30.10.18
23636	A/Sjt	Jakeman, HH		13. 2.17
141010	CSM	Jamieson, J		21.10.18
20488	Pte	Jamieson, W		1. 5.18
60773	Sjt	Jardine, M, M.M.	3 Bn	5.12.18
21835	CQMS	Jarvis, P		9. 7.17
99970	Sjt	Jarvis, T	51 Bn	3. 9.19
74785	Cpl	Jenkins, S	74 Bn	2.12.19
61334	LCpl	Jenkinson, TW		1. 5.18
18055	CSM	Jesse, J		13. 2.17
62889	Pte	Johnson, FR		26. 1.18
12732	Pte	Johnson, H		19. 8.16
17420	Sjt	Johnston, W	63 Bn	5.12.18
26550	Sjt	Jones, A		17. 4.18
21507	Sjt	Jones, AW		17. 4.17
25660	Cpl	Jones, D		3. 9.18
56710	Pte	Jones, EWP		1. 5.18
56427	SQMS	Jones, FS		18. 2.18
56711	Pte	Jones, GE		1. 5.18
54137	Sjt	Jones, H, M.M.		21.10.18
19705	CSM	Jones, H		3. 9.18
64042	Cpl(A/Sjt)	Jones, JJ	32 Bn	5.12.18
28127	Sjt	Jones, W		17. 4.18
26913	Cpl	Jordison, C	38 Bn	5.12.18
5328	CSM	Joyce, J	4 Bn	11. 3.20
61918	Pte	Joyce, M		1. 5.18
19157	LCpl	Joyner, T		11.12.16
67606	CSM	Kellett, JA	39 Bn	3. 9.19
35590	Sjt	Kelly, T		3. 9.18
5072	QMS	Kelly, W	3 Bn	3. 9.19
44626	Sjt	Kennedy, JJ		3.10.18
23320	CSM	Kettley, W, M.M.	31 Bn	11. 3.20
83854	Pte(LCpl)	Kibble, V		30.10.18
43159	Cpl	Kilby, C	201 Bn	21. 1.20
94303	CQMS	Kincaid, HB	30 Bn	11. 3.20
16117	A/Sjt	King, CF	39 Bn	11. 3.20
8751	Pte	King, FJ		25.11.16
6455	Pte	King, G		26. 1.18
22884	Sjt	Kirkman, J		21.10.18
36494	Sjt	Knapp, A, M.M.	23 Bn I	11. 3.20
3245	Sjt	Lafferty, H		6. 2.18
7976	Cpl(ASjt)	Laker, A	29 Bn	2.12.19
6961	Sjt	Lamb, W		16. 8.17
20887	Cpl	Lambourne, CE		26. 1.18
20384	Cpl	Lamond, W		9. 7.17
56747	CSM	Landers, JM	74 Bn	11. 3.20
53050	Pte	Lane, B		3. 9.18
110919	Sjt	Larwood, EG		1. 5.18
2853	Pte	Latham, GA		14.11.16
43583	Pte	Lawler, T, M.M.	41 Bn	2.12.19
56713	Pte	Lea, ST		1. 5.18
30831	Sjt	Leadbetter, T	54 Div. MG Bn E	3. 9.19
93869	CSM	Leah, J		3.10.18
61596	A/Cpl	Leathley, H		29. 8.17

65307	Sjt	Ledger, GESt, M.M.		3. 9.18
130914	LSjt	Ledingham, C		3. 9.18
28522	Sjt	Lee, AG		26. 1.18
28522	Sjt	Lee, AG, D.C.M.	Bar	3. 9.18
21522	Sjt	Lee, G		9. 7.17
49861	Pte	Leonard, C		18. 2.18
52262	LCpl	Leonard, F		21.10.18
15231	LCpl	Leonard, P, M.M. 32 Bn		10. 1.20
73230	Pte	Leslie, J	36 Bn	11. 3.20
13345	Sjt	Lever, TC		13. 2.17
3009	Sjt	Leverton, EA	17 Bn	3. 9.19
3155	CSM	Lewis, FE	41 Bn	3. 9.19
71080	Pte	Lewis, L		26. 1.18
9255	Sjt	Lewis, R	33 Bn	2.12.19
49330	A/Cpl	Linsell, AR		18. 2.18
66665	A/Sjt	Littlefair, AG	62 Bn	16. 1.19
55938	Cpl(A/Sjt)	Lockhart, W		30.10.18
48506	LSjt	Loftus, W	10MG Bn E	25. 2.20
23044	Sjt	Logan, J		21.10.18
37366	Pte	Logan, J		1. 5.18
4183	A/Cpl	Loggey, C		21.12.16
22521	Sjt	Lord, F		26. 1.18
1568	Sjt(A/BQMS)	Low, RJ		26. 1.18
21354	Sjt	Lowther, H, M.M. 29 Bn		11. 3.20
15664	Sjt	Luffrum, AH		3.10.18
15201	Sjt(A/CSM)	Lutman, J		3. 3.17
26691	T/Sjt	Luxton, AR	38 Bn	11. 3.20
18206	Sjt	Lynch, J	7 Bn I	11. 3.20
141343	Pte	Mabson, A		3. 9.18
888	ASjt	Macaulay, A		17. 4.18
70928	Pte	Mackay, J		3. 9.18
42595	Sjt	Mackenzie, A	6 Bn	11. 3.20
18338	Sjt	Mackenzie, G	9 Bn	10. 1.20
426	Sjt	Mackey, ER	3 Bty. MMGS	11. 3.16
20426	Sjt	MacLean, A		3. 9.18
29053	Sjt	MacQueen, WR		17. 4.18
30132	Cpl	Macrae, JMcG	(Form Cam. High)	25.11.16
23048	Sjt	Macrae, M		26. 7.17
42081	CSM	Maggs, H		1. 5.18
20079	CSM	Magnay, J		13. 2.17
145370	Pte(LCpl)	Mahoney, JP	200 Bn	11. 3.20
58210	Cpl	Mail, A		15.11.18
5729	LCpl	Malby, HE		16. 8.17
23951	Cpl	Malpass, LL		26. 1.18
72057	Sjt	Maltby, H, M.M.		3. 9.18
69107	Gnr	Marlow, H	MMG Corps	3.10.18
22681	CSM	Marriott, FH	48 Bn I	11. 3.20
22451	Sjt	Marshall, WC		21.10.18
26153	Pte	Martin, W		26. 1.18
51809	Pte	Mason, EA	2 Sqdn (Cav)	11. 3.20
12091	Sjt	Mason, G	272 Coy	14. 4.20
86136	Pte	Mason, H		21.10.18
37495	LCpl	Mason, HE		16. 8.17
16023	Sjt	Maule, HJ, M.M. 49 Bn		25. 2.20
22562	LCpl	Maund, WH		26. 3.17
21221	Sjt	Mawbey, WE		17. 4.18
24942	Sjt	Maycock, F	7 Bn I	25. 2.20
12510	CSM	Mayers, S		17. 4.18
3756	Sjt	Mayhew, BG		3. 9.18
7728	RSM	McAra, J	5 Bn	11. 3.20
1458	Gnr	McArdle, G		28. 3.18
6997	Sjt	McArdle, M		21.10.18
70727	Cpl(ASjt)	McBride, P		3.10.18
18585	Cpl(ASjt)	McBrier, J, M.M.		3. 9.18
29011	Sjt	McCarthy, M		28. 3.18
42716	Pte	McCartney, J		21.10.18
53664	Sjt(T/CQMS)	McConville, B	(& KAR)	30.10.18
448	Sjt	McCracken, TC, M.M.		26. 6.18
23377	Pte	McDermott, T		21.12.16
2785	Sjt	McFarland, J	MMGS (late 20 Hrs)	21. 6.16
131449	Pte	McGarva, A		3.10.18
17613	Sjt	McGill, P		3.10.18
16639	Cpl(ASjt)	McGill, R	33 Bn	2.12.19
107652	Sjt	McHard, G		30.10.18
18394	Sjt	McIlwaine, T	(Form RSco. Fus)	6. 2.18
870	Cpl	McIlwraith, J		28. 3.18
30159	Sjt	McKeown, W		17. 4.18
44107	LCpl	McKinney, P		3. 9.18
143961	Cpl	McKirdy, AK		3. 9.18
42271	Cpl	McLean, A		29. 8.17
505	Gnr	McLester, G		28. 3.18
22714	Sjt	Mead, AW		25. 8.17
48167	A/Cpl	Meade, F		21.10.18
1993	Cpl	Mehew, OG	(Motors) M	25. 2.20
71787	Cpl	Mercer, W	2 Bn	11. 3.20
19220	Cpl	Meredith, JW		26. 1.18
16777	Sjt	Merrick, HT		15.11.18
164774	Cpl	Millhouse, R	100 Bn	11. 3.20
5579	Sjt	Mills, JH, M.M.	23 Bn I	25. 2.20
2169	Gnr	Milsom, AE		4. 3.18
93882	Cpl	Mitchell, FJ		3.10.18
36642	Sjt(A/CQMS)	Mitchelson, GE	24 Bn	11. 3.20
16347	Sjt	Moles, F		17. 4.18
4678	CSM	Montgomery, J		3. 9.18
93883	Sjt	Moody, EC		3.10.18
48500	Sjt	Moody, J		17. 4.18
70745	Sjt	Moorcroft, A, M.M.		3. 9.18
154490	Cpl	Moore, E	16 Bn	2.12.19
42808	Sjt	Moore, J		6. 2.18
23530	Sjt	Moore, LJ		21.10.18
23530	Sjt	Moore, LJ, D.C.M.	Bar	3. 9.18
5355	Cpl	Moore, P		3. 9.18
47923	Sjt ◊	Moore, S	15th MG Sqdn	15. 1.20
71773	Sjt	Moran, J, M.M.		15.11.18
14155	Sjt	Morgan, A		19. 8.16
72652	Pte	Morgan, M		6. 2.18
8047	Sjt	Morris, AE		3. 9.18
19840	CSM	Morris, FH, M.M.		4. 3.18
49235	LCpl	Morris, H	54 Div. MG Bn E	3. 9.19
37348	Pte	Morrison, J	41 Bn	2.12.19
60034	Pte(ACpl)	Moss, WJ	51 Bn	10. 1.20
42119	Cpl	Mothershaw, W	56 Bn	3. 9.19
90195	ACpl	Mountain, AC	23 Bn I	25. 2.20
30175	LCpl(A/Cpl)	Mountain, G		30.10.18
192194	Sjt	Murphy, G	201 Bn	21. 1.20
29335	Sjt	Murray, JE		3. 9.18
63330	Cpl	Murton, AS, M.M. 32 Bn		2.12.19
22745	Cpl(A/Sjt)	Myers, A		3.10.18
24489	Pte(LCpl)	Napier, W	37 Bn	5.12.18
17429	Sjt	Neilson, JA	18 Bn	11. 3.20
33981	Pte	Nelson, A		29. 8.17
44550	Sjt	Nelson, T	1 Bn	10. 1.20
90023	Pte	Neville, WI		6. 2.18
5520	Sjt	Newman, A		6. 2.18
21455	CSM	Newman, C, M.M.		1. 5.18
61938	Sjt	Newman, P	3rd Ind. Div. P	11. 3.20
23495	Sjt	Nicol, C		18. 7.17
13480	Sjt	Nixon, CH	58 Bn	11. 3.20
164802	CSM	Nixon, W	100 Bn	11. 3.20
11370	Cpl	Noblett, J		3. 9.18
2714	Sjt	Noel, J		18. 6.17
14875	Sjt	Norris, C		3. 9.18
150784	Cpl	North, JT	103 Bn	11. 3.20
15204	CSM	Odlum, J		28. 3.18
136929	Pte	O'Donnell, A	33 Bn	10. 1.20
50798	Cpl	O'Keefe, PSD		9. 7.17
150330	LCpl	Oldfield, A	102 Bn	25. 2.20
2328	A/Bmbr	Oldham, SH	MMGS	21.10.18
36501	Sjt	O'Neill, C	145 Coy	26. 5.17
18825	Sjt	Orvis, H		3. 9.18
4273	Cpl	Osborne, W		20.10.16
1138	Gnr	Osgood, AW	14 Bty. MMGS	11. 3.16
25206	Pte(ACpl)	Overall, L		3. 9.18
61376	Pte	Owen, A	MMGS	26. 4.17
17193	LSjt	Packman, E		14.11.16
130289	Cpl	Palframan, A	17 Bn	11. 3.20
15270	LSjt	Palmer, AJ		1. 5.18
17064	Cpl	Park, E		20.10.16
22499	A/Sjt	Parkinson, G		25.11.18
5703	CSM	Parish, CEW		17. 4.18
21731	A/Cpl	Parrott, J		22. 9.16
50022	Sjt	Parry, EJ	53 Div E	25. 2.20
129344	LCpl	Parry, F	34 Bn	11. 3.20
31116	Sjt	Parsons, J		28. 3.18
20213	Sjt	Paterson, G		3. 9.18
12587	LCpl	Pearce, HC		3. 9.18
22316	Sjt(A/QMS)	Peet, HE	17 Bn	3. 9.19
56087	Pte	Pelling, FL		1. 5.18
19040	Sjt	Penfold, E	229 Coy E	25. 2.20
6124	Sjt	Pennington, A, M.M. 3 Bn		5.12.18
189	LCpl	Penny, TM	MMGS	21.10.18
66450	Pte	Periam, HR		17. 4.18
110548	A/Cpl	Perkins, EE	19 Sqdn Cav E	25. 2.20
23497	Sjt	Perry, E		3. 9.18
6383	CQMS	Philip, W	12 Bn	3. 9.19
62735	Cpl	Phillips, G		3. 9.18
54022	Pte	Phillips, IE		26. 7.17
23103	A/Sjt	Phillips, SH		26. 3.17

MACHINE GUN CORPS

89970	Pte	Pipe, GP			3. 9.18
22430	Pte	Pirie, G			25.11.16
58925	LCpl	Pond, H			3. 9.18
43849	Pte	Poole, G			3. 9.18
125582	Pte(A/Cpl)	Porter, AO			3. 9.18
16061	Cpl	Porter, FW			21.10.18
16862	Sjt	Potter, WA			22. 9.16
16209	Sjt	Pretty, S			30.10.18
116646	LCpl	Price, G			3. 9.18
86853	Pte ⊕	Price, GE	(Cav)		14. 4.20
73334	LCpl	Price, JT			3. 9.18
53080	Sjt	Pryor, A	38 Bn		5.12.18
5260	Sjt	Quesnel, AF			14.11.16
290	A/Bmbr	Quiney, PA			28. 3.18
153848	Pte	Quinlan, J	14 Bn		2.12.19
8239	Pte	Quinton, GR			13. 2.17
767	Gnr	Rafferty, J	MMGS		30. 6.15
18032	Sjt	Ray, JH			18. 7.17
9632	Cpl	Read, CP			30.10.18
17627	Pte	Read, W			3.10.18
24052	Cpl(LSjt)	Reardon, WH	35 Bn		10. 1.20
19762	A/Cpl	Reason, WT			6. 2.18
68299	CSM	Reed, P	57 Bn		11. 3.20
70726	Sjt	Reeve, H, M.M.	33 Bn		11. 3.20
7239	Pte	Regan, J			19. 8.16
72923	Sjt	Rendle, C			9. 7.17
121759	LCpl	Rennalls, C	62 Bn		16. 1.19
7411	CSM	Reynolds, H			6. 2.18
39003	Sjt	Rhodes, A			6. 2.18
37683	CSM	Rice, JA			26. 1.18
3548	Sjt	Richardson, G			17. 4.18
20786	Sjt	Richardson, JS			3. 9.18
17418	Sjt	Richmond, M			26. 9.16
12590	Sjt	Roberts, F			3. 9.18
56089	Pte	Roberts, VH			1. 5.18
21749	Sjt	Robertson, H			25.11.16
2761	Cpl	Robertson, J	MMGS		16. 8.17
62553	Pte	Robinson, EP			21.10.18
133616	Cpl	Robinson, F	41 Bn		2.12.19
82393	LCpl	Rockcliffe, G			4. 3.18
48220	Cpl	Rodgers, JS	52 Bn		10. 1.20
44515	CSM	Rolfe, BA			21.10.18
116945	Pte	Rollason, R			3. 9.18
43895	Cpl	Ronald, J			26. 1.18
84550	Pte	Roper, J			28. 3.18
152003	Pte	Rorrison, J	52 Bn		11. 3.20
86334	Sjt	Roscoe, P			30.10.18
7230	Cpl	Rose, JW			3. 9.18
41716	Sjt	Rose, WR			3. 9.18
31718	Sjt	Rough, R, M.M.			3.10.18
29851	Pte	Rushby, H			21.10.18
23715	Sjt	Russell, J			3. 9.18
20608	Pte	Ryan, P			20.10.16
36603	Pte	Ryder, C	75 Div	E	3. 9.19
72474	Pte	Samuels, AE			26. 7.17
39929	Cpl(ASjt)	Sandilands, J			3. 9.18
1840	Gnr	Saunders, A		E	25. 2.20
132658	Cpl	Saunders, GC	2 Bn		2.12.19
23394	Pte	Sayer, HL			26. 7.17
157965	Pte	Scales, JB	9 Bn		11. 3.20
5973	Sjt	Scutcher, FW	37 Bn		3. 9.19
49539	LCpl	Seal, AS			28. 3.18
22187	Sjt	Sellick, JF			3. 9.18
16781	Pte	Sharp, E			25. 8.17
61460	Pte	Sharpe, T			29. 8.17
96071	Pte	Sharratt, WP			18. 2.18
48901	Pte	Shaw, A			26. 1.17
17841	CSM	Shaw, EHW	21 Bn		11. 3.20
22023	Sjt	Shaw, J			14.11.16
5643	Cpl(ASjt)	Sheath, WG, M.M.			30.10.18
20100	Cpl(ASjt)	Shephard, J			30.10.18
31794	Sjt	Sigstone, W	39 Bn		3. 9.19
20011	CSM	Silver, G			3. 9.18
99939	Cpl	Simister, R			3. 9.18
36842	Cpl	Simmons, P			25. 8.17
26698	Sjt	Simms, W	58 Bn		22.12.19
71230	Cpl	Simons, A			21.10.18
6770	Cpl	Simpson, E, M.M.			3. 9.18
141200	Pte	Simpson, J			3. 9.18
63250	LCpl	Simpson, JE			3. 9.18
9795	Sjt	Sims, J, M.M.	32 Bn		10. 1.20
24064	Sjt	Sinclair, H	56 Bn		11. 3.20
39835	Cpl	Sinclair, H, M.M.	55 Bn		11. 3.20
23954	Sjt	Sisterson, E			3. 9.18
18321	CSM	Sloley, TJ			9. 7.17
53874	Cpl	Smith, AC			30.10.18
43387	Cpl	Smith, APS			3. 9.18
4601	CQMS	Smith, BJ	19 Bn		3. 9.19
20258	Sjt	Smith, H			30.10.18
677	Cpl	Smith, H			18. 6.17
31370	Sjt	Smith, H	38 Bn		11. 3.20
18891	Cpl	Smith, JG			3. 9.18
127	Sjt	Smith, SB			26. 6.18
44174	Sjt	Somerton, A			3. 9.18
24606	Sjt	Soulsby, TW	35 Bn		3. 9.19
12223	Sjt	Sparkes, A			25. 8.17
16735	Sjt	Sparrow, C	33 Bn		3. 9.19
21683	Pte	Speed, CE			11.12.16
140510	Cpl(ASjt)	Spencer, W	32 Bn		10. 1.20
16631	Cpl	Stafford, J	33 Bn		2.12.19
143780	Cpl	Stead, JH	41 Bn		2.12.19
3283	Cpl	Steel, G			26. 1.18
51261	Cpl	Stevens, AH			13. 2.17
22217	Sjt	Stevenson, W, M.M.			3. 9.18
17454	Sjt	Stewart, D			26. 7.17
527	BSM	Stichbury, B	4 Bty. MMGS		11. 3.16
74116	Cpl	Still, C	1 Bn		2.12.19
17312	Sjt	Still, G			4. 3.18
17312	Sjt	Still, G, D.C.M.		Bar	3. 9.18
852	Gnr	Stirling, DB, M.M.			17. 4.18
14238	Pte	Stone, J			30.10.18
50867	Sjt	Stratford, WJ			13. 2.17
18195	Sjt	Stubbings, JW, M.M.			3. 9.18
23024	Sjt	Sturch, J			3. 9.18
61384	Pte	Summerfield, A	MG Serv.		26. 4.17
32618	CSM	Swanston, RJ	7 Div	E	25. 2.20
44322	Pte	Sweet, G			3.10.18
27413	Cpl	Swift, J			17. 4.18
25886	Sjt	Symes, E			18. 7.17
13691	Sjt	Talbot, B			21.10.18
72384	Cpl	Talbot, C			3. 9.18
16040	Sjt	Tann, JW, M.M.			3. 9.18
19171	Sjt	Tate, J, M.M.			30.10.18
18083	Sjt	Taylor, J			26. 9.16
57610	Pte	Taylor, JT	32 Bn		10. 1.20
39353	Pte	Taylor, R			26. 1.18
56072	Sjt	Thole, FE			26. 4.17
3856	Pte	Thomas, C	52 Coy		30. 3.16
99577	ACpl	Thomas, CE			28. 3.18
19188	Pte	Thomas, W			21.10.18
67360	LCpl	Thomas, WI			3. 9.18
2171	LCpl	Thomson, JM	(Motors)	M	25. 2.20
1847	Sjt	Thornett, CA			3.10.18
17042	Cpl	Thornton, H			4. 3.18
26563	CSM	Tierney, M	6 Bn		11. 3.20
6967	Cpl	Tigwell, AG			3. 9.18
67590	CSM Φ	Tolley, G, D.C.M. (Form W. Yorks)			
				Bar	6. 2.18
19641	LCpl	Tomlinson, F			13. 2.17
51695	Sjt	Tomlinson, HF			3. 9.18
5886	Cpl	Tomlinson, J, M.M.			3. 9.18
13458	Sjt	Toohey, M			13. 2.17
83748	Sjt	Townroe, CG			21.10.18
66631	CQMS	Townsend, HW	39 Bn		3. 9.19
7737	Sjt	Travis, H			14.11.16
25290	Sjt	Tugby, JW			3. 9.18
25290	Sjt	Tugby, JW, D.C.M.		Bar	21.10.18
81232	Sjt	Tully, J	25 Bn		25. 2.20
12202	Cpl	Turton, FA	36 Bn		2.12.19
2570	Sjt(A/BSM)	Unbeham, C			13. 2.17
41719	Sjt	Upton, WG, M.M.	MG Sqdn.		21.10.18
27940	Sjt	Urquhart, A	5 Bn		3. 9.19
32726	Sjt	Urquhart, DA			26. 7.17
42604	Cpl	Ussher, J			3. 9.18
56495	Sjt(A/CQMS)	Vaughan, JH	53rd MG Bn	E	3. 9.19
20693	Sjt	Veitch, G			17. 4.18
27912	Sjt	Vincent, A			3. 9.18
83709	CSM	Vincent, AGS	252 Coy		15. 7.19
2749	Cpl	Vyvyan, FG			18. 6.17
15482	Sjt	Wagstaffe, A			3. 9.18
3446	LCpl	Waite, GW			25. 8.17
28779	Pte(A/Cpl)	Wake, FJ			30.10.18
41574	SSM	Wakefield, GF	1 Sqdn. Cav.		11. 3.20
24612	Sjt	Walker, A			3.10.18
139630	Pte	Walker, F	49 Bn		11. 3.20
39084	Pte	Walker, S			6. 2.18
86191	LCpl(ACpl)	Walker, W			21.10.18
31011	LCpl	Wallwork, JW			26. 1.18
24996	Sjt	Walmesley, G			17. 4.18

MACHINE GUN CORPS

44264	Sjt	Walters, TE	41 Bn	3. 9.19
16991	Sjt	Ward, DV	2 Bn	11. 3.20
93914	LCpl	Ward, P		3.10.18
17672	CSM	Waring, S		21.10.18
22355	Sjt	Wark, JA	47 Bn	16. 1.19
19174	Sjt	Warner, I		21.10.18
7321	CSM	Watts, J	56 Bn	3. 9.19
106297	Sjt	Weed, F	37 Bn	11. 3.20
29582	Sjt	Wells, C	57 Bn	11. 3.20
17551	Sjt	West, E		21.10.18
10968	CSM	West, W		6. 2.18
10968	CSM	West, W, D.C.M.		Bar 3. 9.18
65588	Cpl	White, AJ		3. 9.18
16264	Pte	White, EJH		26. 9.16
67691	A/Sjt	White, F		6. 2.18
73404	Cpl	White, J		3.10.18
22210	CSM	White, J	47 Bn	3. 9.19
10716	ASjt	White, TGO		13. 2.17
3527	CSM	Whitfield, H		3. 9.18
16496	CSM	Whiting, A		3. 9.18
21563	Sjt	Whiting, C		3. 9.18
17456	Sjt	Whitton, T		17. 4.18
44559	CSM	Wigmore, EA	58 Bn	3. 9.19
14504	Sjt	Wilkie, W		18. 2.18
3523	Pte	Wilkinson, FJ	50 Coy	30. 3.16
39623	Sjt	Willerton, A		21.10.18
5655	Pte	Williams, A	23 Bn	I 25. 2.20
35508	Sjt	Williams, E	4 Bn	3. 9.19
53057	Pte(LCpl)	Williams, T	42 Bn	10. 1.20
17262	Sjt	Williams, T	3 Bn	11. 3.20
37565	Sjt	Williamson, J		29. 8.17
115046	Pte	Wilson, D	52 Bn	3. 9.19
22102	Sjt	Wilson, W	58 Bn	11. 3.20
16758	LCpl	Wilson, WT		25.11.16
62549	Pte θ	Withey, G	15 MG Sqdn	15. 1.20
5566	CSM	Woolmer, R		25. 8.17
21383	Sjt	Worsley, H	21 Bn	11. 3.20
14736	Pte	Worthington, J		14.11.16
5195	Sjt	Wray, P	37 Bn	11. 3.20
4533	A/Sjt	Wright, F		6. 2.18
54081	Sjt	Wright, WE		21.10.18
70659	Sjt	Young, DS	5 Bn	11. 3.20
44657	Sjt	Young, W	5 Bn	16. 1.19

† D.C.M. with R. Fus.
‡ D.C.M. with 19 Hussars.
▲ D.C.M. with A&S Highlanders.
Φ D.C.M. with W. Yorks.
○ USSUNA 9.9.19
□ MEDVYEJA - GORA 12.6.19
☆ SLUDKA 10.8.19
◊ LOE DAKKA 17.5.19 (India).
⊕ ERZERUM & ILIDJA 19.8.19
θ LOE DAKKA 17.5.19 (India).

779 D.C.M.'s ; 15 Bars.

TANK CORPS

200195	Pte	Allen, CS		6. 2.18
78827	LCpl	Anderson, JAC	8 Bn	11. 3.20
70119	Cpl	Archbold, SH		3. 9.18
308353	A/CQMSjt †	Attwood, HH		13. 7.20
77190	Cpl	Bell, J	12 Bn	5.12.18
308323	Cpl	Bell, W	4th Sup. Coy	16. 1.19
1737	A/RSM	Bennett, GF		17. 4.18
309352	CSM	Bough, A	17 Bn	11. 3.20
69647	Gnr	Breakey, W		17. 4.18
200386	LCpl	Breese, H	2 Bn	16. 1.19
92867	Sjt	Brewer, JV		30.10.18
206188	Pte	Briggs, P	15 Bn	16. 1.19
78510	Sjt	Brown, W	8 Bn	16. 1.19
76687	LCpl	Budd, A		28. 3.18
91977	LCpl	Burden, LJ		17. 4.18
92995	Pte	Bussey, BF		15.11.18
40274	Sjt	Callaghan, JB	8 Bn	3. 9.19
205022	Sjt	Child, DW	13 Bn	16. 1.19
76304	Cpl	Clark, W		15.11.18
92659	Sjt	Clements, AE	5 Bn	3. 9.19
75013	Pte	Clements, FHG	1 Bn	3. 9.19
307497	Sjt	Coates, JTH	3rd Carr Coy	11. 3.20
302335	A/Sjt	Cox, ASV		15.11.18
69715	Sjt	Cuthbert, F		21.10.18
40051	Sjt	Davies, D		6. 2.18
305392	Sjt	Dibben, FC	16 Bn	2.12.19
95531	CSM	Dick, T		21.10.18
110075	Pte	Dickenson, GW		15.11.18
76226	Sjt	Drinkwater, G	4 Bn	5.12.18
201379	Sjt	Duddridge, H	7 Bn	5.12.18
1407	Sjt	Dudley, TJ		6. 2.18
75035	Pte	Elliott, SAG		21.10.18
201658	Sjt	Falvey, H		30.10.18
76543	Sjt	Findlay, JA	Fld. Bn	11. 3.20
301290	LCpl	Fleck, H		15.11.18
75657	Sjt	Flower, W	3rd L. Bn	11. 3.20
95177	Pte	Ford, WJ		3. 9.18
76902	Pte	Foster, JB	2 Bn	10. 1.20
96454	Sjt	Fowler, W	Fld. Coy	21.10.18
75868	Sjt	Gordon, JN		15.11.18
75700	Sjt	Gould, F	11 Bn	3. 9.19
200601	Gnr	Green, WC		28. 3.18
91678	Pte	Griffiths, ST		3. 9.18
75609	LCpl	Guiver, VJ		6. 2.18
305216	Pte	Hamilton, BC	1 Bn	2.12.19
201482	Sjt	Harris, TH	7 Bn	10. 1.20
302023	LCpl	Hatherall, B		18. 2.18
112006	Sjt	Hatton, PE		15.11.18
110410	S/Sjt	Henson, AJ	3 Carr Coy	11. 3.20
75276	Sjt	Hibbert, H		30.10.18
91502	Gnr	Hoult, J		28. 3.18
305960	Pte	Houston, GR		15.11.18
75982	Sjt	Howells, F		15.11.18
75480	CQMS	Hunt, J	2 Bn	3. 9.19
40412	Gnr	Irving, R		28. 3.18
200459	Cpl	Jack, A	3rd L. Bn	11. 3.20
241	LCpl	Jagger, E		26. 1.18
302079	Gnr	Janes, O		18. 2.18
77427	CQMS	Jarvis, H	1 Bn	11. 3.20
20334	Cpl	Jenkins, DC		26. 1.18
75968	Cpl	Johnson, T	1 Bn	11. 3.20
75964	Cpl	Kay, A	1 Bn	3. 9.19
301991	Sjt	Kerwood, GW	14 Bn	5.12.18
305636	Pte	King, WG	13 Bn	10. 1.20
201524	LCpl	Lane, T	9 Bn	5.12.18
200867	LCpl	Lawrence, JB	4 Bn	5.12.18
78659	Cpl(A/Sjt)	Lowe, JJ	26 Bn	11. 3.20
92739	Sjt	March, S	9 Bn	5.12.18
75634	Cpl	Mayglothling, A		28. 3.18
304634	Sjt	McGregor, A	15 Bn	2.12.19
75769	LCpl	McGuire, M		26. 1.18
200791	Sjt	McNicoll, W	4 Bn	5.12.18
200279	LCpl	McQuillan, T	2 Bn	16. 1.19

Section 7. TANK CORPS 157

Number	Rank	Name	Unit	Date
201680	RQMS	Miles, HA	Fld. Bn	11. 3.20
78690	Sjt	Missen, R		6. 2.18
91587	Sjt(A/CSM)	Mitchell, AJ	8 Bn	16. 1.19
69945	Sjt	Moffatt, JG	7 Bn	11. 3.20
69575	Gnr	Morrey, W		6. 2.18
304376	Pte	Morris, A	17th (Armd Car) Bn	25. 2.20
77055	Cpl	Murby, WG		3. 9.18
1724	LCpl	Murdoch, T		26. 1.18
427	Cpl	Myleham, W		26. 1.18
305539	Pte	Neal, HL	8 Bn	16. 1.19
97310	Pte(LCpl)	Norton, RG	14 Bn	5.12.18
110119	Sjt	Nuttall, JH	10 Bn	11. 3.20
302099	Gnr	Oldknow, R		18. 2.18
69976	A/Sjt	Pepper, A	19 Bn	11. 3.20
305379	Pte	Perry, PJ		15.11.18
91992	LCpl	Pollard, A		30.10.18
305528	Cpl	Powell, SE	8 Bn	2.12.19
77365	Cpl	Prest, W		15.11.18
308429	Pte	Quinn, F	6 Bn	2.12.19
75922	Mech/S/Sjt	Rees, J	2 Bn	3. 9.19
201233	Pte	Ribbans, C	6 Bn	2.12.19
40406	Cpl	Rivers, G, M.M.	2 Bn	2.12.19
300246	Pte	Robbins, H	13 Bn	11. 3.20
95459	Sjt	Roberts, JH	12 Bn	5.12.18
200773(Form 2247)	Sjt	Robertson, D		17. 4.18
200043	CSM(A/RSM)	Robertson, D	1 Bn	3. 9.19
200940	A/CSM	Robinson, F	(Form 1710)	17. 4.18
112286	Pte	Sandford, R	11 Bn	3. 9.19
76804	LCpl	Scott, R		3. 9.18
200394	CQMS	Shaw, H	2 Bn	11. 3.20
200837	Cpl(A/Sjt)	Shelton, WG	16 Bn	11. 3.20
307575	Sjt	Siddle, W	3rd Carr Coy	11. 3.20
93000	Pte	Sidell, W		15.11.18
201029	Sjt	Smith, A	5 Bn	2.12.19
201044	Sjt	Smith, WE	2 Bn	25. 2.20
302781	LCpl	Smye, W		15.11.18
40376	Cpl	Stickler, WH		28. 3.18
200226	CSM	Stirton, GC		21.10.18
202016	Sjt	Stittle, EW	8 Bn	11. 3.20
92836	Sjt	Strang, J		21.10.18
92836	Sjt	Strang, J, D.C.M.		Bar 15.11.18
110135	Pte	Suddaby, T		15.11.18
75704	Gnr	Summers, AD		28. 3.18
201659	A/Mech/SSM	Sykes, F		30.10.18
201523	Sjt	Tayler, HW		30.10.18
75540	Cpl	Taylor, G, M.M.		3. 9.18
75109	Mech/SSjt	Turner, SW	2 Bn	11. 3.20
72755	Pte	Utting, H		26. 1.18
40103	Pte	Wallace, N		3. 9.18
95246	Sjt	Watson, R	Fld. Bn	11. 3.20
77474	Sjt	Watt, FW		17. 4.18
75097	Mech/S/Sjt	Wheelhouse, CE	2 Bn	11. 3.20
305570	LCpl	Whiles, T	13 Bn	16. 1.19
40313	Sjt	White, HA		17. 4.18
91955	Cpl	Whitehead, A		28. 3.18
201671(Form 32554)	A/Mech/SM	Whittaker, F		17. 4.18
301496	Sjt	Wildman, AF	14 Bn	5.12.18
301487	SSM	Wills, T	14 Bn	11. 3.20
96533	LCpl	Wilson, H		15.11.18
76588	Pte	Woodside, WM		15.11.18
200848	Pte	Yates, HD, M.M.	4 Bn	2.12.19

† FINLAND & BALTIC STATE 11.11.19

133 D.C.M.'s ; 1 Bar.

LABOUR CORPS

Number	Rank	Name	Unit	Date
614997	LCpl(Sjt)	Blacktin, E		3. 9.19
12604	Sjt	Briggs, B		17. 4.18
33001	CSM(A/RSM)	Broom, JH		21.10.18
4207	Sjt	Downie, T		21.10.18
376141	Pte(A/Sjt)	Duckworth, E		21.10.18
104404	Sjt	Dudley, EW	175 Coy	3. 9.19
33246	CSM	Edwards, JP	56 Coy	3. 9.19
12770	LCpl	Goldsworthy, WT	22 Coy	3. 9.19
104419	Cpl	Gough, A	175 Coy	3. 9.19
16806	Sjt	Halligan, JR	29 Coy	3. 9.19
619054(Form 242763)	Cpl	Hosker, TG	(Form LNL Regt)	3. 9.19
109373	Sjt	Kennedy, J	183 Coy	3. 9.19
7813	Sjt	McAllister, A	14 Coy	3. 9.19
114738	Pte	McArdle, P		21.10.18
443302	CSM	Mill, GA	97 Coy (Form R. High)	11. 3.20
42607	Sjt	Morgan, W		21.10.18
79201	CSM	Murphy, G		17. 4.18
319203	Pte	Playford, AE	(Form RWK Regt)	* 12.12.17
79210	Sjt	Richards, D		17. 4.18
34597	Pte	Riding, W	(Form Chesh. Regt)	6. 2.18
2406	Sjt	Roper, G		21.10.18
64018	Cpl	Thomas, GJ, M.M.		21.10.18
90615	Cpl	Walker, AM	(Form Devon Regt)	26. 1.18
28201	CSM	Warren, P		26. 1.18

24 D.C.M.'s

ROYAL ARMY SERVICE CORPS

Number	Rank	Name	Unit	Date
T4/037568	Sjt	Abbey, EL		11. 3.16
M2/049487	Pte	Adams, LE		11. 3.16
M2/077136	Pte	Allport, GR	MT(Attd. L.A.C. Bty)	21. 6.16
S2/016366	A/Sjt	Anderson, HW	G	11. 3.16
T/13248	CSM	Anderton, AA		30. 6.15
M1/6695	Pte	Andrews, S		11. 3.16
M2/100291	Sjt	Armstrong, T		21.10.18
M2/07607	Sjt(A/CSM)	Atkinson, W		21.10.18
703	Pte	Austin, P	2nd S. Mid Mtd. Bde T&S Colm.	27. 7.16
S/15318	St.SM	Avis, FC		30. 6.15
T/19499	Sjt	Barber, D		11. 3.16
M2/153167	Pte	Barr, WF		15.11.18
T4/250444	Sjt(A/SSM)	Bartlett, SG	(Attd. RAMC)	13. 2.17
M2/114444	Pte	Barton, WJ	2 Water Tnk Coy	10. 1.20
M2/117298	Cpl(ASjt)	Bashford, TEG	(Attd. RGA)	3. 9.19
T/22608	Sjt	Bean, J		30. 6.15
T/28315	Dvr(ASjt)	Beart, PR	54 Div. Train E	3. 9.19
T/440557	CQMS	Beerman, JS	(Attd. Camel Trans Corps) P	11. 3.20
S/19453	Sjt(A/SSM)	Bews, WG		21. 6.16
M2/045797	Pte	Blair, G		11. 3.16
T/20683	Sjt	Bland, JT		11. 3.16
T4/212961	Sjt	Blaylock, R	(Attd. Camel Trans Corps) P	11. 3.20
T/20526	T/SSM	Bleach, GJ	4 Cav. Div. Aux MT Coy.	3. 9.19
T2/015638	Sjt(T/SSM)	Boast, E		18. 2.18
1126	Dvr	Bold, CT	1 Coy 50 Northumbrian Div.	11. 3.16
S/16147	SSM	Booth, AEJ		21. 6.16

M2/131363	Pte	Bourke, B		29. 8.17
S/24179	A/Sjt	Boxall, JR		11. 3.16
S/20855	St.QMS	Boyd, WE		11. 3.16
S/579	St. SM	Boyer, W	42 Div. Train	21. 6.16
M2/152638	Sjt	Bragg, GH		3.10.18
T/11653	SSM	Brent, WE		11. 3.16
T/36046	Sadl. S/Sjt(A/CSM)	Brewer, EA		21.10.18
T4/ 038758	Dvr	Bristow, E		11. 3.16
S/25143	LSjt	Brooks, WJ		11. 3.16
DM/153985	Pte	Broom, CA, M.M.(Attd. RAMC)		2.12.19
S/22246	Sjt	Brown, W		11. 3.16
S/24180	Cpl(A/SSM)	Bruce, RW		27. 7.16
S4/140073	QMS	Brunton, CS		21.10.18
M/287597	Pte	Bunce, F	(attd. RGA)	3. 9.19
T4/036322	Dvr	Burberry, P		11. 3.16
M2/115380	Sjt	Bush, PA		4. 3.18
M2/167834	Pte	Butcher, W		3. 9.18
T4/057478	Dvr(A/LCpl)	Cairns, J		30.10.18
M2/074942	Dvr	Caley, GE	(Attd. RAMC)	11. 3.16
M2/268385	Pte(A/LCpl)	Cassels, JP		21.10.18
S/24513	St. Sjt(A/SQMS)	Castle, EW		11. 5.17
S2SR/02993	SQMSjt †	Cawthorn, JH		13. 7.20
T3/024507	Sjt	Chape, JT		13. 2.17
M2/031480	Pte	Charlton, A	MT(Attd. Can Art) 13. 2.17
S3/023019	A/Cpl	Clark, W	G	11. 3.16
M1/5707	Mec/SSjt	Clarke, AF		3. 9.18
19238	St.QMS(A/SSM)	Clayton, R		21. 6.16
MS/287	Pte	Clements, TR		11. 3.16
M2/079630	CQMS	Colbran, LH		21.10.18
M2/046358	Sjt	Cole, WJP	(Attd. RGA)	3. 9.19
MS/3540	Pte	Collins, JD		5. 8.15
M2/136920	Sjt	Cooper, W		3. 9.18
T/27682	Dvr	Costello, J	(Attd. RE)	6. 9.15
T/25142	Dvr	Cox, HT		1. 4.15
M2/100487	Pte	Crawford, WT	(Attd. RAMC)	5.12.18
T4/038719	Dvr	Crook, EV		11. 3.16
M2/115134	Pte	Crosby, WC	37 Div Supp. Col	3. 9.19
T/20789	Prov.Farr.Sjt	Cussens, T		1. 4.15
T4/038767	A/Sjt	Daborn, AJ		11. 3.16
S/12962	SSM	Dargan, WL		21. 6.16
M2/148078	Pte	Davies, RS	MT	28. 3.18
M2/050383	Pte	Dawson, JA		3. 9.18
MS/946	Sjt	Denson, H	(Attd. RGA)	3. 9.19
M2/194380	Cpl ‡	Douglas, J	MT	14. 4.20
M1/06754	A/Sjt	Dowsett, H		11. 3.16
M2/055482	Pte(A/Sjt)	Drew, GH		6. 2.18
M2/046061	Sjt(A/CSM)	Duffy, C		13. 2.17
M2/047359	Pte(A/LCpl)	Dufour-Clark, O(Attd. RGA)		21. 6.16
M2/054281	Pte	Dyett, C		11. 3.16
S/18377	St.QMS	Edgar, D		11. 3.16
S/16775	SSjt(A/SQMS)	Elliott, GT		21.10.18
T4/239608	SSM	Ellis, RH	59 Div. Train	11. 3.20
M/20559	Mech/SM	Evans, GAL		17. 4.18
T/566	Dvr	Everard, JJ	47 Div. Train	11. 3.16
S/16343	SSM	Faint, H		21. 6.16
MS/273	ACpl	Flowers, EW		16. 1.15
T/22199	A/Sjt	Freathy, F	(Attd. RAMC)	11. 3.16
M2/054104	Pte	Gardner, ST		3. 3.17
S4/071963	SSjt	Gibbs, J		21.10.18
M2/205343	Cpl	Gibson, J	(Attd. RGA)	3. 9.19
M2/050304	Sjt	Gittens, E, M.M.	(Attd. RGA)	11. 3.20
S4/173134	Pte(ACpl)	Given, A		18. 2.18
M2/132166	Pte	Godfrey, J		25. 8.17
M2/187702	Pte	Goldfinch, E	(Attd. 7 Lt. Car. Patrol) P	11. 3.20
M2/120585	Sjt	Gorman, E, M.M.(Attd. RAMC)		16. 1.19
T/23263	A/Farr. Sjt	Goss, CT		11. 3.16
S/13955	SSM	Gracey, GH		21. 6.16
DM2/155186	Cpl	Graham, C	(Attd. 102 A/A Sect) P	11. 3.20
M1/07575	Pte	Grealey, FJ		11. 3.16
M2/265421	Pte(A/Cpl)	Greenall, FJ		3. 9.18
M2/020766	A/Cpl	Greenwood, J		11. 3.16
S/14401	SSM	Grimwood, AC		21. 6.16
M2/080226	Pte	Grover, G	(Attd. RAMC)	11. 3.16
S/16192	A/St.SM	Gyde, CL		11. 3.16
T/32405	Dvr	Halliday, EW		11. 3.16
M2/151849	Sjt	Hamblin, PM	(Attd. RGA)	2.12.19
M2/018414	Sjt(A/CSM)	Hammond, A		25. 8.17
TS/1067	Dvr	Hardesty, AG		1. 4.15
M2/114755	Sjt	Hardman, NH	(Attd. 'N' Sge Park)	11. 3.20
S/15287	SSM	Harold, J		21. 6.16
S/17867	St.QMS	Harrison, G	(Attd. H.Q. 5 Bde)	16. 1.15
M/27117	Sjt(A/CSM)	Harrison, R		3. 3.17
M2/153652	Pte(A/LCpl)	Harvey, TG		18. 2.18
M2/051606	Sjt	Hatchell, EM		17. 9.17
M2/166599	Pte	Hawker, JJ		21.10.18
M2/020987	Pte	Hayward, JR		11. 3.16
M2/180805	Pte	Heard, W		21.10.18
M2/117040	Pte	Heath, JA	(Form 2086 Lond. Regt)	11. 3.16
MS/3943	A/Cpl	Hellmuth, EA	(Attd. RE)	11. 3.16
M2/053918	Pte	Highmore, AE, M.M.		3. 9.18
M2/053918	Pte	Highmore, AE, D.C.M., M.M. (Attd. RAMC) Bar	10. 1.20
M2/047351	Pte	Hill, FL		21.10.18
T/11451	SSM	Hill, G		21.10.18
T/14878	CSM(A/SSM)	Hoad, F		9. 7.17
M2/104626	Sjt	Hockaday, GTE	(Attd. RGA)	3. 9.19
MS/1585	Pte(ASjt)	Hockley, J		21.10.18
SS/5294	St. Sjt	Holmes, HS		21. 6.16
M2/076770	Pte	Holmes, J	(Attd. RAMC)	16.11.15
T/22042	Dvr	Hooper, JC		11. 3.16
S/22247	Sjt(A/SSM)	Hopkins, CW		21. 6.16
M2/033691	Pte(A/Sjt)	Houchen, FV		9. 7.17
DM2/228278	Sjt	Hughes, A		21.10.18
M2/034011	Pte	Hull, P		21. 6.16
DM2/129569	Pte	Humphreys, H		6. 2.18
T/13563	SSM	Humphries, HE		21. 6.16
M2/120576	Sjt	Ibbeson, S	MT	30.10.18
T3/026433	Cpl	Illingworth, PH	18 A. Aux Hse. Coy.	2.12.19
TS/347	Dvr	Ingrey, F	(Attd. III Ind. FA)	1. 4.15
M2/200290	Pte	Isaacs, EG		26. 1.18
M2/115665	Pte	Jobling, S		3.10.18
T4/245402	CSM	Johnston, WH		1. 5.18
M2/033022	Sjt	Jones, B		11. 3.16
M2/120798	A/Sjt	Judge, WA	MT	21. 6.16
S/18331	St.Sjt	Kelly, CR		11. 3.16
M2/177455	Pte	Kirkbright, G		26. 1.18
S4/126288	Sjt	Lim, WS		21.10.18
M2/222711	Cpl	Lindley, A	(Attd. RGA)	3. 9.19
T/3008	Dvr	Liversedge, F	2 Coy 49 W. Rid. Div. Train	11. 3.16
M2/022303	Sjt	Lloyd, JF		11. 3.16
T4/038682	Dvr	Lovell, CM		11. 3.16
S/19232	St. Sjt	Lumbard, CWH		11. 3.16
S/2282	Pte	MacCulloch, HS	47 Div Train	11. 3.16
M2/019481	Sjt	MacKrosy, N		13. 2.17
T/14586	LCpl(A/Sjt)	Makin, L		13. 2.17
M2/034842	ASjt	Martin, C		11. 3.16
Tl/341	Dvr	Martin, F		11. 3.16
S/18058	A/SSM	Martin, T		11. 3.16
M2/130588	Pte	Mason, TC		9. 7.17
M2/048022	Dvr	McGrory, E	MT Sect G	11. 3.16
M2/099963	Sjt	McIntire, A	(Attd. RGA)	3. 9.19
DM2/207894	Pte	McLean, RD		21.10.18
M2/100314	Pte	Mears, VC		3. 9.18
M2/018966	Sjt	Menkinick, CK		3. 9.18
S/18134	SSM	Metcalf, CE		21. 6.16
S2/018327	LCpl(ASjt)	Miller, P		3. 9.18
S4/071903	Sjt(A/CQMS)	Moisley, J		13. 2.17
T/28938	Dvr	Moran, JO		30. 6.15
M2/183996	Pte	Morrill, PS		3. 9.18
S/18206	SSM	Morris, E		11. 3.16
M2/120792	Pte	Morrison, A	MT	21. 6.16
M2/020941	Pte	Morton, HG		11. 3.16
M2/077665	Pte(A/Cpl)	Newick, HA		28. 3.18
M/36047	ACpl	Noak, H	MT	13. 2.17
T/33962	Pte	O'Keefe, T		11. 3.16
M2/099425	Pte	Oliver, C	23 Div. MT (Attd. RAMC) I	9. 9.19
S/21717	Sjt(T/SSM)	Ormes, CR		3.10.18
M2/120793	Pte	Page, W	MT	21. 6.16
S4/039787	Pte	Paramour, PW	G	11. 3.16
S4/197875	Cpl	Paterson, D		18. 2.18
MT/1871	Pte	Payne, F		16. 1.15
M2/151873	Pte(A/Sjt)	Pearce, JW		3. 9.18
S/31641	Pte	Peckett, AWS		11. 3.16
M2/132876	Sjt	Peel, HF		21.10.18
S/15052	St.QMS	Penn, WG	G	11. 3.16
T/9149	T/1st Cl.SSM	Perks, J		17. 4.18
M1/6808	CSM	Phelps, HR		21. 6.16

ROYAL ARMY SERVICE CORPS

S4/059963	A/Sjt	Phillips, EJ		11. 3.16
M/17553	CSM	Phipps, A		30. 6.15
M1/07852	Pte	Piper, OFV		13. 2.17
S/18119	St.Sjt(A/SSM)	Porter, CH		21. 6.16
M2/133755	Pte	Powell, G	MT	21. 6.16
M2/182415	Pte	Puckett, CR		26. 1.18
M1/7685	Pte	Puplett, TJ	MT	21. 6.16
M2/182297	Pte(ACpl)	Ramsey, J		26. 1.18
T1/3686	Dvr	Ramsey, JM		1. 5.18
T/29354	Dvr	Randall, H		21. 6.16
T/20471	Cpl(A/CSM)	Ranson, P		13. 2.17
M1/06362	Cpl	Redburn, AC	(Attd. RGA)	10. 1.20
M1/08320	Pte(A/Cpl)	Reeve, KG		11. 3.16
S2/SR/04140	1st Cl. SSM	Rigby, J		21. 6.16
S/30241	LCpl	Rodgers, A		11. 3.16
S/15927	SSM	Rose, JW		21. 6.16
S/20332	St.Sjt(A/SQMS)	Ryan, AJ		21. 6.16
S/17042	SQMS	Sanderson, J		11. 3.16
M2/120794	Pte	Sawyer, HA	MT	21. 6.16
T/22211	Farr. St.Sjt	Sayer, J		11. 3.16
M2/182836	Pte	Scott, JR		21.10.18
M2/131393	Pte	Sell, L	(Attd. RAMC)	5.12.18
M/301209	Pte	Sermon, BH		3. 9.18
M2/098666	Pte	Sharples, R	MT	3. 9.18
M2/076550	Pte(ACpl)	Shaw, A		21.10.18
M2/102696	Pte(ACpl)	Shepherd, GB		25.11.16
M2/193613	Pte	Shepherd, S	729 Coy M	16. 1.19
CMT/3098	Pte	Sheriff, M	(Attd. RAMC)	30. 3.16
T2/10560	Dvr	Shipp, JCV		9. 7.17
S4/041806	A/SSM	Smith, EA		21. 6.16
S4/055789	Sjt(A/SQMS)	Sneddon, G		9. 7.17
M2/153811	Pte	Spalding, JF	(Attd. RAMC)	3. 9.19
S/17645	SQMS	Spencer, HJ	G	11. 3.16
M2/078952	Pte	Starkey, FB	MT (Attd. RAMC)	16. 1.19
MS/3713	Sjt	Staunton, GW		5. 8.15
S/15386	St.Sjt	Steele, AJ		5. 8.15
M2/119019	Pte	Stevens, RW	(Attd. Lt. Car. Patrol)	26. 4.17
M2/049720	Pte	Stewart, J		11. 3.16
M2/119282	Pte	Summers, J		1. 5.18
S/13115	1st Cl. SSM	Suter, LG		11. 3.16
M2/153184	Pte(ASjt)	Talmey, G		3. 9.18
M2/050087	Sjt	Taylor, F		9. 7.17
M2/020596	Pte	Taylor, WF		11. 3.16
T/21394	Dvr	Thatcher, AJ		11. 3.16
M2/082632	Sjt	Thompson, R	(Attd. RGA)	3. 9.19
DM2/180263	Sjt	Thomson, CG		1. 5.18
M2/135637	Cpl	Thorne, RV	(Attd. 8 Lt. Armd. M. Bty) M	16. 1.19
M2/032351	Pte(A/LCpl)	Thornley, J		28. 3.18
M2/053212	CSM	Tilley, AH		13. 2.17
SS/1087	Prov. L/Cpl	Tooley, GJ		1. 4.15
SS/865	St.Sjt	Topley, RG		21. 6.16
	Dvr	Vickers, HJ	7 Coy	6.11.14
M1/5696	Pte(ACpl)	Wadsworth, AR		17. 9.17
T2SR/02029	CQMS	Walker, WJ		11. 3.16
M2/050522	Pte	Wallace, H		18. 7.17
T2/10777	SSM	Wassell, C		18. 7.17
M2/047110	Cpl	Weeks, FG	(Attd. RAMC)	2.12.19
M2/101863	Pte	Welcome, W		28. 3.18
MS/3793	Mech. SM	Wellavise, H		3. 9.18
T/22849	Dvr	Wells, T	(Attd. 5 FA)	16. 1.15
DM2/075175	Pte(ACpl)	White, C		21.10.18
S4/056045	SQMS	Whitehouse, J		21. 6.16
T/25745	Dvr	Whittet, R		22. 9.16
M2/149393	Pte	Wilkes, AR		28. 3.18
M2/134554	Pte	Williams, A		3.10.18
C/2047	Cpl	Williams, C		11. 3.16
T2/10171	Dvr	Williams, DT		21.10.18
TISR/755	1st Cl. SSM	Williams, G		13. 2.17
CMT/2938	Pte	Wilson, GB		21. 6.16
M2/150492	Pte(ASjt)	Wincott, TW	(Attd. LAM. Bty)	16. 8.17
T4/250939	Sjt(A/CSM)	Wingate, CH		21.10.18
DM2/112852	Pte	Winterbottom, F		1. 5.18

† MURMANSK

‡ ERIVAN

253 D.C.M.'s ; 1 Bar.

ROYAL ARMY MEDICAL CORPS

45510	A/Sjt	Abbiss, HW		20.10.16
45510	Sjt	Abbiss, HW, D.C.M.		Bar 26. 1.18
372	Sjt	Abnett, C	1st Home Counties FA	11. 3.16
12377	QMS(T/SM)	Aldhous, BL		26. 1.18
301146	Sjt	Allan, WM		28. 3.18
2135	Cpl	Allen, E	26 FA	11. 3.16
1679	Pte	Angell, F		14.11.16
19882	Sjt(A/St.Sjt)	Arscott, E	19 FA	10. 1.20
40508	Sjt	Ashmore, T, M.M.		4. 3.18
388342	Pte	Ayre, CD		28. 3.18
31540	Sjt	Bagenal, H		22. 9.16
2191	Pte	Banham, C	1/3 E.Ang. FA	21. 6.16
403156	Cpl	Barber, JH		30.10.18
67165	Cpl	Barlow, GE	96 FA	2.12.19
350477	Pte	Barnett, G	2/1 FA	2.12.19
20101	Sjt	Barnfield, JL	Spec. Res.	16. 1.15
47768	Pte	Barton, A	(Later RE)	11. 3.16
473174	Pte	Bass, F		26. 1.18
36537	Pte	Baulcomb, H		21. 6.16
5084	Cpl(A/Sjt)	Bawden, SB, M.M.		30.10.18
401452	Sjt	Beevers, F, M.M.		4. 3.18
18830	Sjt	Bell, F		9. 7.17
390005	QMS	Bell, J		3.10.18
6630	Pte	Bennet, T		3. 6.15
1502	Pte	Bennison, F		11. 3.16
6870	Pte	Berry, M		25.11.16
536001	QMS(T/SM)	Bevans, HE		21.10.18
510019	Sjt	Biddle, G, M.M.	2/2 FA	2.12.19
1263	Pte	Bird, AW	11 FA	16. 1.19
8382	Pte	Blackman, H	22 FA	Ger 26.10.16
17843	QMS(A/SM)	Blair, RC		21. 6.16
176	Sjt	Bland, G	1/2 FA	11. 3.16
27821	Sjt	Blandford, A		4. 3.18
10647	Pte(ACpl)	Bond, FW		25. 8.17
15537	St.Sjt	Booth, F		21. 6.16
25789	Sjt	Bottomley, H		17. 4.18
411	Pte(T/Sjt)	Bowden, CG	19 FA	11. 3.20
354259	Pte	Bowkett, EC		21.10.18
9657	Sjt	Bradley, A		3.10.18
1331	Sjt	Breame, JW	1st East Ang. FA G	6. 9.15
386059	Pte	Brett, J		28. 3.18
417081	Pte	Bridgman, H	1st N. Mid. FA	3. 9.19
12672	Pte	Bristow, WTD	(Form R. Fus) Ger	15.12.16
71883	Pte(A/Cpl)	Brooke, MFA		26. 1.18
339298	SSjt	Brookes, W, M.M.	63 FA	3. 9.19
339298	SSjt	Brookes, W, D.C.M., M.M.	63 FA	Bar 10. 1.20
100514	Pte	Brown, J	10 FA	16. 1.19
303003	SSjt(A/QMS)	Brown, J		21.10.18
117	Pte	Brown, TW		13. 2.17
1861	Pte	Bruce, JG	1st Res. Highl. FA	11. 3.16
19595	SSjt(T/SM)	Bull, CE		11. 3.20
16165	QMS(T/SM)	Bullough, P	(Attd. SAMC) GSWA *	22. 8.18
20413	Cpl	Burch, D	Spec. Res.	11. 3.16
435120	SSjt	Burling, FG	2/1st S. Mid. FA	3. 9.19
435120	SSjt	Burling, FG, D.C.M.	2/1st S. Mid. FA Bar	2.12.19
9939	Pte	Burns, A		17.12.14
32712	Pte	Butcher, EG		11. 3.16
18566	Sjt	Butler, H		17. 9.17

ROYAL ARMY MEDICAL CORPS — Section 7.

Number	Rank	Name	Unit	Date
1772	Sjt(A/QMS)	Butler, MA, M.M.	1st FA	3. 9.19
27773	Pte	Calvert, H		22. 9.16
439013	Sjt	Cann, EV, M.M.		15.11.18
8653	Pte	Canty, J	22 FA	Ger 26.10.16
37128	Cpl(A/Sjt)	Cardy, AC, M.M.		4. 3.18
36924	Pte	Carless, J	49 FA	11. 3.20
1147	Cpl	Carley, H	1st Yorks Mount. Bde. FA	11. 3.16
388249	Pte(A/Cpl)	Carling, R, M.M.		3. 9.18
12751	Sjt	Carter, TB	19 FA	30. 6.15
7685	Pte	Cartwright, J	14 FA	30. 6.15
493533	LSjt	Cassingham, J		4. 3.18
41916	Pte	Chalkley, W		26. 9.16
540037	SSjt(T/SM)	Challis, FB		3. 9.18
55195	Sjt	Charleson, D		21.10.18
69805	Pte	Charnock, M		13. 2.17
1523	Cpl(ASjt)	Cherry, JW	1/3 North'brian FA	30. 3.16
508112	Cpl(ASjt)	Clarkson, CF		26. 1.18
457395	Pte	Clemens, E		3.10.18
388018	SSjt(T/SM)	Clough, J		3. 9.18
18627	SSjt	Cockburn, B		21.10.18
1828	Pte	Connolly, M		26. 6.18
388362	Pte	Cook, A		28. 3.18
1644	Pte	Cook, A		3. 7.15
508344	Sjt(A/St.Sjt)	Cook, R, M.M.		3. 9.18
19032	Sjt	Cooke, J	No. 6 Sanitary Squad.	3. 6.15
46289	Cpl	Cooper, J		26. 1.18
495422	Cpl(A/LSjt)	Craft, LG, M.M.	2/2 FA	16. 1.19
2245	Sjt	Cripps, AG		6. 2.18
40458	Pte	Cross, FWL, M.M.		3. 9.18
4894	Sjt(A/QMSjt)	Crossman, WJ	S	10. 1.20
42427	Sjt	Currie, WJ	59 FA	30. 3.16
2337	Pte	Darling, DW	2nd Lond. San. Coy	11. 3.16
300059	Sjt	Davidson, W		1. 5.18
48579	SSjt(A/SM)	Davies, GT	130 FA	3. 9.19
48753	Pte	Davies, J		3.10.18
46707	Pte(ASjt)	Davies, JE		6. 2.18
497286	Sjt	Davis, PO	2/3 FA	11. 3.20
35664	Sjt	Davis, R		11. 3.16
76050	Pte	Devey, AA		3. 3.17
195	Pte	Dilthey, C		25.11.16
68703	Cpl(A/Sjt)	Dingwall, HL		3. 9.18
341263	Cpl(ASjt)	Dolan, O, M.M.	64 FA	5.12.18
316293	Pte	Donald, WS		26. 1.18
354100	Sjt	Dowling, HE		21.10.18
354100	Sjt	Dowling, HE, D.C.M.	Bar	3. 9.18
341023	Sjt	Drury, J		26. 1.18
1914	Sjt	Dugmore, E		13. 2.17
459089	Pte	Duke, CSJ		26. 1.18
677	St.Sjt	Dymond, E	Welsh Border Mounted Bde FA	11. 3.16
1906	Cpl(A/Sjt)	Eames, AT	(Attd. R. Scots)	18. 7.17
47672	ACpl	Eastick, W		26. 1.18
492032	Sjt	Easton, J		18. 2.18
41640	Pte	Edwards, T		18. 7.17
37443	Sjt	Ellis, J		20.10.16
37443	Sjt	Ellis, J, D.C.M.	Bar	26. 7.17
301288	LSjt(ASjt)	Elmslie, PB, M.M.		3. 9.18
30902	Sjt	Eyre, E		11. 3.16
317	Cpl	Fearing, T	1/3 E. Lancs. FA	G 11. 3.16
46363	A/St.Sjt)	Fenner, E		21. 6.16
65147	Pte	Fiori, OPG		26. 7.17
33542	Cpl	Fitch, SA	30 FA	G 11. 3.16
7766	Pte	Fitch, WR	(Attd. 1st Hants Rgt.)	5. 8.15
38359	Pte	Fitton, JJ	59 FA	30. 3.16
62011	Pte(A/LCpl)	Foley, F, M.M.		3. 9.18
8313	Pte	Folkes, JW		1. 4.15
301286	Pte	Forrest, WS		30.10.18
36863	Sjt	Forster, EH	(Attd. Ind. FA)	E 3. 9.19
61886	Sjt	Foster, RH, M.M.	91 FA	5.12.18
7830	Pte	Found, RG	(Attd. 1 Bn Liverpool Rgt.)	30. 3.16
538144	Pte(ACpl)	Fowler, W	6 FA (Attd. 21 Lond. Rgt.)	3. 9.19
4811	Cpl	Franklin, AH		26. 1.18
1000	A/LCpl	Franklin, BS	2 FA	16.11.15
14865	Pte	Freshwater, N		11.11.14
5691	Cpl	Gallagher, G	16 FA	15. 9.15
39741	Pte	Gallimore, J		18. 2.18
34110	Pte	Gant, W		11. 3.16
341040	Sjt	Gee, W		26. 1.18
934	Pte	Giles, T	6 FA	17.12.14
38657	Sjt	Gillies, L, M.M.	99 FA	16. 1.19
30334	Sjt	Gooding, WH		25.11.16
40658	Cpl(A/Sjt)	Goodwin, H		16. 8.17
40658	Cpl(A/Sjt)	Goodwin, H, D.C.M.	Bar	26. 1.18
37742	QMS(A/SM)	Gosley, FStL		6. 2.18
59602	Pte	Grahnert, HR		26. 1.18
2	A/SM	Gray, EG		3. 3.17
732	Cpl	Gray, JW	1st North'brian FA	11. 3.16
42939	Pte(A/Sjt)	Graydon, S		3. 9.18
390188	Sjt	Green, A		21.10.18
456014	Pte	Green, JP		1. 5.18
388021	Sjt	Greenland, JH		18. 7.17
43124	St.Sjt	Grindley, AB		26. 9.16
4093	Pte	Grundy, J		11. 3.16
63278	Pte	Hadfield, T	51 FA	11. 3.20
12519	QMS	Halford, RE	21 FA	16.11.15
8559	Pte	Hallamore, H		16. 1.15
51088	Pte	Halls, GT		11. 3.16
11702	Pte	Hamilton, A	(Attd. 1 Bn KSLI)	31. 5.16
457033	Sjt	Hancock, C		3.10.18
1105	Sjt	Hancock, JW	4 Lond. FA	16.11.15
3311	Pte	Hanson, W		11. 3.16
30893	Sjt	Hardy, J		26. 1.18
113	Sjt	Harrie, SM	3 Lond. FA	11. 3.16
534460	Sjt	Harrington, JS	14 FA	2.12.19
18570	Cpl	Hart, J		3. 6.15
19029	St.Sjt	Harvey, RE		19. 8.16
32220	Cpl(A/Sjt)	Haseldine, WN, M.M.	28 FA	2.12.19
20478	Sjt	Hastings, JW		14.11.16
20478	St.Sjt	Hastings, JW, D.C.M.	Bar	3. 9.18
32329	Cpl(A/Sjt)	Hatton, O		29. 8.17
308011	Sjt †	Hay, GA		13. 7.20
4586	Pte	Hazell, A	22 FA	Ger 26.10.16
20709	Sjt	Heap, JH	18 FA	15. 9.15
1089	Cpl	Henderson, J		14.11.16
1637	Pte	Herd, W	(Attd. 8 R. Scots)	30. 6.15
641	Pte	Hill, G		1. 4.15
403243	Sjt	Hind, JF, M.M.	1/2 W. Rid. FA	25. 2.20
401178	Cpl(ASjt)	Hirst, E, M.M.		30.10.18
17907	Pte	Hobson, JE		1. 4.15
1611	Sjt	Hodson, P	113 FA	11. 3.20
1	Sjt	Holdsworth, WE	1/2 W. Rid. FA	15. 3.16
17711	Cpl	Holland, DC		1. 4.15
27568	Cpl	Holmes, W, M.M.(Attd. 89 FA)		10. 1.20
11347	Pte	Holroyd, FJ	3 FA	16. 1.15
1683	Pte(ACpl)	Holt, HA	6 FA	27. 7.16
493007	Sjt	Holtum, AH	1st FA	S 11. 3.20
446012	Sjt	Honey, E		26. 1.18
5557	Pte	Hopkins, RJ		1. 4.15
48124	Sjt	Hopkins, TG, M.M.		15.11.18
587	Pte	Howitt, AW		30. 6.15
49086	Pte	Hudson, F		14.11.16
12433	Pte	Hughes, CAT		11. 3.16
32611	A/Sjt	Hughes, G	30 FA	G 11. 3.16
6146	Pte(A/Sjt)	Hughes, J		17. 4.18
19026	Pte	Hughes, J		3. 6.15
264	Pte	Hughes, W	1/1 E. Lancs. FA	G 15. 9.15
1621	Pte	Hunter, G		14.11.16
1909	Pte	Inglis, AP	1/3 Lowland FA	G 15. 9.15
551	Sjt	Ingram, C	84 FA	30. 6.15
39213	Sjt(A/St.Sjt)	Ingram, J, M.M.		3. 9.18
39928	Sjt	Jacobs, G		26. 9.16
350002	QMS(T/SM)	Jarman, W	1/1 E. Lancs FA	11. 3.20
19651	Cpl	Jebbitt, AC		* 10. 6.20
46084	LCpl	Jeffers, AE		11. 3.16
36386	Pte(A/Cpl)	Jenkins, R		22. 9.16
727	Sjt	Jenkins, WF	2 Home Counties FA	11. 3.16
844	Sjt	Johnstone, BD		26. 7.17
41669	Sjt	Johnstone, CC		25. 8.17
12953	LCpl	Jonas, J	5 FA	6.11.14

ROYAL ARMY MEDICAL CORPS

Number	Rank	Name	Unit	Notes	Date
922	Pte(A/LCpl)	Jones, AB	87 FA	G	11. 3.16
33476	Cpl	Jones, IE	140 FA		3. 9.19
20119	Pte	Jones, J			6. 2.18
1369	Cpl	Jones, JW			3. 7.15
69522	Pte	Jones, R	(Attd. RFA)		26. 3.17
29139	Pte	Jones, WD			28. 3.18
6936	Pte(A/Cpl)	Jordan, HW			3. 9.18
62146	Pte(A/Sjt)	Jordan, W			6. 2.18
62146	Cpl(A/Sjt)	Jordan, W, D.C.M., M.M.		Bar	3. 9.18
115	Sjt	Joseph, AE	3 FA		16. 1.15
6309	Pte	Keen, CF			3. 6.15
20784	Pte	Kelsall, W			28. 3.18
439	Pte	Kendrick, J			11.11.14
1714	Cpl	Kennady, L	1st North'brian FA		11. 3.16
6220	Pte	Kerr, JS	(Attd. 7 Siege Bty RGA)		22. 1.16
1655	Cpl	Kidd, W			25.11.16
10363	Pte	Kilpack, G			11. 3.16
17767	St.Sjt	Kimber, HG			11. 3.16
48068	Sjt	King, FJ			26. 1.18
8994	SM	Kingston, C			26. 9.16
9190	Pte	Kirk, WW			1. 4.15
17898	Pte	Knagg, W			11. 3.16
73144	Pte	Knight, C	7 FA		11. 3.20
2064	St.Sjt	Laird, N			22. 9.16
18576	QMS(A/SM)	Lamkin, W			17. 4.18
1732	Pte	Lammirman, L			14.11.16
478	LCpl	Lamplugh, W	1 Lond. San. Sect.		21. 6.16
354015	QMS(T/SM)	Langford, GW	2/3 E. Lancs FA		3. 9.19
37869	Sjt	Langley, H	38 FA		15. 4.16
18722	Pte	Leach, WJJ			17.12.14
18216	QMS(A/SM)	Leggett, RG			17. 4.18
546124	Cpl(A/CSM)	Leybourne, LT			21.10.18
352080	Sjt	Lomax, R			21.10.18
8859	Pte	Lucas, AH			16. 1.15
12344	Sjt	Lucas, FH			21. 6.16
32251	SM	Lyon, GF			21.10.18
50850	Cpl	Lyttle, TF			13. 2.17
536025	Sjt	Mack, HR			28. 3.18
44702	Sjt	MacLean, A			14.11.16
477061(Form 1855)	Cpl	Main, TC	(Attd. Essex Rgt.)		16. 8.17
305053	Sjt	Mann, E			26. 1.18
669	Pte	Marlborough, TA	6 FA		17.12.14
4570	Pte	Marshall, F			16. 1.15
339006	QMS(T/SM)	Martin, DG	98 FA		3. 9.19
53482	Sjt	Martin, RRS			14.11.16
4439	Pte	Mathews, WJ	2 FA		16. 1.15
89718	Sjt	Matthews, G	132 FA		11. 3.20
19863	St.Sjt	Mattison, WH			11. 3.16
47384	Sjt	McBrien, W, M.M.	34 FA		10. 1.20
493540	Pte	McCoy, RB			26. 6.18
365	Pte	McGarry, F			11. 3.16
39104	Pte	McGinn, T			25.11.16
12496	St.Sjt(A/SM)	McKay, J			21.10.18
54003	Pte	McKenna, S	37 FA		15. 4.16
54003	Cpl	McKenna, S, D.C.M.		Bar	22. 9.16
7266	Pte	McNeill, JE	(Attd. 2 R. Innisk Fus)		5. 8.15
35078	St.Sjt(A/SM)	McNicol, T			17. 4.18
57341	Pte	McWalter, D	2/1 Ang. FA	E	3. 9.19
5778	Pte	Meakins, H	(Attd. 2 Y&L Rgt.)		15. 9.15
5778	Cpl	Meakins, H, D.C.M.		Bar	14.11.16
7191	Pte	Mears, R			17.12.14
58957	Pte(A/LCpl)	Medley, FW			16. 8.17
58238	Cpl(ASjt)	Mellor, F	142 FA		11. 3.20
320119	Cpl	Mennie, A	(Attd. 5/6 R. Scots)		3. 9.19
7326	Cpl	Mercer, AJ			30.10.18
320006(Form 327)	Sjt	Messer, A			16. 8.17
20117	Pte	Millard, WH			6. 2.18
26343	Pte	Mills, E			29. 8.17
64	Pte	Mills, GH	2 City of Lond. FA		5. 8.15
14741	Pte	Mills, RH			16. 1.15
45	St.Sjt	Moffatt, TJ			11. 3.16
40745	Cpl	Molyneux, DH	53 FA		30. 3.16
301150	Cpl(ASjt)	Monogan, H	2/3 W. Rid. FA		11. 3.20
6017	Cpl	Moody, L			11. 3.16
26318	Pte	Moorcock, HE, M.M.	71 FA	I	25. 2.20
17091	QMS(A/SM)	Moore, J			21.10.18
18890	QMS(A/SM)	Moore, T			30.10.18
20788	Cpl(A/Sjt)	Moran, J			17. 4.18
366065	St.Sjt	Morcombe, W	1/2 Welsh FA (Attd. Ind. FA)	P	11. 3.20
38070	LCpl	Morrison, JR			11. 3.16
4097	Pte	Mosdell, W			1. 4.15
2904	Cpl(ASjt)	Mossop, G, M.M.	14 FA		16. 1.19
1568	Cpl	Muir, WG	1/4 Lond. Mounted Bde. FA	G	22. 1.16
52775	Sjt	Munson, HGT, M.M.	140 FA		2.12.19
19807	Pte	Murphy, EJ			11. 3.16
180	Pte	Needham, GH	1/3 W. Rid. FA		15. 3.16
170	A/Cpl	Newall, DM	22 FA	Ger	26.10.16
44887	Pte	Newby, TWH			6. 2.18
105	Sjt	Newman, F			30. 6.15
57738	Cpl	Noakes, G			13. 2.17
128766	Pte	Norton, B	91 FA		10. 1.20
495412	Sjt	Nowers, WA, M.M.	2/2 HC FA		16. 1.19
1034	Sjt	O'Connell, WF			19. 8.16
46942	Pte	O'Hara, M			15.11.18
8575	Pte	Olds, CA			1. 4.15
476	Cpl	Oliver, W	1/3 W. Rid. FA		15. 3.16
497305	St.Sjt	O'Nions, R			4. 3.18
30408	SM	Oxley, A	136 FA		3. 9.19
31285	Pte(ACpl)	Pace, VH, M.M.			3. 9.18
1916	Cpl	Page, S			22. 9.16
510131	Pte	Palmer, F	1/2 Lond. FA	S	11. 3.20
10904	Pte(ASjt)	Parker, C, M.M.	69 FA	I	25. 2.20
1993	Sjt	Passingham, EG			11. 3.16
1998	Sjt	Patrick, F, M.M.			4. 3.18
60454	Pte(ASjt)	Peacock, HJ	113 FA		3. 9.19
2003	Sjt	Pearce, W			14.11.16
18257	Sjt	Percy, J			5. 8.15
18453	T/SM	Philbrook, FA	1 FA		11. 3.20
1782	LCpl	Phillips, HF	1/3 Welsh FA		11. 3.16
339017	Sjt	Pierce, R, M.M.	98 FA		5.12.18
54035	Cpl	Pike, P			3. 9.18
341033	A/LCpl	Pinkney, T			17. 9.17
410	Pte	Poole, A	1/1 E. Lancs FA	G	11. 3.16
31476	St. Sjt	Potter, WA			10. 1.17
2324	Sjt	Powell, WP			22. 9.16
1129	Sjt	Powis, J			13. 2.17
149	Pte	Price, H	1/2 E. Lancs. FA	G	15. 9.15
54483	Sjt	Price, W			17. 4.18
14082	St.Sjt	Prince, G			11. 3.16
362050	QMS(A/SM)	Pritchard, JE			18. 2.18
9027	Pte	Pronger, PT			11. 3.16
18158	QMS	Pursey, GP	2 FA		16.11.15
13059	Cpl	Purvis, JB			20.10.16
41192	Pte	Quinn, WF			6. 2.18
69845	Pte	Radford, SC	(Attd. Gold Coast Rgt.)		6. 2.18
8637	Pte	Ranger, HJ			16. 1.15
38368	SM	Ratcliffe, E			3. 9.18
12731	Pte	Ratty, EA			17. 4.17
9862	St. Sjt	Raven, WF			22. 9.16
65933	Pte	Reed, PA	133 FA		3. 9.19
497020	Sjt	Richardson, WC			6. 2.18
49644	Cpl(ASjt)	Rigby, J			9. 7.17
2093	A/Sjt	Roberts, E	2 Lond. FA		11. 3.16
4919	Pte	Roberts, T			11. 3.16
8892	Pte	Robertson, JI	22 FA	Ger	26.10.16
15289	Sjt(A/St.Sjt)	Rodman, HRM			16. 8.17
12402	St.Sjt	Rondell, TE	22 FA	Ger	26.10.16
2275	Cpl	Ross, WC			11. 3.16
437308	Pte(A/LCpl)	Rowlands, F, M.M.			30.10.18
754	Sjt	Russell, H			11. 3.16
58909	Pte	Samson, A			20.10.16
72297	St.Sjt	Sanders, C			13. 2.17
48456	Cpl	Schoon, E	131 FA		11. 3.20
2000	Cpl	Scott, W	88 FA	G	11. 3.16
316200	Sjt	Scullin, C			26. 1.18
35873	Sjt	Seager, S			29. 8.17
6650	Pte	Sharp, J			6. 2.18
10711	SM	Sharpe, FW			11. 3.16
739	Sjt	Sharpe, W	2 HC FA		11. 3.16
40218	LCpl	Shepherd, E			11. 3.16

ROYAL ARMY MEDICAL CORPS

Number	Rank	Name	Unit	Date
38441	Pte	Short, P		3.10.18
7154	Pte(ACpl)	Simmonds, T		26. 9.16
31150	St.Sjt	Simons, G		22. 9.16
305009	Cpl(A/St.Sjt)	Simpson, G	1/3 High FA	11. 3.20
12673	Pte	Simpson, LJ	(Form R. Fus) Ger	15.12.16
242	Pte	Sipthorp, HJ		3. 3.17
37645	Sjt	Smalley, T		20.10.16
1417	Pte(A/LCpl)	Smith, C		21.10.18
386188	Sjt	Smith, RW, M.M.		3.10.18
45659	Pte	Smith, SA	37 FA	15. 4.16
66599	Pte(A/LSjt)	Smith, W		6. 2.18
536130	Pte	Snell, TA		1. 5.18
1269	LCpl	Snowden, G	1/2 North'brian FA	11. 3.16
19306	Pte	Speller, C		1. 4.15
8335	Pte	Spencer, A		1. 4.15
11029	QMS	Spowage, A		1. 4.15
120082	Pte	Spradbery, WE	36 FA	16. 1.19
1407	Cpl(A/St.Sjt)	Staples, G, M.M.		3. 9.18
38707	SM	Stedman, WB		3. 9.18
6840	Pte	Steedman, W	(Attd. 9 Lancers)	5. 8.15
2167	Cpl	Stirk, AJ	(Attd. 2 Y&L Rgt.)	22. 1.16
11492	Sjt	Stoner, HW	(Attd. 1 R. Irish Fus)	5. 8.15
15803	Sjt	Stuart, HB		20.10.16
38428	Sjt	Sullivan, F		14.11.16
7906	Pte	Sullivan, M		1. 4.15
301338	Sjt	Sutherland, W		26. 1.18
301337	LCpl(A/Sjt)	Swapp, G, M.M.		30.10.18
32674	LCpl	Sweeney, J	42 FA	16.11.15
478	Pte	Symes, R		11. 3.16
72320	Pte(A/Cpl)	Tallon, H		26. 1.18
39862	SM	Tapson, CW		13. 2.17
48462	Cpl(A/St.Sjt)	Tarling, FA	131 FA	3. 9.19
440	Pte	Taylor, F		11. 3.16
434011	Sjt	Taylor, WES	1/2 Mounted Bde. FA E	3. 9.19
48812	Pte	Thomas, WJ	129 FA	11. 3.20
38791	Pte	Thornton, M		25.11.16
38791	Pte	Thornton, M, D.C.M.	Bar	26. 7.17
2118	LCpl	Tolman, FM		11.12.16
43296	Pte	Tomalin, W	22 FA I	11. 3.20
61586	Pte	Toner, J	91 FA	11. 3.20
405202	St.Sjt	Torr, JW		28. 3.18
9007	Cpl	Treglown, R		26. 7.17
2100	Sjt	Trotter, EB		26. 1.17
9467	St.Sjt	Tunn, CJ		11. 3.16
1911	Cpl	Turnbull, NWJ		11. 3.16
40233	LCpl	Turner, F		26. 9.16
10431	SM	Underwood, H		21. 6.16
41491	Pte	Underwood, R		26. 1.18
39419	Pte	Veitch, GT	39 FA G	16.11.15
11656	Sjt	Voisey, HJV		30. 6.15
515	LSjt	Wagg, JW	1 N. Mid FA	11. 3.16
419024	St.Sjt	Wakeling, JH		16. 8.17
20795	Pte	Wallace, WM		3. 9.18
20747	Pte	Wallis, H	1 HC FA	11. 3.16
350197	Pte	Walton, GA		26. 7.17
368311	Pte	Ward, WW		18. 2.18
32509	Pte(A/Sjt)	Wardrop, RG, M.M.		4. 3.18
75074	Pte	Warren, WN	(Attd. 2 W. Tk. Coy ASC)	10. 1.20
1790	ASjt	Watchorn, RM	3 Welsh FA	5. 8.15
6434	Pte(A/Sjt)	Waterman, T		6. 2.18
31318	Sjt	Watson, WD		18. 6.17
56932	Cpl(A/Sjt)	Watson, WP		6. 2.18
25593	Pte(A/Cpl)	Watts, F, M.M.		3.10.18
8310	Pte	Webster, J		1. 4.15
5367	Pte	Weston, AJ		11. 3.16
6756	Sjt	Wheatley, F		16. 8.17
45684	Sjt(A/St.Sjt)	Wheeler, HJ, M.M.	56 FA	25. 2.20
11827	Sjt	White, W		13. 2.17
41	Cpl	Whitham, R	1st Lowland FA (Attd. Sco. Rfles)	11. 3.16
368214	(Form 2042) Sjt	Wilkie, BJ		16. 8.17
20852	Pte	Wilkinson, H		11. 3.16
39168	St.Sjt	Williams, O		4. 3.18
388522	Pte	Wilson, R		28. 3.18
18734	Sjt(A/St.Sjt)	Wilson, S	142 FA	3. 9.19
12743	QMS(T/SM)	Wilson, TR		28. 3.18
4977	Pte(A/Sjt)	Wilson, W		4. 3.18
1915	Sjt	Wood, JW		14.11.16
1793	Cpl	Wood, RJ	1st Wessex FA	30. 6.15
421003	St.Sjt(A/QMS)	Wood, T		28. 3.18
15022	Sjt	Woodward, F	(Attd. R. Sco. Greys)	16. 1.15
8748	Pte(A/Sjt)	Wragg, AH	4 FA	3. 9.19
100629	Pte	Young, W		28. 3.18
83138	Pte	Yule, T	6 FA	11. 3.20
435039	Cpl	Zissman, GG	2/1 S. Mid FA	2.12.19

† ARCHANGEL 5.4.19

429 D.C.M.'s ; 11 Bars.

ROYAL ARMY ORDNANCE CORPS

Number	Rank	Name	Unit	Date
228	Armt. QMS	Alexander, EF	(Late RFA)	12. 3.17
04755	T/Sub-Condr.	Beckett, HSJ		3. 9.18
T/184	Armt/QMS	Bonaker, WH		* 23.10.19
553	Armt/SSjt	Bowes, FW		13. 2.17
T/869	Armt/SSjt	Briggs, A		17. 4.18
09974	Pte	Crombie, WHD		20.10.16
T/698	Armt/SSjt	Drew, J		6. 2.18
1125	Armr S/S	Duce, EA		25.11.16
3926	Cdr(Later Hon. Lt.	Gardner, FW		18. 2.18
T/988	Armt/SSjt	Gascoyne, RE		28. 3.18
3571	Sub-Condr (A/Condr)	Gibbon, TA		21. 6.16
1031	Armt/SSjt	Glass, DK	(Attd. RFA)	13. 2.17
1851	Armr/SSjt	Gundel, WD	(Attd. Welch Rgt.) G	11. 3.16
4234	Condr	Hadland, PA		21. 6.16
T/338	T/Armt SM	Hale, PF		3. 9.18
S/5327	Sjt(T/Sub-Condr)	Hamley, SC		3. 9.19
5018	Sjt(A/Sub-Condr)	Harding, TA		6. 2.18
07835	T/Sub-Condr	Harris, GL		3.10.18
T/673	SSjt	Harris, S	(Attd. RGA)	3. 9.19
T/947	Armt/SSjt	Jones, S		17. 4.18
4748	SSjt(A/Condr)	Leaney, FG		20.10.16
356	Armt/SSjt	Le Petit, WJ		* 1. 1.17
898	Armt/SSjt	MacInnes, J	(Attd. RGA)	26. 3.17
4076	Cdr	Mills, CH		26. 5.17
4824	Sub-Condr(A/Condr)	Moloney, PJ		21. 6.16
3864	Condr	Murray, D		21. 6.16
T/585	Armt/SSjt	Owen, H		17. 4.18
02272	Condr	Parkin, G		27. 7.16
T/268	SM	Peake, FE		3.10.18
1128	Armt/SSjt	Primrose, AS		6. 2.18
S/3549	Sub-Condr	Rackley, PH		3. 9.18
3949	Condr	Simpson, WH	G	11. 3.16
T/1156	Armt/SSjt	Sladdin, H		18. 2.18
01346	T/Sub-Condr	Streak, WJ		21. 6.16
01737	A/Sub-Condr	Turner, JG		21. 6.16
014583	Pte	Wood, HW		25. 8.17

36 D.C.M.'s

ROYAL ARMY VETERINARY CORPS

290	T/St.Sjt	Bell, D	10 Mobile Sect	3. 6.15
TT/02125	Pte(A/Sjt)	Bryan, F		21.10.18
198	T/SM	Field, WHA		11. 3.16
TT/0481	Pte(A/Sjt)	French, E	(Attd. 1/1 RHA) E	3. 9.19
57	T/SM	Harman, S		21. 6.16
440	T/Sjt	Laurente, PE	10 Mobile Sect.	3. 6.15
21	Sjt	Mapham, N		11. 3.16
SE/13428	Farr. S/Sjt	Norman, WJ		3. 9.18
84	T/SM	Salt, S		11. 3.16
TT/0213	Pte(A/Sjt)	Tongue, G	(Attd. RFA)	2.12.19
294	T/SM	Trevor, JE		11. 3.16

11 D.C.M.'s

CORPS OF MILITARY FOOT POLICE

P/3479	LCpl(A/Sjt)	Collison, HA		21.10.18
826	Cpl(A/SM)	Gaff, H	(Attd. 1st Army)	11. 3.20
1245	LCpl(A/Sjt)	Lawford, LCGT		17. 4.18
P/862	LCpl(A/CSM)	Simpson, A		3. 9.19
P/1373	LCpl(A/CSM)	Young, RH	(Attd. Commdt. Arras)	3. 9.19

5 D.C.M.'s

CORPS OF MILITARY MOUNTED POLICE

582	Sjt	Barrett, J		1. 4.15
P/380	Sjt	Barter, U		29. 8.17
615	Sjt(A/SM)	Bray, AW		13. 2.17
673	Cpl(A/Sjt)	Brown, M		21.10.18
617	Sjt	Burns, H		11. 3.16
449	Sjt(A/SSM)	Canning, E		13. 2.17
367	Sjt(A/SSM)	Cooke, J		13. 2.17
P/375	Sjt	Creighton, HW		21.10.18
377	Sjt	Dale, CH		11. 3.16
P/303	LCpl	Deedman, AG		11. 3.16
768	LCpl(A/Sjt)	Dobson, GWH		17. 4.18
P/161	Sjt	Drake, CW		11. 3.16
P/3	Sjt	Hallaway, SW, M.M. (Attd. H.Q. 25 Div)		10. 1.20
472	Sjt(A/SSM)	Healy, M		21.10.18
779	A/Sjt	Ivens, A		11. 3.16
P/10738	LCpl(A/Sjt)	Jackson, A	I	11. 3.20
P/836	Sjt	Jackson, J	(Attd. 3rd Div)	3. 9.19
430	Sjt	Keane, AE		21. 6.16
P/8087	LCpl(A/Sjt)	Lawrence, E		21.10.18
818	LCpl(A/Sjt)	Lewis, FCV	(Attd. 42 Div)	3. 9.19
P/4712	LCpl(A/SM)	Lundy, F		13. 2.17
P/4732	Sjt	Marsom, LT		17. 4.18
P/4704	LCpl(A/Sjt)	Pocock, P		17. 4.18
598	Sjt	Ramsbottom, JC		5. 8.15
P/888	LCpl	Robertson, WJ		5. 8.15
P/922	Cpl(A/Sjt)	Rowe, W		17. 4.18
607	Cpl	Royle, G		13. 2.17
633	LCpl	Salter, H		5. 8.15
658	Cpl(A/SM)	Scott, AM		9. 7.17
495	Sjt	Smyrk, LC		11. 3.16
P/5251	LCpl(A/SSM)	Sutton, H		21.10.18
P/3155	LCpl	Watts, T	(Attd. H.Q. 34 Div)	3. 9.19
533	Sjt	Willis, FL		11. 3.16
360	Sjt(A/SSM)	Wooldridge, T		21.10.18

34 D.C.M.'s

IMPERIAL CAMEL CORPS (BRITISH SECTION)

50018	Sjt	Bolt, AE	No. 8 Coy	E	3. 9.19
2125	Sjt	Clarke, BA			3. 3.17
50303	LCpl	Crichton, G	No. 7 Coy	E	10. 1.20
50339	Pte	Dunn, R	No. 7 Coy	E	3. 9.19
50452	Sjt(A/CQMS)	Evans, D	No. 6 Coy	P	11. 3.20
855	T/Sjt	Fitzhardinge, FNB			12. 3.17
50588	Cpl	Freeman, J	No. 10 Coy	E	3. 9.19
50020	LCpl	Greening, WV	No. 8 Coy	E	3. 9.19
50000	CSM	Guppy, WR	No. 8 Coy	P	11. 3.20
50008	Sjt	Hermon, AW	No. 8 Coy	E	3. 9.19
50699	Sjt	Hobbins, SE	No. 10 Coy	E	10. 1.20
50582	Sjt	Lamplugh, VL	No. 8 Coy	E	3. 9.19
50590	LCpl	Leaf, S	No. 10 Coy	E	10. 1.20
51237	Pte	Mills, AR			3.10.18
50459	Sjt	Morgan, TG	2 Bn H.Q. Coy	E	3. 9.19
50265	LCpl	Murray, WA	No. 7 Coy	E	3. 9.19
50314	Pte	Robinson, R			3.10.18
2324	Pte(T/LCpl)	Stooke, EC	(Form Aus.LHR)		26. 4.17
51356	Pte	Thomas, T	No. 10 Coy	E	10. 1.20

19 D.C.M.'s

SECTION 8

TERRITORIAL REGIMENTS ETC.

The Monmouthshire Regiment	167
The Cambridgeshire Regiment	167
The London Regiment	167
The Hertfordshire Regiment	171
The Herefordshire Regiment	172
Royal Guernsey Light Infantry	172
Other Units and Misc.	172
Royal Naval Volunteer Reserve	173
Royal Marine Light Infantry	173
Royal Marine Artillery	174

TERRITORIAL REGTS, R.G.L.I. & OTHER UNITS; R.N.V.R., R.M.L.I., R.M.A.

THE MONMOUTHSHIRE REGIMENT

Number	Rank	Name	Unit	Date
225260	Sjt	Beattie, J, M.M.		21.10.18
265062	CSM	Bowen, WJ	1/2 Bn	3. 9.19
1425	LCpl	Dixon, W	3 Bn	15. 3.16
265905	Cpl(L/Sjt)	Dowding, J	1/2 Bn	2.12.19
2190	LCpl	Drew, TAW	2 Bn	1. 4.15
135	SM	Gravenor, GA	3/3 Bn	11. 3.16
265302	Sjt	Hayes, C	1/2 Bn	11. 3.20
1608	Pte	Hemmings, W	2 Bn	30. 6.15
675	Pte	Hoare, J	3 Bn(Attd. RE)	15. 9.15
225011	CSM	Hughes, D	1/1 Bn	11. 3.20
226918	Pte	Jacobson, E		17. 4.18
1920	Sjt	Jenkins, B	1/3 Bn	11. 3.16
290337	CSM	Johnson, T		17. 9.17
1779	Pte	Jones, E	2 Bn	16. 1.15
266458	Sjt	Jones, J	1/2 Bn	11. 3.20
469	Pte	Lewis, J	1/2 Bn	3. 6.15
2058	A/Sjt	Love, C	2 Bn	30. 6.15
1343	Pte	Moore, JJ	3 Bn	15. 3.16
1420	Pte	Morgan, J	1/2 Bn	3. 6.15
497	Pte	Morgan, W	1 Bn(Attd. RE)	15. 9.15
1599	A/Cpl	Pinchin, AE	2 Bn	16. 1.15
265006	Sjt	Roberts, J		17. 4.18
226234	Sjt	Rudd, WE	1/1 Bn	11. 3.20
2172	Sjt	Sketchley, GW	1/3 Bn	11. 3.16
2440	Pte	Skidmore, I	3/3 Bn	11. 3.16
1386	A/Sjt	Spears, WH	2 Bn	3. 6.15
225402	Sjt	Spooner, RH	1/1 Bn	11. 3.20
450	A/Sjt	White, D	2 Bn	11. 3.16
265503	Sjt	Williams, W		3.10.18
265363	Sjt	Williams, W, M.M.		21.10.18
838	A/Cpl	Wreford, J	1/1 Bn	29.11.15
1373	A/Sjt	Yates, G	2 Bn	11. 3.16
894	Sjt	Yates, T	1/2 Bn	3. 6.15
265138	CSM	Yearsley, TG		17. 4.18

34 D.C.M.'s

THE CAMBRIDGESHIRE REGIMENT

Number	Rank	Name	Unit	Date
325971	Cpl	Allgood, S		26. 1.18
325619	Pte	Anderson, EL		26. 1.18
1994	Cpl(A/Sjt)	Archer, JW		26. 1.17
1792	LCpl	Austin, LA	1 Bn	5. 8.15
325753	Sjt	Betts, H		6. 2.18
325753	CSM	Betts, H, D.C.M.		Bar 3. 9.18
331037	Sjt	Blamire, FS	1/1 Bn	2.12.19
202122	Pte	Bonnett, WJE		3. 9.18
2289	Pte	Brickwood, HJ		26. 1.17
320	CSM	Clarke, HC		11.12.16
1918	Pte	Cornwell, PG		26. 1.17
1547	Pte	Davis, A	1 Bn	11. 3.16
1339	LCpl	Day, E	1 Bn	11. 3.16
1671	Sjt	Death, JB		26. 1.17
325851	Sjt	Dewsbury, G		6. 2.18
325485	Sjt	Dockerill, SC		26. 5.17
325485	CSM	Dockerill, SC, D.C.M., M.M.		Bar 3. 9.18
325661	Sjt	Glover, RT	1/1 Bn	11. 3.20
5011	A/CSM	Hatch, W		6. 2.18
326580	Pte	Holmes, AJ		28. 3.18
326329	CSM	Howard, B	1/1 Bn	2.12.19
1869	Pte	Howard, H		26. 1.17
2328	Sjt	Jordan, JW		26. 1.17
325546	Sjt	Kirby, HG, M.M.	1/1 Bn	16. 1.19
2657	Cpl	Latham, F		11.12.16
325014	CQMS	Mansfield, JS	1/1 Bn	10. 1.20
325018	RSM	Mathews, BH		17. 4.18
326651	Pte	Muffitt, WH		26. 1.18
40946	LSjt	Parry, WC, M.M.	1/1 Bn	2.12.19
36555	Cpl	Peel, J	1/1 Bn	11. 3.20
325705	Sjt	Read, FC	1/1 Bn	2.12.19
348	Sjt	Rowe, GF	1 Bn	11. 3.16
2417	Pte	Smith, JB		11.12.16
1434	Sjt	Stubbings, W		11.12.16
2479	LCpl	Touch, F		11.12.16
1673	Pte	Wayman, AW		26. 1.17

34 D.C.M.'s; 2 Bars.

THE LONDON REGIMENT

Number	Rank	Name	Unit	Date
490765	CSM	Acres, CJ	2/13 Bn	P 11. 3.20
6968	Sig-Sjt	Adams, EA	5 Bn	30. 6.15
230696	Sjt	Adams, JW	2/2 Bn	19. 1.19
975	Sjt	Agutter, AE	2 Bn	11. 3.16
2578	LCpl	Allan, FM	7 Bn	11. 3.16
1437	LCpl	Allen, HJO	6 Bn	11. 3.16
2378	Pte	Allen, HJW	24 Bn	5. 8.15
1263(Later 320090)	Sjt	Allen, J		17. 4.17
1947	A/Sjt	Allen, W	1/3 Bn	3. 6.15
531876	LCpl	Amsden, CS		3. 9.18
513275	Sjt	Anderson, AC	14 Bn	26. 6.18
451890	CSM	Anderson, C		18. 2.18
178	CSM(Later 2 Lt)	Anderson, W	14 Bn	11. 3.16
281477	Pte	Anthony, F		6. 2.18
350958	CSM	Archdeacon, J	7 Bn	10. 1.20
282450	LCpl	Austin, L		6. 2.18
700008	RSM	Avey, PH		21.10.18
720598	Sjt	Avramachis, V		16. 8.17
201744	Sjt	Backhouse, FJ	1 Bn	11. 3.20
631131	Sjt	Backhus, A	2/20 Bn	11. 3.20
350495	Sjt	Bacon, CWC		16. 8.17
2013	CSM(A/SM)	Bailey, FF	6 Bn	21. 6.16
530289	Sjt	Bailey, W		28. 3.18
1655(Later 320277)	LCpl	Bailey, WJ		17. 4.17
350165	Sjt	Baker, A		6. 2.18
304093	LSjt	Baker, HG		18. 7.17
490762	Pte	Baker, W		26. 1.18
512830	Sjt	Ball, WJ, M.M.		15.11.18
860477	Pte(A/LCpl)	Barfoot, A	33 Bn	2.12.19
318076	Rfm.	Barker, H		26. 6.18
1759	Sjt	Barkham, GH		14.11.16
420175	Cpl(A/Sjt)	Barnes, AG	1/10 Bn	E 25. 2.20
421053	Sjt	Barnes, AJ		6. 2.18

532311	LCpl(A/Cpl)	Barnfather, JD	2/15 Bn		2.12.19	570027	Sjt	Case, EJ	1/17 Bn	3. 9.19
172	Sjt	Barnley, WA	1/11 Bn	G	11. 3.16	2889	Cpl	Casey, HR		22. 9.16
304084	CSM	Barrell, AH			21.10.18	531200	Pte	Castell, EC	2/15 Bn	11. 3.20
2290	Sjt	Barrett, WH	2 Bn		21. 6.16	512083	Cpl(ASjt)	Caswell, FG		15.11.18
251129	Pte	Bathe, D	1/2 Bn		11. 3.20	250161	Cpl(LSjt)	Cavey, EEV		15.11.18
232242	LCpl	Batt, CL, M.M.	2/2 Bn		10. 1.20	2674	Pte	Challoner, FG	6 Bn	16.11.15
720578	Sjt	Baxter, G			4. 3.18	9352	Sjt	Chance, C		18. 7.17
610037	CSM	Bayley, GJ			6. 2.18	422425	LCpl	Chapman, FT		4. 3.18
200779	Sjt	Beavington, WH	2/2 Bn		3. 9.19	300184	Pte(A/LCpl)	Charles, PD	1/5 Bn	3. 9.19
761020	Cpl	Beddow, FM			28. 3.18	650382	Sjt	Charman, AE, M.M.		28. 3.18
2444	LSjt	Beer, RH			14.11.16	230176	Sjt	Cheese, JH		26. 1.18
2871	CSM	Bell, EP	1/14 Bn		21. 6.16	630108	T/RSM	Chesney, H	1/20 Bn	3. 9.19
250174	Sjt-Dmr	Bell, W	3 Bn		3. 9.19	2030	Sjt	Christey, F	15 Bn	16.11.15
1944	LSjt	Bennett, FK			14.11.16	511934	Sjt	Church, HG, M.M.	1/14 Bn	10. 1.20
1847	Pte	Berry, AB	22 Bn		5. 8.15	280605	Sjt	Clammer, R	1/4 Bn	3. 9.19
650130	Sjt	Biggs, SH	1/21 Bn		11. 3.20	555168	LCpl	Clamp, J		26. 6.18
225017	Pte	Blaker, JA			15.11.18	G/76294	Pte	Clark, E	1/4 Bn	5.12.18
514543	Pte	Blampied, AR	1/14 Bn		11. 3.20	684196	Pte	Clark, EL	1/22 Bn	10. 1.20
421746	Pte(A/LCpl)	Bloxham, J	1/10 Bn	E	25. 2.20	8896	Pte	Clark, RS	5 Bn	11. 3.16
282051	Pte	Bolton, WH			6. 2.18	2163	Sjt	Clark, T		13. 2.17
1871	Sjt	Bond, AC			14.11.16	250752	Pte	Coakes, RC, M.M.	3 Bn	10. 1.20
G/95066	CSM †	Bonser, A, D.C.M. 2/4 Bn		Bar	5.12.18	764312	Pte(LCpl)	Cocks, FE		21.10.18
G/95066	CSM	Bonser, AJ, D.C.M. & Bar				650728	CSM	Coe, HC		3. 9.18
			2/2 Bn	2nd Bar	10. 1.20	720978	Sjt	Cogger, O, M.M.	1/24 Bn	2.12.19
9497	Cpl(Later Lt)	Boston, GG	5 Bn		11. 3.16	2210	Pte	Cohen, VE	1/13 Bn	5. 8.15
1803	Pte	Bottlander, CA	22 Bn (Attd. MGC)			2924	Pte	Cole, AH	21 Bn	15. 3.16
					31. 5.16	2621	A/Sjt	Cole, GH	20 Bn	27. 7.16
300437	CSM(T/RSM)	Bottomley, C			6. 2.18	196	CSM	Collins, H		13. 2.17
1540	CSM	Bowditch, WG			13. 2.17	2170	LCpl	Colomb, GL	1/4 Bn	5. 8.15
352483	LSjt	Bowers, CC			16. 8.17	530275	Pte	Cook, EJ		4. 3.18
530234	Sjt	Bowman, HE	1/15 Bn		10. 1.20	680694	Sjt	Cook, S		28. 3.18
1516	Sjt	Bowron, KS	1/14 Bn		16.11.15	530608	Sjt	Cooke, E		28. 3.18
420033	Sjt(A/CQMS)	Boyce, T			18. 2.18	1067	Pte	Corrall, CR	22 Bn	15. 3.16
5473	LCpl	Bradley, HE			26. 9.16	531181	Sjt	Coulthard, R	2/15 Bn	2.12.19
281267	Sjt	Brand, EPG			25. 8.17	702775	Pte	Cousins, C		4. 3.18
202009	Sjt	Brandom, JAJ	1 Bn		11. 3.20	680535	CSM	Cousins, W		25. 8.17
470041	CSM	Brandon, H	12 Bn		16. 1.19	229427	Pte	Coventry, A		15.11.18
2658	Pte	Branton, WH	15 Bn		5. 8.15	761377	Cpl	Coviello, A	28 Bn (Posted 16 Bn)	
66	CSM	Brawn, M	9 Bn		11. 3.16					3. 9.19
2281	Sjt	Brawn, W			14.11.16	1316	Sjt	Cox, CW		19. 8.16
2025	A/LCpl	Brewster, JS	1/3		3. 6.15	490076	Cpl	Cox, GE		18. 7.17
81	Sjt	Brian, AJ	23 Bn		5. 8.15	1003	A/CSM	Cox, JA	6 Bn (Attd. 140 Bde	
422442	Cpl	Britten, W			4. 3.18				MG Coy)	21. 6.16
300708	Sjt	Brock, FH			6. 2.18	200552(form 2235)	Sjt	Cox, WG		9. 7.17
251802	Pte	Brookes, CG	3 Bn		11. 3.20	1480	LCpl	Crisford, JR	7 Bn	15. 3.16
631712	Sjt	Brookland, WC	1/20 Bn		3. 9.19	1694	Sjt(Later 2 Lt)	Cunningham, AJ	18 Bn	11. 3.16
200307	CSM	Brooks, A, M.M.			3.10.18	2333	LCpl	Cuss, FS	6 Bn	11. 3.16
350366	Cpl	Brooks, FG, M.M.			1. 5.18	763295	Pte	Cutler, H	28 Bn	28. 3.18
1927	Pte	Brown, E	1/1 Bn		5. 8.15					
281972	LCpl	Brown, ES			4. 3.18	700861	CSM	Dachtler, WF		17. 4.18
513160	Pte	Bruce, AC			30.10.18	230936	CSM	Dainty, EJP		18. 7.17
G/95392	Pte(ACpl)	Bryant, CP	2 Bn		10. 1.20	353991	Sjt	Damant, WL	7 Bn	11. 3.20
554368	Rfm	Bryant, EW	1/16 Bn		10. 1.20	510915	RSM	Danson, JR		15.11.18
2043	Cpl	Bryant, JT	1/1 Bn		21. 6.16	421370	Sjt	Darby, HL		15.11.18
613442	CSM(A/RSM)	Budd, SC	(& KAR)		30.10.18	300515	Sjt	Dare, EC		15.11.18
295070	Pte	Bull, HC			6. 2.18	572724	LCpl	Davies, JG		30.10.18
695092	Pte	Bull, HL	1/22 Bn		16. 1.19	490004	CSM	Davies, JR	1/13 Bn	11. 3.20
2876	Sjt	Bunce, A			25.11.16	1054	CSM	Davis, R		22. 9.16
2873	Sjt	Bunce, J			25.11.16	630077	CSM	Dawes, AE		26. 7.17
530453	CSM	Burden, RH			25. 8.17	3064	Pte	Day, AE	7 Bn	5. 8.15
455	Sjt	Burgess, EC	9 Bn		30. 6.15	678002	CSM	Day, WA		21.10.18
6060	Cpl	Burgess, HJ			10. 1.17	420283	Sjt(A/CSM)	Dearman, H		1. 5.18
2159	Pte	Burke, FJ	6 Bn		5. 8.15	2862	Pte	De Ath, E	6 Bn	11. 3.16
650234	Sjt	Burley, WG, M.M.	1/21 Bn		16. 1.19	7571	LCpl	Dickenson, JA		14.11.16
192	Sjt(Later 2Lt)	Burn, CF	14 Bn		11. 3.16	48	CSM	Dillingham, J	19 Bn	11. 3.16
720726	CSM	Burnett, AW			1. 5.18	275102	Pte	Dorrington, HT		15.11.18
680483	CSM(A/RSM)	Bush, H	1/22 Bn		16. 1.19	532505	Cpl	Douglas, WM	1/15 Bn	10. 1.20
315235	Rfm	Bushell, W			26. 1.18	2128	LCpl	Dowling, PR	19 Bn	5. 8.15
651258	Sjt ‡	Buss, J	1/21 Bn		5.12.18	650020	RQMS	Downer, JC	1/21 Bn	11. 3.20
1783	Pte	Bute, W	1/3 Bn		30. 3.16	510451	CSM	Drennan, JM		3. 9.18
2687	Cpl	Butler, AE			14.11.16	2024	CSM	Driscoll, JH		13. 2.17
612175	Sjt	Butler, AL, M.M.			3. 9.18	5126	Pte	Drummond, P		14.11.16
682454	Sjt	Butler, J	1/22 Bn		16. 1.19	528042	Sjt	Duff, J	14 Bn	5.12.18
1106	Pte	Butterfield, SM	1/3 Bn		3. 6.15	2913	LCpl	Dunn, WJ		14.11.16
1811	A/Sjt	Bye, EA			25.11.16					
						2878	LCpl	Eames, FE	9 Bn	21. 6.16
514111	Pte(ACpl)	Calder, WG	1/14 Bn (Attd. TMB)			230854	CSM	Easthope, AE		9. 7.17
					3. 9.19	230854	CSM	Easthope, AE, D.C.M.		Bar 28. 3.18
683968	Cpl	Caney, CC			16. 8.17	2121	LCpl	Eastlake, FW	21 Bn	11. 3.16
250086	Sjt	Cannon, TA	(& KAR)		3.10.18	532464	Sjt	Edwards, BCL	2/15 Bn	3. 9.19
2971	Pte	Carey, RAF	20 Bn		5. 8.15	195	LCpl	Edwards, G	23 Bn	11. 3.16
2557	Pte	Carr, E	24 Bn		5. 8.15	350244	LSjt	Edwards, H		3. 9.18
280338	LSjt	Carter, A	3 Bn		10. 1.20	217	LSjt	Ehren, AC	1/4 Bn	5. 8.15
420077	Sjt	Carter, FJ			3. 9.18	2133	Pte	Ellis, W	21 Bn	15. 3.16
451330	Sjt	Carter, HH			1. 5.18	1824	Pte	Embleton, F		3. 3.17
700472	Cpl	Carter, TH			3. 9.18	1414	Pte	Emery, FE	13 Bn	1. 4.15

THE LONDON REGIMENT

Number	Rank	Name	Battalion		Date
233502	Pte(A/LCpl)	England, TH	1/2 Bn		11. 3.20
570491	Sjt	English, HA	2/17 Bn		10. 1.20
698053	Sjt	Eustace, DJ	1/22 Bn		10. 1.20
490563	Sjt	Evans, A	2/13 Bn	P	11. 3.20
3230	LSjt	Everett, PW			14.11.16
1989	CSM	Fairley, PE	1/18 Bn		21. 6.16
680156	CSM	Favell, H, M.M.	1/22 Bn		16. 1.19
678074	Sjt	Fenner, AH	1/21 Bn		5.12.18
2532	Pte	Fernee, H	8 Bn		11. 3.16
54	CSM	Fisher, JW	22 Bn		11. 3.16
230062	CSM	Fittin, W			26. 1.18
860522	Pte	Fitzpatrick, T	33 Bn		2.12.19
420820	CSM	Flack, HP			6. 2.18
761284	CSM(A/RSM)	Fox, E	1/28 Bn		11. 3.20
370625	Sjt	Francis, HJ			6. 2.18
574057	Rfm	Francis, WH	1/17 Bn		3. 9.19
248053	LCpl	Fraser, J			4. 3.18
201249	Sjt	Fraser, JG			18. 7.17
484	CQMS	Fraser, M	14 Bn (Later QM & LT Lanc. Fus)		11. 3.16
281613	LCpl	Freeman, E			26. 6.18
109	LCpl	French, TJ	1 Bn		11. 3.16
24	CSM	Froome, CW	1/16 Bn		21. 6.16
393276	Sjt	Frost, AWG, M.M.	9 Bn		10. 1.20
610386	Sjt	Fry, TH			1. 5.18
614633	Sjt	Fuller, AB	2/19 Bn	E	25. 2.20
590774	CSM	Fuller, R	1/18 Bn		10. 1.20
373	Sjt	Fulton, AG	16 Bn		30. 6.15
420636	CSM	Gardiner, GRA			3. 9.18
2020	Sjt	Gelder, TH	7 Bn		11. 3.16
420129	CSM	Gibbs, AW	1/10 Bn	E	3. 9.19
551162	Sjt	Gillett, EW			15.11.18
4700	Pte	Ginger, E	19 Bn		31. 5.16
781426	LSjt	Goatcher, F			3. 9.18
320966	LCpl	Gold, A, M.M.			1. 5.18
700251	Sjt	Goodey, A	2/23 Bn		3. 9.19
9435	Trans-Sjt	Gordon, A	1/5 Bn		21. 6.16
883	LCpl	Gordon, L	6 Bn		5. 8.15
1462	Pte	Gordon, R	14 Bn		1. 4.15
681685	Sjt	Gostick, E	1/22 Bn		16. 1.19
374482	Sjt(A/CSM)	Grafton, W	8 Bn		10. 1.20
302774	Sjt	Gration, J			21.10.18
1762	Pte	Gray, A	19 Bn		16.11.15
427112	Sjt	Greenway, AE	2/10 Bn		11. 3.20
590986	LCpl	Gregory, G			1. 5.18
5060	Sjt	Grieve, GL			11.12.16
1155	Pte	Guest, PA	24 Bn		11. 3.16
1770	LSjt	Hailey, PM			14.11.16
2228	Pte	Hale, AHS	3 Bn		11. 3.16
700664	CSM	Hales, BC			3. 9.18
111	CSM	Hammond, T	23 Bn		5. 8.15
150	Sjt	Hands, G			13. 2.17
2349	Cpl	Hands, WC	18 Bn		24. 6.16
370744	Sjt	Harris, GH			6. 2.18
2579	Pte	Harris, H	15 Bn		5. 8.15
371540	Sjt	Harrocks, CE, M.M.	8 Bn		10. 1.20
1136	Cpl	Harrow, LP	16 Bn		11. 3.16
3140	LCpl	Hassock, W	6 Bn		31. 5.16
590546	Sjt	Hatto, B			21.10.18
189	A/SM	Hawkes, JE	22 Bn		21. 6.16
450406	Sjt	Hawkins, HR	1/11 Bn	P	11. 3.20
511033	Pte	Haydon, E	2/14 Bn		2.12.19
630061	Pte	Haynes, TLM	2/20 Bn		2.12.19
572249	Sjt	Haynes, W			1. 5.18
722618	Pte	Hayward, JW			4. 3.18
1295	Sjt	Hayward, TEG	7 Bn		5. 8.15
422540	Sjt	Hearn, JF	2/10 Bn		11. 3.20
1473	LSjt	Heather, WAG	8 Bn		5. 8.15
2855	Pte	Hegarty, DPB			22. 9.16
170	CSM	Heggie, AC	23 Bn		5. 8.15
202432	Sjt	Hendry, RJ			3.10.18
720625	CQMS	Henrick, EA, M.M.	1/24 Bn		10. 1.20
282040	Cpl	Higgins, W	2 Bn		10. 1.20
1910	Pte	Hill, F	20 Bn		16.11.15
111	CSM	Hill, G	7 Bn		21. 6.16
253484	CSM	Hill, HJ	3 Bn		5.12.18
2023	Cpl	Hill, JB	16 Bn		30. 6.15
630565	CSM	Hills, JT			30.10.18
571049	CSM	Hiron, AG			17. 4.18
2169	Pte	Hiscock, T	19 Bn		5. 8.15
589076	CSM	Hocking, PF, M.M.	1/17 Bn		11. 3.20
2404	LCpl	Hodge, JAV	7 Bn		15. 3.16
590678	Sjt	Hollins, CE	1/18 Bn		11. 3.20
2510	Sjt	Hollis, WF			14.11.16
1285	Sjt	Holloway, S	1/1 Bn		21. 6.16
1601	Pte	Holman, SR	18 Bn		24. 6.16
2117	LCpl	Holmes, FC			14.11.16
420232	Sjt	Hopwood, J			1. 5.18
250674	Sjt	Horne, HJ	3 Bn (Attd. TMB)	*	30. 1.20
300880	LCpl	Hotz, RC			6. 2.18
473214	Pte	Hudson, J			6. 2.18
720551	CSM	Huggett, AB	1/24 Bn		2.12.19
2806	Sjt	Hughes, HF			14.11.16
530780	Sjt	Hundleby, HS	1/15 Bn		11. 3.20
510892	Sjt	Hunter, WJ	2/14 Bn		3. 9.19
4	CSM	Husband, WJ	2 Bn		11. 3.16
491908	Pte	Hyams, I			1. 5.18
2796	Pte	Hyneman, HL	6 Bn		24. 6.16
550382	CSM	Ives, CL			26. 6.18
550382	CSM	Ives, CL, D.C.M.			Bar 21.10.18
4507	LCpl	Jackson, HL	6 Bn		31. 5.16
1346	Cpl	Jacobs, H	10 Bn		21. 6.16
512966	CSM	Jamieson, EW			18. 7.17
4958	LCpl	Jarrett, FG			22. 9.16
718254	Cpl	Jefferson, CW, M.M.	1/23 Bn		16. 1.19
350577	CSM	Jeffries, S			21.10.18
550267	Sjt	Jenks, LH			6. 2.18
702463	LCpl	Jervis-Hunter, JStV			16. 8.17
4720	Sjt	Jilbert, GFA			14.11.16
682490	Sjt	Johns, J, M.M.			3. 9.18
590906	CSM	Johnson, A			1. 5.18
207	Sjt	Jones, F	18 Bn		11. 3.16
4236	LSjt	Jones, FC			14.11.16
2237	Sjt	Jones, JR			13. 2.17
G/67396	Pte	Jones, JW			3. 9.18
345046	LCpl	Jones, TF	(Attd. KRRC)		1. 5.18
531587	LSjt	Jones, TW	1/15 Bn		5.12.18
420675	Pte	Joyner, HH			26. 1.18
490009	CSM	Kearey, AE	1/13 Bn		11. 3.20
350567	Sjt	Kelly, GO	(& KAR)		28. 3.18
200219	Sjt	Kemp, GC			18. 7.17
10839	Rfm	Kench, EL			25.11.16
14	CSM	Kirkby, HM	14 Bn (Later Lt. A.O.C.)		11. 3.16
41286	Cpl(A/Sjt)	Kirkham, G	1/28 Bn		25. 2.20
350803	Sjt	King, J			16. 8.17
3369	SM	King, WJ	19 Bn		11. 3.16
300792	Cpl	Kingsbury, T			6. 2.18
1403	Sjt	Knapp, EM	15 Bn		31. 5.16
1153	Cpl	Knowles, WJ	4 Bn		11. 3.16
230745	QMS	Lagden, JE	(Form 2656)		9. 7.17
650005	CSM(A/RSM)	Laing, JOC, M.C.			3. 9.18
553070	LCpl	Lance, AW			15.11.18
610295	Sjt	Langley, SF			18. 2.18
613375	Sjt	Langlois, WH	2/19 Bn	E	3. 9.19
700295(Form 1968)	CSM	Langton, FA			9. 7.17
353201	Pte	Lardi, WJ			3.10.18
253433	Cpl	Lathwood, SJ	2 Bn		3. 9.19
899007	Sjt	Law, JR	34 Bn		11. 3.20
3421	Pte	Lawrence, FW			14.11.16
3006	Pte	Lawrence, S	15 Bn		5. 8.15
470892	Sjt(A/CSM)	Lee, UJ			21.10.18
45271	Pte	Leech, R	1/5 Bn		10. 1.20
553679	Cpl	Lewis, H			26. 6.18
515	Sjt	Lilley, WM			22. 9.16
1006	LCpl	Lindsay, JS	5 Bn		11. 3.16
550454	CSM	Lintott, H			26. 6.18
2853	LCpl	Litten, PC	20 Bn		11. 3.16
345175	Pte	Lloyd, GA	6 Bn (Posted KRRC)		10. 1.20
203331	Pte	Loader, A			18. 6.17
280019	CSM	Lock, T, M.M.			3. 9.18
1683	Sjt	Lomas, GAC	20 Bn		5. 8.15
530084	Sjt	Lord, F			28. 3.18
681577	CSM	Love, J			16. 8.17
213	Sjt	Lowe, NM	1/14 Bn		30. 6.15
1441	Sjt	Lupton, HG	1/20 Bn		21. 6.16
510465	CSM	MacDonald, CI			28. 3.18
2143	LCpl	MacFarlane, FAJ	14 Bn		1. 4.15
512587	Cpl	Macintosh, W, M.M.			4. 3.18
390569(Form 2740)	CSM	MacKenna, ET			9. 7.17
390569	CSM	MacKenna, ET, D.C.M.	9 Bn		Bar 5.12.18
511699	Pte	MacLeod, JR			21.10.18

Number	Rank	Name	Bn	Date
511027	Sjt	MacRitchie, G		21.10.18
390494	Sjt	Madger, AW		26. 1.18
898	Pte	Major, FT	10 Bn	21. 6.16
390132	CSM	Manktelow, TW		21.10.18
723000	LCpl	March, APVG, M.M.		3. 9.18
281718	Cpl	Martin, A		3. 9.18
1534	Pte	Martin, F	21 Bn	31. 5.16
3547	Pte	Martin, J		25.11.16
315296	CSM	Maskell, LS	1/5 Bn	11. 3.20
574714	Sjt	Mason, FH		28. 3.18
530627	LSjt	Mason, PC	2/15 Bn	10. 1.20
2877	Cpl	Masters, RH	21 Bn	16.11.15
2169	LCpl	Mattock, CA	8 Bn	15. 3.16
2169	A/Sjt	Mattock, CA, D.C.M. 8 Bn	Bar	24. 6.16
514122	Sjt	McAllister, C		15.11.18
371265	Pte	McCloskey, E		16. 8.17
107	CSM	McCombie, BA	1/17 Bn	21. 6.16
1061	Pte	McIntosh, A	22 Bn	5. 8.15
372639	Sjt	McIntosh, RA	8 Bn	10. 1.20
510652	LCpl	McNeil, A	2/14 Bn	11. 3.20
470722	Sjt	Meacham, AG, M.M. (Attd. TMB)		26. 6.18
421157	Cpl	Merriman, GHA	2/10 Bn	11. 3.20
2186	Pte	Michael, E	17 Bn	11. 3.16
2232	Sjt	Miller, W		14.11.16
1974	Pte	Mills, SW	15 Bn	5. 8.15
250981	CSM	Mink, W, M.M.	3 Bn	5.12.18
4600	LCpl	Mitchell, HW	1/19 Bn	15. 4.16
553388	Rfm	Mobey, FA	1/16 Bn	10. 1.20
351833	Sjt	Monck, H		18. 6.17
230603	Sjt	Money, PM		21.10.18
610582	Sjt	Moody, A		1. 5.18
352061	Sjt	Moon, FA		17. 9.17
304265	Sjt	Moore, G		18. 7.17
2102	A/Sjt	Morel, FC	8 Bn	5. 8.15
280518	Sjt	Moriarty, W	4 Bn	11. 3.20
280079	Sjt	Moss, HW		3. 9.18
2216	Sjt	Mould, FW	2 Bn	11. 3.16
72	SM	Muir, WA	20 Bn	11. 3.16
3786 (Later 491208)	Cpl	Mullins, W		17. 4.17
700390	Cpl	Mumford, W	1/23 Bn	11. 3.20
33	A/CSM	Murray, CA	1/3 Bn	3. 6.15
550024	CSM	Musselwhite, WH, M.M.		28. 3.18
420738	QMS	Naylor, EJ		6. 2.18
1701	Dmr	Neal, EG	1/1 Bn	21. 6.16
202119	CSM(A/RSM)	Neale, F		26. 1.18
531737	Sjt	Neil, JJ, M.M.		5.12.18
651487	Sjt	Nethersole, G	1/21 Bn	11. 3.20
2224	A/Sjt	Newman, F	1/3 Bn	3. 6.15
351957	Pte	Newnham, AE		6. 2.18
681394	Sjt	Nichols, JP		28. 3.18
251046	Sjt	Noades, R	2 Bn	10. 1.20
570968	Sjt	Noe, H	2/17 Bn	2.12.19
200685	Sjt	Norgan, T		18. 7.17
280032	Sjt	Norris, G		4. 3.18
149	CSM	Norris, HW	24 Bn	5. 8.15
511304	LCpl	Northen, RV		26. 6.18
2371	Sjt	Nottingham, EB 15 Bn (Attd. TMB)		31. 5.16
L8291	T/RSM	Oakham, A	2/2 Bn	3. 9.19
4354	Pte	O'Brien, J		14.11.16
420004	T/RSM	O'Connell, T	1/10 Bn	P 11. 3.20
474088	LCpl	O'Hara, J		28. 3.18
530089	CSM	Oldcorn, JS		4. 3.18
630338	LSjt(A/Sjt)	Oliver, EG		28. 3.18
702943	Pte	Omer, CE		16. 8.17
1262	Cpl	Owens, J	20 Bn	27. 7.16
1136	Sjt	Oxman, RH	23 Bn	5. 8.15
554393	Sjt	Paine, G	1/16 Bn	11. 3.20
630039	Cpl(ASjt)	Pallister, R		1. 5.18
320834	CSM	Palowkar, H		6. 2.18
590595	Sjt(A/CSM)	Parkes, AS		1. 5.18
651006	CSM	Parkinson, B		28. 3.18
720235	Cpl	Parr, W	2/24 Bn	11. 3.20
200064 (Form 995)	CSM(A/RSM)	Parrott, CH		9. 7.17
G/67538	Pte	Paterson, J		28. 3.18
371575	Sjt	Payne, H, M.M.		28. 3.18
3331	Pte	Payne, HS		14.11.16
1764	LCpl	Peabody, HD	9 Bn	3. 6.15
2923	LCpl	Peachy, GB		14.11.16
2356	LSjt	Peake, F	18 Bn	24. 6.16
474	CSM	Peat, RJ	8 Bn	5. 8.15
4014	Rfm	Perkins, A		22. 9.16
1498	A/Sjt	Pike, PR	1/13 Bn	5. 8.15
445079	T/RSM	Pittam, EC	2/10 Bn	3. 9.19
700578	Sjt(A/CSM)	Plim, H	2/23 Bn	11. 3.20
550623	CSM	Plumridge, JE	1/16 Bn	10. 1.20
490344	LCpl	Poole, JES	1/15 Bn	5.12.18
301720	LCpl	Porter, HR		6. 2.18
1549	Sjt	Porter, WS	22 Bn	11. 3.16
9338	Sjt	Pothecary, WF	5 Bn	30. 6.15
2159	Pte	Pouchot, JH	16 Bn	30. 6.15
414	LSjt	Powell, HJH	7 Bn	11. 3.16
592942	Pte	Pritchett, BC		1. 5.18
720121	CSM	Proud, FM		28. 3.18
2498	Pte	Pugsley, BJ	17 Bn	11. 3.16
318048	Sjt	Pullen, C		26. 6.18
1061	Sjt	Pulleyn, EH	9 Bn	3. 6.15
374135	Pte	Randall, EL		16. 8.17
G/84244	Pte	Ransom, JL	2/2 Bn	16. 1.19
678006	Sjt	Rawlinson, GF		21.10.18
83089	Pte	Reason, AE	3 Bn	10. 1.20
2639	LCpl	Redding, EJ	6 Bn (Attd. TMB)	31. 5.16
571162	Sjt	Reed, CH	2/17 Bn	11. 3.20
347	Sjt	Reeves, J		13. 2.17
203062	CSM	Reynolds, JG		15.11.18
370014	CSM	Richardson, AG	8 Bn	11. 3.20
1817	Sjt	Riddle, HB		14.11.16
681095	Cpl	Riddy, AE	(Attd. TMB)	16. 8.17
201238	Pte	Ridgeway, WJ	1 Bn	10. 1.20
487	CSM	Risley, EH	4 Bn	11. 3.16
282706	Pte	Roberts, CHW		4. 3.18
323250	Sjt	Roberts, F		16. 8.17
1787	Dmr	Roberts, JE	23 Bn	21. 6.16
530002	CSM	Robertson, FC		25. 8.17
610555	Cpl	Robinson, RD	1/19 Bn	11. 3.20
571079	Sjt	Robson, H	2/17 Bn	11. 3.20
571875	Cpl(LSjt)	Rolfe, RD		16. 8.17
G/92703	Pte	Rose, J	2/2 Bn	16. 1.19
9995	LCpl	Roulston, WA		14.11.16
650796	LCpl	Rowe, RA	1/21 Bn	11. 3.20
720169	Pte	Rudhall, HB		1. 5.18
571379	Cpl	Ruffalls, GW		1. 5.18
2069	Pte	Rushforth, CH	8 Bn	24. 6.16
1699	A/Cpl	Rushforth, SW	8 Bn	11. 3.16
1442	Pte	Sagar, NH	18 Bn	5. 8.15
530367	CSM	Salmon, H	1/15 Bn	11. 3.20
2151	LCpl	Sanderson, HL	14 Bn	1. 4.15
280937	LCpl	Sankey, TH		4. 3.18
2121	CSM	Saunders, FR	23 Bn	21. 6.16
392188	Sjt	Savage, FJ	9 Bn (Attd. TMB)	10. 1.20
610276	Pte	Scammell, CR		1. 5.18
570155	CSM(T/RSM)	Schermuly, CD		1. 5.18
556585	Pte	Scotney, F	1/16 Bn	10. 1.20
510790	LCpl	Scott, JD		1. 5.18
630585	Sjt	Seager, SN		30.10.18
534821	LCpl	Seeley, GJ		26. 1.18
350431 (Form 1987)	LSjt	Shadwell, AG		9. 7.17
422507	Sjt	Sharp, RH	2/10 Bn	11. 3.20
1872	Pte	Shellard, RS	21 Bn	5. 8.15
2084	LCpl	Shepherd, FW	13 Bn	1. 4.15
2084	A/Sjt	Shepherd, FW, D.C.M.	1/13 Bn Bar	5. 8.15
680596	Sjt	Shepherd, TG	2/22 Bn	E 3. 9.19
232376	Cpl	Shilton, AJ	2/2 Bn	27. 6.16
2025	Pte	Shonk, EG	22 Bn	24. 6.16
680657	Sjt	Shonk, EG, D.C.M.	Bar	16. 8.17
722625	Pte(A/LCpl)	Shrosbree, RJ		4. 3.18
651329	Sjt	Silvester, HA, M.M.	1/21 Bn	16. 1.19
370390	Sjt	Simpson, W		16. 8.17
245025	Rfm	Skews, RC		3. 9.18
200068	CSM	Slater, CW	1 Bn	3. 9.19
721070	Sjt	Smedley, WH	2/24 Bn	11. 3.20
2662	Pte	Smith, A		19. 8.16
630899	Sjt(A/CSM)	Smith, AJL	2/20 Bn	11. 3.20
550289	Rfm	Smith, CD		1. 5.18
530969	Sjt	Smith, GB		3. 9.18
3229	CSM	Smith, HC		25.11.16
472924	LCpl	Smith, JT		15.11.18
678009	Sjt	Smith, OG		21.10.18
1733	Pte	Smith, SGW	20 Bn	5. 8.15
3140	Sjt	Southam, AA	19 Bn	11. 3.16
490633	Sjt	Squires, GW	1/13 Bn	11. 3.20
250177	LSjt	Stanborough, J, M.M.	3 Bn	10. 1.20
81	Sjt	Stanton, WA		14.11.16
300788	LSjt	Stapely, TW		6. 2.18
2224	LCpl	Starkey, RAE	1/13 Bn	5. 8.15

1101	Cpl	Steele, GW	7 Bn	24. 6.16		231746	Sjt	Vincent, H, M.M.		15.11.18
701296	Sjt	Stenhouse, W	2/23 Bn	11. 3.20		204747	Pte	Vine, SF	1 Bn	10. 1.20
720767	LSjt	Stephens, SG, M.M.		28. 3.18		1457	Pte	Voisey, TJ	22 Bn	16.11.15
1690	Sjt	Stephens, WO	18 Bn	11. 3.16						
1485	Pte	Stewart, CHI	20 Bn	16.11.15		1880	Pte	Waghorn, DL	20 Bn	11. 3.16
1607	LCpl	Stewart, DA	1/14 Bn	30. 6.15		370114	CSM	Walsh, JA	8 Bn	11. 3.16
592000	Pte	Stoate, WF		1. 5.18		G/67215	LCpl	Walter, NW		4. 3.18
315358	Pte	Stockdale, H		15.11.18		1592	Pte	Walters, NH	24 Bn	5. 8.15
2709	LSjt	Stocking, EE	2/3 Bn	21. 6.16		228391	Sjt	Waring, J, M.M.	(Posted R. Fus)	3. 9.18
717	Cpl	Stott, JS	1/14 Bn	30. 6.15		571124	CSM	Warnchen, JR	2/17 Bn	3. 9.19
75	LCpl	Stransom, TH	5 Bn	30. 6.15		1576	LCpl	Warner, S	7 Bn	15. 3.16
392317	LCpl	Stroud, SO, M.M.		3. 9.18		255319	CSM	Waterston, AC	3 Bn	11. 3.20
3297	LCpl	Suckling, CW	24 Bn	24. 6.16		282444	Cpl	Watson, BA		6. 2.18
1473	A/Cpl	Sugars, RC	15 Bn (Attd. 140 Bde MG Coy)	21. 6.16		282171	LCpl(A/Sjt)	Watson, HF	(& KAR)	30.10.18
1473	Sjt	Sugars, RC, D.C.M.	15 Bn (Attd. 140 Bde MG Coy)	Bar 27. 7.16		1290	Dmr	Watson, MO	23 Bn	16.11.15
						1760	Pte	Watts, FWN	3 Bn	11. 3.16
680168	CSM	Sullivan, E		3. 9.18		608346	Cpl(ASjt)	Webb, J	1/18 Bn	11. 3.20
2527	Pte	Sullivan, EA	22 Bn	24. 6.16		1862	LCpl	Weir, GE		14.11.16
						610824	Sjt	Wells, L, M.M.		1. 5.18
309	Sjt	Tanner, CW	19 Bn	31. 5.16		250358	CSM	Welsh, HW		28. 3.18
570065	Sjt	Tarr, J, M.M.	1/17 Bn	11. 3.20		720661	CSM	West, GW		28. 3.18
2087	Sjt	Taylor, AJ	7 Bn	16.11.15		681074	Cpl	Western, AW	2/22 Bn (Attd. LTMB) E	3. 9.19
11003	LCpl	Taylor, C		14.11.16						
282496	Pte	Taylor, J		6. 2.18		G/84017	Cpl	Westley, JT	2/2 Bn	10. 1.20
722803	Pte(A/LCpl)	Theis, C		4. 3.18		650236	CSM	Wickes, EL		21.10.18
392345	Sjt	Thomas, DP	9 Bn	3. 9.19		2237	Cpl	Wigzell, HK	21 Bn	11. 3.16
532607	Sjt	Thomas, KD	1/15 Bn	11. 3.20		3547	Sjt	Williams, I		13. 2.17
2133	Pte	Thompson, AB	24 Bn	11. 3.16		350992	CSM	Williams, L	7 Bn	11. 3.20
550992	Sjt	Thomson, PR		18. 2.18		202924	LCpl	Williams, RH		26. 1.18
320660	Sjt	Thorndyke, FH		6. 2.18		66	CSM	Williams, TD	2 Bn	11. 3.16
512443	LCpl(ACpl)	Thornhill, FS		1. 5.18		3112	A/QMS	Wills, HJ	19 Bn	11. 3.16
650731	Sjt	Tidmarsh, S, M.M.	1/21 Bn	5.12.18		200480	Sjt	Wilson, DB		21.10.18
590048	CSM	Tilby, JA	1/18 Bn	10. 1.20		322011	Sjt	Wilson, GW		28. 3.18
2842	Pte	Tilley, J	18 Bn	22. 1.16		202337	Pte	Wilson, SJ, M.M.		15.11.18
201405	Pte	Tilly, A	1 Bn (Attd. TMB) *	30. 1.20		958	A/Cpl	Windebank, A	2 Bn	30. 6.15
						2458	Sjt	Windle, W		14.11.16
2648	LCpl	Tindall, G	20 Bn	27. 7.16		370680	Sjt(A/CSM)	Windle, W, D.C.M.		Bar 15.11.18
8541	Sjt	Todd, RV	1/5 Bn	5. 8.15		423351	LSjt	Withrington, F		15.11.18
555488	Cpl	Tomlinson, SC	1/16 Bn	10. 1.20		700684	LCpl	Wood, AE		16. 8.17
720638	Sjt	Trew, WA	1/24 Bn	11. 3.20		2757	Pte	Wood, JH	1/13 Bn	5. 8.15
413	CSM	Turnbull, SJ	16 Bn	11. 3.16		2782	Pte	Wood, PJ	18 Bn	5. 8.15
703611	Sjt	Turney, WE		4. 3.18		1226	Sjt	Wood, W	1/17 Bn	30. 3.16
590062	CSM	Tyers, H		3. 9.18		1724	Pte	Woodley, AG	17 Bn	11. 3.16
304530	Pte	Tyler, ER	(Attd. R. Bde)	6. 2.18		2097	Pte	Woods, C		11.12.16
371610	Pte	Tyrrell, FG		16. 8.17		630242	CSM	Woodward, CF		26. 1.18
						202601	Cpl	Worboy, A, M.M.		15.11.18
510816	Sjt	Usher, C	1/14 Bn	3. 9.19		9223	Sjt	Wortley, JH		13. 2.17
						230008	RQMS	Wren, CG		21.10.18
570033	Sjt	Vanhinsbergh, G	17 Bn	*EA 3. 9.19		1525	LCpl	Wyman, AE	6 Bn	31. 5.16
2026	Pte	Varney, WJ	8 Bn	11. 3.16						
283138	Cpl	Vaughan, B		21.10.18		372612	Sjt(A/CSM)	Yardley, W	8 Bn	10. 1.20
1301	Pte	Vincent, GE	18 Bn	5. 8.15		983	LCpl	Yates, AJ	9 Bn	11. 3.16
						14	CSM	Yelf, AL	6 Bn	16.11.15

† D.C.M. with KOYLI

‡ Bar with MMR (see Misc.)

608 D.C.M.'s ; 9 Bars ; 1 2nd Bar.

THE HERTFORDSHIRE REGIMENT

198	CSM	Abbott, EW	1 Bn	30. 6.15		3630	Pte	Hagger, C	1 Bn	11. 3.16
265216	Sjt	Allen, AW		3. 9.18		2942	A/Cpl	Hibbert, W		26. 1.17
266629	Sjt	Allibone, S		26. 1.18		3318	Pte	Hobbs, JH		26. 1.17
265494	Cpl(A/Sjt)	Ashwell, W		26. 1.18		17672	Pte(LCpl)	Kennell, W, M.M.		30.10.18
2597	Pte	Bailiff, TA	1 Bn	11. 3.16		265477	Cpl(A/Sjt)	Kiff, F	1 Bn	2.12.19
265630	Cpl	Baker, A		26. 1.18		42414	Sjt	King, HR, M.M.	1 Bn	2.12.19
2145	Cpl	Barington, HL		26. 1.17		43127	Sjt	King, TH	1/1 Bn	5.12.18
12560	Pte(A/LCpl)	Bennett, H	1 Bn	11. 3.20		266318	A/Sjt	Ling, GJ	1 Bn	2.12.19
1859	Sjt	Davey, HE	1 Bn	21. 6.16		2140	Pte	Long, C	1 Bn	5. 8.15
265287	CSM	Davy, H	1 Bn	2.12.19		2027	LSjt(A/Sjt)	Neal, F	1 Bn	11. 3.16
2170	Cpl	Evans, R	1 Bn	16.11.15		265405	LSjt(A/Sjt)	Osborne, SH		26. 1.18
4420	Pte	Farnham, R	1 Bn	11. 3.16						
13089	Sjt	Farrow, B	1 Bn	3. 9.19		265089	Sjt	Randall, H		3. 9.18
4589	Sjt	Gladding, JW		26. 1.17		1798	CSM	Raven, GE	1 Bn	3. 6.15
4549	Pte	Gray, J		26. 1.17		2108	Sjt	Rayment, F	1 Bn	30. 6.15
2099	CSM	Gregory, GS		26. 1.17		845	Sjt	Selby, E	1 Bn	30. 6.15

285016	Cpl	Smith, TA, M.M.	1 Bn		16. 1.19	1855	Cpl(ASjt)	Waterton, H	26. 1.17
1732	LCpl(A/Cpl)	Spinks, WG	1 Bn		11. 3.16	2544	Cpl	Willey, GA	26. 1.17
265033	CSM(A/RSM)	Tite, SG			26. 1.18				

36 D.C.M.'s

THE HEREFORDSHIRE REGIMENT

235011	CSM	Coleman, CK	1/1 Bn		11. 3.20	235989	LCpl	Symonds, JB			18. 2.18
235987	LCpl	James, G			16. 8.17	235701	Pte(A/Sjt)	Trapp, H			1. 5.18
1887	Pte	Mann, E	1/1 Bn	G	11. 3.16	235104	A/CQMS	Vaughan, C			16. 8.17
28788	Pte	Parker, HJ	1/1 Bn		11. 3.20	235952	Sjt	Worthing, WC	1/1 Bn	E	3. 9.19

8 D.C.M.'s

ROYAL GUERNSEY LIGHT INFANTRY

569	A/Sjt	Budden, WH	1. 5.18	590	Sjt	Le Poidevin, WJ	1. 5.18
586	Sjt	James, HL	21.10.18				

3 D.C.M.'s

OTHER UNITS AND MISC.

112269	Sjt	Barnetson, J	(Spec. Bde)	22. 9.16	1086	Dvr	Hook, AJ	(B.R.C. Soc/No. 4 Motor Amb. Convoy) 30. 6.15
238097	Sjt	Beer, HWS	18 Bn (Regt. not stated)	11. 3.20				
999397	A/B †	Buss, J, D.C.M.	(M.M.R.)	Bar 21. 1.20	99919	For of works/SSjt	Tonks, CS, M.M.	21.10.18
450	CSM/Instr.	Curley, J	(Gym Staff)	9. 7.17	P/1062	L/Cpl(A/Sjt)	Watts, H	(Traffic Cont. Sqdn.) 17. 4.18
639698	MM 1st Cl.	Erler, SH	(M.M.R.)	21. 1.20				

† D.C.M. with Lond. Regt.

J. Buss and S. H. Erler awards for RIMSKAYA 29/8/19.

7 D.C.M.'s ; 1 Bar.

ROYAL NAVAL VOLUNTEER RESERVE

Number	Rank	Name	Unit	Date
KX 173	P.O.	Allan, J		17. 4.18
LZ 2333	A.B.	Baldwin, HF		18. 7.17
TZ 2452	L.S.(HG)	Bell, RG	Hawke Bn	16. 1.19
TZ 7755	A.B.	Bellamy, JJ	Hood Bn	16. 1.19
TZ 815	P.O.	Bestford, T, M.M.	Drake Bn	5.12.18
MZ 148	L.S.(HG)	Bettridge, CV		26. 3.17
CZ 4047	P.O.	Blackhall, J		28. 3.18
TZ 1917	P.O.	Blair, H		26. 3.17
TZ 3434	C.P.O.	Blogg, W		3.10.18
TZ 618	C.P.O.	Brown, W	Hood Bn	10. 1.20
PZ 1079	P.O.	Buckman, A	M.G. coy	26. 3.17
CZ 424	P.O.	Burnett, WL		26. 1.17
TZ 3152	P.O.	Callender, C		26. 3.17
LON/10/3044	C.P.O.	Chapman, WG	(R.N. Div.)	13. 2.17
TZ 4407	A/L.S.(HG)	Charlton, W		18. 7.17
R 28	A/Sea	Chubb, FG		28. 3.18
KW/498	P.O.	Churms, D	Drake Bn	25. 2.20
MZ/175	P.O.	Clark, H	Drake Bn	25. 2.20
CZ/5666	A.B.	Condie, W		18. 6.17
TZ/3755	A.B.	Coombe, T		21.10.18
KP/481	P.O.	Cotcher, T	Drake Bn	3. 9.19
CZ 2047	P.O.	Cowie, JG, M.M.	Hood Bn	5.12.18
CZ 2047	P.O.	Cowie, JG, D.C.M., M.M.	Hood Bn	Bar 10. 1.20
CZ 2047	P.O.	Cowie, JG, D.C.M. & Bar, M.M.	Hood Bn 2nd Bar	10. 1.20
TZ 881	P.O.	Curry, W	Hawke Bn	25. 2.20
CZ 410	C.P.O.(S.M.)	Dargie, A		28. 3.18
TZ 2214	A.B.	Davison, JG	Drake Bn	25. 2.20
TZ 9039	L.S.	Day, CH, M.M.		30.10.18
TZ 6581	A.B.	Downie, RO		21.10.18
KX 196	A.B.(HG)	Duffy, F		4. 3.18
KX 490	A/P.O.	Egdell, T		26. 3.17
CZ 2219	A.B.	Flett, JS	Drake Bn	5.12.18
TZ 569	P.O.	Foster, N, M.M.		28. 3.18
CZ 1672	C.P.O.	Gallagher, WJ	Hood Bn	11. 3.20
MZ 373	L.S.	Gilgrass, W		18. 7.17
CZ 5011	L.S.(A/P.O.)	Green, DH		17. 4.18
TZ/3637	P.O.	Griffiths, E	Hood Bn	10. 1.20
TZ/2743	P.O.	Jackson, D		28. 3.18
MZ 79	L.S.	Jillings, EW	M.G. Coy	26. 3.17
CZ/3319	P.O.	Kent, J	(R.N. Div.)	13. 2.17
CZ/5422	A.B.	Knox, W		30.10.18
TZ/8405	L.S.	Langley, FC	Anson Bn (Attd. L.T.M.B.)	16. 1.19
LZ/3115	L.S.	Lemm, SG	Hawke Bn	5.12.18
KW/518	L.S.	Lynch, M	Drake Bn	25. 2.20
CZ/5266	A.B.(HG)	Macaulay, TB		17. 4.17
CZ/3265	A.B.	Mackie, DW		28. 3.18
TZ/4741	P.O.	Mallett, GW	M.G. Coy	17. 4.17
TZ/2901	P.O.	Manning, P		17. 9.17
TZ/2118	C.P.O.	Marchant, J, M.M.	Hood Bn	16. 1.19
CH/296509	C.P.O.	Martin, JJ, M.M.	Drake Bn	5.12.18
WZ/63	P.O.	Matthews, R	(Attd. M.G. Bn)	25. 2.20
CZ/3230	C.P.O.	McCombie, FC	Hawke Bn	11. 3.20
TZ/2815	C.P.O.	Muirhead, JR	Hawke Bn	5.12.18
KP/599	L.S.(A/P.O.)	Nicklin, T	Hawke Bn	10. 1.20
R/639	A.B.	Northern, WFE	Hood Bn	10. 1.20
TZ/1962	C.P.O.	Petty, JW	Hawke Bn	5.12.18
KW/149	A.B.	Pollard, HGB	Anson Bn	5.12.18
R/6132	A.B.	Prentice, E	Drake Bn	16. 1.19
MZ/529	A.B.	Price, F		17. 4.17
WZ/424	C.P.O.	Prowse, G	Drake Bn	16. 1.19
TZ/1571	L.S.	Punton, W	(Attd. T.M.B.)	26. 3.17
TZ/1571	P.O.	Punton, W, D.C.M.		Bar 28. 3.18
BZ/654	A/P.O.	Rosewarne, P		26. 3.17
CZ/231	A/P.O.	Ross, A		18. 7.17
CZ/6977	A.B.(HG)	Russell, A	Anson Bn	10. 1.20
TZ/5038	L.S.(A/P.O.)	Russell, R	Hawke Bn	25. 2.20
TZ/8380	A.B.	Schofield, N	M.G. Coy	26. 3.17
CZ/3386	P.O.	Scott, G		18. 7.17
LS/3122	P.O.(A/C.P.O.)	Simon, HJ		17. 4.18
TZ/853	P.O.	Simpson, TB		26. 3.17
CZ/5603	P.O.	Smith, H		28. 3.18
KX/245	A.B.(HG)	Stagg, TR	Drake Bn	25. 2.20
TZ/2063	L.S.	Stanwix, T	Hood Bn	3. 9.19
BZ/9067	A.B.	Stringer, WJ		28. 3.18
KP/365	P.O.	Swallow, HS		21.10.18
KW/563	P.O.	Taylor, H	Drake Bn	11. 3.20
KP/942	L.S.(HG)	Turner, S	(R.N. Div.)	13. 2.17
TZ/1899	P.O.	Walker, J, M.M.	Hood Bn	5.12.18
KW/560	L.S. (HG)	Watson, M		21.10.18
TZ/657	P.O.	Watson, T		28. 3.18
CZ/2224	P.O.	Wheeler, CB		17. 4.17
CZ/6919	L.S.	Young, J, M.M.	Drake Bn (Attd. T.M.B.)	16. 1.19

79 D.C.M.'s ; 2 Bars ; 1 2nd Bar.

ROYAL MARINE LIGHT INFANTRY

Number	Rank	Name	Unit	Date
PLY/4594	ColSjt(A/SM)	Banks, AJ	RMLI	26. 1.17
Deal/3251(s)	SSjt	Booth, D	RM	18. 7.17
CH/19896	Pte	Brindley, W	1 Bn (Attd. LTMB) RMLI	16. 1.19
CH/17402	Cpl(ASjt)	Cary, WS	RMLI (Attd. Hood Bn)	10. 1.20
PO/17970	LCpl	Childs, TW	1 Bn RMLI	10. 1.20
PLY/16495	ACpl	Coulthard, JW	1 Bn RMLI	10. 1.20
PLY/66(s)	Pte	Davies, G	RMLI	18. 7.17
CH/19638	Pte	Elliott, LJ	RMLI	14.11.16
Deal/3080(s)	SM	Evans, H	(R.N. Div.)	13. 2.17
PLY/884(s)	Sjt	Hastings, GH, M.M.	1 Bn RM	16. 1.19
PLY/1143(s)	LSjt	Hill, AL	1 Bn RM	16. 1.19
CH/S/1191	Cpl(ASjt)	Insley, L, M.M.	(Attd. M.G. Bn) RMLI	10. 1.20
PLY/13747	Sjt	Paterson, A	1 Bn RM	16. 1.19
CH/16227	Pte(ASjt)	Priestley, GA	RMLI	4. 3.18
PO/973(s)	LCpl	Sadd, H	RM	21.10.18
CH/18511	Pte(LCpl)	Salt, T	RMLI	18. 7.17
PLY/9324	CSM	Sands, AH	RMLI	17. 4.18
PLY/13760	Sjt	Scott, WG	RMLI	9. 7.17
PLY/16562	Pte(ACpl)	Smith, TW	RMLI	11. 3.20
PLY/466(s)	Sjt	Trigg, HJ	1 Bn RM	16. 1.19
PLY/9874	ACpl	Watts, WA	RMLI	22. 9.16
PO/675	Sjt(A/WOII)	Windybank, F	1 Bn RMLI	3. 9.19
PO/10112	Sjt	Woodard, GW	RMLI	3.10.18

23 D.C.M.'s

ROYAL MARINE ARTILLERY

RMA/785(s)	Cpl	Cross, F		17. 4.18
RMA/5099	A/BSM	Dacombe, SG	(Attd. RGA. SA Contingent)	13. 2.17
RMA/4633	Col Sjt(A/BSM)	Dadd, C	12 How. Bty.	3. 9.19
RMA/9996	A/BSM	Davis, W	(Form RFR/B/1324)	9. 7.17
H/5756	Cpl	Forsyth, T	No. 4 Gun	11. 3.20
RMA/5913	Sjt	Guest, W	(Attd. S.A. Arty)	13. 2.17

11748	Cpl	Payne, RE		15. 9.15
RMA/6490 (RFR/B/516)	Gnr. (Temp. Bmbr.)	Pike, W		13. 2.17
11561	Cpl(T/Sjt)	Stone, WL		15. 9.15
RMA/9632	Bmbr.(ASjt)	Tye, EC	(Attd. S.A. Hvy. Art.)	17. 4.18
460	SSjt For. Mech.	Williams, H		9. 7.17
RMA/11074	Sjt	Woodhouse, ACW		21.10.18

12 D.C.M.'s

SECTION 9

OVERSEAS FORCES

9.1 AUSTRALIA			**9.5 NEWFOUNDLAND**	208
Light Horse Regiment	177			
Aust. Artillery	178		**9.6 NEW ZEALAND**	
Aust. Engineers	179		Auckland Mtd. Rifles	209
Aust. Railway Operating Coy.	180		Canterbury Mtd. Rifles	209
Aust. Infantry	180		Wellington Mtd. Rifles	209
Aust. Pioneers	187		Otago Mtd. Rifles	209
Aust. Machine Gun Corps	187		N.Z. Mtd. Rifle Brigade	209
Aust. Trench Mortar Batteries	188		N.Z. Artillery	209
Imperial Camel Corps (Aust. Section)	188		N.Z. Engineers	210
Aust. Army Service Corps	188		Auckland Regiment	210
Aust. Army Medical Corps	189		Canterbury Regiment	210
Aust. Armoured Car Section	189		Otago Regiment	211
Aust. Other Units	189		Wellington Regiment	211
			N.Z. Infantry	212
9.2 BRITISH WEST INDIES			N.Z. Rifle Brigade	212
The British West Indies Regiment	190		N.Z. Machine Gun Corps	213
			N.Z. Army Service Corps	213
9.3 CANADA			N.Z. Medical Corps	213
Royal Canadian Dragoons	191		N.Z. Other Units	213
Lord Strathcona's Horse	191			
Fort Garry Horse	191		**9.7 RHODESIA**	214
Canadian Light Horse	191			
Canadian Cavalry	191		**9.8 SOUTH & EAST AFRICA**	
Canadian Artillery	192		South African Mtd. Rifles	215
Canadian Engineers	193		South African Horse	215
Canadian Pioneers	194		South African Commandos	215
Canadian Mounted Rifles	194		South African Artillery	216
Royal Canadian Regiment	195		South African Engineers	216
Princess Patricia's Canadian Light Infantry	195		South African Infantry	216
Canadian Infantry	196		South African Rifles	217
Canadian Machine Gun Corps	203		Cape Corps	217
Canadian Trench Mortar Batteries	204		South African Motor Cyclists Corps	217
Canadian Railway Troops	204		South African Service Corps	218
Canadian Corps Cyclists Battalion	205		South African Medical Corps	218
Canadian Army Service Corps	205		South African Other Units	218
Canadian Army Medical Corps	205		British South African Police	218
Canadian Staff	205		East Africa	219
Canadian Other Units	206			
			9.9 OTHERS	
9.4 INDIA	207		Zion Mule Corps	219
			Northern Turkana & Kindred Tribes	219

AUSTRALIA

LIGHT HORSE REGT.

No.	Rank	Name	Unit		Date
753	Sjt	Allen, FJ	2nd Rgt.	E	3. 9.19
1428	Sjt	Annison, EJ, M.M.	4th Rgt.		25. 2.20
176	Sig.Sjt	Archibald, WD			14.11.16
2315	T/CQMS	Arthur, AE	10th Rgt. (Attd. Camel Trans Corps)	P	11. 3.20
1082	Sig	Baldwin, A	2nd Rgt.	E	3. 9.19
377	Sjt	Bargh, JM			1. 5.18
1311	Sig.Cpl	Barry, W	2nd Rgt.	P	11. 3.20
958	Cpl	Beard, AW	9th Rgt.	P	11. 3.20
97	Sig.Cpl	Bligh, RHL			30.10.18
340	Sjt	Bowman, WNJ			28. 3.18
1166	Tpr	Braham, H			26. 1.18
1943	Tpr	Brunton, J	12th Rgt.	E	3. 9.19
492	Sjt	Carr, TL	11th Rgt.	E	25. 2.20
1527	S/Sjt	Cattle, HJ	H.Q., L.H. Bde		18. 2.18
954	Sjt	Chapman, JE	8th Rgt.	E	3. 9.19
245	Sjt	Connolly, GJ	10th Rgt.	E	25. 2.20
29	Farr QMS	Cook, AW	5th Rgt.	E	3. 9.19
255	LCpl	Cooper, CWS	11th Rgt.	E	3. 9.19
85	Arm.S/Sjt	Cox, AJ			4. 3.18
65	A/RSM(Later 2 Lt)	Coy, FW			18. 2.18
338	LCpl	Crisp, FG	1st Rgt.		21. 6.16
397	LCpl	Cruddas, GF			18. 2.18
608	Sjt	Cruickshank, W			21.10.18
859	LCpl	Curran, FP	7th Rgt.	G	11. 3.16
645	Tpr	Currie, A			26. 4.17
353	S/SM	Currington, AH			1. 5.18
390	Tptr(T/CSM)	Dawson, WV			1. 5.18
300	Cpl	Edwards, TC	12th Rgt.	E	25. 2.20
1240	Tpr	Fiedler, HA			25. 8.17
30	Sjt	Fitzmaurice, J	10th Rgt.	E	3. 9.19
255	Sjt	Foreman, JL	9th Rgt.	E	25. 2.20
1941A	Sjt	French, AC	15th Rgt.	E	25. 2.20
101	Sjt	French, GW			30.10.18
709	Sjt	Garrett, FGH			21.10.18
2422	Cpl	Gray, W	3rd Rgt.	E	3. 9.19
719	LCpl	Grayson, WR			25. 8.17
582	LCpl	Grimson, C	1st Rgt.	G	6. 9.15
413	Sjt	Gwynne, S			26. 4.17
1458	Tpr	Halliday, NC	9th Rgt.	E	25. 2.20
767	LCpl	Hamilton, JE			1. 5.18
361	LCpl	Harrington, CG			26. 4.17
115	Sjt	Henderson, WJ	10th Rgt.	G	29.11.15
32	Cpl	Heywood, CW	4th Rgt.	E	25. 2.20
620	Tpr	Hill, GA	12th Rgt.	P	14. 4.20
733	Sjt	Holmes, LS			16. 8.17
228	Sjt	James, AE			28. 3.18
1955A	Tpr	Johns, ET			1. 5.18
1010	Tpr	Keable, HW			1. 5.18
725	T/Sjt	Kelly, PJ	5th Rgt.	E	25. 2.20
171	LCpl	Kenny, WH	3rd Rgt. 1st L.H. Bde		21. 6.16
5	Sig.Cpl	Kilpatrick, CB			14.11.16
534	Sjt	Kirkbride, T			14.11.16
442	Tpr(LCpl)	Lanagan, FE			3. 9.18
1178	LCpl(T/Cpl)	Langdon, WJ	10th Rgt.	E	3. 9.19
2348	T/Cpl	Langtip, LO	4th Rgt.	E	25. 2.20
899	Sqd.SM(T/RSM)	Lawlor, K			21.10.18
215	Sqd.SM	Lee, AJ			14.11.16
825	Sjt	Lewis, RH	L.H. Fld. Amb.		16. 8.17
663	Tpr	Livingstone, CH			1. 5.18
2460	Tpr	Long, H	14th Rgt.	E	25. 2.20
2426	Tpr	Loudon, RJ	10th Rgt.	E	25. 2.20
147	Sjt	Macansh, WS			26. 4.17
19	Cpl	MacDonald, JM	2nd Rgt.		21. 6.16
1028	LCpl	MacKay, AE			18. 6.17
1412	T/Sjt	MacLeod, AF	3rd L.H. Bde M.G. Sqd.	E	25. 2.20
313	LCpl	MacNee, HM	10th Rgt.	G	29.11.15
8315	Pte(T/Cpl)	Maitland, GBG	4th Rgt.	E	3. 9.19
1340	Sjt	Martin, WC	10th Rgt.	E	3. 9.19
1340	LSjt	Martin, WC, D.C.M.	10th Rgt.	E Bar	25. 2.20
965	SSM(Later 2Lt)	Mason, DJ			28. 3.18
322	Cpl	Mason, RA	3rd Rgt.	G	6. 9.15
324	Sjt	McGinniss, PJ	8th Rgt.		31. 5.16
777	Tpr	McGrath, JP	(Later ICC)		26. 1.18
2664	S.Sjt	McHugh, EE	4th Rgt.	E	3. 9.19
329	Pte	McLean, H			25.11.16
1775	Pte	McRae, FO	1st Rgt. Fld. Amb	G	29.11.15
1104	T/Sjt	Moodie, JA	4th Rgt.	E	25. 2.20
302	Tpr	Moore, F			26. 4.17
212	Sjt(T/SSM)	Mulford, EA			16. 8.17
26	LSjt	Nagle, JF			26. 4.17
165	Sjt	Organ, FD	4th Rgt.	E	25. 2.20
2142	Cpl	Pearson, AP		E	3. 9.19
913	Pte	Peel, GL	3rd Rgt. Fld. Amb	G	29.11.15
207	Cpl	Picton, EB			26. 1.18
338	Sjt	Quinn, WH	11th Rgt.	E	25. 2.20
329	Sjt	Rede, PH			30.10.18
969	Tpr	Renton, T	10th Rgt.		21. 6.16
1574	Cpl(T/CSM)	Richmond, DT			1. 5.18
129	Sjt	Rickard, CB			26. 1.18
746	LSjt	Ridgway, FL			18. 2.18
1524	Tpr	Rilen, M	4th Rgt.		25. 2.20
736	LCpl(T/Cpl)	Ringrose, EJ	6th Rgt.	P	14. 4.20
838	Sjt	Robinson, JW	Fld. Amb		26. 4.17
956	Cpl	Runn, HE	9th Rgt.	E	3. 9.19
212	Sjt	Ryan, PF	6th Rgt.	G	11. 3.16
113	Sjt	Salmon, W			18. 2.18
137	Sjt	Salmond, FCP			1. 5.18
58	Sjt	Saunders, HE	3rd Bde M.G. Sqd.	E	25. 2.20
185	Sjt	Seager, EC	4th Rgt.	E	25. 2.20
312	Sqd.SM	Sheridan, PP	6th Rgt.	E	3. 9.19
355	Pte	Sing, WE	5th Rgt.	G	11. 3.16
528	Cpl	Smith, PT	9th Rgt.		31. 5.16
156	Cpl	Smith, WAG	7th Rgt.	E	3. 9.19
902	Tpr	Smyth, JN	9th Rgt.	E	25. 2.20
981	Tpr	Stanley, TB	10th Rgt.	G	29.11.15
1653	Sjt	Taggart, RAH			21.10.18
769	T/Cpl	Todd, AH	9th Rgt.	E	25. 2.20
386	Sq.QMS	Townsend, AR			18. 2.18
386	Sq.SM	Townsend, AR, D.C.M.		Bar	28. 3.18
902	Pte	Vines, AJ	3rd Rgt. Fld. Amb	G	29.11.15
2901	S/Smith	Waters, AA	5th Rgt.	E	25. 2.20
1298	LCpl	Waters, E	13th Rgt.		11. 3.20
2609	Tpr	Webb, ER	8th Rgt.	P	11. 3.20
1648	LCpl	Willis, WW	8th Rgt.	E	3. 9.19
1634	Sjt	Woodfield, SR			26. 1.18

113 D.C.M.'s ; 2 Bars.

AUST. ARTILLERY

Section 9.1

3227	BSM	Akers, CH	FA	18. 7.17
1605	BSM	Allcroft, RD	FA	21.10.18
2327	Gnr	Anderson, CE	FA	21.10.18
11917	BSM(T/RSM)	Asker, LH	1st Bde. FA	11. 3.20
8567	Whr-Sjt	Baker, HH	FA	6. 2.18
10241	Gnr	Banner, F, M.M.	H.Q. 5 Bde. FA	10. 1.20
22390	BSM	Barclay, LW	7 Bde. FA	11. 3.20
1842	Gnr	Barrett, LE		4. 3.18
1828	Cpl	Basey, ASP	FA	26. 1.18
5	Bmbr	Baxter, CW	H.Q. 1st Bde. FA	
				G 29.11.15
25347	Sjt	Beadle, WHD	3rd Div. Amm. Coy FA	
				3. 9.18
24381	A/Cpl	Berriman, V		17. 4.18
6515	Sjt	Birchmore, WA	4 Bde. FA	3. 9.19
75	BSM	Bowen, AT	FA	3. 9.18
8179	Sjt	Briggs, TH	FA	21.10.18
2900	Gnr	Brough, DG	FA	17. 4.18
3480	Gnr	Brown, CG	FA	22. 9.16
1934	Cpl.Saddler	Browne, JC	FA	25. 8.17
19047	Gnr(A/Bmbr)	Burton, AN	FA	21.10.18
1821	Sjt	Cannan, WS	13 Bde. FA	3. 9.19
199	A/Bmbr	Carlin, W	FA	9. 7.17
22306	Sjt	Chappell, CL	FA	26. 1.18
1634	Bmbr	Chippendale, SF	FA	22. 9.16
2183	Sjt	Christie, J	FA	26. 1.18
1784	BSM	Clough, JO	FA	18. 7.17
914	Sjt	Cockett, T	FA	22. 9.16
206	T/Sjt	Cole, HB	FA	3. 9.18
6326	A/Bmbr	Conacher, RNB	FA	26. 5.17
805	Cpl	Cook, GD	2nd FA Bde. H.Q. 1st Div.	
				21. 6.16
2466	BSM	Creeke, F	FA	25. 8.17
3609	Sjt	Croll, JC, M.M.	11 Bde. FA	10. 1.20
15222	Sjt	Daniels, TS	12 Bde. FA	3. 9.19
7988	Cpl(T/Sjt)	Davies, C	6th Bde. FA	3. 9.19
6334	Cpl	Driscoll, HJ		26. 9.16
1616	Cpl	Eagle, HF	FA	17. 4.18
3804	Gnr	Elliott, JW	9 Bty. FA G	15. 3.16
11615	Sjt	Ewen, JC	FA	18. 7.17
2146	BSM	Ferridge, WJ	FA	21.10.18
261	Gnr	Finlay, GG	2 Bty. 1st Bde. FA	
				G 15. 9.15
99	RSM	Fitzsimmons, A	FA	21.10.18
2380	Sjt	Forrest, WC	12 Bde. FA	11. 3.20
8847	Sjt	Freeman, JA	FA	26. 3.17
1838	Sjt	Furniss, W	13 FA Bde	3. 9.19
1266	Sjt	Gannon, JT	14 Bde. FA	10. 1.20
234	Sjt	Graham, PJ	FA	21.10.18
1646	Sjt	Griff, E	FA	3. 9.18
6522	BSM	Gunn, TC	4 Bde. FA	11. 3.20
29460	Fitter S/Sjt	Gysin, TE	FA	4. 3.18
18543	Sjt	Henderson, BL	FA	3. 9.18
263	Bmbr	Hewett, AT	FA	26. 7.17
7929	Cpl	Hickey, FJK	FA	26. 1.18
2027	A/Bmbr	Hobley, J	FA	28. 3.18
113	Bmbr	Hodgman, WF	FA	4. 3.18
5256	Cpl	Holmes, NA	FA	9. 7.17
7187	Cpl(T/Sjt)	Holt, WRM	FA	4. 3.18
10588	Bmbr	Howard, HR, M.M.	2 Bde. FA	10. 1.20
544	Gnr(A/Bmbr)	Hudson, AN	FA	13. 2.17
7188	Sjt	Ingate, CGL	FA	18. 7.17
8915	Sjt	Jane, RW	5th Bty. FA	2.12.19
3635	RSM	Jenkyn, R	2 Bde. Attd. H.Q. FA	
				3. 9.19
30	Sjt	Johnson, T		17. 9.17
144	Gnr	Jones, WAA		16. 8.17
1250	Sjt	Kaiser, L, M.M.	FA	26. 6.18
167	T/BQMS	Kanair, S	36th Hvy. Bde	3. 9.18
29891	Sjt	Karlsson, JA	12 Bde. FA	11. 3.20
124	Sjt	Kneebone, W	FA	26. 1.18
2862	Bmbr	Lee, J	FA	13. 2.17
479	Sjt	Lewin, EW	FA	26. 1.18
1067	BSM	Lloyd, BF	FA	25. 8.17
3518	Sjt	Locke, A	3rd Bde. FA	3. 9.19
9944	Cpl	MacLeod, HH	10 Bde. FA	10. 1.20
1987	Gnr	Maher, AE	FA	25. 8.17
8380	Sjt	Mattner, EW	FA	6. 2.18
375	Gnr	McAlister, AG	H.Q., 1st Bde. FA	
				G 29.11.15
18903	Sjt	McCullock, AR	FA	4. 3.18
1455	SM	McDonald, AE	FA	17. 4.18
3412	BSM	McEntyre, KWC	3rd Bde. Amm. Col. FA	
				3. 9.19
577	Gnr	McKinlay, A	3 Bty, 1 Bde. FA	
				G 15. 9.15
1906	Gnr(T/Bmbr)	McLean, T	14th Bde. FA	3. 9.19
472	Cpl	McNicol, W	1st Div. Amm. Park.	
				21. 6.16
3417	Sjt	Mentiplay, TA	FA	6. 2.18
8206	Sjt	Mills, CM	6 Bde. FA	11. 3.20
1805	Sjt	Minchin, CE	13 Bde. FA	11. 3.20
2023	Cpl	Molloy, L	3rd Bde. FA	10. 1.20
1165	Sjt	Monkhouse, J	FA	26. 1.18
1714	Cpl	Moylan, J	FA	3. 9.18
3601	Cpl	O'Brien, M	2 Bty. FA	2.12.19
1022A	Bmbr	Ogilvie, NH	13 Bde. FA	11. 3.20
379	Sjt	Owens, FW	FA	9. 7.17
2566	Gnr	Parkinson, WG	FA	3. 9.18
7910	Cpl	Paul, AT	H.Q. FA	13. 2.17
20864	Sjt	Pearce, RC	FA	18. 6.17
1215	Sjt	Pitts, GH	FA	26. 1.18
661	Gnr	Powter, CJ	Hvy. A	3. 9.18
124	Cpl	Purcell, WJ	Hvy. A	3. 9.18
121	Cpl	Purdue, TG	Gar. A	17. 4.18
6504	Bmbr	Ramsden, WH	FA	17. 4.18
440	Sjt	Richards, WH	11 Bde. FA	10. 1.20
21098	Sjt	Richardson, E	12 Bde. FA	2.12.19
34812	Gnr	Robertson, RS	5th Bty. FA	2.12.19
27267	Gnr	Robinson, CJ		16. 8.17
18927	Sjt	Robinson, EJ	FA	4. 3.18
7236	BSM	Rostron, J	FA	4. 3.18
7825	Cpl	Scrivener, PE		26. 9.16
1933	Sjt	Smith, CH	FA	26. 1.18
176	Cpl	Steele, J		13. 2.17
2766	Sjt	Stewart, G	FA	21.10.18
3559	Sjt	Symonds, JS	11 Bde. FA	11. 3.20
12224	Bmbr	Thomas, BG	FA	3. 9.18
7257	Cpl	Thompson, SF	FA	13. 2.17
261	Gnr(L/Bmbr)	Tulloch, JR	FA	21.10.18
3565	Sjt	Viney, F	FA	28. 3.18
10789	Gnr	Walker, HF		16. 8.17
6360	Gnr	Wallace, CC	FA	26. 1.18
6434	Sjt	Wallace, WL	FA	4. 3.18
4377	Sjt	Watson, WT	FA	9. 7.17
5660	Gnr	Wickens, WS	FA	26. 4.17
7266	BSM	Wilks, JWC	5 Bde. FA	11. 3.20
22228	Sjt	Williams, J	FA	21.10.18
9122	Sjt	Wills, CC	6th Bde. FA	3. 9.19
1963	Bmbr	Wilson, WJ	106 Bty. 6 Bde. FA	
				2.12.19
6252	Cpl	Wood, ET	FA	13. 2.17
1281	T/Sjt	Woolhouse, AH	FA	26. 1.18
8020	Bmbr	Wright, F	6 Bde. FA	11. 3.20
1140	Sjt	Wright, SN	FA	26. 1.18
595	T/Sjt	Yells, CR		6. 2.18

126 D.C.M.'s

AUST. ENGINEERS

No.	Rank	Name	Unit	Date
145	LCpl	Adeney, TW	2 Fld. Coy	21. 6.16
1210	Sjt	Andrews, H	2nd Sig. Sqdn P	11. 3.20
321	Sjt	Austin, T		6. 2.18
3975	Spr	Barrett, EL		17. 4.18
29	Sjt	Batchelor, CH		9. 7.17
128	Sjt	Batten, W		6. 2.18
14105	LCpl	Beames, HH		4. 3.18
17947	LCpl	Bell, F	D. Trps. & Bdg. Tn E	3. 9.19
3414	Sjt	Bowers, J		3. 9.18
60	S/Sjt	Bradshaw, T	1st Tunn Coy	11. 3.20
373	Sjt	Broadhead, L	1st Tunn Coy	11. 3.20
9438	Sjt	Brodie, GC		21.10.18
941	Sjt	Brooks, AA	15th Fld. Coy	10. 1.20
23	LCpl	Burrell, FD		18. 2.18
5057	Spr	Campbell, W	12 Fld. Coy	2.12.19
1095	Sjt	Cane, JB		18. 7.17
511	T/Sjt	Close, RH		25. 8.17
5154	2 Cpl	Collyer, S		9. 7.17
5702	LCpl(Later 2 Lt)	Cronin, A		9. 7.17
250	Spr(T/2nd Cpl)	Curdie, DT		6. 2.18
527	Sjt	D'Alton, WJ	2 Tunn Coy	2.12.19
5185	Sjt(T/SSM)	Dawkins, N	1st Sig. Sqdn. P	14. 4.20
6211	Spr	Dean, AE	12 Fld. Coy	2.12.19
-	Dvr	Dean, G	Div. Sig. Coy G	3. 7.15
2348	Sjt	Denton, AE		25. 8.17
18	Sjt(A/CSM)	Dobbie, RG		6. 2.18
1186	Spr	Donaldson, RC	Div. Sig. Coy	22. 9.16
9862	Sjt	Donnelly, WE	9 Fld. Coy	11. 3.20
3017	Sjt	Egan, DF		18. 7.17
491	Sjt	Farmer, HW		1. 5.18
2774	Cpl	Fenton, WE	7 Fld. Coy	10. 1.20
9867	2 Cpl	Fieldhouse, JWR		25. 8.17
558	Sjt	Fleming, CG	2 Tunn Coy	2.12.19
211	Sjt	Foulsum, WC	2 Fld. Coy	21. 6.16
10609	Sjt(Later 2Lt)	Fountain, S		17. 4.18
509	CSM	Fraillon, MA		6. 2.18
110	Sjt	Fraser, H		9. 7.17
588	Cpl	Frazer, J		1. 5.18
10184	Cpl	Furniss, ER		25. 8.17
10786	Sjt	Gifford, ASH		26. 1.18
3244	Cpl	Gough, W		6. 2.18
4082	Cpl	Graham, D	4 Fld. Coy G	15. 3.16
3027	Sjt	Grundell, JW	5 Fld. Coy	11. 3.20
13953	LCpl	Hammond, JH		3. 9.18
8732	LCpl	Harper, JT		30.10.18
8732	LCpl	Harper, JT, D.C.M.	15 Fld. Coy Bar	10. 1.20
2642	2 Cpl	Harrison, WJ	14 Fld. Coy	16. 1.19
7563	Sapper	Hockin, W		21.10.18
7	Cpl	Holland, E		21.10.18
46	Sjt	Hopkins, JS		6. 2.18
2709	Sjt	Howe, LG		17. 4.18
4540	2 Cpl	Huddy, R	8 Fld. Coy	5.12.18
144	S/Sjt	Hutchinson, HB	1 Tunn Coy	10. 1.20
602	Cpl	Jackson, F		9. 7.17
65	Sjt	James, FC		20.10.16
605	Sjt	Jarry, P		21.10.18
6767	Spr	Jochinke, EE	3 Tunn Coy	11. 3.20
1364	Sjt	Kerby, MJM		22. 9.16
1151	Sapper	Lane, C	Div. Sig. Coy	22. 9.16
17996	2 Cpl	Leslie, RMcD		21.10.18
105	Sjt	Lucas, HV	5 Fld. Coy	10. 1.20
396	2 Cpl	Marshall, LTJ		17. 4.18
762	Sjt	McAuliffe, RHW	2 Tunn Coy	11. 3.20
5531	Pte	McCallum, JW	1st Div. Sig. Coy	24. 6.16
3	CSM	McCutcheon, WC	1st Div. Sig. Coy G	29.11.15
16085	SSM	McDonald, LW	1st Fld. Sqd. E	3. 9.19
642	2 Cpl	McDowell, A	2 Tunn Coy	11. 3.20
241	LCpl	McGuigan, HRY	1st Fld. Sqd. E	3. 9.19
1102	2 Cpl	McKay, WA		13. 2.17
99	Sapper	McKenzie, GF	3 Fld. Coy G	3. 7.15
4011	Sjt	Miller, BR	14 Fld. Coy	5.12.18
316	Cpl	Miller, GF, M.M.		4. 3.18
4134	Spr	Miller, RA		30.10.18
11034	Cpl	Milliken, E		25. 8.17
188	Sjt	Mitchell, JH		22. 9.16
650	Sjt	Moffatt, WJ		25. 8.17
1185	Sjt	Monaghan, HE	1st Fld. Sqd. E	3. 9.19
386	S/S	Moody, AVD		17. 4.18
101	Sjt	Moore, JH		4. 3.18
1092	Spr	Moran, WH, M.M.	3 Tunn Coy	2.12.19
4779	Sjt	Morrison, MJ		26. 5.17
6623	2 Cpl(T/Cpl)	Mott, JW		18. 7.17
1861	2 Cpl	Mounsey, JL		17. 4.18
149	CSM	Mugglestone, AL		30.10.18
1067	LCpl	Mulcahy, MP		26. 9.16
659	L/Cpl	Murfitt, CR	2 Div. Sig. Coy G	29.11.15
2962	Sjt	Murphy, AJ		21.10.18
2776	Sjt	Murray, J		18. 7.17
1306	Cpl	Nancarrow, J		21.10.18
1306	Cpl	Nancarrow, J, D.C.M.	Bar	3. 9.18
110	Sjt	Nash, FG	Div. Sig. Coy	22. 9.16
157	Sjt	Newsom, FT	1st Fld. Coy	21. 6.16
17466	Spr	Nickolls, RE	5 Div. Sig. Coy	10. 1.20
1008	Sjt	O'Brien, J		6. 2.18
2432	Spr	O'Connell, J		26. 1.18
4137	Cpl	Park, JA	4 Fld. Coy(Late No. 220)	21. 6.16
1454	Sjt	Pennell, EW		6. 2.18
73	Cpl	Pennington, FE		22. 9.16
672	S/Sjt	Piper, PC		9. 7.17
4091	Sjt	Pirie, WJ		6. 2.18
3373	Cpl	Place, HL		26. 9.16
2708	Sjt	Raeside, JB		18. 7.17
4128	Spr	Rankin, CR	4 Fld. Coy G	22. 1.16
20597	Spr(T/Sjt)†	Rodd, AT	1 Wir. Sqd. M	15. 1.20
643	Sjt	Ross, T	1st L. Rly Oper. Coy	3. 9.19
15258	Spr	Ross, WG		30.10.18
1143	Sjt	Ryan, A, M.M.	4th Div. Sig. Coy	5.12.18
18018	T/Sjt	Scully, TP	1st Fld. Sqd. A.M.D. P	11. 3.20
222	Cpl	Shaw, J	4 Fld. Coy	21. 6.16
156	Cpl	Sheppard, A	2 Fld. Coy G	11. 3.16
840	Sjt	Simpson, L		1. 5.18
10546	Sjt	Sims, JF		25. 8.17
2518	T/2 Cpl	Sloper, JC		4. 3.18
278	Cpl	Smith, AJ		18. 6.17
3323	Sjt	Smith, RN		6. 2.18
1176	2 Cpl	Street, LA		22. 9.16
2048	Cpl	Taylor, GW		6. 2.18
4485	Spr	Thomas, RG		17. 4.18
3138	Cpl	Thompson, HF		18. 7.17
301	Sjt(Later 2 Lt)	Thomson, AS	1st Tunn Coy	3. 9.19
6426	Cpl	Titheridge, AD		25. 8.17
131	Sjt	Townsend, AJ		25. 8.17
18400	Sjt	Tully, AL, M.M.	3rd Div. Sig. Coy	3. 9.19
8026	Spr	Veale, WCD		6. 2.18
1021	Cpl	Wade, W		6. 2.18
172	Cpl(LSjt)	Weatherilt, P	2 Sig. Trp. P	14. 4.20
2818	CSM	Webster, G		6. 2.18
3680	Pte	Welsh, WG	5 Div. Sig. Coy	11. 3.20
349	Sjt	Welshman, H		21.10.18
4105	LCpl	Wemyss, J		14.11.16
5463	Sjt	Whitehead, TW		13. 2.17
250	Sjt	Wicks, FC	1st Fld. Coy	3. 9.19
110	Cpl	Wilson, GC		13. 2.17
685	CSM	Wilson, RCP		6. 2.18

† SUWARA - ATIKA 14.8.19

132 D.C.M.'s ; 2 Bars.

AUST. RAILWAY OPERATING COY

843	CSM	†	Burley, J, D.C.M.	R.O. Div.	Bar 6. 2.18	2211	RSM	Fleming, JG	R.O. Coy	3. 9.18
1280	CSM		Carroll, JI	R.O. Coy	3. 9.18	846	CSM	Hackfath, WH	R.O.Div.	4. 3.18
1680	CSM		Cooket, AJ	L.R.O. Coy	28. 3.18	1513	CSM	Liston, LFB	R.O. Coy	3. 9.18

† D.C.M. L/G 1901

5 D.C.M.'s ; 1 Bar.

AUST. INFANTRY

2327	Pte	Abraham, G			3. 9.18	2863	Pte	Benoit, T			6. 2.18
6212	Sjt	Acton, AJ	13 Bn		11. 3.20	874	Sjt	Benson, CE	9 Bn	G	6. 9.15
152	Pte	Acton, N			6. 2.18	664	Sjt	Bentley, JT, M.M.	9 Bn		2.12.19
4726	Sjt	Acton, WE			3. 9.18	808	Sjt	Berkeley, WN			21.10.18
5	Sjt	Adair, CM			26. 5.17	1070	Sjt	Berman, DF			17. 4.18
129	CSM	Adams, AE			17. 4.18	32	Sjt	Berry, GG	3 Bn		10. 1.20
5892	LCpl	Adams, DJ	25 Bn		2.12.19	1990	Cpl	Berry, L			17. 4.18
2552	Sjt	Adams, EAW			17. 4.18	6	Sjt	Besanko, CVM			13. 2.17
555	CSM	Ahnall, K			26. 9.16	136	Pte	Beswick, B	40 Bn		2.12.19
867	Sjt	Alberry, F			20.10.16	128	Sjt	Billing, EW, M.M.	40 Bn		11. 3.20
3755	Cpl	Allan, JR	19 Bn		10. 1.20	695	Pte	Birrell, WJ	7 Bn	G	3. 7.15
2857	Sjt	Allen, TJ	21 Bn		10. 1.20	1350	Sjt	Birthisel, JR			17. 4.18
2121	Sjt	Allison, AM			4. 3.18	2117	LCpl	Birtles, C			18. 6.17
816	Sjt	Amps, ECE	30 Bn		10. 1.20	2333	Sjt	Bishop, CG, M.M.			3. 9.18
6	Sjt	Anderson, A	2 Bn	G	3. 7.15	1130	Sjt	Bitmead, J			18. 6.17
5247	Cpl	Anderson, FB	7 Bn		10. 1.20	885	Sjt	Black, AB			14.11.16
1703	Sjt	Anderson, T			4. 3.18	4155	Cpl	Black, HA			16. 8.17
3232	Sjt	Andrews, HD	1 Bn		5.12.18	170	LCpl	Black, P	16 Bn	G	3. 7.15
1701	CSM	Anson, H	55 Bn		3. 9.19	3007	LCpl	Blackman, MG			18. 6.17
4336	Sjt	Armstrong, NL	2 Bn		2.12.19	3468	Pte(LCpl)	Blackmore, CH			21.10.18
4610A	Cpl	Arnold, TF			25. 8.17	553	CSM	Blackmore, J	22 Bn		10. 1.20
518	Sjt	Arnott, G	8 Bn		10. 1.20	4777	Pte	Bland, GD	18 Bn		2.12.19
74	Pte	Arnott, T	1 Bn	G	5. 8.15	3472	Cpl	Blenkinsop, JS			18. 6.17
4292	Pte	Artis, J	24 Bn		10. 1.20	2518	Sjt	Bliss, GA	34 Bn		5.12.18
4441	Cpl	Arundel, R			18. 6.17	3026	LCpl	Bloxsome, NR	5 Bn		10. 1.20
1068	Cpl	Ashmore, LW			6. 2.18	331	Sjt	Blyth, EP			18. 7.17
2777	LCpl(T/Cpl)	Askew, CS			18. 6.17	508	Sjt	Boal, JW			22. 9.16
1712	Pte	Atkins, JR			16. 8.17	1708	Sjt	Bockmaster, K			26. 5.17
1797A	Sjt	Ayling, FC	33 Bn		10. 1.20	3761	Pte	Bolger, P			30.10.18
189	Sjt	Ayling, W	11 Bn	G	3. 7.15	3773	Sjt	Bond, JH	24 Bn		10. 1.20
						2338	Pte	Bond, SG			26. 4.17
6836	LCpl	Baddon, AM			6. 2.18	4445	CSM	Bonhote, P, M.M.			3. 9.18
1722	LSjt	Bainbrigge, A, M.M.	46 Bn		2.12.19	2593	Pte	Bonython, RL			20.10.16
553	RSM	Baker, AR	48 Bn		5.12.18	1984	Sjt(Later 2 Lt)	Boully, L			18. 6.17
882	Pte	Baker, GEA	10 Bn	G	15. 3.16	1517	Sjt	Bourke, EA			1. 5.18
377	Sjt	Ball, A			26. 9.16	2865	Pte	Bowditch, GR			3. 9.18
1874	Pte	Ball, E			4. 3.18	4374	Sjt	Bowler, TL			6. 2.18
881	Cpl	Ball, G	7 Bn	G	11. 3.16	1663	LCpl	Boxer, WH, M.M.	58 Bn		10. 1.20
881	A/Sjt	Ball, G, D.C.M.			Bar 14.11.16	4363	Sjt	Boxsell, TT	20 Bn		10. 1.20
1910	Cpl	Banfield, GW			3. 9.18	4071	Sjt	Boyce, PJ, M.M.			3.10.18
1912	LCpl(T/Cpl)	Bannister, WJ			3. 9.18	1912	Sjt	Boyd, A			20.10.16
2139	LCpl	Barclay, N			9. 7.17	1672	Sjt	Boyes, WH, M.M.	14 Bn		5.12.18
1305	Sjt	Barkell, UJ			17. 4.18	1290	Drvr	Boylan, G			30.10.18
43	L/Cpl	Barker, HA	7 Bn	G	6. 9.15	329	Cpl	Boyle, C			26. 4.17
1515	Sjt(T/CSM)	Barker, HV	21 Bn		10. 1.20	550	Sjt	Boys, HA			6. 2.18
4988	Pte	Barnes, AJ	25 Bn		2.12.19	2337	CSM	Bradford, J			14.11.16
1441	Pte	Barr, GE			25. 8.17	140	Sjt	Bradley, HJ			14.11.16
5119	Pte	Barrett, EI			6. 2.18	1362	Cpl	Brand, LH			18. 6.17
1410A	Cpl	Barrett, R	15 Bn	G	29.11.15	1408	Pte	Brazil, SH			17. 4.18
354	Pte	Barrett, W			22. 9.16	2259	Pte	Breen, AJ			17. 4.18
2446	Pte	Barrie, RE	48 Bn		5.12.18	1345	CSM	Breeze, J			6. 2.18
2111	Sjt	Bartsch, J			3.10.18	123	Sjt	Bregenzer, ER			6. 2.18
2329	Sjt	Bass, SF			16. 8.17	503	Cpl	Brennan, H	20 Bn	G	11. 3.16
1722	Sjt	Bates, AG			22. 9.16	5344	Cpl	Brennan, P			3. 9.18
2567A	LCpl	Bath, LA			22. 9.16	168	CSM	Brent, FT			6. 2.18
2493	Sjt	Batton, RE, M.M.	22 Bn		10. 1.20	714	Sjt	Brew, T			18. 6.17
92	Sjt	Baulch, AC			16. 8.17	2802	Sjt(Later 2 Lt)	Brewster, A	8 Bn		10. 1.20
2871	Pte	Baulch, EE			30.10.18	2105	LSjt	Bridges, RG			18. 6.17
2564	Sjt	Baxter, RM			22. 9.16	2209	Pte	Bright, AAG			4. 3.18
3012	Cpl	Baxter, T			14.11.16	1806	Pte	Brockfield, MV			6. 2.18
1877	Pte	Bayne, T			17. 4.18	4444	Sjt	Brook, CM			4. 3.18
878	Pte(LCpl)	Beadon, CE			6. 2.18	3774	Sjt	Brooker, C			30.10.18
1063	Pte	Beaird, H			17. 4.18	3014	Sjt	Brown, AC			22. 9.16
7472	Cpl	Bean, VJ			3. 9.18	3476	Pte	Brown, AE			18. 6.17
3255	CQMS	Beaton, AJ	14 Bn		11. 3.20	15	Sjt	Brown, HB			25. 8.17
7103	LCpl	Beatty, RS, M.M.	10 Bn		2.12.19	618	CSM	Brown, JL			6. 2.18
1163	SM	Bell, A			13. 2.17	1052	CQMS	Brown, TD			18. 6.17
1041	Pte	Bell, A	23 Bn	G	11. 3.16	1689A	Pte(LCpl)	Brown, WE			21.10.18
4255	Pte	Bemold, CA	32 Bn		2.12.19	2779	Pte	Brown, WE			25. 8.17

AUST. INFANTRY

No.	Rank	Name	Bn	G	Date
2779	Sjt	Brown, WE, D.C.M.		Bar	3. 9.18
21	Sjt(Later 2 Lt)	Bruce, J			4. 3.18
3210	Sjt	Bryan, TH			25. 8.17
89	Sjt	Bryce, C			18. 6.17
2463	Sjt	Buck, HT			3.10.18
3026	Sjt	Buckingham, TA	55 Bn		2.12.19
6594	Sjt	Buckley, MV	13 Bn		5.12.18
1894	Sjt	Buckley, T			6. 2.18
2576	LCpl	Budge, JG	4 Bn		10. 1.20
1922	Cpl	Bull, HJ			16. 8.17
38	Sjt	Bullen, G			3. 9.18
2262	Pte	Bunting, WM			26. 9.16
834	CSM	Burke, AL	24 Bn		11. 3.20
1198	CSM	Burn, JW	39 Bn		11. 3.20
3487	Sjt	Burns, CR	53 Bn		10. 1.20
3372A	Cpl	Burrill, RC			22. 9.16
22A	Cpl	Burt, CER			3. 9.18
5665	CQMS	Burton, D	11 Bn		11. 3.20
2343	Pte	Bush, F			28. 3.18
2593	Pte	Butcher, AJ			11. 5.17
16	Sjt	Butler, JR			17. 4.18
2557	Sjt	Butler, LW			19. 8.16
257	Pte	Butler, RW			3.10.18
338	Sjt	Caddy, J, M.M.			4. 3.18
4669	RSM	Cadwell, S			3.10.18
3835	Pte(T/CSM)	Caine, PH			21.10.18
3118	Sjt	Cairns, NW	37 Bn		3. 9.19
2815	Sjt	Calder, RA			26. 4.17
3502	Sjt	Callaghan, RL	53 Bn		2.12.19
1919	Cpl	Callahan, PC			6. 2.18
503	Sjt	Camden, HA			22. 9.16
1112	Pte	Camden, RJ			22. 9.16
4747	Sjt	Cameron, JG	45 Bn		2.12.19
2642	Pte	Cameron, RC	53 Bn		10. 1.20
639	Sjt	Cameron, W			4. 3.18
387	CQMS	Campbell, A			4. 3.18
3245	LCpl	Campbell, E	51 Bn		11. 3.20
3717	Pte	Campbell, JL, M.M.			4. 3.18
287	Sjt	Campbell, RAF			17. 4.18
1250	Pte	Campigli, DH	8 Bn	G	6. 9.15
43	Cpl	Carew, RJ			22. 9.16
2257	Pte	Cargill, G			30.10.18
1733	Pte	Carlson, AL			16. 8.17
148	Sjt	Carlson, C	41 Bn		5.12.18
607	Cpl	Carpenter, SF			22. 9.16
3258	T/Cpl	Carr, H			18. 6.17
1892	Pte	Carr, WB			18. 6.17
2714	Pte	Carter, D			22. 9.16
342	CSM	Carter, TS			21.10.18
1908	Sjt	Castle, AE	28 Bn		10. 1.20
1096	Cpl	Cavanagh, AW			6. 2.18
7	Cpl	Cavanagh, ER			13. 2.17
2359	CQMS	Cavanagh, FO	11 Bn		3. 9.19
119	LCpl	Cawley, FR	15 Bn	G	6. 9.15
165	Sjt	Chan, AV	8 Bn		16. 1.19
1113	Pte	Chandler, J			22. 9.16
1124	Pte	Chapman, RR	13 Bn	G	29.11.15
2334	Sjt	Charville, J			28. 3.18
1894	Sjt	Chenery, AG			6. 2.18
828A	Pte	Cheverton, J	5 Bn		16. 1.19
2038	Pte	Childs, GH			26. 9.16
5000	Sjt	Chisholm, EA			21.10.18
1631	Pte	Christie, JA			18. 7.17
610	Sjt	Clark, AW			6. 2.18
5316	Cpl	Clark, FG	20 Bn		2.12.19
636	L/Cpl	Clark, J	5 Bn		16. 1.19
1887	Sjt	Clark, KA	55 Bn		2.12.19
1578	Cpl(A/Sjt)	Clarke, CJ, M.M.	14 Bn		5.12.18
294	Cpl	Clarke, R			26. 9.16
1664	Cpl	Clarke, RF	26 Bn		10. 1.20
785	Sjt	Clucas, HC, M.M.			30.10.18
3244	Pte	Clunes, D			21.10.18
1666	Pte	Clutterbuck, C			16. 8.17
3634	LCpl	Cock, R	18 Bn		16. 1.19
1678	Cpl	Cockerell, JH			3. 9.18
5073	Sjt	Colclough, JJG			6. 2.18
2464	CSM	Coleman, W, M.M.			3. 9.18
2973	Sjt	Coll, PJ, M.M.			3. 9.18
3712	Pte	Collard, AC	8 Bn		16. 1.19
2808	Sjt	Colless, S			22. 9.16
3058	Sjt	Collett, S	58 Bn		5.12.18
3058	Sjt	Collett, S, D.C.M.	58 Bn	Bar	3. 9.19
4406	Cpl	Collingwood, AH	25 Bn		2.12.19
820	Pte	Collins, B			11. 5.17
502	Cpl	Collins, BA			9. 7.17
3263	Sjt(T/CSM)	Collins, H			6. 2.18
5995	RSM	Collins, L	14 Bn		3. 9.19
3268	Cpl	Collins, PQJ			16. 8.17
182	Sjt	Connell, WA	12 Bn	G	3. 7.15
5333	Sjt	Connelly, JA, M.M.	28 Bn		10. 1.20
420	Pte	Constantine, JF			22. 9.16
1310	Pte	Coogan, AJ			14.11.16
4105	LCpl	Cook, AD	26 Bn		2.12.19
928	CSM	Cook, HM			17. 4.18
1854	Sjt	Cookson, JD			22. 9.16
605	Pte	Cooper, HW			26. 9.16
2484	Drvr	Cooper, J			6. 2.18
1736	Cpl	Cooper, WJ, M.M.			3. 9.18
94	St.Sjt.M	Corbett, MEE	15 Bn	G	3. 7.15
4389	Cpl	Corbett, TA			6. 2.18
1467	Sjt	Cornish, R			13. 2.17
2454	Pte	Cosson, JG	16 Bn		21. 6.16
1437	Pte	Courtney, LM			18. 6.17
1463	Cpl	Cowain, C			3. 9.18
88	Sjt	Cowan, DB	39 Bn		5.12.18
2301	Pte	Cowan, MW, M.M.	22 Bn		10. 1.20
398	Sjt(T/CSM)	Cowen, G	30 Bn		5.12.18
824	Sjt	Cox, T	25 Bn		2.12.19
1803	LCpl	Cox, T	33 Bn		5.12.18
525	LCpl	Cracknell, CF			3. 9.18
2153	Pte	Crank, R	53 Bn		10. 1.20
815	Sjt(Later 2 Lt)	Cranswick, TG			25. 8.17
733	LCpl	Craven, J	15 Bn	G	6. 9.15
87	Sjt	Crawford, R	4 Bn	G	11. 3.16
2631	LCpl(Later 2 Lt)	Crisp, DB			18. 6.17
556	Pte	Croft, A	6 Bn		21. 6.16
3546	Pte	Croft, FL			13. 2.17
92	Sjt	Cross, DB			25. 8.17
712	Sjt	Cross, WA	13 Bn	G	5. 8.15
389	Sjt	Crowley, CS			25. 8.17
5359	LCpl	Cull, JE, M.M.	54 Bn		10. 1.20
1886A	Pte	Cullen, TS			30.10.18
4698	Sjt	Cullingford, FC	53 Bn		11. 3.20
2263	LCpl	Curyer, S	10 Bn		2.12.19
523	Sjt	Cuthbertson, MR			26. 9.16
1936	Cpl	Dale, A			28. 3.18
1597	Sjt	D'Alton, HH			3. 9.18
2626	Sjt	Dalziell, GC	16 Bn		11. 3.20
2609	Cpl	Dart, EJR	24 Bn		10. 1.20
6555	Pte	Davey, JH			3.10.18
3348	Pte	Davies, BO			11. 5.17
1638	Pte	Davies, FW			25. 8.17
1150	Sjt	Davies, HD			3. 9.18
3495	LCpl	Davies, RS			6. 2.18
2472	Sjt	Davies, TO	48 Bn		5.12.18
457	LCpl	Davis, C	1 Bn	G	6. 9.15
542	Sjt	Davis, HR	8 Bn		10. 1.20
1180	Pte	Davis, W			26. 9.16
4472	SM	Dawson, EF			6. 2.18
6001	Sjt	Day, RA			3. 9.18
2272	Sjt	Day, RW			6. 2.18
2627	CSM	Deacon, GLW	7 Bn		3. 9.19
251	Sjt(Later 2 Lt)	Dean, H			3. 9.18
629	LCpl	Dean, JA			25. 8.17
4609	LCpl	Dearden, V			16. 8.17
1719	Cpl	De Bell, CAJ, M.M.	54 Bn		10. 1.20
4695	Pte	Debono, P			30.10.18
225	CSM	Dennis, RH			21.10.18
5002	Pte	Denny, TA	13 Bn		10. 1.20
926	Pte	Diamond, J	6 Bn	G	6. 9.15
206	CSM	Dickinson, A	18 Bn		16. 1.19
1611	A/Cpl	Dickson, WD			25. 8.17
1811	Pte	Dixon, E, M.M.			3. 9.18
1071	Sjt	Dixon, V, M.M.			3.10.18
2301	LCpl(Later 2 Lt)	Dixon, VC			26. 1.18
4905	Sjt	Dolan, GL			4. 3.18
759	Sjt	Donovan, J, M.M.	35 Bn		10. 1.20
2529	Pte	Doody, L			3. 9.18
1320	Sjt	Douglas, BA			22. 9.16
2467	Sjt	Dow, GC			14.11.16
148	Cpl(LSjt)	Dowd, WA	30 Bn		10. 1.20
3134A	Pte	Dowling, RG			4. 3.18
2393	Sjt	Dransfield, G	2 Bn		2.12.19
4459	Cpl	Druery, RW	3 Bn		3. 9.19
215	Sjt	Dryden, RE			26. 9.16
3085	Sjt	Drysdale, RH	57 Bn		2.12.19
1900	Pte	Duffy, PA			18. 7.17
82	Pte(LCpl)	Dun, JC			3. 9.18
3734	Cpl	Duncan, AJ, M.M.			30.10.18
3089	Sjt	Duncan, H			30.10.18

3068	Sjt	Duncombe, T	8 Bn		16. 1.19	202	Cpl	Goodwin, AG		4. 3.18
837	Pte	Dunn, AJ			30.10.18	601	Sjt	Goodwin, G		30.10.18
1538	Pte	Dunn, AJ			13. 2.17	2662	Cpl	Gordon, A	51 Bn	10. 1.20
2816	RSM	Dunne, JH			21.10.18	100	Sjt	Gordon, HMcK		30.10.18
334	Sjt	Dykes, TA	23 Bn		10. 1.20	373	Sjt	Gordon, JB		13. 2.17
						3818A	Pte	Gorham, E		21.10.18
1720(Form 2052)		LCpl Eales, GE			4. 3.18	2182	Cpl	Gosper, VJ		3. 9.18
841	Cpl	Eales, TW			26. 4.17	858	Sjt	Gothard, EJ		6. 2.18
3084	Pte	Eccles, H			6. 2.18	1745	Pte	Goudemey, W	2 Bn	21. 6.16
877	Sjt	Eccles, T, M.M.	30 Bn		2.12.19	1839	Pte	Goulding, FR		25. 8.17
744	Pte	Edelsten, H	15 Bn	G	6. 9.15	2600	Sjt	Gove, AC		26. 3.17
858	Sjt	Edwards, A			25. 8.17	1136	Pte	Graham, J		22. 9.16
4495	LCpl	Edwards, AD	15 Bn		10. 1.20	2149	LCpl	Graham, N	3 Bn	2.12.19
1088	Sjt	Edwards, AG	3 Bn	G	11. 3.16	20	Cpl	Graham, RL	3 Bn	G 11. 3.16
845	Sjt	Edwards, H			20.10.16	5845	Cpl(T/Sjt)	Grant, RH	27 Bn	5.12.18
2362	Sjt	Eldridge, EA			18. 7.17	2150	Pte	Grantham, GE		26. 9.16
1701	Pte	Emery, HV	28 Bn		5.12.18	120	Sjt(Later 2 Lt)	Gration, JW		4. 3.18
2389	Sjt	England, E, M.M.			3. 9.18	4	SM	Gray, AHL		26. 9.16
1890	LCpl	Evans, HP			22. 9.16	875	Pte	Gray, JJ		4. 3.18
2451	Cpl	Ewart, LA			18. 6.17	77	Pte	Gray, M		25. 8.17
						456	RSM	Gray, RF		17. 4.18
5366	Sjt	Facey, SG			6. 2.18	793	Sjt	Greaves, W		16. 8.17
1546	Pte	Fahey, PA			26. 9.16	122	Pte	Green, CP	10 Bn	G 6. 9.15
1210	Drvr	Farlow, L	4th Bde. Train	G	29.11.15	1529	Cpl	Green, WM	24 Bn	21. 6.16
325	Pte	Farmer, A	3 Bn	G	3. 7.15	3479	Sjt	Greenwood, AL	45 Bn	3. 9.19
334	Sjt	Farmer, AW			17. 4.18	1842	Sjt	Greer, H	42 Bn	5.12.18
422	Pte	Farmer, H			26. 9.16	4449	Cpl(LSjt)	Gregory, PT	22 Bn	11. 3.20
5788	Sjt	Farnington, CJ			6. 2.18	834	Sjt	Grey, WN	40 Bn	10. 1.20
2612	Cpl	Farrell, JH, M.M.	6 Bn		16. 1.19	555	CSM	Grieve, L		20.10.16
622	Sjt	Farris, RP			17. 4.18	2679	Sjt	Griffith, G	21 Bn	10. 1.20
1355	Sjt	Fawcett, F			3. 9.18	1911A	Cpl	Grimston, EG	19 Bn	10. 1.20
4185	Cpl(LSjt)	Fergeus, WH			6. 2.18	2377	CSM	Grimston, RJ	56 Bn	10. 1.20
4030	Cpl	Ffoulkes, JE			6. 2.18	2588	Pte	Grinham, MR		6. 2.18
3930	LCpl	Finch, C	13 Bn		5.12.18	627	Sjt	Grinlington, IG		18. 6.17
21A	Pte	Fincher, WC	6 Bn		10. 1.20	5024	Cpl	Grinton, AV	38 Bn	10. 1.20
545	Sjt	Fisk, WD			22. 9.16	1342	Pte	Grix, A		26. 9.16
3550	Pte	Fitzgerald, MJ			30.10.18	5371	Pte	Grocott, FF	53 Bn	2.12.19
3131	LCpl	Fitzpatrick, FH			20.10.16	4439	Cpl	Gross, CC	32 Bn	2.12.19
3101	Cpl	Flavell, A			17. 4.18	5112	Sjt	Gully, GE	32 Bn	2.12.19
594	CSM	Fleet, FJ			6. 2.18	408	Sjt	Gunn, IW		6. 2.18
3107	Sjt	Fleming, JH			6. 2.18					
308	LCpl	Fletcher, J			18. 6.17	1786	Sjt	Hack, AE		21.10.18
431	RSM	Fletcher, R	35 Bn		11. 3.20	2528	Pte	Haebich, F, M.M.		3. 9.18
6309	LCpl	Ford, EL	24 Bn		16. 1.19	1312	Sjt	Haines, VR	9 Bn	2.12.19
883	Cpl	Ford, J	30 Bn		10. 1.20	2666	Pte	Haley, W		6. 2.18
536	Sjt	Foster, EP	31 Bn		5.12.18	1783	Sjt	Ham, CG		30.10.18
2142	Sjt	Foster, RTR			9. 7.17	1530	LCpl	Ham, J		16. 8.17
1855	Sjt	Fowles, HJ			16. 8.17	809	Sjt	Hamilton, JH		3. 9.18
1855	CSM	Fowles, HJ, D.C.M., M.M.		Bar	30.10.18	2758	Sjt	Hancock, G, M.M.	46 Bn	2.12.19
851	LCpl	Francis, W	13 Bn	G	3. 7.15	1927	Sjt	Hancock, PA	45 Bn	11. 3.20
4040	Pte	Franks, L			25. 8.17	1316	LCpl	Hanna, D		3. 9.18
1468	Cpl	Fraser, A			14.11.16	2491	Pte	Hannah, JLL		30.10.18
764	LCpl	Freame, HW	1 Bn	G	3. 7.15	1360	SM	Hannah, R		14.11.16
806	Sjt	Free, CE			17. 4.18	2672B	Pte	Hardie, AG		20.10.16
1354	Pte	Freeman, W			17. 4.17	2961	CSM	Hare, HJ		3. 9.18
6022	Cpl	French, TH, M.M.			3. 9.18	3295	Sjt	Hargreaves, ER		6. 2.18
305	RSM(Later 2Lt)	Frith, GJ			3. 9.18	2609	CSM	Harper, WJ		6. 2.18
4411	Cpl	Frost, FC	20 Bn		10. 1.20	117	Sjt	Harrington, R		11. 5.17
4411	Cpl	Frost, FC, D.C.M.	20 Bn	Bar	2.12.19	2142	LCpl	Harrington, W		16. 8.17
3809	Cpl	Fuller, WR			26. 6.18	5363	Sjt	Harris, A		30.10.18
548	Cpl	Fullerton, GB			25. 8.17	507	CSM	Harris, G		6. 2.18
498	CSM	Furze, HW	32 Bn		3. 9.19	2290	Pte	Harris, WAR	45 Bn	5.12.18
						4131	Sjt	Harris, WC		6. 2.18
382	Pte	Gale, WG			25. 8.17	135	Pte(T/Sjt)	Hart, LG, M.M.	43 Bn	2.12.19
2657	Pte	Gallagher, J			30.10.18	459	CSM(Later 2 Lt)	Hartland, AWW	35 Bn	11. 3.20
197	Cpl	Garcia, RJ	14 Bn		27. 7.16	932	Sjt	Hatton, WB		13. 2.17
1110	Sjt	Gardiner, GAC			16. 8.17	834	Cpl	Hayes, HA	22 Bn	10. 1.20
2480	Pte	Gardner, E			22. 9.16	948	CQMS	Hayes, JC	1 Bn	5.12.18
2632	CSM	Garland, HG			14.11.16	3237	LCpl	Hayward, JRC		30.10.18
1915	Sjt	Garratt, CC			18. 6.17	4505	Sjt	Heading, JA		4. 3.18
1915	CQMS	Garratt, CC, D.C.M.		Bar	6. 2.18	4728	Pte	Healey, WH		17. 4.17
2553	Sjt	Garton, SJJ			20.10.16	2090	Sjt	Heaney, JR, M.M.	38 Bn	10. 1.20
34	Sjt	Gates, WH			22. 9.16	493	Pte	Heaton, CR	9 Bn	G 6. 9.15
2648	Pte	Gaukrodger, AG			9. 7.17	1939	Sjt	Heinze, FB		30.10.18
499	LCpl	Gay, RV	6 Bn	G	6. 9.15	1748	LCpl	Helms, J		26. 9.16
4818	LCpl	Gibson, EB	59 Bn		5.12.18	4525	Pte	Helyar, R		3. 9.18
2131	Sjt	Gilday, TR			18. 6.17	5381	Cpl	Henley, A	9 Bn	2.12.19
832	Sjt(T/RSM)	Gillam, H	40 Bn		3. 9.19	3814	Sjt	Henry, CL		25. 8.17
2768	Pte	Gilmore, H	53 Bn		10. 1.20	869	LSjt	Heraud, TF		26. 9.16
876	Sjt	Gilmour, AO	37 Bn		10. 1.20	165	RSM	Hewland, WJ	3 Bn	11. 3.20
918	Pte	Godfrey, F	12 Bn	G	3. 7.15	5706	LCpl	Higginbotham, CS	5 Bn	16. 1.19
2913	Sjt	Golden, JEJ	45 Bn		5.12.18	882	Cpl	Hill, H	17 Bn	11. 3.20
603	LCpl	Good, LGA			6. 2.18	1590	Sjt	Hill, NC		21.10.18
378	Sjt	Gooda, TW			6. 2.18	2417	LCpl	Hillier, R		4. 3.18
3749	Cpl	Goodger, ML			30.10.18	1406	Sjt	Hillman, S		18. 6.17
3323	LCpl	Goodland, FW			6. 2.18	1559	Sjt	Hirst, GH		13. 2.17

AUST. INFANTRY

3025	Pte	Hobson, W			22. 9.16
2609	Sjt	Hocking, FAW			22. 9.16
1742	A/Sjt	Hodge, ELC			20.10.16
1357	Cpl	Hodge, H			6. 2.18
515	Sjt	Hogan, W	4 Bn		10. 1.20
5097	Sjt	Hogg, JH	7 Bn		10. 1.20
503	RSM	Holland, EA			3.10.18
2226	Sjt	Holland, ER			20.10.16
2487	Sjt	Holloway, E	24 Bn		10. 1.20
578	LCpl	Holloway, TL			26. 1.18
2162	Pte	Holm, C			22. 9.16
1853	LCpl	Holmes, T			25. 8.17
1049	Pte	Hookway, ER	18 Bn		2.12.19
7195	Sjt	Hooper, S	16 Bn		3. 9.19
652	Pte	Hope, EG	26 Bn		10. 1.20
2427	Cpl	Hopgood, HP			25. 8.17
989	LCpl	Horan, F	22 Bn		21. 6.16
989	LCpl	Horan, F, D.C.M.		Bar	6. 2.18
181	CSM	Horsburgh, J			16. 8.17
556	Sjt	Horswill, V	11 Bn	G	6. 9.15
3023	Sjt	Horwill, EH			6. 2.18
5123	Sjt	Hoyle, S	21 Bn (Later 24 Bn)		10. 1.20
74	Pte	Hubbert, H			4. 3.18
2620	Pte	Hubble, AJ			18. 6.17
2607	LCpl	Hudson, A			16. 8.17
3126A	Sjt	Hughes, GS			18. 6.17
953	Sjt	Hughes, WF			3. 9.18
1293	Pte	Humberston, R	3 Bn	G	3. 7.15
7499	Sjt	Humphreys, JT			30.10.18
153	Sjt	Hunt, GC			16. 8.17
587	Sjt	Hunt, H	6 Bn		10. 1.20
2335	Pte	Hunt, OP	22 Bn		11. 3.20
442	Pte	Hunter, JG			22. 9.16
946	Sjt	Hurley, W			9. 7.17
5833	Cpl	Hutchinson, AD			30.10.18
669	LCpl	Hyatt, CE	32 Bn		11. 3.20
6391A	Cpl	Hyde, RJ	11 Bn		10. 1.20
1661	Sjt	Ingvarson, JEVK			30.10.18
1661	Sjt	Ingvarson, JEVK, D.C.M. 44 Bn		Bar	2.12.19
13	CSM	Ion, SL			4. 3.18
2574	Sjt	Ironmonger, HC	39 Bn		11. 3.20
792	Pte	Irwin, WA	33 Bn		10. 1.20
2543	Cpl	Israel, H			6. 2.18
140	Sjt	Jackson, EH	3 Bn		21. 6.16
4309	Pte	Jaeger, EA	32 Bn		10. 1.20
5609	Pte	James, A	26 Bn		5.12.18
518	Pte	James, WS	15 Bn	G	6. 9.15
1295	Sjt	Jarvis, LG			17. 4.18
6290	Sjt	Jeffers, RA, M.M.	14 Bn		5.12.18
1651	Pte	Jeffrey, JD			25. 8.17
3082	Pte	Jensen, J	33 Bn		3. 9.19
6339	Pte(LCpl)	Jessen, EP			3.10.18
4751	Pte	Johanson, G	17 Bn		16. 1.19
1849	LCpl	Johnson, BM			18. 6.17
2165	Sjt	Johnson, CT			22. 9.16
6274A	LCpl	Johnson, EJ			6. 2.18
681	Cpl	Johnson, FD			21.10.18
2099	Cpl	Johnson, T, M.M.	34 Bn		11. 3.20
190	Sjt	Jones, A, M.M.	44 Bn		5.12.18
5700	LCpl	Jones, AWP			18. 6.17
575	CSM	Jones, EE, M.M.	8 Bn		10. 1.20
4063	CSM(Later 2 Lt)	Jones, FR			6. 2.18
2096	CSM	Jones, FS	54 Bn		3. 9.19
1953	Sjt	Jones, FW, M.M.	18 Bn		2.12.19
2187	Cpl	Jones, HE, M.M.	48 Bn		2.12.19
1673	Cpl	Jones, OVR			25. 8.17
746	T/Sjt	Jones, PD			26. 1.17
2914	Pte	Jones, RJ			22. 9.16
3878	Pte	Jones, W	18 Bn		10. 1.20
2867	LCpl	Kates, WH			6. 2.18
1164	Sjt	Kealy, RJ	48 Bn		5.12.18
3781	Pte	Kearey, RG			20.10.16
1676	Sjt	Kearns, AA	55 Bn		10. 1.20
424	CSM	Keary, TBF	4 Bn		10. 1.20
1767	Sjt(A/CSM)	Keeling, A, M.M.	12 Bn		10. 1.20
187	LCpl	Keith, TM			18. 6.17
2646	Pte	Kell, DA			3. 9.18
919	Sjt	Kelly, H	5 Bn		16. 1.19
1577	Pte	Kelly, W	4 Bn	G	29.11.15
4521	Pte	Kelly, WC	46 Bn		5.12.18
1769	Pte	Kelly, WJ	1 Bn	G	11. 3.16
6390	Pte	Kemp, RA	6 Bn		16. 1.19
75	LCpl †	Kennedy, T	1 Bn	G	3. 7.15
3335	Pte	Kenny, WJ			17. 4.17
741	LCpl	Kenyon, J	9 Bn	G	3. 7.15
4450	Cpl	Kessel, I			4. 3.18
966	Sjt	Kibble, PC			14.11.16
5122	Cpl	Kilgour, W	57 Bn		10. 1.20
36	S/Sjt	King, H	H.Q.		13. 2.17
2432	Sjt	King, HC			21.10.18
3055	LCpl	King, P			6. 2.18
7496	Pte	King, RC	4 Bn		10. 1.20
1290	Sjt(Later 2 Lt)	Kingston, ACW	48 Bn		11. 3.20
5735	LCpl	Kingston, FC	11 Bn		3. 9.19
2763	Cpl	Kingston, J			3. 9.18
102	CQMS(A/CSM)	Kirby, H	6 Bn		10. 1.20
2305	LCpl	Kirby, RN	20 Bn		16. 1.19
4842	Pte	Kirkpatrick, RL			25. 8.17
323	Pte	Kirkwood, AM	6 Bn	G	6. 9.15
2619	Sjt	Kirkwood, JB	13 Bn		21. 6.16
1680	Pte	Kite, W, M.M.	56 Bn		10. 1.20
4774	Pte	Klemm, FM	31 Bn		5.12.18
5709	Cpl	Knight, A	43 Bn		11. 3.20
37	Pte	Kruger, JH	22 Bn	G	22. 1.16
3834	Pte	Laidlaw, JW			4. 3.18
3087	LCpl	Laity, R			17. 4.17
5688	Cpl	Lalor, VW, M.M.	14 Bn		10. 1.20
2085	Pte(LCpl)	Lancaster, VL			3.10.18
1396	Pnr Sjt	Lang, SJ			4. 3.18
2240	Pte	Lang, WH			18. 6.17
592	Sjt	Law, CT	26 Bn		16. 1.19
246	Sjt	Law, F			22. 9.16
5124	LCpl	Law, WAH, M.M.	6 Bn		16. 1.19
6849	Pte	Lawrence, AF	16 Bn		10. 1.20
5843	Cpl	Lawson, SR	48 Bn		2.12.19
137	Sjt(Later 2 Lt)	Lay, P			6. 2.18
938	Sjt	Leach, JH			17. 4.18
2431	Pte	Leahy, W			18. 7.17
3150	Cpl	Lean, J, M.M.			3. 9.18
743	CSM	Lee, LWG			4. 3.18
6590	LCpl(T/Cpl)	Leighton, AD			15.11.18
1546	Pte	Leonard, A			20.10.16
1701	RSM	Leunig, JH			3. 9.18
668	Sjt	Levy, SG	6 Bn		10. 1.20
621	Sjt(T/CSM)	Lewis, ES			18. 7.17
5713	Cpl	Lihou, J, M.M.			30.10.18
5713	Sjt	Lihou, J, D.C.M., M.M.	13 Bn	Bar	10. 1.20
2965	Pte	Lilley, AP			6. 2.18
4167	Pte(LCpl)	Lindau, RC			3.10.18
2199	LCpl	Lindhe, NF			17. 4.17
3584	Sjt	Little, ER	54 Bn		10. 1.20
3171	Sjt	Little, PL, M.M.			30.10.18
806	RSM	Littlewood, M			21.10.18
221	Sjt	Lloyd, FC			26. 9.16
326	Pte	Lock, F			18. 7.17
1208	Cpl	Lockwood, SW			3. 9.18
3380	Cpl	London, A, M.M.			30.10.18
669	T/Sjt	Long, HC			28. 3.18
758	Pte	Lonsdale, LM			26. 9.16
504	Sjt	Looney, OJ	39 Bn		3. 9.19
3373A	Sjt	Lorking, CH	53 Bn		3. 9.19
1724	Pte	Lousada, CStL			20.10.16
784	CSM	Lowe, WB			25. 8.17
313	Sjt	Lucas, AHG			3.10.18
2285	Sjt	Luck, JJ, M.M.	18 Bn		16. 1.19
2631	Sjt	Lukin, GC			18. 6.17
4830	Pte	Lyden, S	12 Bn		10. 1.20
6629	LCpl	Lynch, J	7 Bn		16. 1.19
628	Sjt	Lynn, HC			26. 9.16
506	Sjt	Lyons, J			25. 8.17
599	Sjt	Macauley, D	44 Bn		3. 9.19
3573	T/Cpl	MacDonald, F			26. 4.17
6374	LCpl	Macey, WJ			3. 9.18
3519	Pte(T/Sjt)	Mackay, ALG	55 Bn		11. 3.20
3093	Sjt	Mackenzie, FB	55 Bn		10. 1.20
1980	Sjt	MacKenzie, R			6. 2.18
1980	CSM	MacKenzie, R, D.C.M.	18 Bn	Bar	2.12.19
1714	Sjt	MacLean, JA	54 Bn		10. 1.20
3583	CQMS	Madden, D	53 Bn		11. 3.20
3887	LCpl	Magee, JO			18. 6.17
131	Sjt	Maguire, J			18. 6.17
131	Sjt	Maguire, J, D.C.M.		Bar	30.10.18
1357	LCpl	Maher, JT	15 Bn	G	6. 9.15
3904	Sjt	Malone, PB			17. 4.17
3077	LCpl(T/Cpl)	Mann, JH	42 Bn		10. 1.20

AUST. INFANTRY

Regno	Rank	Name	Unit		Date
1712	CSM	Mann, L	44 Bn		11. 3.20
1150	Sjt	Manning, GH			25. 8.17
1025	Sjt	Marlin, BC			14.11.16
2404	Pte	Maroney, TJA			18. 7.17
81	CSM	Marriott, TW	50 Bn		3. 9.19
1690	Pte	Marshall, JP, M.M.	55 Bn		2.12.19
164	LCpl	Marshall, WA			18. 6.17
852	Pte	Martyr, HC	8 Bn	G	6. 9.15
927	Sjt	Mason, GF	11 Bn	G	6. 9.15
3850	Cpl	Massey, FE			3. 9.18
16	Sjt	Massey, T	50 Bn		2.12.19
2893	Sjt	Masters, CH, M.M.	8 Bn		16. 1.19
481	Sjt	Mathews, EH	30 Bn		3. 9.19
967	CSM	Mathias, LJ			21.10.18
967	CSM	Mathias, LJ, D.C.M.	33 Bn	Bar	5.12.18
153	Sjt	Matthews, AR			13. 2.17
5118	LCpl	Matthews, FL	23 Bn		11. 3.20
5136	LCpl	Matthews, GSJ	3 Bn		10. 1.20
607	CSM(Later 2 Lt)	Maxwell, J			6. 2.18
3409	Sjt	Mayer, CH			18. 6.17
5151	Cpl	McAllister, C			30.10.18
2480A	Sjt	McBarron, TR	1 Bn		2.12.19
1391	CSM	McCabe, H			21.10.18
1804	Pte	McCabe, J			22. 9.16
3595	Pte(LCpl)	McCarthy, J			6. 2.18
6049	Pte	McCarthy, P			25. 8.17
864	CSM	McCash, JMcD	60 Bn		5.12.18
864	CSM	McCash, JMcD, D.C.M.	59 Bn	Bar	3. 9.19
697	Sjt	McCleery, JM	11 Bn	G	6. 9.15
477	T/Sjt	McCloskey, CH			3. 3.17
1758	Sjt	McClure, JA	23 Bn		16. 1.19
1153	CSM(T/RSM)	McColl, TH, M.M.	2 Bn		3. 9.19
886	Sjt(T/CSM)	McConnell, J, M.M.	29 Bn		5.12.18
125	Sjt	McCooey, F			20.10.16
5473	Sjt	McCoy, P, M.M.			3. 9.18
3204	Pte	McCrory, RF	56 Bn		11. 3.20
1592	Sjt	McDonald, A	17 Bn		3. 9.19
940	Sjt	McDonald, F			22. 9.16
2178	Sjt	McDonald, JM	9 Bn		3. 9.19
2850	LCpl	McDonald, JW			6. 2.18
6602	Cpl	McDonald, TW	50 Bn		5.12.18
1157	Pte	McDonald, VGR	10 Bn		21. 6.16
2347	Pte	McFarlane, JC			6. 2.18
473	CSM	McGowan, JB			6. 2.18
1931	LSjt	McGregor, MJ			13. 2.17
1156	Cpl	McGregor, R	3 Bn	G	6. 9.15
3522	LCpl	McIntyre, T	26 Bn		10. 1.20
781	Sjt	McKay, MJ, M.M.	17 Bn		10. 1.20
2043	Pte	McKenna, A	22 Bn		10. 1.20
2948	Pte	McKenzie, DH			20.10.16
893	Sjt	McKenzie, HW	29 Bn		5.12.18
2701	Sjt	McKenzie, WA	58 Bn		5.12.18
3380	Sjt	McLauchlan, HG			1. 5.18
1193	Sjt	McLean, A, M.M.	33 Bn		10. 1.20
1784	Sjt	McLean, GD	(Attd. Aust LTMB)		13. 2.17
349	CSM	McLean, W			22. 9.16
6354	Cpl	McLear, CO	24 Bn		3. 9.19
2778	Cpl	McMillan, A			18. 6.17
2097	Sjt	McMillan, T	3 Bn		2.12.19
460	Sjt	McMullen, WH			26. 9.16
2420	A/Sjt	McNally, C	9 Bn		11. 3.20
4245	Sjt	McNamara, WMJ	6 Bn		10. 1.20
141	CSM	McPhee, FV	34 Bn		3. 9.19
3098	Sjt	McPhee, JA	55 Bn		11. 3.20
3391	Sjt	McPherson, JF			4. 3.18
3388	Pte	McRae, J			20.10.16
2333	SM	McRobie, JS			18. 7.17
1504	Sjt	McTaggart, G			26. 9.16
324	Sjt	Mead, FJS			20.10.16
2750	Pte	Meaker, HF			10. 1.17
3085	CSM	Meek, J			30.10.18
3152	Cpl	Meers, CJ			4. 3.18
4560	Cpl	Mengersen, IO	50 Bn		5.12.18
2334	Cpl	Meredith, IH			3.10.18
280	Pte	Merrin, ACB	5 Bn	G	3. 7.15
5136	Pte	Merton, TD			17. 4.17
3181	RSM	Metcalf, J	60 Bn		5.12.18
742	CQMS	Mew, TJ	14 Bn		5.12.18
2244	Pte	Miles, J			22. 9.16
4162	Sjt	Millar, A			16. 8.17
671	Sjt(Later 2 Lt)	Miller, CH			21.12.16
3509	Sjt	Miller, G	26 Bn		11. 3.20
602	Sjt	Miller, H			21.10.18
4226	Sjt	Mills, A			20.10.16
88	Cpl	Mitchell, CJ			6. 2.18
5141	Pte	Mitchell, G			3. 3.17
1014	LCpl	Mitchell, GD			18. 6.17
6768	Pte	Mitchell, JM	1 Bn		2.12.19
523	Sjt	Mitchell, JM	43 Bn		11. 3.20
999	Pte	Molloy, H			26. 9.16
2396	LCpl	Monro, AC			14.11.16
716	Sjt	Mooney, A	18 Bn		2.12.19
5407	Pte	Moore, AA	23 Bn		5.12.18
1151	Cpl	Moore, RI	3 Bn	G	3. 7.15
3990	LCpl	Moore, W	5 Bn		16. 1.19
958	Pte	Morgan, DO	8 Bn		10. 1.20
2419	LCpl	Morris, ES			3. 9.18
1050	Cpl	Morris, KL			28. 3.18
907	Sjt	Morrison, AT			30.10.18
2486	Sjt	Morrison, EC			25. 8.17
2486	Cpl	Morrison, EC, D.C.M.		Bar	3. 9.18
3188	Cpl	Mortimore, SG			14.11.16
4851	Sjt	Mortlock, H			4. 3.18
784	Sjt	Mudford, PC, M.M.			4. 3.18
4008	Pte	Mullane, TG	5 Bn		16. 1.19
3364	A/CSM	Munro, S			13. 2.17
233	Sjt	Murdock, SR			21.10.18
172	Sjt	Murdock, W			20.10.16
1764	Sjt	Murphy, BF			17. 4.18
1764	Sjt	Murphy, BF, D.C.M.	28 Bn	MBar	10. 1.20
799	CSM	Murphy, JH			3. 9.18
7806	W/O	Murray, AS			15.11.18
315	LCpl	Murray, H	16 Bn	G	5. 8.15
2453	Cpl	Murray, HJ			18. 6.17
3593A	Sjt	Murray, W	52 Bn		27. 6.19
2913	Sjt	Murray, W, M.M.	16 Bn		5.12.18
770	Pte	Murton, F			26. 9.16
3082	Sjt	Myers, FRB			22. 9.16
4109	Cpl	Napier, CH			30.10.18
1807	Sjt	Nash, W	22 Bn		5.12.18
82	Pte	Neal, WS	26 Bn		16. 1.19
5684	Pte	Neale, L			6. 2.18
389	Sjt	Neilson, P, M.M.	26 Bn		10. 1.20
6707	Cpl	Nelson, WA			30.10.18
2647	Pte	Neville, CR	8 Bn		27. 7.16
2742	Sjt	Neville, DTW			17. 4.18
2217	Pte	Newland, AG, M.M.	53 Bn		2.12.19
144	Cpl	Newman, WH	34 Bn		10. 1.20
972	Pte	Nichol, W	2 Bn		21. 6.16
2761	Pte	Nicholls, RE, M.M.	46 Bn		5.12.18
3098	Sjt	Nielson, FO			3. 9.18
631	Sjt	Nihill, PL			25. 8.17
2719	Sjt	Noakes, JC			4. 3.18
5890	Pte	Norcott, JH	25 Bn		2.12.19
3674	LCpl	Nottingham, WG	8 Bn		10. 1.20
2689	Sjt	Nottle, AC	32 Bn		2.12.19
762	Sjt	Nowotna, AH			13. 2.17
47	Cpl(LSjt)	Nugent, ER	22 Bn		11. 3.20
1542	Sjt	O'Brien, MJ	14 Bn		21. 6.16
2965	Sjt	O'Connor, AI	56 Bn		16. 1.19
1543	LCpl	O'Connor, MW	14 Bn (Attd. LTMB)		5.12.18
2239	Pte	O'Connor, WQ			18. 6.17
548	Sjt	O'Donnell, JR			20.10.16
1260	Sjt	O'Hara, WH			6. 2.18
318	Sjt	Oliver, DP, M.M.	29 Bn		2.12.19
3006	Pte	Oliver, WC			3. 9.18
942	LCpl	Oliver, WE			6. 2.18
6553	Pte	O'Loughlin, J			30.10.18
3873	Sjt	Olsen, OV	45 Bn		2.12.19
6099	Pte	O'Meara, JJ, M.M.			30.10.18
1164	Sjt	O'Meara, WF			14.11.16
223	Pte	O'Neill, J			26. 9.16
1720	Sjt	O'Neill, RAP	54 Bn		10. 1.20
292	Pte	Opie, WH			25. 8.17
2777	LCpl	Ord, PL			4. 3.18
1246	LSjt	Osborne, JWW			26. 9.16
2184	Sjt	Osmand, NH	1 Bn		10. 1.20
1323	Sjt	O'Sullivan, RJ			22. 9.16
933	Sjt	Oswald, A			18. 6.17
1389	CSM	Oswald, W, M.M.	13 Bn		5.12.18
392	Sjt	Owen, AE			26. 9.16
5172	Pte	Palmer, HT			16. 8.17
305	Pte	Pappas, G	13 Bn	G	6. 9.15
605	Pte	Pardoe, CF			26. 9.16
2674	CSM	Parker, G			6. 2.18
2059	Sjt	Parr, A			3. 9.18
3125	Sjt	Partridge, FL			21.10.18

12535	Sjt	Pascoe, JR	46 Bn		5.12.18	659	Pte	Ross, CA		6. 2.18
7120	Pte	Passmore, HI			3. 9.18	374	Sjt	Ross, GA		14.11.16
3104	Pte	Patten, WFDeC			18. 6.17	2743	Sjt(T/CSM)	Ross, JC	29 Bn	3. 9.19
853	Sjt	Payten, JH	33 Bn		5.12.18	536	Sjt	Rourke, TW		9. 7.17
6310	LCpl	Pearce, BC			6. 2.18	2436	Pte	Rowley, TC		22. 9.16
342A	Pte	Pearce, LT			22. 9.16	553	LCpl	Roy, RB		16. 8.17
2285	Pte	Pedder, S			22. 9.16	6612	Cpl	Ruge, AHA	26 Bn	2.12.19
2415	Cpl	Penny, AG			30.10.18	5087	Sjt	Russell, CL		16. 8.17
3623	Pte	Penny, EC			26. 3.17	1268	Cpl	Ryan, J	23 Bn	5.12.18
645	LCpl	Perry, FJ			17. 4.18	1849	Pte	Ryan, T		25. 8.17
3604	Sjt	Peters, GLA			4. 3.18	5062	Cpl(T/Sjt)	Ryan, T	43 Bn	3. 9.19
5889	LCpl	Peterson, C, M.M.	27 Bn		16. 1.19	2432	Pte	Ryan, W		3. 9.18
6558	Pte	Pettitt, BG			4. 3.18	2435	CQMS	Ryan, WFP	14 Bn	10. 1.20
125	CSM	Phillips, DC	16 Bn		5.12.18					
3419	Sjt	Phillips, LM			6. 2.18	2402	Pte	Saari, A		20.10.16
3103	Cpl	Phillips, M			22. 9.16	6388	Cpl	Saffin, F, M.M.	24 Bn	10. 1.20
450	Sjt	Phillips, RR			25. 8.17	1800	Sjt	Sammon, PJ, M.M.		3. 9.18
3883	Cpl(T/Sjt)	Phillips, WG, M.M.			30.10.18	435	Sjt	Sargood, J		20.10.16
1039	Sjt	Philpot, FR	6 Bn		3. 9.19	2665	Sjt	Saunders, F		22. 9.16
2882	LCpl	Pickford, H			3. 3.17	612	Sjt	Savage, LJ		21.10.18
2839	Pte	Pierce, GF			6. 2.18	3402	Cpl	Sayers, DA		3. 9.18
390	Cpl	Pinder, EW			22. 9.16	528	CSM	Scanlon, R, M.M.		3.10.18
386	Sjt	Piper, GT	5 Bn		16. 1.19	3917	Cpl	Scarrabelotti, M	49 Bn	11. 3.20
615	Sjt	Pitt, MA	29 Bn		5.12.18	193	Pte	Schenscher, FJ		13. 2.17
3858	LCpl	Pitts, RR			18. 6.17	218	Sjt	Schleon, A		20.10.16
586	Pte	Plunkett, W			13. 2.17	7316	Pte	Schmidt, JL	14 Bn	10. 1.20
1422	Sjt	Poole, D			18. 6.17	3756	Dvr(LCpl)	Schocroft, CS		4. 3.18
1422	Sjt	Poole, D, D.C.M.		Bar	6. 2.18	2981	Pte	Schofield, AP	18 Bn	2.12.19
2952	Pte	Porter, FO			3. 9.18	1105	LCpl(T/Cpl)	Schulz, BV		30.10.18
5448	Sjt	Porter, WA			16. 8.17	3719	Pte	Scobie, R	54 Bn	10. 1.20
5181	Sjt	Prendergast, GL			6. 2.18	2779	Sjt	Scorer, WD		6. 2.18
2751	Sjt	Prescott, WJ			3. 9.18	1565	Sjt	Scott, C		25. 8.17
1985	Cpl	Price, SF			18. 7.17	5086A	Sjt	Scott, DH		30.10.18
3300	Cpl	Price, TA	48 Bn		2.12.19	2624	Pte	Scott, EH		28. 3.18
3448	Sjt	Pritchard, HK			25. 8.17	319	CSM	Scott, J, M.M.	17 Bn (Form 19 Bn)	2.12.19
2406	Pte(LCpl)	Quintal, B			1. 5.18	1614	Sjt	Scott, RJ		26. 4.17
						2668	LCpl	Scurry, WC	7 Bn	21. 6.16
1760	Cpl	Rabey, WO			6. 2.18	866	Pte	Seagrott, GF		17. 4.17
2837	Sjt	Ranken, GW	56 Bn		11. 3.20	3262	Sjt	Seale, E		4. 3.18
791	CSM	Rankin, WE	24 Bn		11. 3.20	1579	Sjt	Seccombe, AH		3.10.18
2761	T/Cpl	Rattle, FB			18. 7.17	500	Sjt	Seivewright, J	25 Bn	2.12.19
3586	Pte(LCpl)	Rawcliffe, SS			21.10.18	2484	Pte	Sellick, FG	45 Bn	5.12.18
7059	LCpl	Rawdon, E			3. 9.18	421	Sjt	Selman, AR	1 Bn	2.12.19
990	Sjt(Later 2 Lt)	Rayner, GP			26. 1.18	746	Pte	Selway, GA		20.10.16
683	Cpl	Read, GJH	42 Bn		2.12.19	286	Sjt	Semple, JSH	21 Bn	3. 9.19
2279	Pte	Reading, EA			26. 6.18	407	CSM	Seymour, GW		6. 2.18
4868	SM	Redding, BG	54 Bn		10. 1.20	2504A	Pte	Shang, CJ		25. 8.17
3599	Pte	Reid, PG			9. 7.17	2504A	Pte	Shang, CJ, D.C.M.	Bar	3. 9.18
564	CSM	Reid, T			3. 9.18	5514	Pte	Shannon, J		18. 6.17
725	LCpl	Reilly, J			17. 4.18	867	Sjt	Shatwell, H		17. 4.18
2012	Cpl	Reilly, JV			30.10.18	577	Pte	Shaw, FM		30.10.18
490	Pte	Reilly, M			26. 9.16	2896	Sjt	Shearer, RJL		11. 5.17
1984	SM	Renou, LA			14.11.16	2384	Sjt	Sheldon, EG	33 Bn	10. 1.20
655	Cpl	Renwick, JA	20 Bn		16. 1.19	2250	Sjt	Sheppard, F	13 Bn	10. 1.20
457	CSM	Rice, AJ	8 Bn		10. 1.20	2981	Cpl	Shilcock, PG		30.10.18
513	CSM	Richards, HN			22. 9.16	996	Sjt	Shilliday, JS		4. 3.18
26	CSM	Richardson, AM			3. 9.18	971	Cpl	Shippick, RJ		21.10.18
3902	CSM	Richardson, EA	59 Bn		2.12.19	3409	CSM	Simpson, J	5 Bn	11. 3.20
543	Pte	Ricketson, S	5 Bn	G	6. 9.15	1886	Pte(LCpl)	Simpson, T		21.10.18
275	T/Cpl	Rickwood, BW			17. 4.18	608	Pte	Sinclair, DE		18. 7.17
989	Pte	Ridley, T			26. 9.16	1439	Sjt	Sinclair, WL	29 Bn	5.12.18
1029	Sjt	Rintoull, WG	24 Bn		10. 1.20	650	Sjt	Skinner, A		14.11.16
1073	Sjt	Riordan, JW			20.10.16	1997	Pte	Skinner, A		26. 9.16
3155	LSjt(T/Sjt)	Rixon, JT	17 Bn		10. 1.20	4285	Pte	Skinner, JB		28. 3.18
1807	Sjt	Robbins, FJ, M.M.	16 Bn		5.12.18	3406	LCpl	Slade, AG	5 Bn	11. 3.20
2522	Pte(LCpl)	Robbins, WF			25. 8.17	2422	Pte	Slattery, HJ, M.M.		4. 3.18
5211	Pte	Roberts, AR			6. 2.18	2244	T/Cpl	Small, CCA		4. 3.18
994	Cpl	Roberts, EEV			26. 1.18	3998	LCpl	Smith, C		3. 9.18
3290	Cpl	Roberts, JL, M.M.	3 Bn		2.12.19	1737	Sjt	Smith, C	53 Bn	2.12.19
674	Cpl	Robertson, DC			4. 3.18	4477	Sjt	Smith, C	45 Bn	2.12.19
2702	Pte	Robertson, GR			25. 8.17	5488	Pte	Smith, EJ		6. 2.18
2435	Pte	Robertson, MD			26. 3.17	1240	Sjt	Smith, HG		14.11.16
2434	CSM(T/RSM)	Robertson, P	4 Bn		3. 9.19	2247	LCpl	Smith, OW	53 Bn	10. 1.20
976	Cpl	Robertson, WWT			6. 2.18	1088	Cpl	Smith, P	2 Bn	G 29.11.15
530	Pte	Robey, G	9 Bn	G	3. 7.15	935	Sjt	Smith, S		6. 2.18
2201	Pte	Robins, W			6. 2.18	561	LCpl	Smith, SA		25. 8.17
3914	Sjt	Robinson, GF			3.10.18	3314	Pte	Smith, SG		3. 9.18
3908	Sjt	Robinson, HJ	6 Bn		16. 1.19	219	Pte	Smith, T		17. 4.18
629	CSM	Robinson, R	7 Bn		10. 1.20	1363	Sjt	Smith, TT	12 Bn	10. 1.20
3915	Pte	Robinson, RN	21 Bn (Later 24 Bn)		10. 1.20	3281	Pte	Sneyd, L		26. 9.16
						4520	Sjt	Snook, FH		6. 2.18
1088	Cpl	Robson, E	4 Bn	G	3. 7.15	690	Sjt	Speechley, WG, M.M.	22 Bn	10. 1.20
2699	CSM(Later 2 Lt)	Rogers, WR, M.M.			30.10.18	1244	Pte	Spence, J		25. 8.17
214	Sjt	Rose, BCJ			14.11.16	3400	Sjt	Spence, JA		25. 8.17
393	Sjt	Rosing, I			25. 8.17	3167	Pte	Stafford, A		26. 5.17
752	Sjt	Ross, AG			13. 2.17	717	Sjt	Stahl, FJF		22. 9.16

AUST. INFANTRY

No.	Rank	Name	Bn		Date
1016	LSjt	Stainbank, JT			25. 8.17
3265	Sjt	Stanton, J	7 Bn		10. 1.20
481	Sjt	Stapelton, AC			26. 9.16
357	Sjt	Stapleton, JT			25. 8.17
2789	Pte	Starling, FG			18. 7.17
41	Staff SM	Steele, A	9 Bn	G	3. 7.15
3002	Cpl	Stephenson, RG	58 Bn		2.12.19
1246	Pte	Sternbeck, HR			25. 8.17
4309	CQMS	Stevens, JS	6 Bn		11. 3.20
935	Sjt	Stewart, AH			26. 9.16
269	Sjt	Stewart, JS			14.11.16
1742	CSM	Stewart, R, M.M.	56 Bn		10. 1.20
2535	Cpl	Stewart, RE	55 Bn		10. 1.20
6624	Cpl	Stinson, TM			3. 9.18
2253	Sjt	Stokes, CA			3. 9.18
1149	Sjt	Stone, RG	22 Bn	G	22. 1.16
1092	Sjt	Stott, PS			18. 6.17
2398	LSjt	Strachan, TG			30.10.18
1833	Sjt	Stringer, FT			22. 9.16
7437	Sjt	Stubbs, HA	16 Bn		10. 1.20
4251	Pte	Sullivan, F			26. 9.16
1867	Cpl	Sullivan, TB			3. 9.18
2669	Sjt	Sully, WH, M.M.			4. 3.18
4	Sjt	Sutherland, LW			20.10.16
1374	Cpl	Sutherland, PR	15 Bn		10. 1.20
4234	Pte	Sutherland, W			26. 5.17
3943	LCpl	Swain, JT			6. 2.18
5777	Pte	Swanney, W			18. 6.17
971	Sjt	Swinton, WG			13. 2.17
1865	Sjt	Symes, P			25. 8.17
2720	LCpl	Symington, JE			4. 3.18
316	LCpl	Tallon, J	1 Bn	G	29.11.15
689	Sjt	Tarrant, JG	20 Bn		10. 1.20
1750	Cpl	Tayler, CW	9 Bn		2.12.19
1007	Sjt	Taylor, AJ			17. 4.17
1108	Sjt	Taylor, CJ			17. 4.17
7089	Pte	Taylor, EE	21 Bn		10. 1.20
1843	Sjt	Taylor, J	4 Bn		10. 1.20
528	CSM	Taylor, RB			26. 5.17
2427	Pte	Tehan, J			6. 2.18
2336	Sjt	Telfer, SN			16. 8.17
92	Pte	Teniswood, FW			4. 3.18
3631	Pte	Thomas, G			3. 9.18
3957	Cpl(Sjt)	Thomas, GE			30.10.18
704	LCpl	Thomas, SR			13. 2.17
5859	LCpl	Thomas, WH			3. 9.18
392	Sjt(Later 2 Lt)	Thompson, C			6. 2.18
3150	Pte	Thompson, C	26 Bn		10. 1.20
2310	Sjt	Thompson, H			3. 9.18
1267	Sjt	Thompson, J			4. 3.18
784	Sjt	Thompson, JH			18. 6.17
349	Pte	Thomson, WT			3.10.18
656	CSM	Thorburn, JMR			22. 9.16
204	Cpl	Tickner, R	15 Bn	G	6. 9.15
1785	CQMS	Tidmarsh, EJ			18. 6.17
1619	Cpl	Tierney, LH	7 Bn		10. 1.20
1236	Sjt	Tierney, TD			9. 7.17
4888	CSM	Tippet, J	50 Bn		11. 3.20
1701	CSM	Todd, H			21.10.18
4343	Pte	Tognini, C			14.11.16
2402	CSM	Tooth, SW	42 Bn		5.12.18
1742	Cpl	Torney, GW			30.10.18
2718	Pte	Tracey, W			22. 9.16
1996	Pte	Tregoweth, FJA			3. 9.18
946	Sjt	Tremain, RL			26. 9.16
310	CSM	Trevascus, WC	21 Bn		10. 1.20
310	CSM	Trevascus, WC, D.C.M.	24 Bn	Bar	10. 1.20
3949	T/Sjt	Trevena, WA			6. 2.18
5194	T/Sjt	Trick, C			18. 6.17
1740A	Sjt	Trotman, JR	49 Bn		3. 9.19
974	Cpl	Tucker, WL			22. 9.16
505A	Pte	Turner, AV			22. 9.16
2732	Sjt	Turner, GW, M.M.			30.10.18
2693	Cpl	Turvey, P			3. 9.18
2227	Sjt	Tuxworth, FV	19 Bn		2.12.19
791	Pte	Upton, W	13 Bn	G	3. 7.15
2028	Sjt	Urie, A			25.11.16
736	Sjt	Vallance, NA, M.M.			3. 9.18
239	RSM	Vallis, AJ			17. 4.18
506	Pte	Vaughan, JC	12 Bn	G	29.11.15
975	Sjt	Veitch, CJ			16. 8.17
1576	Sjt	Vernazoni, LE			6. 2.18
1751	Pte	Verney, RT	56 Bn		10. 1.20
4063	LCpl	Vernon, GL			18. 7.17
3111	Cpl	Verrier, AD			18. 6.17
1480	Sjt	Vickers, W, M.M.			3. 9.18
1480	Sjt	Vickers, W, D.C.M., M.M.		Bar	30.10.18
617	Pte	Victor, E			28. 3.18
1668	CSM	Vincent, J			25. 8.17
368	CSM	Walker, D			21.10.18
494	Sjt	Walker, DW			4. 3.18
914	Sjt	Walker, G	9 Bn		10. 1.20
3695	Sjt	Walker, HP	11 Bn	*	30. 1.20
3193	Pte	Walker, JW	41 Bn		5.12.18
3295	Sjt	Walker, LS			3. 9.18
3162	Pte	Wallace, AR			26. 5.17
1186	Sjt	Wallish, AJ	11 Bn	G	11. 3.16
1007	Sjt	Walter, EE	39 Bn		10. 1.20
4619	Cpl	Walters, JF			3.10.18
1843	Pte	Ward, PH	3 Bn	G	29.11.15
1001	Pte	Ward, WA			13. 2.17
4269	Sjt	Warfield, HS			3. 9.18
1008	Pte	Waring, FW			18. 7.17
2895	Sjt	Wark, KN			22. 9.16
982	Sjt	Warren, G	23 Bn		10. 1.20
936	Pte	Warren, W	22 Bn		10. 1.20
1010	Sjt	Watkins, GE			21.10.18
1441	Cpl	Watson, CJ			17. 4.18
815	Sjt	Watson, J			1. 5.18
3134	Sjt	Watt, JC			22. 9.16
1196	SM	Wawn, HE	11 Bn		21. 6.16
6432	Pte	Weatherall, AG			30.10.18
2263	LCpl	Weatherby, CJ	53 Bn		10. 1.20
456	Pte	Weatherill, JC	10 Bn	G	3. 7.15
4294	Pte	Weaver, FS			26. 9.16
509	Cpl	Webb, H	7 Bn	G	29.11.15
3973	LCpl	Webber, AL			6. 2.18
550	LSjt	Weeks, WS			9. 7.17
3031	Pte	Wegener, HJ	12 Bn		10. 1.20
2101	LCpl	Weger, EC			10. 1.17
537	Sjt	Weir, RL			6. 2.18
2256	Sjt	Weisheit, FP	58 Bn		5.12.18
1399	Sjt	Welch, AL			18. 6.17
2005	Pte	Wells, RG	48 Bn		11. 3.20
1510	CSM	Werner, GA			4. 3.18
1634	CSM	Werrett, R			3.10.18
242	CSM	West, LJ			25. 8.17
1635	Pte	Weston, ND			26. 9.16
4041	Sjt	Westwood, JW			30.10.18
3005	LSjt	Wheaton, FA			17. 4.18
248	Cpl	White, A (Attd. LTMB)			13. 2.17
3312	Sjt	White, AW, M.M.			3. 9.18
307	Sjt(Later 2 Lt)	White, EV			3.10.18
4794	Pte	White, GH	26 Bn		16. 1.19
1890	Cpl	White, JJ			3. 9.18
1749	Sjt(later 2 Lt)	Whitear, AE			16. 8.17
3184	LCpl	Whitmore, WL			3. 9.18
653	LCpl	Whittard, WN	26 Bn		5.12.18
2902	Sjt	Whittle, JW			26. 4.17
555	CSM	Wicks, AE			13. 2.17
2709	Pte	Widdop, PP			13. 2.17
974	Sjt	Wilder, M	9 Bn	G	6. 9.15
1838	CSM	Wilkie, CE			13. 2.17
4225	Cpl	Wilkin, RA			30.10.18
6702	Pte	Wilkins, WA			6. 2.18
6413	LCpl	Wilkinson, GEHW	18 Bn		16. 1.19
1208	Sjt	Willey, MP			6. 2.18
3132	Pte	Williams, E			16. 8.17
3968	Sjt	Williams, EA	46 Bn		5.12.18
5538	Pte	Williams, G			20.10.16
1068	Sjt	Williams, H			6. 2.18
1829	Cpl	Williams, J	5 Bn	G	11. 3.16
1829	Cpl	Williams, J, D.C.M.		Bar	22. 9.16
333	Sjt	Williams, RL			26. 9.16
1168	LCpl	Williams, SL			22. 9.16
2992	Pte	Williams, W			25. 8.17
2428	LCpl	Williamson, CR	46 Bn		2.12.19
307	Sjt	Willis, CH			6. 2.18
3666	Cpl	Willoughby, HJ	24 Bn		10. 1.20
116	CSM	Wilson, EG, M.M.			4. 3.18
2661	Pte	Wilson, F			3. 9.18
541	Cpl	Wilson, H			20.10.16
542	Sjt	Wilson, J			18. 6.17
502	CSM	Wilson, S			17. 4.18
4000	Pte	Wilson, WO			6. 2.18
3204	Cpl	Winter, AT			1. 5.18
3956A	Sjt	Witherden, DW	24 Bn		10. 1.20
3136	LCpl	Withers, RB			26. 3.17

AUST. INFANTRY

1754	Pte	Wollin, C			3.10.18
1346	Sjt	Wood, AA			26. 9.16
645	Cpl	Wood, ED	5 Bn	G	11. 3.16
2490	Pte	Wood, J			9. 7.17
2952	Sjt(T/CSM)	Wood, J	53 Bn		10. 1.20
3971	Pte	Woodhead, A			4. 3.18
6578	Pte	Woodhouse, JJ	37 Bn		2.12.19
2418	Sjt	Woolley, WGE			4. 3.18
1840	Sjt	Wraight, HT			13. 2.17
213	Pte	Wright, A	15 Bn	G	3. 7.15
3190	Sjt	Wright, HR			3. 9.18

9	LCpl	Yanner, TS			20.10.16
2064	Pte	Yates, AV			4. 3.18
2079	Pte	Yaxley, E	12 Bn	G	11. 3.16
1112	Sjt	Yeates, G			30.10.18
2690	Sjt	Young, AJ	9 Bn		11. 3.20
1428	CSM	Young, J			14.11.16
2924	Cpl	Young, JE, M.M.	9 Bn		10. 1.20
794	Sjt	Young, JM	17 Bn		11. 3.20
1794	LCpl	Young, WR			13. 2.17
3861	Pte	Young, WT			18. 6.17

† Bar with MGC (AUS)

1145 D.C.M.'s ; 20 Bars.

AUST. PIONEERS

136	Sjt	Anderson, AE	3 Bn		11. 3.20
4139	LCpl	Barrett, J	1st Bn		3. 9.19
3714	Sjt	Buchanan, L			21.10.18
3028A	Sjt	Busteed, RL			21.10.18
3276	Sjt	Carson, H			20.10.16
2547	Sjt	Dempsey, S	3 Bn		5.12.18
4199	Sjt	Deveson, EG			20.10.16
4105	Sjt	Farmer, FN	5 Bn		2.12.19
495	CSM	Gaylor, H			22. 9.16
4500	Sjt	Gidlow, W	(Form No. 8)		9. 7.17
433	Sjt	Gilbert, W			4. 3.18
217	CSM	Horder, GJ			21.10.18
1039	Sjt	Howell, J, M.M.	2 Bn		10. 1.20
454	Sjt	Irvine, AC, M.M.	3 Bn		2.12.19
2332	CSM	Jurd, FG	5 Bn		3. 9.19
822	CSM	Kilpatrick, DC			21.10.18

1412	CSM	Lambert, W		14.11.16
252	Cpl	Lonie, HD	3 Bn	3. 9.19
2875A	Cpl	Lord, HA		21.10.18
623	Sjt	Luke, RW, M.M.	2 Bn	10. 1.20
2391	LCpl	Massey, HJ	5 Bn	11. 3.20
2478	Sjt	Morris, JG		6. 2.18
4538	Sjt	Muir, AMcD, M.M.	4 Bn	5.12.18
284	Cpl(T/Sjt)	Nicholson, GF	3 Bn	5.12.18
838	Sjt	Olley, AA		22. 9.16
1999	CSM(T/RSM)	Sheraton, RW	4 Bn	11. 3.20
896	Pte	Southerland, WH	3 Bn	10. 1.20
3025A	Sjt	Sumner, EA	4 Bn	5.12.18
106	Sjt	Taylor, G		17. 4.18
1349	Cpl	Thomas, VS	1 Bn	27. 7.16
4228	Sjt	Trevaskis, FT		17. 4.18
735	Sjt	Walder, AC		6. 2.18
2692	Pte	Warner-Bubb, HB		6. 2.18
1273	Pte	Waugh, WA		4. 3.18

34 D.C.M.'s

AUST. MACHINE GUN CORPS

5026	Pte	Ainsworth, SJ			6. 2.18
2785	Sjt	Andrews, HL	4 Bn		3. 9.19
494	Sjt	Armit, EF			26. 9.16
93A	Sjt	Atkinson, W			3. 3.17
3036	Pte	Baker, WH	1 Bn		3. 9.19
2333	Pte	Bennetts, F			18. 6.17
237	LCpl	Beswick, CW	Sqdn.		18. 2.18
266	Pte	Boothey, F			30.10.18
2621	LCpl(T/Cpl)	Broad, SE	3rd Sqdn.	E	3. 9.19
3242	Sjt	Bushell, LJ, M.M.	4 Bn		10. 1.20
51	Sjt	Cannons, EJA	Sqdn.		18. 2.18
394	Pte	Colbert, ET			18. 6.17
2935	Cpl(Later 2 Lt)	Colborne-Veel, W			6. 2.18
3139	LCpl	Collins, GL			3.10.18
78	Sjt	Cumming, R			18. 6.17
289	Pte	Doherty, JJ			6. 2.18
816	Sjt	Douglas, R			26. 9.16
10	CSM	Edgar, W			21.10.18
1369	Cpl	Evans, TR			9. 7.17
4078	T/Cpl	Fendley, LR			6. 2.18
1933	Pte	Fitzpatrick, FM			6. 2.18
1324	LCpl	George, TB	3rd Sqdn.	P	14. 4.20
3339	Cpl	Harrop, JG			6. 2.18
2164A	Pte	Hayden, F	2 Bn		11. 3.20
3856	Pte	Hayes, PD			4. 3.18
42	Sjt	Hinkley, NR	3 Bn		11. 3.20
19	Sjt	Hitchcock, A			18. 7.17

214	T/Sjt	Hyde, NJ	Sqdn.		18. 2.18
3498	Cpl(T/Sjt)	Johnson, JBD	5 Bn		10. 1.20
602	Pte	Johnston, WG			3. 9.18
75	CSM	†Kennedy, T, D.C.M.		Bar	6. 5.18
873	Sjt	Keogh, EV, M.M.	3 Bn		2.12.19
635	LCpl	Kerr, JF			13. 2.17
167	Sjt	Kolosque, FA	4th Sqdn.	E	3. 9.19
418	Pte	Lazarus, D	2 Bn		10. 1.20
2636	Sjt	Lehane, W, M.M.	4 Bn		16. 1.19
914	CSM	Loten, CE			13. 2.17
1569	Sjt	Lynch, P, M.M.			30.10.18
1858	ACpl	Marks, R	3 Bn		11. 3.20
513	LCpl	Marsh, AED	2 Bn		11. 3.20
21	T/Sjt	Matthews, FWH			22. 9.16
30	CSM	McKeown, T			14.11.16
101	Sjt	McRae, FF	3 Bn		11. 3.20
4063	Pte(LCpl)	McTye, TM			4. 3.18
2899	Sjt	Milne, GJ	5 Bn		11. 3.20
928	Pte	Morgan, HH			22. 9.16
3108	LCpl	Munro, RJ			18. 7.17
1797	Pte	Murcutt, H			13. 2.17
3162	Sjt	Neal, WJT			25. 8.17
2762	Pte	Newton, HE			4. 3.18
3685	Pte	Parsell, JH			18. 6.17
296	Pte	Pinches, E			18. 6.17
386	Cpl	Pritchard, D	4 Bn		5.12.18
1126	Pte	Radnell, GA			20.10.16

AUST. MACHINE GUN CORPS

425	CSM	Redford, GB, M.M.	4 Bn	11. 3.20	56	CQMS	Walker, F		17. 4.18
2199	Pte	Ross, WA		22. 9.16	1816	Cpl	Walsh, JH		4. 3.18
3420	Sjt	Rush, AL		4. 3.18	206	Sjt	Waters, WH		3. 9.18
3656	Pte(T/Cpl)	Russell, R	5 Bn	2.12.19	44	Sjt	Webb, R		13. 2.17
					284	Pte	White, D		21.10.18
3912	Sjt(Later 2 Lt)	Sinclair, R, M.M. 4 Bn		5.12.18	631	Cpl	Whitmore, LT	5 Bn	3. 9.19
2874	CSM	Snelling, C		22. 9.16	2854	CSM	Wilkinson, HJL	5 Bn	11. 3.20
964	Sjt	Stagg, HT		21.10.18	3153	LCpl	Wilson, JW	5 Bn	10. 1.20
275	CSM	Swan, TR		6. 2.18	718	Sjt	Wilson, T	2 Bn	10. 1.20
31	CSM	Sykes, R		21.10.18	2232	Sjt(Later 2 Lt)	Wood, JR		6. 2.18
381	Sjt	Vale, R	4 Bn	10. 1.20	340	Cpl	Young, RJ	5 Bn	10. 1.20

† D.C.M. with Aust. Inf.

74 D.C.M.'s ; 1 Bar.

AUST. TRENCH MORTAR BATTERIES

1309	Sjt	Aslatt, HF, M.M.	12th LTMB	2.12.19	812	Cpl	Matt, FO	MTMB	22. 9.16
					378	Sjt	McEvoy, M	7th LTMB	5.12.18
9	BSM	Ballingall. CT	MTMB	21.10.18	3166	Sjt	McLean, AT	LTMB	21.10.18
					867	Cpl	McLennan, AC	4th MTMB	11. 3.20
517	Cpl	Cavanagh, BH	LTMB	22. 9.16	4054	Sjt	McSweeney, J	3rd LTMB	10. 1.20
1712	Sjt	Conkey, VH	HTMB	3. 9.18					
4567	Pte	Coward, HK		11.12.16	931	Cpl	North, J	LTMB	16. 8.17
3080	Sjt	Fuller, RA	12th LTMB	3. 9.19	553	Cpl	Oliver, JJ	LTMB	25. 8.17
79	Cpl	Hall, J	7th LTMB	3. 9.19	2660	Sjt	Pulham, N	LTMB	16. 8.17
1133	Cpl	Harvey, CR	3rd LTMB	3. 9.19					
11761	Cpl(A/Sjt)	Helmore, FWT	1st MTMB	3. 9.19	2080	Sjt	Reuben, DM, M.M.	LTMB	30.10.18
2472	Sjt	Hickey, JJ	LTMB	21.10.18	2371	Pte	Riddell, H	LTMB	22. 9.16
778	Sjt	Hockey, EV, M.M.	3rd LTMB	10. 1.20	1126	Sjt	Russell-Davidson, GCJ		20.10.16
587	Bombr	Light, HJ		26. 4.17	28977	T/Sjt	Sheehan, P		1. 5.18
154	Cpl	Lorensini, WR		4. 3.18	20013	Cpl	Stark, JB	3rd MTMB	3. 9.19
2095	Cpl	Lowder, GE	9th LTMB	11. 3.20	4939	Pte	Waywood, SW	4th LTMB	10. 1.20
					4340	Cpl	Wiber, EH		17. 4.18
7957	BSM	Marshall, FS		4. 3.18	1608	Cpl	Wilson, G	LTMB	21.10.18

31 D.C.M.'s

IMPERIAL CAMEL CORPS (AUST. SECTION).

4059	Pte	Barry, WJ		16. 8.17	948	LCpl	Kermode, J		18. 2.18
2087	Tpr	Black, WI		28. 3.18					
2451	LCpl	Footner, AOH		28. 3.18	2241	Sjt (Later 2 Lt)	Love, JRB		18. 2.18
2609	Pte	Galli, BE		18. 2.18	2235	Sjt	Robinson, C	Imp. Camel Bde.	21.10.18
349	Sjt	Greenway, C		26. 1.18	1997	Sjt	Towmer, LG	Imp. Camel Bde.	1. 5.18
2755	Cpl	Haseler, RE	1st Anzac Bn (Later 14 Lt. Hse Rgt.) E	3. 9.19	1115	Sjt(A/CSM)	Wilkin, WM	Imp. Camel Bde.	21.10.18

11 D.C.M.'s

AUST. ARMY SERVICE CORPS

977	Dvr(A/Sjt)	Appleby, W		25. 8.17	203	CSM	Lane, AW		6. 2.18
2561	S/Sjt	Asprey, GR	1st Aust. Supp. Det.	3. 9.19	267	Cpl	MacDonald, A		4. 3.18
					3786	Cpl	McCann, R	4th Aust. Div. MT Coy (Attd. 13 A.Fld. Amb.)	3. 9.19
265	CSM	Boyd, CA	1st Aust. Div. Train	3. 9.19					
6182	MT Sjt	Graham, CJ	4th MT Coy	5.12.18	2275	WO	O'Neill, EJ		13. 2.17
7955	S/Sjt	Higgs, AJMcG		9. 7.17	747	Cpl	Slater, AWH	3rd Aust. Div. Sal. Coy	3. 9.19
1224	Dvr	Humphreys, RE		21.10.18					
392	Sjt	Kennedy, JR		4. 3.18	1889	A/S/Sjt	Thomson, RF		18. 2.18

13 D.C.M.'s

AUST. ARMY MEDICAL CORPS

No.	Rank	Name	Unit	Date
1372	Pte(LCpl)	Barker, WF		1.10.18
1203	Cpl	Barrett, JF	(Attd. Inf.)	13. 2.17
1115	A/Sjt	Bates, E		4. 3.18
997	Pte	Burnett, LW		G 3. 7.15
66	LCpl	Cawley, V	No. 2 Fld. Amb. 1st Div. G	5. 8.15
11	SM	Clark, E		6. 2.18
1439	Pte(A/Sjt)	Coleman, JR		25. 8.17
5511	LCpl	Cormack, RF, M.M.	12 Fld. Amb.	10. 1.20
1403	Pte	Cowtan, MD	1st Cas. Clear. Station. G	5. 8.15
1851	LSjt	Cropley, OA		6. 2.18
169	Sjt	Davidson, AR		14.11.16
13071	LCpl	Davidson, RH		4. 3.18
172	Sjt	Davies, GA		4. 3.18
213	LCpl	Denbigh, LA		4. 3.18
310A	Cpl	Eatock, E		3.10.18
151	LCpl	Farnham, GC	3rd Fld. Amb.	G 6. 9.15
183	Cpl	Ferguson, AC	Attd. Inf.	4. 3.18
10080	Pte	Flack, APW		4. 3.18
55	LCpl	Fleischmann, HA		6. 2.18
2618	Pte	Flynn, HM		22. 9.16
7989	Pte(LCpl)	Forrester, AG, M.M.		3. 9.18
9661	Pte	Francis, JW		28. 3.18
2253	LCpl	Fry, RH		22. 9.16
11965	LCpl	George, WF		26. 1.18
8183	LCpl	Gill, JA	4 Fld. Amb.	5.12.18
11877	SSjt	Gray, FW		25. 8.17
611	Pte	Gregg-Macgregor, JVF	1st FA	G 6. 9.15
371	Pte	Hitchcock, EP	Attd. 6 Bn Inf. G	6. 9.15
12320	Sjt	Holgate, A		4. 3.18
2036	Pte	Inch, AW		4. 3.18
	St/Sjt	Jackson, H		G 3. 7.15
1753	LCpl	Kingston, WR		22. 9.16
3150	Pte	Kirby, SH		20.10.16
994	T/Cpl	Lushey, FS		4. 3.18
1429	Sjt	Macrae, A		6. 2.18
10551	Tpr	McCleland, KC		18. 2.18
370	Pte	Morath, AA	Attd. 6 Bn Inf. G	6. 9.15
10034	Pte(LCpl)	Murphy, JF		21.10.18
12367	Sjt	O'Keefe, D		25. 8.17
12367	Sjt	O'Keefe, D, D.C.M.		Bar 4. 3.18
8091	LSjt	Oldham, WH		22. 9.16
8355	Pte	Roberts, AL		26. 9.16
1258	WO	Robinson, WB		13. 2.17
178	Pte	Rosser, CHG	3 Fld. Amb.	G 6. 9.15
5534	Pte	Saxby, EJ		22. 9.16
1261	Sjt	Schryver, F, M.M.		4. 3.18
1625	Sjt	Schwab, CA, M.M.		21.10.18
12064	Pte	Siggers, JAJ	9 Fld. Amb.	10. 1.20
567	S/Sjt	Sleeman, JE		3. 9.18
600	Pte	Smith, WT		22. 9.16
131	Sjt	Stewart, JMcD		6. 2.18
64	Sjt	Storey, W		14.11.16
3760	Pte	Turner, WH		14.11.16
3	S/Sjt	Warden, C		26. 1.18
9622	LCpl(ASjt)	Wilkins, AT		25. 8.17
12687	Pte	Wilks, JD		17. 4.18
2706	Pte	Wilsdon, WH		22. 9.16
12436	Sjt	Wilson, AM		4. 3.18

57 D.C.M.'s ; 1 Bar.

AUST. ARMOURED CAR SECTION

No.	Rank	Name	Unit	Date
5	Sjt	Creek, H	1st AC Sect.	E 26. 5.19
3	Sjt	Langley, JH	AC Sect.	15.11.18
3	Sjt	Langley, JH, D.C.M.	1st AC Sect.	E Bar 25. 2.20

2 D.C.M.'s ; 1 Bar.

AUST. OTHER UNITS.

No.	Rank	Name	Unit	Date
34	SSM	Ayres, HG, M.M.	Mtd. Rgt.	30.10.18
858	Tpr	Bolton, S	Cavalry	4. 3.18
2	St.Sjt	Heath, CV	Aust. Flying Corps.	M 9.10.15
14336	Cpl(LSjt)	Johnston, AP	1st Aust. & N.Z. Wireless Sig. Sqd.	M 16. 1.19
157	Sjt	Killicoat, DH	Cavalry	4. 3.18
1280	Signllr	McCallum, S	1st Anzac Bn (Later 14 LHR)	E 3. 9.19
1796	Arm. Artfr	Miller, N	A.O.C.	9. 7.17
2951	Tpr	Newth, H	Mtd. Rgt.	30.10.18
12495	S/Sjt	Patterson, LA	Mtd. Div. Train.	E 3. 9.19
363	Sjt	Peard, HH	Cavalry	4. 3.18
42	SSM	Pringle, TL	Anzac Mtd. Div. H.Q.	E 3. 9.19
1683	Cpl	Printer, J	Salvage Coy	17. 4.18
7685	Cpl	Simpson, AR	1st Anzac Wireless Sig. Sqd.	M 16. 1.19
5395	Sjt	Stafford, WC	CTS. Attd. H.Q.	5.12.18
1676	Cpl	Treyvaud, SH	1st Sig. Sqd. AMD	P 14. 4.20

15 D.C.M.'s

THE BRITISH WEST INDIES

THE BRITISH WEST INDIES RGT.

2947	Sjt	Bellamy, CE			30.10.18	5575	Sjt	Osborne, E		30.10.18
2465	Pte	Butcher, HE			18. 2.18	3525	Sjt	Powell, A		30.10.18
6135	SM	Coutts, J			26. 5.17	6475	LCpl	Reid, H		30.10.18
3953	Sjt	Grant, A			25. 8.17	6357	Pte	Scott, H	1 Bn	E 25. 2.20
1040	Pte	Hope, JC			21.10.18	6124	Cpl	Simpson, M		30.10.18
						6083	Pte	Smith, J		16. 8.17
5062	Sjt	Jordan, L			25.11.16	503	LCpl	Turpin, R	1 Bn	E 25. 2.20
1454	Sjt	Julien, WE	1 Bn	E	25. 2.20	3099	Sjt	Weir, C		30.10.18
6493	Pte	Knight, U			30.10.18	6398	LCpl	Wright, R		30.10.18

17 D.C.M.'s

CANADA

ROYAL CANADIAN DRAGOONS

520	SSM	Aisthorpe, TA, M.M.	1. 5.18	902	Sjt	Martin, AB	1. 5.18
510	SSM	Copeland, J	26. 6.18	809	Sjt	Olmstead, C	21.10.18
218	Sjt	Jones, JF, M.M.	10. 1.20	221	Cpl	Pym, JS	15. 9.15
880	Cpl	Legge, W	11. 3.16	15581	A/Cpl	Welsh, M	1. 5.18

8 D.C.M.'s

LORD STRATHCONA'S HORSE

2213	Tpr	Allen, WG	11. 3.20	2436	SQMS	McNeill, AD	(Attd. 7 Inf. Bde. H.Q.) 21. 6.16
2415	LCpl	Capnerhurst, A	26. 6.18	2788	Pte †	Mitchell, AW	11. 3.16
2516	Pte	Church, EZ	11. 3.20				
1517	SSM	Collins, GS	6. 9.15	551037	Cpl	Pearson, S	21.10.18
15066	Pte	Dunwoody, JA Can. Cav. Div.	11. 3.16	15477	Sjt	Pike, P	10. 1.20
2873	Cpl	Hewetson, JS	11. 3.16	2586	Sjt	Powell, FC	11. 3.16
2697	Sjt	Hodgson, CMcD	26. 6.18	117486	SSM	Price, JS, M.M.	26. 6.18
931314	Cpl	Leask, LJ	2.12.19	2270346	Pte	Walker, B	26. 6.18

† Bar with Can. Eng.

15 D.C.M.'s

FORT GARRY HORSE

739534	LCpl	Fraser, A, M.M.	10. 1.20	553031	Cpl	Nelson, R	10. 1.20
117325	Pte	Jolley, W	26. 6.18	115037	LCpl	O'Reilly, GW	3. 9.19
442117	Pte	Lawrence, JL	10. 1.20	2147437	LCpl	Read, PC	10. 1.20
115905	Sjt	McAlister, A	10. 1.20	14643	Sjt	Willis, W	26. 6.18

8 D.C.M.'s

CANADIAN LIGHT HORSE

2082	Sjt	Cook, S	28. 3.18	14661	Sjt	Pendrich, E	10. 1.20
15619	Tpr	Frendiger, R	11. 3.20	551426	Sjt	Smith, T	18. 6.17
114251	RSM	Heselton, JM	11. 3.20	226172	Pte	Thornton, SJ	10. 1.20

6 D.C.M.'s

CANADIAN CAVALRY

14445	LCpl	Atcherley, CH	17. 9.17	117037	Sjt	MacDonald, J	16. 8.17
				14926	SSM	McCorquodale, A	17. 9.17
112174	Pte(A/Sjt)	Balfour, EB	3. 9.18	117082	Pte	Morrall, WA	28. 3.18
15086	Sjt	Bernas, JA	28. 3.18				
551008	Cpl	Bryant, J	16. 8.17	2587	Sjt	Parkinson, WS	17. 9.17
				2587	Sjt	Parkinson, WS, D.C.M.	Bar 28. 3.18
1220	Pte ‡	Clark, GF, D.C.M.	Bar 14.11.16				
117059	Cpl	Crouch, J	17. 9.17	15295	Sjt	Rebbitt, HR	1. 5.18
				114090	Pte	Rutherford, A	28. 3.18
476311	Pte	Gawley, WC	30.10.18				
				116096	A/SSM	Standing, T	30.10.18
106315	Sjt	Johnson, JW	30.10.18	112135	A/SSM	Stirrett, GH	14.11.16
15576	LCpl	Jones, B	Sig. Troop. Cav. Bde. (form FG Horse) 11. 3.16	1939	Sjt	Tooley, RR	14.11.16
117032	Cpl	Keene, CR	17. 9.17	21214	Pte	Wright, D	1. 5.18

‡ D.C.M. with Can. Inf.

19 D.C.M.'s ; 2 Bars.

CANADIAN ARTILLERY

Number	Rank	Name	Unit	Date
6251	Sjt	Adams, WF	HA	11. 3.20
308700	Sjt	Agnew, WV	9 Bde. FA	16. 1.19
91621	Gnr	Allan, WA	FA	28. 3.18
91273	Bmbr	Annis, H	8 Bde. FA	11. 3.20
41438	Sjt	Armstrong, WF, M.M.	16 Bde. FA	27. 5.19
302476	Cpl	Atkinson, WCH	10 Bde. FA	11. 3.20
C42059	Cpl(Later Lt)	Baker, RF	3 Bde.	5. 8.15
332866	Dvr	Baldwin, W	13 Bde. FA	11. 3.20
87102	BSM	Beards, M		13. 2.17
314154	Sjt	Beck, GW	FA	28. 3.18
300152	Cpl	Belford, G	6 Bde. FA	11. 3.20
305556	Cpl	Bennett, EH	8th A Bde. FA	3. 9.19
91670	A/Bmbr	Berry, W	FA	28. 3.18
41739	Sjt	Bintliff, J	2 Bde. FA	11. 3.20
89984	BSM	Birch, EO	FA	26. 1.18
324893	Sjt	Bird, WJ	14 Bde. FA	11. 3.20
302618	Gnr	Birkett, W	16 Bde. FA	27. 5.19
302618	Gnr †	Birkett, W, D.C.M.	16 Bde. FA	Bar 27. 5.19
85255	BSM	Black, SC	FA	28. 3.18
41615	Gnr	Bleakney, VA	8 Bty. 2 FA Bde	11. 3.16
4590	Saddler QMS	Borland, WH	HA	4. 3.18
40059	Bmbr	Bradley, RB	FA	13. 2.17
301212	Cpl	Broughton, BL	FA	21.10.18
8	Sjt	Bruce, WP	2 Bde. GA	3. 9.19
3	Sjt	Burnet, JD	GA	21.10.18
85935	BSM	Camp, FR	8 Bde. FA	11. 3.20
2341302	BQMS	Claxton, BB	3 Bde. GA	11. 3.20
314172	Gnr	Climo, CB	9 Bde. FA	2.12.19
85697	Bmbr	Colwell, CH	FA	15. 7.19
172031	Gnr	Craig, JA	FA	28. 3.18
311373	BSM	Crosbie, TD	3 Div. Amm. Col. FA	16. 1.19
43010	RSM	Cruchley, AC, M.M.	2 Bde. GA	11. 3.20
334820	Gnr	Curzon, JL	13 Bde. FA	11. 3.20
43591	Gnr	Cuthbert, CE	FA	19. 8.16
300397	Cpl	Danby, W		9. 7.17
311362	Bmbr	Dawe, A	FA	28. 3.18
302988	BSM	Dewolf, AW	GA	21.10.18
318892	Cpl	Dick, J	13 Bde. FA	11. 3.20
55	Bmbr	Donald, F		17. 4.18
C40330	SM	Donaldson, JWA	1 Bde	5. 8.15
83378	Gnr	Donnolly, JT	13 Bty. 4 Bde. 2nd Div.	21. 6.16
1260008	Sjt	Dow, F	13 Bde. FA	3. 9.19
41499	Sjt	Duncan, DC	FA	15.11.18
91331	Sjt	Elkins, A	6 Bde. FA	11. 3.20
300054	Cpl	Elliott, GT	6 Bde. FA	11. 3.20
40164	BSM	Evans, SC		17. 4.18
316020	Sjt	Fleck, AI	14 Bde. FA	3. 9.19
86910	Sjt	Fogg, SG	FA	21.10.18
346844	Sjt	Forsythe, WS	2 Bde. GA	11. 3.20
42253	Sjt	Frame, AH	FA	17. 4.18
42253	BSM	Frame, AH, D.C.M.	FA	Bar 3.10.19
42120	BSM	Fry, GH	FA	21.10.18
1251663	Cpl	Gleadle, CA	4 TMB. FA	11. 3.20
319982	Dvr	Gracey, E	13 Bde. FA	11. 3.20
319918	A/Bmbr	Green, TH	13 Bde. FA	11. 3.20
301424	BSM	Hall, WEH	10 Bde. FA	11. 3.20
42040	BSM	Hamshere, J	10 Bty.	11. 3.16
84143	Sjt	Harris, EJ	6 Bde. FA	11. 3.20
43124	Sjt	Harris, G	2 Bde. GA	11. 3.20
49423	Sjt	Harrison, F	2 Div. Amm. Col. FA	11. 3.20
304655	Sjt	Helme, RG	9 Bde. FA	11. 3.20
89040	BQMS	Higgins, A	6 Bde. FA	3. 9.19
17	BSM	Hinman, FOM	2 Bde. GA	25. 2.20
41634	BQMS	Hyman, TM	FA	21.10.18
301869	Sjt	Irvine, MH	1 Bde. FA	11. 3.20
C40665	Gnr	James, AW	3 Bde.	5. 8.15
301022	Sjt	Johnston, RA	6 Bde. FA	11. 3.20
326917	A/Bmbr	Jones, HH	14 Bde. FA	11. 3.20
2100340	Gnr ‡	Jordan, JN	16 Bde. FA	27. 5.19
310673	Sjt	Joyce, CD	13 Bde. FA	11. 3.20
311379	BSM	Keay, JD	3rd Div. Amm. Col. FA	25. 2.20
338818	A/BQMS	Kelly, HM	2 Bde. FA	11. 3.20
1257530	Sjt	Kemp, W	1 Bde. GA	3. 9.19
91565	Sjt	Kenneally, JL	FA	6. 2.18
1261904	Sjt	Kincade, CR	2 Bde. GA	11. 3.20
6096	A/Bmbr	King, EM	'B' Bty. HA	21. 6.16
40336	Sjt	Langford, JR	2 Bty. 1 FA Bde.	11. 3.16
41351	Cpl	Lanoue, A	2 Bde. FA	11. 3.20
304272	Sjt	Larkin, FR	9 Bde. FA	11. 3.20
301685	Sjt	Law, PH		17. 4.18
15564	Sjt	Lawrence, HSt	1 Bde. FA	11. 3.20
91036	Sjt	Laws, WR, M.M.	36 Bty. 9 Bde. FA	2.12.19
1261385	BSM	Lea, HR	3 Bde. GA	11. 3.20
742678	Sjt	Little, RM	14 Bde. FA	11. 3.20
41272	Sjt	Lowe, H	FA	28. 3.18
1261949	Sjt	Lyons, JN		17. 4.18
301289	Gnr	MacDonald, JA	9 Bde. FA	3. 9.19
40217	Sjt	MacInnes, W	1 Bty.	11. 3.16
92891	Bmbr	MacNevin, PW	GA	9. 7.17
42718	BSM	Majury, S, M.M.	11 Bty. 3 Bde. GA	10. 1.20
41716	BSM	Marshall, FRH	2 Bde. FA	3. 9.19
86031	Sjt	McChesney, A	3 Bde. FA	11. 3.20
6135	Sjt	McCue, AR	HA	21.10.18
89279	Sjt	McDonald, AJ	5 Bde. FA	11. 3.20
41176	BSM	McDonald, AK	FA	17. 4.18
85758	Cpl	McDonald, RH	2 Bde. FA	11. 3.20
42053	Sjt	McDougall, CG	4 Bty	11. 3.16
92892	Sjt	McDougall, DR	2 Bde. GA	10. 1.20
244	Cpl	McIntosh, AK	2 Bde. GA	25. 2.20
49463	A/Bmbr	McKay, GA	1 Div. Amm. Col. FA	11. 3.20
41447	BSM	McKinnon, NE	8 Bty. 2 Bde. 1 Div. Art.	21. 6.16
476805	Dvr	McLane, JMG	FA	15.11.18
301646	BSM	McNamara, J	FA	21.10.18
40448	Cpl	Melvin, TP	FA	17. 4.18
89110	Cpl	Mendizabal, AR		13. 2.17
C41434	QMS	Milburn, AR	2 Bde.	5. 8.15
110	Cpl	Millar, P	2 Bde. GA	25. 2.20
328907	Sjt	Milne, ET	14 Bde. FA	2.12.19
42180	Sjt	Moore, G	5 Bde. FA	11. 3.20
41724	Gnr(A/Bmbr)	Morgan, SW	(Attd. TMB)	13. 2.17
301108	Cpl	Morrison, A	36 Bty. 9 Bde. FA	2.12.19
91469	Sjt	Mortimer, W	FA	28. 3.18
321867	A/Bmbr	Mulvihill, CA	13 Bde. FA	11. 3.20
5494	BQMS(A/BSM)	Murphy, PJ	HA	3. 9.19
41654	Cpl	Murray, D	2 Div. Bde. H.Q.	11. 3.16
302426	Gnr	Mustard, WMcL	FA	28. 3.18
6105	Sjt	Nelson, B	FA	21.10.18
346977	Gnr	Nesbitt, DG	14 Bde. FA	11. 3.20
310606	Dvr	Northam, BA	FA	4. 3.18
C41055	Cpl	Olsen, OC	2 Bde	5. 8.15
86876	BSM	Palmer, FA	FA	21.10.18
300437	Gnr	Parker, R	2 DAC. FA	11. 3.20
304231	Gnr	Parker, RLT	8 Bde. FA	11. 3.20
19	A/Bmbr	Parlee, PL	2 Bde. FA	11. 3.20
40558	Sjt	Parry, GRW	FA	19. 8.16
304215	Dvr	Patterson, HL	9 Bde. FA	11. 3.20
41019	Sjt	Patterson, TI	FA	4. 3.18
86506	Cpl	Patteson, O	5 Bde. FA	11. 3.20
43167	Sjt	Paul, J	GA	9. 7.17
86363	Sjt(Later WO Cl.2)	Pengriff, JH	FA	12. 3.17
43172	Cpl	Penrod, CE	FA	17. 4.18
92871	Sjt	Potter, AMcL	2 Bde. GA	11. 3.20
40005	Bmbr	Quilter, G	1 Div. H.Q.	11. 3.16
85565	BQMS	Reed, JF	FA	21.10.18
83426	BSM	Rimmer, WB		13. 2.17
C40870	Cpl	Ritchie, AB	1 Bde.	5. 8.15
91828	Sjt	Ross, M	1 Bde. GA	11. 3.20
334913	Bmbr	Rouse, BE	8 Bde. FA	11. 3.20
43284	Cpl	Routh, SC		13. 2.17
324891	Sjt	Rowland, HF	13 Bde. FA	11. 3.20

CANADIAN ARTILLERY

320968	BSM	Rowley, RH	13 Bde. FA	11. 3.20
85805	Sjt	Russell, H	6 Bde. FA	3. 9.19
304306	Sjt	Ryan, EJ	FA	15.11.18
42374	Sjt	Rycroft, J, M.M.	3 Bde. FA	3. 9.19
1261668	Arm/S/Sjt	Scott, HL	OC Attd. 7 Sge. Bty. GA	3. 9.19
303532	Sjt	Scovil, EG	2 Bde. GA	11. 3.20
89733	Cpl △	Seaman, RL	16 Bde. FA	27. 5.19
331775	Bmbr	Sharpe, RF	GA	6. 2.18
85664	Sjt	Sinnis, GW		9. 7.17
300975	Gnr	Smith, A	FA	6. 2.18
40549	BSM	Smith, J	3 Bty. 1 Bde. 1 Div.	21. 6.16
42629	BSM	Snell, W	12 Bty. 3 Bde. FA	10. 1.20
333891	Sjt	Southcott, FA	8 A Bde. FA	3. 9.19
40493	Sjt	Spence, J	1 Bde. FA	11. 3.20
44039	Sjt	Stackhouse, JC		20.10.16
300819	BSM	Stanley, PH	10 Bde. FA	3. 9.19
1257535	BSM	Stevenson, EE	1 Bde. GA	11. 3.20
41265	Gnr	Stickland, S	Res. Bde. (Form 7 Bty)	11. 3.16
86981	BSM	Studdert, P	4 Bde. FA	3. 9.19
89068	Sjt	Taylor, LB	'E' Bty. A-A. FA	3. 9.19
86863	BSM	Thorne, P, M.M.	2 Div. Amm. Col. FA	3. 9.19
83487	SSjt	Todd, R	4 Bde. FA	11. 3.20
41013	BSM ▫	Tomkinson, T	FA	15. 7.19
42062	Sjt	Turnbull, E		13. 2.17
506	BSM	Turton, J	3 Bde. FA	11. 3.20
40903	BSM	Vagg, FM	FA	9. 7.17
324883	A/Bmbr	Varey, JM	13 Bde. FA	11. 3.20
41722	Sjt	Ward, J	2 Art. Bde. Amm. Col.	11. 3.16
506	BSM	Wardell, F	FA	1. 5.18
91881	Sjt	Ware, JA		17. 4.18
302465	Sjt	Westlake. A	FA	21.10.18
338832	BSM	Whebell, CC	5 DAC. FA	11. 3.20
300812	Cpl	Wheeler, FE	16 Bde. FA	27. 5.19
325004	Gnr	White, WR	55 Bty. 13 Bde. FA	16. 1.19
42423	BSM	Wildgoose, R	9 Bty	11. 3.16
C40085	Gnr	Wilkinson, HE	1 Bde	5. 8.15
171	Gnr	Wilson, A	2 Bde. GA	11. 3.20
1258273	Cpl(A/Sjt)	Wimberley, AC	18 Bty. 5 Bde. FA	2.12.19
43800	Sjt ☆	Winegard, CD	FA	15. 7.19
83858	Cpl	Yardley, T	6 Bde. FA	11. 3.20
489355	Cpl	Young, JW	1 CTMB. FA	11. 3.20

† YEVSIEVSKAYA

‡ YEVSIEVSKAYA

△ KODISH

▫ KODEMA 15.12.18

☆ VISTAFKA 1. 3.19

179 D.C.M.'s ; 2 Bars.

CANADIAN ENGINEERS

5615	Pte	Adams, HM	Sig. Coy	30. 6.15
500160	Spr	Aitkin, WR	1 Bn	2.12.19
12	Spr	Bagrie, A		26. 1.18
106072	Sjt	Ball, CW, M.M.	3 Div. Sig. Coy (Attd. HQ) 7 Inf.	2.12.19
504475	Sjt	Banks, H		10. 1.17
501169	2nd Cpl	Barclay, JF		13. 2.17
404012	Sjt	Barker, JE		21.10.18
898115	Spr	Barwick, JA		1. 5.18
5338	LCpl	Bate, CB		19. 8.16
5792	Sjt	Bates, FH		13. 2.17
55796	Sjt	Beer, LT		25. 8.17
432850	Sjt	Bennett, HM		17. 4.18
5318	Sjt	Bevan, WHB	2 Field Coy	11. 3.16
922832	Spr	Blackwell, MF	1 Bn	11. 3.20
500014	LCpl	Boucher, C	2 Bn	11. 3.20
45013	CSM	Bowles, F		13. 2.17
502934	LCpl	Bowley, J		21.10.18
501257	Spr	Brewer, LG	4 Bn	2.12.19
5239	Sjt	Bridgwater, EJ		17. 4.18
426640	Spr	Burnett, JB	3 Sec. 1 Div. Sig. Coy (Attd. 2 Inf.)	2.12.19
501123	Spr	Carey, J		26. 1.18
5077	LCpl	Casement, RJ	1 Field Coy	30. 6.15
5646	Cpl	Casstles, E	Sig. Coy	30. 6.15
489181	Pnr	Chaddock, JW		21.10.18
69	2nd Cpl(A/Cpl)	Challacombe, EH, M.M.	1 Div. Sig. Coy	2.12.19
5301	CSM(Later Lt)	Chetwynd, GR	2 Field Coy	11. 3.16
21543	Sjt	Cooling, CL		17. 4.18
81	Sjt	Corcoran, FJ		13. 2.17
502802	Sjt	Coyle, JJ, M.M.		15.11.18
504719	Sjt	Cradock, WM	12 Bn	11. 3.20
500510	Sjt	Craig, J		17. 4.18
84	Sjt	Craven, RA, M.M.	2 Div. Sig. Coy	11. 3.20
504157	Cpl	Cridland, WJ	11 Bn	11. 3.20
769345	Cpl	Crossley, GJ	12 Bn	11. 3.20
505340	Spr	Crowder, CH	10 Bn	25. 2.20
T/30056	CSM	Dabson, BE	1 Div. Sig. Coy	11. 3.20
23262	Pte	Duncan, W	Sig. Coy	30. 6.15
5665	Sjt	Faulkner, HJ, M.M.		15.11.18
5665	Sjt	Faulkner, HJ, D.C.M., M.M.	1 Div. Sig. Coy Bar	2.12.19
5310	Sjt	Ferris, CB	2 Field Coy	11. 3.16
71	Sjt	Fettus. W, M.M.	4 Bn	3. 9.19
300623	2nd Cpl(A/Cpl)	Fielding, G	2 Div. Sig. Coy	3. 9.19
113014	Cpl	Flanigan, JE, M.M.	3 Div. Sig. Coy	2.12.19
115140	Dvr	Flinn, WR	4 Pont. Bde. TU	3. 9.19
504039	2nd Cpl	Fowlie, F	10 Bn	25. 2.20
5319	Sjt	Free, HB		19. 8.16
5664	Sjt	Fullerton, W, M.M.		15.11.18
469762	Cpl	Glode, S	6 Bn	11. 3.20
167046	CQMS	Goucher, ER	5 Bn	3. 9.19
115845	Cpl	Graham, GL	2 Bn	11. 3.20
5101	Cpl	Guigue, J	1 Bn	11. 3.20
142	CSM	Harcourt, PV		9. 7.17
5118	Spr(A/Sjt)	Hardy, ET	H.Q. 1 Bde.	11. 3.20
541579	Cpl(A/Sjt)	Hardy, RW, M.M.	4 Div. Sig. Coy. (Attd. H.Q.)	25. 2.20
5112	Spr	Harmon, BW	1 Field Coy	11. 3.16
5605	SM	Henderson, WDeF	3 Div. Sig. Coy	21. 6.16
171786	Sjt	Hibbert, AK, M.M.		15.11.18
10789	Spr	Holmes, JW		17. 4.18
415238	Cpl	Hooton, R		25. 8.17
541831	Sjt	Horn, A	11 Bn	11. 3.20
464107	Sjt	Jackson, E	4 Bn	2.12.19
5324	Sjt	Jemmett, DM	1 Field Coy	21. 6.16
63482	Cpl	Johnson, LD		21.10.18
501281	Cpl	Johnston, H	1 Tunn. Coy	31. 5.16
706	Sjt	Johnstone, DC	Div. Eng.	21.10.18
5696	Cpl	Kennedy, BE	Sig. Coy	30. 6.15
5405	Sjt	Kerr, D	2 Bn	3. 9.19
170	Sjt	Kilpatrick, A		26. 1.18
167123	Sjt	Kline, H	5 Bn	11. 3.20
5410	Cpl	Law, G	2 Field Coy	11. 3.16

CANADIAN ENGINEERS

18216	Spr	Lowden, C		25. 8.17
45143	Sjt	Luck, AF	H.Q. 1 Bde.	11. 3.20
28776	Pte	MacArtair, A	Sig. Coy	30. 6.15
504668	A/Sjt	MacFie, JA, M.M. CERD.	Nr	16. 1.19
5416	Spr	MacKenzie, W		19. 8.16
143	CSM	Mansfield, JW		13. 2.17
5417	Cpl	Marr, GW		28. 3.18
5415	LCpl	Marryatt, G	2 Fld. Coy	27. 7.16
196	2nd Cpl	Marsh, WF		21.10.18
5602	SM	Massey, GC	3 Div. Sig. Coy	21. 6.16
14999	A/Cpl	McDonald, KG	(Attd. 3 Bde. GA) 3. 9.19
67115	Cpl	McEachern, D		25. 8.17
501194	Spr	McGillivray, HD		13. 2.17
633580	Spr	McKinnon, LA	5 Div. Sig. Coy	11. 3.20
166944	Sjt	McLaren, SH	6 Bn	2.12.19
76165	Sjt	McLeod, D		20.10.16
501016	Sjt	Metcalfe, J	6 Bn	11. 3.20
504417	Spr	Milne, JW	(Attd 8th A Bde. CFA) 11. 3.20
2788	Cpl †	Mitchell, AW, D.C.M.	Bar 3. 9.18
606	Cpl	Morrison, AMcI	6 Fld. Coy	21. 6.16
504932	Sjt	Mortimer, HJ		21.10.18
505993	Spr	Mosdell, JL		26. 6.18
475468	Spr(A/2nd Cpl)	Mount, EF		15.11.18
45174	Cpl	Neales, WS	3 Bn	11. 3.20
5612	2nd Cpl	Norton, JF	4 Sect. 1 Div. Sig. Coy 11. 3.16
73546	Sjt	O'Brien, D		20.10.16
77936	Sjt	Oliver, GC		3. 3.17
12741	Cpl(A/Sjt)	Oliver, GJ, M.M.	1 Div. Sig. Coy (Attd. HQ) 2.12.19
5447	Cpl	Oxley, AC	2 Fld. Coy. 1 Div. 21. 6.16
45034	Cpl	Platts, C	3 Fld. Coy. 1st Div. 21. 6.16
502680	Sjt	Polkinghorne, CC		28. 3.18
501196	Sjt	Powell, A		17. 4.18
500572	Cpl	Pym, A	3 Bn	2.12.19
638	CSM	Rashley, EH		21.10.18
45192	Cpl	Reid, S		19. 8.16
501114	Sjt	Richardson, AW		13. 2.17
500710	Cpl	Russ, RC	4 Div Sig Coy	11. 3.20
541649	Spr(A/Cpl)	Rutherford, TW	HQ Sig Coy	11 3.20
20758	LCpl	Sheale, RG	1 Sig Coy	16. 1.15
357	SM (later 2Lt)	Shergold, C		17.12.14
500085	2 Cpl	Short, JH		13. 2.17
191	A/CSM	Simpson, W, M.M.	4 Bn	11. 3.20
270	Sjt	Simpson, WO		17. 4.18
15485	Sjt	Smith, H	5 Bn	11. 3.20
45210	RSM	Smylie, W	HQ 1 Bde	3. 9.19
109616	Sjt	Snelgar, EE	3 Div Sig Co (Attd 8 Inf Bde)	2.12.19
5749	Spr	Spencer, FT	2 Sect 1 Div Sig Co 11. 3.16
501320	Sjt	Steele, E		25. 8.17
500584	Sjt	Stock, F	3 Pontoon Bde T.U. 3. 9.19
443	Cpl(ASjt)	Tetu, S		6. 2.18
67570	Sjt	Toon, T		3. 3.17
5766	Sjt	Turner, FD		13. 2.17
45006	CSM(later Lt)	Turner, GR	3 Fld Coy	11. 3.16
45024	CSM	Ward, C		21.10.18
5767	CQMS	Waterfield, JG	1 Div Sig Coy	3. 9.19
19480	Cpl	Winters, J	Sig Trp. (Can Cav Bde) 3. 9.19
45226	Sjt	Woolley, TW		28. 3.18
216455	LCpl	Wyatt, JE	3 Bn	2.12.19

† D.C.M. with Lord Strathcona's Horse.

126 D.C.M.'s   2 Bars

CANADIAN PIONEERS

430565	CSM	Blitch, WJ		19. 8.16
166574	Cpl	Langford, AJ		9. 7.17
167058	Sjt	Larsen, LM		9. 7.17
430663	CSM	Lewis, WH		19. 8.16
166386	Sjt	McLellan, D		17. 4.18
431065	Pte	Wilby, L		18. 6.17

6 D.C.M.'s

CANADIAN MOUNTED RIFLES

106052	Cpl	Aird, JD		17. 4.18
106001	LSjt	Alexander, RE	1 Bn	5.12.18
135342	CSM	Angus, A	2 Bn	2.12.19
107065	Pte	Armit, TN		10. 1.17
107071	Sjt	Barber, F		13. 2.17
838884	Pte	Bell, GA	4 Bn	10. 1.20
748724	LCpl	Benham, C		4. 3.18
250812	Pte	Blackwell, AAJ	1 Bn	11. 3.20
748065	Cpl(A/Sjt)	Boy, P	5 Bn	10. 1.20
110053	Pte	Brayley, JE		19. 8.16
135250	Pte	Brooks, H	2 Bn	16. 1.19
108121	Sjt	Bulger, CE	1 Bn	10. 1.20
108122	Pte	Bulger, JF	1 Bn	16. 5.16
111070	Cpl	Cameron, JA		4. 3.18
150840	Sjt	Carlson, CG	1 Bn	25. 2.20
838036	Sjt	Carr, G	4 Bn	10. 1.20
110082	Sjt	Cass, LE	5 Bn	10. 1.20
636784	LCpl	Clarke, RJ		28. 3.18
110113	A/Sjt	Cruikshank, G		4. 3.18
216242	LCpl	Cruyenaere, J de	1 Bn	16. 1.19
106172	Sjt	Cryer, F	1 Bn	16. 1.19
424441	Sjt	Cumming, A	1 Bn	16. 1.19
291549	Pte	Cuthbert, C	1 Bn	11. 3.20
110134	Sjt	Dibblee, G		21.12.16
108190	CSM	Dick, JC, M.M.	2 Bn	16. 1.19
292005	LSjt	Diehl, F	1 Bn	16. 1.19
117232	Sjt	Duckworth, F	2 Bn	11. 3.20
636022	Pte	Foster, ST		21.10.18
552664	LSjt	Fyfe, EWR		26. 7.17
150929	LSjt	Gilbert, WA	1 Bn	3. 9.19
111195	A/RSM	Gill, G		19. 8.16
109359	CSM	Goodchild, WR	4 Bn	3. 9.19
109359	CSM	Goodchild, WR, D.C.M.	4 Bn Bar	25. 2.20
159688	Sjt(A/CSM)	Griffin, AE, M.M.		28. 3.18
111214	LSjt	Hanlen, WM	5 Bn	25. 2.20
220090	Pte	Hannah, JH		28. 3.18
445369	Pte(LCpl)	Hannigan, FJ	5 Bn	10. 1.20
109135	Sjt	Harding, L		28. 3.18
108277	LCpl	Hart, S	1 Bn	16. 1.19
109381	SM	Hawkey, AW		13. 2.17
107292	A/LCpl	Hayward, W		13. 2.17
648409	Pte	Heggart, HE, M.M.		15.11.18
109397	Pte	Hoag, CK		19. 8.16
158011	CSM(A/BSM)	Howard, GL		17. 4.18
110254	CSM	Hughes, F		19. 8.16

408569	Sjt	Hunter, JA		26. 6.18	441406	Sjt	Pilkington, W	2 Bn	2.12.19
835650	Pte	Huyck, D		28. 3.18	144214	Cpl	Post, JA		28. 3.18
					124244	Sjt	Powers, JC, M.M.	5 Bn	25. 2.20
424951	Pte	Irwin, R	1 Bn	16. 1.19	727009	Sjt	Price, GF		3. 9.18
108307	Pte	Jackson, J	1 Bn	10. 1.20	136581	A/CSM	Rae, J	1 Bn	10. 1.20
106314	Sjt	Jebson, H, M.M.	1 Bn	2.12.19	107521	Sjt	Rant, GT		25.11.16
108311	Pte	Joblin, R		21.12.16	110482	LCpl	Robertson, LA	5 Bn	21. 6.16
					106522	LCpl	Rogers, CE	1st Bn	* 30. 1.20
106328	Pte	Keith, SH		19. 8.16	117515	Sig Sjt	Rogers, P		21.10.18
					109073	Pte	Routledge, C		19. 8.16
838316	Sjt	Laycock, DW	4 Bn	11. 3.20					
109441	A/CSM	Layton, RL		25.11.16	109169	CSM	Sanders, RH		28. 3.18
458592	Pte	Le Marquand, S		4. 3.18	648801	Sjt	Seeley, PJ		28. 3.18
110329	Cpl	Loggie, WP		13. 2.17	838415	Pte	Sensabaugh, CO	4 Bn	25. 2.20
475137	Sjt	Lyons, FA		21.10.18	106546	Cpl	Shanks, G	1 Bn	2.12.19
					110510	Cpl	Shearer, JD		21.12.16
748236	A/Sjt	MacAuley, TG		4. 3.18	649352	Sjt	Skellern, E	4 Bn	10. 1.20
107409	Bn Scout Sjt	MacCoubrey, JL		17. 4.18	112297	Cpl(LSjt)	Spilsbury, JJ		28. 3.18
116031	Sjt	MacGregor, J		26. 7.17	228139	Pte	Sproat, E		3. 3.17
107425	LCpl	Manning, HC		10. 1.17	108548	Sjt	Squair, AF	1 Bn	11. 3.20
107437	Sjt	Marston, RS	2 Bn(Attd COR)	3. 9.19	117548	Cpl	Stark, AJ		28. 3.18
415964	A/Sjt	Mason, AA		26. 6.18	117553	Cpl	Stephenson, JW		21.12.16
110410	Sjt	McIntyre, M	5 Bn	16. 1.19	727522	Pte	Stewart, JW	4 Bn	10. 1.20
423374	CSM	McKenzie, D	2 Bn	16. 1.19	116045	Cpl	Swanby, AO		28. 3.18
151117	Sjt	McLean, WL		17. 4.18	116045	Sjt	Swanby, AO, D.C.M.	2 Bn	Bar 16. 1.19
415151	Pte	McNamara, G		26. 9.16					
111610	CSM	McQuarrie, R		26. 7.17	835512	Pte	Todd, W	4 Bn	16. 1.19
118088	CSM	McRae, K, M.M.	2 Bn	16. 1.19	161126	Cpl	Tomlinson, H	2 Bn	3. 9.19
114218	LCpl	Mead, WJ		17. 4.18	110553	Pte	Tuffery, GV		13. 2.17
109491	Sjt	Mitchell, JB	4 Bn	16. 1.19	408903	Sjt	Turner, P	4 Bn	11. 3.20
171658	Pte(LCpl)	Mitchell, WC	4 Bn	11. 3.20					
111331	Cpl(A/Sjt)	Moore, CG	5 Bn	16. 1.19	425449	LSjt	Wade, G	1 Bn	2.12.19
291427	Pte	Morgan, T		28. 3.18	21216	Pte	Walton, H		3. 3.17
					110563	Cpl	Walton, HB		19. 8.16
111392	Sjt	Nicholas, N		28. 3.18	107623	Sjt	Whitmore, HA		13. 2.17
458541	Pte	Nickle, A	5 Bn	10. 1.20	105744	CSM	Wightman, WG, M.M.	1 Bn	2.12.19
649121	Sjt	Nodwell, W		3. 9.18	187776	CSM	Williams, J	1 Bn	16. 1.19
214323	Sjt	Older, W		21.10.18	107607	Sjt	Wilson, JC	2 Bn	3. 9.19
					835313	Pte	Wilson, RW	4 Bn	10. 1.20
225623	Pte	Palmer, AC		3. 3.17	109694	LCpl	Woodrooff, EC		19. 8.16
180701	LSjt	Patterson, HM		28. 3.18	108608	Sjt	Wylie, IC		19. 8.16

116 D.C.M.'s   2 Bars

ROYAL CANADIAN REGT.

207767	Pte	Browne, CC		2.12.19	477746	LCpl	Prince, FA	11. 3.20
477230	Pte	Dawson, J		14.11.16	477770	A/LCpl	Reynolds, C	20.10.16
207116	Sjt	Dunbar, D		21.10.18	477782	CSM	Roberts, RJ	13. 2.17
261704	Pte	Englebretsen, E		2.12.19	477797	Sjt	Ross, EM, M.M.	16. 1.19
477307	Pte	Flansberg, S	(Attd 4 CMR)	21. 6.16	477830	Sjt	Shaw, N	2.12.19
477317	CSM	Foy, J		3. 9.19	2617004	Pte	Spicer, EC	16. 1.19
477411	Pte	Hoban, J		16. 1.19	460196	Pte †	Thompson, P, D.C.M., M.M. Bar	25. 2.20
733058	Pte	Lyman, W, M.M.		16. 1.19	83164	Sjt	Watson, E	16. 1.19
					478560	Pte	Watson, G	3. 3.17
514400	Cpl	Nougaret, E		25. 2.20	478021	Cpl	Wise, C	11. 3.20

† D.C.M. with Can. Inf.

18 D.C.M.'s   1 Bar

PRINCESS PATRICIA'S CANADIAN LIGHT INFANTRY

475781	Sjt	Bonar, AA, M.M.	2.12.19	618	CSM	Gillingham, F		13. 2.17
1247	LSjt	Bowler, E	11. 3.16	1182	Pte	Hacking, S		3. 6.15
1346	Pte	Bronquest, G	11. 3.16					
51068	Pte	Bushby, EJ	5. 8.15	1593	Pte	Inkster, G		5. 8.15
1576	LCpl	Christie, JM	11. 3.16	1199	Sjt	Jordan, W		5. 8.15
663272	Pte	Cooney, JJ	2.12.19	74	Sjt	Larkin, FW		11. 3.16
A 11128	Pte	Craig, HA	24. 6.16					
				860	Sjt	Macdonald, J		6. 9.15
475852	LCpl	French, WE	14.11.16	650	CQMS	McDonell, GL		11. 3.16

1158	Sjt	McKenzie, H		11. 3.16	246691	Pte	Randall, J		25. 2.20
445387	Sjt	McKiel, GM		16. 1.19	1296	Pte	Robertson, JM		3. 6.15
677	Cpl	Miller, W		2.12.19	23308	CQMS	Rowley, G		11. 3.20
A/11085	LCpl(A/Cpl)	Neatby, AF		14.11.16	487282	Sjt	Schell, MD		16. 1.19
172	Pte	Nourse, CB		1. 4.15	640	Sjt	Scott, L		5. 8.15
1684	Sjt	Novis, C		21.10.18	1042233	Sjt	Shields, TT		16. 1.19
					792	CSM	Spurgeon, C		3. 9.19
1503	Sjt	Paterson, SV		3. 6.15	254	LSjt	Stanborough, W		14.11.16
1116	CSM(later Lt)	Peacock, C		16. 1.19	1298	Cpl	Stevens, B		5. 8.15
51383	LCpl	Pearson, AG		11. 3.16					
447187	Sjt	Pringle, GI		2.12.19	242	Cpl	Wolstenholme, JL		3. 6.15

35 D.C.M.'s

CANADIAN INFANTRY

841430	Pte	Abbey, AE		26. 7.17	147451	Pte	Belasko, J		15.11.18
24086	Pte	Ableson, F	13 Bn	11. 3.16	27439	Sjt	Bell, DG		9. 7.17
455489	Sjt(A/CSM)	Abraham, EG, M.M.	4 Bn	2.12.19	27439	Sjt	Bell, DG, D.C.M.		Bar 26. 7.17
418451	CSM	Ackerley, P		28. 3.18	161077	Sjt	Bell, G	31 Bn	25. 2.20
65004	CSM	Adam, H		17. 4.18	27666	Sjt	Bell, WR		15.11.18
10094	Sjt(A/CSM)	Adams, JR	3 Bn	2.12.19	449278	Sjt	Bellanger, E		15.11.18
222722	CQMS(A/CSM)	Adams, TG	85 Bn	2.12.19	429104	LCpl	Benham, BH	7 Bn	11. 3.20
748082	Cpl(A/Sjt)	Adams, WP, M.M.	14 Bn	16. 1.19	63146	Cpl(A/Sjt)	Bennett, WJ		13. 2.17
9067	A/Sjt	Adamson, SL	3 Bn	30. 6.15	249917	Pte	Benning, L	116 Bn	2.12.19
799372	Cpl(A/Sjt)	Alexander, R	15 Bn	16. 1.19	62245	Sjt	Benoit, P		15.11.18
54273	CSM	Allan, C		15.11.18	422919	Sjt	Benson, R		15.11.18
19616	LCpl	Allan, GW	10 Bn	30. 6.15	420375	Sjt	Bent, CA, M.M.	16 Bn	16. 1.19
123708	CQMS	Allday, RC		6. 2.18	100337	CSM	Bentley, TJ	49 Bn	16. 1.19
703661	Sjt(A/CSM)	Alway, H	102 Bn	16. 1.19	10718	CSM	Benton, B	4 Bn	22. 1.16
124496	Sjt	Anderson, AA		28. 3.18	105925	CSM	Bernhardt, C	52 Bn(later M.R.D.)	11.3.20
466334	Sjt	Anderson, CT		15.11.18	77848	Pte	Berry, J	7 Bn	22. 1.16
2138910	Pte(LCpl)	Anderson, DM	43 Bn	2.12.19	448258	Sjt	Bertrand, E	22 Bn	11. 3.20
433064	Sjt	Anderson, IW		28. 3.18	24574	Sjt	Bigland, RC		15.11.18
81016	A/L/Sjt	Anderson, TW		19. 8.16	424315	Pte	Biles, FG		6. 2.18
153349	CSM	Anderson, W, M.M.	43 Bn	3. 9.19	788632	Cpl	Billings, J	38 Bn	2.12.19
81019	CSM	Andrew, A		6. 2.18	472783	LCpl	Bint, BA	46 Bn	* 10. 6.20
443581	Sjt	Andrews, GB, M.M.	2 Bn	16. 1.19	57067	LCpl	Bircham, W		13. 2.17
877691	Cpl	Andrews, J	25 Bn	11. 3.20	426047	Cpl	Bird, J	46 Bn	3. 9.19
74091	Pte	Andrews, JC	28 Bn	15. 3.16	22846	Pte	Birdseye, RW	2 Bn	30. 6.15
153712	Pte	Andrews, TR	43 Bn	2.12.19	602188	LSjt	Bish, W		6. 2.18
907929	Pte	Angus, AB		6. 2.18	75762	Sjt	Bishop, J		6. 2.18
10620	Pte	Armes, F	4 Bn	21. 6.16	401723	Cpl	Bishop, ML, M.M.	58 Bn	16. 1.19
412175	Pte	Armitage, AW		6. 2.18	406247	LSjt	Blackburn, A, M.M.	18 Bn	16. 1.19
75155	Cpl	Armstrong, A, M.M.		15.11.18	13454	CSM	Blair, R		17. 4.18
654780	Sjt	Armstrong, LW	58 Bn	3. 9.19	74310	Sjt	Blake, G		21.10.18
16858	Sjt	Ashby, H	7 Bn	22. 1.16	2134915	Pte	Blakeman, C	14 Bn	2.12.19
57572	Sjt	Ashman, GP, M.M.	20 Bn	25. 2.20	18155	CSM	Blanchard, GP		9. 7.17
669007	Sjt	Askew, J	75 Bn	3. 9.19	400544	Cpl	Bland, O, M.M.	1 Bn	16. 1.19
2448321	Pte	Asteriades, J		15.11.18	670043	Cpl	Blanton, T	75 Bn	11. 3.20
71451	CSM	Atkinson, CB		28. 3.18	3030643	Pte	Bloor, R	50 Bn	2.12.19
105325	Pte	Avicolle, W	52 Bn	10. 1.20	186513	Pte	Blowers, LJC		26. 7.17
80004	Sjt	Avison, DJ	31 Bn	3. 9.19	19491	Pte	Bloxham, CH	10 Bn	30. 6.15
785124	Pte	Ayers, W		15.11.18	24029	Trans Sjt	Blyth, W		13. 2.17
785124	Pte	Ayers, W, D.C.M.	3 Bn	Bar 10. 1.20	439738	Pte	Blyth, WR, M.M.		30.10.18
					829905	Sjt	Boggiss, AE, M.M.	44 Bn	25. 2.20
16395	LCpl	Babcock, EL	7 Bn	22. 1.16	75763	Sjt	Bogichevich, V, M.M.		3.10.18
413106	A/Sjt	Babcock, JR		16. 8.17	72176	Pte	Bonner, AV	27 Bn	11. 3.16
457392	CSM	Bailie, A		21.10.18	223391	CSM	Bonner, FJ		17. 4.18
678229	CSM	Baillie, AC	116 Bn	16. 1.19	25546	RSM	Bonshor, WA	14 Bn	11. 3.16
700797	Cpl	Baillie, FJ		26. 1.18	441014	Sjt	Bossenberry, AJ, M.M.	5 Bn	16. 1.19
438120	Cpl(A/Sjt)	Baird, A, M.M.	8 Bn	2.12.19	439332	Sjt	Bouchard, L	52 Bn	3. 9.19
1641	CSM	Baker, C		17. 4.18	61803	Sjt	Boucher, A, M.M.	22 Bn	16. 1.19
20743	Cpl	Baker, WH	9 Bn(form. 10Bn)	11. 3.16	67853	Sjt	Boudreau, W, M.M.	25 Bn	16. 1.19
886074	LCpl	Baldwin, IH		3. 9.18	472062	Sjt	Bourton, D		1. 5.18
775962	Pte	Bandy, AR		28. 3.18	415212	Pte	Boutilier, J		6. 2.18
433070	CQMS	Barbour, DA, M.M.	49 Bn	2.12.19	24107	Cpl	Bowman, P		15.11.18
A/34076	Sjt	Barlow, AJ, M.M.	10 Bn	11. 3.20	1031056	Pte	Bowren, JA	72 Bn	2.12.19
282782	Cpl	Barnaby, HR		15.11.18	1211	Sjt	Boyce, HG		19. 8.16
460465	Cpl	Barnes, CG		28. 3.18	904598	Pte	Boyd, JH	5 Bn	2.12.19
724051	Sjt	Barr, RP		17. 9.17	808389	Col Sjt(CQMS)	Boyd, JW, M.M.	50 Bn	2.12.19
18839	LCpl	Barrett, EA	4 Bn	11. 3.16	219807	Cpl	Bradley, CC	7 Bn	16. 1.19
748287	Sjt	Barron, T		15.11.18	57765	CSM	Bradley, FJ		26. 7.17
461330	Sjt	Bassey, WJ		17. 4.18	65106	Sjt	Bradley, GL		15.11.18
847085	Sjt	Bastien, A		15.11.18	8184	CSM	Bradley, JH		28. 3.18
22844	Pte	**Batchelor**, CW	2 Bn	30. 6.15	466843	Cpl	Bradley, TW	10 Bn	2.12.19
663138	Pte	Battison, FW	116 Bn	16. 1.19	67751	CSM	Bragg, C		6. 2.18
418710	Sjt	Bealer, HVA		13. 2.17	217119	Sjt	Brain, DM		28. 3.18
234288	CSM	Beatty, DJF		28. 3.18	73228	LSjt	Branch, JH	28 Bn	2.12.19
820565	Pte	Beauregard, G	52 Bn	10. 1.20	409754	Sjt	Brand, G	27 Bn	11. 3.20
466627	Pte	Beggs, WH		28. 3.18	26166	Sjt	Brayton, B		19. 8.16

CANADIAN INFANTRY

Number	Rank	Name	Unit	Date
426346	A/CSM	Bretherton, N, M.M.	46 Bn	25. 2.20
219019	Pte	Brethour, JR	44 Bn(Attd 10 Bde)	25.2.20
703567	Sjt	Brewer, CV, M.M.		3. 9.18
769576	Sjt	Brookbank, LG	18 Bn	16. 1.19
406865	A/CSM	Brookes, A		13. 2.17
81103	Cpl	Brookes, WR	9 Bn(form 10 Bn)	11. 3.16
500177	Pte	Brooks, HL		26. 7.17
681342	LSjt	Brown, CSB	58 Bn	16. 1.19
781761	LCpl	Brown, FA		6. 2.18
18921	Cpl	Brown, G	4 Bn	2.12.19
703085	Sjt	Brown, MM		25.11.16
116199	Cpl	Brown, RC		26. 1.18
475026	Pte	Brown, WJ		19. 8.16
77355	Pte	Brown, WM		13. 2.17
129435	Sjt	Brown, WR		17. 9.17
18475	Sjt	Bruce, S		28. 3.18
9648	Pte	Bruno, J	3 Bn	11. 3.16
61193	Sjt	Brusselmans, C		26. 1.18
652250	Pte	Bucheven, J		15.11.18
823713	Sjt	Bucklee, WJ		15.11.18
22555	Sjt	Budd, A	10 Bn	15. 3.16
69064	SM	Buddell, WH		13. 2.17
430759	LCpl	Buddry, F		19. 8.16
887010	Pte	Buick, J McD		6. 2.18
781318	Pte	Bull, HC		6. 2.18
24576	CSM	Bullock, CA		14.11.18
418658	Cpl(A/Sjt)	Bullock, J		17. 4.18
74034	LSjt	Burd, W	28 Bn	15. 3.16
53659	Pte	Burgess, RH		14.11.16
919934	Sjt	Burke, F, M.M.	14 Bn	2.12.19
183650	Sjt	Burleigh, JH	1 Bn	16. 1.19
466968	Pte	Burnell, AW	10 Bn	2.12.19
8641	Sjt	Burns, G		14.11.16
57044	Sjt	Burns, J		17. 4.18
201129	Pte	Burton, AJ	3 Bn	16. 1.19
464570	CSM	Burton, CB	47 Bn	2.12.19
754070	Cpl	Bussineau, JJ		28. 3.18
47323	BSM	Butler, F		21.10.18
47323	RSM	Butler, F, D.C.M.	13 Bn Bar	2.12.19
58163	Cpl(A/Sjt)	Butler, H	116 Bn	2.12.19
404288	Pte	Butterfield, GL		6. 2.18
404288	Sjt	Butterfield, GL, D.C.M., M.M.	15 Bn Bar	2.12.19
409318	Sjt	Byce, HC	14 Bn	16. 1.19
877521	Pte	Cahill, S	85 Bn	10. 1.20
472168	Pte	Cairns, H		25. 8.17
57119	CSM	Calder, D		28. 3.18
628453	RSM	Calder, J	47 Bn	11. 3.20
27155	Sjt	Calder, JM	15 Bn	30. 6.15
54011	CQMS	Callander, D	18 Bn	3. 9.19
432975	A/CSM	Cameron, C	49 Bn	11. 3.20
74055	Sjt	Cameron, J	28 Bn	21. 6.16
19113	Sjt	Caminer, H		26. 7.17
427537	Cpl	Camm, F		15.11.18
129676	LCpl	Campbell, DRA		11. 5.17
420504	Sjt	Campbell, J		15.11.18
1015346	Sjt	Campbell, KA, M.M.	72 Bn	10. 1.20
446923	CQMS	Campbell, T	31 Bn	11. 3.20
432632	Sjt	Cantin, AH, M.M.	49 Bn	16. 1.19
101500	Pte	Capeo, DA	49 Bn	16. 1.19
246768	Pte	Carl, KJ	2 Bn	11. 3.20
16411	LCpl	Carlisle, J	7 Bn	16. 5.16
460539	Sjt	Carmichael, A		28. 3.18
65159	Sjt	Carpenter, SH		6. 2.18
410002	RSM	Carroll, T	38 Bn	3. 9.19
14506	CSM	Carter, HT		17. 4.18
1000191	LSjt	Case, WJ, M.M.	27 Bn	2.12.19
61095	A/Cpl	Casgrain, JR		14.11.16
414154	Sjt	Cassidy, H	25 Bn	5.12.18
420035	Cpl	Catchpole, CH		18. 7.17
234115	LCpl	Cawston, CL		26. 6.18
439382	Sjt	Caza, FA		28. 3.18
61657	RQMS	Champagne, A		21.10.18
696292	Sjt	Chapman, T	50 Bn	2.12.19
748421	Sjt	Chatwin, AE, M.M.		3. 9.18
A/11013	Sjt	Christie, HF		28. 3.18
428143	Sjt	Clague, JM	52 Bn	16. 1.19
1220	Pte †	Clark, GF	8 Bn	11. 3.16
883688	Pte	Clark, R	10 Bn	16. 1.19
760897	LCpl	Clarke, CM, M.M.	38 Bn	16. 1.19
883634	Cpl	Clarke, EJ		28. 3.18
26680	Sjt(A/CSM)	Close, A		25.11.16
A 26646	LCpl(A/Capt)	Coates, R		18. 7.17
55806	LCpl	Cole, SF		14.11.16
A/40677	Pte	Coles, RA	5 Bn	22. 1.16
401425	Pte	Collins, JP	10 Bn	2.12.19
69119	A/Sjt	Collins, WM	26 Bn	2.12.19
261581	Pte	Collver, CA		26. 7.17
238	Pte	Combe, CV	8 Bn	* 30. 1.20
69140	Cpl	Comeau, E		28. 3.18
73741	Pte	Compton, HB	28 Bn	29.11.15
700317	Pte	Congdon, GH		17. 9.17
150052	Sjt	Conly, A	15 Bn	11. 3.20
457326	CQMS	Connor, J	87 Bn	11. 3.20
123457	Sjt	Connoy, JW		6. 2.18
703323	Pte	Cook, EV		30.10.18
700792	Sjt	Cooke, AW, M.M.		3. 9.18
57351	Sjt	Coombe, P		6. 2.18
22985	A/Cpl	Cooper, W		15.11.18
24118	Sjt	Cooper, WA		9. 7.17
458356	CSM	Cope, G		13. 2.17
491153	Sjt	Copland, J		15.11.18
13091	Sjt(A/CSM)	Copus, CW	102 Bn	2.12.19
45258	Pte	Cormack, FW		28. 3.18
62176	Sjt	Corneloup, C, M.M.		15.11.18
424491	Pte	Cottrell, H	Attd Can TMB	26. 5.17
21321	Sjt(A/CSM)	Coulton, G		28. 3.18
13357	Pte	Cowell, JD	5 Bn	30. 6.15
25819	Sjt	Cowen, E	14 Bn	11. 3.16
21452	Pte	Cox, FS	10 Bn	15. 3.16
213413	Pte	Cracknell, CJ		6. 2.18
799377	A/Sjt	Craig, A		15.11.18
645117	Pte	Craig, BC	29 Bn	2.12.19
129440	Pte	Crocker, DG	72 Bn	16. 1.19
23117	Sjt	Crockett, PH		14.11.16
65228	CSM	Croll, GW	24 Bn	11. 3.20
772111	Sjt	Crouch, WG		26. 7.17
467497	Sjt	Cruickshank, DL	8 Bn	11. 3.20
432994	A/Cpl	Cruickshank, R		19. 8.16
763155	Sjt	Cudmore, JD	116 Bn	10. 1.20
106173	Sjt	Cuff, LA	(MGC)	19. 8.16
426320	LCpl	Culgin, A	10 Bn	16. 1.19
198251	Sjt	Cunningham, G	85 Bn	11. 3.20
53646	Sjt	Cunningham, R	18 Bn	27. 7.16
16297	Cpl	Curry, AK	7 Bn	22. 1.16
264309	Sjt	Curtis, E, M.M.	116 Bn	11. 3.20
213088	Pte	Curtis, N, M.M.	10 Bn	10. 1.20
434014	RSM	Dalrymple, R		17. 4.18
79230	Sjt	Dalziel, W	31 Bn	27. 7.16
46799	Pte	Danson, H	13 Bn	30. 6.15
227697	LCpl	Davidson, JO, M.M.	29 Bn	2.12.19
79390	Pte	Davies, AB		9. 7.17
67080	Sjt	Davies, J, M.M.	25 Bn	16. 1.19
418784	CSM	Davies, JL, M.M.	42 Bn	3. 9.19
808870	Pte	Davis, C	50 Bn	10. 1.20
46830	Sjt	Davis, H, M.M.		15.11.18
427990	Sjt	Davis, WG	58 Bn	10. 1.20
77919	A/CSM	Dawson, CF		13. 2.17
178196	Cpl	Dawson, H		25.11.16
418016	CSM	Dawson, J		19. 8.16
61931	Pte	Deblois, A	22 Bn	11. 3.16
709761	Pte	De Bow, GP		26. 1.18
432940	Sjt	Dempsey, M		21.10.18
29167	Sjt	Denholm, A	16 Bn	11. 3.16
7953	LCpl	Denman, O	2 Bn	21. 6.16
441410	Sjt	Denmark, DE		3. 9.18
628057	Cpl	Desilets, E	16 Bn	16. 1.19
55821	CSM	Dewar, H, M.M.		15.11.18
24826	Cpl(LSjt)	Dickie, JG	13 Bn	16. 1.19
814453	Cpl	Disley, J		15.11.18
435841	LSjt	Dixon, AB		15.11.18
102870	Sjt	Dobbie, JW	54 Bn	3. 9.19
81223	CSM	Dobie, MJ		25.11.16
127020	Pte	Dolson, CE		25.11.16
10535	Pte	Donaghue, J	4 Bn	22. 1.16
104025	Sjt	Donaldson, JS, M.M.		15.11.18
629508	Sjt	Dondale, SA	47 Bn	10. 1.20
65276	Sjt	Donohoe, J		14.11.16
65277	QMS	Donovan, J		13. 2.17
193462	Sjt	Doolittle, C		15.11.18
58211	Sjt	Dooner, J	20 Bn	2.12.19
761213	Pte	Dorais, CS		28. 3.18
404579	LSjt	Dormer, J		15.11.18
28874	Sjt	Dougall, J	16 Bn	30. 6.15
28534	Sjt	Douglas, F		21.10.18
288638	Pte	Dowsett, DC	27 Bn	16. 1.19
451212	Sjt(A/CSM)	Drake, A	58 Bn	2.12.19
25707	Pte	Drake, RH	14 Bn	3. 6.15
675739	Sjt	Draper, EH	21 Bn	16. 1.19
463259	Sjt	Draper, W		15.11.18

CANADIAN INFANTRY — Section 9.3

Number	Rank	Name	Unit	Date
1054075	Sjt	Driscoll, J, M.M.	14 Bn	2.12.19
16420	Sjt	Dryden, WH	7 Bn	30. 6.15
803009	LSjt	Dugan, JI		26. 1.18
416275	LCpl	Dumaresq, J		26. 1.18
28018	Sjt	Dunbar, AP	15 Bn	* 30. 1.20
26032	Pte	Duncan, WR		9. 8.16
75552	Sjt	Dungan, J	29 Bn	21. 6.16
883098	Sjt	Dunlop, VR	50 Bn	11. 3.20
57761	CSM	Dunn, HH	20 Bn	16. 1.19
931268	CSM	Dunn, J	102 Bn	16. 1.19
757048	Cpl(A/Sjt)	Dunning, R		30.10.18
442644	Sjt	Dunseath, TA		17. 4.18
438798	Pte	Dupuis, C	52 Bn	11. 3.20
700345	Sjt	Durnan, D	43 Bn	2.12.19
412363	A/CSM	Durran, GW		17. 4.18
55414	CSM	Dyball, WT		15.11.18
153382	Sjt	Dye, J, M.M.	43 Bn	10. 1.20
445	A/Sjt	Dyer, RC, M.M.	8 Bn	NR 16. 1.19
441377	Pte	Earl, F		3. 9.18
252922	Pte	Earley, H		4. 3.18
9902	Pte	Eastman, GL	3 Bn	22. 1.16
219559	Pte	Eastwood, SG		3. 9.18
57821	Sjt	Edie, CA		6. 2.18
27062	Sjt(A/CSM)	Edmondson, J	15 Bn	11. 3.20
129326	Sjt	Edmondson, JH		17. 4.17
A 40275	Cpl	Edmunds, RA		19. 8.16
880095	Sjt	Edwards, CWR	1 Bn	11. 3.20
902388	Cpl	Edwards, SB	13 Bn	16. 1.19
127347	Pte	Eidt, EG	(Attd TMB)	17. 4.17
135134	Sjt	Eldridge, WG		6. 2.18
748956	Pte	Elliott, CA		15.11.18
432851	A/CSM	Ellis, MG		19. 8.16
231029	Cpl	Ellis, H		15.11.18
436760	Cpl	Emes, E		6. 2.18
471162	RSM	Endall, H, M.M.	26 Bn	3. 9.19
678309	Sjt(CSM)	Enright, CJ, M.M.		3. 9.18
16422	Sjt	Ensor, E		17. 4.18
796004	Pte	Erskine, JG, M.M.	14 Bn	16. 1.19
24902	CSM	Evans, E		17. 4.18
790909	Sjt	Evelyn, RG, M.M.		15.11.18
748175	Sjt(A/CSM)	Fairbairn, G	14 Bn	16. 1.19
781086	Pte	Faithful, W	46 Bn	2.12.19
75574	Cpl	Falconer, J		1. 5.18
136335	CSM	Farnell, W		28. 3.18
453028	RSM	Farr, J		21.10.18
61827	Sjt	Feeney, J		25.11.16
183223	Pte	Ferguson, J		28. 3.18
234319	Pte	Ferguson, WC		21.10.18
405261	Sjt	Fenton, RW		28. 3.18
1093048	Pte	Fenwick, AR		15.11.18
426222	Pte	Fenwick, McL	10 Bn	16. 1.19
47350	Cpl(LSjt)	Fernie, A	13 Bn	16. 1.19
859482	Sjt	Ferrier, CF	43 Bn	10. 1.20
642813	LCpl	Ferris, DE	4 Bn	16. 1.19
625004	Pte	Fidgett, TD		6. 2.18
678819	Sjt	Field, EJ		17. 4.18
141906	LSjt(A/Sjt)	Filgiano, CG, M.M.	1 Bn	16. 1.19
141906	Sjt	Filgiano, CG, D.C.M., M.M.	1 Bn Bar	2.12.19
466433	Cpl	Findlater, S		26. 1.18
65328	Sjt	Findley, A, M.M.		21.10.18
440702	Sjt	Fisher, J		6. 2.18
132031	CSM	Fitzgerald, W		16. 8.17
29566	SM	Fitzgerald, W		13. 2.17
8397	CSM	Flinter, PS	12 Bn (form 2 Bn)	11. 3.16
A/22612	Sjt(A/CSM)	Flood, MT	8 Bn	16. 1.19
252443	Pte	Flynn, T	10 Bn	16. 1.19
69275	Sjt	Foley, GC		18. 7.17
26546	Sjt	Foley, J, M.M.	14 Bn	2.12.19
26546	Sjt	Foley, J, D.C.M., M.M.	14 Bn Bar	2.12.19
859173	Sjt	Folster, CA, M.M.	44 Bn	25. 2.20
19605	Sjt	Forbes, D		6. 2.18
724247	LCpl	Forman, J, M.M.	38 Bn	16. 1.19
724247	LCpl	Forman, J, D.C.M., M.M.	38 Bn Bar	10. 1.20
183033	LCpl	Fortune, JS	7 Bn	2.12.19
736580	Sjt	Foster, JW		15.11.18
733738	Sjt	Fowler, S	25 Bn	3. 9.19
24248	Sjt	Fox, H	13 Bn	11. 3.20
624951	Pte	Fox, JE	50 Bn	2.12.19
415833	Sjt	Fox, L		21.10.18
198145	Pte	France, D		3. 9.18
418652	Cpl	Franklin, GJ	42 Bn	16. 1.19
24251	Sjt	Fraser, FT		14.11.16
27629	CSM	Fraser, WG	15 Bn	21. 6.16
9853	CSM	Freemantle, AHO	3 Bn	* 30. 1.20
875201	Pte	French, GG		28. 3.18
74039	Pte	Frost, FG		14.11.16
138574	Sjt	Fudge, TE		15.11.18
727581	Sjt	Fulcher, CM, M.M.	58 Bn	16. 1.19
7963	Pte	Furber, A	2 Bn	27. 7.16
448097	Pte	Gallagher, T		28. 3.18
192677	Cpl	Gallier, ARJ	15 Bn	11. 3.20
727269	Pte	Game, WEG		28. 3.18
10548	Sjt	Gardner, G	4 Bn	3. 9.19
18500	CQMS	Gardner, WD		19. 8.16
675360	Sjt	Garlick, DF	21 Bn	16. 1.19
81299	Sjt	Garratt, WJ, M.M.		15.11.18
21303	CQMS	Garrison, WR		21.10.18
226478	Pte	Gaudette, AJ	102 Bn (B.C.Rgt)	11. 3.20
469861	A/CQMS	Gauld, WF, M.M.		15.11.18
61580	SM	Gauthier, O		14.11.16
11355	Sjt	Gaydon, JH	4 Bn	11. 3.20
264550	Pte(A/Cpl)	Geddes, J	1 Bn	16. 1.19
75355	Cpl	George, EW, M.M.	29 Bn	3. 9.19
166770	Sjt	Gerring, WJ		13. 2.17
A/20479	CSM	Gibb, J		26. 6.18
781338	A/CQMS	Gibbons, FD	46 Bn	2.12.19
781338	CSM	Gibbons, FD, D.C.M.	46 Bn Bar	25. 2.20
743215	Pte	Gibbons, WH	26 Bn	5.12.18
628954	Cpl	Gibson, C, M.M.		28. 3.18
859703	Pte	Gibson, C	43 Bn	16. 1.19
69319	Sjt(A/CSM)	Gilbert, JF, M.M.		15.11.18
657512	Cpl	Gilbert, TD		15.11.18
446160	Sjt	Giles, G		28. 3.18
420053	LCpl	Giles, J		9. 7.17
69369	Sjt	Gilker, CJ	26 Bn	5.12.18
429029	Sjt	Gillis, M	7 Bn	11. 3.20
6920	Pte	Gledhill, E	1 Bn	6. 9.15
27634	A/CSM	Gledhill, F		13. 2.17
258709	Pte	Glidden, S		3. 9.18
436663	Pte	Gogswell, E		19. 8.16
9273	SM (later Lt)	Good, HC		13. 2.17
623095	Sjt	Goodall, TG		16. 8.17
27419	CSM	Goodfellow, A	15 Bn	11. 3.16
63969	Pte	Gough, W		25.11.16
63969	Pte	Gough, W, D.C.M.	Bar	15.11.18
678325	CQMS	Gower, FG	116 Bn	11. 3.20
687430	Pte	Graham, CC	72 Bn	2.12.19
400570	Cpl	Graham, D	18 Bn	16. 1.19
252076	Pte	Graham, LJ		26. 6.18
799103	Pte	Grayson, PST	19 Bn	25. 2.20
419040	Sjt	Greaves, E		25. 8.17
412741	CSM	Green, C	18 Bn	16. 1.19
25792	CSM(A/SM)	Green, JW		19. 8.16
77206	Pte	Green, VA		6. 2.18
220095	Cpl	Greenham, S	75 Bn	10. 1.20
434249	Cpl	Greenwood, TC, M.M.		15.11.18
412340	RQMS	Greer, E	1 Bn	3. 9.19
71478	Sjt	Griffin, FA, M.M.		30.10.18
29327	Sjt	Groat, J, M.M.	16 Bn	16. 1.19
919393	Pte	Grogg, CH		15.11.18
252072	Cpl	Grover, GS	10 Bn	2.12.19
745659	Pte	Gulliver, JH		17. 4.18
79399	A/CSM	Gunning, AJ, M.M.		30.10.18
434772	Pte	Gwynn, R		14.11.16
706387	Pte	Hagman, JG		1. 5.18
72037	Sjt	Haines, FW	27 Bn	27. 7.16
72037	Sjt	Haines, FW, D.C.M.	Bar	14.11.16
622548	Cpl	Hainstock, JA		28. 3.18
24199	CSM	Hall, CFE	13 Bn	21. 6.16
130214	LCpl	Hall, TK		26. 4.17
9454	Sjt	Hall, WT	3 Bn	16. 1.19
72038	Cpl	Hancock, AP		14.11.16
25908	CSM	Handcock, A	14 Bn	21. 6.16
743100	Sjt	Handren, RW	24 Bn	5.12.18
410346	CSM	Handyside, H, M.M.		28. 3.18
9632	Pte	Hanna, NW		13. 2.17
132812	Sjt	Hannaford, W		11. 5.17
103306	Sjt(A/CSM)	Harlan, L, M.M.	54 Bn	16. 1.19
174582	Sjt	Harley, C		15.11.18
811729	Sjt	Harper, RL		3. 9.18
401209	Sjt	Harris, W	49 Bn	2.12.19
76317	Pte	Harris, WB	29 Bn	11. 3.16
432957	?	Harrison, JD		28. 3.18
461343	Pte	Harrison, JF		26. 7.17
696120	Pte	Harrop, RA		15.11.18
922443	Pte	Harry, De-W L	27 Bn	2.12.19

CANADIAN INFANTRY

Number	Rank	Name	Unit	Date
201392	CSM(A/RSM)	Hart, TW	1 Bn	16. 1.19
10538	L/Sjt	Hart, WE	4 Bn	6. 9.15
9456	A/CSM	Harvey, EC		19. 8.16
709544	Pte	Hawkes, JA	26 Bn	2.12.19
687179	Pte	Hawkes, T		6. 2.18
144589	Pte	Hay, AJ		16. 8.17
601	Col Sjt	Hay, J	8 Bn	6. 9.15
153195	CQMS	Hay, R, M.M.	43 Bn	2.12.19
124497	Cpl	Haycock, J	58 Bn	16. 1.19
12936	CSM(A/RSM)	Haydon, EW		13. 2.17
16225	Pte	Hays, GD		30.10.18
20632	LCpl	Hayter, AW		19. 8.16
811917	Pte	Haythornthwaite, TE	49 Bn	16. 1.19
760755	Sjt(A/CSM)	Hearnden, GP	102 Bn	3. 9.19
690786	Pte	Hearns, AB	116 Bn	16. 1.19
57552	CSM	Heather, CL		14.11.16
183858	Pte	Hedquist, K		6. 2.18
700188	Cpl	Hemstock, G		26. 6.18
644775	Sjt	Henderson, CA	1 Bn	2.12.19
47868	Pte	Henderson, JC		19. 8.16
433043	Sjt	Henderson, R, M.M.	49 Bn	16. 1.19
1000048	Sjt	Henderson, RHS	27 Bn	11. 3.20
184161	Pte	Henry, H		18. 7.17
81375	A/Sjt	Hepburn, WJL		6. 2.18
12605	Pte	Hester, EH	5 Bn	6. 9.15
7980	Pte	Highstone, AS	2 Bn	30. 6.15
53	Sjt	Hill, A		19. 8.16
754398	Cpl	Hill, D	52 Bn	2.12.19
797119	Pte(A/LCpl)	Hill, WG		15.11.18
229295	Sjt	Hilliard, GF		15.11.18
746289	A/CSM	Hindle, FH	116 Bn	10. 1.20
267128	Pte	Hoadley, A		28. 3.18
63983	Cpl	Hobday, SG	3 Bn	6. 9.15
418363	Sjt	Hodge, AJ, M.M.	42 Bn	2.12.19
37456	CSM	Hoey, W	2 Bn	27. 7.16
703901	Sjt	Holbrook, EW		10. 1.17
461229	L/Cpl	Holden, J (Jnr)		28. 3.18
742204	CSM	Holder, GGK, M.M.		15.11.18
23348	Sjt	Holland, J	7 Bn	11. 3.16
745086	Cpl(A/Sjt)	Hollidge, R, M.M.		15.11.18
75059	Cpl	Holloway, J		14.11.16
210412	LSjt	Holmes, C, M.M.	2 Bn	2.12.19
675524	Sjt	Holmes, JW	21 Bn	2.12.19
2035154	Pte	Holmes, R	7 Bn	2.12.19
183761	Pte	Holmes, WJ	10 Bn	16. 1.19
602174	Pte	Honey, SL		16. 8.17
75611	Sjt	Honeyman, DR		21.10.18
A 24155	Pte	Hood, JG	3 Bn (form 5 Bn) (Attd Wireless Sect)	27. 7.16
426202	Sjt	Hopkins, HW		21.10.18
414908	Pte	Hopton, C		15.11.18
160144	Sjt	Horwell, H	31 Bn	11. 3.20
268115	LCpl	Hourie, J	28 Bn	2.12.19
75240	LCpl	Hourston, AJ	29 Bn	11. 3.16
228040	LSjt	Houston, FCA		26. 1.18
216293	RSM	Howard, W	78 Bn	2.12.19
790448	Cpl	Howe, GN	47 Bn	3. 9.19
724110	Pte	Howe, JE	20 Bn	16. 1.19
1001150	Sjt	Howie, G	27 Bn	11. 3.20
907091	Pte	Howland, WR		28. 3.18
223311	CSM	Hudgins, J		15.11.18
234171	Pte	Hudson, AJ	27 Bn	16. 1.19
81420	Sjt	Hudson, C		28. 3.18
7866	Sjt	Hughes, F		15.11.18
429038	Sjt(A/CSM)	Hughes, FW	7 Bn	16. 1.19
252084	Pte	Hughes, JF	10 Bn	16. 1.19
13649	Cpl(A/Sjt)	Hughes, LB		9. 7.17
67864	Sjt	Hulme, G		14.11.16
A34735	Cpl	Hume, EM		15.11.18
803105	Pte	Humphrey, AA	15 Bn	16. 1.19
210436	Pte	Hurd, CN		15.11.18
448125	CSM	Hurley, F		26. 7.17
67387	CSM	Hurley, TD		18. 7.17
282353	Pte	Hutchinson, R	85 Bn	2.12.19
11241	A/Sjt	Hutchinson, WN, M.M.	4 Bn	2.12.19
55636	Pte	Hutchison, J	19 Bn	15. 3.16
192532	Sjt	Imrie, T	13 Bn	16. 1.19
68154	Pte	Ingram, TF	25 Bn	21. 6.16
432927	Sjt	Irons, D	49 Bn	3. 9.19
73616	Sjt	Irwin, J		14.11.16
190104	Sjt	Irwin, JK	38 Bn	10. 1.20
472148	LCpl	Irwin, S		28. 3.18
9862	Sjt	Ives, P	3 Bn	30. 6.15
412124	Sjt	Jack, WC, M.M.	2 Bn	16. 1.19
79311	Pte	Jackson, AH	31 Bn	15. 3.16
63491	Sjt	Jackson, JJ		15.11.18
55763	LSjt	Jackson, L	19 Bn	15. 3.16
202135	LSjt	Jackson, RH		15.11.18
59500	CSM	Jackson, T		26. 1.18
219443	Cpl	James, AE	49 Bn (Gen Depot)	2.12.19
622712	Cpl	James, E	27 Bn	25. 2.20
220179	Pte	James, H	54 Bn	10. 1.20
679112	Sjt	Jamieson, A		3. 9.18
192873	Sjt	Jamieson, RB	15 Bn	11. 3.20
447100	Pte	Jaques, AR	49 Bn	16. 1.19
81444	Sjt	Jeeves, CHH	10 Bn	3. 9.19
172217	Sjt(later 2Lt)	Jeffery, E	75 Bn	10. 1.20
136347	Sjt	Jenkins, JT		13. 2.17
171911	LSjt	Jennings, W		15.11.18
404376	Sjt	Jessop, J		15.11.18
439639	Pte	Jewell, WE		6. 2.18
1000340	Pte	Johnson, DW	27 Bn	11. 3.20
136218	Sjt	Johnson, EB		6. 2.18
424322	Sjt	Johnson, RH, M.M.	27 Bn	2.12.19
809009	Pte	Johnson, WR, M.M.		15.11.18
438524	RSM	Johnson, WT		17. 4.18
177563	Sjt	Johnston, PL	87 Bn	2.12.19
187613	LCpl	Johnston, W	8 Bn	2.12.19
29049	RQMS	Johnstone, D McN		17. 4.18
9063	LCpl	Jones, EH	3 Bn	11. 3.16
213585	Sjt	Jones, G, M.M.		3. 9.18
430694	LCpl	Jones, GP		6. 2.18
150983	Sjt	Jones, HT		3. 9.18
169014	Sjt	Jones, OB		19. 8.16
169014	Sjt	Jones, OB, D.C.M.	Bar	14.11.16
9064	Signllr	Jones, RG	3 Bn	21. 6.16
A 44200	Pte	Jones, RH		25.11.16
804	Sjt	Jones, T	8 Bn	* 30. 1.20
46282	LSjt	Jones, WM	13 Bn	11. 3.16
46282	CSM	Jones, WM, D.C.M.	Bar	6. 2.18
426010	A/RSM	Jones, WS	46 Bn	10. 1.20
444949	Sjt	Jordan, MN		26. 1.18
444949	Sjt(A/CSM)	Jordan, MN, D.C.M.	Bar	3.10.18
59530	RSM	Jordan, TF, M.C.		15.11.18
21855	Pte	Joslyn, RW	5 Bn	30. 6.15
120814	Sjt	Jubin, C		3. 9.18
754468	Pte	Junor, J, M.M.	13 Bn	2.12.19
439772	Pte	Kavanagh, JH		19. 8.16
29116	RSM	Kay, J	16 Bn	11. 3.16
10857	Sjt	Kaye, AW	4 Bn	30. 6.15
799462	Sjt	Keach, CW		6. 2.18
27001	SM	Keith, J	15 Bn	11. 3.16
457680	LSjt	Keith, MB		26. 1.18
416668	Sjt	Keller, E		26. 1.18
213203	Armr. Cpl	Kelly, DA		3.10.18
788242	LSjt	Kelly, EL		15.11.18
458089	LCpl	Kelly, JJ		20.10.16
410281	Pte	Kelty, GA		10. 1.17
429260	LCpl	Kendall, RL		6. 2.18
418239	CSM	Kennedy, GW		13. 2.17
420412	Sjt(A/CSM)	Kennedy, R, M.M.	16 Bn	2.12.19
874958	Pte	Kenney, RA		15.11.18
126712	Pte	Keough, VT		15.11.18
81478	Cpl	Kerr, SH		19. 8.16
488792	Cpl	Kerr, T	43 Bn	16. 1.19
931156	Sjt	Kidd, R	C.O.R.	3.10.18
902249	Cpl	Kiely, JJ, M.M.	42 Bn	2.12.19
58012	Pte	Kift, H		21.10.18
19589	LCpl	King, HW	10 Bn	6. 9.15
439101	RQMS	King, JH	52 Bn	3. 9.19
703313	Sjt	Kirby, Z		17. 9.17
435081	Pte	Kirchner, WH		16. 8.17
75070	LSjt	Kirkland, FW	29 Bn	15. 3.16
61957	Sjt	Kirouac, AJ		17. 4.18
821017	Pte	Kisek, D	52 Bn	2.12.19
180802	Sjt(A/CSM)	Knowles, WH	25 Bn	2.12.19
180802	Sjt(A/CSM)	Knowles, WH, D.C.M.	25 Bn Bar	25. 2.20
81492	Pte(A/Cpl)	Knox, G		13. 2.17
788589	Pte	Kobus, JT		16. 8.17
746033	LCpl	Koch, N	2 Bn	16. 1.19
240319	Sjt	Konkle, H McD	102 Bn (BC Regt)	11.3.20
446548	Pte	Kosko, M		26. 6.18
24142	Cpl	Kranchel, O	17 Bn (form 13 Bn)	11. 3.16
410335	LCpl	Krasinski, F	38 Bn	2.12.19
246400	Cpl	Labeau, CF	2 Bn	16. 1.19
25858	Pte	Labelle, J		25.11.16
2355428	Pte	La Duke, GW	10 Bn	16. 1.19
472091	LSjt	Lahue, RM	46 Bn	2.12.19

55540	CSM	Laing, PJS			13. 2.17	102298	CSM	Mantle, FE		21.10.18
410339	Pte	Lalonde, A			17. 4.17	715494	Sjt	Marks, WH	25 Bn	16. 1.19
406348	Pte	Lambe, W	1 Bn		16. 1.19	132688	Pte	Marrs, D		3. 3.17
61589	Pte	Lambert, PA	22 Bn		11. 3.16	138633	Pte	Marsh, F		28. 3.18
757117	Pte	Langdon, G	19 Bn. COR		11. 3.20	700405	Pte	Marsh, S	43 Bn	11. 3.20
541240	A/Sjt	Langdon, HW			17. 4.18	432673	SM	Marshall, FJ		9. 7.17
700577	Cpl	Langtry, JH			3. 9.18	428359	Sjt	Marshall, FR		6. 2.18
46500	Sjt	Larmour, D			6. 2.18	147892	LSjt	Martell, GG		28. 3.18
1625	Sjt	Latham, J			13. 2.17	2030161	Sjt	Martin, A	7 Bn	2.12.19
201634	Sjt	Latimer, JM	1 Bn		2.12.19	551141	Sjt	Martin, TG	8 Bn	2.12.19
416782	Pte	Latour, E			15.11.18	404399	Sjt	Martin, WB		15.11.18
751538	Pte	Lavery, JS	1 Bn		16. 1.19	405076	Sjt(A/CSM)	Mason, AE, M.M.	20 Bn	2.12.19
755164	Pte	Lavictoire, A	58 Bn		16. 1.19	A/36224	CSM	Matheson, JD	4 Bn	22. 1.16
825099	Pte	Lawlis, J	16 Bn		11. 3.20	207924	Pte	Mathisen, S	38 Bn	25. 2.20
73473	LCpl	Lawrence, ME			21.12.16	27430	CSM	Matthews, HO		21.10.18
438810	CSM	Lawson, WE			21.10.18	904926	Pte	Mattison, P	10 Bn	16. 1.19
73103	Sjt	Laybourne, TW			14.11.16	81575	Sjt	Maxwell, DMcT		6. 2.18
135181	Sjt	Leaver, CH	52 Bn		16. 1.19	81576	LCpl	Maxwell, J	2 Bn	11. 3.16
65553	Pte	Le Boutillier, LB			14.11.16	222481	Sjt	Maxwell, JA		15.11.18
401710	Sjt	Leebody, S	10 Bn		2.12.19	180001	RSM	Maynard, EW	75 Bn	11. 3.20
790045	Pte	Leehow, T	7 Bn		16. 1.19	27510	LCpl	McAlister, GF	15 Bn	* 30. 1.20
797505	LSjt	Lefler, L, M.M.	4 Bn		2.12.19	4/26830	Sjt	McAndie, D		9. 7.17
61149	Pte	Leger, A	22 Bn		21. 6.16	17252	Sjt	McArthur, H		6. 2.18
21279	Sjt	Legg, PB			9. 7.17	796167	Cpl	McCall, CW	14 Bn	2.12.19
644036	LCpl	Leith, AW	116 Bn		16. 1.19	684010	Sjt	McCandlish, W		17. 9.17
28817	Sjt	Le Maitre, W	16 Bn		11. 3.16	11262	Pte	McCauley, MG	4 Bn	11. 3.16
25740	Sjt	Lennan, CR			19. 8.16	177378	Sjt	McClintock, A		13. 2.17
460344	Sjt	Lennox, WH, M.M.	44 Bn		25. 2.20	410366	Cpl	McCormick, J	38 Bn	11. 3.20
63548	Cpl	Lepage, GJ			6. 2.18	745133	Sjt(A/CSM)	McCrimmon, WL		16. 1.19
63548	Sjt	Lepage, GJ, D.C.M.	4 Bn		Bar 2.12.19	171662	LSjt	McCron, WG	3 Bn	11. 3.20
412336	Sjt	Le Palm, F, M.M.			28. 3.18	28649	Sjt	McCue, WD		6. 2.18
401059	Cpl	Levy, NV			9. 7.17	451888	Sjt(A/CSM)	McDade, H	4 Bn	2.12.19
53247	Sig.Sjt	Lewis, WH			13. 2.17	129801	Sjt	McDonald, A	72 Bn	10. 1.20
474117	LCpl	Lillew, PF	54 Bn		11. 3.20	223224	Sjt	McDonald, AD		28. 3.18
A/24174	Pte	Lindsay, JH	5 Bn		22. 1.16	715701	Pte	McDonald, AO		15.11.18
198556	Cpl	Lindsell, PH			4. 3.18	2129336	Pte	McDonald, C	27 Bn	2.12.19
704040	LSjt	Linn, A	102 Bn		10. 1.20	919462	Pte	McDonald, JA	14 Bn	16. 1.19
550208	Sjt	Litster, PA			6. 2.18	438909	Cpl	McDonald, L		26. 7.17
25553	CQMS	Little, P	14 Bn		11. 3.20	414158	Cpl	McDonald, R	87 Bn	2.12.19
16330	CSM	Lloyd, GW	7 Bn		11. 3.20	859675	Sjt	McDonald, W	43 Bn	11. 3.20
69522	CSM	Lloyd, RB			9. 7.17	457971	Sjt	McDowell, C		20.10.16
808065	Sjt	Loader, WJ			30.10.18	246309	Pte	McElligott, JG	38 Bn	10. 1.20
120569	Sjt	Logan, GW	14 Bn		2.12.19	1015854	Pte	McEwen, WMcG	72 Bn	2.12.19
412259	Sjt	Logue, R, M.M.	21 Bn		2.12.19	730710	Pte	McFadyen, HL		26. 1.18
144933	Cpl	Long, JC			15.11.18	820117	Sjt	McFayden, HA	52 Bn	2.12.19
770045	Pte	Loveridge, J			15.11.18	12736	Cpl	McFeat, EG	5 Bn	11. 3.16
690721	A/LCpl	Luke, TF	116 Bn		11. 3.20	13200	Sjt	McGlashan, JS	5 Bn	22. 1.16
29519	Sjt	Lunn, C	16 Bn		30. 6.15	163271	A/LCpl	McGowan, J		11.12.16
8468	LCpl	Lynch, RJ			3. 9.18	799681	Cpl	McGregor, D	15 Bn	2.12.19
829276	CSM	Lyndon, B	Manitoba Rgt.		30.10.18	636902	Cpl	McHugh, H	2 Bn	16. 1.19
28705	Cpl	Lyons, A	16 Bn		11. 3.16	171173	Cpl	McInnis, J		6. 2.18
						629079	Sjt	McInnes, JE		6. 2.18
432935	CSM	MacAlay, A			17. 4.18	79862	Sjt(A/CSM)	McIntosh, J		15.11.18
434109	CSM	MacCallum, JT			17. 4.17	766442	Cpl	McIntosh, P		15.11.18
440448	Sjt	MacCullie, J			28. 3.18	127610	A/Cpl	McIntyre, A	1 Bn	2.12.19
113369	Sjt	MacDonald, A			6. 2.18	1003044	Sjt	McIntyre, ER	102 Bn	25. 2.20
874664	LSjt	MacDonald, DA	27 Bn		11. 3.20	67947	Sjt	McIsaac, A, M.M.	25 Bn	5.12.18
29348	CSM	MacDonald, F, M.M.	16 Bn		16. 1.19	902010	Cpl	McIsaac, A	25 Bn	2.12.19
73677	Pte	MacDonald, S			14.11.16	13762	Pte	McIvor, J	5 Bn	11. 3.16
415992	Sjt	MacDonald, T	87 Bn		3. 9.19	13760	Pte	McIvor, N	5 Bn	11. 3.16
418001	BSM	Macfarlane, PW			9. 7.17	886050	Sjt	McKenzie, MDH		28. 3.18
229409	LCpl(A/Cpl)	Mackay, J			17. 4.18	452571	CSM	McKenzie, TD	58 Bn	10. 1.20
486649	Cpl	Mackie, A			6. 2.18	838999	Cpl	McKeown, JJ	58 Bn	16. 1.19
12601	SM	Mackie, AG	5 Bn		21. 6.16	12877	Pte	McKie, JW	5 Bn	6. 9.15
71409	Sjt	Mackie, JM			22. 9.16	1001074	Pte	McKinnon, TC		28. 3.18
57889	Sjt	Mackie, WB	20 Bn		3. 9.19	26621	LCpl	McLean, AL	14 Bn	11. 3.16
29289	Sjt	Mackie, WD			13. 2.17	844844	Pte	McLean, CL		15.11.18
79953	LSjt	Mackinnon, CR			15.11.18	687962	Sjt	McLean, DH		15.11.18
651746	Pte	Mackinnon, M	1 Bn		16. 1.19	57685	Pte	McLean, FA, M.M.	20 Bn	2.12.19
132536	Pte	MacLachlan, R			11. 5.17	688302	Pte	McLean, G		16. 8.17
24278	Sjt	MacLean, JF	13 Bn		3. 9.19	222410	Sjt	McLean, P	85 Bn	10. 1.20
410564	LSjt	MacLennan, WC			10. 1.17	180944	CSM	McLean, W, M.M.	25 Bn	11. 3.20
169032	Pte	MacLeod, C			6. 2.18	438727	Cpl	McLennan, D		28. 3.18
767056	LSjt	MacMillan, A	3 Bn		16. 1.19	426252	Sjt	McLennan, HS		15.11.18
18368	Sjt	△ MacNaughton, R	4 Bn. COR		27. 5.19	129878	CSM	McLennan, MK, M.M.	72 Bn	16. 1.19
222416	A/Sjt	MacNeil, AR			17. 9.17	24743	Sjt	McLeod, A	13 Bn	27. 7.16
79113	Sjt	MacRae, D	31 Bn		21. 6.16	811017	Pte	McLeod, A	28 Bn	2.12.19
147664	Sjt	Madowell, D			15.11.18	79119	A/CSM	McLeod, D		30.10.18
187632	Pte	Magnusson, M			28. 3.18	63632	Pte	McMahon, EJ		14.11.16
292406	Pte	Maguire, R, M.M.	46 Bn		10. 1.20	59735	Pte	McMahon, F, M.M.	21 Bn	2.12.19
13022	Pte	Maguire, T	2 Bn		30. 6.15	2279	Pte	McManus, GE		3. 9.18
292216	Sjt	Mains, CN			15.11.18	690908	Sjt	McMillan, AJ	116 Bn	10. 1.20
434344	Cpl(A/Sjt)	Malkinson, WH, M.M.	10 Bn		16. 1.19	102482	Sjt	McMullan, W, M.M.	47 Bn	25. 2.20
26354	Pte	Mallette, JR	14 Bn		30. 6.15	68310	Sjt	McNeil, J, M.M.	25 Bn	2.12.19
639721	Pte	Maloney, M	38 Bn		16. 1.19	187214	Sjt	McNeill, GH		15.11.18
8228	Sjt	Mann, D			3. 9.18	187215	Sjt	McNeill, MF	8 Bn	16. 1.19

CANADIAN INFANTRY

Number	Rank	Name	Unit	Date
183513	Sjt	McNeive, E, M.M. 31 Bn		2.12.19
633512	Pte	McPhee, A		15.11.18
16922	Pte	McQueen, WA	30 Bn (Form 7 Bn)	11. 3.16
721056	Cpl	McRae, NMcK		21.10.18
438285	Pte	McVicar, P, M.M.		28. 3.18
412410	Cpl	McWade, A		15.11.18
129098	LCpl	McWhinney, J		16. 8.17
1009911	Pte	McWhinnie, L		15.11.18
425069	Sjt	Meadows, CH	52 Bn	16. 1.19
139240	Cpl	Mennell, HH	1 Bn	10. 1.20
737046	Sjt	Merritt, RA	43 Bn	16. 1.19
222403	CSM	Metcalfe, H		28. 3.18
16799	Sjt	Meyerstein, WC	7 Bn	22. 1.16
644073	LCpl	Middleton, WR	116 Bn	16. 1.19
432037	CSM	Miles, C	49 Bn	24. 6.16
63640	Pte	Millard, J	4 Bn	11. 3.16
648006	Sjt	Millen, WA		17. 4.18
654286	LCpl	Miller, NW	58 Bn	2.12.19
A/10399	Sjt	Millerwood, J		28. 3.18
81597	Sjt	Milne, ER	10 Bn	11. 3.16
81597	Sjt	Milne, ER, D.C.M. 10 Bn	Bar	15. 3.16
71410	Pte	Milne, JJ	27 Bn	11. 3.16
292143	Pte	Milton, SS		28. 3.18
472240	Sjt	Mitchell, G	46 Bn	11. 3.20
443446	LCpl	Mitchell, JF		28. 3.18
469536	Sjt	Mitchell, PH		15.11.18
71	Sjt	Mobberley, JH	8 Bn	* 10. 6.20
13394	Sjt	Moir, J		25.11.16
700853	Pte	Moore, EJ		15.11.18
103244	Sjt	Moore, SG		21.10.18
400639	Sjt	Morgan, TW		17. 4.18
81608	Pte	Morin, A	Attd. TMB	12. 3.17
696523	Pte	Morrill, L		28. 3.18
19584	Sjt	Morrison, C	10 Bn	11. 3.16
434740	CSM	Morrison, TC		21.10.18
24333	Sjt	Morrison, WC	13 Bn	10. 1.20
461360	Sjt	Morrow, D		15.11.18
9389	Sjt	Mote, GA	3 Bn	6. 9.15
153002	CSM	Mowat, D		28. 3.18
153100	Cpl	Mowat, J	43 Bn	16. 1.19
71622	Pte	Mowll, WR		17. 4.18
16576	Pte	Mullins, TM	7 Bn	30. 6.15
80265	Sjt	Muncaster, JW		14.11.16
59684	CSM	Murphy, JP		21.10.18
282252	Cpl	Murphy, RS		21.10.18
414483	LCpl	Murphy, WG	(MGC)	19. 8.16
6256	Pte	Murray, JF	1 Bn	11. 3.16
222686	Pte	Murray, JR	85 Bn	3. 9.19
736803	Cpl	Murray, RA		15.11.18
439440	Sjt	Murray, RC		18. 6.17
438278	LCpl	Murray, W		3. 9.18
27102	CSM(A/RSM)	Mutimer, J		17. 4.18
23172	Sjt	Myers, W, M.M.		15.11.18
193598	Pte	Myles, CL		26. 3.17
748266	Sjt	Nadeau, A	22 Bn	2.12.19
877630	Sjt	Nauffts, A	25 Bn	3. 9.19
13026	Sjt	Neale, CJ	5 Bn	11. 3.20
616	CSM	Neighbour, H	8 Bn	11. 3.16
2350356	Pte	Neil, W		15.11.18
126	LSjt	Nelson, H		19. 8.16
53947	Pte	Nelson, J		14.11.16
6879	Sjt	Newell, FCC	1 Bn	11. 3.16
55914	Pte	Newton, J		22. 9.16
219205	Pte	Newton, R		12. 3.17
7579	CSM	Nicholls, E		9. 7.17
757595	Pte	Nicholls, WJC	116 Bn	10. 1.20
129382	LCpl(A/Cpl)	Nicol, CD		17. 9.17
187127	Cpl(LSjt)	Nind, J	27 Bn	10. 1.20
10863	Sjt	Nixon, J	4 Bn	16. 1.19
602877	Cpl	Noble, H, M.M.	3 Bn	2.12.19
225838	Pte	Nokes, JN		28. 3.18
63676	SM	Nolan, D		6. 2.18
57464	Sjt	Norris, B		18. 7.17
410935	Pte	Nunney, CJP		16. 8.17
430094	Pte	Nurse, U		4. 3.18
22780	CSM	Nuttall, JP		25.11.16
769474	Sjt	Nutter, JW		15.11.18
525230	Pte	Oakes, HL	7 Bn	2.12.19
405371	Cpl	Oakley, W		26. 1.18
73397	LCpl	O'Brien, J		19. 8.16
16679	Pte	Odlum, H	7 Bn	22. 1.16
142488	Sjt	O'Donnell, FA, M.M.		15.11.18
A/36357	Pte	O'Grady, D		14.11.16
195181	CSM	O'Heron, H, M.M.		15.11.18
426495	Sjt	Oliver, A	10 Bn	11. 3.20
808028	Pte	Orsten, HA	50 Bn	2.12.19
24204	CSM	Osborne, N	13 Bn	11. 3.16
919302	Cpl	O'Toole, JC		15.11.18
6409	A/CSM	Owen, C	1 Bn	6. 9.15
2020213	LCpl	Owen, NF	47 Bn	2.12.19
418010	Pte	Owston, CA		14.11.16
288033	Sjt	Pace, NW, M.M.		15.11.18
59768	Sjt	Packer, J		15.11.18
419055	RSM	Page, J		21.10.18
A/2390	Cpl(A/Sjt)	Pagett, WE		15.11.18
126590	Cpl	Palmer, A		26. 1.18
19617	Cpl	Palmer, JE	10 Bn	6. 9.15
791037	Pte	Palmer, WS	47 Bn	10. 1.20
435785	Sjt	Parish, JC	50 Bn	3. 9.19
644549	CQMS	Parker, RJ	116 Bn	10. 1.20
129879	Cpl	Parkinson, N	72 Bn	16. 1.19
68048	Pte	Parsons, C		14.11.16
234	Cpl	Paterson, JD		13. 2.17
1615	Sjt	Paterson, S		19. 8.16
77902	Pte	Paterson, W	30 Bn (Form 7 Bn)	11. 3.16
907662	Pte	Paton, J		15.11.18
901323	Cpl	Patriquin, CA, M.M.		3. 9.18
23217	CSM(A/RSM)	Patterson, J		9. 7.17
71860	CSM	Patterson, T	27 Bn	21. 6.16
71860	CSM	Patterson, T, D.C.M.	Bar	14.11.16
797050	Pte	Pattison, H	29 Bn	25. 2.20
817692	Sjt	Paul, WL		17. 4.18
189994	Pte	Pay, B		21.10.18
16246	Sjt	Pearless, HN	7 Bn	30. 6.15
745457	Sjt	Pearsell, WJ	116 Bn	16. 1.19
889668	Sjt(A/CSM)	Pearson, J, M.M.	22 Bn	16. 1.19
81697	RQMS	Pearson, R McN		21.10.18
61216	CSM	Pelland, EC		18. 7.17
889120	Cpl	Perreault, P	22 Bn	16. 1.19
687212	Pte	Peters, J		3. 9.18
130021	Cpl(A/Sjt)	Peterson, JJ		16. 8.17
81703	Pte	Pettengill, CZ	10 Bn	11. 3.20
73821	Pte	Phillips, FR		22. 9.16
73821	Pte	Phillips, FR, D.C.M.	Bar	3. 9.18
426372	Sjt	Philpott, PJ		10. 1.17
61615	LSjt	Picard, J		25.11.16
77060	Sjt	Pinson, JG		26. 7.17
447815	Pte	Plant, VW	50 Bn (Attd 10 LTMB)	2.12.19
602172	Sjt	Plume, WJ	58 Bn	11. 3.20
477732	Pte(A/Cpl)	Pope, CH		19. 8.16
A 20447	CSM	Porter, J		15.11.18
178020	CSM	Potter, EE, M.M.		15.11.18
61618	Sjt	Pouliot, CE		22. 9.16
A 22412	Pte	Powell, EL		26. 1.18
210962	CSM	Powers, WG	58 Bn	3. 9.19
190266	Sjt	Powles, AE, M.M.	21 Bn	2.12.19
21747	Pte	Preston, L	7 Bn	21. 6.16
26648	CSM(later Lt)	Price, CB	14 Bn	30. 6.15
79873	Sjt	Profit, JA		14.11.16
57704	Sjt	Prust, W		26. 1.18
75224	Pte	Pumphrey, PA		14.11.16
20187	Cpl	Purmal, N		6. 2.18
A 4179	Pte	Purser, DE		13. 2.17
21190	Pte	Quigley, HS	2 Bde Staff	30. 6.15
887111	A/CSM	Quilliam, R		15.11.18
703105	Pte	Quinn, F		6. 2.18
892273	Pte	Rae, R		15.11.18
133094	Pte	Raine, C	13 Bn	16. 1.19
426512	Pte	Raithby, F	3 Bn	2.12.19
477754	Pte	Rampton, EF		19. 8.16
452502	Cpl	Raspberry, JC		13. 2.17
625073	Cpl(A/Sjt)	Rattray, C		28. 3.18
1002	CSM	Rea, CEB		13. 2.17
436202	Sjt	Rea, T	46 Bn	2.12.19
17273	LCpl	Reber, G		28. 3.18
79437	A/CSM	Rees, S	31 Bn	27. 7.16
404977	LCpl	Reeves, JH	(Attd TMB)	12. 3.17
77832	Sjt	Reid, A, M.M.	16 Bn	16. 1.19
433042	Sjt	Reid, RC	49 Bn	11. 3.20
18679	Sjt	Reynolds, CH		14.11.16
439325	Pte	Rhoades, R		3. 9.18
734274	Sjt	Rhodenizer, LJ, M.M.	25 Bn	25. 2.20
74207	Sjt	Richards, RE		6. 2.18
8280	Sjt	Richardson, J	2 Bn	11. 3.16
874301	Sjt	Richmond, JM		28. 3.18

418794	Sjt	Riddell, GT		14.11.16	198766	Sjt	Smith, D, D.C.M. 43 Bn	Bar 2.12.19
55696	CSM	Ridley, S	19 Bn	16. 1.19	460371	Sjt	Smith, FB	21.10.18
754788	Sjt	Rielley, GH	44 Bn	10. 1.20	904767	Pte	Smith, H	6. 2.18
418286	Pte	Ritchie, KA	42 Bn	16. 1.19	633339	Sjt	Smith, HC, M.M. 58 Bn	2.12.19
138953	LCpl	Roberts, FJ	3 Bn	11. 3.20	700456	Sjt	Smith, JA, M.M. 43 Bn	10. 1.20
160027	RSM	Roberts, J	31 Bn	16. 1.19	427464	Sjt	Smith, JP	15.11.18
67456	Sjt	Roberts, R		14.11.16	624400	CQMS	Smith, LT	28. 3.18
17163	Sjt	Robertson, A	7 Bn	22. 1.16	10716	CSM(A/RSM)	Smith, RE	26. 7.17
69811	Pte	Robertson, EM	26 Bn	21. 6.16	811768	Cpl	Smith, WH	50 Bn	2.12.19
7677	Sjt	Robertson, J		15.11.18	55710	Cpl	Smith, WR	14.11.16
448896	Pte	Robillard, TJ, M.M. 22 Bn		16. 1.19	424448	LCpl	Snape, H	26. 7.17
23183	CSM	Robinson, DM		17. 4.18	25644	Cpl	Snow, AR	17. 4.17
63772	Sjt	Robinson, J		13. 2.17	430337	LSjt	Soles, GH	28. 3.18
16269	Sjt	Robinson, J	7 Bn	11. 3.16	430337	Sjt	Soles, GH, D.C.M.	Bar15.11.18
69831	CSM	Robinson, WD		28. 3.18	430337	Sjt	Soles, GH, D.C.M. & Bar 72 Bn	
425266	Sjt	Rodwell, FJ, M.M.		30.10.18				2nd Bar10. 1.20
814382	LCpl	Roe, WH		28. 3.18	57767	Sjt	Sommerville, H	26. 1.18
71425	CSM	Rogers, AA, M.M. 27 Bn		2.12.19	147509	Pte	Soransen, NM	17. 4.17
8402	CSM	Romans, C		14.11.16	466132	LCpl	Sorby, FWD	15.11.18
153845	Sjt	Rose, D	43 Bn	16. 1.19	466132	Sjt	Sorby, FWD, D.C.M.	Bar15.11.18
428561	Pte	Rose, EJ	7 Bn	16. 1.19	754	Pte	Spalding, LL 39 Bn (Form 8 Bn)	
754805	Cpl(LSjt)	Rose, H		26. 6.18				11. 3.16
53187	CSM	Ross, A		26. 1.18	57286	Cpl	Speare, AE	20 Bn	3. 9.19
67596	Cpl	Ross, F		13. 2.17	175279	Sjt	Speck, WC	28 Bn	2.12.19
430063	Cpl	Ross, TA	10 Bn	11. 3.20	9068	Sjt	Spence, HV	3 Bn	11. 3.16
19910	Cpl	Ross, TO	10 Bn	30. 6.15	22539	CSM	Spencer, FV	14.11.16
18234	Cpl	Rouby, P, M.M. 2 Bn		16. 1.19	1015829	Cpl	Spooner, FW, M.M. 72 Bn	25. 2.20
53610	LSjt	Routley, CE		14.11.16	690542	Sjt	Sprules, AS	52 Bn	11. 3.20
53610	LSjt	Routley, CE, D.C.M.		Bar26. 1.18	55941	Sjt(A/CSM)	Squibb, WJ	9. 7.17
467019	Sjt	Rowden, M		4. 3.18	288827	Sjt	Squire, W	78 Bn	10. 1.20
405677	Pte	Roy, D		25.11.16	678927	Pte	Stankiewcz, S	116 Bn	2.12.19
425275	Cpl	Rumford, W		4. 3.18	195204	Sjt(A/CSM)	Stanley, A, M.M.21 Bn	11. 3.20
474200	Pte	Russell, C		15.11.18	A36226	Sjt	Stead, A	15.11.18
681857	Cpl	Russell, HC	58 Bn	2.12.19	150626	Sjt	Steer, A, M.M. 43 Bn	2.12.19
703453	CSM	Russell, J		16. 8.17	21764	Sjt	Stephen, J	15.11.18
877647	Pte	Russell, WJ	42 Bn	16. 1.19	25540	RSM	Stephenson, JM 23 Bn(Form 14 Bn)	
69805	Sjt	Ryer, WC	26 Bn	29.11.15				11. 3.16
					437613	Pte	Stevens, CJ	25.11.16
410396	A/LCpl	Sage, J		10. 1.17	124738	Pte	Stevens, F	21.10.18
835669	LCpl	Salsbury, CR		15.11.18	425358	Cpl	Stevens, P	15.11.18
439884	Pte	Sankoske, B		13. 2.17	73286	Pte	Stevens, RL	14.11.16
643969	Sjt	Sansom, T	116 Bn	2.12.19	270005	Sjt	Stewart, A	38 Bn	11. 3.20
703354	Cpl	Sarensan, S		26. 1.18	424228	Pte	Stewart, AD	5 Bn	16. 1.19
788582	Cpl	Saunders, TH	3 Bn	16. 1.19	883210	Cpl	Stewart, C	15.11.18
204250	Cpl	Scarth, R		28. 3.18	252872	Pte(A/LCpl)	Stewart, FR	3. 9.18
19637	Cpl	Schultz, S	10 Bn	30. 6.15	799670	Pte	Still, DJK	15 Bn	16. 1.19
407086	Pte	Schwan, ED	19 Bn	15. 4.16	186250	LSjt	Stoddard, H	28. 3.18
766483	Sjt	Scott, AMcL, M.M. 3 Bn		2.12.19	1518	RQMS	Stoddart, SG	8 Bn	3. 9.19
742951	Pte	Scott, GD		18. 7.17	469402	Sjt(A/CSM)	Stoker, JW	4 Bn	16. 1.19
438114	Pte	Scott, IW		4. 3.18	19919	Sjt	Stone, HC	21.10.18
886276	Pte	Scott, RJ		4. 3.18	142299	Sjt	Street, WD	17. 4.18
145710	Pte	Seed, RJ		1. 5.18	439424	Sjt	Strong, JW	13. 2.17
796597	Pte	Shand, P		15.11.18	781742	Sjt	Sturley, JE	46 Bn	10. 1.20
420933	CSM	Shankland, R		19. 8.16	77689	Pte	Styles, BA	15 Bn	11. 3.16
A/4197	Sjt	Sharland, T	3 Bn	11. 3.20	718967	Pte	Sumner, F, M.M.	15.11.18
925067	Sjt	Sharp, H	52 Bn	16. 1.19	907581	Pte	Sutherland, JH, M.M. 52 Bn	10. 1.20
57294	Sjt	Shaw, C		3.10.18	65952	Sjt	Sweeney, FH	24 Bn	11. 3.20
746219	Pte	Shaw, HA		3. 9.18	16958	Sjt	Swindells, W	30 Bn (Form 7 Bn)	
79969	CSM	Sheasby, HG		3.10.18				11. 3.16
474104	Pte	Sheck, FB		16. 8.17	868122	Sjt	Swinyard, BJ	116 Bn	11. 3.20
6647	CSM	Sheff, J		17. 4.18	829340	Pte	Swire, OG, M.M.	15.11.18
13281	CSM	Sheffield, R		28. 3.18				
865348	Cpl	Sheldon, A	8 Bn	16. 1.19	151935	Sjt	Tackaberry, HH 52 Bn	10. 1.20
118096	Sjt	Shields, JM		15.11.18	645049	Sjt	Tame, H	7 Bn	16. 1.19
20662	Cpl	Shoesmith, FC		13. 2.17	29028	Sjt	Taylor, AR	15.11.18
437404	Sjt	Shove, HW		28. 3.18	800152	LSjt	Taylor, C	15 Bn	16. 1.19
775972	Sjt	Shrubshall, F	38 Bn	16. 1.19	406824	Sjt	Taylor, GS	15 Bn	2.12.19
24877	RSM	Sim, T	13 Bn	16. 1.19	148651	Sjt	Taylor, O	78 Bn	2.12.19
416766	Pte	Simard, D		15.11.18	192830	Pte (LCpl)	Taylor, WJ, M.M.	28. 3.18
21242	LCpl	Simmonds, PCK		26. 7.17	454410	A/Sjt	Templeman, HA	26. 1.18
101744	Pte	Simmons, C		4. 3.18	449083	Pte	Tessier, P, M.M. 22 Bn	16. 1.19
453131	RSM	Simpson, AC		21.10.18	715613	LSjt	Thibeau, MW	26 Bn	25. 2.20
141288	Sjt	Simpson, J	1 Bn	16. 1.19	55723	CSM	Thomas, JE	19 Bn	16. 1.19
148640	CSM	Sims, FC	78 Bn	3. 9.19	55723	CSM	Thomas, JE, D.C.M. 19 Bn	Bar16. 1.19
414629	Sjt	Sinclair, JD	25 Bn	5.12.18	59969	CSM	Thomas, S	15.11.18
19913	Pte	Sixby, F	10 Bn	15. 3.16	201499	Sjt	Thomas, WR	4 Bn	2.12.19
177324	Pte(A/Cpl)	Skeates, FW	87 Bn	11. 3.20	67283	Sjt	Thompson, A	3. 9.18
16360	Pte	Skidmore, AH	7 Bn	11. 3.20	919329	Sjt(A/CSM)	Thompson, D	14 Bn	11. 3.20
457479	Sjt	Slattery, E		26. 7.17	139770	CSM	Thompson, FJ	3 Bn	16. 1.19
213055	Sjt	Slattery, J		28. 3.18	827096	Cpl	Thompson, GW	28. 3.18
469656	CSM	Slattery, TJ		3. 9.18	464002	LSjt	Thompson, H	30.10.18
104527	Pte	Smales, GAMachC		28. 3.18	460196	Pte ‡	Thompson, P, M.M.	28. 3.18
749150	Pte	Smith, AB	14 Bn	3. 9.19	418779	Cpl	Thompson, W	19. 8.16
11051	Sjt	Smith, BB	4 Bn	3. 9.19	140202	Pte	Thornton, R	25.11.16
6856	Pte	Smith, CD	1 Bn	11. 3.16	18833	Sjt	Thorold, GW	22. 9.16
198766	Sjt	Smith, D	43 Bn	10. 1.20	79639	Sjt	Tidswell, I, M.M.	15.11.18

Section 9.3 CANADIAN INFANTRY 203

424365	Pte	Tingley, FJ		6. 2.18	841293	Sjt	Weeks, H, D.C.M.	14 Bn	Bar 2.12.19
77183	CSM	Tinker, GP		26. 7.17	751443	Cpl	Weichel, OW	1 Bn	16. 1.19
426943	Pte	Tomlinson, G		9. 7.17	429729	LCpl	Weir, K	7 Bn	22. 1.16
26256	CQMS	Topham, BJ		19. 8.16	129070	Sjt(A/CSM)	Wellband, WA	72 Bn	16. 1.19
1402	SM	Townsend, GJ		28. 3.18	207958	A/LCpl	Wells, GE		26. 7.17
624758	Sjt	Trimming, BM		15.11.18	204396	Sjt	Wells, JH		15.11.18
441179	Pte	Trowse, C	42 Bn	16. 1.19	204396	Sjt	Wells, JH, D.C.M.	15 Bn	Bar 16. 1.19
74076	LCpl	Turner, GS	28 Bn	15. 3.16	19791	LSjt	Wennevold, J		6. 2.18
678438	Pte	Turner, P		26. 1.18	696928	LCpl	Westover, GE, M.M.		15.11.18
913761	Sjt	Turner, WE, M.M.	27 Bn	25. 2.20	70077	Pte	Whale, HC	26 Bn	2.12.19
749155	Pte	Tuttle, CV	14 Bn	2.12.19	460664	Sjt	Wherrett, JC, M.M.	44 Bn	3. 9.19
					438245	Cpl	White, FA		13. 2.17
451751	SM	Uden, FW		13. 2.17	13204	Pte	White, GA	5 Bn	30. 6.15
184094	LSjt(A/Sjt)	Underwood, A	10 Bn	16. 1.19	171703	CSM	White, T		21.10.18
71051	SM	Underwood, EB, M.C.		6. 2.18	487486	Pte	Whiteford, GH	(Attd. TMB)	13. 2.17
28513	Sjt	Urie, GV	16 Bn	11. 3.20	138728	Pte	Whitehead, D		15.11.18
					192621	Pte	Whitehead, JD	15 Bn	16. 1.19
602808	Pte	Van Valkenburg, G		15.11.18	6641	CSM	Whitfield, R	1 Bn	15. 4.16
225281	Pte	Vanzile, ED	102 Bn	25. 2.20	7097	LCpl	Whitla, W	1 Bn	30. 6.15
171229	Sjt	Vass, J		26. 1.18	153318	A/Sjt	Wigston, F		17. 9.17
27020	Sjt	Venner, WB	15 Bn	11. 3.16	71748	Sjt	Wilkins, C		28. 3.18
60019	CSM	Verdon, LL		13. 2.17	426866	LCpl	Willard, P, M.M.	58 Bn	2.12.19
775204	LCpl	Verral, WT	38 Bn	25. 2.20	9066	LCpl	Williams, F	3 Bn	11. 3.16
449002	Cpl	Villeneuve, E		15.11.18	53631	CSM	Williams, GH, M.M.		28. 3.18
415752	Sjt(A/CSM)	Vincent, GT	25 Bn	16. 1.19	448245	Pte	Williams, J		26. 7.17
6861	Pte	Vincent, H	1 Bn	6. 9.15	116711	LCpl	Williamson, H, M.M.	29 Bn	25. 2.20
438919	Sjt(A/CSM)	Vipond, HC	52 Bn	11. 3.20	418487	Sjt	Williamson, J	42 Bn	16. 1.19
21104	Sjt	Vose, E	10 Bn	* 30. 1.20	77757	Pte	Wilson, AG		6. 2.18
					148486	Sjt	Wilson, F		28. 3.18
16940	CSM	Waddington, AH	7 Bn	16. 1.19	105602	Cpl	Wilson, F	28 Bn	2.12.19
892397	Sjt	Waggoner, RB	44 Bn	2.12.19	252822	LCpl	Wilson, H, M.M.	10 Bn	16. 1.19
6972	LCpl	Wakelin, FB	1 Bn	30. 6.15	66068	Pte	Wilson, J		9. 7.17
433213	QMS	Walker, CA		13. 2.17	55955	Pte	Wilson, W		22. 9.16
153333	Pte	Walkling, W	43 Bn	16. 1.19	820181	Pte	Winnebeck, EW		21.10.18
405445	Cpl	Wallace, A, M.M.	26 Bn	5.12.18	8281	Sjt	Winterbottom, GG	2 Bn	11. 3.16
25547	BSM	Wallis, W		9. 7.17	22101	Sjt	Witherington, W		6. 2.18
222353	Sjt	Walsh, JC	85 Bn	11. 3.20	1057429	Pte	Withey, AN		3. 9.18
508	Pte	Walters, H	8 Bn	30. 6.15	2356018	Pte	Wood, AD	49 Bn	2.12.19
444621	Pte	Ward, G		12. 3.17	3106766	Pte	Woodcock, WT	116 Bn	2.12.19
16371	Sjt(A/CSM)	Ward, W		26. 7.17	204417	Cpl	Woodward, LG		6. 2.18
418818	Sjt	Wardleworth, J	42 Bn	2.12.19	766524	Pte	Wren, E		6. 2.18
8271	Pte	Warner, A		14.11.16	406202	Sjt	Wren, H, M.M.	4 Bn	16. 1.19
907181	Sjt	Warner, JT	102 Bn	2.12.19	412874	Pte	Wright, GM	20 Bn	27. 7.16
426088	CSM(A/RSM)	Watchman, J		16. 8.17	478041	CSM	Wyatt, JH		17. 4.18
195236	Pte	Waterson, W		15.11.18	70047	Cpl	Wylie, LR		28. 3.18
434222	CSM	Watkin, AL, M.M.	50 Bn	2.12.19	432904	CSM	Wyndham, R		26. 7.17
56173	Sjt	Watson, G	13 Bn	16. 1.19	A/24081	Pte	Wythe, AHV	5 Bn	16.11.15
77571	CSM	Watson, JL, M.M.		15.11.18					
874279	Cpl(A/LSjt)	Watson, RE		30.10.18	802620	Pte	Yahba, JH	18 Bn	11. 3.20
643986	Sjt	Watson, SA		26. 1.18	679003	Sjt	Yeates, CM	116 Bn	2.12.19
434623	Pte(A/LCpl)	Watson, WG		15.11.18	129978	Sjt	Young, GA	72 Bn	3. 9.19
57471	A/RSM	Watters, JW	116 Bn	16. 1.19	432004	Sjt	Young, GM		17. 4.18
412735	LSjt	Way, P		6. 2.18	145400	Cpl(LSjt)	Young, RE	42 Bn	16. 1.19
434559	Pte	Webb, H, M.M.	10 Bn	16. 1.19	24914	LSjt	Young, SEB	13 Bn	‡ 10. 6.20
164208	Pte	Webster, GG		17. 4.17	457053	Sjt	Young, WJ		19. 8.16
841293	Sjt	Weeks, H		3. 9.18	20924	Pte	Zuidema, L	10 Bn	15. 3.16

† Bar with Can. Cav.

‡ Bar with R. Can. Rgt.

△ NACTOVISTE 19. 2.19

1215 D.C.M.'s ; 25 Bars ; 1 2nd Bar.

CANADIAN MACHINE GUN CORPS

676	Sjt	Anderson Eaton, J		4. 3.18	61221	Sjt	Chamberland, E		28. 3.18
216393	Sjt	Anderson, JS	1 Bn	11. 3.20	1003333	Sjt	Chambers, E	2 Bn	11. 3.20
898042	Sjt	Antle, W	1 Bn	11. 3.20	183809	Cpl	Cochrane, JW	1 Bn	16. 1.19
817815	Cpl	Appleby, W		15.11.18	401713	Sjt	Cooper, R	2 Bn	11. 3.20
					1006576	Sjt	Cuthbertson, A	1 Bn	10. 1.20
404957	CSM	Bailey, FW	3 Bn	11. 3.20					
415018	Sjt	Ball, J	2 Bn	11. 3.20	252853	Pte	Dick, JE	3 Bn	2.12.19
150034	Cpl	Billington, R	1 Bn	16. 1.19	67525	Sjt	Duffett, AG		19. 8.16
457671	Sjt	Black, R	1 Bn	11. 3.20	150068	Sjt	Duffy, M, M.M.		15.11.18
107121	Sjt	Blaikie, A, M.M.		28. 3.18	748314	Cpl	Duke, RH	2 Bn	11. 3.20
6894	Sjt	Blondel, MLeM, M.M.		28. 3.18					
417717	Sjt	Boulet, J		2.12.19	2223345	Pte	Egan, J		15.11.18
45574	Sjt	Brotherton, T	Motor M/G Bde.	19. 8.16	766368	Cpl	Elliott, FA	2 Bn	16. 1.19
110061	Pte	Brown, AE	MG Coy	19. 8.16	448088	LCpl	Evans, J		9. 7.17
46126	BSM	Brown, EC	1 Bn	11. 3.20					
116449	Sjt	Brown, HE	2 Bn	11. 3.20	427161	Sjt	Fair, F		3. 9.18
					240243	Cpl	Fieldhouse, H	2 Bn	11 3.20
830054	Sjt	Campbell, MA	1 Bn	11. 3.20	107232	BSM	Forrest, AE		3. 9.18

CANADIAN MACHINE GUN CORPS

Number	Rank	Name	Unit	Date
11569	Sjt	Foster, CN		9. 7.17
45600	Sjt	Frechette, JAD, M.M.		3. 9.18
625181	Sjt	Frizzell, AMcN	1 Bn	16. 1.19
429014	Pte(A/Cpl)	Frost, W		28. 3.18
799065	Sjt	Gardner, CC	2 Bn	16. 1.19
441273	Sjt	Goodman, V	4 Bn	3. 9.19
55841	Sjt	Grant, DRC		26. 1.18
235187	Sjt	Gudmundson, GF	4 Bn	2.12.19
117280	Sjt	Hackett, RS		4. 3.18
15131	Sjt	Hagland, JA	MG Sqdn.	28. 3.18
411078	Cpl	Hampson, T		28. 3.18
A36221	Sjt	Harris, RS, M.M.		15.11.18
15133	Sjt	Hart, F	MG Sqdn.	28. 3.18
440073	A/CSM	Hay, ?		17. 4.18
636	BSM	Hersee, W		4. 3.18
183531	Sjt	Hester, W	4 Bn	11. 3.20
409533	Pte	Hickman, CL		26. 1.18
219182	Sjt	Hinds, R	4 Bn	11. 3.20
19495	A/BSM	Hiscott, CH	MMG Bde.	30.10.18
71905	Cpl	Hunn, DLH		18. 7.17
7988	Sjt	Jackson, WA		13. 2.17
477458	A/LCpl	James, WH		19. 8.16
18362	Pte(ACpl)	Johnsen, EH		3. 9.18
135761	Pte	Keene, HW		28. 3.18
A/20531	Sjt	Keiller, R		13. 2.17
911331	Cpl	King, FB	2 Bn	11. 3.20
45578	Pte	Kirkham, G	MMG Bde.	30.10.18
250	BSM	Lawson, GG		21.10.18
766620	Pte	Leask, HWH, M.M.	4 Bn	2.12.19
407110	Sjt	Levy, GE		13. 2.17
91459	Pte(ACpl)†	Lilley, TW, D.C.M., M.M. 1 Bn Bar		2.12.19
754671	Sjt	Mallindine, SG	2nd MMG Bde	3. 9.19
405143	Sjt	Mallion, WCS	2 Bn	11. 3.20
414167	Cpl	Martin, F		26. 1.18
240706	Pte	Martin, H	4 Bn	2.12.19
67235	Cpl	McAllister, C	2 Bn	16. 1.19
761017	Pte	McCaughey, W		15.11.18
669864	Sjt	McConkey, A	1 Bn	11. 3.20
135384	CSM	McCuish, J	3 Bn	11. 3.20
739135	Cpl	McGill, EE	1st MMG Bde.	10. 1.20
75018	Sjt	McGirr, EA		18. 7.17
59649	BSM	Meeks, JQ, M.M.		15.11.18
63645	Sjt	Moorby, EC, M.M.	1 Bn	16. 1.19
207	Pte	Morgan, JP	MG Coy	27. 7.16
107449	BSM	Mulcahy, AJ	2nd MMG Bde.	11. 3.20
113413	Sjt	Mulvaney, FJ	2 Bn	11. 3.20
71196	Sjt	Murray, W		28. 3.18
15166	Sjt	Neil, GE	MG Sqdn.	26. 6.18
453101	Sjt(A/CSM)	Nye, W		21.10.18
63728	CSM	Patton, JH		17. 4.18
426823	Sjt	Peek, A, M.M.		3. 9.18
126325	Pte	Puddle, H		21.10.18
622953	Sjt	Robertson, W		6. 2.18
843	Armr S/Sjt	Ruddick, H	1 Bn	3. 9.19
79603	Sjt	Rust, JB	2 Bn	3. 9.19
553063	Pte	Ryan, JP	MG Sqdn.	28. 3.18
18396	A/BSM	Salmon, AB	1 Bn	16. 1.19
13149	LCpl	Sharples, J		28. 3.18
721950	LCpl	Sillers, W		28. 3.18
14759	Sjt	Smith, EB		4. 3.18
183698	Sjt	Stone, JG	1 Bn	2.12.19
2000197	Pte	Taylor, FG	Cav. Bde. MG Sqdn.	11. 3.20
425711	Pte(A/LCpl)	Taylor, R		17. 4.18
45534	Sjt	Waghorn, F, M.M.		4. 3.18
21437	CSM	Walker, T	1 Bn	16. 1.19
475355	Sjt	Wran, RM	4 Bn	11. 3.20
414173	Sjt	Young, WH		26. 1.18

† D.C.M. L/G 1901

97 D.C.M.'s ; 1 Bar.

CANADIAN TRENCH MORTAR BATTERIES

Number	Rank	Name	Unit	Date
180597	Pte	Carter, M	LTMB	26. 6.18
404296	Pte	Clark, TG		6. 2.18
436148	Pte	Faulkner, JW	LTMB	15.11.18
90929	Bmdr	Mew, VG	2nd Div.	3. 9.19
408641	Cpl	Myles, J	1st Div.	3. 9.19
429714	Pte	Strang, WC		4. 3.18

6 D.C.M.'s

CANADIAN RAILWAY TROOPS

Number	Rank	Name	Unit	Date
127052	Sjt	Allbon, CW	13 Bn	3. 9.19
231	Sjt	Bain, JM	Con Corps	21.10.18
359	Cpl	Bayliss, GE	Overseas Con Corps	3. 9.18
2125148	Sjt	Connell, WD	58th BGRO Coy	3. 9.19
192207	Cpl	Dow, J		28. 3.18
279653	Sjt	Gerow, WG		3. 9.18
778069	Sjt	Goulding, J		17. 4.18
ON261	Cpl	Holahan, W	Con Corps	21.10.18
811365	Sjt	Hunt, D	3 Bn	3. 9.19
436809	Sjt	Hunter, A		6. 2.18
2574306	Cpl	Jackson, A		30.10.18
1081026	Cpl	Johnston, GH	1 Bn	3. 9.19
1081853	Sjt	Lang, AE		21.10.18
2503085	A/Sjt	McDonald, A	13 Bn	2.12.19
279325	CSM	McDonald, JJ	8 Bn	5.12.18
1039809	Sjt	McPhail, JA		3. 9.18
154988	Sjt	Murphy, O		26. 1.18
1039115	Sjt	Olson, CH		17. 4.18
258409	CSM	Scott, F		30.10.18
154061	Spr	Shank, GW		26. 1.18
ON219	Cpl	Simpson, EJ	Con Corps	21.10.18
2124971	CSM	Underwood, S	Oper. Coy	3. 9.18
1039428	A/Sjt	Walsh, JE		21.10.18
871993	CQMS	Watson, J		26. 6.18
446135	RSM	Wilson, R	4 Bn	11. 3.20

25 D.C.M.'s

CANADIAN CORPS CYCLISTS BATTALION

23662	Cpl	Jungblut, E		11. 3.20	2182	Cpl	Quinn, P	Cycl. Coy	9. 7.17
2124	Cpl	Montgomery, HL		17. 4.18	2200	Sjt	Wingfield, FC		11. 3.20

4 D.C.M.'s

CANADIAN ARMY SERVICE CORPS

33290	Dvr	Beach, BG		26. 7.17	74343	Dvr	Lyne, VH, M.M.	(Attd. 5 FA. CAMC) 2.12.19
21555	SM	Bisset, J		13. 2.17	30004	Sjt	MacDonald, J	Div. Train.	30. 6.15
512078	Pte	Edwards, RR		3.10.18	532244	Pte(A/SM)	McAskill, J		21.12.16
29320	LCpl	Ferrier, J		13. 2.17	37163	Cpl	McNicol, GR	1st Amm. Sub. Park.	21. 6.16
32754	SSM	Foran, WD	(Attd. 1 FA. CAMC) 11. 3.20	797	Sjt	Niven, HDA		4. 3.18
510003	Pte	Garnett, F	(Attd. CFA)	19. 8.16	30115	Dvr	Pate, SA	Div. Train.	30. 6.15
X30206	CSM	Girvan, J	1 Div. Train.	21. 6.16	30006	Cpl	Purton, MS	1 Coy Div. Train.	11. 3.16
3701	Pte	Hall, EW	MMG. MT Coy	3. 9.19	2115362	Pte	Ring, WE	MT Coy	11. 3.20
					37323	CSM	Steel, HW		13. 2.17
163	Pte	Johnstone, JFM	(Attd. 4 FA. CAMC) 11. 3.20	30240	Dvr	Sutcliffe, F	2 Coy. Div. Train.	11. 3.16

19 D.C.M.'s

CANADIAN ARMY MEDICAL CORPS

33221	Pte	Allingham, LF	2 FA	11. 3.20	529566	Cpl	Goodeve, TH		9. 7.17
530181	LCpl	Bradley, L		13. 2.17	524775	Sjt	Gunniss, M, M.M.	13 FA	10. 1.20
32713	Sjt	Brown, TM	1 FA	30. 6.15	529592	Pte	Lockhart, ET	10 FA	3. 9.19
21116	LSjt	Buckby, E		6. 2.18					
32701	SM(Later Lt & QM)	Buswell, WG		19. 8.16	530567	Sjt	MacFarlane, JH	9 FA	3. 9.19
33302	SSjt	Bye, SH		21.10.18	530567	Sjt	MacFarlane, JH, D.C.M.	9 FA.Bar	10. 1.20
					529620	Pte	Mackinnon, AF		15.11.18
33303	Pte	Cameron, HT	3 FA. 1st Div.	6. 9.15	33246	SM	McArthur, CE		21.10.18
33640	Pte	Chaplain, HH	(Attd. 8 Bn Can. Inf.) 11. 3.20	524560	Cpl	McKinnon, JC	3 FA	11. 3.20
48009	SM	Clifton, AE		30. 6.15	522805	Pte	Moses, HD	7 FA	11. 3.20
1242	Pte	Collin, RS		14.11.16	530669	Pte(LCpl)	Norton, FC	9 FA	16. 1.19
530111	Sjt	Davidson, ALR	208 FA	16. 1.19	529651	SSjt	Scott, WA	10 FA	16. 1.19
1968	Sjt	Dent, FH		15.11.18	522714	SSjt	Souter, R	7 FA	10. 1.20
522055	Sjt	Doyle, JE	1 FA	2.12.19	1431	LSjt	Taylor, NM		15.11.18
532246	Cpl(A/Sjt)	Ewen, DP, M.M.	12 FA	10. 1.20	33191	Pte	Turner, F		30. 6.15
33253	SSjt	Ferguson, J		15.11.18	524615	SM	Turner, J		17. 4.18
1982	Sjt	Foster, F		15.11.18	1783	Sjt	Wartman, AE		14.11.16
33346	Cpl	Gaylard, GS		6. 2.18	33478	Sjt	Watson, J		17. 4.18

33 D.C.M.'s ; 1 Bar.

CANADIAN STAFF

1806	QMS	Cragg, GW	1st Div. H.Q. Sub. Staff	11. 3.16	71014	S/QMS	Simmons, HG	Staff H.Q.	13. 2.17
					12001	St.Sjt	Sprange, AP	Army Corps H.Q.	11. 3.16
1805	QMS	Orbinski, PM	1st Div. H.Q. Sub. Staff	11. 3.16					

4 D.C.M.'s

CANADIAN OTHER UNITS

40157	Arm S/Sjt	Davis, AE	Ord. Corps	28. 3.18	540031	Sjt	Murphy, J	Gen. Depot (Late Corps Cyc. Bn)	25. 2.20
1260425	A/SSjt	Fawcett, EL	Ord. Corps	25. 2.20					
34728	Vet-Sjt	Frape, FJ	AVC (Attd. FA)	27. 5.19	109579	Sjt(A/CSM)	Rule, LO	4 Bn MI	10. 1.20
46147	Cpl	Gazeley, GW	1st Works Coy.	3. 9.19	81982	Pte	Wismer, IF		26. 7.17

7 D.C.M.'s

INDIA

3LH	Sjt	Birley, F	Madras Vol. Rfls 5. 8.15
16	Sjt	Blunt, J	IUL 29. 8.17
Sub-Condr(A/Condr)		Booth, A	Supply & Trans. Corps 15.11.18
2nd Cl. Asst. Surg.		Browne, AE	ISMD 1. 5.18
15	Pte	Buchanan, GW	EI Rly. Vol. 25.11.16
29	CSM	Butcher, J	IUL (Form RHA) (Later 2 Lt ISS) * 17.10.17
5423	Pte	Clewlow, PW	IUL (Late Hrs) 29. 8.17
Sub-Condr(Condr)		Cole, RF	S & T Corps (Later Mule Corps) * 12.12.17
9	Cpl(Motor Cycl)	Cooper, HG	S. Prov. Mtd. Rfls. (Madras) EA29.11.15
2nd Cl. Asst.Surg.		Cotton, EA	ISMD * 12.12.17
3rd Cl. Asst. Surg.		D'Arcy, AFJ	ISMD 29. 8.17
S/Sjt (Later 2 Lt)		Davies, JA	S & T Corps (Late RHA) * 17.10.17
	Cpl	Drake, AJ	Ind. Vol. Maxim Gun Coy EA 3. 6.15
	St.Sjt	Dudding, W	1st Ind. Mule Cart Corps 21. 6.16
8	Cpl	Dunning, J	IUL 26. 1.18
16	CSM	Dymott, A	IUL 29. 8.17
3rd Cl. Asst. Surg.		Elloy, KP	7 Br. FA. Ind. SMD 30. 6.15
18	Sjt	Fiddes, AM	IUL 11.12.16
Sub-Condr		Fitzpatrick, PJ	Mil. Works. Serv. I. Army 11. 3.16
1958	Cpl	Grant, JM	Ceylon Planters Rifles. I. Army 21. 6.16
7845	Cpl	Gurdon, W	Meerut Sig. Coy. 2nd Pres. Vol. Rfls. 3. 6.15
27	Sjt	Hamilton, J	IUL 29. 8.17
32	SM	Heales, RT	Ind. Army * 12.12.17
7895	Sjt	Henshaw, AH	(Staff Sjt. IUL) (Late Hrs) 26. 5.17
7114	SSjt	Hill, GH	S & T Corps (Attd. 1 Bord Rgt.) * 10. 6.20
	Asst. Surg.	Holt, EB	ISMD * 12.12.17
32	LCpl	James, A	Lahore Sig. Coy 3. 6.15
Sub-Condr		Johnson, EV	Ind. Ord. Dept. 11. 3.16
26	CQMS	Kinnard, HG	IUL 21.10.18
9944	St.Sjt	Levings, FG	S & T Corps 21. 6.16
3rd Cl. Asst. Surg.		Lopez, JWC	ISMD 3.10.18
4014	Headman(A/CSM)	MacFarquhar, J	Ind. Lab. Corps 3.10.18
4th Cl. Asst. Surg. †		MacKay, DM	ISMD EA 3. 9.19
4th Cl. Asst. Surg.		McGuire, JP	ISMD 29. 8.17
Sub-Condr		McNamara, M	S & T Corps * 23.10.19
8817	Pte	O'Connor, R	Lahore Div. Sig. Coy 5. 8.15
55	2 Cpl	Ornsby, J	IUL (15 Div. Sig. Coy) M 16. 1.19
	Pte	O'Sullivan, EC	Ind. Vol. Maxim Gun Coy EA 3. 6.15
	Sjt	Paley, GT	IUL 29. 8.17
3rd Cl. Asst. Surg.		Parkinson, RHF	ISMD 4. 3.18
Sub-Condr		Preston, W	Ind. Tele. Dept. EA 3. 6.15
	Condr	Roffey, HR	Ind. Misc. List (Later Hon. Lt.) * 17.10.17
86	Bmbr	Seivwright, JS	8 Fld. Bty. (Calcutta Vol. Bty.) 27. 7.16
7779	Cpl	Stoneham, RP	Bombay Vol. Rfls. 1. 4.15
4th Cl. Asst. Surg.		Underwood, AR	ISMD 29. 8.17
	Cpl	Whiteley, C	IUL (Attd. 33 Div. Sig. Coy) (Form Manch Rgt.) 15. 4.16

† Another citation on 22.12.19

46 D.C.M.'s

NEWFOUNDLAND

2247	Pte		Anthony, W	1 Bn		2.12.19
1071	LCpl		Bennett, W			11.12.16
1368	LCpl		Brazil, M, M.M.	1 Bn		2.12.19
1403	Cpl		Carter, CF	1 Bn		2.12.19
3423	Pte		Corbin, T	1 Bn		2.12.19
2057	Sjt		Davis, A			4. 3.18
1438	Sjt		Dunphy, TJ			26. 1.18
793	Cpl		Fitzpatrick, LJ, M.M.			1. 5.18
824	Sjt		Gardner, C			11.12.16
824	CSM	†	Gardner, C, D.C.M.		**Bar**	12. 3.17
417	Pte		Gladney, WJ	1 Bn (Later Attd. 2 Bn)		21. 6.16
266	Sjt		Greene, WM	1 Bn	G	22. 1.16
3289	Pte		Greenslade, S	1 Bn		2.12.19
1385	Sjt		Gulliksen, E			3. 9.18
1974	A/CQMS		Haynes, W	1 Bn		3. 9.19
1539	Cpl		Hollett, L			6. 2.18
807	Pte		Hynes, RE	1 Bn	G	22. 1.16
702	CSM		Janes, AE			4. 3.18
2181	Sjt		Murphy, JJ			6. 2.18
3481	Pte		O'Quinn, JH	1 Bn		10. 1.20
2010	LCpl		Picco, M			17. 4.17
1733	Pte		Pittman, TA, M.M.			21.10.18
2603	Pte		Powers, R	1 Bn		10. 1.20
916	Sjt		Purcell, RJ			6. 2.18
801	Cpl		Raynes, HR			26. 1.18
1826	Sjt		Rose, AS, M.M.	1 Bn		10. 1.20
267	Sjt		Samson, P			11.12.16
378	Sjt		Spurrell, CP			6. 2.18
1308	Sjt		Stanford, RF	1 Bn		10. 1.20
1726	Pte		Sutton, W			6. 2.18
1554	CSM		Taylor, A			17. 4.18
3382	Pte		Whalen, AS	1 Bn		2.12.19

† Another citation on 12. 3.17

31 D.C.M.'s ; 1 Bar.

NEW ZEALAND

AUCKLAND MTD. RIFLES

13/5	Tpr	Armstrong, LJ		G 11. 3.16	13/2559		LCpl(TCpl)Hardy, FH	28. 3.18
13/791	Cpl	De Lautour, AG		28. 3.18	13/483	Sjt	White, CN	28. 3.18
13/178	Sjt	Donaldson, TDS		28. 3.18				

5 D.C.M.'s

CANTERBURY MTD. RIFLES

7/1030	Sjt	Bremner, OH		20.10.16	7/90	Sjt(T/SSM)	Martin, A	26. 1.18
7/490	Sjt	Burrows, L		E 3. 9.19	7/250	Sjt	O'Brien, MJ	26. 4.17
7/528	SSM	Clarkson, E		P 14. 4.20	7/764	Tpr	O'Connor, DJ	G 29.11.15
7/516	Cpl(Later 2 Lt)	Harper, G		G 11. 3.16				
7/517	Sjt(Later 2 Lt)	Harper, RP		G 11. 3.16	7/583	Tpr	Pidgeon, H	G 29.11.15

9 D.C.M.'s

WELLINGTON MTD. RIFLES

11/1109	Sjt	Chadwick, J	26. 4.17	11/557	Sjt	Strachan, L	26. 1.18
11/1255	LCpl	Draper, B	28. 3.18	11/941	Tpr	Winter, JH	G 11. 3.16
11/442	SSM	Ricketts, W	G 11. 3.16				

5 D.C.M.'s

OTAGO MTD. RIFLES

9/123	SSM	Cameron, E	3. 9.18	9/1316	Sjt	Little, J	21. 6.16
9/129	Sjt	Campbell, J	G 11. 3.16	9/461	Sjt	Weaver, J	10. 1.20
9/2029	LCpl	De Latour, BP	16. 1.19	9/1747	Tpr	Weaver, P	30.10.18
8/465	SQMS	Graham, LSLL	G 11. 3.16				

7 D.C.M.'s

N. Z. MTD. RIFLE BRIGADE

4/363	Spr	Caselberg, AL	(Sig. Troop)	G 29.11.15	13/833	Sjt	McNamara, SA	3. 9.18
					13/2068	Tpr	Nesbitt, DD	3. 9.18
13/48	SSM	Eisenhut, H		18. 2.18	7/264	Sjt	Robertson, F	3. 9.18

5 D.C.M.'s

N. Z. ARTILLERY

2/1751	Cpl	Andrews, AN			16. 8.17	2/278	Sjt	Holder, FN	FA 10. 1.17
2/657	BSM	Bailey, A	FA		4. 3.18	2/1021	BSM	Ibbotson, W	How. Bty. FA 27. 7.16
2/205	BSM	Bain, GR	2 Bty. 2 Bde. FA		5.12.18	2/115	Bomb-Fitter	Inglis, DC	2 Bty. FA G 29.11.15
2/423	Sjt	Birnie, R	1 Bty. FA		27. 7.16	2/512	BSM	Joyce, JP	6 Bty. 2 Bde. FA 3. 9.19
2/86	Dvr	Clark, N	FA		G 29.11.15	2/1452	Bmbr	McQueen, W	14.11.16
2/186a	Sjt	Davy, VR			16. 8.17	7/761	BSM	McRae, PD	4/3 Bde. FA 11. 3.20
2/867	Gnr	Driver, AS	FA		17. 4.18	2/1050	BSM	Morrison, LG	FA 21.10.18
						23/834	Cpl	Muir, H	16. 8.17
2/444	A/Sjt	Edwards, CJK	FA		G 29.11.15	2/2503	Cpl	Osbourne, GW	FA (Attd. MTMB) 11. 3.20
2/488	Sjt	Gapes, A	FA		28. 3.18				
10/351	Cpl	Goile, WB	FA		21.10.18				
2/1006	Sjt	Greig, F	FA		17. 4.18	2/2238	BSM	Porter, WLF	9/2 Bde. FA 11. 3.20
2/147	A/Sjt	Hill, JF	2 Bty. FA		G 29.11.15	2/1252	Gnr	Rankin, J	4th Bty. FA G 29.11.15

N. Z. ARTILLERY Section 9.6

2/181	SM	Riddett, JJ	FA		11.12.16	2/1469	Sjt	Taplin, JH	FA		9. 7.17
2/181	BSM	Riddett, JJ, D.C.M.	FA	**Bar** 3. 9.18		2/146	Bmbr	Thomson, JP	2 Bty. FA	G 29.11.15
11/2216	BSM	Runciman, LH	7/1st Bde. FA	11. 3.20		2/692	BSM	Varrall, G	1/1 Bde. FA	11. 3.20
13/2479	Cpl	Sharp, TW	FA	15.11.18						
2/243	Sjt	Stringer, JM	FA	4. 3.18		13/966	Dvr	Wade, S	FA	17. 4.18
2/1103	Gnr(T/Bmbr)	Syme, G	FA	11.12.16						

32 D.C.M.'s ; 1 Bar.

N. Z. ENGINEERS

4/85A	Sjt	Abbey, AW		G 6. 9.15		4/2030	Sjt	Marshall, S		15.11.18
4/513	Sjt	Alexander, GD	(Div. Sig. Coy)	24. 6.16		4/1376	Spr	McLean, KB	Tun Coy	3. 9.19
						6/4099	CSM	Munn, WG		3.10.18
4/889	Cpl	Brokenshire, AT, M.M.	1 Fld. Coy	16. 1.19		4/1303	Cpl	Neilson, A		21.10.18
4/1240	Spr	Butler, M		26. 7.17		4/1632	LCpl	Norris, JR		26. 7.17
4/1249	Sjt	Clifford, FH	Tun Coy	3. 9.19		4/1709	LCpl	Pinkham, WGF, M.M.		4. 3.18
4/506	Spr	Dignan, BL	Div. Sig. Coy	G 11. 3.16		4/433	LCpl	Randall, AJ	3 Fld. Coy	10. 1.20
4/188a	LCpl	Fear, FJH	1 Fld. Coy	G 5. 8.15		4/208a	Cpl	Salmon, CW		G 3. 7.15
4/1429	Sjt	Hatch, G	Tun Coy	3. 9.19		4/60a	Cpl	Saunders, CW		G 3. 7.15
4/203a	Spr	Hodges, EA	1 Fld. Coy	G 5. 8.15		4/1399(a)	Spr	Scrimshaw, EG		G 6. 9.15
12/2001	CSM	Kenna, T		4. 3.18		4/490	CSM	Vicery, EM	Div. Sig. Coy	13. 2.17
						4/855	Sjt	Ward, A	2 Fld. Coy	10. 1.20
4/1818	Sjt	Manson, RV, M.M.	Div. Sig. Coy	16. 1.19		4/450	Spr	Watson, KW	Fld. Troop	G 29.11.15

24 D.C.M.'s

AUCKLAND REGT.

32495	Cpl	Alexander, CS		6. 2.18		12/4051	Cpl	Mahony, WF		6. 2.18
						12/1725	CSM	Moss, ES		26. 6.18
42881	RSM	Bates, W	1 Bn	10. 1.20						
12/1555	QMS	Birnie, G	1 Bn	11. 3.20		10250	Sjt	O'Brien, JL	2 Bn	11. 3.20
12/4137	Sjt	Black, T		26. 6.18		36479	Pte	O'Connor, TR		21.10.18
26783	Sjt	Brewer, JH, M.M.		26. 6.18						
12/3569	T/LCpl	Brown, WG		17. 4.17		12/3449	Sjt	Proctor, WA	2 Bn	3. 9.19
18758	Sjt	Buckthought, NW		26. 6.18						
11375	Sjt	Buckworth, CG	1 Bn	10. 1.20		18583	Sjt	Randell, WE		21.10.18
						12/1015	Cpl	Reid, WJ		G 6. 9.15
24/1635	Sjt	Cusack, J		26. 1.18		26932	Pte	Speakman, JB		6. 2.18
32945	CSM	Evans, JH	2 Bn	10. 1.20		12/1799	Cpl	Spencer, H		G 11. 3.16
						12/257	SM	Stichbury, WS		4. 3.18
28121	LCpl	Ford, GC		15.11.18		24076	Cpl	Stuart, GL	(Attd. LTMB)	26. 6.18
12/1627	Sjt	Francis, JH	1 Bn	21. 6.16		12/1012	Pte	Tempany, G		G 3. 7.15
12/3356	Sjt	Hewlett, TN	2 Bn	11. 3.20		12/472	Sjt	Tilsley, R		G 6. 9.15
12/566	Sjt	Hill, JL		21.10.18		12/878	Sjt	Tribe, L	1 Bn	3. 9.19
12/3062	Pte	Johnson, HA		6. 2.18						
14272	Cpl	Jordan, E		26. 6.18		12/1006	Sjt	Waterson, DC		21.10.18
24/1699	Sjt	Judson, RS		30.10.18		12/1020	Cpl	Watson, FW		G 11. 3.16
						14513	Sjt	Webster, AS		30.10.18
18890	Sjt	Lloyd, LJ		6. 2.18		34458	Pte	Wilson, JH		6. 2.18

36 D.C.M.'s

CANTERBURY REGT.

6/884	Sjt	Atkins, AA		G 29.11.15		6/628	Sjt	Fairhall, EE		15.11.18
15545	Cpl	Auld, JA	2 Bn	10. 1.20		6/227	Pte	Findlay, AJ		G 6. 9.15
6/194	Pte	Barlow, H		G 6. 9.15		6/1031	CSM	Godfrey, JA, M.M.		28. 3.18
6/2960	LCpl	Burns, KB		28. 3.18						
						6/3335	Sjt	Halligan, RH, M.M.		21.10.18
40191	LCpl	Coppel, MH	2 Bn	10. 1.20						
22419	Sjt	Cunneen, JP	1 Bn	2.12.19		12/3065	Cpl	Kelly, E	2 Bn	3. 9.19
26253	Sjt	De Boo, AE	2 Bn	11. 3.20		24/2026	Sjt	Livingstone, BV, M.M.	2 Bn	16. 1.19
33705	Cpl	Dodds, FM		30.10.18		24381	CSM	MacKay, DMG		3. 9.18
6/625	Sjt	Ecclesfield, RC	2 Bn	10. 1.20		25299	Sjt	O'Grady, M	2 Bn	16. 1.19

CANTERBURY REGT.

No.	Rank	Name	Bn		Date
32378	Cpl	Putnam, PS	1 Bn		16. 1.19
6/1129	Cpl	Rhind, H			21. 6.16
6/978	Sjt	Rodger, WJ		G	6. 9.15
32923	Pte	Shackleton, JL	1 Bn		16. 1.19
6/549	CSM	Smith, WE			6. 2.18
6/2764	Sjt	Stobie, CW	1 Bn		10. 1.20
6/1156	Pte	Stockdill, T	Stretcher-Bearer	G	3. 7.15
6/157	Sjt	Tavender, BN		G	11. 3.16
8/859	Sjt	Thompson, NB	1 Bn		3. 9.19
6/804	Cpl	Turner, BR			21.10.18
6/1128	Sjt	Vincent, J			6. 2.18
23/1861	Sjt	Walker, WR			28. 3.18
6/2005	Pte	Ward, J	2 Bn		11. 3.20
6/3199	LCpl(T/Cpl)	White, W			3. 9.18
6/741	Pte	Wilson, CM		G	5. 8.15

32 D.C.M.'s

OTAGO REGT.

No.	Rank	Name	Bn		Date
30152	Pte	Akroyd, AG	1 Bn		16. 1.19
1/457	S/Sjt	Berg, LA, M.M.	1 Bn		11. 3.20
8/1370	A/SM	Boate, PC		G	11. 3.16
9/2049	Pte	Boreham, H			28. 3.18
27432	Sjt	Brown, RD	2 Bn		16. 1.19
8/2809	CSM	Bunbury, TA			6. 2.18
36573	CSM	Deuchrass, W	2 Bn		16. 1.19
9/919	Sjt	Dickinson, LR, M.M.	2 Bn		10. 1.20
8/3807	CSM	Du Flou, LLJ			30.10.18
8/3563	Cpl	Dunlop, A	2 Bn		3. 9.19
8/998	LCpl	Egan, JP			13. 2.17
8/3251	Sjt	Evans, WD			6. 2.18
11016	Sjt	Fergusson, FC	2 Bn		2.12.19
24/1657	Sjt	Fitzgerald, R	2 Bn		10. 1.20
8/2913	Sjt	Fortune, RE	1 Bn		11. 3.20
13901	Cpl	Friend, W	1 Bn		2.12.19
4/741	Sjt	Guy, ID			6. 2.18
8/2614	Sjt	Hayton, G, M.M.			28. 3.18
8/872	Sjt(Later 2 Lt)	Henderson, AG	1 Bn		21. 6.16
9/1861	CSM	Hibbs, AL			6. 2.18
8/1518	Sjt	Jacob, ECH			6. 2.18
25264	Sjt	Kennett, JP			30.10.18
8/2641	Sjt	Lamb, JMcG			30.10.18
8/596	Pte	MacDonald, A			26. 6.18
8/3961	LCpl	MacPherson, J			21.10.18
8/3684	CSM	McFadyen, A			21.10.18
8/2675	Sjt	McGregor, P			3.10.18
8/1302	Pte	McLeod, RC		G	5. 8.15
8/3006	Pte	Melville, H, M.M.			30.10.18
8/616	Sjt	Mills, AC	1 Bn		3. 9.19
8/33	Sjt	Mitchell, F		G	11. 3.16
8/2666	Sjt	Moir, PT, M.M.			30.10.18
29833	Cpl	Moorhouse, WCS	1 Bn		2.12.19
8/2790	Pte	Nesbit, GJ	1 Bn		11. 3.20
34906	Sjt	Nimmo, A	3 Bn	M	10. 1.20
12/2827	Sjt	Rielly, T			30.10.18
8/1837	LCpl	Skinner, HD		G	29.11.15
22216	Sjt	Sterritt, D			6. 2.18

38 D.C.M.'s

WELLINGTON REGT.

No.	Rank	Name	Bn		Date
14556	Sjt	Baker, F, M.M.	1 Bn		2.12.19
10/1731	Pte	Barker, CR		G	29.11.15
10/4448	Pte	Barr, K			11.12.16
10/274	Cpl	Bennett, PHG		G	6. 9.15
28079	Sjt	Blundell, EK			6. 2.18
20290	Sjt	Board, S	1 Bn		2.12.19
10/3199	CSM	Boyd, RA			21.10.18
10207	Cpl	Bradley, A			3. 9.18
10/2542	LCpl(T/Cpl)	Carins, LT			26. 6.18
13733	Sjt	Clark, HOD	1 Bn		2.12.19
10/3519	Cpl	Cooksley, WE, M.M.	2 Bn		10. 1.20
31230	Cpl	Crocker, TR	2 Bn		11. 3.20
33314	Pte	Dallard, CJ			30.10.18
10/5000	RSM	Davis, D	1 Bn		2.12.19
11/1271	Cpl	Dibble, ST, M.M.	2 Bn		10. 1.20
10/3878	LSjt	Foot, SC			26. 1.18
10/3878	Sjt	Foot, SG, D.C.M.		Bar	6. 2.18
22238	Sjt	Forde, MJ			3. 9.18
26085	CSM	Foster, JH	2 Bn		11. 3.20
10/213	CSM	Frost, WE			22. 9.16
10/1240	Sjt	Gaston, S	1 Bn		11. 3.20
9/1556	Cpl	Gilbert, HP			30.10.18
10/2492	Sjt	Goldingham, KA			6. 2.18
52995	LCpl	Greenbank, L	1 Bn		16. 1.19
38690	LCpl	Griffiths, JH	2 Bn		10. 1.20
10/4115	Sjt	Heaton, F			26. 6.18
28139	LCpl	Hill, CT			15.11.18
10/1861	CSM	James, WH	1 Bn		11. 3.20
59391	Pte	Lanauze, E	2 Bn		5.12.18
47439	LCpl	Lang, F	1 Bn		2.12.19
14651	Sjt	Lewis, WJ, M.M.	1 Bn		10. 1.20
10/1282	Sjt	Macaskill, M			26. 6.18
10/2228	Pte	Mahoney, F		G	29.11.15
11/1570	CSM	McKean, W			26. 1.18
10/2235	Sjt	Menzies, CE			6. 2.18
7/1121	Sjt	Muir, T	2 Bn		3. 9.19
29449	Pte	Murphy, D			26. 1.18
7/2291	Sjt	Murray, W			15.11.18
47458	LCpl	Nettleingham, FJ	2 Bn		2.12.19
10/904	Cpl	Notton, A			21.10.18
10/1307	Pte	O'Connor, FO		G	5. 8.15
10/2732	Cpl	Paterson, A			6. 2.18
10/1318	Sjt	Pennefather, SS			26. 1.18
10/902	Sjt	Potter, RC			22. 9.16
53414	Pte	Richmond, TME			15.11.18
10/3994	Pte	Ryan, JE			26. 1.18
10/1331	LCpl	Scarfe, ER			11.12.16
30408	Pte	Sheriff, W	1 Bn		10. 1.20
30650	LSjt	Short, IG	1 Bn		2.12.19
10/4576	Pte	Smith, A			11.12.16
10/1674	Pte	Swann, JW		G	3. 7.15
10/2778	Sjt	Tannahill, J	1 Bn		3. 9.19
29513	Pte	Thomson, R			15.11.18
65162	Pte	Vial, WG	1 Bn		2.12.19
12/960	Sjt(T/CSM)	Ward, M			6. 2.18

54 D.C.M.'s ; 1 Bar.

N. Z. INFANTRY *

8/1192	Pte	Beck, TJ		16. 8.17	6/1097	Cpl	Lloyd, DP	16. 8.17
23/1552	LSjt	Bellamy, H		25.11.16				
42131	Pte	Bowman, ND		17. 4.18	6/4318	Sjt	McCall, JJ	16. 8.17
10/2876	Cpl	Bullock, WW		17. 4.18	12/3398	Pte	McClennan, A	25.11.16
					12/4045	Sjt	McCreanor, J	17. 4.18
10/2901	Sjt	Corkill, R		16. 8.17	12/1738	Cpl	McKenzie, K	17. 4.18
9/1538	Pte	Cruickshank, V		17. 4.18				
					6/3817	Cpl	O'Brien, JH	16. 8.17
10/1466	Sjt	Devery, CN		17. 9.17				
					6/524	Sjt	Page, H	16. 8.17
8/1979	Pte	Fitzpatrick, CA		16. 8.17				
13286	CSM	Fothergill, C		16. 8.17	31353	LCpl	Ritchie, LR	17. 4.18
					12/3795	Sjt	Robinson, S	9. 7.17
12/577	CSM	Gordon, TJ		16. 8.17				
					23/1213	Sjt	Taylor, JA	9. 7.17
6/4053	Pte	Hammond, AJ		16. 8.17	10/2379	Sjt	Tunley, FC	25.11.16
9/1438	LCpl	Hewitt, G		16. 8.17				
7/2219	Sjt	Hunter, VG		9. 7.17	10/4215	Pte	Vesty, M	17. 9.17
16560	Pte	Lee, JA		16. 8.17	6/3924	Pte	White, F	16. 8.17

* (Gazetted between 25.11.16 and 17. 4.18 and stating N. Z. Inf. only.)

27 D.C.M.'s

N. Z. RIFLE BRIGADE

25/708	Sjt	Anderson, H		9. 7.17
25/708	Sjt	Anderson, H, D.C.M.		Bar 16. 8.17
24/345	Sjt	Bates, G		3. 3.17
40485	Sjt	Batty, AI	2 Bn. 3 RB.	3. 9.19
25/92	LCpl	Berry, M	3 Bn	16. 1.19
36944	Rfm	Birch, C	1 Bn (Attd. 3 LTMB)	2.12.19
23/366	Sjt(A/CSM)	Boles, GH		13. 2.17
12/3257	LCpl	Bowers, WG, M.M.		3. 9.18
23/94	Sjt	Cherrie, WR	1 Bn	11. 3.20
13313	Tpr	Clark, JP		3. 9.18
26/733	Sjt	Coley, AK		4. 3.18
26/730	RSM	Conlon, EJ		21.10.18
33312	Cpl	Corsbie, RT		30.10.18
23/399	Sjt	Cunningham, AJ, M.M.		15.11.18
23/1029	CSM	Daniell, LT		21.10.18
26/299	CSM	Davis, FH		16. 8.17
24/736	LSjt	Densem, J		17. 4.18
26571	Cpl	Dibble, JC	2 Bn	11. 3.20
26/768	Rfm	Dickey, A	4 Bn. 3 RB. (Attd. LTMB)	27. 7.16
53765	Pte	Douglas, WR	4 Bn	11. 3.20
26/1161	Pte	Douglas, WT		9. 7.17
26/766	Pte	Dunthorne, A		16. 8.17
20512	Sjt(T/CSM)	Ellery, F	2 Bn	16. 1.19
36742	Sjt(Later 2 Lt)	Ellingham, ES	1 Bn	11. 3.20
24/1983	Pte	Ferguson, W	2 Bn (Attd. LTMB)	11. 3.20
40200	Pte	Fleming, A	4 Bn	11. 3.20
25/429	Sjt	Fraser, HC		21.10.18
33144	Sjt	Free, WL	1 Bn. 3 RB.	3. 9.19
23/973	Sjt	Gair, C		13. 2.17
38525	Sjt	Gaskell, FA		3. 9.18
28874	Cpl	Gillan, A	4 Bn	16. 1.19
24/157	Sjt	Grubb, J	2 Bn. 3 RB.	2.12.19
24/942	SM	Haddow, RW		4. 3.18
25/1232	Pte	Hansen, J		9. 7.17
24/451	Sjt	Hartley, S	2 Bn. 3 RB.	2.12.19
24/186	Pte	Healey, M	2 Bn	16. 1.19
34368	LCpl	Hunter, G		15.11.18
22808	Cpl	Jeffery, HJ		16. 8.17
25/887	Sjt	Keatley, J	3 Bn	16. 1.19
24/815	Sjt	Kennerley, TR	2 Bn	16. 1.19
23/1088	Pte	Keogh, JL		4. 3.18
45217	Cpl	Kerrigan, M	2 Bn. 3 RB.	2.12.19
23/1431	Rfm	Langrish, JG	1 Bn	10. 1.20
24/654	Sjt	Latimer, RT		16. 8.17
23/483	Cpl	Lepper, R		22. 9.16
22824	LSjt	Managh, SN		17. 4.18
15390	Rfm	Manderson, P	4 Bn	10. 1.20
24/502	Rfm	Marks, R		13. 2.17
26/462	Sjt	McConachy, W		13. 2.17
23/334	QMS	McCormick, AL		22. 9.16
36472	CSM	McGillen, WP	2 Bn	11. 3.20
39681	Sjt	McMurray, R		3. 9.18
39681	Sjt	McMurray, R, D.C.M.		Bar 3. 9.18
29966	Cpl	Mulvaney, MJ	1 Bn	10. 1.20
35123	Pte	Nailer, CH	3 Bn	11. 3.20
23/536	Rfm	Nimmo, T		22. 9.16
23/246	Sjt	Ohlson, AWM		17. 4.18
38866	CSM	Olsen, E	1 Bn	11. 3.20
24/875	CSM	O'Neill, T	2 Bn	10. 1.20
24/659	LSjt	Perry, L	2 Bn	11. 3.20
24/1189	CSM	Scully, PA	2 Bn	16. 1.19
13822	LCpl	Shannon, RC		3. 9.18
25/71	CSM	Sheppard, FWH		4. 3.18
40724	LCpl	Sillifant, J		30.10.18
26/474	CSM	Smith, S	4 Bn	11. 3.20
25/69	CSM	Spriggs, CA		4. 3.18
33128	Sjt	Steele, JH	4 Bn	11. 3.20
23/923	LSjt	Struthers, H		9. 7.17
48107	Pte	Sturmey, AL		26. 6.18
13824	Cpl	Taylor, C	1 Bn	11. 3.20
12294	Cpl	Toms, SW		3. 9.18
23/1224	Pte	Tucker, CA		26. 6.18
24/1323	CSM	Voyle, JW, M.M.		4. 3.18
26/1554	Cpl	Williams, CJ		16. 8.17
25765	LCpl(T/Cpl)	Williams, LS		16. 8.17
26/951	Sjt	Williamson, WJ		16. 8.17
23/1239	Sjt	Wilson, C	1 Bn. 3 RB.	3. 9.19

75 D.C.M.'s; 2 Bars.

N. Z. MACHINE GUN CORPS

7/659	Sjt	Barr, JA	(Sqdn.)	26. 1.18	12/351	Sjt	Fisher, G		4. 3.18
21179	Cpl	Battersby, GH		3. 9.18	9/1045	Sjt	Fletcher, D		5.12.18
6/593	Cpl	Brown, AW		13. 2.17					
7/629	SSM	Bruce, CS	(1st Sqdn.) P	14. 4.20	8/2998	Sjt	Magee, LP		6. 2.18
					11/1338	Sjt	Malone, MP	(Mtd. Sqdn.)	28. 3.18
7/1051	Sjt	Campbell, D	(1st Sqdn.) P	14. 4.20	17093	LCpl	McGregor, MT		3. 9.18
7/643	LSjt	Creed, WHP		26. 4.17	24/888	Sjt	Price, HW		17. 4.18
13/795	Sjt	Emmerson, SL	(Mtd. Sqdn.)	28. 3.18	28216	Pte	Stade, FA		3. 9.19

14 D.C.M.'s

N. Z. ARMY SERVICE CORPS

14/87	SSM	Anderson, AG		3. 9.18	14/45	CSM	Kennedy, EJF		4. 3.18
5/297	Sjt	Brown, C	Div. Train.	13. 2.17	1476	LCpl	Wimms, J	Div. Train. G	3. 7.15
14/43	Sjt	Jenkins, F	2 Coy Div. Train. 21. 6.16						

5 D.C.M.'s

N. Z. MEDICAL CORPS

3/115A	CSM	Beauchamp, HRH	(Mtd. FA)	14.11.16	3/818	Pte	Olds, J		25. 8.17
3/317	Pte	Cardno, JF		21. 6.16	3/1184	Pte	Parsons, TW, M.M.		3. 9.18
3/158	Pte	Comrie, J	(FA) G	6. 9.15					
15/606	Pte	Crawford-Watson, L	G	6. 9.15	3/282	SSM	Roberts, A, M.M.		15.11.18
3/168	Pte	Henry, WJ	(FA) G	6. 9.15	3/1189	Pte	Sail, HL		16. 8.17
3/269	SM	Moor, FW	(No. 1 FA)	21. 6.16	3/95	LCpl	Singleton, W	(FA) G	3. 7.15
2/809	SSM	Mulligan, AS		6. 2.18	3/447	LCpl	Steedman, G	G	3. 7.15

13 D.C.M.'s

NEW ZEALAND OTHER UNITS

24844	CSM	Baker, GB, M.M.	Cyc. Bn	30.10.18	8/438	Sjt(A/CSM)	Morrin, WP, M.M.	Entrench Bn	3. 9.18
16/1404	Sjt	Barclay, F	Maori Pnr Bn.	3. 9.19					
12/324	Pte	Cavenett, WG	Cyc. Corps (Attd. 22 Corps Cyc.)	5.12.18	16/407	Pte	Parganihi, TAU	Maori Contingent G	11. 3.16
9/529	RSM	Gustafson, WA	Pnrs.	17. 4.18	8/1594	Sjt(T/CSM)	Pauling, WJ	Entrenching Bn	3. 9.18
13/2580	Sjt	Hooper, AG	Imp. Camel Corps (NZ)	3. 9.18	7/778	Sjt	Purves, LD	Imp. Camel Bde. (NZ)	21.10.18
19289	Pte(TSjt)	Karika Pa, G	Pnr Bn.	18. 2.18	14257	Sjt	Ryan, SJ	A & NZ Wireless Sig. Sqdn.	21.10.18
16314	Tpr	Maxwell, R	Imp. Camel Corps (NZ)	1. 5.18	9/523	Pte	Travis, RC	Pioneers	25.11.16

13 D.C.M.'s

RHODESIA

247	Col.Sjt	Allan, R	1 Rhod. Rgt. GSWA * 22. 8.18
106	Sjt	Barton, CA	N. Rhod. Rifles (Attd. Police) 26. 4.17
1127	Cpl	Bellinger, WH	2 Rhod. Rgt. 27. 7.16
229	Sjt	Chichasi,	N. Rhod. Police EA 2.12.19
1442	Pte	Evans, HCDeC	2 Rhod. Rgt. 31. 5.16
633	Col.Sjt	Green, G	2 Rhod. Rgt. 27. 7.16
563	Col.Sjt	Holmes, BM	Rhod. Rgt. 3. 3.17
S/5	Cpl	† Jeremani	N. Rhod. Police EA 3. 9.19
M15	Native Sjt	Lita	Rhod. Rgt. 18. 6.17
349	Col.Sjt	Luxmore-Ball, REC	1 Rhod. Rgt. GSWA * 22. 8.18
575	Native Cpl	Mambo	N. Rhod. Police 26. 4.17
462	SM	McGee, RA	S. Rhod. Column. 26. 4.17
835	Pte	‡ Moto	N. Rhod. Police EA 3. 9.19
A173	Pte	Peters, AS	S. Rhod. Column. 26. 4.17
479	Cpl	△ Samsoni	N. Rhod. Police EA 3. 9.19
176	Scout SM	Sell, C	N. Rhod. Police 26. 5.17
1179	Cpl	□ Songandewo	N. Rhod. Police EA 3. 9.19
640	Col.Sjt	Tegete	N. Rhod. Police EA 11. 3.20
1875	Cpl	Trevelyan, AEJD	S. Rhod. Column. 26. 4.17
A79	Pte	Wisener, P	S. Rhod. Column 26. 4.17

†, ‡, △, □. All have identical citations duplicated on 22.12.19.

20 D.C.M.'s

: Section 9.8

SOUTH AFRICA (Includes EAST AFRICA)

SOUTH AFRICAN MTD. RIFLES

	Rank	Name	Unit	Date
	RQMS	Brown, E	4 MR GSWA *	22. 8.18
	RSM	Burkimsher, W	1 MR GSWA *	22. 8.18
1909	Tpr	Clarke, WH	5MR GSWA *	22. 8.18
1947	Cpl	Dewar, K	5 MR GSWA *	22. 8.18
1820	SSM	Downing, HK	5 MR GSWA *	22. 8.18
38	Sjt	Egan, F	(1/2 KAR)	EA 11. 3.20
5924	Cpl	Greeff, PC		30.10.18
	RSM	Harris, CF	3 MR GSWA *	22. 8.18
3081	Cpl	Henry, MC		25.11.16
2853	Cpl	Maritz, CF		3.10.18
J/7160	SSM	Newberry, SC	5 MR GSWA *	22. 8.18
QMS	QMS	Purcell, AC	4 MR GSWA *	22. 8.18
	Cpl	Roux, J	18 MR GSWA *	22. 8.18
	RSM	Shell, JH	2 MR GSWA *	22. 8.18
1192	Sjt	Stevens, F	3 MR GSWA *	22. 8.18
	SSM	Thompson, F	3 MR GSWA *	22. 8.18
613	Pte	Willis, PW	5 MR GSWA *	22. 8.18
134	SSM	† Wing, FW, D.C.M.	5MR GSWA * Bar	22. 8.18

† D.C.M. L/G 1902

17 D.C.M.'s ; 1 Bar.

SOUTH AFRICAN HORSE

Number	Rank	Name	Unit	Date
94	Cpl	Blommestein, WR Van		20.10.16
5948	Sjt	Buchanan, COM, M.M.	9th SAH *	30. 1.20
1549	Tpr	Carter, NC		20.10.16
899	Cpl	Joubert, AF	2nd Rgt.	27. 7.16
6748	Tpr	Marais, PS, M.M.	9 SAH *	30. 1.20
3723	SSM	Nel, JDJ		3. 3.17
7718	Sjt	Norregaard, CA		13. 2.17
5416	SM	Scopes, CE		3. 3.17
934	Sjt	Simpson, HC		13. 2.17
325	SSM	Willemse, CJ		13. 2.17

10 D.C.M.'s

SOUTH AFRICAN COMMANDOS
(All awarded for German S. W. Africa 1914 - 15)

Number	Rank	Name	Unit	Date
	Sjt	Allan, JV	Vrijstaatse Schutters	* 22. 8.18
16	A/SM	Ashby, AA	Parkinson's Horse	* 22. 8.18
	Sjt	Boshoff, PG	Standerton 'B' Commandos	* 22. 8.18
	Sjt	Davidson, J	Piet Retief Commandos	* 22. 8.18
	Pte	De Villiers, H	Wakkerstroom Commandos	* 22. 8.18
	Sjt	Eybers, JH	Pietersburg Commandos	* 22. 8.18
	SM	Grobbler, GH	Potchefstroom Commandos	* 22. 8.18
	Pte	Immelman, DF	Carolina Commandos	* 22. 8.18
	RSM	Jelliman, KW	Bloemhof Commandos	* 22. 8.18
	Cpl	Jonker, C	Lemmer's Scouts	* 22. 8.18
	Pte	Kirstein, AD	Potchefstroom Commandos	* 22. 8.18
3422	SM	Klopper, CL	Botha's Hogeveld Ruiters	* 22. 8.18
	SM	Louw, PU	De La Rey's Scouts	* 22. 8.18
	Pte	Malan, DJ	Carnarvon Commandos	* 22. 8.18
83	RSM	Marais, JS	Heidelburg 'A' Commandos	* 22. 8.18
	Sjt	McCalgan, NG	Botha's Hogeveld Ruiters	* 22. 8.18
	Pte	Melville, B	Graaf Reinet Commandos	* 22. 8.18
122	SM	Muller, AM	Wolmaranstad Commandos	* 22. 8.18
	SM	Myburgh, JP	Vrijstaatse Schutters	* 22. 8.18
	Farr.Sjt	Peacock, FD	Krugersdorp Commandos	* 22. 8.18
	Pte	Pretorius, PJ	Rustenburg Commandos	* 22. 8.18
	RSM	Prinsloo, SIW	Pretoria Commandos	* 22. 8.18
	Sjt	Riehert, SL	Collin's Scouts	* 22. 8.18
	Sjt	Snyman, C	Uys' Scouts	* 22. 8.18
	Sjt	Steenkamp, SGM	Ermelo Commandos	* 22. 8.18
	Sjt	Stone, HF	Collin's Scouts	* 22. 8.18
	Sjt	Strytt, SR	Vrijstaatse Schutters	* 22. 8.18
76	Sjt	Uys, BG	Kalahari Horse	* 22. 8.18
	Pte	Van Biljon, P	Lichtenburg Commandos	* 22. 8.18
234	RSM	Van Der Merwe, WJE	Enslin's Horse	* 22. 8.18
189	Sjt	Van Rensberg, JF	Wolmaranstad Commandos	* 22. 8.18
178	QMS	Van Vuuren, JPJJ	Wolmaranstad Commandos	* 22. 8.18

216　　　　　　　　　　　　　　　　SOUTH AFRICAN COMMANDOS　　　　　　　　　　　　　Section 9.8

	Sjt	Vermaak, W	Utrecht Commandos * 22. 8.18		Sjt	Vorster, MC	Rustenburg Commandos * 22. 8.18
2321	SM	Viljoen, JJ	Northern Transvaal Ruiters * 22. 8.18	3	SM	West, AS	Ermelo Commandos * 22. 8.18
	QMS	Visagie, JHN	Middelburg Commandos * 22. 8.18				

37 D.C.M.'s

SOUTH AFRICAN ARTILLERY

	BSM	Anderson, P	7 Bty GSWA * 22. 8.18	469	A/Sjt	Hodges, EC	74 Sge. Bty. HA 10. 1.20
2352	RSM	Baker, W	1st FA Bde. E 3. 9.19	1010	Sjt	Howells, WK	125 Sge. Bty. HA 11. 3.20
58	Gnr	Banks, JR	FA 13. 2.17	572	Bmbr	Hughes, F	HA 21.10.18
	BSM	Browne, RC	12 Bty GSWA * 22. 8.18	571	Sjt	Hurr, BF	HA 18. 6.17
689	Cpl	Chapman, RL	HA 28. 3.18	509	Sjt	Sinclair, WN, M.M.	74 Sge. Bty. HA 3. 9.19
347	BSM	Davies, TS	FA 26. 5.17		Gnr	Stead, WR	Durb. GA GSWA * 22. 8.18
700	Gnr	Dollery, RN	HA 6. 2.18	50	BSM	Warman, HG	9. 7.17
	Sjt	Francis, BJ	Durban GA GSWA * 22. 8.18	1546	Cpl(A/Sjt)	Watson, J	73 Sge. Bty. HA 11. 3.20

16 D.C.M.'s

SOUTH AFRICAN ENGINEERS

6016	RSM	Borland, JC	(Sig. Co)	11. 3.20		Spr	Prout, DeL	GSWA * 22. 8.18
SC99	LSjt	Clarke, R	(Sig. Co)	18. 2.18	WSC/30	Spr	Rhodes, F	18. 2.18
	Spr	Currie, R	GSWA * 22. 8.18		45	Sjt	Smith, JF	GSWA * 22. 8.18
649	Cpl	Fisk, WH	(Sig. Co)	3.10.18	910	Sjt	Thomson, AH	(Sig. Co) (& KAR) EA 11. 3.20
1120	Cpl	† Humphries, WAT	(Sig. Serv.) EA 3. 9.19		287	Sjt	Tunstall, RE	(Telegraph Corps) GSWA * 22. 8.18
3161	CQMS	Ison, CH	(Sig. Co)	13. 2.17	SC290	LCpl	Tyler, LJ	(Sig. Co) 18. 2.18
	EISM	Johnston, EJ		26. 5.17	681	Signllr	Westwood, A	(Rif. Sig. Sect.) 3.10.18
1336	Pte	Miller, DJ	(Sig. Co)	18. 2.18				

† Another citation on 22.12.19

15 D.C.M.'s

SOUTH AFRICAN INFANTRY

278	Pte	Abrahams, HW		18. 2.18	3558	Sjt	England, WJ		26. 7.17
2471	A/Sjt	Alexander, CG	2 Bn	2.12.19	2109	Sjt	Eve, W		13. 2.17
6747	Gnr	Barnes, CP		20.10.16	2658	Sjt	Fernie, GS		26. 7.17
7218	Pte	Barwell, PG		20.10.16	5664	LSjt	Fisher, MH	4 Bn	2.12.19
4768	Sjt	Beckman, GHW		22. 9.16	14972	RSM	Flynn, AJ		3.10.18
4699	CSM	Bell, F		3.10.18	5150	Pte	Fuller, RN		13. 2.17
5009	Col.Sjt	Benny, TH	(later Lt) 6 Bn GSWA * 22. 8.18		2518	Sig.Sjt	Gardner, MB		3.10.18
1049	SM	Betts, FWE		18. 2.18	6071	Sjt	Gibson, CC		20.10.16
16047	Sjt	Botha, JH	(Nig. Rgt. WAFF) 28. 3.18		5852	Sjt	Gibson, WK	(KAR)	28. 3.18
16092	Sjt	Boyd, WJ	(Nig. Rgt. WAFF) 28. 3.18		972	Pte	Govan, FG		22. 9.16
						QMS	Grant, AV	2 Bn GSWA *	22. 8.18
5258	CSM	Brown, D		6. 2.18	3993	Sjt	Hassall, A	5 Bn	27. 7.16
	A/QMS	Callow, FH	10 Bn GSWA* 22. 8.18		2215	Sjt	Hassett, AB		18. 2.18
152	CSM	Calvert, C		28. 3.18	1106	Pte	Healy, W		22. 9.16
5573	LCpl	Cawthorn, W, M.M.		30.10.18	11511	ACpl	Hean, DMcK	4 Bn	11. 3.20
7701	Pte	Cock, AV		28. 3.18	2179	Sjt	Hilson, JC		22. 9.16
902	Cpl	Craig, J		3.10.18	13004	Sjt	Hogarth, F		3. 9.18
					5293	Pte	Hope, CJ		3. 9.18
					S/6	LCpl	Horne, FC		9. 7.17
1465	Sjt	Damond, HP		28. 3.18	6165	Sjt	Hutchins, FG		26. 7.17
3110	Cpl	Dewar, WR		22. 9.16					
2106	CSM	Dexter, GH		3. 3.17	709	Intel. Agent	Johansen, LA		4. 3.18
1134	Sjt	Dunn, SW		18. 2.18	8431	A/CSM	Jordan, AJ		3.10.18

SOUTH AFRICAN INFANTRY

Number	Rank	Name	Unit		Date		Number	Rank	Name	Unit		Date
4916	CSM	Keit, MW	4 Bn		11. 3.20		12781	LCpl	Rynhoud, FA			3. 9.18
2300	CSM	Keith, P			26. 7.17		10907	Sjt	Schroeder, AE	4 Bn		11. 3.20
5540	CQMS(A/RQMS)	King, M	2 Bn		3. 9.19		4914	LCpl	Shapcott, WH			25.11.16
3782	A/CSM	King, WL			22. 9.16		44	SSjt	Shields, CC			3.10.18
7556	Pte	Langman, AE	12 Bn		27. 7.16		4087	Sjt	Smith, A			21.10.18
17484	SM	Lawson, J	8 Bn GSWA	*	22. 8.18			RSM	Smith, D	10 Bn GSWA	*	22. 8.18
920	Pte(A/LCpl)	Lilford, AF			3. 9.18		L/5077	RSM	Smith, ETF	7 Bn GSWA	*	22. 8.18
1433	SM	Lorimer, RW			3. 3.17		9089	Sjt	Stafford, T			26. 7.17
4152	Pte	Loubser, AJ			22. 9.16		834	Cpl	Starke, SJ			3. 9.18
							152	Sjt	Stewart, GM	7 Bn GSWA	*	22. 8.18
15543	Sjt	Mack, JG	1 Bn		2.12.19		713	LSjt	Stewart, TT			6. 2.18
5575	Sjt	Mallett, HFP			3.10.18		7389	Cpl	Stuart, W			21.10.18
	RSM	Mark, N	12 Bn GSWA	*	22. 8.18		1451	CSM	Suttie, D			26. 5.17
2834	LSjt	Marshall, GE			14.11.16							
8734	RSM †	McIver, JM, D.C.M.			Bar 20.10.16		1607	Pte	Tanner, GG			9. 7.17
2299	Sjt	Meyer, JW			13. 2.17		3058	A/CSM	Thomson, JM			22. 9.16
1/7492	RQMS	Moir, AJ	8 Bn GSWA	*	22. 8.18		5241	Pte	Townes, LA	4 Bn		2.12.19
5549	Sjt	Moore, TS			20.10.16		8531	Pte	Trapnell, G			20.10.16
1428	CSM	Morgan, GA			3. 3.17		1092	CSM(A/RSM)	Twynham, DF			18. 2.18
9175	Sjt	Mundy, P	4 Bn		2.12.19							
							15756	Pte	Venter, MF			28. 3.18
1813	Sjt	Naisby, J			22. 9.16		429	Pte	Vlok, NJ			22. 9.16
4530	Pte	Norton, JL	6 Bn		27. 7.16							
							4427	SM	Watson, WR			26. 5.17
2333	Sjt	O'Hara, JB	8 Bn		27. 7.16		9834	Pte	Webb, DH	12 Bn		27. 7.16
							7617	Gnr	Weightman, W			20.10.16
	RSM	Paget, WA	5 Bn GSWA	*	22. 8.18		X/633	Pte	Wellensky, B	4 Bn		2.12.19
348	CSM	Prebble, EE			22. 9.16			Sjt. Instr.	Wells, R, M.C.	4 Bn GSWA	*	22. 8.18
							4762	CSM	West, T			3. 3.17
792	Sig.Cpl	Ralphs, JF			18. 2.18		3657	CSM	Wilkie, F	2 Bn		11. 3.20
9891	CSM	Rex, CEH			3.10.18							
6612	CSM	Rodgers, AF			3. 9.18		896	Sig.Sjt	Yorke, TH			18. 2.18

† D.C.M. L/G 1898

96 D.C.M.'s ; 1 Bar.

SOUTH AFRICAN RIFLES

Number	Rank	Name		Date		Number	Rank	Name		Date
2	Sjt	Allan, JR		1. 5.18		94	Sjt	McNevin, AE	(N.W. Rly. Vol. Rifles) 28. 3.18	
18	Rfm	Cairnduff, II		25.11.16						
120	Cpl	Chrystal, AT		1. 5.18		105	Rfm	Thomas, JE		25.11.16
177	Sjt	Cowl, A		26. 5.17		108	Rfm	Vial, AA		25.11.16
188	Sjt	Kendall, AE		3.10.18						

8 D.C.M.'s

CAPE CORPS

Number	Rank	Name	Unit		Date		Number	Rank	Name	Unit		Date
607	LCpl	Arendse, IW			3.10.18		310	CSM	Hutcheson, KG	1 Bn	P	11. 3.20
9	CSM	Brown, DJ			3.10.18		2796	LCpl	Hutchinson, W	1 Bn	E	25. 2.20
688	Pte	Carlse, C			3.10.18		1614	Sjt	Jansen, SD	1 Bn	E	25. 2.20
92	Sjt	February, M	1 Bn	E	25. 2.20		480	Sjt	Schoor, PD			3.10.18
							331	Sjt	Swartz, J			3.10.18
1067	CQMS(A/CSM)	Hendricks, AJ	1 Bn	P	14. 4.20							

10 D.C.M.'s

SOUTH AFRICAN MOTOR CYCLISTS CORPS

Number	Rank	Name	Unit		Date		Number	Rank	Name	Unit	Date
CM22	Cpl	Boyd, JA	MDRC		18. 2.18		CM149	CSM	Hookham, CJ	MDRC	18. 2.18
CM135	Sjt	Bulman, CD	MDRC		18. 2.18		MT3375	Rider	Karg, LEA	MDRC	18. 2.18
156	Sjt	Coles, J			13. 2.17		116	Cpl	Kennedy, T	MDRC	3.10.18
168	Sjt	Coomer, K	GSWA	*	22. 8.18						
MT1900	Rider	Eldridge, HDF	MDRC		18. 2.18		MT1926	Pte(A/Cpl)	Petersen, JHF	MDRC	18. 2.18

9 D.C.M.'s

SOUTH AFRICAN SERVICE CORPS

984	Dvr.		Anderson, LR		13. 2.17		QMS	Marais, EA	GSWA	* 22. 8.18
							SM	Morrison, JH	GSWA	* 22. 8.18
MT806	CSM		Boswell, RD		3.10.18					
3704	Condr.	†	Brummer, JA		EA 3. 9.19	14304	Sjt	Warren, J	Spec. Ser.Coy EA16. 1.19
MT6151	Dvr		Foxcroft, LT		26. 1.18		SM	Zeederberg, JG	GSWA	* 22. 8.18
S/4508	Sjt		Lawson, J		3.10.18					

† Another citation 22.12.19

9 D.C.M.'s

SOUTH AFRICAN MEDICAL CORPS

2213	Pte	Anderson, EH			3.10.18	16231	QMS	Mason, HB	FA	26. 5.17
2306	Pte(A/Cpl)	Blake, J			18. 2.18	1479	SM	Parmenter, HJ		3. 3.17
	Pte	Edmunds, WS	GSWA	*	22. 8.18	1779	Cpl	Rae, RJ		26. 5.17
						1716	Sjt	Rannie, AJ		3. 3.17
1374	SSjt	Gray, D			3. 3.17	2004	Sjt	Reynolds, HG		3.10.18
1123	Cpl	Kaschula, EFM			3.10.18	1699	Sjt	Thomas, SJ	FA	18. 2.18
329	SSjt	Lautenbach, FW			3. 3.17	216	SSjt	Walsh, LH	FA	26. 9.16

13 D.C.M.'s

SOUTH AFRICAN OTHER UNITS

B1	Sjt	Abdullah, HB	Intell. Dept	18. 2.18	56	Cpl	Lowe, C	MGS	EA 3.10.18
ME5	QMS	Allen, J	SAET	18. 2.18					
	SM	Armour, JMcC	Staff GSWA	* 22. 8.18	5	Sub.Condr.	May, J	Ord. Corps	3. 3.17
						SM	Muhenya, M	Armed Africa Scouts	3. 3.17
98	Pte	Boardman, C	MGS (N.W. Ryl. Vol. Rifles) EA 3.10.18			RSM	Murray, J	SA Irish GSWA	* 22. 8.18
49	Sjt	Christopher, A	Ind. Bearer Coy 13. 2.17		935	Pte	Mwichandi, AB	Intell. Dept.	18. 2.18
1861	Cpl	Crosbie, EA	Van Deventer's Scouts 13. 2.17		332	Col.Sjt	Mzee, Bin	Armed Scout Commandos	3.10.18
125	Sjt	Doran, CTC	Uganda Vol. Res. (Later Lt) 16. 5.16		1445	Pte	Nganga, MB	Intell. Dept.	EA 28. 3.18
A11	LCpl	Heri, JB	Intell. Dept.	18. 2.18	118	Sjt	Olive, DN	MGC & KAR	28. 3.18
1493	SQMS	Iverach, JE	SA Forces (EA Division) 3. 3.17			Int. Agent	Richardson, JR	Intell. Dept.	26. 1.18
					415	Cpl	Rose, A	Rand. Rifles GSWA	* 22. 8.18
	SSM	Jordaan, LR	Staff GSWA	* 22. 8.18	4	Sjt	Spence, FH	Sharpshooters	11. 3.20
3208		Kheiralla, MAFE	KAR	4. 3.18					
1	SM	Kilkelly, RB	SA Forces	3. 3.17		T/Sjt	Tanti, T	WAFF	4. 3.18
3	Sjt	Leggett, RJ	Water Supply Corps 3. 3.17						

25 D.C.M.'s

BRITISH SOUTH AFRICAN POLICE

A70	Cpl	△	Beith, JL		EA 3. 9.19	1634	Pte	Hill, RG	17. 4.17
1630	Sjt		Booth, FC	(Attd. Rhod. Native Rgt.) 26. 5.17		A/330	A/Sjt	Moffat, AJ	(Attd. N. Rhod. Police) EA11. 3.20
A/325	Pte		Bouwer, GS	(Attd. N. Rhod. Police) EA11. 3.20		1645	Sjt	□ Stafford, GH	EA 3. 9.19
A/327	Pte		Charters, AG	(Attd. N. Rhod. Police) EA11. 3.20					
A/238	Scout		Erickson, J		18. 2.18				

△ and □ have duplicate citations on 22.12.19

8 D.C.M.'s

EAST AFRICA

Num	Rank	Name	Unit	Date	Num	Rank	Name	Unit	Date
4125	Cpl	Allison, HC	EASC	3.10.18	283	Sjt	Musa	EA Forces	3. 3.17
3152	Sjt	Brown, AJ	EA Pioneer Coy	18. 2.18	2771	Pte	Mwanga	EA Forces	3. 3.17
	Tpr	Cooke, A	EA Mtd. Rifles EA	3. 6.15		Tpr	Smith, G LeBlanc	EA Mtd. Rifles EA	3. 6.15
3047	Cpl	Dalrymple, W	EA Pioneer Coy	3. 3.17	5527	Sjt	Spence, M	Mil. Labour Bureau EA	20.10.16
3199	Pnr	Gladwin, C	EA Pioneer Coy	3. 3.17	3170	Sjt	Thornhill, HM	E. Afr. Pioneer Coy	3. 3.17
6019	Asst. Surg.	Hamilton, AB	EAMS	3.10.18	3206	LCpl	Webb, GD	EA Pioneer Coy EA	3.10.18
	Tpr	Heaton, PR	EA Mtd. Rifles EA	3. 6.15	259	Pte	Webber, WHN	EA Mtd. Rifles	15. 3.16
3144	Sjt	Holmes, AE	EA Pioneer Coy	3.10.18	3078	Sjt	Williams, C	EA Pioneer Coy	3.10.18
3130	Sjt	Lewis, WH	EA Pioneer Coy	3. 3.17					

17 D.C.M.'s

SECTION 9.9. OTHERS

ZION MULE CORPS

Pte   Grouchkowsky, M   G   3. 7.15

1 D.C.M.

Awarded for Northern Turkana & Kindred tribes 3. 6.19

(No. 6 Coy Equat. Bn).

803	Bash Shawish Surna Murgan	20. 4.20
2006	Shawish Abdel Rahman Ahmed	20. 4.20
73	Shawish Someiri Dodojambo	20. 4.20

3 D.C.M.'s

www.ingramcontent.com/pod-product-compliance
Lightning Source LLC
Chambersburg PA
CBHW082013220426
43670CB00014B/2614